러시아혁명의 진실

러시아혁명의 진실

빅토르 세르주 지음 / 황동하 옮김

책갈피

러시아혁명의 진실

지은이 빅토르 세르주
옮긴이 황동하
펴낸곳 도서출판 책갈피

등록   1992년 2월 14일(제18-29호)
주소   서울특별시 중구 필동 2가 106-6 2층
전화   02-2265-6354
팩스   02-2265-6395
이메일 bookmarx@naver.com
발행   초판 1쇄 발행 2011년 2월 22일
        초판 2쇄 발행 2021년 4월 23일

값 24,000원

ISBN 978-89-7966-082-1 03300
잘못된 책은 바꿔 드립니다.

| 차례 |

옮긴이 머리말_ 빅토르 세르주가 겪은 러시아혁명 첫해 ㅣ 7

추천의 글 ㅣ 18

머리말 ㅣ 23

제1장_ 농노제에서 프롤레타리아 혁명으로 ㅣ 29

제2장_ 1917년 10월 25일의 봉기 ㅣ 67

제3장_ 도시 중간계급 대 프롤레타리아 ㅣ 105

제4장_ 내전의 첫 불꽃: 제헌의회 ㅣ 144

제5장_ 브레스트리토프스크 강화조약 ㅣ 192

제6장_ 휴전과 영토의 축소 ㅣ 241

제7장_ 기근과 체코슬로바키아 군단의 간섭 ㅣ 287

제8장_ 7~8월의 위기 ㅣ 341

제9장_ 승리 의지와 테러 ㅣ 386

제10장_ 독일혁명 ㅣ 432

제11장_ 전시공산주의 ㅣ 481

편집자 후기 ㅣ 515

해설 ㅣ 526

후주 ㅣ 548

찾아보기 ㅣ 611

일러두기

1. 이 책은 Victor Serge, *Year One of the Russian Revolution*(Bookmarks, London, 1992)을 번역한 것이다.

2. 인명과 지명 등의 외래어는 최대한 외래어 표기법에 맞춰 표기했다.

3. 《 》부호는 책과 잡지를 나타내고, 〈 〉부호는 신문과 주간지를 나타낸다. 논문은 " "로 나타냈다.

4. 본문에서 [ ]는 옮긴이가 독자의 이해를 돕고 문맥을 매끄럽게 하려고 덧붙인 것이고, 지은이인 세르주와 편집자인 세지윅이 인용문 등에서 덧붙인 것은 각 각 [— 세르주], [— 세지윅]으로 나타냈다.

빅토르 세르주가 겪은 러시아혁명 첫해

몇 해 전에 빅토르 세르주 평전이 나왔다. 수잔 와이스만(Susan Weissman)이 쓴 《빅토르 세르주: 항로는 희망행으로!》(Victor Serge: The Course is on Hope!)[국역: 《빅토르 세르주 평전》, 실천문학사, 2006]이다. 세르주가 우리나라에 알려지게 된 것은 그 책이 두 번째다. 첫 번째 책은 15년 전 국내에서 번역 출간된 《러시아혁명의 진실》이다.[1]

나는 그때 혁명가 세르주가 누구인지 전혀 모르고 있었지만, 그가 쓴 책을 선뜻 번역하기로 마음먹었다. 이 책이 지닌 장점이 많았기 때문이다. 《러시아혁명의 진실》은 어떤 정치적 태도를 강요하는 책이 아니었다. 거기에는 러시아혁명이 성공한 뒤, 새로운 소비에트 정권이 부딪힌 '한 해'가 고스란히 담겨 있었다. 세르주는 객관성을 잃지 않으려고 끝없이 노력하는 모습도 보였다. 게다가 그가 쓴 글은 한 편의 소설처럼 펄펄 살아 있었다.

책을 옮기고 난 뒤, 여러 가지 '우여곡절'이 있었다. 그렇지만 옮긴 책은 곧 다 팔렸다. 한참 시간이 흐른 뒤 이 책을 찾는 사람들이 늘었다. 내가

---

1 빅토르 세르주, 《러시아혁명의 진실》(The One Year of Russian Revolution), 김주한·황동하 옮김, 풀무질 1995.

가지고 있던 책 한 권도 꼭 필요한 사람에게 주었다. 왜 사람들은 이 책을 찾고 있을까. 이미 '사회주의'도 망해 버렸는데, 사회주의 혁명이 '역사의 당위'였다고 강조하는 《러시아혁명의 진실》이 왜 지금 다시 필요한가. 그에 대한 답을 이렇게 말하면 어떨까. 이 책은 우리나라에 '너무 일찍' 소개됐다.

'너무 일찍 소개됐다.' 참 역설적인 말일 것이다. 왜 그런지 보자. 20년 전, 소련이 무너졌다. 그러나 우리나라에는 스탈린주의로 덧칠된 마르크스주의가 여전히 힘을 떨치고 있었다. 스탈린주의를 비판한 이 책은 배척받았고 제대로 평가되지 못했다. 지금은 이 책이 지닌 뜻을 아는 사람들이 늘었다. 한편에서는 자본주의가 역사의 끝이라고 한다. 그러나 신자유주의라는 이름으로 추진되는 자본의 지구화는 자본주의가 아닌 다른 세상을 꿈꾸게 만든다. 자본주의는 차츰 더 철저하게 야만성을 드러내고 있을 뿐 아니라, 사람들의 삶의 조건을 더 황폐하게 만들고 있다. 그런 사실을 사람들이 차츰 깨닫고 있다. 소련이 무너진 뒤부터 지금까지 20년의 세월은 비싼 수업료를 냈지만 역사의 산 교실이었던 셈이다.

이제 사람들은 지난날의 교훈을 되새김하려 한다. 러시아혁명은 우리에게 무엇이었고, 그 혁명은 왜 그렇게 되었을까. 뜻있는 사람들은 러시아혁명과 소련 70년의 역사를 차분히 되짚어 보는 시간을 가지려 한다. 이 책을 다시 내는 것은 바로 이 같은 요구 때문이다.

빅토르 세르주, 그는 누구인가

빅토르 세르주, 그는 어떤 사람인가.[2] 그는 노동자, 투사, 지식인이었다. 경험과 신념으로 보면 그는 국제주의자, 철저한 낙관론자였다. 그는 1889년 브뤼셀에서 태어났다. 키발치치(Kibalchich)가 진짜 이름이다. 그의 아버

---

2 세르주에 대한 자세한 내용은 필자의 졸고 2008, "실패한 국제주의 혁명가 빅토르 세르주", 《인문학 연구》, 12권, pp. 365~392를 볼 것.

지는 장교의 지위를 버리고 혁명에 뛰어들었다가 끝내 망명을 떠나 벨기에에 자리 잡았다. 그의 어머니는 폴란드 귀족 가문 출신이었다. 세르주는 청년기에는 파리에서 아나키스트 운동에 적극 참여했고, 보노(Bonnot) 사건[1911~12년에 프랑스와 벨기에에서 쥘 보노를 우두머리로 하는 아나키스트 집단이 벌인 은행 강도 사건]으로 5년 동안 감옥에 갇히기도 했다. 1919년에 세르주는 혁명 러시아에 들어갔다. 그 뒤 9년 동안 볼셰비키 러시아의 여러 직책을 거치고 초기 코민테른에서 주도적인 역할을 하기도 했다. 그는 1928년에 스탈린 독재를 비판한 죄로 공산당에서 쫓겨났고 5년 뒤에는 감옥에 갇혔다. 몇 년 뒤 그는 몇몇 잘 알려진 서구 지식인들의 끈질긴 구명 운동 끝에 풀려나 다시 벨기에로 가서 소련 체제의 '반동성'과 '혁명 정신 말살'을 외쳤다. 세르주는 히틀러 군대가 서구를 휩쓸 때, 운 좋게 멕시코로 탈출했다. 거기에서 그는 죽었다. 이처럼 세르주는 한 정치 망명객 집안에 태어나서 또 다른 정치 망명객이 돼 죽었고 일곱 나라에서 정치 활동을 했으며 언제나 정치적 반대파로 살았다.

세르주의 친구 훌리안 고메스 고르킨(Julian Gómez Gorkín)은 그를 "이상을 좇는 영원한 방랑자"라고 했다. 세르주는 어떤 하나의 정치적 지향을 갖고 있지 않았고 무슨 '주의자'로 묶이지도 않았다. 그는 벨기에에서 사회민주당 청년 조직에서 활동했다. 그러나 사회민주주의자들이 체제에 안주하는 것과 그 '개혁주의'에 진저리를 쳤다. 그는 곧 파리로 떠나 그곳에서 아나키스트 신문의 편집자가 된다. 세르주는 '테러 활동 고무·찬양' 등의 죄목으로 프랑스에서 감옥에 갇혔다. 풀려난 다음 스페인에서 아나키스트 반란의 주도자가 됐지만, 그는 수많은 남유럽 아나키스트들의 '폭력을 위한 폭력'을 줄곧 비판했다.

그 어느 정파에도 속하지 않은 세르주는 소련 공산당에 입당하지만 그와 소련 정권의 관계도 오래가지 않았다. 러시아혁명이야말로 진정한 혁명으로 규정했지만, 중앙집권을 거부한 아나키스트나 폭력을 규탄한 멘셰비키 같은 소수의 혁명정당을 새 정권의 비밀경찰(KGB의 전신인 체카)이 살인적으로 탄압하는 것이나, 곡물의 강제 공출에 저항하는 농민들을 총살하는 것도 받아들일 수 없었다. 세르주는 레닌이 죽기 전까지 그나마 공산당의 도덕성이나 "노동자 대표자로서의 성격"에 대한 믿음으로 버텼다.

그러나 그 뒤 트로츠키와 함께 신생국가의 관료화와 '혁명성 상실'을 비판하기 시작했다. 당연히 세르주는 스탈린 체제와 가까워질 수 없었다. 그들 사이에는 메울 수 없는 틈이 생겼다. 그렇다면 그가 트로츠키파였는가. '트로츠키주의'는 스탈린주의자들이 그에게 붙인 딱지였다. 세르주는 트로츠키를 늘 깊이 존경했고 트로츠키 저서들을 불어로 번역하는 등 소수파인 트로츠키파의 목소리가 유럽인들에게 들리게끔 많은 노력을 기울였다. 그리고 트로츠키가 멕시코에서 암살당한 뒤, 트로츠키의 부인인 나탈리아 세도바 트로츠키와 함께 세르주는 《트로츠키의 삶과 죽음》을 펴냈다.[3] 그는 결코 인간 트로츠키에 대한 칭찬을 아끼지 않았다. 예를 들면, 독립 혁명 예술 국제 동맹(International Federation for Independent Revolutionary Art)에서처럼 그는 할 수 있을 때면 트로츠키의 동료로 활동했다.[4] 그렇지만 세르주와 트로츠키 사이의 견해차는 컸다. 그는 트로츠키주의자도 아니었던 것이다.

이렇듯 세르주는 무슨 '주의 또는 주의자'로 묶을 수 없었다. 굳이 묶는다면, 그가 우스갯소리로 말했듯이, '세르주이스트'(Sergeists)일 뿐이다. 이는

---

3   Victorg Serge and Natalia Sedova Trotsky, *The Life and Death of Leon Trotsky*, trans. by Arnold J. Pomerans, New York: Basic Books, Inc. Publishers, 1975. 이 책은 1951년에 Vie et mort de Leon Trotsky라는 제목으로 프랑스에서 처음 출판됐다.

4   Victor Serge 1999, "From Our Friend Victor Serge", *Revolutionary History*, vol. 7, no. 2, p. 214.

세르주가 스스로 자신의 역할을 작가와 증인으로 규정했던 하나의 '작은' 종파였다.

그렇다고 해서 세르주가 몽상가나 망상가였던 것은 아니다. 그는 이상을 따르기보다는 정의를, 즉 소련의 스탈린주의나 자본주의가 허용할 수 있는 것보다 더 높은 인간의 존엄성을 위한 정의를 좇았다. 그는 보통 사람이 날마다 벌이는 투쟁에 뛰어들어서 역사를 만드는 데 참여하는 쪽을 택했다.

그렇게 어떤 '주의'에 묶이지 않았던 세르주는 늘 주변인이었다. 세르주가 주변인으로 남은 데는 그럴 만한 까닭이 있었다. 서유럽 좌파는 그의 작품이 너무 비판적이라는 것을 알고 배척했다. 부르주아 비판가들은 그의 작품이 너무 혁명적이라는 것을 알고 공개적으로 평론하기를 머뭇거렸다. 소련에서 세르주는 "자네는 해마다 걸작을 한 편씩 쓸 수 있겠지만, 당 노선으로 돌아오지 않는 한 자네 작품은 단 한 줄도 빛을 보지 못할 걸세!"라는 말을 들었다.[5] 그래서 그는 우파나 좌파 모두에서, 아니 '혁명가의 계보'에서 잊히게 됐다.

그러나 세르주가 영원히 망각의 강으로 쫓겨난 건 아니었다. 열정적으로 그를 끊임없이 붙잡고 있던 사람들이 있었다. 피터 세지윅과[6] 리처드 그리먼은[7] 세르주가 '20세기 초 혁명의 역사'에서 지워지지 않도록 열심

---

5   일랴 이오노프(Il'ia Ionov: 세르주의 오랜 친구이자 지노비예프계 반대파였으며 당시 국영 출판사 문헌인쇄소 소장)가 세르주에게 한 말. Victor Serge 1963, *Memoirs of a Revolutionary*, London: Oxford University Press, p. 56.

6   피터 세지윅은 《러시아혁명의 진실》의 해설을 쓰는 등 세르주에 대한 많은 논문을 썼다. 그는 서구에서 세르주 연구에 물꼬를 튼 사람이었다. 이 책에 실린 세지윅의 해설을 참고하시오.

7   Richard Greenman 1968, "Victor Serge: The Making of a Novelist, 1890~1928", Columbia University. (미간행 박사 학위 논문)

히 싸웠다. 빌 마셜은 처음으로 세르주 연구서를 내놓았다.[8] 1989년 잡지 《우랄》(Урал)에 《툴라예프 동지 사건》(The Case of Comrade Tulayev)이 실렸지만, 세르주가 쓴 책들은 1991년 소련 해체 전에는 단 한 권도 소련에서 나오지 않았다. 1991년에 《툴라예프 동지 사건》(The Case of Comrade Tulayev)과 《캄캄한 시대일지라도》(Midnight in the Century)가 러시아에서 한 권으로 묶여 간행됐다.[9] 세르주가 죽은 지 50여 년이 지난 지금 또 한 권이 빛을 보았다. 바로 수잔 와이스만이 쓴 《빅토르 세르주: 항로는 희망행으로!》다.

세르주는 《러시아혁명의 진실》, 《한 혁명가의 회상》(Memories of a Revolutionary), 《레닌에서 스탈린까지》(From Lenin to Stalin)를 썼고, 소설로는 《툴라예프 동지 사건》, 《정복당한 도시》(Conquered City), 《캄캄한 시대일지라도》, 《우리 권력의 탄생》(Birth of Our Power), 《죄수와 기나긴 황혼》(Men in Prison and The Long Dusk) 등 수십 권을 펴냈다. 그리고 간행하지 못한 원고와 편지와 시론도 수천 페이지나 남겼다.[10]

세르주가 바라본 혁명 뒤 1년

세르주가 바라본 혁명 뒤 1년은 어떠했는가. 혁명이 성공하고 나서, 갓 태어난 소비에트 정권이 부닥친 현실은 어떠했는가. 볼셰비키가 품었던 이상을 현실에 순조롭게 적용할 수 있는 토대가 있었는가.

《러시아혁명의 진실》은 혁명 뒤 1년을 다룬 책이다. 세르주는 우리에게 스탈린주의 역사가들이 다시 고쳐 써서 화석화하거나 왜곡한 사실이 아니라, 살아 숨 쉬는 1918년의 실제 러시아를 생생하게 보여 준다. 그 1년

---

8 Bill Marshall 1992, *Victor Serge: The Uses of Dissent*, Oxford: Berg.

9 http://www.trst.narod.ru/serge/serge.htm

10 http://www.marxists.org/archive/serge

은 러시아혁명으로 태어난 소비에트 정권이 앞으로 순조롭게 닻을 내리려면 어떠한 과제를 풀어야 하는지를 결정한 중요한 해였다. 사실 마르크스주의 이론가들은 사회주의 혁명이 성공하고 나서 들어선 사회가 구체적으로 어떠해야 한다는 것을 뚜렷이 말하지 않았다. 혁명을 성공시키고 난 뒤, 볼셰비키도 마찬가지였다. 앞날에 대한 구체적 청사진이 없었을 뿐 아니라 '산산조각난' 경제와 오랫동안 전쟁과 혁명으로 만신창이가 된 인민이 있었다. 마르크스가 미리 짐작한 것과 달리 세계에서 첫 사회주의 혁명은 후진적인 농업 국가인 러시아에서 일어났다. 후진 농업국 러시아에서 혁명이 성공하고 사회주의 정권이 뿌리내리려면, 선진 공업국에서 혁명이 터져 러시아를 도와야 한다고 말했다. 그 1년 동안 볼셰비키는 그런 바람을 갖고 정권을 세워가고 있었다.

프롤레타리아 혁명의 제1년, 즉 소비에트 공화국 제1년은 1917년 11월 7일(구력 10월 25일) 시작해, 잘 알려진 대로 독일혁명이 일어난 1918년 11월 7일 끝난다. 달력의 날짜와, 봉기의 승리로 시작해 혁명이 중부 유럽으로 퍼지는 것으로 이어지는 역사적 드라마의 이 첫 국면은 거의 완벽하게 일치한다. 이 시기에 우리는 프롤레타리아독재가 풀어야 할 모든 문제, 즉 생산과 분배의 조직화, 대내외적 방어, 중간계급과 지식인과 농민에 대한 정책, 당과 소비에트의 존속 문제가 처음으로 나타나는 것을 보게 된다.

그러나 혁명 첫해는 소비에트 정권에게 참 가혹했다. 세르주가 힘들게 러시아에 도착해서 부닥친 현실은 다음과 같았다.

모든 사람에게 젖과 꿀은커녕 식량조차 거의 남아 있지 않았다. 공장에는 더 많은 여가를 즐기는 행복하고 안락한 노동계급이 아니라 지난날 차르의 공포정치 시절보다 더 혹독한 궁핍이 있었다. 자기희생 요구는 점점 더 높아져 갔다. 사람들은 굶주린 도시를 버리고 그나마 덜 굶주리는 농촌으로 줄지어 떠났다.

이 책은 이런 현실을 생생하게 드러내 준다. 그리고 왜 세르주가 1918년 한 해를 앞으로 소비에트 정권의 발전에 중요한 해가 될 것이라고 지적했는지도 알 수 있다. 볼셰비키가 권력을 잡은 뒤, 처음 몇 달 동안 이미 쇠약해진 러시아는 '자본주의' 국가들의 군사적 간섭과 약탈, 경제적 파탄으로 더욱 황폐해졌다. 그 때문에 혁명을 이루어 낸 순수한 '힘'은 빠르게 사그라졌다.

바로 얼마 전까지만 해도 소비에트 민주주의는 대중의 참여를 바탕으로 한다고 했다. 그런데 여기 지금 있는 것은 죽음의 문턱에 있는 혁명이었다. 노동계급이 굶주림으로 고통받고 사라지고 있는 상황에서 '프롤레타리아독재'를 지탱하는 엄격한 당 독점에 의해 혁명의 자유가 감독·통제되고 있었다.

그렇지만 세르주는 꿈을 포기하지 않았다. 아직 희망의 불꽃이 꺼지지 않았다고 보았다. 지배 정당과 그 지배 정당이 대표하는 계급 사이의 유대 관계는 백군(白軍)의 반혁명에 맞선 투쟁에서 거듭 나타난 대중적 영웅주의의 활약이나 또는 새로운 제도와 문화 속에서 개척자적 건설 작업을 통해 아직도 새롭게 다져갈 수 있었다. 그리고 그는 이 책을 쓰면서 끝까지 "10월 혁명은 압도 다수의 노동자와 농민이 느끼고 있던 대중적 감정이 진정으로 표출된 사건"이라고 굳게 믿었다.

되돌아보면, 10월 혁명은 참으로 놀라운 일이었다. 첫 사회주의 혁명이 러시아에서 일어난 건 아무도 예상치 못한 일이었다. "사회주의 혁명은 고도로 발달한 자본주의 사회에서 일어날 수 있다"는 마르크스의 예측도 빗나갔다. 그래서 그것은 "세계를 뒤흔든 열흘"이었다. 그리고 그것은 새로운 세상을 여는 세계혁명의 불길을 일으킨 첫 불꽃이었다. 모든 나라 사람들이 굳건한 '연대'를 이루어 신천지로 나아가는 관문이었던 것이다.

그 혁명은 더 나은 세상을 만들려고 애쓴 사람들의 에너지가 한꺼번에 쏟아져 성공했다. 그런데 혁명이 성공한 뒤 처음부터 소련은 안팎에서 불어 닥친 시련으로 휘청거렸다. 많은 사람이 꿈꾼 세상을 제대로 실현해 보기도 전에, 제대로 혼자 서 보지도 못한 채 끝내 그 체제는 스탈린주의로 변질됐다. 다 아시다시피, 그런 스탈린주의 체제도 이미 무너지고 말았다.

러시아혁명은 무엇이었는가. 그것은 어디에서 길을 잘못 들었는가. 앞으로 우리가 러시아혁명에서 얻을 수 있는 교훈은 무엇인가.

세르주는 바로 그 문제, 즉 혁명과 볼셰비즘과 스탈린주의가 어떤 관계에 있는지를 죽을 때까지 붙잡고 씨름했다.

흔히 스탈린주의의 씨앗 전체가 처음부터 볼셰비즘 속에 들어 있었다고 말합니다. 글쎄, 그럴지도 모르지요. 하지만 볼셰비즘에는 다른 여러 씨앗, 즉 수많은 다른 씨앗도 들어 있었고, 승리를 거둔 첫 사회주의 혁명 초기의 열정을 겪으며 살았던 사람들은 이 사실을 잊어서는 안 됩니다.

'볼셰비즘이 스탈린주의로 끝났는가 아닌가.' 이 물음은 사회주의 운동을 다시 곧추세우려는 뜻을 지닌 사람들에게 아주 절실하다. '이겼다고 큰소리치는' 우익 사상가들은 스탈린주의가 이미 레닌과 마르크스, 심지어 바뵈프에게 처음부터 있었던 것이라고 말했다. 그게 사실이라면, 지금까지 '세계를 바꾸려 했던' 계획은 송두리째 무너지고 만다. 그게 사실이 아니라면, 볼셰비즘이 어디에서 잘못됐는지를 연구해야 한다.

세르주는 이렇게 말한다. 스탈린주의의 공포는 러시아혁명의 자동적인 결과가 아니었다. 그것은 특정한 일련의 사건들, 특히 독일혁명의 실패와 1917년 혁명을 일으킨 러시아 노동계급의 파멸이 가져온 결과였다.

그때 세계를 비추며 타올랐던 그 횃불은 여전히 환하게 타오르고 있다.

***

마지막으로 책을 다시 내면서, 처음부터 끝까지 번역을 손보았다. 이 책을 처음에 함께 번역했던 김주한 님께 감사드린다. 비록 지금 다른 길을 가고 있지만, 이 책을 다시 출간할 때 나에게 모든 권한을 넘기셨다. 그래서 다시 번역하는 과정에서 생긴 오류는 모두 내 책임이다. 아울러 어려운 상황에도 선뜻 이 책을 다시 펴내기로 한 책갈피 출판사의 모든 식구들께도 감사드린다.

2011년 1월 15일

황동하 씀

"나는 10여 년 동안 온갖 감옥 생활을 겪었고, 7개국에서 혁명운동에 참여했고, 책 20권을 썼다. 그것 말고는 아무것도 가진 게 없다. 막대한 부수를 발행하는 어떤 신문은 내가 진실을 말했다는 이유로 나에게 여러 번 역겨운 말을 늘어놓기도 했다. 우리는 혁명이 승리했다가 퇴보하거나 이런저런 혁명 시도가 끝내 유산되거나 끔찍한 대량 학살로 많은 사람이 몰살당하는 일 등을 경험했고, 그런 일들은 아직도 끝나지 않았다는 생각이 든다. 그러나 나는 그런 일들이 우리에게 열렸던 유일한 길이었다고 생각하지 않는다. 나는 지난 어느 때보다 더 인류를 믿게 됐고, 더 나은 앞날이 우리 앞에 펼쳐질 것임을 굳게 믿는다."

1943년 빅토르 세르주

추천의 글

　소련이 무너져 내리자 서구 지식인들은 놀라운 주장을 늘어놓기 시작했다. 이제 사회주의는 끝났고 자본주의는 영원하다고 결론 내린 것이다. 그들은 다음과 같이 주장한다. 러시아와 동유럽을 오랫동안 지배해 온 포악한 정권이 경제 파탄 때문에 결국 무너졌고, 이런 붕괴는 사적 자본주의 말고는 세계의 앞날을 책임질 대안이 없음을 가리키는 뚜렷한 증거라는 것이다. 또, 세계 인구의 3분의 2를 빈곤과 굶주림으로 몰아넣은 경제체제이자 그 심장부에서조차 인류를 부유한 소수 집단과 착취당하는 다수로 갈라놓고, 이 착취당하는 사람들 가운데 점점 더 많은 사람을 빈민가로 내모는 자본주의 경제체제가 분명히 21세기 사회의 주춧돌이라는 것이다. 이 경제체제를 뜯어고치려 하는 사람들, 체제를 위협하는 사람들, 체제를 전복해야 한다고 감히 주장하는 사람들은 20세기의 거대한 사회주의 실험이 끝났으니 이제 단념해야 한다는 것이다. 이런 논리를 따라가다 보면 마침내, 러시아혁명이 필연적으로 스탈린 체제의 공포정치를 불렀고 나아가 현대 러시아와 동유럽의 훨씬 더 끔찍한 사태들을 낳았다는 결론에 이른다. 혁명가라면 누구나 이 사실을 명심해야 한다는 것이다!

　빅토르 세르주가 이런 충고를 듣는다면 얼마나 비웃었을까. 세르주는 평생 동안 자본주의 착취에 대한 분노와 그 착취를 끝장내겠다는 결심으로 움직였다. 1917년 볼셰비키 혁명에 열광한 이유도 오직 하나였다. 노동계급이 처음으로 역사의 무대에 나섰고, 그것도 희생자나 탄원자가 아니라 새로운 사회, 즉 재화를 필요에 따라 생산하고 분배하는 사회의 창조자로서 역사의 무대에 등장했기 때문이었다.

그러나 마침내 러시아에 도착했을 때, 세르주가 발견한 것은 사회가 정말로 바뀔 거라고 결코 기대하지 않은 사회주의자들이 떠들어댄 뻔한 유토피아가 아니라 정반대의 상황이었다. 모든 사람에게 젖과 꿀은커녕 식량조차 거의 남아 있지 않았다. 공장에는 더 많은 여가를 즐기는 행복하고 안락한 노동계급이 아니라 지난날 차르의 공포정치 시절보다 더 혹독한 궁핍이 있었다. 자기희생 요구는 점점 더 높아져 갔다. 사람들은 굶주린 도시를 버리고 그나마 덜 굶주리는 농촌으로 줄지어 떠났다.

그렇지만 빅토르 세르주는 한없이 열정적으로 이 사회를 환영했다. 자신의 이익이나 평안은 조금도 돌보지 않고 수많은 사람들과 함께 새 사회를 건설하는 데 헌신했다. 세르주는 왜 자신이 그토록 열정을 바쳤는지 설명하려고 혁명 후 1년 동안 벌어진 사건들의 목격담을 남겼다. 다행히 이 원고는 살아남았다(통탄스럽게도 러시아 상황을 다룬 세르주의 다른 많은 글은 남아 있지 않다).

이 책은 오늘날 유행하는 반동적 논리들을 철저하게 반박한다. 예를 들면, 세르주가 묘사하는 러시아는 오늘날 철거당하는 우상이나 동상이 전혀 없었다. 스탈린 도당이 레닌을 신격화하는 데 열을 올렸지만, 이 책의 여러 장에 나오는 레닌은 그런 영웅 숭배를 철저히 경멸한다. 프롤레타리아독재를 찬성하지만 독재자와는 전혀 거리가 멀다. 레닌의 일생은 겸허했다. 노동자들과 병사들 위에 군림하지 않았고, 언제나 그들의 말에 귀를 기울였다.

세르주는 철저한 조직 활동가 스타일이 결코 아니었다. 초기에 그는 조직된 혁명적 사회주의자들보다 아나키스트들을 더 좋아했다. 그래서 이 책의 마지막 장에서 공산당을 훨씬 탁월하게 묘사할 수 있었다. 그는 당을 대중의 "두뇌와 신경 체계"로 묘사했다. "당은 대중의 편에 서서 대중을 통해 보고 느꼈으며, 알고, 생각하고, 행동했다." 당의 생명은 대중과의 결합에 달려 있었다. 이런 당은 스탈린 치하에서 개편된 당과 정반대였다. 스탈린의 목적은 대중을 위협하고 기만하는 것뿐이었다. 레닌의 당이 저절로 스탈린이 지배하는 당으로 변모한 것은 아니다. 오히려 스탈린은 당을 새로 건설하려고 예전의 당을 완전히 파괴해야 했다. 스탈린은 외국의 적보다 볼셰비키 전통을 대변하는 사람들을 더 무자비하게 탄압했다.

마찬가지로 세르주가 묘사한 볼셰비키의 대외 정책도 스탈린의 정책과는 정반대였다. 레닌과 그의 동료들이 권력을 "유지"하고자 했던 것은 세계의 다른 지역에 있는 훨씬 많고 영향력 있는 노동계급의 횃불이 되고자 했기 때문이다. 세르주는 "우리의 주된 지원자, 우리의 주된 희망은 서유럽의 노동계급"이라는 레닌의 말을 곧잘 인용했다. 볼셰비키의 대외 정책은 모두 외국 자본주의 정부들의 기초를 흔들고 다른 나라 노동자들과 혁명가들을 지원하고 사기를 북돋는 것에 바탕을 뒀다. 그러나 스탈린의 대외 정책은 외국 정부들과 협력하는 것이었다. 심지어 외국 정부가 자국 민중의 반란을 진압할 때조차 그랬다. 그리고 다시 말하지만, 레닌의 대외 정책이 저절로 스탈린의 대외 정책을 낳은 것도 아니었다. 둘의 정책은 완전히 달랐다. 스탈린은 레닌의 대외 정책을 지지한 사람들을 제거한 뒤에야 자신의 대외 정책을 추진할 수 있었다.

세르주는 위대한 혁명적 작가다. 언제나 읽기 쉽고, 또 읽고 싶은 충동을 불러일으키는 글을 썼다. 세르주는 1918년에 레닌과 볼셰비키를 조건 없이 지지했지만, 그렇다고 무비판적으로 당에 충성하는 얼치기는 결코 아니었다. 그는 사태를 냉철하게 봤다. 세르주는 볼셰비키 당이 내전에서 완전히 무너진다면, 유럽 노동계급이 일어나지 않는다면, 러시아에서 혁명적 노동계급이 혁명적 염원이 없는 새로운 노동계급으로 대체된다면, 무슨 일이 일어날까 예측하기도 했다.

스탈린 체제의 공포정치는 러시아혁명의 자동적 결과가 아니다. 일련의 구체적 사건들, 특히 독일혁명의 실패와 1917년 혁명을 성공시킨 러시아 노동계급의 해체가 낳은 결과다. 이 사건들은 모두 다르게 전개될 수 있었다. 그리고 다음에 이런 일이 또 일어난다면 그때는 정말 다르게 전개될 가능성이 크다.

우리 시대의 이른바 새로운 현실주의는 무엇보다 수동성에 호소하는 철학이다. 새로운 현실주의는 아래로부터 온 변화가 반드시 무시무시한 폭정과 반동으로 귀결된다고 주장한다. 그래서 우리가 할 수 있는 가장 좋은 일은 체제를 위로부터 바꾸는 것이라고 한다. 결국 착취자를 착취하는 일을 할 수 있는 적임자는 착취자들 자신이라는 결론이 나온다.

그런 주장이 승리하는 날이 온다면 아무도 착취 사회에 도전하지 않을 것이고, 결국 착취자는 환희에 찬 승자가 되고 말 것이다. 그러나 세르주는 수동성과 암묵적 동조를 몹시 싫어했다. 세르주는 무엇보다 혁명적 선동가였다. 따라서 그가 우리에게 보여 주는 혁명 러시아는 오늘날 널리 유행하는 수동적인 반(反)혁명적 결정론에 대한 강력한 반론이다. 세르주는 스탈린주의 역사 개작자들이 화석으로 만들거나 왜곡하지 않은 진짜 혁명, 즉 살아 숨 쉬는 1918년의 진짜 러시아를 보여 준다.

그때 세계를 비추며 타올랐던 그 횃불은 여전히 환하게 타오르고 있다.

1991년 9월 폴 풋(Paul Foot)

이 책을 노동계급 혁명가 두 사람에게 바친다. 한 사람은 이제 고인이 된, 존경하는 바실리 니키포로비치 차다예프(Vassili Nikiforovich Chadayev)다. 그는 1917년부터 1928년까지 레닌그라드 공산당 조직에서 활동한 투사다. 확고한 지성의 소유자이자 강직한 성격과 철저한 헌신, 가슴 속에서 타오르는 각별한 열정을 지닌 인물이었고, 혹독한 고문에도 결코 굴한 적이 없었다. 그는 1928년 8월 26일 쿠반(Kuban)의 아르마비르(Armavir)에서 멀지 않은 곳에서 임무를 수행하다 살해됐다. 혁명을 위해 헌신하다가 능력을 제대로 발휘하지도 못한 채 세상을 떠난 것이다.

그리고 다른 한 명은 아직 **살아 있는 위대한 혁명가**[레온 트로츠키]다.

빅토르 세르주

머리말

이 책에서 나는 러시아 사회주의 혁명의 첫 투쟁을 사실대로, 합리적으로, 생생하게 묘사하려 했다. 나는 근대 역사에서 가장 위대하며 결정적인 계급투쟁에서 끌어낼 수 있는 교훈을 노동계급에게 제시하려 했다. 이런 생각 때문에 나는 프롤레타리아 혁명가의 관점을 고수할 수밖에 없었다. 이 점은 공산주의를 지지하지 않는 독자에게는 오히려 이로울 것이다. 실제로 혁명을 일으킨 사람들이 혁명을 어떻게 이해했고 지금 어떻게 이해하는지 알 수 있기 때문이다.

역사가의 공명정대함은 특정 견해들을 지지하려고 만들어 낸 편리한 신화일 뿐이다. 제1차세계대전이 끝난 뒤 출간된 역사 저작들은 이런 공명정대함을 파괴했다. 사실 파괴해야 했다. 역사가는 언제나 '그 시대의 사람'이며, 그가 속한 사회계급, 민족, 정치적 관습에 매여 있는 사람이다. 그러나 오늘날 진리에 대한 철저한 헌신과 배치되지 않는 공공연한 당파성이 있다면, 그것은 노동계급 역사가의 당파성뿐이다. 노동계급은 상황이 어떻든 진실을 알게 됨으로써 모든 것을 얻을 수 있는 단 하나의 계급이다. 노동계급은 어쨌든 역사에서 아무것도 감출 게 없다. 사회적 기만은 늘 그랬듯이 똑같은 기능을 한다. 그 기능이란 노동계급을 속이는 것이다. 노동계급은 승리하려고 기만을 논박한다. 기만을 논박하는 것은 노동계급이 승리하기 위한 수단이다. 물론 정치의 편견에 영합하려고 역사를 왜곡한 몇몇 노동계급 역사가들도 있다. 그런 행위를 통해 자신의 소명과는 완전히 다른 전통에 굴복하고, 또 자신이 속한 계급의 우선적·항구적 이익을 부문적·일시적 이익에 종속시켰다. 나는 그러지 않으려고 노력해 왔다. 나의 서술이 여러 점에서 진실을 잘못 전달한 것으로 판명된다면(그럴 수도 있겠는데), 그것은 정보 부족이나 나 자신의 실수 때문에 생긴 전혀 의도치 않은 것들이리라.

실제로 이 책은 결함이 많을 수밖에 없다. 투쟁으로 점철된 시대에 투사로 살다 보니 다른 과제들이 나를 놔주지 않았다. 그 탓에 역사 연구에 절실히 필요한 휴식과 여가가 거의 없었다. 역사를 만드는 사람이 그 역사를 서술할 기회를 얻기란 아주 힘들기 때문이다. 게다가 이 연구의 밑바탕이 된 자료들도 쉽게 이용할 수 있는 것도 아니다. 사실들은 매우 최근의 것들이며, 또 너무나 생생한 것이었다. 마치 도가니 속의 재가 아직도 불씨를 품고 있어서 만지면 손을 델 듯한 것과 마찬가지다. 러시아에 남아 있는 10월 혁명 관련 문헌은 풍부하다 못해 넘쳐난다. 회고록, 보고서, 비망록, 서류, 단편적인 연구서가 엄청나게 많다. 그러나 흔히 그렇듯이, 선동 목적에 지나치게 종속됐던 많은 문서들을 어떻게 활용할지 알기란 대단히 힘들다는 점을 염두에 둬야 한다. 모든 분야를 포괄할 수 있는 체계적 연구는 거의 없다. 당, 내전, 적군(赤軍), 테러, 여러 노동자 조직의 역사 연구는 시작되지 않았다. 심지어 개략적인 연구조차 없다. 매우 간략한 몇몇 저작을 빼면, 소련에서는 비중 있는 혁명사 저작이 단 한 권도 발간되지 않았다(아무도 이 사실에 놀라지 않을 것이다). 군사 문제를 쓴 사람이 있기는 하지만 기껏해야 자신들이 흥미를 느끼는 몇몇 문제에 대해 기본적인 평가를 시도했을 뿐이다. 이런 상황에서는 혁명 참여자들의 자서전을 이용하는 것밖에 별다른 대안이 없다. 이 자서전들은 만만치 않은 오류를 담고 있기 마련이다. 최상의 경우에조차 혁명가들은 괜찮은 연대기 편찬자에 불과하다. 설상가상으로 그들은 기념사나 헌사, 논쟁, 심지어 어떤 일시적 관심사에 따른 역사 왜곡 등 매우 한정된 목적을 위해 펜을 잡기도 했다. 지방에서 일어난 사건을 서술한 논문 같은 더 전문적인 저작들도 학문적 가치가 있다고 보기는 어렵다. 이 엄청나게 많은 문서 가운데 일부 문서를 이용하면서 내가 주로 관심을 기울인 것은 그 안에서 특별히 중요한 내용을 찾아내는 것이었다. 독자가 구체적인 자료를 보고 스스로 판단할 수 있도록 나는 세부 사항과 인용문을 매우 광범위하게 제공했다. 나는 오직 다음과 같은 경우에만 인용 자료의 출처를 밝혀 놓았다. 진짜 가치 있는 기존 저술들에 내가 의존했을 경우, 특정 목격자의 권위를 강조해야 할 필요를 느꼈을 경우, 마지막으로 이 시기에 대한 독자 자신의 연구를 좀 더 쉽게 해 줄 수 있다고 느낀 경우다.

기회가 생긴다면 나는 이 작업을 계속 진행할 생각이다. 이 책의 결점을 지적해 주거나, 새로운 사실을 알려줄 수 있는 독자가 있다면 대환영이다.

그러면 이제 '제1년'을 혁명의 역사라는 맥락 속에서 살펴보자.

프롤레타리아 혁명의 제1년, 즉 소비에트 공화국 제1년은 1917년 11월 7일(구력 10월 25일) 시작해, 잘 알려진 대로 독일혁명이 일어난 1918년 11월 7일 끝난다. 달력의 날짜와, 봉기의 승리로 시작해 혁명이 중부 유럽으로 퍼지는 것으로 이어지는 역사적 드라마의 이 첫 국면은 거의 완벽하게 일치한다. 이 시기에 우리는 프롤레타리아독재가 풀어야 할 모든 문제, 즉 생산과 분배의 조직화, 대내외적 방어, 중간계급과 지식인과 농민에 대한 정책, 당과 소비에트의 존속 문제가 처음으로 나타나는 것을 보게 된다.

이 첫 시기는 **프롤레타리아가 승리한 단계**라고 할 수 있다. 이 단계는 권력 장악, 영토 정복, 생산 통제, 국가·군대 창설, 생존권 획득을 포함한다.

독일혁명은 다음 단계, 즉 **국제적 투쟁**의 단계(더 정확하게는 국제 혁명의 기지를 무력으로 방어하는, 때로는 공세적으로 방어하는 단계)가 시작되는 출발점이다. 1919년에 소비에트 공화국에 반대하는 '제1차 연합'이 결성됐다. 봉쇄정책이 자신들의 목적을 이루는 데 충분하지 않다는 사실을 알게 된 연합국은 반(反)혁명 세력들을 꼬드겨 시베리아, 아르한겔스크, 러시아 남부, 캅카스에 반혁명 국가를 세우게 했다. 제2년이 끝날 무렵인 1919년 10월 소비에트 공화국은 백군에 포위돼 패망의 문턱에 서 있는 것처럼 보였다. 백군 지휘관 콜차크는 볼가로 전진하고 있었고, 데니킨은 우크라이나를 침공해 모스크바로 다가서고 있었다. 유데니치는 영국 해군 함대의 지원을 받아 페트로그라드로 접근하고 있었다. 소비에트 공화국은 초인적인 힘을 발휘해 승리했다. 기아, 침략, 공포정치, 영웅적이고 무자비하고 금욕적인 '전시공산주의' 체제가 이어진다. 이듬해 유럽 연합국은 폴란드를 부추겨, 공포정치 종식을 선언한 바로 그 순간에 소비에트를 공격했다. 모스크바에서 공산주의 인터내셔널 제2차 대회가 열리는 동안 붉은 군대는 바르샤바의 관문에 다다랐다. 이 때문에 새로운 혁명의 위기가 유럽으로 전파될 것이라는 두려움이 생겼다. 이 단계는 1920년 11~12월 크림반도에서 브란겔이 패배하고 폴란드와 평화조약을 체결하면서 끝난다. 내전은 끝날 것처럼 보였다. 그러나 농민 봉기와 크론시타트 반란으로 사회주의 정권과 농민 대중의 심각한 갈등이 고스란히 드러났다.

경제 재건기라고 부를 수 있는 세 번째 단계는 신경제정책(NEP)을 도입한 1921년부터 (인구 증가와 함께) 생산이 전쟁 이전 수준으로 회복된 1925~26년까지다. 신경제정책의 성과를 간략히 되짚어 볼 필요가 있다. 유럽에서 노동계급이 패배한 다음, 프롤레타리아독재는 농촌 프티부르주아 계급에게 곡물의 국가 독점 폐지, 교역의 자유, 사적 자본주의의 제한적 허용 같은 경제적 양보를 할 수밖에 없음을 깨달았다. 사회주의 국가는 계속 경제 분야의 관제 고지를 모두 장악한 채 정치에서는 조금도 양보하지 않는다. 사회주의로 나아가는 다음번 전진을 준비하는 이 중대한 "후퇴"(레닌의 말이다)는 나라에 평화를 되찾아 줬고, 재건을 쉽게 해 줬다. 1925~26년 이후 러시아에서 프롤레타리아 혁명의 역사는 제4단계로 접어들었다. 내전이 끝난 뒤 5년이 지났을 때 경제는 완전히 재건됐다. 그토록 황폐하고 가진 것 없이 방치됐던 국가에게는 기적 같은 성공이었다. 이때부터는 생산을 확대하고 자본주의 강대국의 생산수준을 따라잡는 것이 과제였다. 지난날의 모든 문제가 새로운 빛 속에서 다시 나타났다. 새로운 빛이란 공업화 단계를 뜻한다. 계급투쟁은 되살아났고 차츰 격렬해졌다. 프롤레타리아 혁명은 한 나라 안에 갇히고, 자본주의 국가들에 포위당했다. 그 때문에 빚어진 혁명의 폐해는 몹시 심해졌다. 그러나 지금 우리는 살아남았고, 살아가고 있으며, 투쟁하고 있다. 지금의 문제들을 올바로 알려면 인간을 단련시키고 사상을 발전시키고 제도들을 만든 혁명의 영웅적인 시작 국면을 아는 것보다 더 나은 바탕도 없을 것이다.

이 책에서 연구한 사건들이 있은 지 열두 해가 지났다. 1917년 11월 7일 봉기로 태어난 프롤레타리아 공화국은 여전히 살아 있다. 러시아에서 노동계급은 권력을 행사하고 경제를 조직해 나갈 수 있으며 대내외의 적을 무찌르고 굽힘없이 자신의 역사적 사명을 감당할 수 있음을 보여 줬다. 그리고 이 모든 일은 아주 절망적인 상태에서 이뤄졌다. 사람들의 온갖 변덕, 오류, 불화, 정치적 분쟁은 이 위대한 사실을 흠집 낼 수 없고, 오히려 그 사실을 더한층 부각시키는 것이 돼야 한다. 프롤레타리아 혁명은 계속되고 있다. 이제 계급적 이해가 혁명과 일치하는 모든 사람에게는 이중의 의무가 있다. 내부적으로는, 즉 소련 국내와 국제 노동자혁명 운동 안에서는 혁명을 괴롭히는 해악들에 맞서 싸우고, 혁명의 약점에 맞서 혁명을 방어하는 법을 배우고, 세계 노동계급의 숭고한 이익에 따라 고무된 정치를 끊임없이 갈고닦아 실천하는 쪽으로 모든 노력을 기울여서 혁명에 이바지해야 한다. 외부적으로는 첫 노동자 공화국을 방어하고 그 안전을 위한 파수꾼이 되고, 나아가 앞으로 다른 나라 사람들을 위해 세계 변혁의 길을 밝혀 줄 교훈을 이끌어 낼 수 있게 노동자 공화국의 활동과 투쟁을 눈여겨봐야 한다.

이 책의 대부분을 소련에서 썼기 때문에 나는 지금까지 해외에서 나온 많은 중요한 저작을 이용할 수 없었다. 독자의 양해를 바란다.

1930년 1월 빅토르 세르주

제1장_ 농노제에서 프롤레타리아 혁명으로

1861년: 농노해방

세계 역사의 여러 사건들은 서로 밀접하게 관련돼 있다. 그렇기 때문에 한 사건의 원인을 제멋대로 해석하는 것을 넘어서 심층적으로 이해하려면 종종 꽤 먼 과거로 거슬러 올라가야 한다. 특히 러시아혁명 같은 커다란 사건은 더욱 그렇다.

서유럽 역사에서 18세기 말과 19세기 초는 엄청난 가능성을 지닌 고통스럽고 급격한 사회변혁, 즉 **부르주아혁명**이 일어난 시기였다. 절대왕정은 초기에는 코뮌의 인민과 당대 혁명 세력의 도움을 받아 봉건 체제의 계승자들을 유혈 낭자한 투쟁을 통해 물리쳤다. 그러나 구체제 하의 절대왕정은 봉건 체제의 상속인에 불과했다. 절대왕정은 귀족적·봉건적 대토지 소유, 관료적 절대주의 왕조, 자본가계급 위에 귀족과 성직자 계급이 군림하는 위계질서에 의존하고 있었다. 이런 사회계급 가운데 옛 지배계급은 몰락해 갔다. 그러나 다른 계급, 즉 상업·수공업·금융·의회 분야에서 일하는 자본가계급은 하층 장인 계급 사이에 굳건한 뿌리를 내리면서 노동과 근검절약, 직업적 성실성, 존엄과 정치적 자유라는 전통을 발전시켜 나갔다. 피지배 계급은 정치적 자유를 가장 가치 있는 것으로 생각했다. 자본가계급은 차츰 세력이 커지고 자신의 요구, 즉 주로 자신의 발전을 가로

막는 장애물을 모두 없애 버릴 필요성이 더욱 늘어나면서 권력을 향해 나아갔다. 1789~93년에 일어난 프랑스혁명은 뒤이은 여러 부르주아혁명의 시발점이었다. 테르미도르 반동과 브뤼메르 정변에 참여하게 될 아베 시에예스는 1789년에 자본가계급을 뜻하는 '제3신분이란 무엇인가'를 연구했다. "아무것도 아니다. 그렇다면 무엇이 돼야 하는가? 모든 것이다!"

1850년쯤 유럽에서 부르주아혁명이 완성됐다. 나폴레옹의 군대는 마드리드와 리스본뿐 아니라 빈과 베를린에 이르기까지 부르주아혁명을 퍼뜨렸다. 1830년 혁명과 1848년 혁명은 부르주아혁명의 마지막 정치적 격변이었다. 그동안 산업혁명이 시작됐는데(1769년 와트는 처음으로 증기기관을 발명했고, 1807년에는 풀턴이 증기선을, 1830년에는 스티븐슨이 기관차를 발명했고, 1802년에는 자카르 직조기가 발명됐다), 이 혁명은 어쩌면 훨씬 더 급진적이었다. 대규모 기계공업은 철도의 도움을 받아 도시를 노동과 고통에 시달리는 새로운 변혁 세력, 즉 노동계급으로 채웠다. 부르주아혁명의 특징은 봉건적 특권과 왕정체제·귀족과 특권계급 폐지, 산업 발전에 필요한 자유 획득, 자본가계급의 사회적 헤게모니와 화폐 만능주의 등이다. 이 혁명이 여러 단계를 거치며 새롭게 획득한 영역에서 새로운 투쟁이 뜨겁게 불타올랐다. 노동계급은 인류의 해방자로서 사명을 인식하기 훨씬 전부터 인간으로서 권리를 요구했던 것이다.

그러나 19세기 전반기 내내 러시아는 여전히 서유럽에서 일어난 혁명적 격변의 영향권 밖에 있었다. 이곳에서는 구체제(농노제, 귀족 계급과 교회의 특권, 차르의 독재정치)가 견고히 유지되고 있었다. 1825년 데카브리스트[12월 당원이라는 뜻으로 러시아 최초의 근대적 혁명을 꾀했던 자유주의자들]가 일으킨 군사 반란도 구체제를 흔들지 못했다. 그러나 1840년 이후 근본적인 개혁을 할 필요가 뚜렷해지기 시작했다. 농업 생산은 매우 적었고, 곡물 수출도 줄어들었다. 노동력이 모자랐기 때문에 수공업은 매우 더디게 성장했다. 귀족정치와 농노제가 자본주의 발전을 방해하는 셈이었다.

상황은 아주 심각했다. 1861년 2월 19일 농노제를 폐지한 '해방령'은 그런 상황을 해결하려는 매우 교활한 방안이었다. '해방된' 농민들은 이제 쥐꼬리만한 절취지[농민이 이용하던 분여지를 지주가 삭감 절취해서 자기 소유로 만든 토지. 할취지라고도 한다]를 사들여야 했고, 봉건적 종속이 아니라 경제적 종속에 시달려야 했고, 더 열심히 일해야 했다. 이제 수공업에 절실히 필요한 '자유로운' 노동력을 농촌에서 찾을 수 있게 됐다. 당시 러시아 인구 6700만 명 가운데 2300만 명이 농노였고, 이 농노들은 10만 3000명밖에 안 되는 지주에게 매여 있었다. '해방된' 농민이 임대하거나 구입해야 하는 경작지는 실제 가치보다 약 두 배 비싸게(1억 8천만 루블이 아니라 3억 4200만 루블로) 계산됐다. 결국, 어제의 농노들은 해방됐지만 빚더미에 짓눌려 꼼짝할 수 없었다.

'해방 군주' 알렉산드르 2세가 추진한 이 거대한 개혁부터 1905년 혁명 때까지 러시아 농민의 빚은 계속 늘어났다. 1861년 실시한 개혁 조처로 농민은 성인 1인당 토지를 약 5헥타르씩[1] 받았다. 1900년이 되자 인구가 빠르게 늘어 농민(무지크)의 손에는 1인당 3헥타르도 안 되는 토지만 남았다. 농민의 70퍼센트는 가족을 부양하는 데 필요한 최소한의 경작지조차 없었다. 한편, 개혁 선포 후 15년이 지난 1876년에 러시아가 유럽 시장에 내다 파는 곡물은 140퍼센트나 늘었다. 그 때문에 세계 곡물 가격은 급락했다. 1857~59년 러시아 곡물 수출량은 875만 쿼터(영국의 계량 단위)에 불과했지만, 1871~72년에는 2108만 쿼터로 늘었다. 상업과 산업, 지주, 정부 관료의 처지에선 농노해방이 아주 유망한 사업이었던 셈이다. 농민 계급은 그저 형태만 바뀌었을 뿐, 예속 상태를 벗어나지 못했고, 주기적으로 기근에 시달렸다.

러시아에서 농노제를 폐지했을 때 미국에서는 남북전쟁이 일어났고 노예제가 폐지됐다(1861~63년). 구세계나 신세계나 자본주의가 성장하려면 똑같이 노예나 농노를 자유노동자, 즉 노동력을 자유롭게 팔 수 있는 노동자로 대체해야 했던 것이다. 자유노동자는 더 열심히, 의식적으로 일한다. 기계제 대공업은 원시적 억압 수단과 나란히 설 수 없다. 기계제 대공업은 원시적 억압 수단을 경제적 강제, 즉 노골적인 폭력과는 근본적으로 차원이 다른 효력을 지닌, 굶주린 자에 대한 은폐된 강제로 대체한다.

1881년: 민중의 의지당

1863년 해방 군주는 위대한 개혁을 추진하던 바로 그때 폴란드에서 일어난 봉기를 진압했다. 처참하게 희생된 폴란드 애국자가 1468명이나 됐다.

1861년의 개혁으로 러시아에서 자본주의가 발전할 길이 최초로 열렸으나 그 앞에는 수많은 장애물이 놓여 있었다. 국민의 권리도 불평등했다. 완고한 관료와 경찰 기구가 주도권을 쥐고 있었다. 특권계급은 국가 안에서 지위를 유지했다. 자본가계급은 여전히 권력의 조종간에서 멀리 떨어져 있었고, 자신들의 이익(자본가계급은 자신들의 이익을 진보라는 일반적 이익과 같은 것으로 생각했다)이 반동적 가치로 잘못 받아들여지거나 차르의 궁정과 귀족계급과 대지주들의 요구에 희생당하고 있다고 보았다.

농민들 사이에서 끊임없이 소요가 일어났다. 모든 권리와 앞날에 대한 보장을 박탈당한 채 구체제와, 차츰 강해져 가는 자본주의에 희생당하던 프티부르주아 계급의 청년 지식인층은 서구의 진보 사상에 빠져들면서 혁명의 씨앗이 싹틀 수 있는 토양으로 바뀌어 갔다. 사법제도 재편, 지방자치법 제정, 태형 폐지 같은 새로운 개혁이 사상가 체르니셰프스키의 시베리아 유형(그는 그곳에서 20년을 보냈다) 같은 무자비한 탄압과 공존했다.

나로드니키('민중'을 뜻하는 나로드에서 유래한 말로 민중주의자들) 같은 러시아 최초의 중요한 혁명운동이 일어난 데는 여러 요인이 작용했다. 끊임없이 반동과 타협해 온 러시아 자본가계급 고유의 취약성, 자유주의 운동 부재, 농민을 비롯한 서민과 가진 것 없는 지식인들의 절망적 상태, 극심한 탄압, 1848년의 혁명적 전통에서 그 유산을 물려받은 서구 사회주의의 영향 등이 그것이다. 나로드니키는 민중혁명에 희망을 걸었고, 러시아의 전통적 농촌공동체인 미르(mir)를 토대로 농민 사회주의를 건설할 수 있다고 보았다. 계몽된 소수가 민중에 대한 절박한 의무를 지니고 있다고 믿었고, 지식인 엘리트와 인간성, '비판적 사상'과 이상주의를 믿었다. 표트르 라브로프와 미하일로프스키는[2] 운동에 철학이라는 무기를, 불굴의 바쿠닌은 투쟁에서 얻은 교훈을 줬다.

이 시기는 "민중 속으로 들어가는" 때였다. 귀족, 자본가계급, 프티부르주아 계급 출신의 젊은 남녀 몇 천 명이 지위와 안락함을 포기하고 육체노동에 종사하거나, 곤경과 기아, 고통, 수감 생활을 경험하거나 시베리아 유형이나 제네바 망명을 선택했다. '반란자' 집단이 형성됐고, 교육받은 사람들 사이에서 공감을 얻었다. 그들은 박해와 탄압을 받았다. 살아남은 사람들이 1878년에 '토지와 자유'라는 비밀결사를 조직했는데, 얼마 후 농촌에서 선전·선동하는 것을 옹호한 '흑토분배당'과 테러리즘을 북돋우는 나로드나야 볼랴('민중의 의지')로 나뉘었다. 나로드니키 지도자 가운데 한 사람인 젤랴보프는 "역사는 너무나 더디게 간다. 우리는 그 진행을 재촉해야 한다. 그렇지 않으면 자유주의자들이 깨어나 다시 활동을 시작하기도 전에 민중이 타락해 버릴 것이다" 하고 말했다. 이 당의 강령은 민중에게 토지를, 노동자에게 공장을 돌려줄 것, 제헌의회 소집과 공화국 수립, 헌법 제정 등에서 알 수 있듯이 다소 혼란스러웠다. 나로드니키 가운데 몇몇은 입헌군주제에 만족하려 했다. 그들은 무엇을 타도해야 하는지에 대해서는 아주 뚜렷했다. 그런데 그 다음에 무엇을 건설해야 하는지에 대해서는 별다른 생각이 없었다. 다른 활동 방식이 없었기 때문에 민중의 의지 당원들은 요인 암살을 호소했다. 그들 가운데 어떤 사람은 교수형 당하기 며칠 전에 남긴 글에서 "우리 당에는 사용할 수 있는 다른 수단이 없었다" 하고 썼다. 당 기관지 《토지와 자유》에는 "정치적 암살은 러시아 제정에 맞서 싸우는 데 가장 효과적인 무기 가운데 하나"라는 글이 실렸다. 당원은 50명도 안 됐지만 그들은 영웅적이고 헌신적인 사람들이었고 기꺼이 죽을 준비가 돼 있는, 열정적이고 두려움을 모르는 똑똑한 사람들이었다.

학생이었던 베라 자술리치가 처음으로 암살을 시도했다.[3] 그녀는 1878년 에 트레포프 장군을 쏘았다. 페테르부르크 법정에서 큰 재판이 열렸고, 혁명 활동으로 기소된 피의자 193명이 출두했다. 770명이 체포됐고, 그 가운데 70명이 몇 년 동안 예비조사를 받다가 감옥에서 죽었다. 완전한 광대극 같았던 그 재판의 판결은 석방 94명, 추방 36명, 10년 강제노역 1명 등으로 끝났다. 그동안 페테르부르크 경찰국장이었던 트레포프는 감옥에서 한 학생을 매질했다. 트레포프는 나중에 "처벌은 매우 정당한 것이었다. … 어쨌든 벌 받은 학생이 귀족 출신은 아니지 않은가" 하고 변명했다. 베라 자술리치는 석방 판결을 받았다. 러시아 테러리즘은 엄청난 탄압을 받으면서 성장했다.

머지않아 암살이 잇따랐다. 무시무시한 '민중의 의지당 집행위원회'가 비밀리에 열려서, 사형 판결을 내리고 판결 결과를 당사자들에게 전달하고 이 판결을 집행하기 위한 조처를 취했다. 차르의 죄상을 밝히는 판결문도 지체없이 전달됐다. 그 다음 집행위원회는 재판부로서 그 판결 결과를 집행했다. 페테르부르크의 한 거리에서 익명의 자객이 경찰국장 메젠체프를 칼로 찔렀다.[4] 크로포트킨 가문의 공작인 하리코프 지사가 처형당했다. 차르는 자신의 종복들을 살해한 사람들에 대한 정치적 재판을 모두 군법회의로 돌리고, 경찰의 보복에 대든 사람들을 모두 교수대에 세우는 식으로 대응했다. 국민은 제정과 한줌의 혁명가들 사이에서 말없는 방관자였다. 1872년에서 1882년 사이에 고위 관리에 대해 6번(그 가운데 3번은 성공했다), 경찰 간부에 대해 4번, 알렉산드르 2세에 대해 4번씩 암살 기도가 있었다. 밀고자 처형은 9회, 경찰에 대한 무장 저항은 24회에 달했다. 혁명가 31명이 교수형이나 총살형을 당했다.

민중의 의지당이 노린 주요 표적은 체제 전체의 우두머리, 즉 차르였다. 1879년 4월 14일 솔로비요프라는 학생이 알렉산드르 2세에게 권총 5발을 쏘았다. 그해 12월 1일 모스크바에서 그리 멀지 않은 철도에서 폭탄이 터져 황제의 기차가 탈선하기도 했다. 1880년 2월 17일에는 동궁의 식당에서 황제 가족이 들어오기 직전에 폭탄이 터졌다. 1881년 3월 1일 페테르부르크에서 폭탄이 터져 알렉산드르 2세는 마침내 비참한 최후를 맞았다. 황제를 암살한 소피아 페로프스카야, 젤랴보프, 키발치치, 미하일로프, 루사코프 5명은 교수형 당했다. 이 사건으로 민중의 의지당은 가장 빼어난 지도자들을 잃었다. 그중 일부는 역사상 가장 뛰어난 혁명가이기도 했다. 결국 당은 해체되고 말았다.

아직 눈에 띄지 않았던 다른 사회 세력들이 이제 투쟁에 돌입했다.

1885년: 노동운동의 탄생

그 다음 1881년에서 1890년까지 10년 동안 반동 세력이 가한 타격은 매우 심각했다. 그 시기에 농노제가 다시 살아났다. 새로운 차르 알렉산드르 3세는 대관식에서 전제정치는 "확고한" 것이라고 선언했다. 곧이어 강력한 힘과 돈으로 무장한 정치경찰 오흐라나(보위부)가 창설됐다. 의심스러운 언론을 당국이 사전 검열하는 언론법이 제정됐고(1882년), 신문은 폐간당할 수도 있었다. 1889년에는 대지주의 추천으로 귀족계급 중에서 선발돼 커다란 권한을 부여받은 지방 행정장관직이 신설되면서 농민의 노역이 합법화됐다. 관료들의 권한도 더 커졌다. 고등교육은 지배계급만을 위한 것이라고 법으로 정해졌다. 학생들은 의무적으로 교복을 입어야 했고, 경찰의 엄중한 감시를 받았다. 귀족 농촌신용은행과 농민 농촌신용은행이 세워졌다. 전자는 지주 계층과 토지 소유 향신층을 지원하려는 것이고, 후자는 부농을 더욱 부유하게 만들려는 것이었다. 폴란드, 핀란드, 발트해 지방, 캅카스에서 러시아화가 끊임없이 추진됐다.

1881~82년 내내 조직적 학살에 시달린 유대인들은 이제 동남부 지방의 여러 주(州)와 폴란드로 강제 이주 당했다. 유대인은 각 주도(州都)에 거주하는 것이 금지됐고, 거의 150만 명에 이르는 유대인들이 살고 있던 도시에서 쫓겨나 원래의 출생지로 돌아가야 했다(1888년). 이런 법률이 제정되자 유대인 거주 중심지에는 대혼잡과 이루 말할 수 없는 비극이 일어났다. 그 법은 1917년이 돼서야 폐지됐다. 대학에서 유대인에게 허용된 할당량은 이른바 '유대인 거주지'에서는 10퍼센트 미만, 양대 수도에서는 2퍼센트 미만이었다. 람보는 알렉산드르 3세 치하에서 "유대인의 운명은 낭트 칙령[1598년 칼뱅파 프로테스탄트인 위그노 교도에게 종교의 자유를 허용한 칙령. 1685년에 폐지됐다]이 폐지된 뒤 프랑스에서 위그노들이 처한 운명과 똑같았다"고 말한 바 있다.[5]

포크로프스키가 설명했듯이, 순전히 경제적 문제 때문에 반동이 이런 형태를 띠게 된 것이다.[6] 앞서 말했듯이 러시아의 곡물 수출은 상업자본이 발전한 가운데 농노해방의 여파로 한층 더 활발한 상황이었다. 당시 세계 곡물 가격은 매우 높았다. 그러나 1870년부터 가격이 떨어지기 시작했다. 러시아의 밀 수출 가격은 푸드(1푸드는 약 36파운드[약 16킬로그램])당 1루블 54코페이카에서 74코페이카로 절반 넘게 떨어졌다. 곡물 수출은 당시 러시아 경제에서 중요한 구실을 했다. 차르 정권은 보호주의 정책을 펴기 시작했고, 관세를 금으로 납부하라고 요구했다. 농민에게 공급되는 공산품 가격은 빠르게 올랐다. 게다가 농민은 1861년의 '해방' 이래 가장 좋은 토지를 빼앗긴 상태였으므로, 먹고살려면 일을 더 많이 해야 했고, 높은 임대료를 내더라도 토지를(때때로 그 토지는 자신이 빼앗긴 것이었다) 빌려야 했다(사라토프 주에서는 1860~80년 사이에 임차한 토지가 열 배나 늘었다). 농민은 더 빠르게 빈곤해졌다. 오렐주에서는 7년 동안 농민이 보유한 가축 수가 5분의 1로 줄었다. 1884년에는 총 900만 농가 가운데 250만 가구가 말을 소유하지 못했다(포크로프스키의 글 참조). 정부는 법률로 농민을 작은 땅에 붙들어 매서 노동자화를 막으려 했지만, 이런 경제 상황 때문에 아무 효과가 없었다.

러시아 공업이 성장하기 시작한 것이 바로 이때였다. 농촌이 빈곤해지자 몇 천만 명이 넘는 굶주린 노동계급이 산업예비군으로 등장했다. 농민들은 직물이나 연장 등 일상 소비 용품의 생산을 포기한 채 곡물 경작에 모든 시간을 쏟아부으며 더 많이 일할 수밖에 없었다. 그 덕분에 공업은 아주 넓은 국내 시장을 확보하게 됐다. 외국자본이 대거 몰려들었다. 1877년에 5억 4100만 루블로 평가되던 러시아의 공업 총생산은 1897년에 이르러 18억 1600만 루블로 늘었다. 그 가운데 외국자본은 15억 루블을 차지했다. 1887년에서 1897년에 이르는 10년 동안 기계공업에서 일하는 노동자는 10만 3000명에서 15만 3000명으로, 직물공업에서는 30만 9000명에서 64만 2000명으로 늘었다.

노동계급의 생활은 비참했다. 모스크바 지역의 직물노동자는 대부분 공장 안에서 생활했고, 공장에서 먹고 잤다. 가장 높은 임금을 받는 노동자조차 가족이 방 전체를 쓰는 경우가 참 드물었다. 늘 여러 가족이 한 방에 함께 거주했다. 여러 도시에서 모든 노동자가 형편없는 지하 창고에서 살았다. 유아사망률은 끔찍한 수준에 이르렀고, 1일 노동시간이 14시간을 넘는 것도 흔했다. 1899년에는 그때까지 하루 14시간씩 일해 온 페테르부르크의 직조공들이 파업을 했다. 그들은 하루 7시간 30분이라는 합법적 노동일을 쟁취할 수 있었다. 임금 지급은 매우 불규칙했다. 1883

년 모스크바에 있는 181개 공장 가운데 110개 공장에서 임금은 순전히 사용자 마음대로 지급됐다! 별 것도 아닌 잘못을 트집 잡아 노동자의 급여에 온갖 벌금이 매겨졌다. 따라서 공장은 소유주에게는 금광이나 마찬가지였다.

1850년 이후 파업이 늘어나기 시작했다. 1875년까지는 표트르 크로포트킨이 속한 차이코프스키[7] 서클이 페테르부르크의 노동자들 속에서 가장 활발히 활동했다. 1877년 노동자 재판에서 직조공 표트르 알렉세예프는 "언젠가는 노동자의 갈색 손이 차르 체제를 내리쳐 먼지로 만들어 버릴 날이 올 것"이라고 말했다. 1876년 12월 6일 페테르부르크의 카잔성당 앞 광장에서 사회주의 노동자들의 첫 시위가 벌어졌다. 그때 학생이었고, 나중에 러시아 사회민주당의 지도자가 된 플레하노프가 러시아 땅에서는 처음으로 붉은 깃발을 휘둘렀다.

1878~79년에 젤랴보프의 친구이자 동지인 가구 제조공 스테판 할투린이 '북부노동자연맹'을 만들었다. 할투린은 노동자 조직을 만들려고 했으나 실패하고 테러리즘으로 전환한 뒤, 1882년 교수형으로 처형당했다. 러시아 노동자가 벌인 첫 성공적인 파업은 1885년 오레호보주예프에 있는 모로조프 방적공장 파업이었다. 그 파업은 군대가 개입해 6백 명이 체포됐지만 사용자에 맞서 거둔 첫 공식적 승리라는 점에서 사실상 성공으로 생각된다. 그 다음해에 노동자의 요구를 충족시키는 법률이 통과됐다.

1883년 플레하노프는 스위스에서 마르크스주의 사상에 바탕을 둔 첫 러시아 혁명 조직을 세웠다. 민중의 의지당 집행위원회가 해산하기 1년 전이었다. 이 조직의 이름은 '노동자해방단'이었고, 조직원은 5명이었다. 그 뒤 10여 년이 지나서야 러시아 안에서 사회민주주의 계열의 조직이 처음 나타난다.

1892년 페테르부르크와 모스크바에서 '노동계급해방투쟁동맹'이 결성되기 시작했다. 그러나 1895년에 가서야 그 모습은 더 뚜렷해졌다. 페테르부르크 지부의 창설자는 레닌과 마르토프 두 사람이었다.[8] 학교 교사였던 크룹스카야도 참여했다. 블라디미르 일리치 울랴노프는 그때 25세였다. 그는 나중에 일리인 또는 레닌이라는 필명을 썼다. 레닌은 심비르스크에서 학교 교장의 아들로 태어났다. 레닌은 러시아의 사회주의 운동을 창설한 대다수 혁명적 지식인들과 마찬가지로 프티부르주아 출신이었다. 그의 형 알렉산드르는 민중의 의지당이 꾸민 마지막 음모에 관련돼 1887년 교수형 당했다. 레닌은 형이 처형된 교수대의 그림자 속에서 청년기를 보내며 성장했다. 레닌의 혁명 사상은 당시 법학을 전공하고 있던 카잔대학에서 쫓겨나는 원인이 되기도 했다.

1895~1903년: 노동계급 정당

이제부터 러시아 역사는 서로 방향이 다른 두 길을 따라 전개될 터였다. 학자들은 두 길 가운데 공공연히 모습이 드러난 한쪽 길에만 관심을 쏟는다. 그들은 대부분 황제의 통치와 여러 법률, 외교 활동, 정부의 변화와 각종 개혁을 연구한다. 가끔은 기근(특히 1891년의 대흉년)이나 국민의 소요 등을 연구하기도 한다. 이 사건들은 나름대로 의미가 있으며, 이제 그 가치를 제대로 알아야 할 것이다. 그러나 오늘날 러시아 역사와 세계사를 알려고 하는 사람들은 농촌에 퍼진 갈등, 파업, 혁명정당의 수립, 이 사건들과 직접적 인과관계가 있는 경제적 필요 등의 다른 요인들에도 최대한 관심을 기울여야 한다.

지금 우리가 살펴보는 1890년에서 1903년의 시기는 노동자 정당이 나타났던 때다. 이 시기에 여러 사건이 일어났다. 프랑스·러시아의 우호 관계(프랑스와 러시아는 1891~94년에 곧바로 실질적 동맹 관계를 맺는다), 투르키스탄과 파미르같은 중앙아시아로 진출한 러시아와 영국의 이해관계 충돌, 극동 진출,

1895년 청일전쟁에서 승리한 일본이 전과를 독차지하지 못하게 만든 러시아의 훼방, 터키에서 아르메니아인 대학살과 불가리아인 정부 관료 스탐불로프 암살에 성공한 러시아 외교의 발칸 작전(1894년), 니콜라이 2세가 주창해 헤이그에서 열린 제1차 평화회담, 보어 전쟁, 미국·스페인 전쟁, 대중국 전쟁, 영일동맹, 독일 포위 개시 등 굵직한 사건이 많이 일어났다. 유럽 각국이 추진한 식민지 팽창, 다른 말로 하면 자본주의 진영 안에서 세계 분할은 끝났다. 이 시기에 일어난 사건들을 간추린 연표만 보더라도 자본주의 사회를 막다른 골목, 즉 제국주의 간 전쟁으로 몰고 간 심원한 힘이 이미 존재했음을 충분히 알 수 있다. 동시에 자본주의의 발전을 이끈 힘 때문에 혁명 세력도 준비되고 있었다. 다만, 이 힘은 사람들의 눈에 띄지 않는 그늘 속에서 커지고 있었다.

1889년 파리 대회를 통해 제2인터내셔널이 부활했다. 플레하노프는 러시아 최초의 사회민주주의 조직 대표로 이 대회에 참가했다. 그는 "러시아혁명은 노동계급의 혁명으로 승리할 것이다. 다른 경우란 없다" 하고 힘주어 말했다.

러시아에서는 나로디즘(민중주의)과 마르크스주의라는 두 사회주의 진영 사이에 활발한 논쟁이 벌어지고 있었다. 민중주의자들은 농업국인 러시아에서 자본주의 발전은 필요하지도, 가능하지도 않다고 주장했다. 그들은 전통적인 농민공동체에서 러시아 특유의 농촌 사회주의의 맹아를 찾고 있었다. 그들은 노동계급이 혁명에서 중요하지만 부차적 요소라고 봤다. 또 그들이 이해하는 혁명은 차르 정권을 민중의 권리 위에 수립된 민주주의 정부로 대체하는 것이었다. 플레하노프와 레닌은 러시아에서 자본주의 발전이 필연적임을 논증하고, 노동계급 지배 이론으로 민중주의자들에 맞섰다. 두 사람에 따르면, 노동계급은 다른 계급이 주도한 혁명에 끼어드는 것이 아니라 운명적으로 자신의 혁명을 실현하는 구실, 즉 국가의 운명에서 중요한 구실을 맡도록 돼 있었다.

이즈음 여러 지역에 노동계급해방투쟁동맹이라는 조직이 세워졌다. 페테르부르크 지부에서는 학생인 크라신이 활동했고, 오데사에서는 랴자노프와 스테클로프, 치페로비치가, 툴라에서는 힌추크가 활발히 활동했다. 얼마 뒤인 1896년에 니콜라예프에서는 나중에 트로츠키라고 불린 학생 브론슈타인이 '남부러시아노동자연맹'의 창설을 도왔다.

1894년 민스크(벨라루스)에서 러시아 사회민주당 1차 당대회가 열렸다. 참가한 대표는 모두 9명이었다. 표트르 스트루베가 창당 선언문을 작성했다.[9] 그 선언문에는 다음과 같은 의미심장한 문장이 있었다. "유럽에서 동쪽으로 갈수록 자본가계급은 원시적이고 허약하고 겁이 많으며, 노동계급이 책임져야 하는 문화적·정치적 의무는 더 많아진다."

사회주의적 주장이 러시아 노동운동으로 퍼지면서, 노동운동은 프로코포비치나 쿠스코바처럼[10] 사회민주주의 조직에 참여해 온 진보적 자유주의 부르주아들의 영향을 받게 됐다. 당시의 러시아판 기회주의를 '경제주의'라고 불렀다. 이른바 경제주의자들은 노동자의 유일한 관심은 경제 문제일 뿐 정치는 별로 관심이 없거나 아예 고려하지도 않는다고 주장했다. 경제주의는 노동운동을 단순한 비정치적 노동조합 운동으로 이끌려고 노력했다. 경제주의(경제주의는 독일 사회민주당 안에서 '수정' 마르크스주의에 의거해 활동하던 베른슈타인의 관점을 따른 것이다)는 폭력혁명 사상을 비난했고, 자본주의를 개혁할 수 있다고 믿었다. 또한 이 시기는 러시아에 '합법 마르크스주의'가 뿌리내린 때이기도 하다. 자유주의 자본가계급은 '합법 마르크스주의'가 탁월한 무기임을 알고 있었다. 플레하노프와 레닌은 이런 이데올로기에 맞서 헌신적으로 싸웠다. 경제주의나 합법 마르크스주의 사상이 승리한다면 노동운동은 혼란에 빠지고 잘못된 노선을 걸을 수 있었다. 플레하노프와 레닌은 여러 논쟁에서 보여 준 판단, 빈틈없는 견해, 노동자에 대한 비타협적인 충실성 등 때문에 많은 존경을 받았다. 그 뒤 플레하노프는 변절해서 실패하고 배반하게 된다. 반면에, 레닌은 평생 동안 자기 견해를 고수해 탁월하고 명확한 전망을 지닌 채 자신이 따르려고 선택한 계급에 대해 흔들리지 않고 충성을 다했다.

레닌이 소책자 《파업에 대하여》를 쓴 것은 수감돼 있을 때인 1896년이었다. 간결한 강령식 문장으로 〈러시아 사회민주주의의 임무〉를 작성한 것은 그가 시베리아 유형에 처해졌을 때인 1897년이었다. 유형에서 돌아와 뮌헨으로 추방되자 레닌은 그곳에서 1900년에 첫 신문 〈이스크라〉(불꽃)를 창간했다.[11] 그 신문은 두 가지 과제, 즉 다양한 일탈·훼손·퇴보에 맞서 프롤레타리아의 사상을 보호하고 모든 혁명적 반대파가 노동계급을 지원하게 만드는 과제를 해결하려는 것이었다. 〈이스크라〉는 베른슈타인이나 프랑스의 밀랑주의와[12] 비슷한 러시아의 모든 기회주의에 맞서 투쟁했다. 러시아 최초의 '사회혁명당' 조직들과도 투쟁했고, 학생과 지식인을 노동계급 편으로 끌어들이려고 싸웠다. 1894~1903년에 혁명운동의 선봉에 선 것은 학생이었다. 중간계급은 점점 더 강력하게 차르 체제에 반발했다. 네프스키가 설명했듯이 "레닌을 비롯한 〈이스크라〉 편집진은 '지식인을 타도하라!'고 외쳤던 사람들의 선동에 맞서 꾸준히 혁명적 지식인을 방어했다."[13] 마지막으로 〈이스크라〉는 사회혁명당원들의 개인적 테러리즘도 비판하고, 그 대신에 대중 행동의 대의를 옹호했다.

1902년 레닌의 주요 저작의 하나인 《무엇을 할 것인가?》가 출판됐다. 그 책에서 레닌은 단호하고 일관되게 활동할 수 있는 혁명 조직을 만들 필요가 있다고 역설했다. 혁명 조직의 주축은 전적으로 운동에 헌신하는 '직업적 혁명가' 집단이어야만 했다. 오로지 이런 조직을 바탕으로 삼을 때만 제정의 강력한 기구에 대항해 싸울 수 있고, 나아가 그 기구를 타도할 수 있었다. 그 뒤 레닌은 이런 조직을 만들려고 모든 힘을 쏟게 된다.

러시아 사회민주당 2차 당대회는 1903년 브뤼셀에서 열렸으나 경찰의 간섭 때문에 런던으로 장소를 옮길 수밖에 없었다. 이제 막 시베리아에서 돌아온 트로츠키, 노아 조르다니아,[14] 바우만(1905년에 암살당한다) 등 투사 60명이 대회에 참가했다. 대회는 플레하노프와 레닌이 제기한 몇 가지 문제를 놓고 '다수파'(볼셰비키)와 '소수파'(멘셰비키)로 분열했지만 당시 두 사람은 모두 볼셰비키였다. 플레하노프는 자유주의자에 대한 비타협적 정책을 요구했고, 지주와 차르 왕가를 사형할 것을 옹호했고, 의회 물신주의를 비난했다. 레닌은 당 규약 1조를 놓고 벌어진 유명한 논쟁에서 오로지 비합법 기구에 참여해 적극 활동하는 사람들에게만 당원 자격을 줘야 한다고 주장했다. 멘셰비키 규약 초안은 당에 동조하는 지식인에게 문호를 열어 놓으려고 그런 조건을 회피했다. 이 대회는 볼셰비키와 멘셰비키 사이에 뚜렷한 분열이 생겼음을 보여 줬다.

사회혁명당

사회혁명당은 플레하노프와 레닌이 반대한 나로드니키 전통을 이어 온 다른 많은 집단과 같은 시기에 성장했다.[15] 노동계급 정당을 만들어 낸 사회민주주의자들과 달리 사회혁명당(SRs로 알려진)은 노동계급과 농민계급과 진보적 지식인 모두의 당이 되고자 했다. 최초의 마르크스주의 조직들에서 그랬듯이 사회혁명당에서도 지식인이 가장 많은 수를 차지했다. 그러나 러시아 사회민주당은 지식인에게 노동계급을 위해 헌신할 것을 요구했고, 지식인이 노동계급의 대의를 대변할 때만 발언 기회를 줬다. 그런데 사회혁명당에서는 그런 지식인이 결정적 구실을 했다. 나로드니키 이론에 따르면, "비판적 사고력이 있는" 의식 있는 개인들이 소수 엘리트 집단을 이뤄 사회의 운명에 중요한 영향을 끼친다는 것이다.

'비판적 사고'와 개인의 도덕적 가치에 지나치게 큰 비중을 부여한다는 점에서 진보적 지식인에게 전형적인 이 개념은 그 자체가 경제적 요소, 대중의 구실, 대중의 활동, 계급투쟁을 포용하는 데 실패할 것임을 보여 주는 증거였다. 노동자, 농민, 지식인(도시의 교육받은 프티부르주아 계급)을 하나로 뭉뚱그린 단일 정당이라는 수단으로 차르 체제와 투쟁한다는 생각 자체가 계급투쟁을 잘못 이해하고 있음을 보여 주는 것이기도 했다. 그런 정당에서라면 노동자는 마땅히 부차적 구실만을 담당할 것이고, 스스로 정치 운동을 해야 할 필요를 느끼지 못할 것이며, 끝내는 중간계급의 정치 운동에 이용당할 수밖에 없을 것이다.

사회혁명당은 나로드니키의 전통적 이론들을 부활시키며 농민공동체를 러시아 사회주의의 미래를 위한 토대로 여겼다. 그들은 주로 지식인 청년층과 농민층을 대상으로 활동했다. 그들은 사회민주주의자들이 대중행동을 내세우며 테러리즘 전술을 비난하자(그렇지만 지배자에 대한 몇몇 보복 행위나 합법적 방어가 전적으로 자연스러운 것이라는 사실을 부인하지는 않았다), 개인의 테러리즘을 전략으로 격상시켰다. 사회혁명당의 결의안은 개인의 테러가 대중행동과 조화되는 것이든 대중행동을 고양시키려는 것이든, 어느 경우에도 당의 엄격한 통제를 받아야 한다고 요구했다. 농민의 도움에 의지하는 지식인의 당은 노동자 대중의 파업이나 거리 시위 같은 가장 단순한 형태의 대중행동조차 활용할 수 없었다. 마침내 그 당은 테러에 의지하는 것 말고는 달리 방도가 없었다.

확실히 사회혁명당은 혁명적 마르크스주의자들과는 크나큰 차이가 있었다. 레닌이 오래 전에 썼듯이, 그리고 역사가 많은 증거를 들어 밝혔듯이 사실상 사회혁명당 지도자들은 폭탄과 권총으로 무장한 자유주의자 이상도 이하도 아니었다. 사회혁명당은 2월 혁명 뒤 정치적으로 몰락했지만 1917년까지는 탁월한 혁명적 자질을 보여 줬다. 사회혁명당의 프티부르주아 계급은 열심히 잘 싸웠다. 당원도 놀랄 만큼 많았다. 사회민주주의자들과, 소수였으나 대단히 열정적이었던 아나키스트들과 함께 감옥, 죄수 거주지, 시베리아의 오지를 채운 것은 사회혁명당원이었다. 그들 중에는 수많은 훌륭한 직업적 혁명가들이 있었다. 그들은 혁명의 대의를 위해 영웅과 순교자를 배출했다. 그러나 1917년 2월과 10월 혁명이 일어난 뒤 사회혁명당이 몰락한 사실은 여러 가지 점을 일깨워 준다. 사회혁명당은 중간계급이 우리 시대의 어떠한 혁명도 이끌 수 없으며 혼란스런 이데올로기가 얼마나 위험한지 보여 준다.

1901년에 다양한 나로드니키 조직들이 하나의 당으로 결합됐다. 주요 당 지도자는 다음과 같다. 1874년 처음으로 체포된 뒤 두 번 징역을 살고, 여러 번 추방당하고, 항상 비합법 생활을 한 엄청난 용기의 소유자이자 역전의 투사인 예카테리나 브레시코-브레시코프스카야, 당 전투조직의 창설자이자 뛰어난 지모와 끝없는 헌신성을 소유한 투사 그리고리 게르슈니, 민중의 의지당의 노련한 당원이었던 미하일 고츠, 정치인이었던 빅토르 체르노프,[16] 차르 보안경찰이었고 나중에 당 전투조직을 지휘하게 되는 기술자 예브노 아조프 등이다.

1902년 게르슈니가 전투조직을 세웠다. 이 조직은 같은 해 학생이었던 발마셰프(그는 나중에 교수형 당했다)가 교육부 장관인 시퍄긴을 처형해서 첫 발을 내딛었다. 교육부 장관이 처형된 다음날 사회혁명당은 그 행위가 올바른 것이었다고 공식 선언했다. 그 다음해에 우파(Ufa)의 주지사인 보그다노비치가 비슷한 죄목으로 처형됐다. 게르슈니가 체포되자(아조프가 그를 경찰에 넘겼다) 아조프는 테러 부대의 최고 지휘부로 올라갈 수 있었다. 테러가 직업이었던 강인한 용기의 소유자 보리스 사빈코프는 이제 자신이 경찰 앞잡이의 명령을 받고 있음을 깨닫게 됐다. 1904년에 총리 폰 플레베는 예고르 사조노프가 던진 폭탄에 맞아 불구가 됐다. 사조노프는 아조프의 지시를 받아 암살을 모의했다. 다음 차례는 모스크바 섭정인 세르게이 알렉산드로비치 대공이었고, 이반 칼랴예프가 그를 처형했다. 테러리스트였던 사조노프와 칼랴예프는 러시아혁명 역사상 가장 인상적인 인물이었다. 암살 기도가 더욱 드세졌다. 1905년 혁명기에 사회혁명당은 10월 17일 황제의 칙령이 발표된 뒤 사기가 완전히 꺾였고, 테러 중지 명령을 내렸다. 그 후에 새로운 반동 시기가 오자 사회혁명당은 전투조직에 새로운 활동을 명령했다. 사회혁명당이 주도한 테러는 1905년에 58건에 이르렀고, 1906년에는 93건, 1907년에는 74건이었다.[17]

매우 이질적인 성향들이 섞여 있었기 때문에 사회혁명당은 좌파에서 우파까지 다양한 집단의 이탈을 겪었다. 1906년경에 아나키스트 성향의 좌파가 떨어져 나가 과격파 사회혁명당을 결성했다. 이 작은 집단의 특징은 엄청나게 대담한 테러를 벌인다는 것이었다.

1905년: 제1차 러시아혁명과 그 원인

1905년 혁명을 흔히 1917년 혁명을 위한 '예행연습'이라고 말한다.[18] 1905년 혁명은 러시아 역사 전체가 준비해 온 것을 위한 예행연습이었다.

1905년 혁명 직전 러시아 농민 1천만 가구가 토지 7300만 데샤틴을[19] 소유했다. 약 2만 7000명의 지주 가운데 1만 8000명이 6200만 데샤틴을 소유했다. 대지주 699명이 이 거대한 토지의 3분의 1을 소유했다. 그들은 전제 정권의 튼튼한 버팀목이었다. 농민은 당연히 가장 좋은 토지를 소유할 수 없었다. 1861년 이래 토지는 옛 농노를 되도록 옛 지주들에 묶어 두고 의존하도록 하는 방식에 따라 분할됐다. 농민들은 생계를 유지하려고 흔히 가혹한 조건으로 더 많은 토지를 옛 지주들에게서 빌려야 했다. 농민들은 도로 양편을 따라 자기들이 살던 마을에 이르는 미경작지에 대해서도 가축이 풀을 뜯는다는 이유로, 또 수천 가지 다른 핑계로 세금이나 경작'권'에 대해 돈을 냈다. 1900년 이후 세계 곡물 가격이 회복되기 시작하자, 돈벌이에 혈안이 된 농촌의 지주계급은 토지 가격과 임대료를 어떤 경우에는 두 배나 올렸다. 농촌 인구도 늘어났다. 1861년에는 성인 남자 1인당 평균 5데샤틴의 토지를 소유했지만, 1900년이 되자 토지 소유 규모는 보통 그 절반에도 미치지 못하게 됐다. 통계 수치를 보면, 당시 농촌의 실업자 수는 1000만 명에 이르렀다. 1895~96년, 1897년, 1901년은 기근이 닥친 해였다. 그런 상황에서도 곡물 수출은 계속됐다.

농민과 노동자의 비참한 삶이 유산계급이 가진 부의 원천이었다. 1893~96년 러시아의 연평균 수출액은 6억 6100만 루블이었다. 1905~08년에는 경제 위기, 러일전쟁, 혁명이 일어났지만, 연평균 수출액은 해마다 10억 5500만 루블씩 늘었다. 그동안 해마다 누적된 이윤 총액은 1억 400만 루블에서 3억 3900만 루블로 뛰었다. 외국자본은 노동력이 값싸고 이윤 축적이 쉬운 러시아 땅으로 물밀듯 들어왔다. 1894~1900년에 러시아 공업으로 유입된 외국자본은 거의 5억 루블이나 됐다.

러시아 공업은 시작한 지 얼마 되지 않았지만 특수한 조건 때문에 빠르게 발전했다. 러시아 공업의 노동력은 무한했으나 숙련 노동자는 아주 드물었고, 노동귀족은 전혀 없었다. 이 후진국에서 공업 기술은 대개 원시적 수준에 머물렀다. 이런 상황은 사업을 하기엔 더할 나위 없이 좋은 조건이었다. 그런데 외국 투자가들의 영향 때문에 자본 집중 수준은 독일보다 훨씬 높았다. 이렇듯 근대적 구조를 지닌 [러시아] 자본주의는 그 구조에 비해 1세기 넘게 뒤진 제도 때문에 방해받고 있었다.

노동법은 없는 것과 마찬가지였고 노동조합도, 집회·결사·시위·언론의 자유도 없었다. 간단히 말해, 노동계급에게는 아무 권리도 없었다. 하루 노동시간은 10시간에서 15시간이나 됐다. 1838년 남부 브랸스크에 있는 기계공장에서는 하루 12시간 노동의 임금이 70코페이카였다. 직물노동자는 매달 14~18루블을 받았지만, 그나마 월급에서 공제되는 액수가 엄청 났다. 유럽의 어느 나라보다 노동시간은 길고 임금 수준은 낮았다. 1904 년에는 대규모 중심지 몇 곳에 집중된 작업장과 공장에 116만 9000명의 집단적 노동자 대중이 존재했다.

이런 상황은 기업인들에게도 영향을 미쳤다. 궁핍한 농촌의 보잘것없는 국내시장만을 확보한 직물 산업 고용주들은 적어도 처음에는 1905년 혁 명에 동조했다. 정부의 발주를 받아 공장을 돌리던 기계 산업의 고용주들 은 만주에서 군사적으로 패배한 뒤 자포자기 상태로 모든 일에 무감각해 졌다.

프티부르주아 계급의 불만이 커지고 있었다. 부유한 농민들은 자신들 에게 필요한 모든 진보를 대지주들이 막고 있음을 알게 됐다. 상인들, 장 인들, 가난한 농민들, 게다가 지식인까지 자신들의 이익이 심하게 침해당 하고 있고, 신분 제도와 관료주의적 전제주의가 자신들의 존엄성을 훼손 하고 있다고 생각하게 됐다. 대지주, 부유한 귀족, 왕실, 차르 체제와 밀접 히 연관된 최상층 부르주아 집단을 뺀 나머지 모든 계급이 근본적인 변화 가 필요하다고 느끼고 있었다.

1902년은 많은 농촌 지역에서 소요가 일어난 해였다. 마을 전체가 총 살당하거나 태형에 처해진 경우도 있었다. 로스토프나도누[돈강 하류의 항구도 시]에서 일어난 대규모 대중파업은 노동계급의 힘을 보여 줬다. 이듬해 총 파업이 남부 지방을 휩쓸었다. 폰 플레베가 지휘하는 경찰은 민중 사이에 퍼진 감정을 무마하려고, 키시네프에서 반(反)유대주의를 조작했다. 유대 인 수백 명이 학살당했다. 그때 차르의 경찰은 자신들이 노동운동에 참여 해 주도권을 쥘 수 있다고 확신했다. 경찰국장 주바토프는 처음에는 모스 크바에서 그 다음에는 페테르부르크에서 경찰, 고용주, 성직자들의 삼중 보호를 받는 노동자협회를 세우도록 부추겼다. 그러나 상황의 압력 때문에 이런 '경찰 사회주의'조차 파업을 지지할 수밖에 없었다. 1905년 푸틸로프 공장에서 노동자와 경영진 사이에 대립이 불거졌다. 당국이 후원하고 가폰 신부가 지도하던 노동자협회 회원 4명을 경영진이 해고한 게 원인이었다. 이 '흑색 노동조합운동'은 인내의 한계에 도달한 전체 노동계급의 지도부 속으로 파고들었다.

가폰은 대단한 인물이었다. 그는 노동자의 진정한 이익과 당국의 선한 의지를 조화시킬 수 있다고 진지하게 생각하는 듯했다. 어쨌든 그는 차르에게 청원하는 운동을 조직했다. 그러나 그 운동은 1905년 1월 22일(구력으로 1월 9일) 대량 학살로 끝났다. 페테르부르크에서 가폰이 작성하고 노동자 수천 명이 서명해 니콜라이 2세에게 보내는 탄원서는 가련한 간청이자 용감한 요구이기도 했다. 탄원서에는 하루 8시간 노동, 노동자 권리 인정과 헌법(그 헌법에는 국민에 대한 각료의 책임, 교회와 국가의 분리, 민주주의적 자유를 포함하는 요구 사항이 있었다)을 요구하는 내용이 들어 있었다. 탄원자들은 성상을 들고 성가를 부르며 '작은 성부(聖父) 차르'를 만나려고 1월의 어느 늦은 아침 수도의 모든 지역에서 눈보라 속을 걸어 모여들었다. 군대의 기관총이 그들을 쓰러뜨렸고, 카자흐 기병대가 그들을 덮쳤다. 황제는 "그들을 반란자로 다루라"고 명령했다. 그 결과 그날 수백 명이 사망하고 많은 사람들이 부상했다.[20] 이 어리석고 극악한 탄압 때문에 제1차 러시아혁명이 터졌다. 이 혁명은 또한 그로부터 12년 뒤 어느 날 일어날 러시아 제정의 자멸을 예고하는 것이었다.

1905년: 전투

이미 러일전쟁을 겪으며 불만이 국민 전체로 확산된 상황에서 노동자 대량 학살 사건이 일어나자 혁명이 갑자기 분출했다. 총파업이 주요 10개 철도 간선을 따라 위치한 122개 마을과 산업 중심지를 휩쓸었다. 바르샤바에서 파업은 봉기의 성격을 띠었다. 90명이 죽고, 176명이 다치고, 733명이 체포되면서 파업은 처참하게 진압됐다.

러일전쟁이 벌어진 1년 내내 패배가 잇따랐다. 전쟁의 동기는 여러 가지였다. 영토 확장 정책을 추진하던 차르 정권은 식민화의 황금 지대인 만주로 영향력을 확장해 나갔다. 뤼순항 정복으로 러시아 상업의 중국 진출 길이 열렸다. 당시 시베리아 횡단철도를 건설하고 있던 프랑스 자본은 극동 지역을 탐냈다. 차르는 왕족의 수가 늘어 재산을 하사하기가 점점 힘들어지자 조선을 로마노프 왕가의 재산 증식 토대로 여겼다. 마지막으로, 러시아 정치인들은 군사적 승리로 국내에서 제정을 강화하려는 생각에 결코 반대하지 않았다. 일본은 1894년 청일전쟁의 전리품을 러시아가 강탈했다고 생각했다. 일본은 조선을 정복하기로 작정했다. 러시아와 무력으로 결판을 내려는 일본의 계획은 이제 아시아에서 러시아의 영향력 약화를 원하는 영국 제국주의의 후원을 받았다.

러일전쟁은 1904년 2월에 발발해 1905년 9월 5일 포츠머스 조약 체결로 끝났다. 러시아는 압록강, 랴오양, 펑톈[선양의 옛 이름], 뤼순항 전투(러시아가 조건부 항복을 받아들여야 했던) 등 단독으로 참여한 모든 곳에서 패배했다. 1905년 5월 쓰시마 해전에서는 함대 전체를 잃었다. 차르는 손쉽게 승리할 것이라고 믿어 의심치 않았지만, 연이은 패배는 독재 정권의 군사적 취약성을 드러내면서 막상 전쟁터보다 국내 전선에서 더욱 심각한 반향을 불러일으켰다. 이 수치스러운 패배는 행정적 무능, 책임자의 무능력, 최정예 부대를 묶어 둘 수밖에 없었던 국내의 혼란스러운 상황 등이 낳은 결과였다. 전비로 13억 루블이 소요됐다. 니콜라이 황제는 대략 12억 루블에 이르는 전비를 거의 모두 주로 파리의 증권거래소를 통해 나라 밖에서 조달했다.

몇 장의 지면을 통해 1905년 혁명의 복잡한 운명을 추적할 수는 없을 것이다. 따라서 아주 중요한 날짜와 설명만 훑어볼 수 있을 것이다. 농촌에서 소요가 일어나기 시작한 것은 2월이었다. 2월 4일 사회혁명당은 세르게이 대공을 처형했다. 4월 17일 황제는 러시아 정교회의 권위를 전혀 해치지 않는 범위 안에서 모든 사람에게 양심의 자유를 허용하는 칙령을 발표했다. 5월에는 볼셰비키 런던 대회, 즉 러시아 사회민주당 3차 당대회가 열렸다.

볼셰비키는 1903년 이래 어려운 상황에 빠져 있었다. 당 지도자였던 플레하노프는 트로츠키가 그랬듯이(트로츠키가 멘셰비키에 가담한 것은 잠시뿐이었다. 혁명 기간 내내 그는 볼셰비키와 협력했고, 심지어 볼셰비키보다 더 좌파적이기도 했다), 2차 당대회가 끝난 뒤 멘셰비키로 넘어가 버렸다. 레닌이 보기에 "당시는 붕괴, 망설임, 혼란의 시기였다." 실제로 볼셰비키는 지독한 당내 투쟁을 벌이고 있었다. 혁명 전야에 볼셰비키는 자신들만이 준비된 단 하나의 조직이자 명확한 사상으로 무장한 조직이라는 사실을 깨달았다. 멘셰비키는 당 지도부를 장악하고 있었다. 중대한 상황이었지만, 멘셰비키는 소수파로 전락할까 봐 두려워서 당대회 소집을 거부했다. 볼셰비키는 런던에서 자신들만의 당대회를 열었고, 멘셰비키는 제네바에서 당대회를 소집했다.

1917년에 볼셰비키가 승리한 이유는 1905년에 그들이 취한 태도를 보면 가장 잘 알 수 있다. 멘셰비키는 다가올 혁명이 부르주아혁명일 것이라는 견해를 고수했다. 그 견해에 따르면, 부르주아혁명으로 자본가계급이 권력을 장악하고 자신들의 지배를 확고히 다지며, 러시아에서 자본주의가 더욱 확대·발전하는 시대가 열린다는 것이었다. 노동자 봉기란 정신 나간 짓이 될 것이다. 볼셰비키는 정적인 멘셰비키가 유산계급의 꽁무니를 쫓으려 한다고 비난했다. 볼셰비키는 노동계급이 대중 봉기의 선두에 나서야 한다고 주장했다. 부르주아혁명은 오로지 '노동자·농민 계급의 민주주의 독재'를 통해서만 실현될 수 있고, 두 계급이 승리한다면 그 다음 단계에서 노동계급은 사회주의로 나아갈 수 있다는 것이었다. 강력하고 정치적으로 자각한 수많은 노동계급이 있을 때는 어떤 순수한 부르주아혁명도 제기될 수 없다는 것이다. 이것이 레닌의 주요 생각이었다. 이 무렵 트로츠키와 파르부스는 러시아 사회민주주의 안에서 제3의 조류를 이뤘다. 그들은 멘셰비키의 기회주의와는 분명히 관계를 끊으면서도, '연속혁명론'을 통해 러시아혁명의 운명을 유럽의 노동운동과 연결시켰다.

레닌과 크라신은 런던 대회에서 혁명정부에 당이 참여할 수 있도록 동의해 달라고 호소했다. '자코뱅주의'라는 비난에 움츠러들지 않고 공포정치도 마다하지 않을 혁명정부에 당이 참여해야 한다는 것이었다. "혁명적 시기에 권력에 참여하기를 두려워하는 것은 어리석을 뿐 아니라 범죄이기도 하다." 루나차르스키와 보그다노프가 보고를 마친 다음, 대회는 당이 봉기를 준비하도록 위임했다.

혁명의 첫 단계에서 여러 조직의 활동이 시작됐다. 반동 세력, 자유주의자, 지방의회(젬스트보),[21] 다양한 프티부르주아 조직들, 농민 대회, 노동조합 등의 정당과 조직이 설립됐다.

피의 일요일 뒤에 곧바로 모든 곳에서 합법적·비합법적 노동조합들이 결성되기 시작했다. 노동조합의 집회는 숲 속에서 열릴 때도 있었다. 그 뒤 여러 사건이 빠르게 일어났다. 6월 15일 전함 크나즈-포템킨 호에서 반란이 일어났다.[22] 노바야 알렉산드라 부대에서는 장교인 안토노프-오프세옌코가[23] 주도한 군사 반란이 터져 나왔다. 폴란드의 로즈에서는 시가전이 벌어져 5백 명이 죽었다. 정권은 뭔가 조처를 취해야 한다고 느꼈다. 8월 6일 불리긴 위원회가 마련한 계획에 따라 황제의 칙령으로 제국의회가 창설됐다. 순수한 자문기구 성격의 이 의회는 제한적 선거권을 바탕으로 선거인단이 아주 복잡한 체계를 거쳐 의원을 선출했다. 대지주에게는 모두 선거권이 있었지만, 소지주는 자신들의 집단 안에서 10명당 1명의 선거권자를 선출하는 데 그쳤다. 도시에서는 자본가계급만 투표할 수 있었고, 노동계급은 투표할 수 없었다. 지식인 계급 중에서는 부유한 사람들(연 수입이 1300백 루블이 넘는 사람들)에게만 투표권이 있었다. 페테르부르크의 전체 주민은 150만 명이었으나, 선거인단은 9500명에 지나지 않았다. 자본가계급은 이런 이름뿐인 의회에 만족하려 했다.

10월 초에 총파업이 일어났다. 겉으로 보기엔 아주 사소한 문제를 둘러싼 의견 대립이 발단이 됐다. 모스크바의 식자공들이 구두점에도 글자에 지급하는 보수와 동일한 보수를 지급하라고 요구하며 나섰던 것이다. 파업은 연대 활동을 통해 차츰 모스크바 전체로 퍼졌다. 그 다음에는 전국의 철도노동자가 가세했다. 파업은 가공할 만하고 완벽했다. 심지어 상점들까지 모두 문을 닫았다. 13일에는 노동자 500명당 1명씩 대표를 선발하는 페테르부르크 노동자 소비에트가 창설됐다. 그와 함께 농민 봉기가 러시아 거의 전역에서 일어났다. 수많은 '귀족의 보금자리'가 불에 타 버렸다. 지주 저택 2000여 채가 재로 변했다. 차르 정권은 군사독재와 항복이라는 두 가지 길을 놓고 망설였다. 철도 파업과 군대의 미약한 충성심 때문에 차르 정권은 상대적 항복이라고 할 수 있는 비테 백작의 계획을 선택할 수밖에 없었다. 10월 17일 황제가 칙령을 발표해 의회는 입법의회로 격상됐다. 도시의 프티부르주아 계급과 노동자는 2단계와 3단계 선거에 참여할 수 있는 선거권을 갖게 됐다. 그러나 이런 조처는 그들을 더 크게 자극했을 뿐이다. 민주주의적 자유가 모두 기정사실로 굳어졌을 뿐 아니라 혁명적 언론이 창설됐다. 힘을 잃어버린 당국은 이런 조처를 용인해야 했다.

그 뒤 유대인 학살이 늘어났고,[24] 정치적 반대파가 사면됐고, 핀란드는 자치를 얻었다. 10월 말에는 크론시타트에서 군사 반란이 일어났다. 곧이어 흑해 함대가 봉기했다. 봉기를 주도한 시미트 대위는 용맹스럽기는 했으나 결단력이 부족한 사람으로 그저 어떻게 용감히 죽을 것인가 정도만 아는 인물이었다. 이 모든 사건의 운명을 좌우한 중요한 요소가 있다면 그것은 군대였다. 군대는 이런 폭발적인 이반 상황에서도 **대체로** 충성심을 유지했다.

처음에 페테르부르크 소비에트를 이끈 사람은 민간 변호사 흐루스탈레프-노사르였다. 그는 의장직을 트로츠키에게 넘겨주고 나서 얼마 뒤에 체포됐다. 소비에트는 트로츠키의 지도와 볼셰비키의 지원 하에 투쟁했으나 페테르부르크 노동계급의 열의가 차츰 수그러들면서 한층 어려움을 겪게 됐다. 소비에트는 파업을 통해 1일 8시간 노동을 쟁취하려 했으나 실패로 끝났다. 1년 넘게 계속된 투쟁으로 수도의 노동자들은 기진맥진한 상태였고, 소비에트 인사들이 모두 체포됐을 때 잠시나마 파업을 벌인 노동자는 소수에 불과했다.

한편, 모스크바에서는 노동계급의 활동이 지난 몇 달보다 더 위축된 상태였다. 반면 반동의 열기는 극에 달했다. 좀 더 신중한 혁명가들은 패배할 수 있음을 지적했으나 허사였다. 12월 7일 사회혁명당과 볼셰비키가 배후에서 지원한 총파업이 시작됐다. 총파업은 곧바로 봉기의 성격을 띠었다. 노동자 조직의 소규모 전투 집단이 도시에 바리케이드를 설치하고 군대의 출동에 저항할 준비를 했다. 그러나 그들은 너무 소수였고 무장도 형편없었다. 혁명에 동조하던 군부대가 바로 직전에 무장을 해제당했기 때문에 무장 저항이 너무 늦게 시작된 셈이었다. 지도부가 대부분 체포되자 곧바로 봉기는 무너지고 말았다. 크라스나야 프레스냐 노동계급 지구는 뒤늦게 전투에 뛰어들었어도 자기 지역을 훌륭히 방어했다. 그 지역을 무너뜨리려고 포병 부대가 동원돼야 했다. 봉기에 참여한 많은 사람들은 잘 도망갔으나 밀고자들이 설쳐 대는 바람에 250명이 두바소프 제독 부대에 사살당하고 말았다.

남부 지역에서는 혁명이 실질적으로 성공했고, 캅카스에서는 진정한 승리를 거뒀다. 1906년 1월은 총살형이 수없이 집행된 달이었다. 무섭도록 잔인한 징벌대가 모든 곳에서 질서를 잡아 나갔다. 그들은 발트해 지역, 시베리아, 캅카스 등지에서 무시무시한 증오의 씨앗을 뿌리고 다녔다.

러시아 최초의 혁명에서 사망 1만 5000명, 부상 1만 8000명, 수감 7만 9000명이라는 희생을 치렀다.

1905년에 차르 정권은 자유주의 자본가계급의 망설임과 반동적 의식, 혁명적 중간계급의 우유부단함, 노동계급의 경험 부족과 빈약한 조직(열정과 연대만으로는 극복할 수 없는), 노동계급 정당의 취약성,[25] 농민 운동의 원시적 성격, 군대의 상대적 충성심, 프랑스 화폐의 효력 덕분에 살아남을 수 있었다.

1905년: 결과

제1차 러시아혁명은 결코 총체적 패배는 아니었다. 노동자·농민 대중은 차르 정권에 대한 존경심을 잃었고, 압제자에 맞서 투쟁하는 법을 배웠다. 이것은 엄청나게 중요한 심리적 변화였다. 이제 노동자는 난립한 정당들 속에서 더 명확하게 정당들의 패턴을 이해할 수 있게 됐다. 그 뒤 자신이 속한 계급의 당으로 방향을 바꾸는 사람들이 늘어났다. 볼셰비키의 핵심 활동가들은 다가오는 투쟁을 위해 자신을 단련했고, 정신적 위기가 닥쳤지만 이미 겪었던 끔찍한 경험 속에서 교훈을 이끌어 냈다. 패배의 여파가 늘 그렇듯이, 반동의 시대는 견디기 어려운 것이었다. 개인주의, 회의감, 용기 상실, 나약함 심화 등 이 모든 것이 여러 형태로 표출됐다. 그러나 노동계급을 가르치는 것은 오직 투쟁뿐이다. 착취당하고, 억압받고, 각종 제약에 억눌려 온 노동계급은 봉기의 시대에 어떻게 승리할 수 있는지를 배웠다. 노동계급이 자기 힘으로 일어나 행동했다는 사실 자체가 이미 어떤 의미에서는 승리를 뜻했다. 노동계급이 겪었던 매우 뚜렷한 패배들은 역사 전체를 볼 때, 어떤 때는 알찬 승리나 다름없는 것이었다. 1905년도 이와 같았다.

정반대로 러시아 자본가계급으로서는 '자신들의' 민주주의 혁명이 완전한 패배로 끝났다. 1905년 혁명에서 노동계급이 한 구실을 보며 자본가계급은 엄청난 혼란에 빠졌다. 자본가계급은 전혀 단결하지 못했다. 중간계급은 투쟁이 뜨겁게 벌어진 때 노동자를 지지했다. 그러나 사회주의의 전진을 두려워한 대자본가계급, 금융가, 공장주들은 대지주와 차르 정권에 타협하려는 경향을 드러냈을 따름이다. 러시아 사회의 계급 차별, 귀족계급과 지주, 교회와 군주, 시민적 불평등, 독재 정권 등은 1905년의 위기를 극복하고 살아남았다. 러시아 자본주의에서는 여전히 모든 변화가 제약당했다. 심지어 외국자본의 유입을 통해 폭넓게 발전할 가능성도 제약당하고 있었다. 차르 체제의 부패, 무능, 관료주의는 여전히 커다란 장애물로 남아 있었다. 혁명의 원인 가운데 어느 하나도 해소되거나 해결된 것이 없었다.

비테 내각은 헌법을 갖고 장난치면서 차르 체제에 봉사했다. 그래서 자유주의 세력과 보수주의 세력이 서로 손을 잡고 반(反)혁명에 기여했다. 스톨리핀의 반동 정부도 반혁명을 계속 추진했다. 그들은 최종 정산이 연기됐을 뿐이라는 사실을 아주 잘 알고 있었다. 이런 위협을 느낀 스톨리핀 정부는 1906~10년에 농업 개혁이라는 약삭빠른 조처를 취했다. 농업 개혁 덕분에 농민들은 재산을 더 늘릴 수 있었고 잘사는 농민은 더 부유해졌다. '농민은행'은 농민들에게 결코 충분하지는 않았지만 그래도 더 많은 토지를 공급했다. 정부는 시베리아, 중앙아시아, 극동 지역 등을 식민화하려고 빈농들에게 그 지역으로 이주하도록 권장했다. 스톨리핀의 정책은 농촌 안에 부유하고 정권에 충성하는 특권층을 많이 만들어 내는 것을 목표로 했다. 재산을 소유하게 되면 그 계층은 본능적으로 반동 귀족

계급과 대자본가계급의 동맹자가 될 수 있다고 생각한 것이다. 스톨리핀은 이런 부농층이 형성되면, 앞으로 20여 년 동안은 혁명이 일어날 가능성이 완전히 없어질 것이라고 믿었다. 그러나 1912년이 지난 뒤 노동계급 운동은 되살아났다. 그 뒤 곧 제국주의 전쟁이 일어났다.

멘셰비키가 "모스크바 봉기의 역사적 오류"(플레하노프는 "결코 무기를 들지 말았어야 했다!"고 선언했다)를 찾아내려 한 반면, 레닌과 볼셰비키는 1905년에서 교훈을 이끌어 내고 있었다. 1905~06년에 레닌이 쓴 저작들은 반드시 읽어봐야 한다. 이 저작들은 혁명적 변증법의 표본이자 그 이상의 가치가 있는 글, 즉 10월 혁명의 역사에 대한 머리말 격의 글이다. 레닌은 소비에트가 "대중의 직접적 투쟁 기관", "봉기의 기관"이며 그렇기 때문에 차르 체제와 근본적으로 양립할 수 없다고 강조했다. 그는 모스크바 사건을 예로 들며 봉기에서는 반드시 혁명 조직이 있어야 한다고 주장했다. 레닌은 볼셰비키가 반동에 대항하고 앞으로의 활동을 준비하려고 여러 지역, 특히 라트비아에서 전개했던 게릴라전을 옹호했다. 그는 "노동계급 정당이 투쟁을 위해 여러 혁명적 민주주의 정당과 맺은 협정"이 바로 공동전선이라는 이론을 발전시켰고, 봉기의 기술도 연구했다. 그 다음의 역사는 자유주의 자본가계급과 사회주의적 기회주의에 대한 레닌의 평가가 옳았음을 입증했다. 그의 생동하는 사고와 혁명적 마르크스주의 사상은, 지루하고 경직되고 딱딱한 멘셰비키의 교의와는 언제나 정반대였다. 레닌은 1906년 9월 30일 자신을 '블랑키주의자', '아나키스트', '바쿠닌주의자'라고 비난하는 사람들에게 반박하는 글을 썼다.

마르크스주의는 어느 한 가지 투쟁 형태의 혁명 운동에 매달리지 않는다는 점에서 원시적 사회주의와 구별된다. 마르크스주의는 아주 다양한 활동 방식을 허용하고, 물론 '고안'해 내기도 한다. 마르크스주의의 임무는 운동 과정에서 자발적으로 들고일어난 혁명 계급이 취한 여러 활동 방식을 종합하고, 체계적으로 정리하며, 그 활동에 의식적인 목표를 부여하는 것이다. 마르크스주의는 교조주의자들이 만들어 낸 모든 추상적 공식과 수단을 단호히 배척하며, 대중투쟁을 주의 깊게 살펴봐야 한다. 대중의 발전과 자각, 정치·경제 위기의 첨예화에 따라 전개되는 대중투쟁은 끊임없이 공격과 방어의 새로운 방식을 요구한다. 마르크스주의는 어떠한 형태의 투쟁도 거부하지 않는다. 마르크스주의는 결코 어떤 특정 순간에 실제로 벌어지거나 벌어질 수 있는 투쟁 형태에 만족하지 않는다. 마르크스주의는 상황이 바뀌면 지금까지 투사들에게 알려지지 않은 방식의 활동을 피할 수 없다는 것을 이해한다. 이런 점에서 마르크스주의는 체계 수립에 골몰하는 탁상공론가가 상상 속에서 만들어 낸 활동 방식을 대중에게 가르치면서 허세 부리지 않고 언제나 그리고 오직 대중 자신의 실천을 통해 배우는 학교라 할 수 있다.

… 마르크스주의는 투쟁 형태의 문제를 역사적으로 검증할 것을 무조건 요구한다. 이런 문제를 역사의 구체적 상황을 고려하지 않고 제기하는 사람은 변증법적 유물론의 ABC도 이해하지 못하는 사람이다. 서로 다른 경제 발전 시점에는, 정치적·민족적·문화적 상황에 좌우될 뿐 아니라 부차적·보조적 활동 방식을 변화시키는 관습에도 좌우되는 다양한 투쟁 형태가 상응한다.[26]

나중에 1917년 10월 혁명에 적용될 내전에 관한 레닌의 이론도 이미 발전돼 있었다. 1906년 8월 29일자 논문에서 인용한 아래 글을 1917년에 쓴 것이라고 착각해도 무리는 아니다.

위대한 대중투쟁이 다가오고 있음을 유념하자. 그 투쟁은 무장봉기로 나아갈 것이다. 그 투쟁은 틀림없이 나라 전체를 일깨울 수 있을 것이다. 대중은 틀림없이 자신들이 극렬한 무장 유혈 투쟁에 나서게 될 것임을 알고 있다. 그들은 죽음을 두려워하지 않으며, 승리를 확신하게 될 것이다. 모든 힘을 공격에 쏟아부어야 한다. 방어가 아닌 공격이 대중의 일치된 모토가 돼야 하고, 적을 무찔러 완전히 제거하는 것이 대중의 목표가 돼야 한다. 투쟁은 유연하고 기동성 있게 조직될 것이며, 주저하는 투사들을 다독거려 전투에 참가시켜야 한다. 자각한 노동계급 정당은 이 위대한 투쟁에서 자신의 의무를 다해야만 한다.

1907~14년: 반동과 프랑스−러시아 제국주의

20세기 첫 14년 동안은 제국주의의 준비기였다. 대규모 금융자본이 정치적·경제적으로 지배하는 강대국들끼리 세계 분할을 끝마쳤다. 충분한 식민지를 확보하지 못한 독일은 영국의 해양 지배를 위협했고, 전 세계에서 영국의 상업과 경쟁했다. 그런 경쟁을 해결하는 데는 대포 말고는 별다른 방법이 없었다. 독일과 프랑스의 기계공업은 라인강을 사이에 두고 서로 으르렁거리고 있었다. 독일 제국은 프랑스의 식민지를 탐내고 있었고, 아울러 터키에 대한 영향력 강화를 꿈꾸고 있었다. 오스트리아 제국의 이해관계와 결합된 독일 제국의 이해관계는 러시아의 이해관계와 충돌하고 있었다. 30년 넘게 차르의 술책이 발칸반도 약소국들의 정치를 좌우했고, 이제 러시아는 곡물 수출에 꼭 필요한 콘스탄티노플에 눈독을 들이고 있었다.

포크로프스키는 "19세기 말부터 프랑스−러시아 제국주의가 존재했다"고 썼다.[27] 1900년에 러시아 산업에 투자된 자본은 러시아 자본 4억 4720만 루블(21퍼센트), 외국자본 7억 6240만 루블(35.9퍼센트), 러시아가 나라 밖에서 주식 매각으로 조달한 자본 9억 1560만 루블(43.1퍼센트)이었다. 79퍼센트의 자본이 나라 밖에서 들어왔다는 말이다! 여기에다 프랑스 공화국이 니콜라이 2세에게 빌려 준 9억 3490만 프랑을 더하면, 프랑스 금융자본이 러시아 제국의 운명을 좌우하고 있었다는 뜻이 된다. 1914년에 프랑스 자본가들은 러시아 선철의 60.7퍼센트와 석탄의 50.9퍼센트를 장악하고 있었다. 혁명 직전에 페트로그라드에 있는 은행들은 85억 루블을 융자해 주고 있었다. 그 가운데 55퍼센트가 프랑스 은행의 돈이었다.

1907년 이후 줄곧(비록 그 전에는 아니었지만) 영국 해군성과 협력한 러시아 참모부와 프랑스가 전쟁에 대비해 군비를 증강한 것을 여기서 다루지는 않겠다. 콜차크 장군은 총살되기 직전인 1920년 이르쿠츠크에서, 1907년 이래 러시아 총참모부와 해군성은 1915년을 유럽 대전쟁의 발발 시점으로 확정했다고 증언했다. 이미 밝혀진 대로 러시아 총참모부는 사라예보 사건을 통해 전쟁 준비에 박차를 가했다.[28]

전쟁이 터졌을 때, 페테르부르크에서는 대규모 파업이 막 시작되고 있었다. 이는 노동계급의 힘이 커졌음을 나타내는 조짐이었다. 볼셰비키당은 러시아 안에서 신문과 잡지를 펴내고(신문과 잡지는 끊임없이 탄압받았고, 또 언제나 복간되곤 했다), 마침내 노동계급이 집중된 모든 곳에 들어가는 데 성공했다. 이제 볼셰비키당은 모든 노동자 대중운동에 참여할 수 있게 됐다. 1910년부터 러시아 노동계급은 적극적인 활동 국면으로 들어섰다. 노동계급은 임금 인상과 노동시간 단축을 위해 온 힘을 쏟고 있었다. 레나 광산에서 대량 학살이 일어난 뒤 터져 나온 항의는 노동계급의 의식이 깨어나고 있음을 뜻했다. 시베리아 이르쿠츠크 주(州)의 레나금광 노동자는 끔찍하리만치 착취당하고 있었다. 비위생적인 막사에 살면서 영국 자본이 소유한 회사에서 현물로 임금을 지급받고 있던 노동자는 1912년 5월 말, 하루 10시간이 아니라 8시간 노동, 임금 30퍼센트 인상, 일부 경영진 퇴진을 요구하며 파업에 들어갔다. 회사는 무장하지 않은 시위 군중에게 발표하라고 군대를 부추겼고 270명이 죽었다. 모스크바와 페트로그라드에서는 사용자의 만행에 항의하는 대규모 파업이 일어났다.

1906~14년에 볼셰비키와 멘셰비키(두 세력은 1906년 스톡홀름에서 열린 통합대회(4차 당대회)에서 일시적으로 재결합했다) 사이의 분열은 한층 깊어졌다. 볼셰비키는 혁명이 실패한 다음 비합법 활동과 혁명 활동을 청산하자는 '청산주의' 경향이 나타나자 이를 공격하고 있었다.

전쟁으로 그 틈은 더욱 벌어졌다. 사회혁명당은 애국주의로 돌아섰고, 멘셰비키 청산파는 반데르벨데가[29] 보낸 전보에 "우리는 전쟁에 반대하지 않는다"고 답변했다. 그러나 볼셰비키당 중앙위원회는 파리코뮌과 여러 국제사회주의 대회의 결정 사항을 돌이켜보고, 레닌이 작성한 "제국주의 전쟁을 내전으로 전환시키자!"는 구호를 채택했다. 1914년 11월 카메네프를 비롯한 볼셰비키 의원단 5명이 체포돼 시베리아로 추방당했다. 페트로그라드에서 볼셰비키는 이제 대략 120명 단위로 이뤄진 많은 하부 조직을 지니게 됐다.

이들은 곧바로 1914년 8월 2~4일 이래 소멸된 상태였던 인터내셔널을 다시 창립하는 일을 시작했다.[30] 그들은 치머발트와 키엔탈 회의에 참가했다. 그때 러시아 사회민주당의 양대 세력 바깥에서 트로츠키가 추구했던 노선은 볼셰비키의 노선과 별다른 차이점을 보이지 않게 됐다.[31]

1917년

러시아 자본가계급은 러시아를 지배하던 지주, 귀족, 관료 같은 무리들과는 달리 전쟁을 열렬히 환영했다. 확실히 전쟁은 차르 정권으로 하여금 법적으로 퇴위하게 만든다든가, 적어도 광범한 개혁을 실시할 수밖에 없도록 강요함으로써 자본가계급의 소중한 열망을 실현시켜 줄 터였다. 게다가 서유럽의 모든 자본가계급과 밀접한 관계를 맺고 있던 러시아 자본가계급에게는 제국주의 성향도 있었다.

그 다음 해는 기막힌 사건이 잇달아 터진 해였다. 러시아군 전체는 탄약도 없이 전선에 투입돼 전투를 벌일 때 칼과 총검만으로 승부가 날 때까지 싸워야 했다. 총참모부나 궁정에서는 모반이 일어나고 있었다. 군수품 생산업자는 갑작스런 행운을 맞았다. 무능한 술주정뱅이들이 요직을 차지하고 있었다. '노(老)성자'로 불리던 방탕한 늙은이 라스푸틴은 차르의 최측근 고문관이었으나, 주지육림에 푹 빠져서 장관을 임명하고 내쫓기를 밥 먹듯 하고 있었다. 세계가 주목하는 동안 러시아는 나락으로 미끄러지고 있었다. 전쟁은 체제 전체가 부패하게 된 원인을 겉으로 드러내 주었다.

1917년 1월에는 물가가 163퍼센트까지 치솟으면서 130퍼센트에 그친 임금 인상률을 앞지르기 시작했다. 생산은 감소하고 있었다. 연합국은 러시아를 격려해서 전쟁에 한층 더 많은 힘을 쏟아붓게 했다. 그런 전쟁 준비 탓에 1916년을 고비로 이듬해부터 국민의 힘이 다 소진됐다. 인플레이션이 나타났다. 철도는 노후화했다. 식량 공급 위기가 터졌다. 수도는 빵과 연료 부족에 시달렸다. 투기를 두려워한 정부는 식료품에 세금을 매기고 경제를 안정시키려 애썼으나 아무것도 이루지 못했다. 연합국의 영향 하에 있던 자본가계급은 차르 정권과 우호적인 관계를 모색하려 했으나, 차르 주위의 궁정 귀족과 지주 계급은 독일과의 단독 강화조약을 단 하나의 희망으로 보고 이를 체결하려 했다. 이런 소란스런 동요가 이어지고 러시아군이 참담하게 패배하자, 연합국은 러시아 자본가계급의 가슴 속에 쿠데타의 꿈을 더욱 부추겼다. 1917년 여러 명의 대공(大公)은 말할 것도 없고, 대부분의 러시아 정치인들과 장군들도 궁정 혁명을 일으켜 거리의 혁명을 막는 방법을 모색하게 됐다. [그러나] 뭔가를 실행에 옮길 용기가 있는 사람은 아무도 없었다. 수많은 응접실에서 논의된 음모 가운데 극우파 지도자인 푸리시케비치가 유수포프 공(公)과 함께 라스푸틴을 암살한 사건 말고는 아무것도 이뤄진 것이 없었다.

혁명이 드디어 거리로 나섰다. 여러 공장에서 노동자 수천 명이 "빵! 빵을 달라!"고 외치며 거리로 쏟아져 나오면서 혁명이 시작됐다. 당국은 혁명이 다가오는 것을 알고 있었으나 아무런 대책을 세울 수 없었다. 이들에겐 위기를 해결할 능력이 없었다. 1917년 2월 25~27일 페트로그라드 거리에서 군대가 노동자 시위대와 우호적 관계를 형성하자, 차르 정권은 그 수명을 다하게 됐다. 혁명 조직들이 사건을 더 빠르게 진행시키려 애썼다고는 하지만, 사태 전개 속도는 혁명 조직도 놀랄 정도였다.

곧 두 개의 정부가 무대에 나타났다. 두마 임시위원회는 자본가계급의 임시변통용 정부였다. 임시위원회를 이끈 것은 토지를 소유한 반동 세력이었는데, 이들은 오로지 차르가 물러난 뒤에 왕가를 보존하고 헌법을 제정해 하층계급을 종속 상태로 되돌리려는 생각에만 몰두해 있었다. 반면에, 노동자·병사 대표 소비에트는 노동계급이 세운 정부였다. 처음에 두 개의 대립되는 권력은 타우리데 궁전에서 서로 존중하고 충돌을 피하면서 나란히 업무를 보았다. 멘셰비키와 사회혁명당은 소비에트 지도부를 구성했지만 기층 대중은 이들을 압박하고 감시하고 괴롭히기조차 했다. 최초의 임시정부 대표자는 르보프 공(公)이었지만, 실세는 자유주의 대자본가계급 정당인 입헌민주당의 지도자 밀류코프였다. 입헌민주당의 전망은 미하일 로마노프의 섭정 하에 황태자 알렉세이가 성인이 될 때까지 입헌군주정을 유지하는 것이었다.

그러나 소비에트가 움직이고 있었다. 3월 1일자 소비에트의 명령 제1호는 군대 안에서 쓰던 계급 칭호를 모두 폐지하고, 군부대마다 위원회 선출을 명령했다. 이를 통해 병사들을 소비에트의 의도에 따라 효과적으로 배치했다. 황제와 그 가족이 체포된 것도 소비에트의 주장에 따른 것이며, 차르가 영국으로 달아나는 것을 막은 것도 소비에트였다. 소비에트는 평화에 대한 희망을 선포했지만, 임시정부는 연합국에 대한 변함없는 충성을 공언했다. 이중권력은 곧 권력투쟁을 뜻했다.

케렌스키를 총리로 하는 부르주아–자유주의자, 입헌민주당, 멘셰비키당, 사회혁명당 등으로 연립정부가 구성된 것은 5월 초순이었다. 연립정부의 강령은 민주주의, 제헌의회 등과 같은 몇몇 단어로 이뤄져 있었다. 그러나 연립정부가 경제 위기에 대처할 힘이 없다는 사실이 드러났다. 이는 경제 위기에 대처하려면 자본가계급에게 손해를 끼칠 수도 있는 강력한 조처가 필요했기 때문이다. 연립정부는 연합국의 압력에 굴복해 6월 18일 군사적 공세를 취했으나, 이 공세는 사전에 명확히 인식됐던 것처럼, 아무 의미도 없는 살육전으로 끝나고 말았다. 연립정부는 핀란드와 분리주의자들에게 독립을 허용하는 데 반대했고, 우크라이나 독립 문제를 놓고는 자본가 출신 장관들이 사임하기까지 했다. 곧이어 케렌스키가 새 내각을 구성했고, 여기서는 혁명을 거부하기로 결정한 입헌민주당의 영향력이 한층 강화됐다. 7월 봉기 와중의 내각 개편은 10월 혁명이 일어날 것임을 시사했다. 노동계급과 수비대 병사들은 이런 내각의 술책을 잘 알고 있었다. 그리고 그 대답은 "모든 권력을 소비에트로!"였다. 볼셰비키당은 아직 공격할 때가 아니며, 지방이 이에 호응하지 않을 것이라고 판단했다. 그렇지만 볼셰비키당은 대중의 활동을 지지했고, 그러자 곧바로 불법화됐다. 트로츠키는 체포됐고, 레닌과 지노비예프는 수배당했다. 언론은 볼셰비키가 독일의 돈을 받는 첩자들이라고 비난했다.

러시아 앞에는 프롤레타리아독재냐 부르주아독재냐 하는 두 개의 선택이 놓여 있었다. 모스크바에서 열린 '국가협의회'는 앞으로 독재자가 될 가능성을 보이던 코르닐로프 장군을 환호하며 맞았다. 그런데 코르닐로프는 군대에서 사형제를 부활시켜 규율을 강화하고, 후방의 질서를 확립하고, 강한 정부를 세우고 싶어했다. 그는 9월 9일[신력] 케렌스키, 사회혁명당의 노련한 테러리스트 사빈코프와 협의해 쿠데타를 시도했다. 케렌스키는 그를 배반했고, 쿠데타는 실패했다. 그러나 이런 무모한 모험은 대중을 움직였고, 노동계급은 다시 거리로 몰려 나왔다. 여기서 코르닐로프가 쿠데타를 일으키기 전부터 자본가계급이 품고 있던 의도를 드러내 주는 잘 알려지지 않은 몇몇 자료를 제시하려 한다. 8월 13일 모스크바에서 열린 국가협의회에서 프로코포비치는 자본가계급의 계획이 "소유권 보장, 생산에 대한 국가 통제, 이윤을 안정시키기 위한 최고 가격, 상세한 노동기준표에 따라 노동자에게 노동을 강제하기" 등이었다고 설명했다. 며칠 후 러시아의 대자본가인 랴부신스키는 산업·무역 협의회에서 "정부는 자본가계급의 관점에서 생각하고 행동해야 합니다. … 굶주려 뼈만 남은 앙상한 손이 국민의 가짜 친구들의 목을 졸라야 할지도 모르겠습니다" 하고 말했다. 프로코포비치는 다음과 같이 응수했다. "자본가가 과도한 이윤을 포기하도록 만듭시다. 그러면 노동자도 더 많이 일할 것입니다."

그런데 권력을 장악한 사회혁명당은 자신들의 농업 계획 실행을 미루고 제헌의회 선거를 늦췄다. 그들은 자본가계급의 압력에 굴복하고, 연합국이 요구하는 일을 시작했다. 기근이 빠르게 다가오고 있었다. 독일은 리가를 점령하고 페트로그라드를 위협했다. 페트로그라드는 마치 독일의 침공 계획을 방치하는 듯했다. 따지고 보면 루덴도르프가 페트로그라드 노동계급을 통제하는 긴급한 문제를 넘겨받을 리는 없지 않은가? 농촌에서는 농민 반란이 불타올랐다.

평화, 토지, 빵이라는 세 단어로 대변되는 3대 문제를 시급히 해결해야 했다. 군대 안의 수많은 농민과 노동계급 출신 병사들이 평화를 바라고 있었다. 그렇지만 자본가계급은 자신들의 이익을 위해 전쟁을 벌이고 있었기 때문에 농민과 노동자에게 평화를 가져다줄 수 없었다. 수많은 농민이 토지를 바라고 있었지만, 자본가계급은 대지주와 동맹을 맺고 있었을 뿐 아니라 개인의 재산과 자신들의 지배라는 원칙에 대한 어떠한 공격도 반대하고 있었기 때문에 농민에게 토지를 넘겨줄 수 없었다. 도시의 노동계급은 빵을 요구하고 있었지만 자본가계급은 기근이 자신들이 벌이는 전쟁의 일부이자 자신들의 정책 가운데 하나였기 때문에 노동계급에게 빵을 내줄 수 없었다. … 차르 체제를 무너뜨렸지만 아무것도 해결되지 않았다. 또 다른 혁명이 일어나야 했다.

이것이 대중이 느끼고 바란 것이었다. 프롤레타리아의 정당도 이것을 알고 있었고, 이를 위해 무장하려 했다.

제2장_ 1917년 10월 25일의 봉기

대중

연단에서 트로츠키는 볼셰비키가 예비의회(민주협의회)에서 철수한다고 발표했다. 카랑카랑한 그의 목소리는 공화국의 최고 권위에 노동자·농민의 도전장을 던지고 있었다. 그런 뒤 그는 강당을 경비하던 수병 곁을 지나 밖으로 나갔다. 수병들은 총검을 흔들며 이글거리는 눈빛과 단호한 표정으로 방금 연설을 마친 트로츠키를 바라보았다. 그들은 받들어 총 자세를 취하며 트로츠키에게 물었다.

"도대체 언제 이 총을 쏘게 되는 겁니까?"[1]

그때가 10월 6일이었다. 사회혁명당과 멘셰비키가 소집한 민주협의회가 9월 중순 모스크바에서 열렸다. 민주협의회는 혁명을 목표로 하는 의회처럼 위장하고 있었다. 파업 때문에 민주협의회는 도시 밖으로 밀려날 수밖에 없었고, 호텔과 레스토랑 종업원들은 민주협의회 대의원들에게 시중들기를 거부했다. 민주협의회는 페트로그라드로 옮겨 가장 믿을 만한 수병들 가운데에서 선발된 부대의 경호를 받으며 숙의를 거듭했다. 그러나 볼셰비키 대변인의 발표에 수병들의 총이 흔들렸다.

"도대체 언제 이 총을 쏘게 되는 겁니까?"

이런 정서는 함대에도 널리 퍼져 있었다. 10월 혁명이 일어나기 2주전쯤 헬싱포르스에 정박하고 있던 발트함대 수병들은 더는 시간을 낭비하지 말 것, "독일군에 궤멸당할 것이 뻔한 함대를 차라리 봉기로 영광스럽게 파괴할 것" 등을 요구했다.[2] 그들은 기꺼이 죽을 각오가 돼 있었지만 오로지 혁명을 위해서만 그럴 수 있었다. 크론시타트 소비에트는 5월 15일 이래 임시정부를 인정하지 않고 있었다. 7월 폭동이 끝난 뒤 케렌스키가 '볼셰비키 선동가들'을 체포하려고 보낸 장교들이 함선에 올랐을 때, 이들에게 되돌아온 것은 빈정거리는 대답뿐이었다. "선동가라굽쇼? 우리 모두가 선동가올시다." 이 말은 사실이었다. 대중 속에는 헤아릴 수 없이 많은 선동가가 있었다.

전선의 참호에서 페트로그라드 소비에트로 파견된 대표단은 위협적으로 선언했다.

이런 참을 수 없는 상황이 언제까지 이어질 것인가? 병사들은 당신들이 당장 진지한 자세로 평화안을 내놓지 않으면 모두 참호를 떠나 집으로 돌아가겠다는 말을 전해 달라고 우리에게 위임했다. 당신들은 우리를 전혀 신경쓰지 않는다! 만약 당신들이 해결책을 찾아내지 못하면 우리가 알아서 무력으로 적을 쫓아낼 것이며 당신들도 적과 함께 쫓겨날 것이다!

트로츠키의 설명에서 드러나듯이, 전선의 분위기는 이런 상태였다.[3]

10월 초 전국에서 자발적으로 봉기가 터져 나왔다. 농민반란이 전국을 휩쓸었다.

툴라, 탐보프, 랴잔, 칼루가에서 봉기가 일어났다. 농민들은 혁명 뒤 평화와 토지를 갈망했으나 계속 실망했다. 그래서 들고일어났으며, 지주의 옥토를 탈취하고 지주의 집을 불살랐다. 케렌스키 정부는 가능한 모든 곳에서 봉기를 탄압했다. 다행히 케렌스키 정부의 자원은 한정돼 있었다. 레닌은 "농민 봉기를 탄압하는 것은 혁명의 말살을 뜻한다"고 경고했다.[4]

얼마 전까지만 해도 도시와 군대 소비에트에서 소수파였던 볼셰비키가 이제 다수파가 됐다. 볼셰비키는 모스크바 시의회 선거에서 38만 7262 표 가운데 19만 9337표를 획득했다. 선출된 710명 가운데 볼셰비키는 350명, 입헌민주당 184명, 사회혁명당 104명, 멘셰비키 31명, 기타 정당 이 41명이었다. 내전이 일어나기 전에 온건한 중도정당이 퇴조하고 급진 정당이 득세했다. 멘셰비키는 실질적 영향력을 모두 상실했고, 얼마 전까 지만 해도 제법 큰 비중을 차지했던 사회혁명당은 제3당으로 떨어졌다. 자본가계급 정당인 입헌민주당은 노골적으로 혁명가들에 대항해서 지지 를 받았다. 6월 선거에서 사회혁명당과 멘셰비키는 70퍼센트의 표를 얻 었지만, 이제는 18퍼센트로 떨어졌다. 1만 7000명의 군인 표 가운데 1 만 4000표를 볼셰비키가 차지했다.

소비에트는 달라지기 시작했다. 한때 멘셰비키와 사회혁명당의 요새였 던 소비에트는 이제 볼셰비키화했다. 볼셰비키는 소비에트에서 새로운 다 수파가 됐다. 8월 31일에는 페트로그라드에서, 9월 6일에는 모스크바에 서 볼셰비키가 소비에트에 제출한 결의안이 처음으로 다수표를 얻었다. 9 월 8일에는 두 도시 소비에트에서 멘셰비키-사회혁명당 집행부가 물러났 다. 9월 25일 트로츠키가 페트로그라드 소비에트 의장으로 선출됐다. 노 긴은[5] 모스크바 소비에트 의장으로 선출됐다. 9월 20일 타슈켄트에서 소 비에트가 권력을 잡았다. 임시정부의 군대가 이 소비에트를 진압했다.[6] 9 월 27일 레발 지역의 소비에트는 원칙적으로 "모든 권력을 소비에트로 이 양할 것"을 결의했다. 10월 혁명 며칠 전에 케렌스키의 '민주적' 포병부대 는 칼루가에서 혁명적 소비에트에 폭탄을 퍼부었다.

잘 알려지지 않은 사실 하나를 언급할 필요가 있다. 페트로그라드에서 혁명이 일어나기도 전에 카잔에서 10월 봉기가 성공했다. 봉기에 참여했던 어떤 사람이 카잔에서 투사 두 명이 나눈 다음과 같은 대화 내용을 설명해 주었다.

"페트로그라드에서 소비에트가 권력을 잡지 못했다면 당신은 무엇을 했을 것 같소?"

"우리는 권력을 거부할 수가 없었소. 수비대도 우리가 그렇게 하도록 놔두지 않았을 것이오."

"모스크바가 당신들을 쓸어버리려고 했을 텐데."

"아니, 잘못 알고 있소. 카잔에는 4만 명이 훨씬 넘는 병력이 있었지만 모스크바는 결코 그만한 병력을 동원할 수 없었을 것이오."[7]

이 드넓은 나라 곳곳에서 농민, 노동자, 병사 등 모든 노동 대중이 혁명으로 나아가고 있었다. 이는 바다와도 같은 위력을 지닌, 웅대하며 거스를 수 없는 물결이었다.

노동계급 정당

대중은 수많은 얼굴이 있다. 대중은 결코 동질적이지 않고, 다양하고 서로 충돌하는 계급적 이해관계의 영향을 크게 받는다. 대중이 명확한 의식을 획득할 수 있는 수단은 조직뿐이다. 조직이 없다면, 그들은 아무 것도 할 수 없을 것이다. 1917년 러시아에서 봉기를 일으킨 대중은 볼셰비키당이라는 조직을 통해 자신들의 필수적 과제, 수단, 목표를 명확히 인식했다. 이 말은 이론이 아니라 사실을 서술한 것이다. 당시 상황을 보면 당, 노동계급, 일반 노동 대중 사이의 관계를 가장 분명히 이해할 수 있다. 크론시타트 수병들, 카잔 병사들, 페트로그라드·이바노보-보즈네센스크·모스크바 등지의 모든 노동자들, 지주의 대저택을 약탈한 농민들이 아무리 혼란스러웠어도 그들이 실제로 원한 것은 바로 그런 조직이었다. 그들이 비록 자신들의 희망을 확실히 표현하고, 정치적·경제적 현실에 맞서고, 가장 실천적인 목표를 정하고 그 목표를 달성하는 가장 좋은 수단을 선택하고, 행동하기에 가장 유리한 순간을 결정하고, 활동 범위를 전국으로 확대하고, 정보를 교환하고 꼭 필요한 규율을 확립하고, 제각기 진행되는 수많은 노력을 조정하는 등의 일을 할 수 있는 능력은 없었지만 그들은 모두 그런 조직을 원했다. 필요한 지식과 훈련, 의지, 엄청난 에너지를 지닌 세력으로 스스로 변신할 수 없었지만 그들은 정말로 그런 조직을 원했다. 따라서 당은 그들이 바라던 것을 의식 수준에서 표현했고, 그 다음에는 실천했다. 당은 그들에게 그들이 생각하던 것을 보여 주었다. 이것이 전국에서 그들을 묶어 준 끈이었다. 당은 그들의 의식이었고 그들의 조직이었다.

발트함대 포수들이 혁명이 위협받는 것을 걱정하며 할 일을 찾고 있을 때 길을 알려준 것은 볼셰비키 선동가들이었다. 그보다 분명한 길은 없었다. 참호 속 병사들이 학살자를 처단하기로 결정하고 이 사실을 알리고자 했을 때 그들은 볼셰비키당 후보를 부대위원으로 선출했다. '농민 정당'인 사회혁명당이 꾸물거리는 것에 지친 농민들이 이제는 스스로 움직일 때가 아니냐고 묻기 시작했을 때 "농민들이여 토지를 장악하시오!" 하고 외치며 화답한 사람은 레닌이었다. 노동자들이 자신을 억압하려는 반(反)혁명 음모를 알아차렸을 때 절반은 이미 알고 있던 혁명의 필요성을 담은 구호를 제기한 것은 〈프라우다〉였다. 거리에서는 비참한 모습의 행인들이 볼셰비키당의 포스터를 보며 외쳤다. "그래 바로 이거야!" 바로 그것이었다. 그 소리는 바로 자신들의 목소리였다.

이 때문에 혁명을 향한 대중의 진보가 하나의 위대한 정치적 사실, 즉 3월에 혁명적 소수파였던 볼셰비키가 9월과 10월에 다수파 정당으로 바뀐 사실에 반영될 수 있었던 것이다. 이제 당과 대중을 서로 구분할 수 없게 됐고, 당과 대중은 하나의 다수였다. 물론 군중 사이에는 다른 혁명가들도 많았다. 좌파 사회혁명당(최대 다수파), 아나키스트, 과격파 사회혁명당의[8] 목표도 혁명이었다. 그러나 이들은 이런저런 사건이나 지도자들을 따라 이리저리 휩쓸리는 한줌의 무리에 지나지 않았다. 앞으로 많은 사건들을 통해 이들의 현실 인식이 얼마나 어리석었는지를 보게 될 것이다. 사건의 추이를 이론적으로 정확히 평가하고, 노동계급과 역사의 필연성에 자신을 부합시키고자 했던 사람들은 볼셰비키였다. 마르크스와 엥겔스는 《공산당 선언》에서 "공산주의자의 이해관계는 노동계급 전체의 이해관계와 결코 다르지 않다"고 썼다. 1847년에 쓴 이 구절은 이제 우리에게 절묘한 예견으로 다가오고 있다.

7월 사태 이후 당은 비합법과 탄압의 시기를 맞이했으나, 이제야 겨우 숨을 돌리게 됐다. 당은 공격 대형으로 전환했다. 당은 당원들에게 극기, 열정, 규율을 요구했다. 그 대가로 당이 제공한 것은 오로지 노동계급의 이익에 복무한다는 자긍심뿐이었다. 그럼에도 우리는 당의 세력이 증대되는 것을 보았다. 4월에 당은 8만 명의 당원과 72개의 조직을 보유하고 있었다. 7월이 되자 당원은 20만 명으로, 당 조직은 162개로 늘어났다.

봉기의 길에서

차르 정권이 무너진 뒤 볼셰비키당은 탁월한 소신, 명석함, 기술을 활용해 권력 장악을 향해 전진했다. 이 점을 확인하려면 레닌이 1917년 3월 취리히를 떠나기 전에 쓴 "먼 곳에서 보낸 편지"를 읽어 보기만 해도 된다. 그러나 이 편지는 간명하게 서술하려고 애쓴 여느 역사 저작처럼 매우 적은 내용만을 담고 있다. 1914년 레닌이나 지노비예프 같은 망명자들로 이뤄진 비밀 중앙위원회가 "제국주의 전쟁을 내전으로 전환시켜야 한다"고 선언한 뒤로, 또는 그보다 훨씬 더 전인 1903년 런던 대회에서 당이 내전의 당으로 탄생했을 때부터 당은 이미 권력을 향해 전진하고 있었다.

1917년 4월 3일 레닌은 페트로그라드에 도착하자마자 당 기관지의 정치 노선부터 수정하기 시작했다. 기관지의 정치 노선을 수정한 뒤에는 노동계급의 목표를 설정하는 일에 뛰어들었다. 레닌은 볼셰비키 투사들에게 노동자 대중을 끌어들이려면 끈질기고 참을성 있게 설득해야 한다고 촉구했다. 7월 초에 케렌스키 정부에 격분한 대중이 처음으로 봉기했을 때 볼셰비키는 이 운동의 꽁무니를 쫓지 않았다. 볼셰비키는 이끌리기를 거부한, 진정한 의미의 지도자들이었다. 이들은 때 이른 봉기를 피하려 했다. 지방은 아직 준비되지 않았고 상황도 무르익지 않았다는 것이 봉기를 거부한 이유였다. 볼셰비키는 운동의 속도를 늦추고 시류를 거스르느라 인기가 떨어지는 것도 마다하지 않았다.

당으로 구체화돼 있던 노동계급의 자각과 대중의 혁명적 조급성이 일시적으로 충돌했다. 그것은 위험한 갈등이었다. 만약 적들이 조금 더 용감하고 약간만 더 현명했더라면 대중의 조급성 덕분에 적들이 쉽사리 승리했을 것이다. 7월 폭동 뒤 레닌은 동료들에게 "이제 저들은 우리를 모조리 총살하려 한다"고 말했다. 이론상으로는 틀림없이 레닌이 옳았다. 자본가계급으로서는 이때가 예방 차원의 공격으로 노동계급을 위축시킬 수 있는 마지막 기회였을 수도 있다. 그 효과는 1년은 아니더라도 몇 달 동안은 지속됐을 것이다. 다행스럽게도 자본가계급은 게임 실력이 레닌보다 훨씬 미숙했다. 자본가계급은 용기가 없었던 것이다. 틀림없이 자본가계급은 그럴 의사조차 없었다.

7월 위기 후 힘을 얻은 부르주아 지도자들은 이런 결함을 고치려 했다. 이들은 '강력한' 권위를 추구했다. 러시아는 두 가지 독재 사이에 놓여 있었다. 하나는 케렌스키 정부였으나, 이제 그것은 있으나마나 했다. 사빈코프와 케렌스키가 몰래 지원한 코르닐로프 쿠데타가 실패하면서 노동계급 운동이 새롭게 촉발됐다. 노동계급에게는 절망스럽게도 상황은 점점 더 나빠지고 있었고, 생활도 날이 갈수록 궁핍해졌다. 노동자들도 자신들이 이기지 못하면 얻어맞아 쓰러질 것이라는 사실을 아주 잘 알고 있었다. 농민도 마찬가지였다. 지금 권력을 장악하고 있는 사회혁명당이 약속했던 농업혁명은 끊임없이 연기됐고, 나폴레옹 같은 반혁명 세력의 탄압이 코앞에 닥쳐 있었다.

육군과 해군의 상황도 더 나빠지고 있었다. 이들은 여전히 적대적인 계급에게 봉사하며 희망 없는 전쟁을 하도록 강요당했다. 자본가계급의 처지도 마찬가지였다. 운송 체계가 무너졌고, 산업 설비도 너무 낡아버렸다. 전선에서는 잇따라 패배했고, 생산 현장에서는 위기가 끊이지 않았다. 기근도 일어났다. 대중의 기강 해이, 새로운 정부의 권위 부족, 정부측 탄압 기구의 취약성 때문에 자본가계급의 지위는 날이 갈수록 불안해지고 있었다.

7월 사태 뒤 레닌은 본치-브루예비치에게 "봉기는 결코 피할 수 없다. 머지않아 반드시 일어난다. 봉기는 일어날 수밖에 없다"고 단언했다. 9월 중순부터 당은 단호히 투쟁에 나설 채비를 하기 시작했다. 9월 14~22일 예비의회 구실을 할 것으로 기대를 모은 민주협의회가 열렸다. 그때 지하에 숨어 있던 레닌은 볼셰비키가 민주협의회에서 철수할 것을 끈질기게 요구했다. 몇몇 동지는 민주협의회에서 말뿐인 의회 야당 구실을 하고 싶은 유혹에 빠졌다. 레닌의 노선은 당원 대다수의 지지를 받아 승리했고, 볼셰비키는 결국 철수했다. 트로츠키가 뒤에 남은 민주협의회 대의원들에게 볼셰비키의 선언문을 읽어주었다.

자본가계급과 멘셰비키의 정부 치하에서 감옥 생활의 기쁨을 누린 트로츠키의 감동적인 연설은 여러 중도파 웅변가들이 떠들어 댄 온갖 소설 같은 이야기를 토막내는 한 자루 칼과 같았다. 트로츠키는 그들에게 간결한 어조로 단호하게, 우리에게 후회란 없고 노동자들도 결코 후회하지 않으며 새로운 혁명 말고는 해야 할 일이 아무것도 없다고 선언했다. 아무도 그에게 대꾸하지 못했다. 부르주아 지도자들이 앉아 있던 편안한 의자와 칸막이 좌석 위로 전율스런 공포가 스쳐 지나갔다. … 복도와 발코니에서 우레 같은 박수가 터져 나왔다. … 이 연설로 봉기 의지는 명확히 확인됐지만, 중앙위원회의 온갖 책략과 권위 때문에 이 의지는 당장 행동에 옮겨질 수 없었다. 중앙위원회는 봉기가 아직도 너무 이르다고 생각했다. 7월 사태가 훨씬 더 잔인하게 재현될 수도 있다고 본 것이다.[9]

9월 말(신력으로는 10월 초) 페트로그라드의 멘셰비키 수하노프의 집에서 볼셰비키당 중앙위원회가 열렸다. 레닌, 트로츠키, 스탈린, 스베르들로프, 야코블레바, 오포코프, 지노비예프, 카메네프 등이 참석했다. 봉기의 원칙들도 논의됐다. 카메네프와 지노비예프는 봉기는 성공하겠지만 그 다음에는 경제적 압력과 식량 공급 위기 때문에 권력을 유지할 수 없을 것이라고 말했다(회의에 참석하지 못한 노긴과 리코프도 같은 의견이었다). 그러나 대다수 중앙위원들이 봉기에 찬성표를 던졌고, 실제로 10월 15일을 봉기 날짜로 확정했다.[10] 이와 관련해 한 가지 문제를 살펴보자. 이런 판단의 차이를 중앙위원들의 기회주의적 경향이나 멘셰비키처럼 유약한 모습이 드러난 징표로 이해해서는 안 된다. 이들은 기나긴 세월 동안 투쟁해 온 역전의 투사였고, 그 뒤 내전 기간에도 단 한 번도 비겁하다고 비난받은 적 없다. 따라서 이런 판단의 차이는 노련한 혁명가들이 흔히 적의 힘을 과대평가하고 어느 정도는 노동계급의 힘을 확신하지 못하는 데서 비롯했다고 봐야 한다. 무장봉기는 아이들 장난이 아니다. 모든 사건과 가능성을 저울질해 보는 것은 모든 혁명가의 의무다. 이들이 혁명의 패배 가능성을 거론한다고 해서 이들의 염려가 기회주의자들의 반(反)혁명적 두려움과 같은 것은 결코 아니다. 정작 기회주의자들이 두려워한 것은 노동계급의 승리였다. 그러나 비록 이치에 맞을지는 몰라도 현실에 대한 잘못된 이해에 근거하고 있기 때문에 그런 두려움은 당 전체의 활동에는 위험한 것이었다. 두려움이 당의 활동을 짓눌러 치유할 수 없는 것으로 만들 수 있었다. 시간은 어떤 때는 혁명에 유리하게 작용한다. 그러나 그때가 지나면 시간은 혁명에 불리하게 작용한다. 연기된 행동은 상실돼 역사 속으로 흘러가 버린 행동이 될 수도 있다. 이탈리아 노동계급은 1920년의 망설임으로 비싼 대가를 치러야 했다. 1923년에 독일 노동계급이 잡았던 기회는 틀림없이 다시 한 번 되풀이될 것이다.[11] 그러나 언제 반복될 것인가? 봉기에 반대했던 볼셰비키 반대파의 오류는 그렇기 때문에 가장 치명적인 것이었다. 이들도 이 사실을 인정했다.[12]

10월 10일 볼셰비키당 중앙위원회가 열렸다. 참석자는 레닌, 지노비예프, 카메네프, 스탈린, 트로츠키, 스베르들로프, 우리츠키, 제르진스키, 콜론타이, 부브노프, 소콜니코프, 로모프였다. 여기에서 10대 2의 표결로 즉각적인 봉기 준비에 찬성했다. 봉기 준비 작업은 레닌, 트로츠키, 지노비예프, 스탈린, 카메네프, 소콜니코프, 부브노프로 구성된 정치국에 위임됐다.

노동계급의 지도자들

당내에서 투사 대중과 지도부의 관계는 노동계급과 당 자체의 관계에 비유된다.

당은 노동계급의 신경 체계이자 두뇌다. 지도부와 핵심 간부들은 당 조직 안에서 두뇌와 신경 체계의 구실을 한다. 이런 비유를 글자 그대로 이해해서는 안 된다. 사회집단 내부의 기능 분담은 생명 유기체의 기능 분담과 아주 다르다. 그러나 제아무리 정치적으로 깨어 있더라도 기층 당원은 상황을 전체적으로 파악할 수 없다. 이들이 어떤 개인적 가치를 지녔든, 선발돼 오랜 기간 투쟁에 참여하고, 운동 전체의 대의를 알고 있으며, 당 기구에 가담해 집단적인 사고와 활동에 익숙해진 당 핵심 간부가 아니라면 어쩔 수 없이 정보와 연락, 훈련, 혁명가로서 이론적·전문적 준비 등에 소홀할 수밖에 없다. 참호 안의 병사는 개인적 재능이 어떠하든지 전장의 극히 일부는 볼 수 있지만, 진행 중인 전투의 전체적 윤곽을 명확히 알 수는 없다. 자신의 기계 앞에서만 일하는 노동자는 공장 전체의 작업을 한눈에 꿰뚫을 수 없고 기층 당원도 자신이 알고 있는 것만을 근거로 평범한 생각과 판단을 한다든지, 현실의 일부만을 알고 결정을 내릴 수밖에 없다.

진정한 노동계급 지도자들은 언제나 대담한 사업의 안내인이자 조타수·선장·감독이다. 여기서 말하는 사업이란 하나의 사회체제를 무너뜨리고 다른 사회체제를 세우는 거대한 계획을 뜻한다. 이들은 역사 과정에 대한 과학적 분석을 토대로 사건의 경향과 미래의 다양한 가능성 등을 밝혀야 한다. 이들은 노동계급의 일시적 요구나 희망이 아니라 역사적 필연성에 따라 노동계급에게 가능하고 필요한 활동을 파악할 수 있어야 한다.[13] 한마디로 이들은 현실을 인식하고 가능성을 찾아내며 현실과 가능성을 연결하는 고리가 될 활동을 고안해 내야 한다. 이들은 그렇게 하면서도 노동계급의 더 높은 이익을 최고의 지표로 삼아야 한다. 이들의 사상은 단 하나의 예외도 없이 노동계급의 사상이어야 하며, 나아가 과학적으로 단련돼 있어야 한다. 노동계급의 전위 조직을 이끄는 지도자들은 노동자들의 계급의식을 가장 잘 표현한다. 이들은 대중의 화신이 될 때만 위대한 개인이 될 수 있다. 이런 의미에서만 이들은 거인, 이름 없는 거인이 될 수 있다. 대중의 의식을 대변하면서 이들은 노동계급에게 절대로 필요한 덕목, 즉 철저히 자기 자신을 잊어버리는 덕목을 보여 주는 것이다.

이 모든 것은 사실이다. 그러나 이런 지도자들의 가치, 즉 레닌의 천재성 같은 가치는 계급의식의 발전이 언제나 운명처럼 정해져 있는 것은 아니라는 사실에 있다. 특정 순간에 대중의 의식은 잠복해서 드러나지 않을 수도 있다. 그런 상황 속에 포함돼 있는 여러 가능성을 찾아낼 필요가 전혀 없을 수도 있다. 노동계급의 승리나 안전을 위해 필요한 활동도 전혀 고안되지 않을 수 있다. 서유럽 노동계급의 최근 역사는 계급의식의 구체화에 실패해서 너무 많은 기회를 놓쳐 버렸음을 보여 주는 사례다.

마지막으로, 옛날이나 오늘날의 유산계급 지도자들과 견줘 보면 노동계급 지도자를 새 시대의 사람으로 정의할 수 있다. 즉, 유산계급의 지도자들은 역사의 맹목적 도구였으나 오늘날의 혁명가들은 역사의 의식적 도구라는 것이다.[14]

10월 혁명은 노동자 정당의 거의 완벽한 본보기였다. 당의 투사들은 상대적으로 소수였지만 대중 사이에서 대중과 함께 살았다. 혁명, 불법화, 추방, 수감, 끊임없는 이데올로기 투쟁 등 오랜 시련을 겪으며 노동자 정당은 빼어난 활동가와 참된 지도자들을 얻었다. 그리고 이들의 일치된 사상은 집단행동으로 더욱 단련됐다. 개인의 주도성과 강력하고 당당한 개성은 지적인 중앙집권화, 자율적 규율, 인정받은 지도자들에 대한 존경으로 보완될 때 균형을 이루게 된다. 당의 조직 기구들이 활발하게 돌아가고 있었지만, 관료주의적 부패가 당을 조금이라도 괴롭힌 적은 없었다. 당 안에서 조직 기구들에 대한 숭배는 전혀 찾아볼 수 없었다. 당은 결코 타락하지 않았고, 게다가 의심스런 전통도 전혀 없었다. 당을 지배하고 있는 전통은 기회주의에 맞선 투쟁이었고, 그 전통은 뼈 속 깊이 뿌리를 내리고 있었다. 혁명 전야에 당 지도부 내에서 뿌리 깊고 끈질긴 망설임이 있었을 때, 또 몇몇 핵심 당원이 권력 장악에 반대한다고 선언했을 때, 이런 전통은 당을 더욱 두드러지게 만들었다.

레닌

레닌이 꿋꿋한 성격을 지녔다는 점은 이미 말했다. 그는 생애를 통틀어 오직 하나의 과업에만 몸을 바친 인물이며, 하나의 단단한 덩어리처럼 만들어진 사람이다. 그는 당과 한 몸이었고, 당을 통해 대중과 한 몸이 됐다. 그는 결정적 시기에 러시아의 전체 노동 대중과, 그리고 유혈낭자한 전선 너머 세계 모든 나라의 노동자·피억압 인민과 함께한 사람이다. 그래서 1917년 10월에 그는 노동계급 혁명의 명백하고 독보적인 지도자로 등장할 수 있었던 것이다.

9월과 10월 동안 대중의 정서에 관해서는 이미 기술했다. 9월 중순 레닌은 중앙위원회에 급전을 보내 지체 없이 권력을 잡으라고 호소했다. 곧이어 마르크스주의와 봉기 문제를 다룬 또 다른 편지를 보냈다. 때때로 권력은 획득하는 것보다 유지하는 것이 더 어렵다는 점을, 또한 혁명가들에게 그들이 어떤 힘을 지녔는지를 일깨워 주는 것이 매우 중요하다는 점을 알고 있던 레닌은 권력을 장악하기도 전에 《볼셰비키는 국가권력을 유지할 것인가?》라는 제목의 소책자를 쓰기도 했다. 이것이 9월 말이었다. 10월 7일 레닌은 새로운 글을 써서 새로운 주장을 폈다. "혁명적 위기는 무르익었다."

이때부터 레닌은 몹시 서두르기 시작했다. 레닌이 쓴 설득조의, 또는 명령조의, 권고조의, 협박조의 편지들이 중앙위원회, 당, 당원들에게 전달됐다. 10월 초 레닌은 중앙위원회를 제쳐 두고 모스크바·페트로그라드 위원회에 다음과 같이 말했다. "지금 우물쭈물하는 것은 죄악이다." 10월 8

일 레닌이 봉기 문제를 다룬 "한 국외자의 충고"가 나왔다. 10월 16~17일
에는 봉기 반대파들의 견해를 통박하는 장문의 탁월한 글 "동지들에게"
가 나왔다. 최후의 망설임이 극복됐다. 1895년 이래 23년 동안 투쟁을
통해 농민, 노동자, 병사, 수병, 그리고 전체 노동 대중과 함께 활동하면
서 성장한 지도자 레닌은 이제 시기를 결정하고 결정적 행동을 위한 신호
를 보냈다. 이미 큰 해악이 증명된 망설임을 극복하기 위해서는 다른 동지
의 노력과 함께 그의 열정도 필요했다.

　이 시기에 그가 쓴 글들은 《봉기의 길에 서서》라는 적절한 제목의 책으
로 편집됐다. 이것은 중요한 저작이며, 그 의미가 아직도 충분히 평가되지
않았다. 이 책은 변증법적 유물론의 본보기이며, 봉기의 이론과 실천에
대한 격언이자 계급 전쟁을 승리로 이끌기 위한 전술 교과서이기도 하다.
우리는 이 책이 《공산당 선언》에 견줄 만한 것이며, 더불어 노동계급 시대
의 전야에 필요한 내용을 보완한 것이라고 믿는다.[15]

　레닌이 봉기에 대해 주장한 핵심 내용은 다음과 같다.

> 봉기가 성공하려면 첫째, 음모나 당의 지지가 아니라 반드시 진보적 계급의
> 지지가 있어야 한다. 둘째, 봉기는 반드시 대중의 혁명적 고조에 의거해야
> 한다. 셋째, 봉기는 혁명이 확산되는 역사적 전환점이자 대중의 활동이 정
> 점에 이른 시점에 적의 대오, 가짜 혁명 동지들, 말과 행동이 다른 자들, 비
> 겁자들 사이에서 망설임이 최고조에 달했을 때 일어난다. 이와 같이 봉기
> 의 세 가지 조건을 제시한다는 점에서 마르크스주의는 블랑키주의와 다르
> 다(《마르크스주의와 봉기》).[16]

　이것은 다음과 같은 마르크스의 말에도 잘 요약돼 있다. "봉기는 결코
경솔하게 일으켜서는 안 된다. 그러나 봉기가 일단 시작되면 끝까지 밀어

붙여야 한다는 점을 명심하라."[17]

이때 노동계급 혁명을 지향하고 있던 수많은 빼어난 혁명가들 가운데서, 미래를 정확히 전망하고 있던 수많은 사람들 가운데서 레닌이 가장 중요한 인물이었던 이유는 무엇인가? 모스크바와 페트로그라드 — 단순히 두 도시의 주요 지도자들만으로 한정하면 안 되겠지만 — 의 수많은 주요 당원들도 똑같이 투철한 의식을 갖고 봉기의 길로 나아갔다. 소비에트 의장이었던 트로츠키는 러시아로 돌아온 그 순간부터 조금의 망설임도 없이 가야만 하는 길을 따라 나아갔다. 그는 그 과정에서 몇몇 사소한 문제 말고는 완전히 레닌에 동의하고 있었다.[18] 당 중앙위원회의 대다수 투사들은 봉기에 찬성했다. 그러나 이 혁명가들 가운데 레닌에 견줄 만한 권위를 누린 사람은 아무도 없었다. 이들은 대부분 레닌의 학생들이었고 레닌을 지도자로 받아들였다. 봉기의 조직자로서 탁월한 재능을 발휘했던 트로츠키도 볼셰비키든 멘셰비키든 러시아 사회민주당 안에서는 고립돼 있던 인물이었다. 솔직히 말해 그는 당의 지도자라는 인상을 준 적이 없었다. 많은 볼셰비키는 여전히 그를 반대파로 기억했다. 트로츠키는 거물급 신참이었고, 볼셰비키당에 가담한 직후인 7월 말에 중앙위원이 됐다(6차 당대회). 가장 단순하면서도 중요한 진리란 지도자를 만든 것은 당이라는 사실이다. 당이 없다면 지도자도 있을 수 없기 때문이다. 레닌이 혁명의 지도자가 될 수 있었던 것은 그 자신이 노동자 정당을 만들었기 때문이다.

적위대

지금 양대 수도에서 일어나고 있는 사건은 아주 다르다. 그러나 한 가지 중요한 점에서는 비슷하다.

페트로그라드에서 적위대(Red Guard) 창설을 이끈 것은 차르 체제가 무너진 뒤 주도적으로 나섰던 공장 노동자들이었다. 구질서를 무력화시킨 노동자들은 스스로 무장해야 했다. 4월에 볼셰비키 투사 두 명, 실랴프니코프와[19] 예레메예프가 자발적 적위대를 조직하면서 체계적인 모습을 띠기 시작했다. 노동자 민병대의 첫 정규 부대라고 부를 수 있는 조직은 시 외곽의 노동자 지구, 주로 비보르크 지구에서 세워졌다. 멘셰비키와 사회혁명당은 처음에는 이 운동에 반대했다. 이들이 아직 다수파를 점하고 있던 7월에 열린 소비에트 폐막식에서 사회민주주의자 체레텔리는 노동자의 무장해제를 요구했다. 그러나 그는 너무 늦었다. 모든 지구마다 노동자 지휘부가 수립돼서 시(市)의 총참모부와 활동을 조율했다. 공장을 토대로 건설된 자원병 부대(기존 부대에 입대할 것인지 아니면 독자 부대를 창설할 것인지를 결정한 것은 개별 노동자가 아니라 공장 전체였다)인 첫 적위대 부대는 노동계급의 대중 시위를 보호하는 임무를 해냈다. 7월 사태 때 비보르크 지구는 케렌스키가 파견한 부대의 접근을 저지하기도 했다. 이때 페트로그라드에는 약 1만 명의 적위대가 있었다.

코르닐로프 쿠데타(구력으로 8월 25~30일)와 카자흐 부대의 수도 진격, 반(反)혁명 위협 때문에, 멘셰비키와 사회혁명당이 이끄는 소비에트는 노동자들을 서둘러 무장시킬 수밖에 없었다. 서로 갈등이 없었던 것은 아니다. 슐뤼셀부르크 군수공장 노동자가 수류탄을 실은 화물선을 보냈으나 소비에트는 화물 수령을 거부했다. 그 뒤 적위대는 더는 어려움 없이 화물을 수송할 수 있었다. 노동자들이 발휘한 주도력은 '사회 평화'를 외치는 사회주의자들의 불성실과 허약한 의지를 쓸어내며 모든 어려움을 헤쳐 나갔다. 노동계급이 코르닐로프에 맞서 들고일어난 사실은, 마치 봉기 실패가 노동자들에게 비참한 결과를 안겨주듯 반혁명의 패배도 자본가계급에게 불행한 결과를 가져다준다는 것을 보여 주었다.

9월에 페트로그라드에 있는 79개 공장에서 총기 사용 교육이 있었다. 노동자들 전체가 무장한 공장도 참 많았다. 볼셰비키당 군사 조직은 이들을 위해 지도자를 물색했으나 충분한 인원을 확보하지 못했다. 10월 봉기 전야에 적위대는 2만 명에 이르렀고, 400~600명 규모의 각 대대 산하에 기관총중대, 연락중대, 의무중대 등 3개 중대씩 편제돼 있었다. 일부 대대는 장갑차도 보유하고 있었다. 부사관(노동자)이 대대와 중대를 지휘했다. 근무는 당번제로 실시됐고, 늘 전체 노동자의 3분의 2는 공장에서 작업을 하고, 나머지 3분의 1이 '당번 근무'를 섰다. 당번 근무를 할 때 임금은 작업 때와 같은 비율로 지급됐다. 적위대의 규율은 사회주의 정당, 공장위원회, 노동조합의 감독과 승인을 받아야 했다. 아무런 이유 없이 잇달아 세 번 무단이탈하면 제재를 받았다. 규율을 어기면 동료 배심원단이 집행하는 재판에 회부됐다. 허가 없이 무기를 사용하는 것은 범죄로 간주됐고, 명령에는 이의 없이 복종해야 했다. 각 적위대는 등록 번호가 기재된 신분증을 발급했다. 장교는 선출을 원칙으로 했지만 실제로는 공장위원회나 다른 노동계급 조직이 선발할 때가 많았다. 주요 직책에 대한 임명은 언제나 감독기관인 소비에트의 승인을 받아야 했다. 장교가 군사훈련을 받지 않았을 때는 특별훈련 과정을 거쳐야 했다.[20]

페트로그라드의 일부 노동계급이 보여 준 이런 놀라운 창의성은 레닌의 염원이 실현된 것이라는 점에 유의할 필요가 있다. 그는 1917년 3월 11일(신력으로는 3월 24일) 취리히에서 "먼 곳에서 보낸 편지"를 써 보냈다. 그는 이 글을 통해 이런 희망이 담긴 조언을 긴급 제안했다. 그때만 해도 이런 레닌의 충고는 무시됐고, 서신도 나중에야 역사 문서로 출판됐을 뿐이다. 이 서신에서 레닌은 '노동자 민병대'에 관해 이야기하면서 노동자들에게 호소했다. "경찰이 다시 확립되도록 방치해서는 안 된다! 여러분의 지역 조직도 포기하지 말라!" 당장 여성과 청년을 포함한 민병대를 창설하라. 그리고 레닌은 "조직 건설의 기적은 반드시 이뤄져야 한다"는 말로 끝맺었다.

모스크바에서는 적위대를 건설하는 데 훨씬 더 많은 어려움을 겪었다. 사회혁명당과 멘셰비키가 지휘했던 당국은 사실상 노동자와 일부 수비대를 무장해제시킬 수 있었다. 비밀리에 수류탄을 만들어야 했고, 폭탄도 다른 주(州)에서 들여와야 했다. 지휘부와 통신체계를 만드는 일은 너무나 한심할 정도로 늦어졌다. 이런 허약성과 작업 지연 때문에 모스크바의 노동계급은 6일 동안 계속된 시가전에서 많은 피를 흘려야 했다.

당의 군사 조직은 이제 10만 명이 넘는 병사와 꽤 많은 장교를 얻었다. 바로 여기서 출발해, 봉기를 지도할 기구인 군사혁명위원회들이 전국에서 건설됐다.

무장 경계

소비에트가 안토노프-오프세옌코, 포드보이스키, 추드노프스키를 지도부로 한 군사혁명위원회를 신설한 10월 16일부터 두 권력, 즉 케렌스키 임시정부와 소비에트는 새롭고 더 날카로운 충돌 국면으로 접어들었다. 페트로그라드 수비대는 이제 볼셰비키 쪽으로 넘어왔다. 정부는 독일의 공세가 곧 있을 것이라는 핑계를 대면서 가장 혁명적인 일부 연대를 전선으로 내보내려 했다.

이제 통신·정보·군수 분과를 갖춘 군사혁명위원회는 모든 부대에 정치위원을 임명하기 시작했다. 자본가계급도 무장하려 했지만 병참 부대마다 정치위원이 임명되자 더는 그럴 수 없었다. 병사들은 군사혁명위원회의 대표단을 열렬히 환영했다. 병사들은 위원회가 자신들의 전선 파병을 단호하게 막기로 결정했다는 사실을 알고 있었다. 군사혁명위원회는 수비대의 좌파 성향 연대들에 내려진 전출 명령을 거부하고, 지금 활용할 수 있는 방위력에 대한 더 심층적인 정보가 필요하다고 호소했다. 군사혁명위원회는 이제 적위대의 총참모부 기능을 하면서, 모든 부대에 정규 지휘부의 명령을 무시하라고 지시했다. 말하자면, 이때부터 봉기는 은밀히 진행되고 있었던 셈이다. 두 권력은 각자 나름대로 조처를 취했고, 두 군사 당국은 각자 상대방의 명령을 고의로 취소했다.

10월 15일 페트로그라드에서 제2차 전 러시아 소비에트 대회가 열릴 예정이었다. 멘셰비키는 대회 개최를 25일(신력으로는 11월 7일)까지 늦추는 데 성공함으로써 자본가계급의 임시정부를 위해 10일 동안 숨 쉴 틈을 마련해 주었다. 볼셰비키가 다수파인 대회에서 권력 장악이 결정될 것이라는 사실을 의심하는 사람은 아무도 없었다. 멘셰비키는 반대파인 볼셰비키에게 "당신들은 혁명을 일으킬 날짜를 결정하려고 하는 거지!" 하고 쏘아붙였다. 예정돼 있던 대회에서 결정이 불발로 끝나지 않게 하려면 무장 세력의 지지가 꼭 필요했다. 봉기 날짜를 놓고 두 견해가 팽팽히 맞섰다. 트로츠키는 당이 주도하는 봉기는 대중의 지지를 얻기 어렵다고 판단하고 봉기를 대회와 연결시키려 했다. 그렇지만 레닌은 임시정부가 무자비한 공격으로 봉기를 사전에 차단할 염려가 있으므로 소비에트 대회까지 봉기를 연기하는 것은 '범죄 행위'라고 생각했다. 레닌의 걱정은 그럴 만한 까닭이 있었지만, 사건이 실제 진행되는 과정에서 그것은 쓸데없는 기우로 밝혀졌다. 적들이 허를 찔렸기 때문이다.

우리가 보기에 이런 갈등은 서로 다른 처지에서 사물을 바라보는 완전히 올바른 두 가지 관점에서 비롯된 것이었다. 하나는 광범한 대중이 곧바로 이해할 수 있는 요구("모든 권력을 소비에트로!")와 당의 활동을 결합시키려는 **전략적** 사고에서 나온 것이다. 그런 결합은 승리의 조건이기도 했다. 다른 하나는 봉기 **전**에 진정한 노동자 권력이 들어설 수 있을 것이라는 환상을 깨뜨리려는 일반적 정책에 바탕을 둔 것이었다. 일단 그런 가능성을 이론적으로 받아들이면 봉기 **없이도** 권력을 장악할 수 있지 않겠는가? 그러나 그것은 파멸의 구렁텅이로 빠지는 길이었다. 1906년 이래 레닌은 "봉기 문제를 덮어두거나 폐기하는 것이 혁명적 권력의 조직 문제에 유리하다고 생각하는" 경향을 비판했다. 그의 현실주의적 태도는 '먼저 장악하라!'는 말로 요약할 수 있다. 게다가 레닌은 대회에 앞서 봉기를 일으킬 것을 바랐다. 그래야 대회는 이미 얻어낸 결과를 승인하는 것 말고는 달리 대안이 없을 것이기 때문이었다. 그는 봉기 조직자들을 개인적으로 만났을 때 이 정책에 대해 말한 바 있다.[21] 그는 세부적인 준비 사항들에 대단한 관심과 열정을 보였고, 어떤 일이 있더라도 공격을 연기하지 않을 작정이었다. 네프스키와 포드보이스키는 며칠 더 준비하더라도 성공 가능성만 높아질 뿐 손해 보는 일은 없을 것이라고 레닌을 설득하려 했으나 헛수고였다. 레닌은 "그렇게 하면 적도 이득을 볼 거요" 하고 고집스럽게 대답했다.

안토노프-오프세옌코는 비보르크 노동자 지구에 있는 어느 집에서 봉기 며칠 전에 레닌과 만났던 장면을 생생하게 기록했다. 레닌이 변장을 하고 도착했다. 케렌스키의 경찰이 그를 체포하려 하고 있었고, 만약 체포된다면 레닌은 '우연히' 날아온 총탄에 목숨을 잃을 것이 틀림없었다.

우리 앞에 안경을 걸치고 예의바른, 아니 거의 사근사근한 모습의 갈색 머리를 한 자그마한 노인 한 분이 나타났다. 아마 사람들은 그를 음악가나 학교 선생님 또는 책 외판원쯤으로 생각했을 것이다. 그가 가발을 벗었을 때야 우리는 그의 유머로 반짝이는 평상시의 눈을 알아볼 수 있었다. 그는 "뭐 새로운 소식 없소?" 하고 물었다. 그는 자신감에 차 있었다. 그는 우리가 함대를 페트로그라드로 불러들일 수 있는지 궁금해 했다. 누군가가 그러면 해상 방어에 구멍이 뚫릴 것이라며 반대하자 레닌은 퉁명스럽게 쏘아붙였다. "이봐요, 수병들도 혁명은 발트해가 아니라 페트로그라드에서 더 위험에 처해 있다는 것을 분명히 알고 있을 거요."

표트르 파벨 요새는 군사혁명위원회에 심각한 위협을 가할 수 있는 곳이었다. 그 요새는 도시 한복판을 흐르는 네바강 중간에 있는 코틀린 섬에 있었고, 대포가 빽빽이 설치돼 있었다. 포신은 동궁을 향하고 있었고, 무기고에는 10만 정의 소총이 보관돼 있었다. 요새의 수비대는 임시 정부에 충성을 하는 듯했다. 트로츠키는 그곳에서 집회를 열어 내부에서 요새를 장악해야 한다고 제안했다. 그는 라셰비치와 함께 요새로 갔고, 마침내 성공했다.

10월 22일은 페트로그라드 소비에트의 날이었다. 이날 말하자면 봉기의 찬반을 묻는 대대적인 투표가 있었다. 그날 집회의 직접적 명분은 아주 사소한 것이었다. 늘 그랬듯이 매우 중요한 사건들이 성사되는 과정에서 마지막 고리는 때로는 별 것 아니지만 인과관계의 기다란 끈 속에서 나타나게 마련이다. 여전히 사회 평화를 외치는 사회주의자들이 지배하고 있었던 소비에트 중앙집행위원회가 페트로그라드 소비에트의 재정을 책임지고 있었다. 페트로그라드 소비에트는 기관지가 필요했다. 기관지 창간을 위한 기금을 모으려고 페트로그라드 소비에트는 10월 22일 대규모 대중 집회를 몇 번 열기로 결정했다. 부르주아 언론들은 공포에 사로잡혀 이 대중 동원을 폭동이라고 비난했다. 케렌스키는 "모든 러시아인이 우리 편이다! 우리는 조금도 두렵지 않다!"고 힘차게 외쳐댔지만 그것은 허울뿐이었고 허풍에 지나지 않았다. 그는 "러시아인의 자유를 위협하고, 독일에 국경의 문을 열어 놓아 비극적인 최후를 맞이할 수 있는 위험천만한 모험을 감행하고 있는 모든 사람, 집단, 정당"을 겨냥해 위험을 가했다. 어느 모로 보나 갈리페나 카베냐크의 모습이었다.[22] 그러나 그의 위협은 공허했다. 10월 22일 엄청나게 많은 대중이 동원됐다. 모든 집회장에는 사람들이 가득 찼다. 인민회관에서는 몇 천 명의 인파가 방과 거실과 복도를 가득 메웠다. 대강당에서는 군중이 마치 포도처럼 건물의 철제 구조물을 붙들고 불안하게 매달려 있기도 했다. 존 리드도 거기에 있었다. 군중은 트로츠키의 연설에 열광했다. 존 리드는 이 집회를 보고 다음과 같은 기록을 남겼다.[23]

주위의 모든 사람들이 열광의 도가니에 빠져 있는 듯했다. 저절로 찬송가라도 튀어나올 판이었다. 트로츠키는 노동자와 농민을 위해 마지막 피한방울까지 투쟁할 준비가 돼 있다는 뜻의 결의문을 낭독했다. … 결의문에 찬성하는 사람은 손을 드시오. 무수한 군중이 마치 한 사람이 그러는 것처럼 손을 들었다. 나는 남자들, 여자들, 청년들, 노동자들, 병사들, 농민들의 이글거리며 타오르는 눈빛을 보았다. 트로츠키의 연설이 이어졌다. 군중은 치켜든 손을 내릴 줄 몰랐다. 트로츠키는 말했다. "이 결의를 여러분의 맹세로 만드십시오. 여러분의 모든 힘을 바칠 것이며, 어떤 희생도 주저하지 않고 소비에트를 지지하십시오. 소비에트는 혁명을 이룰 것이고, 여러분에게 토지와 빵, 평화를 가져다줄 것입니다." 군중은 여전히 손을 들고 있었다. 찬성하고, 맹세했다. … 페트로그라드 전역에서 같은 장면이 되풀이됐다. 모든 곳에서 마지막 준비가 끝났다. 어디에서나 사람들은 마지막 맹세를 했다. 몇 천, 몇 만, 몇 십만 명이 그랬다. 그것은 봉기였다.

크론시타트와 발트함대

25일 아침 크론시타트에 주둔하고 있던 혁명군은 소비에트를 방어하기 위한 준비에 착수하라는 명령을 받았다. 모든 공격은 공식적으로는 방어를 명분으로 실시됐다. 여기서 잠시 크론시타트에서 준비 과정이 어떻게 이뤄졌는지를 설명해야 할 것 같다. 그 자리에 있었던 플레로프스키는 크론시타트에 대한 탁월한 설명을 남겼다.[24] 여기서는 전쟁 수행 규칙에 따라 이뤄지는 군사작전 같은 합리적 조정이 이뤄지면서 봉기가 매우 잘 조직됐다는 것이 분명하다. 이 점은 노동계급의 역사에서 그렇게도 많이 등장했던 자연발생적이거나 허술하게 조직된 많은 운동과는 완전히 달랐다.

우리는 페트로그라드에 개입하기 위한 준비 작업을 한밤중에 실시했다. … 해군회관은 병사, 수병, 노동자로 가득 찼고, 이들은 모두 전투에 나설 준비를 완료했다. 혁명 총참모부는 상세한 행동 계획을 세웠고, 여러 부대에 임무를 내렸다. 보급품과 실탄 재고량을 점검하고, 지휘관도 선출했다. 긴박한 작업이 계속된 밤이었다. 어뢰정 겸 기뢰 부설함인 사랑호, 구식 순양함인 자유의 여명호(전에는 알렉산드르 3세호였다), 감시선 독수리호가 작전 참가 함정으로 선발됐다. 사랑호와 독수리호는 페트로그라드에 병력을 상륙시키기로 돼 있었다. 순양함은 항구의 입구에 진을 치고, 해안 철도를 대포로 장악하기로 했다. 시내에서는 소리 없이 작업이 진행됐다. 보병 부대와 수병 부대가 항구 쪽으로 전진했다. 앞장선 병사들의 신중하고 단호한 얼굴만이 횃불에 드러나 있었다. 웃음도 말도 없었다. 행진하는 사람들의 군화 발 소리, 짧은 명령, 지나가는 마차의 삐걱거리는 소리만이 정적을 깨고 있었다. 항구에서는 병력이 신속하게 승선하고 있었다. 부두 선창가에서는 승선 차례를 기다리는 병사들이 부대별로 줄지어 정렬해 있었다. 이것이 위대한 혁명이 일어나기 직전의 마지막 순간인가 하는 생각이 들었다. 모든 일이 너무나 간결하고 산뜻하게 진행됐기 때문에 통상적인 군사작전이 시작된 것으로 생각한 사람도 있었을 것이다. 이것은 우리가 역사를 통해 아는 혁명과 비슷한 점이 거의 없었다. … 내 동료는 "이 혁명은 특이한 형태로 진행될 거야" 하고 말했다.

참으로 혁명은 노동자 식으로, 즉 조직적으로 진행됐다. 바로 이 점이 페트로그라드에서 혁명이 그렇게 손쉽고 완벽하게 승리할 수 있었던 까닭이다. 플레로프스키의 회고록은 또 하나의 중요한 장면을 전하고 있다. 혁명사령부에서 파견된 대표가 장교식당으로 들어갔다.

여기는 분위기가 달랐다. 이들은 불안하고 초조한 상태였고 우왕좌왕했다. 내가 들어가서 인사를 했을 때 장교들은 일제히 일어났다. 이들은 선 채로 나의 간단한 설명을 들었고, 나는 명령을 하달했다. "우리는 무력으로 임시 정부를 타도할 것이다. 권력은 소비에트로 이양되고 있다. 우리는 여러분의 동의에 의존하지도 않고, 그럴 필요도 없다. 우리는 여러분에게 자기 자리를 지키고, 자기 임무를 정확히 수행하고, 우리 명령에 복종할 것을 요구한다. 그러면 우리는 여러분에게 쓸데없이 해를 끼치지 않을 것이다. 이상 끝." 대령은 "알았다"고 대답했다. 장교들은 곧바로 자기 위치로 돌아갔고, 대령은 다리 위로 올라갔다.

많은 작은 함정들이 노동자와 수비대를 도우려고 달려왔다. 네바 강 위에는 순양함 오로라, 올레그, 노비크, 자뷔카, 삼손 호와 두 척의 어뢰정, 그 밖의 여러 함정들이 떠 있었다.

동궁을 장악하다

포드보이스키, 안토노프-오프세옌코, 라셰비치 동지가 동궁 장악을 책임지고 있었다.[25] 처음부터 당에서 뛰어난 투사로 활약해 온 추드노프스키가 이들과 행동을 같이했다(이 사람은 얼마 뒤 우크라이나에서 죽었다).

황제의 옛 거처(동궁)는 시내 중심가 네바 강변에 있었다. 표트르 파벨 요새는 550여 미터 떨어진 맞은편 강변에 있었다. 남쪽을 바라보고 있는 궁전 정면은 알렉산드르 1세의 원주기둥이 있는 아주 큰 광장을 향하고 있었다. 이 광장은 역사적인 장소였다. 광장의 뒤에는 반원형의 큰 건물이 있다. 이곳에는 국방부와 외무부의 각 부서가 있었다. 1879년 당시 대학생이던 솔로비요프가 쏜 총성이 이 광장 위로 울려 퍼졌고, 전제 군주 알렉산드르 2세가 공포에 질린 창백한 표정으로 머리를 숙인 채 마차를 이리저리 몰아 달아났다. 1881년에는 목수인 스테판 할투린이 황제의 거처 밑에 설치한 다이너마이트 때문에 이 음산한 건물이 폐쇄되기도 했다. 바로 이 창문 밑에서 1905년 1월 22일 '작은 성부' 차르에게 탄원하려고 성상을 들고 성가를 부르며 모여든 노동자 군중에게 군인들이 발포했다. 이 발포로 50명이 죽고 수천 명이 다쳤지만, 차르 정권도 자기가 쏜 총탄에 맞아 부상했고 마침내 죽었다.

그러나 이제 10월 25일에는 아침부터 볼셰비키를 지지하는 연대들과 적위대가 케렌스키 정부의 각 부처가 들어서 있던 동궁을 포위하기 시작했다. 레닌이 시간을 앞당기자고 재촉했으나 공격은 오후 9시로 예정돼 있었다. 군대가 동궁의 포위망을 차츰 좁히던 그때, 전에 귀족 여학생들이 다니는 학교였던 스몰니에서는 소비에트 대회가 열리고 있었다. 이 건물의 작은 방에서는 레닌이 안절부절못하며 방안을 서성이고 있었다. 그는 여전히 수배 중이었고, 노인 변장을 하고 있었다. 새로 도착하는 사람이 들어올 때마다 레닌은 "동궁은? 아직 점령 못했소?" 하고 물었다. 레닌은 겁쟁이, 꾸물거리는 사람, 우유부단한 사람들에게 화를 퍼부었다. 그는 포드보이스키를 욕하며, "총살감이야, 총살감이라고!" 하고 소리쳤다. 궁전 가까이 있는 거리의 대포 주변에 모여 있던 병사들은 초조한 기색을 나타내고 있었다. 이들이 "볼셰비키도 외교적 책략을 부리기 시작했어" 하고 불만을 터뜨리는 소리가 사람들의 귀에까지 들렸다. 세부적인 문제에서도 레닌의 정서가 대중의 정서와 일치했다는 것이 다시 한 번 증명된 셈이다. 그러나 승리를 확신하는 포드보이스키는 계속 공격을 늦추고 있었다. 운이 다한 적들은 사기가 땅에 떨어져 극도로 초조해 하고 있었다. 이제 혁명의 피를 아낄 수 있게 됐다. 혁명의 피는 한 방울 한 방울이 소중했다.

6시에 최초로 각료들에게 항복 권고가 전달됐다. 8시에는 두 번째 최후통첩이 전해졌다. 휴전 깃발을 든 볼셰비키 선동가가 궁전 경비대를 향해 연설했고, 돌격대 소속 병사들이 혁명군 쪽으로 넘어왔다. 이들을 환영하는 만세 소리가 이제는 전장이 돼 버린 광장 위로 울려 퍼졌다. 몇 분 뒤 여성대대가 항복했다. 몇 안 되는 사관생도들의 호위를 받으며 넓은 방에 불도 켜지 않은 채 모여 있던 각료들은 공포에 휩싸였으면서도 여전히 항복하지 않았다. 케렌스키는 충성스런 부대를 이끌고 금방 돌아오겠노라고 약속한 뒤 궁전을 나와 도망쳤다. 각료들은 성난 폭도가 자신들을 갈기갈기 찢어 놓을 것이라고 생각했다. 마침내 순양함 오로라호의 포성(사실은 공포탄 소리였다)이 궁전 경비대를 뒤흔들었다. 적위대의 공격은 거의 저항을 받지 않았다. 웅장한 계단에서 수류탄이 터지고 복도 곳곳에서 육박전이 벌어졌다. 대접견실의 흐릿한 불빛 아래 소수의 사관생도들이 소총을 들고 창백한 얼굴로 장식문 앞에 도열해 있었다.

그것은 러시아의 마지막 부르주아 정부의 방어벽이었다. 안토노프-오프세옌코, 추드노프스키, 포드보이스키는 이 힘없는 총검을 밀어붙였다. 한 청년이 작은 목소리로 말했다. "난 당신들 편입니다!" 문 뒤에는 가련한 신사 13명이 공포에 떨며 풀죽은 표정으로 어둠 속에 숨어 있었다. 이들이 적위대에게 이끌려 궁전 밖으로 나오자 이들을 처형하라는 외침이 터져 나왔다. 일부 병사나 수병들은 대규모 처형을 생각하고 있었다. 그러나 노동자 부대는 이들을 만류했다. "불필요한 행동으로 노동계급의 승리를 망치지 맙시다!"

케렌스키 정부의 각료들은 표트르 파벨 요새로 끌려갔다. 이 요새는 전에 러시아의 자유를 외치며 죽어간 순교자들을 모두 감금했던 바스티유 감옥이라 할 수 있었다. 이들은 여기에서 마지막 차르의 각료들을 만났다. 이것은 완전한 종말을 뜻했다.

도시 근교에서는 교통이 정상 소통됐다. 부둣가에서는 선원들이 아무런 동요도 없이 그저 구경만 하고 있었다.

공격작전에 대해 언급해 둘 세부 사항이 하나 더 있다. 혹시라도 적이 일시적으로 승리해서 공격작전에 지장을 주는 일을 막으려고 봉기군 지휘부는 예비사령부를 두 개 마련해 놓았다.

소비에트 대회

적위대가 동궁을 포위한 것과 때를 같이해 페트로그라드 소비에트가 열렸다. 레닌은 변장을 벗어던지고 트로츠키와 함께 권력 장악을 발표했다. 소비에트는 교전 중인 모든 강대국에 즉각적인 평화를 제의했다. 비밀 조약은 곧 공개될 터였다. 레닌이 가장 먼저 강조한 것은 노동자와 농민의 동맹이었고 그 동맹은 더욱 강화돼야 했다.

러시아 전역에서 대다수 농민이 이렇게 외쳤다. 자본가들과 장난치는 것은 이제 지겹다. 우리는 노동자들과 함께 전진할 것이다! 지주의 재산을 폐지한다는 단 하나의 포고로 우리는 신뢰를 얻었다. 농민들은 오로지 노동자들과 연합할 때만 안전하다는 사실을 깨닫게 될 것이다. 우리는 산업에 대한 노동자 통제를 시작할 것이다.

그날 저녁 스몰니의 대무도회장에서 전 러시아 소비에트 대회가 열렸다. 커다란 샹들리에 불빛이 순백색의 대무도회장을 환하게 밝히고 있었다. 볼셰비키가 382명, 볼셰비키에 동조하는 무소속이 31명, 좌파 사회혁명당 70명, 중도파 사회혁명당 36명, 우파 사회혁명당 16명, 민족

사회혁명당 3명, 사회민주당 국제주의 통합파 15명, 멘셰비키 조국방어주의자 21명, 여러 민족 집단의 사회민주주의 대표 7명, 아나키스트 5명 등 총 562명의 대표가 참가했다. 방 안은 발 디딜 틈이 없을 만큼 사람들이 꽉 찼고, 열기로 후끈거렸다.

사퇴하는 전 러시아 소비에트 집행위원회를 대표해 멘셰비키인 단이 개회를 선언했다. 새 위원이 선출될 때마다 네바 강 위로 포성이 울려 퍼졌다. 동궁에서는 저항이 계속되고 있었다. "주일처럼 정장을 차려입고 환한 미소를 띤" 카메네프가[26] 단의 뒤를 이어 의장으로 선출됐다. 그는 정부 기구의 조직, 전쟁과 평화, 제헌의회 등 세 가지 안건을 의사 일정으로 제안했다. 멘셰비키와 사회혁명당 반대파들이 맨 먼저 발언에 나섰다.

멘셰비키에는 가장 정직하고 빼어난 지도자인 마르토프가 있었다. 그러나 마르토프는 대단히 용기 있는 사람이었지만, 아주 나쁜 그의 건강은 마치 그가 신봉해 온 이데올로기의 파산을 상징하는 듯했다. 마르토프는 언제나처럼 떨리는 창백한 손을 허리 부근에 올려놓고, 머리카락이 조금은 우스꽝스럽게 헝클어진 머리를 흔들며, 연단에 올라 갈등을 평화적으로 해결하자고 촉구했다. "바로 지금이 그 이야기를 해야 할 때요!" 하고 므스티슬라프스키가 좌파 사회혁명당을 대신해 말했다. 마르토프의 당은 임시정부를 신뢰하지 않았고, 소비에트의 권력 장악에 동조했지만 봉기에 참여하는 것을 거부했다. 그는 또 여러 조건을 나열했다. "말할 것도 없이 마땅히 모든 권력은 소비에트로 넘어가야 합니다. 왜냐? 보십시오. 소비에트는 이미 권력을 장악했기 때문입니다. 그러나 군 동원은 당장 중지돼야 합니다. 포성 속에서 어떻게 신중한 토론이 가능하겠습니까?" 트로츠키가 곧바로 응수했다. "지금 총소리에 놀랄 사람이 누가 있단 말이오? 정반대요. 총소리는 우리의 과업을 도와줄 뿐이오!"

총소리로 창문의 유리가 흔들렸다. 멘셰비키와 우파 사회혁명당이 "조국과 혁명에 대항해 일어난 범죄 행위"를 비난하자, 순양함 오로라호에서 온 수병 한 명이 연단에 올라 그 말을 반박했다.

[므스티슬라프스키가 기록한 내용이다 — 세르주] 그 사람은 무뚝뚝하고 자신만만한 태도에다 마치 칼로 공기를 가르듯이 직선적으로 터져 나오는 목소리를 지니고 있었고, 겉으로 보기엔 마치 청동상 같았다. 땅딸막하고 구부정한 데다 헝클어진 머리를 우아하게 감싸고 있는 높은 옷깃 아래로는 털이 수북하게 난 가슴을 드러내놓고 있었다. 그가 연단에 오르자 방안에서는 환호소리가 울려 퍼졌다. … 그는 "동궁은 끝장났습니다. 오로라호가 코앞에서 직사포를 쏘고 있습니다" 하고 말했다.

"오!" 신음 소리를 내며 멘셰비키 아브라모비치가 미친 듯이 벌떡 일어나 손을 휘저었다. "오!" 오로라호에서 온 그 사람이 아브라모비치의 신음 소리를 듣고 응수했으나 그것은 따뜻하고 정감 어린 감탄사였다. 그는 조용히 웃으면서 낮은 목소리로 아브라모비치를 진정시키려 했다. "수병들이 쏘고 있는 건 공포탄입니다. 각료와 여성대대 숙녀들께는 그걸로 충분하거든요." 방안이 시끄러워졌다. 멘셰비키 조국방어주의자와 우파 사회혁명당의 대표 60여 명이 "임시정부와 같이 죽겠다"고 결의한 뒤 그곳을 나섰다. 하지만 그렇게 멀리 가진 못했다. 그들이 벌인 작은 소동은 거리에서 적위대의 제지로 끝났다. 그들은 한 사람씩 흩어졌다.

밤늦게 좌파 사회혁명당은 마침내 볼셰비키를 **따르기로** 결정하고 대회장에 남았다.

레닌은 토지, 평화, 노동자 생산 통제 등의 위대한 포고령들이 표결에 부쳐진 이튿날 아침에야 대회 연단에 나타났다. 그가 나타나자 방안 전체에서 우렁찬 환호성이 울려 퍼졌다. 그는 승리한 군중을 조용히 바라보며 환호성이 끝나기를 기다렸다. 그런 뒤 두 손으로 조용히 연단을 짚고 넓은 어깨를 약간 앞으로 내밀며 말했다. "우리는 사회주의 질서를 건설하기 시작할 것입니다."

모스크바: 경제 위기와 봉기

모스크바에서는 혁명의 배후에 경제적 필연성이 있었음이 더 직접 드러났다. 자본가계급, 프티부르주아 계급, 지식인 집단 등으로 구성된 시의회가 모스크바를 통치하고 있었다. 의회에서는 사회혁명당과 입헌민주당이 안정적 다수파였고, 멘셰비키가 그들을 편드는 일도 자주 있었다. 시의회는 별로 인기 없는 의회였고, 청중은 복도에서 야당인 볼셰비키를 칭찬하며 마치 프랑스 혁명기의 정치 집회에서처럼 소란스럽게 시위를 벌이곤 했다. 9월 24일 치러진 구의회 선거에서 볼셰비키는 대중의 의사를 가늠할 수 있는 기회를 얻었다. 볼셰비키는 전체 17개 구의회 가운데 14개 구에서 다수파를 차지했다. 입헌민주당도 약간 의석이 늘었지만, 사회 평화를 외치는 정당들은 몰락했다.

볼셰비키가 승리한 것은 대중의 요구를 이해하고 있었기 때문이다. 기근은 심해졌고, 저장된 곡물도 바닥나고 있었다. 이제 도시에 빵 한 조각도 없게 될 날이 닥쳐오고 있었다. 식량 배급량이 1인당 하루 100그램으로 줄었다.[27] 수송 체계가 무너지자 상황 호전은 꿈도 꿀 수 없었다. 주민을 구하려면 식량 공급 체계의 중앙집권화, 빵 생산에 대한 시당국의 통제, 즉 빵 가게 몰수, 건물 징발, 전 주민을 대상으로 한 단일배급표 등록 의무화 등 엄청난 노력이 드는 비상조치가 필요했다. 볼셰비키의 정책 강령은 이런 조처들로 이뤄져 있었다. 그 조처들에는 중요한 뜻이 담겨 있었다. 식량 위기는 유산계급이 벌이는 계급 전쟁에 꼭 들어맞았다. 식량 위기는 고용주의 생산 사보타주에 엎친 데 덮친 격이었다. 기근 해결책을 제대로 세우려면 생산 전체를 통제할 필요가 있었다.

볼셰비키는 다음과 같이 요구했다.

1. 모든 군수물자 생산 공장을 전쟁 이전의 생활필수품 생산 공장으로 즉각 전환할 것. 쉴리히터의 말을 인용하면, "전쟁이 계속된다면, 노동계급과 군대 안에서 혁명운동 역량이 사라져 마침내 혁명은 실패할 것이다."

2. 경영진의 생산 사보타주를 종식시키고, 평상시 생산을 급속히 회복하기 위해 공장을 몰수할 것. 이 조처는 공산품을 농민의 곡물과 교환하는 데 목적이 있다.

3. 사회화에 맞서 파업을 벌일 염려가 있는 모든 산업의 사용자들에게 의무노동을 부과할 것.

4. 투기를 뿌리 뽑기 위해 상점을 징발할 것.

10월 첫째 주말에는 모스크바 피혁노동자 파업이 10주째를 맞았다. 그 파업은 하루 10그램의 빵 배급을 추가로 얻어낸 것을 빼면 아무 성과도 없었다. 목재·기계·직물·시공무원 노조들이 파업을 준비하고 있었다. 다른 한편에서는 사용자들이 일종의 자본 파업을 벌였다. 즉, 부분적인 직장폐쇄, 온갖 핑계를 댄 휴업, 은밀한 또는 노골적인 생산 제한, 설비 매각, 회사 청산 등 모든 것이 "전반적 경제 위기"의 이름으로 정당화됐다. 모스크바 노동자의 상태는 점점 더 비참해졌다. 전쟁이 시작되고 나서 주거비는 6.5배나 올랐다. 의류·신발·장작·비누 등 일상 생활용품 가격은 12배나 뛰었다. 그런데 임금은 겨우 4배 올랐을 뿐이다. 공장위원회를 인정하라는 노동자들의 요구는 거부당했다. 사용자들을 편드는 임시정부는 노동계급에 대한 적대감을 거리낌 없이 드러냈다. 극렬한 시위가 언제라도 터져 나올 듯했다. 그리고 위기는 무르익었다. 10월 19일 모스크바 소비에트의 다수파인 볼셰비키는 부하린과 스미르노프의 발의에 따라 봉기에 가까운 특징을 띤 일련의 결의안을 채택했다.

소비에트는 노동조합의 동의를 얻어 파업 노동자들의 요구를 수용하고, 산업을 사보타주한 자본가 범죄자들을 처벌하고, 임대료 징수를 연기하고, 혁명적 인민의 권력 장악을 위해 대중을 동원할 것 등을 규정한 포고령을 공포했다. 노동조합에게는 스스로 책임지고 하루 8시간 노동제를 실시하라고 요구했고, 파업 중인 피혁 노동자에게는 직접 공장을 운영하라고 호소했다.

며칠 뒤 시당협의회가 열렸다. 세마시코·오신스키·스미르노프가 봉기에 대해 말했다. 한 참석자는 다음과 같이 회상했다.

이들은 통계 수치를 근거로, 전쟁을 끝낼 수 있는 유일한 세력인 노동계급이 권력을 장악하지 않으면 러시아는 파국을 맞을 것이며, 더는 빵이나 연료도 없고, 철도와 공장도 문을 닫게 될 것이라고 설명했다. … 이들의 연설은 과학적이다 못해 거의 학술적인 분위기였다. 그렇다고 해서 사회변혁을 꿈꾸는 혁명가들의 집회가 아니라 교양 강좌 같았다는 말은 아니다. 대다수가 여러 군부대에서 온 대표들이었던 청중은 동조하는 듯했다. 자리를 박차고 일어나 반대하는 사람은 아무도 없었다. 투표에 들어가자 모든 사람이 손을 들어 동의를 표시했다. 대회는 만장일치로 봉기에 찬성했다.

논의 안건은 지극히 명백하다고들 생각했다.[28]

10월 23일 모스크바 소비에트는 명령 제1호를 발표해 모든 노동자에게 공장위원회의 책임을 맡겼고, 또 그 책임을 일깨워 줬다. 10월 24일 소비에트는 적위대 창설을 의결했다. 이 두 결정은 멘셰비키나 사회혁명당과 치열한 투쟁 끝에 이뤄진 것이었다. 이 두 파는 민주주의와 법을 지킨다며 온갖 일에 사사건건 따지고 들었다.

10월 25일 페트로그라드에서 봉기가 일어나자 모스크바 소비에트는 약간 늦은 감은 있지만 군사혁명위원회를 세웠다. 사회혁명당과 멘셰비키는 노동자에게 자제하라고, 페트로그라드처럼 끔찍한 강도짓은 하지 말라고 설득하고 다녔다. 오로지 제헌의회만이 러시아의 운명을 심판할 권리가 있다는 것이었다. 표결에 지고 나서도 멘셰비키는 "볼셰비키가 추진하는 쿠데타의 결과를 최대한 완화하려고", 다시 말해 봉기를 사보타주하려고 여전히 군사혁명위원회에 참여하려 했다. 이들은 위원회 참여를 허용받았다.

그날 밤 볼셰비키 대표들을 뺀 채 시의회 비밀회의가 열려 공안위원회가 새로 세워졌다. 사회혁명당원인 시장 루드네프는 공안위원회에서 전투 준비를 책임졌다. 또 다른 사회혁명당원인 랴브체프는 서둘러 사관생도뿐 아니라 대학생, 나이 어린 고등학생 등 간단히 말해 부르주아지와 중간계급의 청년들까지 무장시켰다.

백색 테러가 시작되다

6일 동안 치열한 시가전이 전개됐다. 27일 의회 합동회의가 열리고 있는 동안 공안위원회는 군사혁명위원회에 15분 안에 자진 해산할 것을 명령하며 선제공격을 했다. 전투는 거칠고 참혹하며 유혈낭자했다. 여기서 전투 상황을 자세히 설명할 수는 없다. 모스크바는 언뜻 보면 수백 년 동안 크렘린 궁전과 교회를 중심으로 한 동심원 속에서 성장해 온 도시다. 크렘린 자체도 일종의 도시로서, 톱니 모양의 높은 외벽과 전망대로 둘러싸인 요새나 다름없었다. 위에서 내려다본 크렘린 모습은 삼각형이며 모스크바 강변의 왼편에 있다. 도시는 여러 언덕 위에 세워져 있었고, 좁은 도로의 불규칙한 순환로는 서로 맞물려 있었다. 교회와 정원도 많았고, 가로수 길이 길게 뻗어 있었다. 이런 도시는 공격이든 방어든 수많은 가능성이 있었다. 그러나 양측이 택할 수 있는 전략은 처음부터 제한돼 있었다. 군사혁명위원회는 전에 정부 관리들이 거주했던 트베르스카야 거리의 제일 높은 곳에 위치한 도시 중심부에서 소비에트와 같은 건물을 쓰고 있었다. 이 사령부를 제거하는 것이 정부군의 목표였다. 혁명사령부는 적위대가 시 외곽에서부터 백군의 후방을 공략하고 자신들을 구하러 올 때까지 건물을 사수해야 했다. 상황이 그렇다 보니 백군이 크렘린을 장악하는 일은 분명히 매우 중요했지만 사실상 에피소드나 다름없었다.

적위대는 병력 수가 우세했다.

[무랄로프는 다음과 같이 썼다 — 세르주] 적의 병력은 두 사관학교 생도들, 여섯 개의 부사관학교 생도들, 사회혁명당과 멘셰비키의 군사 조직, 어린 학생들 등 1만여 명이었다. 우리는 약 1만 5000명의 병사, 2만 5000명의 예비군, 3000명의 무장 노동자, 여섯 개의 경포병 부대, 중화기 몇 개 등 적어도 5만 명의 믿음직한 투사를 보유하고 있었다.

한편에 자본가계급과 프티부르주아 계급과 지식인이 있었다면, 다른 편에는 병사와 노동자로 이뤄진 회색의 대중이 있었다. 그렇지만 허술한 조직과 우유부단함 때문에 적위대가 투쟁에서 승리할 수 있을지 없을지는 알 수 없었다.

28일 밤 사관생도들이 크렘린을 포위했다. 그 전에 공안위원회가 철도역, 발전소, 중앙전화국을 장악했다. 크렘린의 지휘관 베르진은 군사혁명위원회와 연락이 끊기자 "질서가 회복되고 있다"는 말을 들은 뒤 자기 부하들의 생명을 보장한다는 엄중한 약속을 받고서 항복했다. 그가 직접 문을 열자마자 사관생도들이 그를 때려눕히고 총검으로 찌르며 마구 짓밟았다. 대령 하나가 "뭐야, 아직 살아 있네? 너 같은 건 뒈져야 해" 하고 내뱉었다. 크렘린 무기고에 있던 노동자들은 항복 소식을 모르고 있다가 노동자 대표들을 체포하러 온 사관생도들에게 붙잡혔다. 아침이 되자 노동자들은 신분증을 달고 표도르 이바노비치[16세기 말의 러시아 황제]의 대형 대포에서 그리 멀지 않은 큰 정원에 정렬하라는 명령을 받았다. 갑자기 이들 앞에서 기관총 3정의 덮개가 벗겨졌다. 겨우 목숨을 부지해 도망친 노동자의 증언을 들어 보자.[29]

그 사람들[노동자들]은 어떠한 재판이나 사전 통고도 없이 이렇게 총살당하리라는 사실을 아직도 믿을 수 없었다. 이들은 전투에 참가한 적도 없었다. 어떤 장교가 고함을 지르며 명령했다. "정렬! 정면을 주시하라!" 사람들은 주먹을 바지 선에 맞춰 똑바로 내리고 차려 자세를 취했다. 신호가 떨어지자 기관총 세 정에서 뿜어내는 천둥소리가 공포에 찬 비명 소리와 흐느끼는 소리, 숨넘어가는 소리와 뒤섞였다. 최초의 총격에 쓰러지지 않은 사람들이 뒤에 열려 있던 좁은 문 쪽으로 몰려들었다. 기관총은 계속 불을 뿜어댔고, 몇 분 뒤 출입구는 쓰러진 사람들 때문에 막히고 말았다. 신음하거나 피를 흘리며 쓰러져 있던 자들을 향해 계속 총탄이 날아들었다. … 주위 건물 벽에는 피와 살점들이 튀어 있었다.

이런 대량 학살은 한 번에 그치지 않았다. 거의 모든 곳에서 백위대에게 붙잡힌 사람들은 즉시 처형당했다. 알렉산드로프스코예 군사학교에서 열린 군법회의에서는 사형 언도에 30초밖에 걸리지 않았다. 사형 집행도 정원에서 즉시 실시됐다. 이 사실을 기억하라. 이들은 임시정부를 수호하겠다는 굳은 의지를 보여 줬고, 노동자 혁명을 피바다로 몰아넣었다. 백색 테러가 시작됐다.

군사혁명위원회와 랴브체프 대령 사이에 휴전 협상이 진행되는 도중에 크렘린에서 벌어진 학살 소식이 전해졌다. 백군은 증원 부대가 도착할 때까지 시간을 버는 데 몰두하고 있었다. 군사혁명위원회는 이제 죽음이냐 승리냐의 선택만이 남아 있음을 알게 됐다. 사령부는 포위돼 있었다. 그러나 모든 노동계급 조직, 적위대, 혁명군 부대가 사령부를 구하려고 하나로 뭉쳐 궐기했기 때문에 포위군 자신이 철통 같은 포위망에 갇힌 꼴이 됐다. 봉기사령부가 붕괴 직전까지 갔던 끔찍한 하루가 지난 29일 저녁, 24시간의 휴전이 성사됐다. 그러나 특별 대대가 도착해서 백위대 측에 합류하자 휴전은 즉시 깨졌다. 적위대 측에서는 포병이 증강됐다. 포병 중대가 광장에서 작전을 개시하자 백군은 크렘린으로 물러났다. 군사혁명위원회는 역사적 기념물이 손상되는 것을 바라지 않았기 때문에 오랫동안 망설인 끝에 마침내 크렘린을 포격하기로 결정했다. 11월 2일 오후 4시에 백군이 항복했다. "공안위원회는 해산한다. 백위대는 무기를 버리고 해산한다. 장교들은 계급을 표시하는 휴대용 무기만을 소지할 수 있다. 사관학교도 훈련용 무기만 보유할 수 있다. … 군사혁명위원회는 모든 사람의 자유와 침해할 수 없는 권리를 보장한다." 그런 것들이 적위대와 백위대가 체결한 휴전 협정의 주요 항목이었다. 자기들이 승리했다면 혁명군에게 눈곱만큼의 자비도 베풀지 않았을(이 점을 입증할 증거는 많다) 반혁명 투사들, 크렘린의 학살자들이 **풀려났다.**

이 얼마나 얼토당토않은 자비란 말인가! 바로 이 사관생도들, 장교들, 학생들, 반혁명 사회주의자들이 러시아 전역으로 흩어져 내전을 조직했다. 야로슬라블, 돈, 카잔, 크림반도, 시베리아에서, 심지어는 바로 옆집에서 벌어진 모든 음모에서 혁명은 이들과 다시 만나게 됐다.

조직과 자발성

페트로그라드와 모스크바 봉기 사이에는 큰 차이가 있다.

페트로그라드에서 몇 주 동안 꼼꼼히 준비된 혁명운동은 근본적으로 정치적이었다. 그것은 의식적인 권력 장악이었다. 트로츠키의 말처럼, 혁명은 일어나야 할 바로 그때 일어났다. 당과 수비대라는 두 요소가 사건을 지배했다. 행동은 열정적으로 계획되고 주저 없이 실행됐다. 혁명은 유혈 사태 없이 신속하게 승리했다. 페트로그라드 봉기는 완벽하게 조직된 대중운동의 모범이다.

모스크바에서는 대중의 자발성이 조직을 능가했다. 혁명은 정치적 목표와 수단에 대한 의식의 발전이 미비한 상태에서 경제 위기에 직접 영향을 받아 일어났다. 동요와 머뭇거림, 지체가 심각한 장애물이었다. 적들은 수적으로 열세였지만 잘 조직돼 있었고, 구질서의 부활이라는 정치적 목표와 테러라는 수단에 대한 명확한 이해로 무장돼 있었다. 그 덕분에 적들은 노동계급을 오랫동안 묶어둘 수 있었을 뿐 아니라 노동계급에게 치명적 손실을 입힐 수 있었다. 노동자들은 자신들의 지구에서 최대한 그리고 최선의 무장을 갖췄다. 또, 자발적 의사에 따라 전투에 참가하는 일이 많았다. 이들은 무기도 탄약도 모자랐다. 대포가 있었지만 포탄이 없었다. 포탄이 생겼더라도 대포의 조준경이 모두 고장나 있었다. 통신 상태는 끔찍할 지경이었다. 정찰은 가뭄에 콩 나듯 했다. 적위대 병력을 이끌던 무랄로프는 "우리는 형편없이 싸웠고, 제각기 전투를 수행했다"고 말했다. 연합사령부도 없었고, 백군이 주도권을 쥐고 있었다. 백군이 장악한 전략 요충지는 수적 열세를 보상하고도 남았다.

투사들의 열정은 믿기 어려울 만큼 놀라운 것이었다. 훌륭한 조직만 있었다면 기적을 발휘했을 것이다. 그런 열정 덕분에 장기간에 걸친 위험하고 희생이 많은 전투를 치를 수 있었다. 군사혁명위원회가 25일 창설됐지만 시기가 너무 늦은 데다 그나마 자주 혼란에 빠졌다. 군사혁명위원회는 사회혁명당이나 멘셰비키와 불필요한 협상을 벌였고, 29일에는 휴전협정을 맺는 실수를 저지르기도 했다. 이때는 적위대가 전화국을 막 장악하려 했을 때였다. 또, 반(反)혁명 세력이 무너졌을 때도 어처구니없는 관용을 베풀었다.

우리가 볼 때, 페트로그라드와 모스크바의 봉기는 **서로 다른 유형**의 운동이었다. 모스크바 봉기는 자본가계급이 경제정책을 이용해서 일부러 도발한 1848년 6월 봉기처럼, 노동계급 봉기의 더 후진적인 유형에 해당한다(그것도 아주 희박하게 그렇다는 사실을 꼭 지적해야겠다). 모스크바에서는 도발적인 자극이 중요한 구실을 했다. 봉기는 자극에 대한 반발이었고, 그보다 한술 더 뜬 경우도 많았다. 다른 한편에서는 적이 학살에 총력을 기울이고 있었다. 반면에 페트로그라드는 무장봉기의 **새로운 유형**을 처음으로 실천한 본보기였다. 그 뒤 1923년의 함부르크 봉기는 페트로그라드의 선례를 따랐다.[30] 함부르크에서는 대규모 정당의 계획이 대중의 활동과 조화롭게 결합했다. 양측은 세밀한 준비 끝에 선택한 순간에 행동을 개시했다. 그래서 예상하지 못했던 요소는 최소화됐고, 전투부대는 전장에서 최대한 지원을 받으며 전투에 임했다. 함부르크에서 패배(사실상 후퇴에 가까웠다[31])는 극히 적은 손실만을 초래했을 뿐이다. 물론 패배는 대체로 큰 희생을 치르기 마련이다.

페트로그라드와 모스크바의 상황을 서로 견줘 보면, 조건이 같을 때도 조직적 활동이 자발성이 지배하는 운동보다 이루 말할 수 없이 우월하다는 점이 명백히 드러난다. 이런 경험에 비춰 볼 때 노동계급의 승리를 위한 전제 조건은 다음과 같은 기본적 군사작전 규칙으로 요약할 수 있다. 즉, 싸울 때는 조직과 힘을 극대화하고, 우세한 부대를 결정적 순간에 결정적 장소에 배치해야 한다는 것이다.

제3장_ 도시 중간계급 대 프롤레타리아

위대한 포고령: 평화

멘셰비키와 우파 사회혁명당이 이탈한 뒤 제2차 전 러시아 소비에트 대회는 간단한 발의를 통해 "타협주의자들의 이탈로 노동자·농민의 권력에서 반(反)혁명 분파가 제거돼, 소비에트가 약해지기는커녕 오히려 강해졌다"고 강조했다. 이는 완전한 승리를 알리는 신호였다. 패배한 여러 정당의, 또 멘셰비키의 영향을 받던 강력한 철도노조와의 막후 협상이 시작됐다. 더 나은 진보를 위한 토대가 마련됐지만 여전히 커다란 위험이 도사리고 있었다. 그 위험이 얼마나 큰 것인지는 곧 알게 될 터였다. 지금은 신속한 행동이 필요한 시기다. 소비에트 대회는 주도권을 쥐고 있다. 만일 소비에트 대회가 망설이거나 어리석은 행동을 저지른다든지 소비에트의 선언이 대중의 열망과 부합되지 않으면 그 다음날 곧바로 모든 것을 잃을 터였다. 대의원들은 지킬 수 있는 약속들을 찾아내야 했고 참호 속의 성난 사람들, 인내심 없는 농촌 사람들, 도시 사람들을 혁명의 편으로 끌어들일 수 있는 포고령을 만들어 내야 했다.

먼저 평화 포고령이 처리될 예정이었다.

10월 24~25일 혁명으로 수립되고 소비에트를 기반으로 삼은 노동자·농민의 정부는 모든 교전국 국민과 정부에게 정의롭고 민주적인 강화 협상을 지체 없이 시작할 것을 요청한다.

이탈리아는 카포레토에서 막 참패했고, 루마니아는 침략당하고 있었다. 잠수함 전쟁의 시작으로 이제 바다 위에 떠 있는 배는 모두 사냥꾼의 먹이 신세가 됐다. 독일의 탄도 전문가들은 파리를 겨냥한 장거리 폭격을 준비하고 있었다. 많은 희생, 인구 감소, 극도의 내핍 생활에 시달리던 프랑스, 독일, 이탈리아, 오스트리아는 비틀거리기 시작했다.

포고령은 "합병, 즉 타국 영토의 정복이나 타국 민족의 강제적인 병합도 없고 배상도 없는 즉각적인 강화"를 정의롭고 민주적인 강화로 규정하고 있었다.

새 정부는 이런 강화 조건 가운데 어느 것도 최후통첩으로 여기지 않을 것이라고 선언했다. 또, 어떠한 다른 조건이 제기되더라도 기꺼이 검토할 것이며, 모호함과 비밀을 모두 배제하고 아주 솔직하게 어떤 교전 당사국과도 신속하게 논의하겠다고 선언했다.

포고령은 모든 비밀외교의 폐지, "러시아의 자본가, 지주, 대러시아 민족의 이익과 특권을 보장하는 데 이바지해 온" 비밀조약의 "즉시 무조건" 폐기를 선언하고, 모든 교전국에게 적어도 3개월 동안 즉시 휴전을 요구했다. 포고령은 "최고 선진국 세 나라, 즉 프랑스, 영국, 독일의 노동자들에게" 호소하는 말로 끝나고 있다. 포고령은 세 나라 노동자들이 사회주의와 진보의 대의에 헌신할 것을 일깨우고 그들에게 평화와 모든 피억압 인민의 해방이라는 대의에 헌신하도록 권했다. 표결이 시작됐을 때 좌파 사회혁명당은 이런 조건에 동의하는 것은 아니지만 포고령을 지지한다고 선언했다. 레닌은 포고령이 너무 온건하다고 생각해서 비판하는 사람들에게 다음과 같이 대답했다.

최후통첩을 보내지 못했다는 것은 우리가 연약하다는 뜻 아니겠느냐고 말하는 사람들이 있다. 그러나 이제는 '민중의 힘'에 대한 낡은 부르주아적 엉터리 문구를 버릴 때가 됐다. …

자본가계급은 대중을 무참히 학살할 때 힘이 드러난다고 생각한다. 그들이 강력하다고 인정하는 정부는 국가기구의 온갖 권력을 마음대로 휘둘러서 대중을 억압할 수 있는 정부뿐이다. 우리는 힘을 다르게 생각한다. 우리는 대중의 의식과 조화되는 정부가 강력하다고 생각한다. 대중이 모든 것을 알고, 모든 것을 판단하고, 모든 것을 의식적으로 받아들일 때 정부는 강력하다.[1]

우리는 전면적 평화를 갈망하지만 그렇다고 해서 혁명전쟁을 회피하지도 않는다. 우리가 모든 종류의 평화안을 논의할 준비가 돼 있다는 사실을 독일 국민이 알게 된다면 그 평화안은 곧 하나의 불씨가 돼 독일혁명의 기폭제가 될 수도 있다. 우리는 모든 제안을 기꺼이 논의할 준비가 돼 있다. 그렇다고 해서 우리가 모든 사안을 받아들인다는 뜻은 아니다. 이는 레닌이 늘 말하던 방식이었다. 포고령은 만장일치로 통과됐다. "전쟁은 끝났다! 사람들의 표정이 환하게 밝아졌다."[2] 대강당에 인터내셔널가가 울려 퍼졌고, 곧바로 군중의 깊은 한숨처럼 구슬픈 장송곡이 이어졌다.

브레스트리토프스크 협상을 다룬 장(章)에서 우리는 소비에트의 강화 정책을 살펴볼 것이다. 비록 상징적인 것이지만 혁명이 처음 취한 이런 활동은 혁명이 그 첫날부터 국제적 성격을 띠고 있음을 뜻한다. 이것은 질서에 반항하는 몸짓이었고, 옛 사회를 뛰어넘어 민중에게 보내는 과감한 호소였다. 아주 멀리 있는 사람들까지도 이 호소를 들을 수 있었다. 합병이나 배상 없는 즉각적인 평화! 이것을 양대 제국주의 진영의 전쟁 목표와 견줘 보라.[3]

토지 포고령

레닌은 밤잠을 설쳐가며 토지 포고령 초안을 작성했다. 이 포고령 하나만으로도 수많은 농민의 지지를 확보해서 새로운 권력을 확고하게 만들 수 있을 터였다. 레닌은 이 사실을 잘 알고 있었다. 26일 아침이 밝자, 그는 "충분한 시간을 두고 이 법을 공포합시다. 그 뒤 농민들이 우리의 법을 받아들이려고 애쓰는 것을 지켜보기나 합시다!" 하고 선언했다. 이 중요한 포고령의 초안을 작성하면서 레닌은 지방의 농민 소비에트가 사회혁명당 농업 강령에 따라 통과시킨 242개 포고령에서 몇몇 내용을 따왔다. 사회혁명당이 계속 주장한 이런 정책을 정작 실행한 것은 볼셰비키였으므로 볼셰비키는 어제의 집권당이 농촌에서 영향력을 행사하는 기반이었던 강령을 그 정당에게서 빼앗은 셈이다. 포고령의 제1조는 간단했다. "1. 지주의 토지 소유권은 보상 없이 즉시 폐지된다."

지주의 재산, 수도원과 교회의 토지는 가축을 비롯한 다른 재산과 함께 농민 소비에트 소유가 된다. 이제 국가 소유가 된 이들 재화에 손실을 끼치면 혁명재판소의 처벌을 받게 된다(이 조항은 소유권을 박탈당한 지주들이 설비나 건물을 파괴할 수도 있음을 겨냥한 것이었다). "제헌의회가 분명한 결정을 내릴" 때까지는 이런 조처를 실행하는 지침으로 농민들의 요구 목록(이나 포고령)을 따른다.

포고령에 따르면, 지주들이 소유한 재산은 몰수되지만 토지의 사적 소유권은 폐지되지 않았다. 부농의 소유권은 논의조차 되지 않았다. 농노의 후예였던 부농과 빈농과 중농은 지주들, 옛 봉건 가문의 후예, 새로 부유해진 자본가계급을 모두 증오했다. 따라서 이 포고령은 소비에트를 중심으로 모든 농민의 공동전선을 만들어 낸 셈이다. 교조주의자들은(그중 몇 명은 아직도 살아 있다) 레닌이 소심하다고 판단했지만, 레닌은 자신과 자신의 정당이 진지한 혁명가들이고 틀에 박힌 사고에서 벗어난 현실주의자였음을 정확히 입증했다. 레닌과 볼셰비키는 이 혁명이 분명히 노동계급 혁명이라고 확신했다. 그러나 봉건적 소유의 폐지는 사실상 유럽 전역에서 진행된 부르주아혁명의 결과였다. 러시아에서 승리한 노동계급은 그저 농촌에서 부르주아혁명을 수행하는 것으로 자신의 역할을 한정했다. 러시아 노동계급이 농민들을 위해 한 일은 1789~93년에 자코뱅이 대표하는 제3신분(프랑스 자본가계급)이 프랑스 농민들을 위해 한 일이었다. 이들은 농민들을 봉건적 의무에서 해방시키고 소유권을 부여했다. 부르주아혁명은 성취되고 있었고, 실제로 사적 소유에 대한 맹렬한 공격은 부르주아혁명을 뛰어넘는 것이었다. 그러나 토지 포고령은 토지 국유화를 옹호했던 볼셰비키당의 강령에 위배되는 것 아닌가? 레닌은 볼셰비키당의 농업 강령이 아니라 사회혁명당의 농업 강령을 적용했다고 비난받았다.

그것은 중요하지 않다[고 레닌은 대꾸했다 — 세르주]. 민주 정부인 우리는 인민 대중과 견해가 다르더라도 대중의 희망을 무턱대고 무시할 수 없다.

현실은 누가 옳은지 판가름해 줄 것이다. 새로운 형태의 정부를 발전시키는 가운데 우리는 현실의 요구를 따라야 하고, 인민 대중에게 창조적인 활동의 자유를 완전히 보장해야 한다. 이전 정부는 낡고 굳어진 차르의 관료제와 타협해 농업 문제를 해결하려 했다. [그러나] 문제가 해결되기는커녕 오히려 관료제는 그저 농민들을 공격했을 뿐이다. … 그래서 농민들은 스스로 농업 문제를 해결하기를 바라고 있다. 이들의 계획에 어떠한 변경을 가해서는 안 된다! 농민이 우리의 강령에 따를 것인가 아니면 사회혁명당 강령에 따라 행동할 것인가? 이 문제는 하나도 중요하지 않다. 중요한 것은 농민들에게 지주가 더는 존재하지 않을 것이며, 자신의 생활을 스스로 설계할 수 있음을 확고히 보장하는 것이다.[4]

아쉽게도 이런 논쟁에 대해 알 수 있는 자료라고는 회의에 참석한 서기들이 남긴 요약문뿐이다. 볼셰비키에 반대하는 정파들이 대회장을 떠날 때 속기사들도 같이 퇴장해 버렸기 때문이다. 토지 포고령은 반대 1명, 기권 8명을 빼고는 거의 만장일치로 통과됐다.

이 법으로 농민은 어떤 이익을 얻었는가? 우크라이나와 흑해 연안 지방에서는 대지주가 모든 경작지의 약 5분의 1을 차지하고 있었다. 중앙 러시아에서 그 비율은 겨우 7.5퍼센트에 불과했다(36개 주의 토지 3만 9222데샤틴 가운데 2916데샤틴이 지주 소유였다. 1데샤틴은 약 2.5에이커다). 그러나 러시아 전역에서 농민은 세금과 강제적 의무, 빚으로 고통받고 있었다. 그 때문에 농민의 소득은 노동자보다 적었다. 이제 농민은 이런 강제에서 벗어나게 됐다.

최초의 인민위원회

이 대회에서 뜨거운 논쟁이 벌어진 뒤 첫 소비에트 정부가 수립됐다. 대회는 볼셰비키 62명, 좌파 사회혁명당 20명, 국제사회민주주의자와 별로 중요하지 않은 다른 집단 출신 등 모두 101명으로 이뤄진 전 러시아 소비에트 중앙집행위원회를 새로 선출했다. 최초의 인민위원회('인민위원'이라는 용어는 평판이 나쁜 '장관'이라는 명칭을 쓰지 말자며 트로츠키가 제안한 것이다)는 볼셰비키만으로 이뤄졌다. 레닌이 의장, 리코프가 내무인민위원, 밀류틴이 농업인민위원, 실랴프니코프가 노동인민위원, 안토노프-오프세옌코·크릴렌코·디벤코 3인이 전쟁·해군인민위원, 노긴이 상공업인민위원, 루나차르스키가 교육인민위원, 스테파노프-스크보르체프가 재정인민위원, 트로츠키가 외무인민위원, 오포코프(로모프)가 사법인민위원, 테오도로비치가 식량공급인민위원, 글레보프-아빌로프가 우편전신인민위원, 주가시빌리(스탈린)가 민족문제인민위원이었다. 수송과 통신인민위원은 철도노조와의 긴장 관계 때문에 공석으로 남겨 됐다.

혼자 통치하기를 원하지 않았던 볼셰비키는 늘 머뭇거리기만 하던 좌파 사회혁명당에 정부 참여를 요청했으나 거부당했다. 혼자 통치한다는 것은 사실상 혼자 모든 일에 책임을 진다는 것, 경쟁자나 잠재적 반대자와 동요자 들이 반대파라는 유리한 구실을 할 수 있도록 해 주는 것을 뜻했다. 그런 상황은 부르주아 언론에게 몇 달 동안이나 적국 스파이의 소굴이라고 비난받았던, 또 반역죄로 쫓기다가 봉인 열차로 독일을 경유해 도착한 지도자들이 있는 당으로서는 참으로 힘겨웠다. 농민층을 대표하는 좌파 사회혁명당은 중요한 동맹 대상이었다. 그러나 이들은 소비에트에 참여하고 있는 모든 정당을 포함시키는 연립정부를 바랐다. 그런 정부라면 반(反)혁명적인 지롱드당 동조자에게도 장관직을 맡길 수 있을 것이다. 트로츠키는 "우리는 좌파 사회혁명당이 더 우파적인 정당들을 설득해서 혁명에 끌어들이도록 내버려 두는 수밖에 별다른 대안이 없었다"고 썼다. "그들이 가망 없는 일에 몰두하는 동안 우리는 우리 당의 이름으로 모든 책임을 지는 것이 우리의 의무라고 여겼다."[5]

제2차 전 러시아 소비에트 대회는 철야 회의가 끝난 뒤인 10월 27일 아침에 열렸다. 그 대회에서는 모든 교전국에 평화를 제안했고, 인민위원회는 사형 제도를 폐지하는 포고령을 통과시켰다.

사관생도들의 폭동

봉기는 성공했으나 상황은 여전히 절망적이었다. 페트로그라드는 10일 안에 식량 공급이 끊길 처지에 놓여 있었다. 제 기능을 하는 정부 기관은 하나도 없었다. 새 정부는 건물도 직원도 없었다. 물론 대중은 군대, 연대, 지방 소비에트 대표들, 노동조합 대표들을 통해 새 정부를 지지한다는 뜻을 전했다. 그러나 비난 전보도 스몰니로 쏟아졌다. 군대위원회, 군사령부, 시의회, 지방 관청 등 간단히 말해 기존의 모든 국가기구와 행정기관은 "강탈자", "배신자", "내전을 시작한 강도"들을 당장 처형하고 구질서를 회복할 것을 요구했다. '쿠데타' 배후에서 벌어지는 사악한 행위를 충격적으로 폭로하는 기사들로 가득 찬 부르주아 언론은 연대가 전선에서 되돌아오고 있다며, 지금 케렌스키가 겨우 몇 킬로미터 밖에서 두 부대를 이끌고 수도로 진격하고 있다고 보도했다. 새로운 임시정부가 수립되고, 반(反)혁명적인 사회주의자들, 멘셰비키와 사회혁명당도 무장할 준비를 하고 있었다. 중앙전화국은 인민위원회가 보낸 전보를 전달하는 고유의 임무를 거부했고, 새 정부에 철저히 반대하는 철도노조 집행부는 교통을 사보타주하고 있었다. 시가전, 협상, 백군의 크렘린 장악 등 모스크바에서 온 소식은 혼란스러웠다. 자본가계급, 중간계급, 언론과 외국 관찰자들의 '공식 견해'는 볼셰비키의 엉뚱한 장난이 오래가지 않을 것이라고 선언했다. 기껏해야 며칠, 또는 몇 주 만에(길어 봐야 몇 달 만에) 무너진다는 것이었다. 그들이 보기에 노동계급이 권력을 지탱할 수 있다는 것은 터무니없는 생각이었다.

잘 차려입은 사람들이 페트로그라드의 중심 도로인 네프스키 대로에 모여 방금 들어온 소식을 토론하거나 구질서의 부활을 큰소리로 예언하면서 이따금 적위대를 조롱하기도 했다.[6] 노동자와 병사를 살해하는 일이 산발적으로 일어났다. 사관생도들은 중앙전화국을 접수하는 데 성공했다. 10월 29일 적위대는 사관생도들이 거주하는 기술자 저택과 사관학교를 포위했고, 장갑차가 그 구역에 진입했다. 대포 포신의 가느다란 그림자가 포장도로에 드리우고 있었다. 10분 내에 항복하라는 요구에 사관생도들은 소총을 쏘아댔다. 이들의 저항은 군사학교의 정면에 커다란 구멍을 뚫은 최초의 포탄으로 분쇄됐다. 일부 사관생도들은 여전히 저항하면서 도망치려고 애썼다. 이들은 처형됐다.

왜 이런 프티부르주아 계급의 자식들이 무기를 들었는가? 당시 사회혁명당의 한 군사 지도자는 페트로그라드로 전진하는 크라스노프 장군에게 다음과 같이 써 보냈다. "우리 군대는 200~300명의 사관생도들로 이뤄졌고, 50명의 투사가 수류탄으로 무장하고 있다."[7] 이런 세력들만 동원할 수 있었고 이렇다 할 노동계급 지지 기반이 없었던 사회혁명당이 모길료프에 있던 케렌스키, 크라스노프, 스타프카(총사령부)가 군대를 동원해 공격해 올 때 도시 내부에서 이에 호응하려고 했던 것이다.

카자흐 군대가 페트로그라드로 진군하다

이제 '임시정부의 우두머리'가 가치나 전초기지에서 이끌던 군부대와 그에 맞서 싸운 부대를 살펴보자. 페트로그라드 수비대는 이제 싸우려 들지 않았다. 많은 장교가 자취를 감췄고 몇몇을 빼면 나머지는 적대적 태도를 보였다.

혁명정부가 레닌과 트로츠키의 참석 하에 장교 회의를 소집했을 때 처음에는 적위대의 최고 지휘권을 기꺼이 맡겠다고 나서는 사람이 단 한 명도 없었다. 마침내 활기차고 야심적이며 재능 있는 무라비요프 육군 대령이 자발적으로 나섰다. 그는 예전에는 사회혁명당 당원으로 군대 안에서 '볼셰비키의 음모'를 탄압하는 데 가담했고, 그 뒤 좌파 사회혁명당에 참여했다. 그는 5인위원회와 함께 사령부의 지휘를 맡게 됐다. 5인위원회의 임무는 곁에서 그를 감시하고, 필요하다면 그의 권한을 박탈하거나 나아가 배반의 징후가 나타날 때는 그를 사살하는 것이었다. 그는 충성스럽고 대단히 정력적이며, 훌륭한 조직가이자 군인임이 입증됐다. 그는 트로츠키와 함께 풀코보에서 승리하여 영예를 누렸다. 그러나 몇 달 뒤, 그의 모험주의적 성격이 나타나기 시작했다. 체코슬로바키아 군단에 맞서 싸우는 전선의 총사령관으로 근무할 때 그는 적에 투항하려고 했다가 체포되자 자기 머리를 총으로 쏘았다. 케렌스키 정부를 혐오하던 다른 장교들이 무라비요프와 행동을 같이했다. 이들은 민주주의를 증오했지만 자기들의 처지에서 볼 때 차악을 선택한 셈이다. 이들은 쓸모가 있었다. 예를 들어, 발덴이라는 늙은 대령은 풀코보 고지에서 적군의 포병 부대를 지휘해 페트로그라드를 방어했다.

　모든 것이 임시변통 조처일 수밖에 없었다. 모든 군부대에서 사보타주가 벌어졌다. 탄약통, 탄약, 예비용 무기들이 사라졌고, 전화와 전기기구도 온데간데없었다. 적위대와 공장은 부족한 것을 모두 스스로 채워야 했고, 포병대에 포탄을 공급하는 일부터 참호를 파는 것까지 모든 일을 스스로 해내야 했다.

　페트로그라드에서는 포드보이스키가 안토노프-오프세옌코에게서 이제 막 사령부를 인수했다. 안토노프-오프세옌코는 거의 탈진한 상태였다. 그는 레닌이 어떻게 일했는지를 설명했다. 그의 집무실에 레닌이 갑자기 나타나더니 "인민위원회가 당신을 도우라고 스탈린과 트로츠키와 나를 보냈다"고 말했다. 그러나 실제로는 레닌이 아무에게도 말하지 않고 직접 작전을 챙기려고 왔던 것이다. 레닌은 곧바로 지원자들을 끌어모아 명령 아닌 명령을 내리기 시작했다. 이 때문에 힘이 빠진 포드보이스키가 결국 자신의 직무에 대한 이런 간섭에 항의하면서, 사직서를 수리해 달라고 요청했다. 그러자 레닌은 위협적인 태도로 돌변하면서 소리를 질렀다. "뭐? 뭐라고? 당신을 당기위에 제소할 거요! 그러면 당신은 총살당할 거요! 가서 당신 일이나 계속하시오. 난 내 일을 할 테니까. 이건 명령이오."

[포드보이스키는 다음과 같이 썼다 — 세르쥐] 다음날 나는 결과를 보고서야 비로소 레닌의 작업이 효율적이라는 것을 … 또 그 힘의 근원을 알게 됐다. 극도의 위기 속에서 우리는 두서없는 일로 자신의 힘을 고갈시킨 반면, 레닌은 합리적 사고와 내적인 힘과 자원을 최대한 집중시켰다.[8]

케렌스키는 크라스노프 장군의 카자흐 부대에 피신해 있었다. 전에 카자흐 부대는 군대 안에서 반동 사상의 화신으로 통했다. 먼 동남부 지역 출신의 이 특권적인 농민들 사이에서는 신분 의식이 끈질기게 자라나고 있었다. 야심적인 왕당파로서 나중에 내전 기간에 반(反)혁명을 주도하게 되는 크라스노프는 카자흐 병사들에게 지금 페트로그라드에 팽배한 혼란을 극복하는 데 아무런 어려움이 없을 것이라고 안심시켰다. 수도 안에서 사회혁명당이 준비하고 있는 군사 봉기가 그들의 길을 순조롭게 해 줄 것이라고 주장하면서 말이다.

백군은 수도에서 불과 20킬로미터 떨어진 가치나와 차르스코예셀로를 점령했다. 두 도시와 페트로그라드 사이에 풀코보 고지가 있었다. 10월 30일 적군(赤軍) 포병 부대는 이 언덕 꼭대기에서 밑으로 대포를 쏴 백군에 심각한 손실을 입혔다. 약 300~500명이 죽었다. 카자흐 군대는 이런 저항에 부딪힌 데다 선전·선동으로 사기가 꺾이고 적대적인 노동자 주민에게 포위되자 어지럽게 퇴각했다. 철도 노동자들은 카자흐들을 위해 열차를 운행했으나 15분 걸릴 일이 1시간이나 걸릴 만큼 아주 소극적인 태도를 보였다. 전화교환수는 크라스노프의 전보를 전달하기를 거부했다.[9] '민중의 보호자', '임시정부 수반', 공화국 군대의 최고사령관', 감동적인 연설가이면서도 평범한 인물이었던 케렌스키의 마지막 모험은 불쌍하게 끝났다. 케렌스키의 부하이면서도 그를 멸시하던 크라스노프는 "겁쟁이인지 아닌지 알아보려고" 케렌스키를 볼셰비키에게 넘기려고 했다. 그 아슬아

슬한 순간에 이 민주주의의 수호자는 다시 한 번 가까스로 도망쳤다.[10] 크라스노프 자신도 결국 부하들에게 붙잡혀 볼셰비키에게 넘겨졌다. 카자흐 군대는 적군이 가치나 궁전을 점령할 때 아무 저항도 하지 않았다.

혁명은 카자흐 군대의 공격을 지휘했던 사람에게 관대함을 보여 주는 실수를 저질렀다. 크라스노프를 곧바로 처형해야 했다.[11] 다시는 혁명에 대항해 무기를 들지 않겠다고 명예를 걸고 맹세한 뒤 며칠이 지나 그는 자유를 되찾았다. 그러나 명예를 건 약속도 조국과 재산을 해친 적들에게는 지킬 필요가 없다고 생각한 그는 돈 지방으로 달아나 그곳을 재난과 전쟁으로 몰아넣었다.

반(反)혁명적 사회주의자들

이때 가장 비극적인 사건은 '민주적 사회주의'의 양대 정당이 도덕적으로 무너져버린 것이었다. 농촌에서 뛰어난 업적을 쌓은 바 있고 커다란 영향을 끼친 덕분에 사회혁명당원들은 지식인, 중간계급, 그리고 얼마 전까지만 해도 소수의 강력한 노동자들 사이에서 꽤 많은 영향력이 있었다. 이들은 기존의 법을 전혀 위반하지 않고도 권력을 장악해 사회주의자로서 통치할 수 있는 기회가 있었다. 온 나라가 이들을 따랐을 것이다. 제4차 당대회에서 당내 다수파는 그렇게 하지 않은 중앙위원회에 철퇴를 가했다. 그러나 사회혁명당 지도부는 형식적 민주주의를 맹목적으로 숭배했고, 대중과 농민 자크리의 혼란을 무엇보다도 두려워했다. 또, 그들의 웅변이 엄청난 영향력을 발휘할 수 있는 의회 민주주의를 꿈꾸고 있었기에 자유주의 자본가계급과 협력하기를 선호하고 어려운 사회주의의 길을 가려 하지 않았다.

사회혁명당은 케렌스키 정부에서 중요한 영향력을 행사했다. 케렌스키 자신이 사회혁명당 소속이었다. 민중주의적 사회주의의 장황한 이론가이자 농업 개혁안을 작성해 놓고도 그 계획의 실행을 계속 미루던 농업장 관 빅토르 체르노프도 사회혁명당원이었다. 사회혁명당은 멘셰비키의 지지를 받아 소비에트에서 다수파가 됐다. 이들은 모스크바 의회에서도 다수파였고, 페트로그라드 의회에서도 의결권의 절반 이상을 통제했다. 사회혁명당 지도자 아프크센티예프는 새 공화국의 임시 입법위원회 의장이 됐다. 이들은 투쟁하는 데 익숙한 사람들의 강력한 조직을 가진 것처럼 보였다. 사회혁명당 중앙위원회는 명령 한 마디로 테러 물결을 주도했고, 혁명의 영웅과 열사가 될 몇 백 명의 투사를 보낼 수 있었다. 그리고 최전성기에는 차르 체제까지 떨게 만들었다.

멘셰비키는 사실상 혁명적 비타협성과 사회주의적 기회주의 사이의 투쟁이라 할 수 있는 러시아 사회민주노동당 내 당파 투쟁에서 20년 동안 볼셰비키와 다퉈 온 소수파였다. 이들은 산업 중심지, 지식인, 협동조합, 노동조합 지도부와 전임 정부 주위의 여러 조직에서 영향력을 발휘하고 있었다. 멘셰비키 가운데 뛰어난 개인적 자질과 화려한 혁명 경력을 지닌 치헤이제와 체레텔리, 러시아 사회민주주의의 창시자 플레하노프, 마르토프, 단, 아브라모비치 같은 정치가들이 배출됐다. 그러나 멘셰비키는 어정쩡한 자세를 보인 사회혁명당과 마찬가지로 계급 협력과 민주주의, 제헌의회를 지지하고 "무정부 상태", "미숙한 사회주의", "볼셰비키의 히스테리"에 반대하고 심지어 "내전"도 반대했다.

10월 26일 이 두 사회주의 정당은 페트로그라드 시의회에서 조국과 혁명구제위원회를 설치하는 데 앞장섰다. 이들은 대자본가들의 대표인 나보코프와 파니나 백작부인, 성명 미상의 또 다른 사람 등 3명의 입헌민주당원을 이 위원회 위원으로 승인했다. 사회혁명당 군사 조직은 사관생도들의 반란 계획을 짰다. 고츠는 봉기를 이끌 대령을 선발했고, 아프크센티예프는 사관생도들에게 무기를 들고 전투를 개시하라는 명령서에 서명했다.[12] 당 기관지인 《델로 나로다》(민중의 대의)는 "당 중앙위원회 의장이자 전 러시아 농민 대표 소비에트 명예의장인 체르노프가 이제 크라스노프 장군의 군대를 지휘할 것"이라고 발표했다.

그러나 사관생도들이 무장해제되자 공안위원회와 사회혁명당 중앙위원회와 두 명의 전투명령 서명자(아프크센티예프와 한 명의 멘셰비키)는 그저 결과가 무서워서, 그리고 훗날을 도모하며 쿠데타 기도를 부인하기로 합의했다. 그들 자신이 부추기고, 젊은이 수백 명의 목숨이 희생된 바로 그 쿠데타를 말이다.[13] 10월 27일 공안위원회는 다음과 같은 호소문을 발표했다. "볼셰비키 군사혁명위원회의 정신 나간 모험에 대항해 무기를 들자! 우리는 혁명에 충성을 바치는 모든 군대가 니콜라이 사관학교에 모여 공안위원회를 중심으로 단결할 것을 호소한다!" 그러나 이런 호소에 응한 부대는 하나도 없었다.

이 정직하지 못하고 무모한 장난 뒤에 지롱드파의 반혁명 음모가 확연하게 그 모습을 드러냈다. 여기서는 멘셰비키보다 더 비합법 활동에 적극적인 경향을 보여 왔고 익숙하기도 했던 사회혁명당이 주도적 구실을 했다.

사회민주주의자들의 반혁명적 태도도 결코 못지않게 범죄적이었다. 이들은 투쟁이 한창 진행되고 있을 때 다음과 같이 썼다. "페트로그라드와 국가가 처한 심각한 위기 상황에서 혁명은 중대한 타격을 받았다. 그런 타격은 등 뒤에서 코르닐로프 장군이 가한 것이 아니라 레닌과 트로츠키가 가슴을 찌른 것이다." 이 문서의 결론은 "내전을 피하기 위해서(!)" 노동자들이 공안위원회, 다시 말해 반동과 제휴해야 한다는 것이었다. 혁명 후 9일이 지난 11월 3일 페트로그라드에서 멘셰비키 협의회가 열렸다. 아브라모비치는 그 대회에서 나타난 이견 두 가지를 다음과 같이 요약했다.

소수파는 볼셰비키가 틀림없이 총검으로 무장한 세력의 저항에 직면할 것이라고 말했다. 다수파는 볼셰비키가 노동계급과 군대의 지지를 받고 있다는 것, 혁명은 평민의 봉기였고, 그들의 탄압 때문에 병사들은 사악한 반동과 유대인 혐오로 이끌릴 것이며, 우익 세력이 득세할 것이라고 말했다. … 따라서 내전을 피하려면 타협해야 한다는 것이다.

이 자리에서 단은 "처음 며칠 동안 우리는 볼셰비키의 음모가 무력으로 청산될 수 있을 것이라는 희망을 품었지만, 그런 시도는 실패했다"고 말했다. 이것은 실제로 단이 한 말이다. 그는 계속해서 "우리가 지금 타협적 견해를 가지게 된 것은 바로 이 때문"이라고 말했다. 러시아 노동계급을 사형시키는 데 실패한 이들이 이제 내전에 반대하는 이유는 내전에서 승리할 수 없기 때문이라는 것이다! 단은 볼셰비키를 분열시키려 한 정책을 옹호했다. 그 정책이 성공했다면 아마 '이성적인 볼셰비키'를 폭넓은 민주주의 전선으로 끌어들이고 나머지 볼셰비키를 고립시킬 수 있었을 것이며, 마침내 "레닌과 트로츠키를 중심으로 하는 전투적 분파를 분쇄할 수 있었을 것이다." 바인시테인이라는 사람의 주장은 반혁명적 사회주의자들의 사기(詐欺) 사례로 인용할 만하다. "만일 민주주의가 무력으로도 볼셰비즘을 억누르지 못한다면, 볼셰비즘이 민주주의를 힘으로 억누르게 될 것이다."[14] 투표에서 볼셰비즘에 맞서 철저하게 투쟁하자는 비타협적 경향이 다수를 점하게 됐다.

당의 우파에는 이렇게 말한 사람이 없었다. 사회민주주의 우파는 '조국방어주의' 경향을 대변했다. 그들의 기관지는 〈예딘스트보〉(단결)였고, 그 지도자는 러시아판 게드라 할 수 있는 노신사 플레하노프였다.[15] 늙고 병들어 침대에 누워 있을 수밖에 없었던 플레하노프는 10월 17일 자크 사둘의 방문을 받고 볼셰비키에 대해 다음과 같이 말했다. "우리는 이 해충을 이겨내야 하며 나아가 분쇄해야 한다. 그것은 러시아의 안전을 위해 치러야 할 대가다."

[사둘은 나중에 알베르 토마에게 다음과 같이 썼다 ― 세르주] 플레하노프는 마지막 투쟁이 곧 도래하리라고 확신하고 있었소. 아니, 사실상 그는 진정으로 그 투쟁을 바라고 있었고, 심지어 봉기가 자발적으로 일어나지 않는다면 봉기를 일으켜야 한다고(당신도 알다시피 플레하노프는 민주주의에 대해 양심의 가책 따위는 느끼지 않는 사람이잖소) 암시하기까지 했소.

플레하노프가 보기에 "볼셰비키 반도들은 유토피아적 이상주의자와 정신분열자, 배신자, 아나키스트 앞잡이들이 뒤섞여 있는 역겨운 혼합물"이었다.[16] 늙은 플레하노프는 심연이나 다름없는 깊은 나락으로 떨어졌다. 그러나 적어도 그는 "조국 방어를 위한 사회주의자"의 태도를 가차 없이 추구했다.

당시 중립적인 태도를 취했던 막심 고리키의 〈노바야 지즌〉(새 생활)은 '온건 민주주의' 정치를 다음과 같이 설명했다. 온건 민주주의 조직은 "모든 시민에게 볼셰비키에 대한 복종을 거부할 것, 적극적으로 봉기를 저지할 것, 사보타주를 실행에 옮기고 식량 공급을 파괴할 것을 요구하고 있다. 이들의 모토는 볼셰비키에 반대하기만 하면 어떤 방법이든 좋다"는 것이었다.[17]

사보타주

"어떤 방법이라도 좋다!" 이것은 그저 빈말이 아니었다. 반혁명적 민주주의자들은 전쟁 때 정상적으로 받아들여지는 관례의 범주를 넘어서 잔인한 무기를 대량으로 썼다. 일반 주민들에게 봉사하는(식량 공급, 공공서비스 등) 모든 기업에 대한 체계적인 사보타주가 바로 그런 경우였다. 계급 전쟁은 시작부터 전시에 허용될 수 있는 관례상의 특성을 모두 부서뜨렸다.

승리한 적군이 모스크바 의회 사무실에 들어갔을 때, 이들은 폐허 외에는 아무것도 발견할 수 없었다. 서류들은 창문을 가리는 데 사용됐다. 붙박이장과 책상은 텅 비어 있었고, 타자기는 망가졌다. 시 공무원들 가운데 1만 6천 명이 파업에 가담하고 있었다. 이미 기근과 전염병에 시달리던 도시에서 노동자 혁명에 반대하는 공무원들의 파업이 봉기 직후부터 4개월 동안이나 지속됐다.

이런 조건에서 여러 도시 행정 부서의 업무를 다시 시작하는 것은 형언할 수 없을 만큼 어려운 일이었다. 모든 직원과 의사와 교사와 기술자들의 파업과 업무 거부, 신참 공무원들의 사보타주, 육체노동자들(모스크바의 시 행정기관과 군사 행정기구는 노동자들을 20만 명 이상 고용하고 있었다)에 대한 정상적인 임금 지급 의무, 어떤 희생이 따르더라도 수만 명의 피난민을 먹여살리는 일, 물·하수·전차·도살장·가스·전기 등의 서비스를 유지하는 일 등이 아무 경험도 없는 우리 노동자들과 투사들이 오로지 자신의 지혜만으로 지체 없이 처리해야 하는 문제였다.[18]

많은 숙련노동자들이 파업과 사보타주에 참가했다. 이것은 반(反)혁명적 사회주의자들의 영향을 보여 주는 또 다른 징표였다.

페트로그라드의 상황도 모스크바와 아주 비슷했다. 이곳에서 사보타주의 영향력은 대부분의 국가 부처에서 감지될 수 있었다. 식량공급부 농업 관련 부서의 전 직원과 관료들은 예외 없이 파업에 참여했고, 업무 현황 자료들도 가져가 버렸다. 몇 안 되는 투사들이, 버려진 거대한 소비에트 식량공급부 건물을 맡고 있었다. 모든 것이 사라졌다. 어떤 동지는

"칼리닌과 나는 설탕 몇 덩어리를 발견하고 호주머니에 쑤셔 넣었다. …
우리는 적지만 그럭저럭 차를 끓여 마실 수 있었다. … 적위대 대장 쉴리
히터의 부대가 식량공급부를 장악했다. 그곳에는 한 사람도 남아 있지
않았다."

국영은행에서는 11월 14일까지 파업이 시작되지 않았다. 한 투사가 국
영은행을 묘사한 글을 보자.

나는 건물이 버려져 있다는 것을 알았다. 오볼렌스키, 퍄타코프, 스미르노
프는 어떤 사무실에서 회의를 열고 종이와 잉크도 없는 인민위원회를 위해
돈을 약간 받아갈 수 있는지 논의했다. 일부 하급직원들과 협상이 벌어졌
다. 관리 한 명만이 외롭게 자기 자리를 지키고 있었다.

수많은 절차를 거친 뒤에 볼셰비키는 결국 500만 루블을 넘겨받았다.
본치-브루예비치는 이 보물을 아껴 썼다.[19] 일부 은행에서 직원들은 기꺼
이 업무를 수행했다. 그러나 나중에 볼셰비키를 추종했다는 이유로 보복
당할까 봐 두려워서 적위대에게 자신들의 사무실에 와 있어 달라고 요청
했다. 금고 담당 관리들은 책임지고 있던 돈을 지키려고 계속 근무하고
있었다.

트로츠키도 외무부에서 아무도 찾아내지 못했다. 체포당한 타티셰프
공은 결국 트로츠키가 사무실 책상을 여는 데 동의했다. 스몰니에서 파견
된 외무인민위원은 비품이나 직원조차 없이 업무를 보고 있었다. 어쨌든
군사 업무에 몰두하고 있던 트로츠키는 외교정책을 다음과 같이 간단히
요약했다. "나는 이 일을 막 시작했을 뿐이다. 그래서 더 많은 시간을 당
에 할애할 수 있을 것이다. 내 임무는 간단하다. 즉, 비밀조약들을 공개하
고 나서 가게 문을 닫는 것이다."[20] 이미 많은 문서들이 사라진 상태였다.

법무부에서는 사환 12명과 전문가 한 사람이 일하고 있었다.

이런 사례를 그만 나열하겠다. 모든 정부 부서, 공공 기관, 은행에서 비슷한 양상이 나타났고, 자금과 가장 중요한 서류들이 없어졌다.

'퇴임'했다는 케렌스키의 공식 후임자인 프로코포비치가 관장하는 비밀 정부가 가동되고 있었다. 이 비밀 내각이 파업위원회와 보조를 맞춰 공무원들의 파업을 지도했다. 대규모 산업·상업 기업과 툴라 농촌은행이나 모스크바 국민은행, 캅카스은행 같은 대은행들은 파업에 가담한 직원들에게 계속 봉급을 지급하고 있었다. 멘셰비키와 사회혁명당이 장악했던 옛 소비에트 중앙집행위원회도 같은 목적을 위해 노동계급에게서 훔친 돈을 사용했다.

대중의 주도력

"노동자들의 조직화라는 기적은 반드시 이뤄져야 한다."[21] 인민을 구제할 해결책을 제공한 것은 레닌의 이런 사고였다. 오로지 더 많은 대중이 활기차게 앞장설 때만 온갖 계급의 다양한 저항에 맞서 싸울 수 있었다. 이 시기 소비에트 당국의 정책은 대체로 대중의 의식을 일깨우거나 용기를 북돋거나 이따금 대중을 지도하는 것이었으나 더 흔하게는 대중의 주도력을 고무하는 것이었다. 포고령에 따라 인민위원회는 "남녀 노동자들, 수병들, 병사들, 피고용인들의 대중조직과 긴밀한 관계를 유지하면서" 업무를 추진해야 했다. 그리고 10월 28일(신력으로는 11월 10일) 포고령에 따라 각 지방의 공급 업무도 지방자치단체로 이양됐다. 이날 선포된 다른 포고령은 지방자치단체가 자체 수단을 동원해 주택 위기를 해결하도록 촉구했고, 아울러 각 자치단체에 건물을 징발, 압류, 몰수할 수 있는 권한을 부여했다. 이 포고령의 특징은 중요한 몇몇 지역에서 사적 소유권에 대한 공격을 명령하거나 주도했다는 점이었다. 11월 4일자 포고령은 노동자들에게 지금 근무하고 있는 회사의 생산, 회계 및 재정을 통제하기 위해 노동자 위원회를 이용하도록 촉구했다. 앞서 말했듯이 토지 포고령 덕분에 농촌 소비에트도 가장 중요한 주도권을 장악했다.

대중의 주도력이 모든 것을 좌우하고 마치 중앙정부는 없는 듯했다. 인민위원회는 아주 높은 권위를 누리고 있었으나, 이것은 도덕적 차원의 권위였다. 실랴프니코프의 기록을 보면,[22] "인민위원회 회의가 처음 열린 곳은 스몰니 학원 2층에 있는 레닌의 작은 집무실이었다. 초창기 인민위원회는 소수였다. 본치-브루예비치를 책임자로 하는 사무원이 두 명 있었을 뿐이다. 초기에는 그나마 몇 번 열리지 않은 회의 시간조차 제대로 지켜지지 않았던 듯하다."

인민위원회 회의는 오래 걸렸다. 즉시 해결해야 하는 실질적 문제가 산적해 있었다. 인민위원들은 노동자 대표들과도 의논했다. 회의에서 인민위원들은 숙련공 평균임금(월 500루블)에 준하는 월급과 부양가족 1인당 월 100루블의 수당을 받기로 결정됐다. 레닌은 혁명정부의 대표로서 정부의 권위를 세우는 데 관심을 쏟고 있었다. 그는 정해진 정규 절차들을 확고하게 준수하자고 주장했고, 자신도 그 절차들을 지킴으로써 동료들에게 귀감을 보이고자 했다. 아울러 행정 업무를 처리하면서도 권력의 느낌을 배제함으로써 자신이 창조한 독특한 권위에 대한 신뢰와 존경심을 불러일으켰다.[23]

대중의 주도성이 발휘된 몇몇 사례를 보자. 금속노조는 노조 위원장 실랴프니코프가 노동인민위원으로 선출되자 노동인민위원회에 최정예 신참 실무진을 제공했다. 선원·사공 노조 중앙위원회는 항구의 업무를 새로운 방식으로 개선하는 일에 착수했다. 많은 관공서와 기업들에서 상급자들이 물러남에 따라 하위 실무자들이 관리 업무를 맡아 실무를 집행하게 됐다. 법정도 폐지됐는데, 그 가운데 일부는 적위대가 폐쇄할 수밖에 없는 것들이었다. 어느 병사 조직은 저명한 법률가 단체 회원들로 이뤄진 '국가원로원'을 해산시켰다. 매우 인기 있는 사법제도인 치안판사는 계속 유지됐다.

체포된 악당, 공무원, 장교, 강탈자와 도둑들의 행렬이 끊임없이 스몰니로 이어졌다. 건물의 맨 위층에는 '수사위원회' 방이 있었다. 양가죽이 깔린 그 방에서 당원 한 명이 탁자 하나와 의자 두세 개로 엄청난 양의 업무를 처리했다. 수사위원회는 간단한 조사를 실시하고, 전에 귀족 여학교였던 이 건물 지하실에 투옥할지 말지를 결정하는 판결을 내렸다. 노동자들은 거주 지구에 독자적인 재판소를 열었다. "이런 재판소가 처음으로 문을 연 곳은 비보르크 지역이었다. 검사와 변호사가 재판에 참여한 대중 앞에서 각자 견해를 발표했다. 판결은 청중의 표결로 이뤄졌다. 대부분 노동자들인 재판부는 아주 잘 운영됐다."[24] 스몰니에서도 수사위원회의 발의로 비슷한 법정이 개설됐고, 이곳의 주된 관심사는 반도(叛徒)에 맞선 투쟁이었다. 75호실에서는 모든 참석자가 형식적 절차에 얽매이지 않고 자유롭게 범죄자를 심문하고 판결했다.

[본치-브루예비치가 말했다 — 세르주] 하루는 죄를 부인하던 화폐위조범 일당이 들어왔다. 40명이나 되는 노동자들이 뚫어질 듯이 쳐다보며 반대신문을 하자 그들은 결국 무너지고 말았다. 그중 한 사람은 무릎을 꿇고 외쳤다. "더는 못 참겠소. 모든 진실을 털어놓겠소." 우리는 이 사람들을 어떻게 처리해야 할지 알 수 없었다. 표트르 파벨 요새는 더는 사람들을 수용할 수 없을 만큼 가득 찬 상태였다.

또 다른 피고인은 도시 중심가에서 22명을 찔러 죽인 미치광이였다.
지난 정권의 유산인 범죄는 아주 시급한 문제로 떠올랐다. 일반 사범들이 감옥에서 모임을 열고 새 삶을 시작할 기회를 달라고 요청하는 탄원서를 제출했다. 그중 대부분은 석방됐고, 많은 수는 곧바로 감옥으로 되돌아왔다. 공식 법원은 한참 뒤에야 구성됐다. 페트로그라드 소비에트 대의원들이 재판부를 구성했고, 재판관 한 사람마다 공장위원회 명단에서 선발된 노동자가 2명씩 배정돼 업무를 도왔다.

술

반(反)혁명 세력은 한동안 알코올 중독이야말로 가장 치명적인 반혁명 무기라고 생각했다. 이들이 그렇게 생각한 것도 전혀 무리는 아니었다. 혁명을 술독에 빠뜨린 다음 술 취한 군중의 난동으로 만들어서 피바다에 빠뜨리려고 몇몇 비밀 조직이 고안해 낸 무서운 음모가 실행에 옮겨지기 시작했다. 페트로그라드에는 술로 꽉 찬 지하 창고, 좋은 술을 파는 고급 상점이 많았다. 군중들의 마음속에는 지하 창고와 상점을 약탈하려는 생각이 솟구쳤다. 아니 정확히 말해, 누군가가 그런 생각을 부추겼다. 난폭한 무리가 궁전과 레스토랑, 호텔의 창고를 습격하려 했다. 이들은 마치 전염병에 걸린 것처럼 미친 짓을 저질렀다. 어떤 희생을 치르더라도 그런 위험을 막아야 했다. 적위대, 수병, 혁명가들로 구성된 부대가 파견됐다. 지하 창고는 깨진 술통 수백 개에서 쏟아져 나온 술로 넘쳐났고, 사람들은 환기창으로 술병을 꺼내려고 몰려들었다. 기관총이 길을 막았지만 술은 기관총 사수들까지 취하게 만들었다. 결국, 오래 묵은 술병을 깨뜨리고 독약을 재빨리 하수구로 쏟아 버려야 했다.

안토노프–오프세옌코의 보고를 보자.[25]

특히 상황이 심각했던 곳은 동궁 저장실이었다. 동궁을 수비하던 프레오브라젠스키 연대는 술에 취해 아무 쓸모가 없었다. 우리 혁명의 확실한 방패였던 파블로프스키 연대도 마찬가지였다. 여러 연대에서 선발된 병사들이 파견됐으나, 이들도 술에 취해 버렸다. 노동자위원회들도 더는 제지하지 못했다. 장갑차가 군중을 해산시켰지만 이번에는 장갑차 부대원들마저 술에 취해 비틀거렸다. 한밤중이 되자 광란의 술판이 벌어졌다. 군중은 "로마노프의 찌꺼기를 마셔 버리자"며 흥에 겨워 떠들어 댔다. 결국, 헬싱포르스에서 새로운 병사들을 불러들이고서야 정상을 되찾았다. 이들은 술 마시는 것보다 살인에 더 익숙한 강철 같은 사람들이었다. 바실리오스트로프의 교외에서 아나코–생디칼리스트가 지휘하던 핀란드 연대는 현장에서 약탈자들을 총살하고 술 저장고를 파괴하기로 결정했다.

이 자유 애호가들은 일을 어설프지 않게 훌륭히 처리했다.

이런 폭동은 **의도된 것이었다.** "어떤 방법이든 좋다." 러시아 전역에서 비슷한 도발이 일어났고, 적들의 음모가 빈번하게 발각됐다. 10월 혁명에 참여한 사람이자 당시 루마니아 전선에서 복무했던 사람이 남긴 이야기를 들어 보자.[26]

갑자기 전쟁터에 엄청나게 많은 술이 등장했다. '파라핀'이나 '휘발유' 표시가 붙어 있었으나 사실은 술로 가득 찬 큰 통들이 도착했다. 궁핍에 찌든 군인들은 속에 무엇이 들어 있는지를 재빨리 알아차렸다.(어떻게 그렇게 빨리 알 수 있었을까? 이는 그런 화물을 만든 썩어빠진 인간들이나 알고 있는 비밀 아니겠는가?) 때로는 대대나 연대 전체가 이 보물에 의지했다. 심지어 술통을 지키려고 다른 사람들에게 소총이나 기관총까지 쏠 정도였다. 우리는 민스크나 더 후방 지역인 오르샤에서도 이런 사건을 목격했다. 우리는 오르샤에서 11월 15일경 스몰렌스크에서 보낸 트럭 17대분의 술을 위탁화물로 받은 적 있었다. 그러나 누가 보냈는지는 알 수 없었다. 며칠 후 22대의 트럭을 실은 두 번째 기차가 도착했다. 트럭에는 '귀리', '청어', '목재'라고 써 있었으나 안에는 술통이 들어 있었다. 우리는 호위군 제1부대를 파견했으나 도중에 병사들이 우리를 이렇게 저렇게 위협하면서 술통을 약탈해 갔다. … 심지어 혁명위원회 일부 위원들도 술의 유혹에 굴복하고 말았다. … 마침내 우리는 매우 믿을 만하고 잘 무장된 7명의 소부대를 따로 편성할 수밖에 없었다. 이들은 외진 곳에서 밤 10시부터 다음날 아침 11시까지 쉬지 않고 임무를 수행했다. 두 번째 위탁화물에 들어 있던 참나무통을 모두 깨뜨린 것이다.

12월 2일 페트로그라드에서는 전염병처럼 골치 아픈 이 문제에 맞서 싸울 전권을 부여받은 특별위원회를 구성할 수밖에 없었다. 엄격한 조처를 취해야만 했다. 몇 차례 술 저장고를 약탈한 사람들은 현장에서 총살당했다. 소비에트에서 한 연설에서 트로츠키는 다음과 같이 선언했다.

보드카는 언어만큼 강력한 정치적 힘입니다. 혁명적 언어는 사람들을 분기시켜 억압자들에 대항하도록 만들지만, 여러분이 혀가 꼬부라지도록 마셔댄다면 혁명을 방어하겠다면서 장갑차를 모두 내팽개치는 꼴이 될 것입니다. 이 말을 명심하십시오. 고주망태가 되는 날이 하루하루 늘어날수록 우리의 적은 승리를 향해 한 발짝씩 더 다가가고, 그만큼 우리는 예전의 노예 상태로 전락한다는 사실을 말입니다.

그러고 나서 일주일 만에 모든 악이 평정됐다.

정부의 위기
페트로그라드 봉기가 한창이고 모스크바에서 시가전이 벌어지는 동안에도 볼셰비키와 '사회주의적 민주주의' 정당들은 협상을 진행했다. 좌파 사회혁명당은 광범한 사회주의 연립정부 구성을 요구했다. 앞으로 보겠지만, 영향력 있는 많은 볼셰비키도 이를 지지했다. 협상은 멘셰비키와 우파 사회혁명당이 다수파였던 비크젤(전 러시아 철도노조 집행위원회)의 후원 하에 진행됐다.

비크젤은 국가 안의 국가나 다름없었다. 10월 26일 인민위원회가 아직 정부 기구를 장악하지 못했을 때도 비크젤이 발행한 공문서는 모든 철도를 지배했을 정도였다. 비크젤은 군병력과 군수품의 수송을 마음대로 중단할 수 있었고, 그것도 아주 빨리 그렇게 할 수 있었다. "내전에 단호하게 반대한" 비크젤은 적군 병력과 백군 병력의 수송을 모두 봉쇄했다. 그러나 그런 행위는 위장된 중립에 지나지 않았다. 협상은 페트로그라드 시의회에서 진행됐는데, 그때 시의회는 공안위원회 활동의 중심지였다. 비록 적들은 협상에 온 신경을 집중하고 있었지만 레닌은 사실 한순간도 협상을 진지하게 생각하지 않았고, 볼셰비키당 중앙위원회의 다수도 레닌과 보조를 같이했다.

모스크바 시가전이 어떻게 될지 불분명한 상황에서 비크젤을 비롯한 민주 조직들은 볼셰비키에게 몇 가지 대담한 조건을 제시했다. 그 조건은 다음과 같았다. (1) 모든 군대는 시의회의 권위에 복종한다. (2) 노동자들을 무장해제하고 케렌스키군의 도시 진입을 허용한다. (3) 체포된 사람들을 모두 석방한다. (4) 군사혁명위원회를 해체한다. 마지막 조건은 완전히 항복하라는 요구였다. 풀코보와 모스크바에서 볼셰비키가 승리하자, 비크젤은 더 유순해졌다. 화해주의자 랴자노프는[27] 베치크(전 러시아 소비에트 중앙집행위원회)에서 사회민주주의자들이 제안한 새로운 조건을 내놓았다. 그 제안이란 사회주의 정부를 세우고 볼셰비키가 정부 장관직의 절반을 맡는다는 것, 특히 내무·노동·외무 장관직을 맡는다는 것이었다. 전에 멘셰비키가 세운 계획에 따라 레닌과 트로츠키는 포함되지 않았다. 이 정부는 국민의회에 책임을 지게 되는데, 국민의회는 소비에트 중앙집행위원회에서 150명, 농민 소비에트 대표 75명, 군대와 함대 대표 80명, 노동조합 대표 40명, 시의회의 사회주의 의원 70명으로 구성된다. 볼셰비키는 다수(의석의 60퍼센트)를 보장받는다는 것이었다.

볼셰비키로서는 이런 제안을 받아들이는 것은 항복이나 다름없었다. 제안을 수용하면 볼셰비키는 준(準)의회 성격을 지닌 의회에서 근소한 차이로 다수파를 차지하게 될 것이고, 이 때문에 필연적으로 정책이 흔들렸을 것이다. 또, 소수지만 강력한 사회주의 반대파가 형성돼, 이들이 국정에 참여해서 모든 혁명적 수단을 사보타주 했을 것이다. 대중이 끊임없이 동요해 볼셰비키는 약화되고, 자본가계급과 중간계급의 상층부는 위협적 존재로 떠올랐을 것이다. 이런 사실을 잘 알고 있던 볼셰비키당 중앙위원회 다수파는 당의 대중과 노동계급의 무제한의 지지에 의존해서 그 제안을 거부했다.

얼마 뒤 당 중앙위원회와 인민위원회에서 위기가 발생했다. 1917년 11월 5일자 러시아 사회민주노동당(볼셰비키) 중앙위원회 공고 제7호를 보자.

베치크는 찬성 34표, 반대 24표로 레닌과 트로츠키가 제안한 출판의 자유 결의문을 통과시켰다. 노긴, 리코프, 밀류틴, 테오도로비치, 랴자노프, 데르비셰프는 인민위원직을 사임했다. 이들은 베치크와 인민위원회에 다음과 같은 선언문을 제출했다. "우리는 소비에트 내의 정당을 모두 포괄하는 사회주의 정부를 구성해야 한다고 생각한다. 오직 그런 정부만이 10월과 11월에 전개된 노동계급과 혁명 군대의 영웅적 투쟁 성과를 확고히 다질 수 있다. 우리는 볼셰비키가 독점한 정부는 정치적 테러의 방법으로 권력을 유지할 수 있다고 생각한다. 인민위원회는 이 길을 걷기 시작했다. 우리는 이런 위원회를 따를 수 없다." 실랴프니코프도 같은 견해였으나 사임하지는 않았다. 카메네프, 리코프, 밀류틴, 지노비예프, 노긴은 볼셰비키당 중앙위원직을 사임했다.

(사실, 데르비셰프와 랴자노프는 인민위원이 아니었다. 내가 인용한 러시아 자료는 이런 오류를 바로잡지 않았다.)

중앙위원회 내 다수파의 태도를 보여 주는 두 문서가 있다. 하나는 소수파에 대한 다수파의 11월 3일자 연설이다.

우리 당의 현재 정치 노선은 어제, 즉 11월 2일 레닌 동지가 제안하고 중앙위원회가 채택한 방안이다. 이 결의문은 우리 스스로 권력을 포기하도록 당을 유인하려는 시도는 모두 노동계급에 대한 반역으로 간주한다. … 그런 권력은 수많은 노동자, 병사, 농민의 이름으로 활동하는 전 러시아 소비에트 대회가 우리의 강령을 기초로 우리에게 위임한 것이다.

소수파는 복종하든지 아니면 당을 떠나라는 압력을 받았다.

분열은 가장 불행한 일이 될 것이다. 그러나 공개적이고 정당한 분열은 당 내의 사보타주나 결의문의 사장(死藏), 조직의 파괴, 항복보다 차라리 더 낫다. … 우리는 당 내부의 견해 차이가 대중 앞에 드러나게 된다면 혁명적 노동자, 병사, 농민이 모든 희생을 무릅쓰고 우리의 정책을 끝까지 지지하리라는 것, 그리고 동요하는 반대파를 고립시키거나 무능력하게 만들어 버릴 것이라는 사실을 단 한순간도 의심한 적이 없다.

서명자: 레닌, 트로츠키, 스탈린, 스베르들로프, 우리츠키, 제르진스키, 이오페, 부브노프, 소콜니코프, 무라노프.

위기는 심각했지만 당의 상층 지도부에 국한돼 있었고, 또 머지않아 끝났다. 레닌은 이 위기를 두고 소비에트 중앙집행위원회에서 단 한번 경멸스런 어투로 "일부 지식인들의 이탈"이 있었다고 말했을 뿐이다. 그는 "오직 인민을 신뢰하는 사람만이, 그리고 스스로 대중의 살아 움직이는 창조성이라는 뜨거운 도가니 속으로 뛰어든 사람만이 권력을 유지할 수 있다"고 덧붙였다.

11월 7일 〈프라우다〉에는 대중에게 호소하는 글이 실렸는데, 그 글의 요점은 다음과 같다.

자본가계급이나 자본가계급의 직간접 대리인 때문에 용기를 상실한 겁쟁이, 동요 분자, 회의주의자들은 모두 체면이 깎이기 시작할 것이다. 대중에게는 망설임의 그림자조차 없다.

사임한 사람들은 탈주자로 여겨져 비난받았다. 그날부터 이틀 동안 〈프라우다〉는 '지노비예프'가 서명한 "동지들에게 보내는 편지"를 실었다. 지노비예프는 멘셰비키와 사회혁명당이 소비에트가 제안한 조건을 거절했고, 이런 상황에서 자신은 중앙위원직 사임을 철회한다고 썼다. 나아가 그는 동지들에게도 사임하지 말라고 호소했다.

[그는 다음과 같이 선언했다 — 세르주] 오류를 범하지 않도록 당에 경고하는 것은 우리의 권리이자 의무다. 그러나 우리는 당에 남아 있어야 한다. 이 중요한 시기에 역사와 우리 자신을 단절시키느니 차라리 수많은 노동자·병사와 함께 오류를 범하고, 또 그들과 함께 죽는 것이 더 낫다. … 우리 당에서는 어떠한 분열도 없고, 있어서도 안 된다.

노동계급 운동의 역사 전체를 돌아볼 때, 이토록 심각하고, 또 이렇게 손쉽고 명료하게 해결된 위기는 단 하나도 없었다. 집단적 사고 습관, 규율, 강한 도덕성, 이견에 대한 치열한 토론과 논쟁, 투사들의 개인적 자존심 억제, 노동계급과 그 계급의 조직에 대한 깊은 애정 등 볼셰비키당의 뛰어난 자질이 다시 한 번 발휘됐다. 영국인들의 애국심은 "옳건 그르건 나의 조국"이라는 강력한 표현에서 잘 드러난다. 볼셰비키도 정서적으로 이와 비슷한 애국주의를 보여 주었다. 이것은 계급 전쟁에서 그 가치를 헤아릴 수 없을 만큼 위대한 가치인 계급과 당에 대한 애국심이라 할 수 있다. 즉, 노동계급 정당에 반대해야 옳은 길을 걸을 수 있을지라도, 차라리 그 당과 함께 오류를 저지른다는 것이다. 이것보다 더 위대한 혁명적 지혜는 존재하지 않는다.[28]

광범한 사회주의 연립정부를 옹호했던 사람들은 볼셰비키당(이 당은 틀림없이 자신이 노동계급의 가장 의식적인 소수라고 생각했다)이 비록 권력을 장악했다지만 노동자·농민 대중으로부터 고립될까 봐 걱정했다. 이 사람들은 당이 7월 사태 이후 엄청난 영향력을 획득했고, 모든 피억압 대중에게 꼭 필요한 이익을 보장해 줄 정책을 발전시킬 수 있는 확고한 능력이 있다는 점을 잘 알지 못했다. 이들은 사회주의와 민주주의를 지지하는 사람들끼리 내전을 벌일까 봐 두려워했다. 그때 이들이 내전을 두려워한 것이 정당했다는 점은 부인할 수 없다. 일부 사회주의자들의 기회주의에서 드러난 반(反)혁명적 성격은 그래도 아직은 그 뒤 러시아와 독일에서 나타난 것만큼은 아니었다. 사회주의 정당들이 반혁명의 편에 서거나 '반란을 일으킨 폭도들', 즉 노동계급을 공격하거나 진정한 사회주의자들에 맞서 무기를 드는 일은 주저할 것이라고 기대할 수 있었다. 비록 이런 기대 속에는 강렬한 자기기만이 들어 있었지만 말이다. 그러나 이런 기대는 틀림없이 이들의 당내 민주주의 타락, 자본가계급의 영향력에 대한 종속, 당 지도부의 반동적 전망, 그리고 이 당들이 주로 대변해 온 하층 중간계급의 특별한 정서와 이익을 과소평가한다는 것을 뜻했다. 이미 '조국방어 사회주의'를 경험한 바 있으므로 이것은 명백한 오류였다. 그런 조국 방어 노선은 전쟁터에서 싸우는 양쪽의 장군들 사이에서 똑같이 나타났다.

이미 권력의 맛에 익숙해진 반혁명적 사회주의자들은 자신들의 임무가 무엇인지 뚜렷이 깨닫고 있었다. 그들은 볼셰비키의 봉기에 협조하지 않았다. 이미 밝혀졌듯이, 반혁명적 사회주의자들에게 볼셰비키의 봉기는 대학살을 생각나게 만드는 것이었다. 반혁명적 사회주의자들의 비타협적 태도는 혁명을 위해서는 꽤 쓸모 있었다. 그들 덕분에, 민주주의 정당에 여전히 환상을 품고 있던 몇몇 볼셰비키가 꿈에서 깨어날 수 있었다. 그들 덕분에 볼셰비키는 곧바로 상황을 예리하게 규정할 수 있었고, 혁명에 대한 사보타주 가능성을 명백히 제한할 수도 있었다. 러시아에서 혁명은 내부의 사보타주를 경험한 적도 없고 그 지도부 안에 적이 있지도 않았다. 지도부 사이에서 배반은 허용될 수 없었다.

1919년 헝가리에서 노동계급이 겪은 운명은 정반대였다. 권력을 장악하기 며칠 전에 공산당은 사회민주당과 연합했다. 헝가리에서 프롤레타리아 독재가 진행되는 동안 사회민주주의자들은 새로운 공산주의의 가면으로 위장한 채 언제나 주요 직책을 차지했다. 그 결과, 혁명의 모든 수단과 반혁명에 맞선 방어 수단이 사라지게 됐고, 사회민주주의는 아무 제지도 받지 않고 사보타주를 저지를 수 있었다. 곳곳에서 배반이 자행됐다. 그런 배반이 고의적인 것이든 무의식적인 것이든 별로 문제가 되지 않았다. 벨러 쿤이 퇴진한 뒤 사회민주주의 내각이 구성됐고, 그에 따라 프롤레타리아독재가 호르티 정권으로 바뀌었다.

백색 테러로 확실히 전환하는 것은 반혁명 사회주의자들의 사명이었다. 플레하노프가 러시아에서 꿈꾸었던 것을 독일에서는 사회민주주의자인 노스케가 이루려고 애썼다. 이런 경험에 비춰볼 때, 오늘날 우리는 11월 4일 사퇴했던 볼셰비키들이 대단히 큰 실수를 저질렀음을 알 수 있다. 마찬가지로 이때 레닌과 그를 지지한 중앙위원회 다수파에게 예리한 통찰력이 있었음을 알 수 있다. 이런 국면에서 레닌이 한 구실은 그가 봉기 전야에 맡았던 구실만큼 막대한 것이었고, 혁명의 성공을 위해서도 마찬가지였다.[29]

노동계급 현실주의와 '혁명적' 미사여구

소비에트 중앙집행위원회에서는 다른 논쟁도 있었다. 관대하고 흐리멍덩한 이상주의에 가득 차 있던 좌파 사회혁명당은 신생 소비에트 정권 안에서 충직한 야당의 태도를 취했다. 11월 4일 견해가 다른 볼셰비키들이 사임하고 광범한 사회주의 연립정부를 선호한 좌파 사회혁명당도 소비에트 지도부에서 철수했다. 이날의 논쟁은 중요했다. 논쟁이 진행되는 동안 레닌은 좌파 사회혁명당에 맞서 가장 단순하고 명쾌한 혁명적 현실주의를 방어해야 했다.

논쟁의 주제는 출판의 자유, 특히 밀류코프와 자유주의 자본가계급의 기관지인 〈레치〉(말)의 출판 자유였다. 부르주아 신문은 계속 발행됐다. 내전의 첫 단계에서 부르주아 신문이 한 구실은 대단히 컸다. 이 신문들은 증오, 투쟁, 반동 이데올로기를 유포하고, 다른 한편으로는 혼란, 공황 심리, 비방을 퍼뜨렸다. 소비에트 집행위원회의 당면 과제는 이 신문들을 잠재우는 것이었다.[30] 이 과제는 오랫동안 수행됐다. 중요한 원칙의 수호자를 자처하던 좌파 사회혁명당 대변인인 카렐린은 볼셰비키가 "사상을 탄압"한다는 둥, 내전이 "치욕"이라는 둥 떠들고 다녔다. 레닌은 이 한심한 미사여구에 다음과 같이 대꾸했다.

부르주아 신문이 은행에 종속돼 있다는 사실을 조사할 위원회를 만들자. 우리는 이들의 신문 출판을 허용하는 것이 도대체 무슨 종류의 자유인지 알고 싶다. 아니, 알고 싶지도 않다. 뻔하지 않은가? 그런 자유란 종이를 대량으로 매점하고 3류 문필가들을 고용하려는 것일 뿐이다. 자본의 노예인 신문의 이런 자유에 대해 더는 이야기할 필요가 없다!

레닌은 부르주아 신문이 광고 분야에서 얻는 재원을 박탈하려고 광고의 독점을 제안했다. 그러나 그는 인쇄공들의 반대를 무마해야 했다. 인쇄공들은 부르주아 신문이 자신들의 생활을 보장해 줬으므로 자본주의적 광고업을 지지하고 있었다.

좌파 사회혁명당도 인민위원회가 소비에트 중앙집행위원회의 사전 승인을 받지 않고 포고령을 공포해서 소비에트 법을 어겼다며 비난했다. 이 대단한 혁명가들은 "[인민위원회가] 무슨 권리로 그러는가? 완전히 제멋대로다!" 하고 떠들어 댔다. 레닌은 새 정부가 그런 절차를 마련하려고 시간을 허비할 만큼 한가하지도 않고, 위기가 너무 심각해서 조금도 지체할 수 없다고 설명해야 했다(사회혁명당은 그런 생각을 전혀 하지 않았다). 레닌은 다음과 같이 결론지었다.

그 어떤 것도, 단 하나의 품목이나 단 1파운드의 빵도 회계장부에서 누락돼서는 안 된다. 왜냐하면 사회주의는 무엇보다 회계장부 기록이기 때문이다. 사회주의는 위에서 포고령을 공포한다고 해서 건설되지 않는다. 사회주의는 형식적이고 관료적인 일처리를 배격한다. 살아 있는 사회주의는 대중 스스로 만들어 가는 것이다.

좌파 사회혁명당의 어떤 당원은 "서유럽은 수치스럽게도 침묵하고 있다"고 말했다. 레닌은 날카롭게 응수했다.

> 혁명은 명령으로 만들어지는 것이 아니다. 독일은 전에 우리가 처했던 단
> 계, 즉 차르 체제의 붕괴 직전 같은 단계에 와 있다. 우리가 사회주의의 명
> 예를 떨어뜨리고 있다고?[사회혁명당은 이렇게 주장했고, 이것은 그들의 또 다른 핵심 주장이
> 었다 — 세르주] 자, 사실 … 대중에게 새로운 생활 양식을 창조하도록 호소한
> 것은 현 정부 아닌가. … 우리는 노동자 공화국을 건설하려 한다. 일하지
> 않는 자는 먹지도 말라![31]

레닌의 노동계급 현실주의가 좌파 사회혁명당의 '혁명적' 미사여구보다
옳았음이 입증됐다. 좌파 사회혁명당은 사회주의를 위해 헌신하려는 진지
한 열망을 지녔고 용기와 성실성을 겸비한 뛰어난 혁명가들이었으나, 자
신들도 한 축을 이루고 있던 급진적 프티부르주아 계급의 다른 구성원들
처럼 부르주아 민주주의 이데올로기의 전체 내용을 이루고 있던 세련된
문구에 묻혀 있었다.

레닌은 끊임없이 대중의 창의성에 호소했다. 그는 대중의 자발성을 당
의 조직적 활동에 꼭 필요한 조건으로 생각했다. 11월 5일 레닌은 인민에
게 사보타주에 맞서 싸울 것을 촉구하는 호소문에 서명했다. 대중의 다
수가 우리와 함께한다. 따라서 우리는 확실히 승리할 것이다.

> 동지들, 노동자 여러분! 이제부터 여러분이 직접 국가를 통치한다는 사실
> 을 기억하십시오. 여러분이 스스로 단결하지 않고, 또 모든 국가 업무를 장
> 악하지 않는다면 아무도 여러분을 도우려 하지 않을 것입니다. 여러분의 소
> 비에트를 중심으로 단결하고, 소비에트를 강력하게 만드십시오. 명령을 기
> 다리지 말고 기층에서 바로 일을 시작하십시오. 가장 엄격한 혁명적 질서

를 세우시고, 술 취한 건달들, 반혁명적 사관생도들, 코르닐로프 추종자들을 가차 없이 탄압하십시오. 생산과 생산물 회계를 엄격하게 통제하십시오. 인민의 대의에 대항하는 자는 누구든지 체포해서 혁명적 인민의 법정에 세우십시오.

농민들에게는 "즉시 모든 권력을 스스로 장악하시오" 하고 촉구했다.[32] **"주도력, 주도력, 항상 주도력을 발휘하십시오!"** 이것은 봉기가 승리한 지 10일이 지난 11월 5일 레닌이 대중에게 힘주어 외친 구호였다.

도시 중간계급과 혁명

혁명 뒤 다음과 같은 두 가지 사실이 뚜렷해졌다.

(1) 도시 중간계급은 모두 반(反)혁명으로 돌아섰다. 농촌의 중간계급은 토지 포고령에 만족했기 때문에 훨씬 나중에 적대 세력으로 바뀌었다. 다양한 반혁명 수단과 돌격 부대를 제공한 것은 바로 이들이었다. 자본가계급은 풀코보 고지와 마찬가지로 모스크바와 페트로그라드에서 벌어진 시가전에서 홀로 싸우지 않았다. 부르주아 군대는 조직된 용병들로만 이루어진다. 그렇다면 자본가계급의 최후의 방어자는 누구인가? 장교, 카자흐 부대(이들은 나중에 다루겠다), 사관생도, 고등학생, 관리, 고위급 관리직원, 기술자, 지식인, 사회주의자 등은 모두 중간계급 구성원들로, 어느 정도 착취당하지만 그 착취 체제 안에서 많은 특권이 있었고 그 체제에 참여하기도 했다. **기술자들은 생산을 조직할 뿐 아니라 착취도 조직했다.**[33] 그래서 이들은 스스로 체제를 지지하고, 자본주의야말로 실현 가능한 단 하나의 생산양식이라고 생각했다.

자본가계급의 바로 밑에 있는 프티부르주아 계급은 교육 혜택을 누리고 안락한 생활을 영위하지만, 빈곤으로 위협받는 때가 많다. 그 결과, 이들은 사회주의를 지향하게 된다. 하지만 이 계급은 매우 위험한 환상을 품는다. 노동계급보다 더 많이 교육받고, 자본가계급보다 수가 많고 이데올로기적으로도 진보적인 프티부르주아 계급은 사회를 관리하는 것이 자신들의 사명이라고 인식한다. 19세기의 민주주의적 환상은 이런 정신 상태에서 나왔고, 또 반대로 프티부르주아 계급을 교육시키기도 했다. 프티부르주아 사회주의는 관리자의 사회주의다. 그런 사회주의는 자유롭고, 혼란스러우며, 개인주의적 성향을 띠고 있으며, 유토피아적이거나 반동적 성향을 보일 때도 많다. 프티부르주아 문화는 자본주의 문화이며, 낡은 질서를 유지하고 대중이 유산계급의 이익에 순응하게 만드는 교육에 집착한다. 프티부르주아 계급의 정서는 특히 정치에서 말과 행동을 분리시키는 경향이 있다. 그래서 말을 행동과 대립하거나 행동을 잘못 대체하는 것으로 여긴다(프랑스 급진주의자들의 '상징적 몸짓'과 비교해 보라).

러시아의 중간계급 가운데 가장 용기 있는 사람들은 혁명이 현실로 나타나기 훨씬 전부터 혁명에 동조했다. 이들은 혁명이 안전한 개혁 시대를 열어 줄 부르주아혁명에 국한돼야 한다고 생각했다. 이들은 노동계급 혁명을 야만인의 침입이나 무정부 상태를 부르고 말 붕괴, 혁명의 이상 자체를 모독하는 것으로 여겼다. 〈노바야 지즌〉에 실린 막심 고리키의 글 "때 이른 사상"은 이런 견해를 강하게 표명했다. 중간계급이 부르주아혁명을 바란 것은 민주주의 공화국을 세울 수 있기 때문이었다. 이들은 그런 공화국 안에서 관리 계급이 될 수 있었고, 거기서는 자본주의도 아무 제약 없이 발전할 수 있었다. 이 개념은 특히 당시 프티부르주아 계급의 가장 의식적인 사상가들이었던 멘셰비키와 사회혁명당 사이에서 확고하게 뿌리박고 있었다.

현실의 혁명은 이 계급의 공상적 사상에 충격을 줬다. 거칠고 잔인한 현실은 이들이 꿈꾸던 낭만적 이상과 너무도 달랐다. 여기서 노동자와 병사들의 태도는 매우 달랐다. 거칠고 잔인한 현실 생활에 익숙해 있던 노동자와 병사들은 그야말로 짐승 같은 생활에서 오는 빈곤을 견디면서 억압과 제국주의 전쟁을 교과서 삼아 배우며 성장했다.

계몽된 중간계급은 10월 혁명을 한줌밖에 안 되는 광신적 교조주의자들이 야만스런 대중의 혐오스러운 아나키즘 운동의 지원을 받아 일으킨 쿠데타로 여겼다. 고리키가 바로 이렇게 말했다. 전쟁과 평화의 문제는 이들의 애국심에 상처를 주었다(왜냐하면 애국심은 무엇보다 이 계급의 정서이기 때문이다. 즉, 노동계급은 국제주의자들이고, 자본가계급의 애국심은 기껏해야 금융가의 세계주의로 희석된 기업인의 애국심일 뿐이다). 전쟁과 평화의 문제는 프티부르주아 혁명가들의 낭만주의에도 상처를 주었다. 혁명과 이른바 '민주주의'라고 잘못 부른 것 사이에 깊은 골을 파놓은 것은 전쟁이었다. 현실의 사건들이 벌어지기 전에는, 프티부르주아 민주주의 세력이 절망에 빠져 완전히 반(反)혁명으로 넘어가서 왕당파 장군들을 따라가면서 새로운 갈리페를 갈망하고 봉기자들을 대거 처형하는 데까지 나아가리라고 예견할 수 없었다. 그래서 일부 볼셰비키가 실수한 것이다. 모스크바 군사혁명위원회는 크렘린에서 대학살이 자행되기 직전까지도 사회혁명당과 멘셰비키가 노동자들의 봉기에 근본적으로 반대하지 않을 것이라는 희망을 품고 있었던 듯하다. 볼셰비키당 중앙위원회와 인민위원회의 소수파는 사회주의 세력을 한데 모을 수 있다고 오판했다. 다시 말해, 노동계급이 사회주의 지향적인 프티부르주아 계급을 다시 자기편으로 끌어들일 수 있을 것이라고 잘못 생각했다는 것이다.

사실 중간계급의 반혁명적 태도가 이들의 계급적 이익에 의해 미리 확고하게 결정된 것은 아니다. 돌이켜 보면, 중간계급이 소비에트 정권에 복종한 것은 자신들에게 이로웠기 때문임을 알 수 있다. 규모도 적었고, 일치단결해 행동하지도 못한 데다 조직이나 사기, 사상 등에서도 (독자적 정당, 계급의식, 마르크스주의를 갖추고 있었던) 노동계급에 한참 뒤처져 있었고, 마지막으로 농촌의 프티부르주아 계급도 혁명을 지지했기 때문에, 도시 중간계급은 완전히 패배하거나 사라질 운명이었다. 더구나 그들의 저항은 파괴를 불렀을 뿐 아니라 나라를 황폐화시켰다. 그들이 당시의 세력 관계를 조금만 더 잘 알았다면, 그들 자신과 러시아를 엄청난 재앙에서 구했을 것이다.

물론 중간계급이 노동계급 혁명에 대해 언제나 이런 반(反)혁명적 태도를 취하도록 예정돼 있는 것은 아니다. 그보다는 앞으로 전개될 사회적 투쟁에서 노동계급의 힘과 결단력 때문에 중간계급은 처음에는 중립적 태도를 보이다가 그 뒤에야 지지로 돌아설 것이라고 보는 게 더 타당할 것이다. 간단히 말해, 이들은 현재도 미래에도 더 강한 쪽을 따를 것이고, 노동계급이 가장 강력한 세력인 듯하면 노동계급을 따를 것이다. 1917년 10월 러시아에서 중간계급은 자신의 어리석음을 드러냈다. 이들은 노동계급이 승리할 수 없다고 생각했다. 이들은 오랫동안 볼셰비즘이 며칠 아니면 몇 주 안에 몰락할 것이라고 예상하면서 줄곧 이런 생각을 고수했다. 역사상 한번도 이겨 본 적이 없는 계급, 권력을 잡아 본 경험도 없고 사회적 기반도 재산도 없고 몇몇 투쟁 기구를 제외하면 어떤 기구도 가져 본 적이 없는 계급의 승리를 믿을 수 있는 사람만이 볼셰비키가 그랬듯이, 노동계급의 역사적 사명에 깊이 공감할 수 있었다. 한마디로 혁명적 마르크스주의자가 돼야만 했다. 러시아 프티부르주아 계급의 반혁명적 태도의 이면에 있는 이런 정신적 동기에 대한 확증은 10월 혁명이 거둔 위대한 역사적 성과 가운데 하나다.

'전쟁 규칙'은 내전에 적용되지 않는다

(2) 내전기의 몇몇 특징적 현상도 혁명 초창기의 특징을 잘 보여 준다.

적군(赤軍)은 내전기에 억압 기술을 알지 못했을 뿐 아니라 억압 기술의 현실적 필요성도 몰랐고, 사회민주주의의 본질을 착각하고 어처구니없이 관대한 짓을 곧잘 저질렀다. 이는 모스크바에서 군사혁명위원회가 승리하고 나서 공안위원회에 제시한 조건과 결코 승리할 수 없었던 공안위원회가 군사혁명위원회에 강요하려 했던 조건을 견줘 보는 것만으로도 충분하다. 백군은 무기고와 크렘린 궁에서 노동자를 대량 학살했지만, 적군은 철천지원수인 크라스노프 장군을 가석방했다. 구제도를 부활시키려는 백군의 음모는 매우 잔인했지만, 적군은 반동적 신문을 탄압하는 것조차 주저했다. 적군이 순전히 경험이 없었다는 것이 이 위험스런 관대함의 주요 동기 가운데 하나였다.

반면, 반혁명 세력은 재빨리 본능적으로 자신이 해야 할 일을 완벽하게 깨달았다. 내전의 불길은 서방 열강의 지지를 받고 나서야 서서히 타올랐다는 것은 사실이다. 그러나 이미 10월 26일부터 투쟁은 국가 사이의 전쟁보다 더욱 잔인하게 전개됐다. 대체로 국가 사이에 전쟁은 일정한 법칙에 의해 제한돼 왔고, 또 그런 법칙 가운데는 전쟁 규칙도 있다. 그러나 계급 사이의 전쟁에는 규칙도 없고, 제네바 협정도 없고, 기사도의 관례도 없고, 싸우지 말아야 할 상대도 없다. 자본가계급과 프티부르주아 계급은 처음부터 모든 공공 기구와 모든 행정기관에서 벌어지는 파업과 사보타주에 의지했다. 그런 파업과 사보타주는 전쟁의 관례를 벗어난 무기였다. 벨기에와 프랑스가 침공당했을 때 적이 침범한다는 이유로 파업을 벌인 기술자들은 어디에도 없었다. 사보타주는 기근을 조장하려는, 즉 투사와 일반인을 가리지 않고 전체 노동인구에게 타격을 가하려는 시도로 이뤄졌다. 술도 중요한 수단으로 활용됐다. 반혁명적 음모 전체가 백색 테러의 토대가 됐다.

국가 사이의 전쟁은 보통 유산계급끼리 벌이는 집안싸움이다. 그들은 공통의 계급 윤리와 공통의 시비 관념이 있다. 전쟁의 기술을 재래식 방법으로 제한하려는 경향이 뚜렷한 때도 있었다. 근대적 전쟁 기술은 프랑스혁명에서 유래했다. 프랑스혁명 당시 강제징집과 용병을 활용하고 귀족들이 지휘하는 구식 왕조의 직업군대가 자본가계급이 지휘하는 국민군과 대결했다. 그러면서 혁명은 곧바로 낡고 시대에 뒤떨어진 예전의 전략과 전술을 청산했던 것이다. 유럽인들은 자기들보다 열등하다고 생각했던 민족들과 싸울 때만 통상의 전쟁 규칙에서 일탈했다.[34] 지배계급이 노동계급의 '야만성'에 맞서 '문명'을 수호할 권리가 있다고 확신하는 전쟁을 벌일 때도 그랬다. 그럴 때는 모든 수단을 동원해도 좋았다. 그 전쟁에 얽힌 이해관계가 너무 커서, 모든 관습은 무효화됐고, 윤리가 더는 서로 싸우는 세력들에게 영향력을 발휘하지 못했다. 반혁명 세력은 반란을 일으킨 피착취 계급을 "인간 사회에서 쓸어내야 할 존재"로 여겼다.

신생 소비에트 정권이 세워진 다음 일주일이 지날 무렵, 이런 진리를 생생하게 목격할 수 있었다. 전쟁 포로의 대량 학살이 내전의 일상사가 된 것을 뒤에서 살펴볼 것이다. 그 기간 내내 자본주의 국가들은 공산주의 러시아를 무법 국가로 취급했다.

제4장_ 내전의 첫 불꽃: 제헌의회

민족의 권리

10월 26일의 포고령은 위대한 것이었으나 수많은 혁명 과업 가운데 한 가지만을 해결했다. 다른 일들이 남아 있었다. 수많은 병사들에게는 평화를 위한 혁명적 과업이 시작됐다는 사실을, 또 1억 명에 이르는 농민들에게는 이제 자신들이 토지의 주인이 됐다는 사실을 알려야 했다. 평화 포고령은 수많은 병사들에게 고통스러운 짐을 지웠던 제국주의의 멍에를 뒤흔들어 놓았다. 지주 소유권의 박탈은 수백 년 동안 농민을 억압해 왔던 봉건적 족쇄를 부숴버렸다. 봉건적·중상주의적 대러시아의 지배적인 전통을 이어 온 제국주의에 치명타를 가하는 일만이 남아 있었다.

엘리제 르클뤼가 일찍이 1905년에 내다보았듯이, 러시아에서 어떤 혁명이 일어나든 혁명의 미래에 치명적 손상을 가하지 않으려면 이제 막 무너진 제국에 속박돼 있던 민족들에게 곧바로 자유를 부여해야 했다.[1] 제국의 인구는 각 민족별로 볼 때, 대러시아인 5600만 명, 우크라이나인 2230만 명, 벨라루스인 약 600만 명, 폴란드인 800만 명, 리투아니아인 310만 명, 독일인 180만 명, 몰다비아인 110만 명, 유대인 510만 명, 핀란드인 260만 명, 캅카스계의 여러 민족 110만 명, 핀란드계 원주민(에스토니아인, 카렐리아인 등) 350만 명, 터키-타타르계 사람들 1360만 명 등이었다.[2]

제국의 헌법은 대러시아 민족의 절대적인 우월권을 보장하고 있었다. 러시아어는 하나뿐인 공식 언어였고, 대러시아 민족의 종교(그리스정교회)는 제국의 종교가 됐다. 그러나 대러시아 민족도 전체 인구 1억 2900만 명 가운데 소수인 5600만 명에 불과했다.

옛 제국의 영토적 통합과, 특히 러시아 자본가계급이 피정복민들의 복종에서 얻는 물질적 이익을 유지하는 데만 관심을 뒀던 임시정부는 1917년 3월부터 10월까지 핀란드와 우크라이나에서 위험한 갈등이 시작됐음에도 차르 체제의 민족 정책을 완화하지 않고 **고수했다**. 옛 지배계급이 민족문제에 다른 방식으로 대처하는 것은 불가능했다. 독재 체제가 무너지자 분리주의 경향의 민족운동이 나타나기 시작했고, 그런 경향은 특히 폴란드와 우크라이나에서 두드러졌다. 또 대부분의 영토에서 종속민들은 농민이었으므로 대부분의 민족문제는 농업 문제와 밀접하게 연관돼 있었다.

11월 2일 모스크바에서 전투가 벌어지고 있었고(적군 포병대가 크렘린 궁전에 포탄을 퍼부은 바로 그날이었다), 페트로그라드에서는 주민들이 풀코보에서 승리한 전사들을 환영하고 있었다. 바로 이날 소비에트 정부는 "러시아 내 여러 민족의 권리 선언"을 발표했다. 이 선언의 내용은 3가지로 요약할 수 있다. (1) 모든 민족의 평등과 주권 (2) 모든 민족의 자결권, 여기에는 독립국을 세우기 위한 분리권까지 포함된다. (3) 모든 민족적·종교적 특권의 폐지와 모든 소수민족이나 소수인종의 자유로운 발전.

이 선언에 담긴 핵심 내용은 레닌 자신이 4~5월 이후 표명해 온 강령을 포괄한 것이나 다름없었다.

이 선언문과 20일 뒤(11월 22일) 레닌과 민족문제 인민위원 주가시빌리(스탈린)가 서명해 발표한 러시아와 동방의 이슬람 노동자들에 대한 호소문은 둘 다 매우 중요하다. 역사상 유럽인들이 수백 년 동안 탄압받고 노예로 전락한 민족, 정복당하거나 '보호를 받아 온' 민족을 이런 식으로 언급한 적은 한번도 없었다. 우리는 러시아에 콘스탄티노플을 선사한 비밀조약을 파기했다! 페르시아 분할 조약이 폐지됐다! 터키 분할 조약도 사라졌다! 아르메니아 합병도 취소됐다! "이제부터 여러분의 신앙과 관습, 여러분의 민족문화 제도는 자유를 누릴 것이며, 침해될 수 없음을 선언합니다. 자, 이제 어떠한 구속도 받지 않고 자유롭게 여러분의 민족적 삶을 영위하시오. ⋯ 여러분 스스로 자기 나라의 주인이 돼야 합니다. ⋯ 여러분의 운명은 여러분 손에 달려 있습니다."

총사령부의 저항: 장군에 맞선 사병들

전시에 한 나라의 총사령부(러시아어로는 스타프카)는 민간의 대도시만큼 중요한 일종의 수도와 같다. 노동자 봉기가 일어난 뒤부터 스타프카는 반(反)혁명의 마지막 희망으로 떠올랐다. 스타프카는 11월 18일까지도 끈질기게 명맥을 유지했다.[3]

백군으로서는 다행스럽게도 스타프카는 페트로그라드와 모스크바 두 도시에서 꽤 멀리 떨어진 모길료프에 자리 잡고 있었다. 이곳은 벨라루스에 있는 인구 6만 명의 작은 도시였고, 노동계급이나 볼셰비키당의 힘이 가장 미약한 지역이었다. 스타프카에서 가장 권위 있는 혁명 기구는 군대위원회였다. 이 위원회는 혁명 초기에 선출됐고, 사회혁명당이 통제하고 있었다. 이 위원회는 참모부와 우호적 관계를 유지했고, 볼셰비키의 음모를 비난하고 조국과 연합국을 위해 군대의 지속적인 충성뿐 아니라 "마지막까지 전쟁을 계속하려는 병사들의 열렬한 희망"도 보장하고 있었다. 10월 31일 군대위원회는 "무력으로 볼셰비키에 저항한다"는 의사를 공개 발표했다. 군대위원회 휘하 부대는 질서를 회복하려고 "페트로그라드로 진격"할 것이다. "한 방울의 피도 쓸데없이 흘리지 않을 것"이라든지, "우파가 반(反)혁명을 위해 이런 사건을 이용하려 든다면, 우리는 모든 병력을 그들에게로 돌릴 것"이라는 선언들이 발표됐다.

같은 날 총사령관 두호닌 장군은 볼셰비키에게 임시정부에 무조건 항복할 것을 요구했다. 이런 강압적 요구는 욕이나 다름없었다. 그러나 일반 병사들은 새로 혁명이 일어났다는 소식을 듣고 환호성을 질렀다. 군대위원회는 요구를 축소할 수밖에 없었고, 광범한 사회주의 연립정부 정도로 만족할 수 있다고 말했다. 사회혁명당 지도자인 체르노프와 고츠가 스타프카에 도착하자 군대위원회의 요구는 다시 바뀌었다. 우크라이나 의회인 라다가 볼셰비키에 대한 저항을 선언하자 반혁명적 사회주의자들은 라다와 동맹을 꿈꾸게 됐다.

군대위원회는 체르노프를 총리로 하는 '수습 정부' 수립을 제안했다. 연합국 대표들도 이런 노력을 지지했다. 이런 협상, 음모, 당파별 모임과 책략 등이 추진되고 있을 때 병사와 대중이 행동하기 시작했다. 북부와 서북 방면군이 볼셰비키 편으로 넘어왔다. 정예 부대인 성(聖)게오르기 대대도 반발 조짐을 보였다. 이 부대는 장군들과 사회혁명당에 적대적 태도를 보였고, 스타프카가 남부로 이동하는 것을 막았다. 병사들이 장교를 체포하는 일이 점점 흔해졌다.

11월 9일 레닌, 스탈린, 크릴렌코는 두호닌 장군에게 전화를 걸어 오스트리아·독일과 즉각 휴전 협상을 벌이도록 명령했다. 두호닌이 대답을 회피하자 이들은 두호닌을 사령관직에서 해임하고 전화를 끊었다. 그 후 "크릴렌코 소위가 총사령관에 임명됐다."

그러나 어떻게 총참모부를 무장해제할 것인가? 인민위원회는 아직도 하나의 정부기구를 장악하지 못했다. 인민위원회는 자기 적수의 약점조차 모르고 있었다. 다시 이들은 대중에게 의지했다. 레닌은 라디오 연설에서 군대가 개입할 것을 호소했다.[4]

병사 여러분, 평화의 대의는 여러분의 손에 달려 있습니다. 반혁명적인 장군들이 평화라는 위대한 과업을 방해하도록 내버려 둬서는 안 됩니다. 여러분은 혁명 군대가 해서는 안 될 사사로운 처벌을 방지하고, 장군들이 재판을 회피하지 못하도록 그들을 감시해야 합니다. 여러분은 가장 엄격한 혁명적·군사적 질서를 준수해야 합니다.

최전선에 있는 연대는 적군과 공식적인 휴전 협상을 시작할 대표단을 지금당장 선출해야 합니다. 인민위원회는 여러분에게 그런 권한을 부여합니다. 되도록 모든 수단을 동원해 협상 진행 상황을 우리에게 알려 주십시오. 오로지 인민위원회만이 최종적인 휴전에 서명할 권한이 있습니다.

소비에트 중앙집행위원회(11월 10일)는 이 문서를 놓고 토론을 벌였다. 토론에서 레닌은 자신의 생각을 다음과 같이 설명했다.[5]

우리가 두호닌을 무찌를 방법은 대중 자신의 조직과 대중의 발의에 호소하는 것뿐이다. 평화는 위에서만 내려오는 것이 아니다. 오히려 밑에서 쟁취해야 한다. 우리는 독일 장군들을 눈곱만큼도 믿을 수 없다. 그러나 독일 국민들은 믿어야 한다. 우리는 스타프카에 맞서 싸우면서 절차에 얽매이지 말고 단호하게 행동해야 한다. 나는 임시변통 수단에 반대한다.

스타프카 소속 부대들도 반기를 들었다. 11월 18일 스타프카가 우크라이나로 이전하려 한 바로 그 순간 부대원들이 참모부에 반대하고 나섰다. 이를 목격한 망명자 스탄케비치는 그때의 일을 다음과 같이 묘사했다. "흥분한 병사들이 총사령부가 이동하도록 내버려 두지 않겠다고 선언하면서 앞으로 나서자 스타프카는 감히 이동 준비를 시작할 수 없었다. … 스타프카는 자신을 호위해 줄 병사를 단 한 명도 찾아낼 수 없었다. 두호닌은 자신의 당번병이 자기를 감시하고 있다고 말했다."[6] 연합국 장교들과 몇 명의 장군들, 일부 반혁명 부대만이 도망쳐 나올 수 있었다. 크릴렌코와 붉은 군대 수병이 도착했다. 총사령관 두호닌은 체포돼 모길료프 역에서 즉결 처형됐다.

짚고 넘어가야 할 사항이 있다. 스타프카의 저항은 곧 연합국이 혁명에 간섭하기 시작했다는 뜻이었다. 프랑스의 군사사절단 단장인 라베르뉴 장군과 미국의 선임 장교는 두호닌을 공공연하게 지원했다. 트로츠키의 위협적인 외교 각서에도 이 사실이 밝혀져 있다.

혁명은 대중을 한편으로 하고 사령부와 주요 장교들을 다른 한편으로 하는 두 집단 사이의 충돌로 전환됐다. 이런 일은 모든 전선에서 비슷하게 일어났다. 그리고 사실상 모든 곳에서 충돌의 결말도 같았다.

칼레딘: 카자흐 반혁명의 패배

모스크바와 페테르부르크의 두 수도와 스타프카에서 일어난 반혁명 세력의 저항은 그 뒤 곧바로 남쪽으로 퍼져나갔다. 페트로그라드, 모스크바, 모길료프에서 패배한 사람들이 찾아낸 피난처는 우크라이나(옛 대러시아 제국주의가 강요한 족쇄 비슷한 것은 무엇이든 적대할 만큼 민족주의적인) 너머 러시아 동남부 지방과 돈과 쿠반의 카자흐 영토였다. 카자흐 주민들은 농촌의 프티부르주아 계급으로 차르 체제에서 특권을 누렸고, 강력한 군사적 전통이 있었다. 장군들은 이런 카자흐 주민들을 최초의 반혁명 군대로 끌어모을 이상적 기반으로 여겼다. 카자흐 지역에 자치정부가 세워졌다. 러시아어로 돈스키-크라이로 불리는 돈 지방은 일종의 카자흐공화국이었고, 선출된 군사 지도자(아타만) 칼레딘 장군이 통치하고 있었다. 그는 반혁명을 지지했다. 쿠반의 수도인 예카테리노다르에는 카자흐인들과 사회주의 지식인들로 이뤄진 의회 비슷한 라다라는 기구가 있었다. 이것은 부유한 주민의 대표 기구로서, '헌법'을 통해 노동자와 빈민과 비(非)카자흐인 농민의 선거권을 박탈할 만큼 뻔뻔스러웠다.

그 뒤 전형적인 농촌 프티부르주아 계급인 돈과 쿠반 지역 카자흐인들의 역사는 오랫동안 피로 물든 끝없는 동요와 내부 반목으로 점철됐다. 그들은 혁명과 반혁명을 왔다 갔다 하면서, 간단히 말해 결코 분명한 태도를 취할 수 없음을 보여 주었다. 민주주의자로서 이들은 차르 체제의 부활에 반대하고 대러시아 자본가계급의 민족적 애국심에 적대적 태도를 취하면서 끊임없이 백군 장군들과 이렇게 저렇게 충돌했다. [러시아]국민군협의회는 언제나 당혹스러운 '카자흐 문제' 때문에 골치를 앓았다. 사적 소유의 굳건한 지지자로서 카자흐인들은 노동자 공산주의자들에 맞서 격렬하게 투쟁했다. 10월 혁명 뒤에 이들이 꿈꾼 이상은 지역의 독립이었다. 이들은 '볼셰비키의 무정부 상태' 속에서 자신들의 영토를 원래대로 유지할 수 있기를 바랐다. 다른 모든 곳에서처럼 여기에서도 돈과 쿠반의 2류 정치인들은 고유의 무지를 드러냈다.

크릴렌코가 모길료프에 있는 스타프카로 가는 동안, 실패한 9월[신력] 쿠데타의 주인공이자 군대에 사형을 재도입한 장본인이며, 최근에 러시아와 연합국의 자본가계급이 독재자 후보감으로 생각했던 코르닐로프는 임시정부가 그를 억류한 비호프스코예의 수도원에서 아무 제지도 받지 않고 걸어 나오고 있었다. 이것은 술책이었는가 아니면 허술한 보안 때문이었는가? 두 가지가 섞인 것이었다. 케렌스키는 공식적으로는 죄수였던 자신의 공범자를 감시하는 일을 바로 그 죄수에게 헌신적으로 충성하는 기병대에 맡겼던 것이다! 코르닐로프는 스스로 기병대의 대장이 돼 돈 지방으로 출발했다. 12월 초 코르닐로프는 자신의 충성스러운 병사에 의해 볼셰비키에게 넘겨질 뻔한 상황을 가까스로 모면하고 농민으로 위장한 채 홀로 돈 지역에 도착했다.[7]

돈 지역에서는 늙은 알렉세예프 장군이 11월 초부터 줄곧 충성스러운 자원병 부대를 창설하려고 바삐 움직이고 있었다.[8] 장교와 사관생도들이 러시아 전역에서 노보체르카스크와 로스토프로 몰려들었다. 데니킨 장군은 이런 반혁명가들의 특성을 감탄스러울 만큼 정확히 묘사한 바 있다.[9] 자발적 참여를 요청하는 호소를 들은

장교들, 사관생도들, 학생들, 극소수의 다른 사람들이 호응했다. … 그러나 일반 국민들은 그런 호소를 듣고 꿈쩍도 하지 않았다. 병사의 충원이 이런 상태였기 때문에 이 군대에는 애초부터 중대한 조직적 결함이 있을 수밖에 없었다. 이 군대는 어쩔 수 없이 특정 계급의 군대라는 특성을 띨 수밖에 없었다. … 이런 환경에서 의용군 부대가 러시아 전역에서 임무를 수행할 수 없다는 것은 명확했다.

그렇다면 장군들은 스스로 무엇을 할 수 있다고 생각했을까? 분명히, 이들의 목적은 볼셰비키가 아직 조직화하지 못했을 때(이들은 볼셰비키의 탁월한 조직 능력을 알지 못했다) 먼저 볼셰비키를 제압하고 보자는 것이었다.

이런 군대의 창설은 매우 어려웠다. 대다수 장교들은 주저했고, 모습을 감추거나 새로운 정권에 순응했다. 일단 군사적 권위의 토대가 흔들리자 이런 군사 전문가들은 완전히 자신감을 잃고 말았다. 그리고 증오로 가득 찬 대중은 모든 곳에서 이들의 길을 가로막았다. 이들은 수많은 위험을 겪고 나서야 가까스로 돈 지역에 이를 수 있었다. 병사들은 남부 지역으로 이동하는 도중에 탈영한 장교들을 범법자로 여겨 발견 즉시 사살했다.

알렉세예프는 자신의 최초 군대를 운영하려고 정신없이 뛰어다녀야 했다. 자금도 모자랐다. 도시 자본가계급이 지원한 액수는 너무 적었다. 이미 자본가계급은 곤경에 빠져 있었다. 얼마 안 가 이들은 더는 아무것도

줄 수 없었다. 데니킨은 "연합국 대사관이 테러를 당하고 있다"고 말했다. 카자흐인들조차 이런 무장한 애국자들이 자기네 땅으로 모여드는 것을 달가워하지 않았다. 반혁명적인 장군들은 12월 27일자 호소문에 인민의 주권이 제헌의회를 통해 행사된다는 내용을 넣어야 했다. 돈 지역의 카자흐 의회도 의용군 부대를 엄격히 감시하고, "이 부대에서 반혁명 분자를 제거하기로" 결정했다. 이 부대의 병력은 잘해야 3000~4000명을 넘지 못했다. 이와는 대조적으로 선임 장교들은 남아돌았다. 최고 지휘권은 두 명의 총사령관 알렉세예프와 코르닐로프에게 있었지만, 이 둘은 서로 싸우고 있었다. 이들은 칼레딘과 함께 3인 지도부를 형성했다.

이 부대는 로스토프와 타간로크에서 11월 26일과 1월 2일 노동자 봉기를 두 차례 진압하면서 활동을 시작했다(그 봉기는 카자흐인들도 개입하기를 거부한 봉기였다). 그러나 이 부대는 지지 기반을 상실하면서 도저히 버틸 수 없는 상황에 놓였다. 도네츠 인근의 노동자들이 위협을 가했다. 카자흐인들은 오로지 적색 전염병에 맞서 자신의 영토(마을 토지)를 지킬 때만 발동하는 편협한 애국심을 지니고 있었으므로 반항하거나 방관자적 태도를 취했다. 적위대와 캅카스군은 전선에서 돌아오자마자 곧바로 돈 지방을 포위하고 쿠반을 봉쇄했다.

인민위원회는 11월 28일자 호소문에서 카자흐의 반혁명 지도자를 범법자로 선언했다.

지방의 수비대는 명령을 기다리지 말고 할 수 있는 한 모든 힘을 다해 인민의 적에 맞서 싸우도록 거듭 촉구한다. 인민의 적들과 협상은 모두 금지한다. 지역 주민이든 철도노동자든 누구를 막론하고 인민의 적을 도우면 혁명법에 따라 엄벌을 받을 것이다.

소비에트 정부는 이런 호소에만 매달리지는 않았다. 페트로그라드, 모스크바, 하리코프와 도네츠 광산에서 파견된 노동자로 구성된 적위대는 수병과 일부 군부대의 가세로 더욱 강력해졌다. 이 수비대는 안토노프-오프세옌코의 지휘 하에 로스토프와 키예프를 장악하기에 앞서, 우크라이나에서 돈 지역을 고립시키려고 대규모 협공 작전을 개시했다.

장갑열차나 간단히 무장한 열차의 지원을 받으며 주로 철도를 따라 전개되는 이런 게릴라전에서 남부전선의 적군 사령부는 어쩔 수 없이 개괄적인 지시만을 내릴 수밖에 없었다. 안토노프의 사령부에는 뛰어난 지휘관이 두 명 있었다. 한 명은 좌파 사회혁명당의 사블린으로, 페트로그라드와 모스크바에서 노동자 부대를 지휘한 적 있었다. 다른 한 명 시베르스는 돈 지역의 군대를 지휘하던 볼셰비키 육군 부사관이었고, 얼마 뒤 처형당한다. 초기에 적군은 몇 번 패배했다. 타간로크 근처의 마트베예프-쿠르간에서도 패배했지만, 이 도시에서 노동자 봉기가 일어나 백군을 쫓아내면서 정상을 되찾았다. 카자흐인들은 머뭇거렸고, 청년층과 노인층, 부자와 빈자, 최전선과 후방 등 여러 파벌로 분열됐다. 카자흐 적군이 창설되고, 노동자들도 독자적 활동을 계속했다. 반혁명이 장교들만의 일로 축소되고 외국의 지원도 전혀 받지 못해 자기들만의 재원에 의존할 수밖에 없게 되자, 그 운명은 결정됐다. 1월 29일 아타만 칼레딘이 자살했고, 코르닐로프가 쿠반으로 허둥지둥 달아나면서 전쟁은 끝났다.

적군이 노보체르카스크로 밀고 들어갈 때, 칼레딘은 돈 지역 카자흐협의회에서 마지막 연설을 하고 있었다. 이 연설에서 칼레딘이 인용한 다음과 같은 몇 마디는 반혁명의 초기 단계의 패배를 놀랍게도 잘 요약하고 있다.

코르닐로프가 떠나면 우리에게는 한줌의 사람들, 100명이나 150명의 병사들만이 남게 된다. … 어떻게 이런 부끄러운 재앙을 변명할 수 있을까? 사람들은 치졸한 이기주의 때문에 우리를 배반했다. 러시아 최고의 아들들, 장교들은 적에 대항하여 자신들의 고향 땅을 방어하지 않고 한줌의 봉기자들 앞에서 부끄러워하면서 도망쳤다. 그 어떠한 의무나 명예 의식이나 조국애도 없었고, 심지어 최소한의 도덕성도 찾아볼 수 없었다.

아타만에게 남은 일은 자기 머리를 총으로 쏘는 것뿐이었다. 카자흐 민주주의는 무너지고 있었지만 그의 후계자인 나자로프는 저항하지도 도망가지도 못했다. 적군은 카자흐협의회 도중에 나자로프를 기습해서 죽였다(2월 12일).

비슷한 시기에 쿠반에서는 혼란스런 싸움이 벌어졌다. 똑같은 사회적 요소를 포함하고 있었으므로 그 싸움도 돈 지역의 투쟁과 비슷하게 진행됐다. 이 싸움은 3월 1일 적군의 승리로 끝났다. 예카테리노다르에는 소비에트 권력이 세워졌지만 오래가지는 못했다. 11월 25일과 1월 18일 사이에 우랄 지역에서는 두토프 장군의 지휘하에 카자흐인들이 봉기를 일으켰다. 이 봉기는 오렌부르크를 함락시키는 데는 성공했지만, 다른 경우와 마찬가지로 결국 패배했다.

이 사건들은 하나같이 이 시기의 독특한 성격을 드러내는 것이었다.

우크라이나

대러시아 평원의 남쪽에 있는 드네프르강의 방대한 지역은 프로방스가 프랑스에 속하듯이 러시아에 속한다. 우크라이나 민족은 온화하고 햇빛이 많은 기후, 놀라울 만큼 비옥한 토양, 훨씬 풍요롭고 화려하며 자유로운 과거와 러시아어보다 낭랑하나 덜 다듬어진 남부 언어 등에서 대러시아 민족과 구별된다. 경제적 특징을 보면 이런 차이는 더욱 뚜렷이 드러난다. 제1차세계대전(1914~18년) 이전에는 러시아제국 안에서 생산된 석탄의 4분의 3이 우크라이나에서 나왔다. 또한 전체 철광석의 3분의 2, 마그네슘의 4분의 3, 소금의 3분의 2, 설탕의 5분의 4, 그리고 수출용 밀의 10분의 9가 우크라이나에서 생산됐다.[10] 우크라이나는 틀림없이 러시아제국 안에서 가장 부유한 지역이었다. 우크라이나 민족운동의 이론가들인 부르주아 사상가들은 당연히 대러시아의 이익을 위해 자본과 천연자원을 체계적으로 짜내는 차르 정권을 비난했다. 이들은 차르 체제가 흑해의 해운업을 희생시킨 대가로 발트해의 해상교통을 발전시키고, 우크라이나의 공업 성장을 제한했다고 지적했다. 마지막으로 이들은 문화의 러시아화로 말미암아 참을 수 없는 고통을 겪고 있다고 신랄하게 비난했다.

우크라이나 민족운동은 곧바로 독재 정치의 몰락을 재촉했다. 우크라이나 민족의회인 라다가 재빨리 창설돼 르보프 공의 임시정부와 갈등을 빚었다. 우크라이나인들이 추구한 독립은 아주 광범했다. 그 요구를 지지한 것은 볼셰비키뿐이었다. 그래서 라다는 10월 혁명을 자유의 행위로 받아들이고 환영했다. 그러나 혁명으로 대러시아 부르주아지의 지배가 사라지자 우크라이나의 부르주아지와 프티부르주아지는 노동계급과 함께 사회혁명의 길로 나아갈 생각이 전혀 없었다.

우크라이나 소비에트는 이제 대러시아 소비에트와 보조를 맞춰 전진하고 있었다. 10월 22일 키예프 소비에트는 권력을 장악할 목적으로 혁명위원회를 조직했다. 소비에트와 라다는 페트로그라드의 임시정부와 한편이었던 키예프 시의회 안의 러시아 입헌민주당과 멘셰비키와 사회혁명당에 맞서 잠시나마 공동전선을 형성하기도 했다. 그러나 케렌스키라는 표적이 사라지자마자 즉시 다른 공동전선이 형성됐다. 이번에는 이른바 대러시아 대자본가계급의 정당인 입헌민주당이 라다와 손을 잡고 볼셰비즘에 맞섰다. 이때부터 '우크라이나 인민공화국과 키예프 소비에트' 사이의 갈등은 오직 무력으로만 해결될 수 있었다.

사파로프 동지는 우크라이나의 인구 분포에 대한 흥미 있는 분석을 내놓은 바 있다. 농촌에서 대러시아인들은 인구의 극소수였다. 예를 들어, 폴타바 주에서는 인구의 30분의 1도 안됐고, 키예프 주에서는 10분의 1에 지나지 않았다. 그러나 상공업 중심지인 도시에서는 대러시아인들이 우크라이나인보다 훨씬 더 많았고, 소도시는 유대인이 지배하고 있었다.

점점 더 여러 도시에서 비(非)우크라이나인이 득세하게 됐다. 우크라이나의 사회 구성은 도식적으로 다음과 같이 요약할 수 있다. 사회의 최정상은 러시아인 관료들, 지주, 러시아인 자본가들이 차지하고 있었고, 그 다음은 러시아인과 유대인으로 이뤄진 도시의 상업·공업·수공업 프티부르주아 장인 계급, 다음은 우크라이나인 농촌 프티부르주아 계급과 이 계급 출신의 지식인들, 마지막으로 최하층은 도시와 농촌에 사는 러시아인과 우크라이나인 노동계급으로 이뤄졌다.

농촌의 프티부르주아지(부농과 중농)와 이 계급 출신 지식인들은 민족운동의 중추 세력이었다. 이들은 돈과 쿠반 지역의 카자흐인들처럼 민주주의·반혁명 성향이 있었다. 우수한 젊은 부르주아들은 독립과 부와 공화국이라는 계급적 이상을 위해 격렬하게 싸울 태세가 돼 있었다.

키예프의 라다는 농민 대표 213명, 군대 대표 132명, 노동자, 봉급생활자, 지식인 등 100명으로 이뤄졌다. 키예프 라다는 사회적 흐름에 편승하려 했다. 11월 7일 발표된 라다의 선언문은 소비에트 정부 포고령에서 발췌한 내용을 교묘히 뒤섞은 것이었다. 그 선언문은 대부호와 왕실 소유지를 몰수해 국유 재산으로 삼고, 우크라이나 제헌의회가 그 처분을 맡는다고 공약했다. 또, 1일 8시간 노동이 선포됐고, 비록 노동자가 참여하지만 노동자 통제가 아니라 **정부**의 통제라 할 만한 산업 생산에 대한 정부 통제가 도입됐다. 라다의 선언문은 전쟁을 끝내려는 적극적 조처를 약속했다. 사형제도가 폐지되고 광범한 정치적 사면이 발표됐다. '민족정신'에 부합하는 법제 개혁이 발표됐다. 또, 특정 기구를 명시하지는 않았으나 지방자치를 위한 방대한 법령이 공포됐다. 우크라이나 제헌의회 선거일은 12월 27일, 의회 개회일은 1월 9일로 확정됐다.

라다는 이런 약삭빠른 선언을 발표하면서도 다른 한편으로는 돈 지역으로 이동하던 백군 부대 병력과 장교들이 자유롭게 영토를 통과하도록 허용했다. 그러나 남쪽으로 이동하던 적군에게는 그런 권리를 허용하지 않았을 뿐 아니라 소비에트 조직을 무장해제하기도 했다. 12월 4일 인민위원회는 라다에 다음과 같은 의미심장한 말로 시작되는 최후통첩을 보냈다. "우리는 우크라이나 민족의 민족적 권리와 민족적 독립을 무조건 인정한다."

라다는 가면을 벗어야 했다. 라다는 난잡한 비난이 뒤섞인 답변에서 극우파와 볼셰비키, 적군 병사들의 아나키즘 성향, 인민위원회가 장악한 영토 내부에서 벌어지는 동족상잔의 투쟁을 문제 삼았다. 라다는 광범한 사회주의 연립정부와 연방공화국을 요구했다. 비니첸코, 페틀류라, 미르니가 서명한 이 문서는 일종의 선전포고나 다름없었다.

싸움은 이미 시작됐다. 키예프에서 총파업이 터졌다. 라다는 풀코보의 승리자 무라비요프가 지휘하고 페트로그라드와 모스크바, 하리코프에서 파견된 적위대와 루마니아 전선에서 온 적군 부대의 합동 작전으로 무너졌다. 1월 26일 적군은 키예프에 입성했다. 적군이 완전히 승리한 것은 아니었다. 러시아 남부 지역에서는 1921년까지도 게릴라전이 지속됐다. 하리코프에 우크라이나 소비에트 정부가 세워졌다.

프랑스의 반혁명 세력 지원은 우크라이나 독립을 재빨리 인정한 데서 그치지 않았다. 프랑스는 키예프에 군사사절단도 파견했다. 1월 초 스테판 피숑은 라다에 1억 8000만 프랑의 차관을 제공하는 데 동의했다. 라다는 베르틀로 장군 같은 프랑스 앞잡이들에게 자문을 구하는 등 프랑스 정부의 지원에 의존했을 뿐 아니라 볼셰비키에 대항하는 독일·오스트리아 동맹의 원조도 요청했다.

루마니아 전선의 비극

루마니아 왕국은 몇 개월 동안 완고한 반동적 인물인 셰르바초프 장군이 이끄는 약 100만에 이르는 러시아군의 끊임없는 공격에 시달리다 이제는 독일·오스트리아 동맹의 극심한 압력을 받게 됐다. 독일·오스트리아군이 부쿠레슈티를 점령하자 루마니아 왕실과 총참모부는 이아시로 피신했다. 5월 1일 이들은 러시아군이 라코프스키를 석방하고 열렬히 환영하며 루마니아 공화국 수립안을 찬양하는 오싹한 장면을 목격하게 됐다. 몇 시간 동안 이아시는 러시아혁명의 영향권 안에 놓여 있었다. 그러나 러시아혁명은 자신의 진로를 모색해야 했고, 그 덕분에 루마니아 왕정은 존속될 수 있었다.

러시아 장군들은 모두 '볼셰비키의 무정부 상태'에 맞서 루마니아 정부와 연합국 대표, 반동적인 장교들과 서둘러 손을 잡았다. 우크라이나 라다가 독립을 선포하자 셰르바초프는 우크라이나와 동맹했다. 혁명적 병사들과, 2차 혁명에 맞서 결성된 일부 장군과 장교들, 연합국, 루마니아 정부, 친(親)정부 사회주의자들(멘셰비키와 사회혁명당), 우크라이나 민족주의자들의 거대한 연합 사이에 혼란스럽고 잔인한 싸움이 시작돼 몇 개월 동안 지속됐다.

뛰어난 젊은 투사 세묜 로샬이 이끄는 몇 안 되는 볼셰비키가 총참모부의 핵심 지휘관을 끌어들여 한동안 군대 지휘권을 장악했다. 이들은 며칠 뒤인 12월 10일 체포됐다. 로샬은 우크라이나 장교단에 체포돼 살해당했고, 73명이나 되는 로샬 동료들은 거친 대우를 받거나 날마다 처형 위협에 시달렸다. 이듬해 3월 이들은 러시아에서 체포된 루마니아 자본가계급 대표들과 교환됐다. 아베레스쿠 장군이 지휘하는 루마니아군은 러시아군 총사령부가 이들을 위해 기꺼이 남겨놓은 엄청난 전쟁 물자를 획득했다. 러시아 장교들은 백군 전투부대를 창설했다. 드로즈도프스키 장군이 이끄는 부대는 나중에 데니킨 부대에 합류했다. 루마니아군 출신 적군 병사들은 험한 난관을 뚫고 우크라이나를 통과했다.

한동안 루마니아 정부는 연합국의 지원을 받아 베사라비아를 합병할 준비를 했다. 연합국은 혁명 초에 루마니아의 베사라비아 합병을 승인할 것처럼 보였다. 베사라비아의[11] '몰다비아 민족운동'은 루마니아 총사령부 첩보 기구에서 받은 자금이 운동의 가장 강력한 토대라는 사실만 빼면 우크라이나 민족운동과 비슷한 성격을 띠고 있었다. 루마니아 자본가계급의 오랜 팽창 욕구는 당시 상황에 대한 긴박한 두려움 때문에 뜨겁게 달아올랐다. 혁명을 차단하려고 루마니아 자본가계급은 영토를 강탈해야만 했다. 베사라비아는 혁명의 영향에 노출된 위험 지역이었다. 왈라키아와 몰다비아의 대귀족들은[12] 1905년 러시아혁명의 영향으로 일어난 1907년 농민 봉기의 악몽에 아직도 시달리고 있었다. 이들은 앞잡이를 내세워 스파툴 타리라는 이른바 '국민협의회'를 창설했다. 스파툴 타리는 존재하지도 않는 조직들에서 선출됐고, 몰다비아인이 다수 의석을 차지했다.[13] 몰다비아 국민당은 군대를 끌어모으기 시작했다. 그러나 병사들은 다른 생각을 하고 있었다. 1월 초 루마니아군이 처음으로 키시네프 진입을 시도했을 때, 몰다비아 병사들은 혁명 러시아군과 공조해 작전을 중지시키려 했다. 몰다비아 병사들의 마음은 1월과 마찬가지였다. 약 20명의 혁명 병사들이 전장으로 파견된 뒤에야 비로소 군기가 회복됐다.

11월 21일 스파툴 타리가 열려서 선언문을 논의했다. 케렌스키 정부에서 장관을 지낸 사람이 의장을 맡았는데, 그도 사회혁명당 출신이었다. 선언문의 논조는 우크라이나 라다의 선언문과 비슷했다. 일부 정직한 사회주의자들이 반대했으나 루마니아의 이익을 추구하는 위원회의 창설을 막기에는 역부족이었다. 이 기구는 음모, 협박, 부패, 데마고기[대중을 선동하기 위한 정치적 허위 선전이나 인신 공격] 같은 온갖 전술을 이용했고, 심지어 이 기구에 있는 루마니아 앞잡이는 볼셰비키로 위장하기도 했다. 3월 27일 루마니아 왕에게 바치는 스파툴 타리의 충성 선언문을 낭독한 부즈두간도 그런 앞잡이 가운데 하나였다.

그 사이에 루마니아군은 셰르바초프 장군의 지원을 받아 전략적 요충지를 점령하고 혁명군 부대의 공급로를 차단했다. 이들은 며칠 동안 몰다비아 농민들과 러시아 혁명 투사들의 저항을 분쇄하기 위한 치열한 전투 끝에 간신히 키시네프를 점령할 수 있었다.[14]

장교 학살

이 시기, 이런 사건들을 배경으로 적색 테러가 자발적으로 시작됐다. 적색 테러는 여러 요인이 맞물린 직접적 결과였다. 총참모부는 사형을 통해, 즉 합법화된 테러의 체계적 실행에 의해서만 군대에서 규율을 유지할 수 있었다. 육군과 해군에서는 여전히 1905~06년의 무자비한 탄압 기억이 생생하게 남아 있었다. 또 어디서든 장교들은 가장 적극적인 반혁명 활동가들이었다. 이들은 군기를 유지할 수 있는 오직 한 가지 보장책인 사형제 재도입을 몇 개월 동안 줄기차게 요구했다. 전쟁 중에 반란자들을 재판 없이 처형해야 할 위험한 짐승으로 다루는 데 익숙해진 장교들 자신이 테러를 열렬히 지지했다. 장교들이 일시적으로 통제권을 확보할 때마다,

또 그런 곳에서는 거의 항상 크렘린 무기고 노동자 대학살 같은 일이 벌어졌다. 이들이 그렇게 제멋대로 뿌린 증오의 씨앗은 몇 주가 채 안 돼 풍성한 결실을 맺고 있었다. 데니소프 장군은 병사들에 의한 장교 학살에 관한 흥미 있는 통계를 제시한다. 이 통계는 1918년 2월 13일부터 4월 14일까지 돈 지역에서 일어난 사건만을 다룬 것이다. 이 시기에 장군 14명, 대령 24명, 장교 292명이 처형됐다.[15]

일부 사건 보고서를 보면 이런 테러 물결의 본질을 알 수 있다.

한 장교가 크림반도의 어느 작은 마을 길을 따라 걸어가고 있었다. 아무도 그에게 관심을 두지 않았다. 다리를 잃어 불구가 된 거지가 그를 발견했다. 몸통뿐인 이 인간이 장교의 뒤를 따라가며 외쳤다. "떼시오. 동지, 계급장을 떼버리시오!" 장교는 급히 달아났다. 이를 본 거지는 "동지들, 보시오! 저기 반혁명이 달아나고 있소!" 하고 외치면서 군중을 불러 모았다. 다른 목격자도 이 광경을 증언한 바 있다.[16]

이 목격자는 세바스토폴에서 몇몇 해군 장교들이 처형된 이야기도 했다. 적군 수병들이 기차역을 점령하고, 그곳에 도착하는 모든 장교들을 곧바로 심문했다. 1905~06년에, 즉 함대재판소가 무자비한 탄압을 일삼던 시기에 군에 복무한 장교는 곧 벽으로 내몰려 총살당했다. 수병들이 눈을 부릅뜨고 감시하는 이 살벌한 검문소를 무사통과할 수 있는 장교는 아무도 없었다.

내전에서 첫 전투가 일어나고 루마니아 전선에서 배신 행위가 일어난 뒤, 우크라이나와 돈, 쿠반, 우랄, 크림반도 등지에서 음모와 봉기가 일어난 뒤, 병사와 수병들은 모든 장교를 무차별 분풀이 대상으로 여겼다.

1월 말경 남부 지방에서 일어난 장교 대거 처형 소식이 처음으로 페트로그라드에 전해졌다. 이 소식은 크림반도에서 일어난 사건에 대한 것이었다. 타타르 지역 파견대 대장이었던 한 장교는 잠시 크림반도를 통제하게 되자 볼셰비키 죄수들을 총살했다. 적군 수병이 도착하자 상황은 정상으로 되돌아왔다. 1월 20일자 전보를 보면, 어뢰정 두 척이 얄타를 폭격했다. 전보는 다음과 같은 말로 끝맺었다. "장교 수십 명이 처형됐다. 이들은 목에 무거운 돌을 매단 채 바닷가로 끌려가 물속으로 떠밀렸다. 그 시체들이 항구에 떠다니고 있다. … 대상인 두 명도 처형됐다."

크림반도 지역 대부분의 소도시에서도 비슷한 일들이 일어났다. 러시아 전체에서 가장 화려하고 가장 아름다운 크림반도의 여러 곳에서 적색 테러가 일어났다.

내전이 시작된 지역에서 적색 테러는 병사들이 직속상관인 장교를 학살하는 것에 한정돼 있었다. 두 수도와 대부분의 영토에서 혁명은 아직도 적들을 관대하게 다루고 있었다. 그리고 그런 상황은 몇 개월 동안 더 이어졌다.

강화조약

인민위원회는 평화를 위한 힘겨운 투쟁을 시작하고 있었다.

먼저 강화를 제안하는 데 따르는 위험 부담은 엄청난 것이었다. 다른 교전국의 국내 상황에 대해 정확히 아는 바가 있었던가? 볼셰비키가 혁명적 노동계급에 대한 신뢰와 교전국들의 피해 상황에 대한 확실한 정보를 바탕으로 정확한 계산을 했다고 가정해 보자. 그렇다면 볼셰비키의 대담한 전술은 옳았다. 왜냐하면 그런 전술은 상황이 무르익는 데 도움이 되기만 했을 것이기 때문이다. 그러나 볼셰비키가 틀렸다면 어떻게 됐을까? 상황이 얼마나 무르익었는지조차 잘못 판단했다면? 그랬다면 독일·오스트리아 동맹국 군대의 장군들은 볼셰비키의 휴전 제안에 엄청난 공격으로 대응하지 않았을까? 장교들의 명령은 무시되고 병사들은 명령을 기다리지도 않고 자진 해산해서 고향으로 돌아가는 바람에 이미 와해되고 있는 군대에 맹공격을 퍼붓지 않았을까? 볼셰비키가 혁명의 배를 불태우는 것처럼 보였을 수도 있다. 독일이 강화 제안을 거절할 만큼 여전히 강력했다면, 볼셰비키는 자신들이 원칙으로 받아들였던 혁명전쟁을 시작할 수 있었을까?

평화를 위한 투쟁에서 레닌의 전략이 성공했다고 해서 볼셰비키가 불확실성의 와중에서 행동을 취했다는 사실을 잊어서는 안 된다.

11월 18일 스타프카가 무너지자 소비에트 강화 협상 대표단이 탄 특별열차가 브레스트리토프스크로 떠났다. 대표단은 모두 9명이었다. 예전에 정치 망명객이었고 빈 〈프라우다〉에서 트로츠키와 함께 일했던 옛 동료 이오페, 카메네프, 좌파 사회혁명당 장교이자 유능한 저널리스트인 므스티슬라프스키, 소콜니코프, 여성으로 좌파 사회혁명당원이자 나중에 테러리스트가 된 비첸코, 수병, 병사, 농민, 노동자 각각 한 명씩으로 이뤄졌다. 조언자 구실을 한 고위급 장교들이 대표단과 동행했다. 대표단의 실무 간사는 카라한이라는 신중한 투사였다. 소비에트 대표단이 독일 국경에 도착하자 바이에른의 레오폴트 공(公)이 나와 환영했다. 호프만 장군이 동맹국의 전권 대표단을 인솔했다.[17]

이 협상은 일종의 결투와 같았다. 두 적대국의 대표자들이 아니라 서로 싸우고 있는 사회 계급을 대표하는 극단적으로 다른 사람들이 녹색 테이블보를 사이에 두고 조용히 마주 보게 된 것은 근대 역사상 처음 있는 일이었다. 양측은 점잖고 신중한 태도로 조용히 앉아 있었고, 냉정하게 계산된 증오가 회의장 분위기를 지배하고 있었다. 한쪽에는 왕자와 장군의 신분을 나타내는 번쩍이는 장식이 달린 제복을 입은 사람들이 앉아 있었고, 다른 한쪽에는 조끼를 걸친 수병, 작업복을 입은 농민, 두꺼운 외투를 걸친 병사, 블라우스 차림으로 쉴 새 없이 재잘거리는 학생 같은 여성, 계급장도 없는 허름한 옷을 걸친 사람들, 평범한 옷을 입은 옛 망명객들이 당당한 태도로 앉아 있었다. 지금 이들은 승리한 봉기자의 의연한 몸가짐을 하고 있었다.

양측의 한마디 한마디는 신중하게 검토됐다. 러시아 대표단은 장군들을 제쳐놓고 병사와 대중에게 말하고 싶어했다. 동맹국을 건너뛰어 모든 교전국을 상대로 한 대화를 원했다. 그러나 상대방은 직접적이고 매우 현실적인 목적을 추구했다. 그래서 볼셰비키의 원칙을 대강 요약한 선언문을 카메네프가 격앙된 목소리로 낭독했을 때, 이를 순순히 받아들였던 것이다. 마침내 구체적 제안을 해야 할 시간이 됐을 때 안건 제기를 요청받은 러시아 대표단은 약간 충격을 받았다. **미리 준비된 안건은 하나도 없었고**, 모든 것이 즉석에서 급조됐다. 러시아 대표단은 시간을 벌어야만 했다. 호프만은 먼저 발언하기를 거부했다. 먼저 말하는 사람은 자기 패를 내보이는 셈이 되기 때문이었다.

잠시 생각을 가다듬은 러시아 대표단은 6개월 동안 휴전, 오스트리아군과 독일군의 동부전선에서 서부전선으로 이동 금지, 선전·선동의 자유, 사병들 사이의 친교 보장, 전략 요충지인 문순드에서 독일·오스트리아 동맹국의 철수 등의 안건을 제시했다.[18] 독일·오스트리아 대표단은 이 마지막 조항이 터무니없는 것이라고 여겼으나 곧 받아들였다. 독일·오스트리아 측은 14일 동안 휴전을 제의했다. 이들은 러시아대표단이 이 제안을 받아들이지 않자 깜짝 놀랐다. 양측은 적대 행위 중지만을 합의한 뒤 헤어졌다.

12월 2일 협상이 재개돼 28일 동안 휴전이 체결됐다. 그 뒤 휴전협정은 연장될 수 있었다. 오스트리아·독일 대표단은 한 전선에서 다른 전선으로 군대를 이동시키지 않겠다고 약속했다. 이런 약속은 현실적인 것이 아닌 형식적 성격을 띤 것이었다. 양측 병사들은 협정에 따라 '집단적 접촉'의 형식으로 친선을 도모할 수 있게 됐다. 오랫동안 호프만은 이 조항을 삭제하려고 노력했으나 카메네프가 그 조항을 포함시키는 데 성공했다. 호프만은 카메네프에게 "자, 이제 너무 무리하지 맙시다. 어떤 것도 병사들 사이의 교제를 막을 수 없을 거요" 하고 말했다. 호프만 장군은 현실주의자였다.

소비에트의 성과

11월 초순에서 제헌의회 해산(1918년 1월 7일)까지 러시아 안에서는 옛 지배계급의 경제적 저항과 제헌의회를 둘러싼 정치 투쟁, 평화를 위한 투쟁이 전개됐다. 이 세 가지 사건은 사실 단일한 과정의 다양한 양상이지만 개별적으로 분석해 볼 필요가 있다.

당시의 전반적 상황은 앞서 개괄적으로 살펴보았다. 소비에트 정부의 주요 포고령을 열거하는 것만으로도 성과가 엄청나다는 것을 알 수 있을 것이다.

11월 10일: 신분제가 폐지됐다.[19]

11월 22일: 군대용 방한복이 징발됐다.

11월 26일: 외무인민위원 트로츠키는 강대국 주재 러시아 대사를 포함해 해외에 주재하는 러시아 외교관과 영사 28명을 소환했다.

12월 1일: 최고경제위원회가 창설됐다.

12월 7일: 체카라는 약칭으로 알려진 '사보타주와 반혁명에 맞선 투쟁을 위한 비상위원회'가 창설됐다.

12월 9일: 브레스트리토프스크 평화 협상이 시작됐다.

12월 11일: 철도 분야에서 1일 8시간 노동이 시행됐다. 공교육 인민위원회가 창설돼 교회와 교육을 분리시켰다.

12월 16일: 군대의 계급을 폐지하고, 러시아·벨기에 금속회사를 몰수했다.

12월 17일: 1886 전력회사를 몰수했다. 도시에서 주택 시설 내 시장이 폐지됐다.

12월 18일: 종교의식을 하지 않는 결혼 제도가 실시됐다.

12월 19일: 낙태법이 제정됐다.

12월 21일: 러시아어 철자가 간소해졌다. 혁명재판소를 위한 법전이 발표됐다.

12월 24일: 푸틸로프 공장이 몰수됐다.

12월 29일: 이자 지급과 채권 배당금 지급이 중단됐다.

12월 31일: 모자보호연구소가 문을 열었다.

1월 3일: 소비에트연방러시아공화국이 선포됐다. 사회주의 적군의 창설을 위한 법령이 선포됐다.

이것은 만만찮은 일정이었고, 엄청난 창조적 노동이기도 했다. 여러 곳에서 사보타주가 일어났고, 반(反)혁명은 순간마다 퍼지고 있었다. 적극적인 반혁명 분파는 입헌민주당을 중심으로 한 대자본가계급, 몇 만의 장교들과 사회혁명당원이었다. 11월 6일 '진정한 러시아인'이라는 아주 반동적인 정당의 늙은 지도자 푸리시케비치가 체포됐다. 아타만 칼레딘이 받은 편지를 보면 이 사람의 됨됨이를 알 수 있다. "장교와 사관생도로 이뤄진 연대를 창설해야만 정상을 되찾을 수 있다. … 범죄자 강도들이 권력을 장악하고 있다. 이들은 공개적인 총살과 교수형에 의해서만 제정신을 차릴 수 있다."[20]

트로츠키가 작성하고 군사혁명위원회가 발표한 1월 7일자 문서에는 나중에 '전시공산주의' 체제를 이루는 조처들의 첫 징후가 나타난다. 군사혁명위원회는 사보타주가 국가를 기근으로 몰아가고 있다고 지적하고, 유산계급에게 "불장난하지 말라"고 경고했다. "유산계급은 자신들이 조성하고 있는 상황이 초래할 결과의 첫 번째 피해자가 될 것이다. 부자와 부자들을 위한 선동가들은 상품을 살 수 있는 권리를 박탈당하게 될 것이다. 이들의 자본은 모두 몰수될 것이다. 주요 범법자들의 재산은 몰수될 것이다." 노동자들에게는 사보타주에서 맡은 역할을 거부하라고 촉구했다.

12월 초에는 술 저장고가 약탈당해 페트로그라드의 상황이 더욱 나빠졌다. 술에 취해 이성과 도덕을 잃어버린 군중은 수도를 혼란의 도가니에 빠뜨릴 수 있었다. 폭동을 막으려면 전권을 지닌 비상위원회를 선출해야 했다.

12월 1일 레닌은 여러 반혁명 행위에 맞서 소비에트 중앙집행위원회에서 한 연설을 통해 입헌민주당을 인민의 적으로 선언하자고 제안했다. "혁명 계급은 유산계급의 저항을 반드시 분쇄해야 한다. 그리고 우리는 가진 자들이 노동계급에게 저항할 때 써먹은 방법을 그대로 써서 이들의 저항을 분쇄할 것이다. 다른 방법은 없다."[21]

이런 조처는 특정 개인에게 국한돼야 한다는 요청이 있었지만 레닌은 이를 받아들이지 않았다. "우리가 공격해야 하는 대상은 전체 계급의 총참모부"이기 때문이었다. 간단히 말해, 문제는 개인을 괴롭히는 것이 아니라, 정의를 얼마나 더 중요한 것으로 만드느냐 하는 것이었다. 밀류코프의 당은 좌파 사회혁명당과 막심 고리키라는 뜻밖의 옹호자를 얻었다. 이 위대한 작가는 또다시 문화에 대한 사랑 때문에 길을 잃고 말았다. 그는 12월 7일자 〈노바야 지즌〉에 "입헌민주당원들은 우리나라에서 가장 교양 있는 사람들"이라고 썼다. 1871년 프랑스에서 티에르와 갈리페의 당도 가장 교양 있는 사람들로 이루어져 있었다! 사실, 레닌의 조처는 비교적 온건한 것이었다. 몇몇 사람들만이 체포됐을 뿐이다.

며칠 뒤, 제2차 전 러시아 농촌 소비에트 대회에서 대다수가 10월 혁명을 지지하자 좌파 사회혁명당은 정부에 참여하기로 결정했다. 프로샨, 알가소프, 트루토프스키, 시테인베르크, 미하일로프, 이스마일로비치 등 사회혁명당 지도자 6명이 인민위원이 됐다. 레닌은 "노동자의 이익과 억압받고 착취당한 농민들의 이익은 근본적으로 다르지 않기 때문에" 볼셰비키와 농촌에서 영향력 있는 좌파 사회혁명당 사이의 동맹이 "진실한 동맹"이 될 것이라고 생각했다.[22]

11월 22일 레닌이 함대대회에서 한 연설이 당시 그의 전반적인 견해를 잘 보여 준다.[23] 연설문 몇 줄을 인용하겠다.

> 억압받는 대중은 세상에서 가장 어려운 임무에 부딪혔다. 이들은 아무 도움 없이 국가를 건설해야 한다. 여러분은 자본가계급의 저항이 얼마나 강력한지를 알게 될 것이다. 이제 그들은 사보타주로, 또한 아무 이유도 없이 온갖 구실로 거짓말을 퍼붓거나 헐뜯으면서 우리의 활동을 봉쇄하려 애쓰고 있다. …
>
> 우리는 말한다. 틀림없이 강력한 힘과 강제와 폭력 등을 사용할 것이다. 그러나 우리는 한줌밖에 안 되는 자본가와 자본가계급에 맞서 이런 수단을 사용할 것이다.
>
> 노동계급은 자기 자신 말고는 아무한테도 의지할 수 없다. 우리는 우리 자신의 힘을 믿어야 한다. … 대중은 흩어지면 약하고 뭉치면 강하다.

제헌의회 선거

임시정부가 자본가계급의 압력을 받아 오랫동안 연기해 온 제헌의회 선거가 11월 중순에 실시됐다.

모든 계급과 당이 선거에 참여했지만 선거에 대한 태도나 기대는 저마다 달랐다. 자본가계급이야말로 미래의 의회에 대한 희망을 거의 잃어버린 상태였다. 이 시기의 여러 목격담을 들어보면 이들의 깊은 절망을 알 수 있다. 자본가계급에게는 지도자도 없고, 대표도 없고, 행동이나 정확한 전술 계획도 없었다. 알렉세예프 장군의 의용군은 재계와 산업계로부터 형편없이 적은 보조금만을 받고 있었다. 군사 지도자들은 개인의 이기심 때문에 자본가계급이 단결하지 못한다는 사실을 알지 못했다.

혁명에 맞서 무력으로 저항을 주도한 자들은 반동적인 장군들과 특권층 군인들이었다. 이들은 전쟁을 통해 불어난 사회계층이었다. 고위 장교의 대다수는 귀족과 자본가계급이었다. 수가 훨씬 많은 예비 장교들 중에는 지식인과 프티부르주아 출신이 많았다. 장교들은 강력한 반혁명 집단이었다. 이들은 의회를 탐탁지 않게 생각했다. 이들의 처지에서 보면, 해야 할 일이란 새로운 권력 중심부를 자신들에게 충성스러운 군대로 둘러싸서 마치 전쟁을 치르듯 아낌없이 총탄을 퍼부어 질서를 부활시키는 것이었다.

오로지 사회혁명당만이 거의 신비에 가까운 신념으로 제헌의회를 고대하고 있었다. 몇 달 동안 이 당은 자신의 혁명적 전통을 잊어버렸고, 민주적 혼란 상태에서 살고 있었다. 사회혁명당은 수많은 농민들, 지식인과 도시 중간계급, 자본가계급 안의 급진적 인자들의 지지로 강화된 데다가, 국제 사회주의 운동과 연합국 정부들의 지원에 고무돼 있었다. 게다가 곧 열릴 제헌의회(입법의회가 그 뒤를 이을 것이다)에서 꽤 많은 의석을 차지해 다수파가 될 것이 뚜렷해지고 있었다. 이제 사회혁명당은 자신들이 의회 안에서 다수파로, 그리고 앞으로 정부 여당이 될 것이라고 믿고 있었다. 왜 안 그러겠는가?

사회혁명당이 선거에 승리할 것이라는 전망은 볼셰비키를 당혹스럽게 만들었다. 레닌은 선거법을 고쳐서 18세 이상에게 선거권을 부여하고 후보와 대표자들의 소환을 법적으로 보장하고, 입헌민주당과 반혁명 정당의 선거권을 박탈하려 했다. 그러나 볼셰비키 자신도 제헌의회 소집을 주장하고 있었다. 실제로 제헌의회는 임시정부 하에서는 일보 전진을 뜻했기 때문이다. 여러 지방에서도 희망을 걸고 제헌의회 소집을 눈여겨보았다.

레닌은 "제헌의회가 입헌민주당과 멘셰비키, 사회혁명당으로 이뤄진다면, 우리에게 조금이라도 더 유리할까?" 하고 물었다. 다른 볼셰비키는 "제헌의회가 열리는 순간, 우리는 지금보다 훨씬 강해질 것"이라고 대답했다. 레닌은 다수파에게 굴복했지만, "이 실수 때문에 우리가 혁명을 망쳐서는 안 된다"고 강조했다.[24]

레닌은 12월 말 〈프라우다〉에 발표한 몇몇 글에서 제헌의회에 대한 자신의 생각을 자세히 설명했다. 제헌의회는 부르주아 공화국에서 실현할 수 있는 가장 차원 높은 민주주의 형식을 구현했고, 그에 따라 사회민주노동당의 강령에서도 합법적 지위를 얻었다. 그러나 소비에트는 더 높은 민주주의 형식이고, 사회주의로 중단 없는 이행을 보장하는 단 하나의 형태였다. [제헌회의 선거의] 득표수는 이 나라에서 거대한 변화가 일어나기 전에 만들어진 시대착오적인 선거인명부를 바탕으로 얻은 것이기 때문에 잘못됐다. 사회혁명당은 농민들에게 가장 인기가 있었지만 이 당은 사실 분열했는데도 분열 이전의 단일 명부를 바탕으로 선거에 참여했던 것이다.[25] 인민의 다수는 아직도 소비에트 혁명의 의의를 제대로 생각해 볼 시간이 없었다. 군대위원회와 지방위원회 등에서 실시되는 새로운 선거를 보면, 아직도 정치적 재편이 진행 중임을 알 수 있다. 게다가 반혁명 세력은 남부 지역과 핀란드에서 내전을 시작했는데, "그럼으로써 가장 시급한 문제를 형식적 민주주의의 방법으로 해결할 수 있는 가능성을 모두 제거해 버렸던 것이다."

이런 문제들은 오직 노동자·농민의 완전한 승리를 통해 "노예 소유자들의 반란을 무자비하게 진압"해야만 해결될 수 있다. 제헌의회를 계급

투쟁이나 내전과 동떨어진 것으로 파악하는 것은 자본가계급의 견해다. "제헌의회가 소비에트 권력에 반대한다면 정치적 사형선고를 받을 수밖에 없다." "혁명의 이익이 제헌의회의 형식적 권리보다 중요하다." 위기를 해결하려면 인민이 의원들을 재선출할 수 있는 권리를 행사해야만 하며, 제헌의회 자체는 소비에트를 지지하고 반혁명에 반대한다는 태도를 표명해야 한다. 그렇지 않으면 "위기는 반동적 수단으로만 해결될 것이다."[26]

11월 말경 선거가 끝나고, 12월 3일 다음과 같은 결과가 나왔다. 총 520명의 의원이 선출됐고, 볼셰비키가 161명, 사회혁명당이 267명, 우크라이나 사회혁명당과 멘셰비키가 41명, 입헌민주당이 15명, 멘셰비키가 3명, 소수민족과 군소 정당 출신이 33명(이들은 대부분 사회혁명당원이었다)이었다.[27] 총 3626만 2560명의 유권자가 선거에 참여했으며, 각 당의 득표수는 다음과 같다.

정당	득표수	득표율(%)
부르주아 정당(입헌민주당 등)	4,600,000	13
사회혁명당	20,900,000	58
멘셰비키	1,700,000	4
볼셰비키	9,023,963	25

따라서 멘셰비키와 사회혁명당은 전체 표의 62퍼센트에 해당하는 2260만 표를 얻은 셈이다. 이 수치는 사회혁명당원인 스뱌티츠키의 연구에서 나온 것으로,[28] 1919년에 레닌이 쓴 "제헌의회 선거와 프롤레타리아 독재"라는 탁월한 글도 이 수치를 인용한다. 자세히 보면 이 수치는 뜻깊은 의미가 있음을 알 수 있다. 농촌 지역은 사회혁명당에게 투표했고, 산

업 도시는 볼셰비키에게 투표했다. 대다수 노동계급은 볼셰비키 편이었다(멘셰비키가 얻은 인상적인 득표를 오해해서는 안 된다. 왜냐하면 멘셰비키는 자신의 지지 기반인 캅카스에서 비(非)노동계급 유권자 80만 명의 표를 얻었기 때문이다). **양대 수도인 모스크바와 페트로그라드의 표를 합치면 결과는 다음과 같다.**

정당	득표수
입헌민주당	515,000
사회혁명당	218,000
볼셰비키	837,000
전체	1,570,000

군대와 함대에서 표의 분포도 의미심장하다.

정당	득표수
사회혁명당	1,885,000
입헌민주당	51,000
소수민족	756,000
볼셰비키	1,791,000

레닌은 "군대의 절반 이상이 볼셰비키 편이었다. 그렇지 않았다면 우리는 이길 수 없었다"고 말했다. 그는 정보에 가장 밝고 가장 굳은 의지를 지닌, 수도에서 가까운 서부전선과 북부전선의 여러 군부대에서 볼셰비키가 사회혁명당의 42만 표보다 많은 100만 표를 얻어 압도 다수를 차지했다는 점을 또 다른 결정적 요인으로 지적했다.

따라서 비록 전체 표의 4분의 1만을 얻는 데 그쳤지만 볼셰비키는 지지세력의 광범한 분포 덕분에 승리를 확신할 수 있었다.

결정적 순간에 주요 전략 지점에서 압도적 다수를 획득하는 것. 군사적 승리를 위한 이런 규칙은 특히 혁명이라는 처절한 계급 전쟁에서 정치적 성공을 위해서도 적용된다.

모든 자본주의 나라에서 노동계급의 힘은 인구 비율에 따른 수적인 힘보다 무한정 커질 수 있다. 노동계급은 전체 자본주의 경제의 심장과 근육을 경제적으로 지배하고 있다.

레닌은 노동계급이 권력을 장악한 뒤에야 비로소 농민 대중의 표를 획득할 수 있다고 말했다. "노동계급이 장악한 정치권력은 억압받는 비(非)노동자 대중을 자신들 편으로 끌어들이고 부르주아 정당이나 프티부르주아 정당들과 이런 대중을 분리시킬 수 있는 수단이 될 수 있고, 또 그렇게 돼야만 한다."

레닌은 이듬해에야 이런 교훈을 이끌어 낼 수 있었다. 제헌의회가 열리기 전 며칠 동안, 볼셰비키는 자기 확신에 차 있으면서도 '민주적' 사회혁명당이 저항할 것에 대비해 만반의 준비를 갖췄다.

우리의 실수는 명백하다고 레닌은 말했다. 우리는 권력을 잡았는데, 이제 다시 한 번 권력을 장악해야만 하는 상황으로 우리 자신을 몰아넣었다는 것이었다.[29] 레닌은 농민들을 믿을 수 없었던 것이다.

제헌의회의 방어

프티부르주아 민주주의가 얼마나 무력한 것으로 판명될지는 예측할 수 없었다. 어떤 사회혁명당 투사의 기록 덕택에 우리는 제헌의회의 방어와 강화를 위한 준비를 상세히 알 수 있다. 이 기록은 매우 흥미 있는 문서다.[30]

이 사람은 제헌의회가 민주주의 정당인 사회혁명당의 이상(理想)이었다고 썼다. 그러나 제헌의회는 인민과 너무 동떨어진 이상이었고, 인민은 자신들이 훨씬 더 잘 아는 소비에트를 선호했다. "소비에트는 우리 것이다!"는 말이 널리 퍼졌다. 농민들은 기꺼이 '자신들의' 당인 사회혁명당에 투표했고, 토지를 원한다고 분명하게 표명했다. 하지만 농민들은 의회는 잘 알지 못했고, 그 때문에 농민들에게 의회는 목적이 아니라 하나의 수단에 지나지 않았다.

다수파인 사회혁명당은 의회에서 필연적으로 '볼셰비키 강탈자들'과 충돌할 수밖에 없었기 때문에 방어와 휴전을 염두에 두어야만 했다. 활동의 중심지였던 도시 중심가 한 건물에서 공개적으로 '제헌의회 방어위원회'가 조직됐다. 소콜로프가 인정했듯이, 이 위원회는 노동자와 유리된 채 요새 안에 틀어박힌 순수한 지식인들의 모임에 지나지 않았다.

사회혁명당 군사조직은 훨씬 더 많은 신경을 써야 하는 세력이었다. 이 조직은 수비대 병력의 일부인 세묘노프스키 연대와 프레오브라젠스키 연대를 통제할 수 있었다. 이 두 연대의 사회혁명당원은 600명이 넘었다. 사회혁명당 군사조직은 장갑차사단을 동원할 수 있었고, 반(反)볼셰비키 신문인 〈세라야 시녤〉을 발행하고 있었다. 전선에서 소환된 사회혁명당 소속 군인 수십 명은 '민중병사대학'이라는 조직에 들어갔다. 또 당의 테러리스트 전투조직도 있었다. 이 조직은 냉혹한 사람들 30여 명으로 이루어져 있었고, 오니프코 혼자서 지휘하고 있었다.

이 세력들은 매우 중요했다. 잘만 배치됐다면 이들은 볼셰비키의 신경을 자극할 세력이 됐을 것이다. 그러나 전혀 활용된 적도 없었고, 그래서 이들은 사기가 떨어진 채 곧바로 와해됐다.

역사와는 동떨어진 의회제의 망상에 사로잡혀 있던 사회혁명당 지도부는 현실과 완전히 단절된 것처럼 보였다. 그때 일어난 여러 사건에 대한 소콜로프의 설명은 비극이 아니라 차라리 소극(笑劇)이라고 말해야 옳을 것이다. 제헌의회 안의 사회혁명당 분파는 타우리데 궁전에서 그다지 멀지 않은 곳에 사무실을 내고, 이곳에서 체르노프와 아프크센티예프의 감독 하에 당에서 위임받은 활동을 준비하고 있었다. 여러 위원회와 소위원회, 각각의 활동 부서 등 모든 조직들이 거의 날마다 법률 초안을 작성하거나 미래의 민주적인 헌법을 연구하며 숙의를 거듭하고 있었다. 간단히 말해, 서구 고유의 의식과 완전히 일치하는 헌법과 통치 방식을 준비하고 있었던 것이다.

우스꽝스러운 의회 놀음에 흠뻑 빠져 있던 대표단은 볼셰비키가 행사할지도 모를 폭력에 대비한 준비를 전혀 하지 않았다. 이들의 집도 모두에게 개방돼 있었다. 이들은 자신들의 전화가 도청되리라고는 생각조차 하지 않았다. 이들은 자신들의 일에 정신이 팔려 군부대나 공장을 한번도 방문하지 않았다. 바로 이런 곳에서 볼셰비키는 새로운 당원을 모집하려고 바삐 움직이고 있었다.

고용인과 공무원 연합은 총파업을 벌여 사회혁명당을 지지하겠다고 제안했다. 그러나 사회혁명당은 이 제안을 거절했다. 호위 문제가 거론되자 이들은 이렇게 대답했다. "우리를 호위한다고요? 우리는 주권을 가진 민중이 뽑은 대표들이 아니오?" 소콜로프의 말처럼 "이들은 뭔가 막연한 권력이 제헌의회를 보호해줄 것이라고, 다시 말해 위대한 러시아 민중은 혁명이 낳은 고귀한 이상이 모욕당하는 것을 그냥 보고만 있지는 않을 것이라고 생각했다." 이런 말이나 지껄이면서 이들은 이상과 자신들을 혼동하는 잘못을 저지르고 있었다.

사회혁명당 지도부, 특히 체르노프는 의회제의 망상에 사로잡혀 있었다. 틀림없이 자신들의 치명적인 무능력에 대한 인식이 그런 망상을 부추겼을 것이다. 이들은 끊임없이 "볼셰비키가 감히 … 하지는 못할 것"이라고 말했다.

고츠는 그보다는 비교적 의식이 깨어 있었던 것 같다. 그는 1월 5일의 '평화 시위'를 준비하는 데 적극 참여했다. 제헌의회 개회일에 거리에 집결할 계획이었다. 사회혁명당 중앙위원회는 마지막 순간에야 이 행동을 결정했다. 준비된 모든 것은 이 사건을 봉기로 전환시키려는 것이었다. 스몰니 건너편에는 30대의 장갑차가 배치됐다. 사회혁명당 연대는 쿠데타를 지원할 예정이었다. 그러나 모든 것이 준비됐을 때, 제헌의회파가 이 시도를 비난하고 나섰다.

오니프코의 사회혁명당 테러 조직은 레닌과 트로츠키를 납치하거나 암살하려고 만반의 대비를 갖췄다. 이 조직의 요원들은 많은 공을 들여 스몰니 참모부에 침투해 있었다. 이들 가운데 한 사람은 레닌의 운전사였고, 다른 사람은 레닌이 자주 방문하던 집의 수위로 일하고 있었다. 트로츠키 주변에도 효율적인 함정이 설치돼 있었다. 마지막 순간에 당 중앙위원회는 이런 모험을 거부했다. 이들이 그런 결정을 내린 이유는 무엇일까? 이 두 혁명 지도자의 대중적 인기는 탄탄했고, 따라서 이들이 사라질 경우 무시무시한 보복 행위가 뒤따를 것이다. 게다가 테러리즘의 시대는 끝나가고 있었다. 이 사건은 정치적 상식과 완전한 소심함이 기묘하게 혼합된 결과였다. 그럼에도 1월 2일 테러리스트 두 명이 시내 한복판에서 권총으로 레닌의 차를 저격해서 레닌을 암살하려 했다.

사회혁명당이 영향력을 행사하는 공장에서 볼셰비키에 맞선 투쟁을 설파하려던 사회혁명당원들은 냉담한 대접을 받았다. 사회혁명당원들은 "민중의 대의에 헌신하고 있는 볼셰비키와 좀 더 잘 지낼" 수는 없느냐는 질문을 받았다. 볼셰비키 선동가의 활동 덕분에 세묘노프스키와 프레오브라젠스키 연대의 연대위원회는 마침내 마음을 돌리고 말았다.

1월 5일 시위는 많은 사람이 참여했지만 결국은 측은하게 끝났다.[31] 도시의 주요 도로에 모인 프티부르주아 시민들도 가담했다. 여기저기서 군인들이 총을 몇 번 쏘자 무기력한, 말하자면 결단력 없는 지도부에게 버림받고, 또 지도부에 의해 무장해제당한 군중은 해산하고 말았다. 소콜로프의 표현을 빌리면, "군중은 불합리하고 어리석었다." 그는 볼셰비키가 열성적인 무장 시위대에 저항할 수 있는 세력을 확보하지 못했을 것이라고 평가했다. 두말할 나위 없이 이런 평가는 틀렸다. 그래도 대중이 엄청난 힘을 쏟아부은 뒤 찾아오는 정신적 피로 때문에 새로운 국면을 열기가 힘들었다. 페트로그라드 노동계급의 피로감 때문에 상황은 며칠 동안 소강 국면에 놓이게 됐음이 틀림없다.

봉기 실패 뒤 어수선한 분위기에서 개회한 제헌의회는 붕괴를 몸으로 느끼고 있었다. 제헌의회가 꿈꾸던 환상은 사라지고 이제는 공포, 어쩔 수 없다는 체념 등이 뒤섞인 분위기만 남았다. 의원들은 역사 앞에서 허세를 떨며 그럴듯한 말 몇 마디를 남기고 우아하게 사라지는 것 말고는 달리 할 수 있는 일이 없었다. 이런 허세와 몇 마디 말이야말로 러시아 최초의 프티부르주아 의회, 애처롭기 그지없는 의회가 가장 관심을 쏟는 일인 것처럼 보였다.

우리는 회의실에서 나와 지도자들에게 물어보러 갔다. "만일 볼셰비키가 폭력을 사용하고, 우리를 때리고, 심지어 우리들을 죽이려고까지 한다면, 무엇을 해야 합니까?" 우리가 들은 명확한 대답은 우리 분파의 이데올로기에 아주 잘 어울리는 것이었다. "우리는 국민이 선출한 대표이며 … 목숨을 바칠 준비를 해야 한다는 것을 명심합시다!"

의원들은 흩어지지 말고 함께 비극에 맞설 준비를 하자고 결의했다. 그런 다음 볼셰비키가 전력과 식량 공급을 차단할 경우에 대비해 샌드위치와 양초를 모았다.

요약해 보자. 사회혁명당은 제헌의회가 열리던 날, 역사 앞에서 결정적인 투쟁을 시작하려고 한 바로 그 순간에 자신의 팔다리를 잃어버렸다. 모스크바에서 혁명에 대한 반항이 유혈 사태를 초래하며 실패로 끝난 것, 사관생도의 쿠데타와 스타프카 투쟁도 실패한 것이 끼친 영향은 매우 컸다. 민주주의적인 반(反)혁명의 정치인들은 대중 앞에서 벌벌 떨고 있었다.

제헌의회의 붕괴

전 러시아 소비에트 중앙집행위원회 의장인 스베르들로프가[32] 제헌의회 개회를 선언했다. 그는 키가 크고 어깨가 넓었고 굵은 머리카락을 이마에서 뒤로 단정하게 빗어 넘긴 깨끗하고 섬세한 외모를 지니고 있었다. 두 눈은 코안경 너머에서 완고하고 예리하게 빛나고 있었으며, 턱수염을 기르고 있었다. 그는 볼셰비키당의 가장 훌륭한 활동가 가운데 한 사람이었다. 회의가 시작되자 몇 분 동안은 이루 말할 수 없을 만큼 소란스러웠다. 그러나 스베르들로프는 별다른 어려움 없이 그 소란을 가라앉혔다. 행사를 위해 새롭게 단장한 타우리데 궁전의 거대한 홀에는 축제 분위기가 감돌고 있었다. 다수당 소속 의원들은 단추 구멍에 빨간 리본을 단 정장을 입고 홀의 오른편과 중앙 좌석을 차지하고 있었다. 한편, 수가 더 적은 왼편 좌석의 의원들은 방청석을 꽉 메운 병사, 수병, 노동자의 떠들썩한 지지를 받고 있었다.

스베르들로프는 레닌이 작성하고 소비에트 중앙집행위원회가 공표한 권위 있는 문서인 "노동자와 피착취 대중의 권리 선언"을 제헌의회가 승인해야 한다고 말했다. 이 문서는 러시아가 "자유로운 민족들의 자유로운 연합"인 소비에트연방공화국이 될 것이라고 선언했다. 제헌의회는 사회주의 혁명을 무조건 지지하고, 토지 국유화와 "동등한 토지 접근권·이용권을 바탕으로 한 피착취 대중에 대한 무상 분배"를 승인하고, 소비에트가 제정한 노동자 생산 통제 법률을 승인하고, "착취자에 대한 노동자 권력의 공고화"와 생산·수송 수단의 "완전한 몰수를 향한 첫걸음인" 최고경제위원회 설립에 관한 법률을 승인하고, 은행 국유화를 승인하고, 보편적 노동 의무와 사회주의 적군의 창설, 유산계급의 완전한 무장해제에 관한 포고령 등의 사안을 처리해야 한다는 것이다. 대외적으로는 합병이나 배상 없는 민주적 강화의 원칙, 부르주아 사회의 식민 정책 거부, "외국 은행과 금융자본에 대한 공격의 첫 조처로 차르가 지주와 자본가계급에게 진 부채의 무효화" 등에 관한 포고령을 다시 한 번 확인할 것이다. 마지막으로, 제헌의회는 착취계급이 어떠한 국가기구에서도 일할 수 없다고 선언해야 했다. 제헌의회의 임무는 "사회를 사회주의적으로 전환하려는 기본 원칙을 마련하는 전반적 과업"에 국한될 것이다.

다수파는 이것을 받아들이려 하지 않았다. 스베르들로프가 선언문을 다 읽자 이들은 "너무 많은 시간을 낭비했다"는 이유를 들어 어떠한 토론도 거부하고 의장 선출로 넘어갔다. 좌파(볼셰비키와 좌파 사회혁명당)는 옛 테러리스트이며 탁월한 자질과 사회주의에 대한 헌신으로 모든 사람에게 잘 알려진 좌파 사회혁명당 지도자 마리아 스피리도노바를 추천했다. 다수파는 이미 사회혁명당의 공식 대표인 체르노프를 선택한 상태였다. 그는 당내에서 가장 믿지 못할 인물이었고, 다른 당도 그를 존경하지 않았다. 그러므로 사실상 그는 어느 누구도 바라지 않은 후보였던 셈이다. 사회혁명당은 아브라함 고츠가 당내의 실질적이고 존경받는 지도자였지만, 자기들의 '인민공화국'에서는 유대인이 주요 공직을 차지할 수 없다는 생각 때문에 그를 의장으로 지명하지 않았다.

244표를 얻은 체르노프가 153표에 그친 마리아 스피리도노바를 물리치고 의장이 됐다. 체르노프는 곧 연단에 올라 터무니없이 장황한 설교조의 취임 연설을 늘어놓았다. 이 연설은 달콤한 얼버무림의 걸작이었다. 체르노프는 치머발트 대회에[33] 축사를 보내고, 단독 강화와는 완전히 다른 "여러 민족 전체의 평화"를 주창했고(그럼으로써 사회주의적 냄새를 풍기는 유창한 말솜씨로 연합국에 대한 그의 충성을 감추고 있었다), "사회주의적 군대"를 조직해야 한다고 말했다. 그는 복잡한 헌법에 관해 설명하기 시작했다. 이 헌법에 따르면, 제헌의회는 소비에트와 다양한 민족국가의 제헌의회와 협력하도록 계획 돼 있었다. 또한 헌법은 우크라이나와 러시아의 무슬림에게 일정한 한계 안에서 자유를 부여한다고 선언했고, 러시아인민연방공화국을 선포했다. 체르노프는 국가가 "사회주의를 건설할 의지"를 지니고 있다고 여러 번 강조했다. "혁명은 겨우 시작됐을 뿐입니다. … 민중은 말이 아니라, 행동을 바라고 있습니다. … 사회주의는 빈곤의 평등이 아닙니다. … 우리는 통제된 사회주의의 건설을 바라고 있습니다. … 우리는 생산의 통제로부터 노동자 공화국으로 나아갈 것입니다." 마지막으로 그는 배상 없는 토지 국유화를 승인했다.

그러고 나서 전혀 어울리지 않게, 전쟁에서 국가를 위해 죽은 사람들의 명복을 빌었다. 이 순간 방청석과 왼편 좌석에서 고함소리가 터져 나왔다. "그들을 죽인 건 루드네프,[34] 체르노프, 케렌스키 네 놈들이다!" 그래서 체르노프는 그만둘 수밖에 없었다.

대단히 모호하게 표현된 체르노프의 잡다한 급진 사회주의적 언사와 외교적이고 공허한 웅변에 속을 사람은 이제 아무도 없었다. 부하린은 짧은 연설을 통해 체르노프의 '수다'를 그가 열정을 가장했던 것만큼이나 잔인한 것이라고 반박했다. 부하린은 "어떻게 '사회주의에 대한 열정'을 말하는 사람이 동시에 사회주의의 암살자가 될 수 있는가?" 하고 통박했다. 그것이 두 세기 동안 얻은 사회주의란 말인가? 도대체 어느 사회주의자가 반혁명과 타협하는가? 당신은 누구 편인가? 칼레딘과 자본가계급의 편인가 아니면 노동자와 병사, 농민들 편인가? 지금 누가 권력을 잡을 것인가? "당신이 원하는 것은 비참한 프티부르주아의 의회 공화국인가? 위대한 소비에트 노동자 공화국의 이름으로, 우리는 그런 정부를 죽이려고 전쟁을 선포한다!" 부하린은 다음과 같이 끝맺었다. "지배계급과 그들의 노예들이 공산주의 혁명 앞에서 무서워 떨게 만듭시다. 노동자는 자신을 얽어맨 사슬 말고는 잃을 것이 없습니다!"

멘셰비키로는 유일하게 제헌의회에 참석한 체레텔리는 조금도 망설이지 않고 자기 당의 의견을 확고하고 엄숙하게 제안했다. "노동계급은 민주주의 단계를 거쳐야만 단련될 수 있는데, 노동계급에게 그 단계를 거치지 말고 곧장 최종 목표를 지향하라고 선동하는 사람이 있다면, 그는 사회주의자가 아니다." 체레텔리는 볼셰비키에게 도발적 질문을 던졌다. 당신들은 생산을 접수했다. 하지만 그것을 조직화하는 데 성공한 적이 있는가? 농민들이 획득했다는 토지는 사실상 부농, 즉 농기구를 소유한 부유한 농민들이 차지하고 말았다. 유럽 혁명을 목전에 둔 조심스러운 상황에서 제기된 당신들의 평화 협상은 러시아의 사회주의와 민주주의의 운명마저 위협하고 있다. 당신들은 우리가 교수대에서 피를 흘려 가며 획득한 부르주아 민주주의의 자유를 무자비하게 짓밟고 있다. 혁명은 무거운 짐 때문에 붕괴할 지경이다. 체레텔리는 멘셰비키가 인기에 연연하지 않는다고 말했다. 멘셰비키는 미래를 위해 노동계급의 횃불을 지키겠다는 것이었다. 그는 그 자리에 참석한 여러 정당의 협력을 호소하며 연설을 마쳤다. 소수의 독재는 절대 불가능하다. 그랬다가는 무정부 상태가 될 것이고, 반동이 뒤를 이을 것이다. 소수의 독재가 아니라 보통선거권을 지닌 민주주의 공화국, 지주들에 대한 배상 없는 몰수, 국가에 의한 생산의 부활과 통제 및 정상적 운영, 1일 8시간 노동과 노동자를 위한 사회보험, 민주적 자유의 복원, 여러 민족의 평등, 평화를 위한 투쟁이 달성될 수 있도록 해야 한다는 것이다.

논쟁은 혼란스럽고 격렬하게 지속됐으나 선언문은 처음 제기된 상태에서 더 나아가지 못했다. 이때 라스콜니코프가[35] 레닌이 작성한 다음과 같은 볼셰비키 선언문을 낭독했다. 방청석에서는 박수갈채로 환영한 반면에, 다수파 의원들 사이에서는 야유가 터져 나왔다.

　　단 한 순간도 인민의 적들이 저지른 범죄를 덮어두고 싶지 않기 때문에 우리는 제헌의회에서 철수를 선언한다. 우리는 소비에트 권력에 의거해 이 의회 안의 반혁명 분파에게 적용할 명확한 방침을 결정할 것이다.

　　잠시 놀라 술렁이던 의회는 일정을 계속 진행했다. 체르노프는 희끗희끗해지는 앞머리와 프랑스 제2제정 때 유행했던 염소수염같이 생긴 턱수염을 앞에 놓인 서류에 처박고서 못 박힌 듯 꼼짝 않고 의장석에 앉아 있었다. 무수한 연설과 선언이 나왔으나 모두 아무 뜻이 없는 것들이었다. 위쪽의 일반 방청석에 앉아 있던 청중은 이 무기력한 회의를 언짢아했다. 약 4시경 좌파 사회혁명당이 볼셰비키와 비슷한 선언을 하고 철수한 뒤, 의장은 10개 항으로 구성된 "토지기본법 초안"을 낭독했다. 이때 의회경비대 소속 아나키스트인 수병 젤레즈냐코프가 의장석 위로 뛰어올랐다.

　　홀 안에는 침묵이 흘렀다. 수병이 몸을 약간 구부리고 무슨 말을 했는데 알아들을 수 없었다. 체르노프는 놀라 초조해 하며 의장석에 주저앉았다. 그는 "의원들도 너무 지쳤소. 그렇지만 아무리 피곤해도 러시아 전체가 기다리는 농업법의 낭독을 중단할 수는 없소!" 하고 외쳤다.
수병은 다시 말했다. 이번에는 그의 확고하고 빈정대는 투의, 그러면서도 위협적이지 않은 조용한 음성이 홀 안에 울려 퍼졌다.
"경비대는 지쳤소. 방에서 나가 주시오!"[36]

체르노프는 놀란 의원들을 내려다보았다. 그는 "여기 안건 하나가 제기됐습니다. 농업법 초안을 승인하고 나서, 더는 논의하지 말고 회의를 마치자는 것입니다" 하고 말했다. 체르노프가 "여기 안건 하나가 제기됐습니다" 하고 말하자 방청석에서 야유가 쏟아져 나왔다. 서둘러 투표가 실시됐고, 정신없을 만큼 빠르게 본안이 통과됐다. "됐다구! 집어치워!" 방청석에서 끊임없이 터져 나오는 이런 분노에 의원들은 겁을 먹었다. 따분하고 짜증나는 코미디 때문에 방청객의 뇌리 속에 침울한 분노가 일었다. 홀 안에는 소총의 안전핀을 젖혀 푸는 찰칵거리는 소리가 울려 퍼졌다. 코미디는 극적인 사건으로 바뀌려 했다. 그때 턱수염을 기른 의장이 퇴장했다. 회의는 끝났다.

다음날 밤에야 비로소 제헌의회를 해산하는 포고령이 발표됐다.

피착취 대중은 자신의 경험을 통해 부르주아 의회주의가 시대착오적이라는 것을 확신하게 됐다. 부르주아 의회주의는 사회주의 건설과 전혀 양립할 수 없었다. 왜냐하면 국가기구가 아니라 오로지 계급의 기구만이 유산계급의 저항을 분쇄하고 사회주의 사회의 토대를 건설할 수 있기 때문이다.[37]

소비에트 중앙집행위원회에서 레닌은 그런 조처를 정당화했다. 그가 한 연설을 몇 줄 인용해 보자.

그 어떤 곳에서도 의회는 혁명운동을 조금이라도 지지한 적이 없다. 반면에, 소비에트는 혁명의 불꽃 속에서 나타나자마자 인민에게 외쳤다. "투쟁하시오. 모든 것을 장악하고, 조직을 만드시오!" 모든 혁명운동에는 혼동과 파괴, 일시적 고통이 따른다는 것을 모르는 사람은 아무도 없다. … 부르주아 사회 또한 전쟁터이고, 도살장이다.[38]

제헌의회 해산은 해외에서 엄청난 파문을 일으켰다. 그러나 정작 러시아에서는 그 일에 관심을 쏟은 사람이 거의 없었다.[39]

생산에 대한 노동자 통제

볼셰비키의 경제 강령은 생산에 대한 노동자 통제와 은행 국유화를 요구했다. 11월 14일 공업 부문의 노동자 통제 포고령이 통과됐다. 이 법률로 노동자가 공장 경영에 관여하는 것이 합법화됐다. 통제 기관의 결정은 구속력이 있었고, 상업상의 비밀도 모두 폐지됐다.[40] 혁명 지도자들은 이 단계에서 더 이상의 계획이 없었다. 노동계급은 통제를 실시하면서 공업을 감독하는 방법을 배울 터였다. 은행과 신용기관 국유화를 통해 노동자들은 자본이 가져간 노동의 성과 일부를 되찾을 수 있을 것이고, 그래서 착취를 줄일 수 있을 것이다. 이런 식으로 노동계급은 "노동자와 피착취 인민의 권리 선언"에서 말하듯이, 착취자에 대한 완전한 착취를 향해 나아갈 수 있을 것이다.

사회주의를 향해 나아가는 이런 합리적 조처는 고용주들의 구미에 맞지 않았다. 이들은 아직도 자신의 힘을 믿었고, 노동계급이 권력을 유지할 수 없을 것이라고 굳게 믿었다. 10월 이전부터 지속된 수많은 경제적 갈등이 증폭됐고, 곳곳에서 경쟁자들의 투쟁이 격화될수록 그 갈등은 더욱 심각해졌다. 몰수 조처는 사회주의를 위한 계획에 따른 것이 아니라 투쟁의 필요에 따라 취해진 것이며, 몰수에 앞장선 것도 정부가 아니라 대중이었다. 정부가 위대한 국유화의 포고령을 발표한 것은 혁명 후 8개월이나 지난 1918년 6월이며, 그것도 외국 간섭의 압력을 받을 때였다. 심지어 1918년 4월까지도 국가가 국내외 자본과 공동으로 투자해 합작기업을 세우는 방안이 추진되고 있었다.[41]

자본주의 착취자들의 정치적 방어 수단이 제거되자 노동자들은 자발적으로 생산수단을 장악하려는 운동을 전개했다. 공장과 작업장을 완벽하게 통제할 수 있는 노동자가 무엇 때문에 주저하겠는가? 할 수 있다면 마땅히 해야 했다. 고용주들의 생산 사보타주는 보복 행위인 몰수를 불러왔다. 기업주가 작업을 중단시키자 노동자들은 스스로 모든 책임을 맡아 작업을 재개했다. 나중에는 반혁명 세력의 부의 근간이 돼 온 경제적 토대도 박탈해야 했다.

인민위원회는 러시아·벨기에 금속회사 공장과 푸틸로프 공장, 스미르노프 방적공장, 1886 전력회사 소유의 발전소를 국유화해야 했다. 실랴프니코프는 몇몇 대공장, 특히 페트로그라드에 있는 프랑스·러시아 합작공장의 경영진이 어째서 자신들의 공장을 곧 국유화해야 한다고 주장하는지 설명한 바 있다. 이 공장의 경영진은 전시물자 생산에 동원된 공장을 해체하는 데 따르는 책임을 회피하려 했던 것이다. 벨기에와 스웨덴, 프랑스 회사들도 비슷한 조처를 요청했지만 곧바로 거절당했다. 이들 경영자 가운데 일부는 주주들에게 점점 더 어려워지는 공업의 조직화 문제에 대해 설명하기를 회피하려 했다.[42]

전쟁 때문에 배급과 징발 제도는 이미 필수적이 됐다. 이런 제도는 오로지 계급의식에 맞게 지속돼야 했다. 소비에트 당국은 곳곳에서 상인들의 식량을 징발하고, 부자들한테서는 방한복과 방한화, 침구를 징발했다. 이를 위해 가택 수색이 실시됐다. 조세 수입이 없었으므로 지방 당국은 부유한 계급에게 세금을 부과했다. 이런 세금은 오로지 자기 지역에서 쓰려고 지방 당국이 앞장서 부과한 것이었다. 다음의 사례들은 당시의 국유화 실상을 잘 보여 준다. 이바노보-보즈네센스크에서는 고용주가 사보타주하자, 노동자들이 섬유공장 두 곳을 장악했다. 니즈니노브고로드 주에서는 경영진이 생산을 재개하려 하지 않자 곧바로 여러 기업이 국유화됐다. 쿠르스크 지방에서는 설탕 정제소, 전차공장, 제혁(製革)공장을 비롯해 여러 기계공장이 같은 이유로 노동자들의 손으로 넘어갔다. 도네츠 광산에서는 경영진이 백군과 협력했기 때문에 72개 채굴장의 광부들이 경제위원회를 창설해서 경영진의 기능을 인수했다. 로마노보─보리소글렙스크에서는 제분공장과 석유공장이 폐쇄된 뒤 곧바로 국유화됐다.[43]

12월 5일 생산을 관리하거나 통제하는 지방과 중앙 조직들의 활동을 조정하기 위해 최고국민경제협의회가 창설됐다. 협의회는 공업, 식량, 농업, 재정, 운송 등의 경제인민위원회를 포함했다. 그러나 이들 인민위원회가 협의회에 종속된 것은 아니었다. 그래서 협의회는 몇 개월 동안 활동하고 나서야 차츰 권위를 확보할 수 있었다. 우리가 살펴보는 시기에는 지방 당국만이 실질적으로 활동하는 단 하나의 기관이었다. 노동조합은 외관상으로는 분명히 중심적 구실을 하는 데 적합했지만 사태 전개 과정에서 완전히 압도당하고 있었다. 노동조합은 멘셰비키나 사회혁명당이나 순수한 노동조합원들이 운영하는 경우가 허다했다. 분파 투쟁 때문에 노동조합 중앙위원회는 마비됐다. 철도와 우편노조 지도부는 볼셰비키에 적대적인 태도를 보였다. 다른 노동조합들은 노동계급 전체의 이익에 종사하기보다는 '대중을 피하는' 데 더 관심이 많았다.

다양한 노동자 집단은 뚜렷이 후진적 태도를 보이고 있었다. 노동조합의 과업 가운데 하나는 협동조합 상점을 여는 것이었다. 그러나 기근이 위세를 떨칠 때는 협동조합 상점도 매점매석이나 다름없는 짓을 했다. 때로는 불합리한 집단이기주의가 발동해서 눈앞의 이익을 추구하느라 통탄스러울 만큼 심각한 갈등이 일어기도 했다. 혁명이 끝났으니 임금도 갑절로 올립시다! 지금은 모든 사람들이 손쉽게 돈을 벌 수 있는 시대가 아니니까! 징발과 몰수 부문에서도 강력한 아나키즘 경향들이 있어서, 노동자들은 오로지 자기 자신들을 위해서만 공장을 이용하려 하거나, 가까운 기차역을 통과하는 식량열차를 탈취하기까지 했다.

반혁명 세력들은 노동자들의 후진적 정서를 잘 알고 그런 정서를 이용했다. 국가를 위해 일하는 제조업자들이 임금을 엄청나게 인상할 만큼 극단으로 치닫는 일도 많았다. 공장이 문을 닫자 멘셰비키는 임금 선지급을 요구했다. 페트로그라드의 화학노조에서 멘셰비키는 자기들이 대량의 폭발물을 통제하고 있다는 사실을 협상 카드로 내비치면서 엄청나게 높은 임금을 넌지시 요구했다.[44] 모스크바에서는 바리케이드 전투가 극에 달했을 때 빵이 거의 떨어진 상태였다. 혁명 따위는 안중에도 없는 제분공장 짐꾼들이 임금 인상을 요구하며 파업을 벌였기 때문이다.[45]

은행 국유화는 제헌의회가 열리기 전에 취해진 가장 중요한 조처 가운데 하나였다. 금융기관들이 통제를 싫어했고 노동자 정부에 협력하지도 않았을 뿐 아니라 경제 사보타주에서도 일정한 구실을 하고 있었기 때문에 그런 조처를 취할 수밖에 없었다. 12월 14일 은행의 국가 독점 포고령이 통과됐다. 모든 사설은행은 국영은행과 합병됐다. 소액 예금주들의 이익은 온전히 보호됐다. 두 번째 포고령에 따라 모든 개인의 예금 보장 목록을 정리하라는 명령이 내려졌다. 위반하면 몰수형이 뒤따랐다. 금화와 금괴는 몰수되고, 모든 기금은 국영은행 계좌로 이체됐다. 적위대는 은행을 장악했고, 반항하는 경영자는 모두 수감됐다. 은행 직원들은 볼셰비키의 폭력에 맞서 파업을 벌이기로 결정했다.

포고령이 통과된 날, 소비에트 중앙집행위원회에서 레닌과 멘셰비키 국제주의자 분파의 일원인 아빌로프 사이에 뜨거운 논쟁이 벌어졌다. 아빌로프는 '원칙적으로는' 포고령에 동의한다면서도 금융 문제의 중요성과 복잡성을 강조했다. 그는 "무슨 조처를 취할 때는 꽤 많은 주의를 기울여야 한다. 충분히 검토해야 하고, 여러 부서의 지지를 확보한 뒤에 실행해야 한다. 폭력으로 이룰 수 있는 것은 루블화의 가치 폭락뿐"이라고 말했다. 상대방이 소심한 만큼이나 레닌의 대답도 독특했다.

당신은 문제가 복잡하다고 말합니다. 이것은 우리가 모두 알게 된 최초의 진리이기도 합니다. 그러나 이런 복잡성을 강조해서 사회주의적 창의성에 해를 끼치는 사람은 선동가이며, 그것도 해로운 선동가일 뿐입니다.

당신은 원칙상으로 프롤레타리아독재를 받아들이기는 합니다. 그러나 우리가 프롤레타리아독재를 정확한 러시아어로 말할 때나 무력을 언급할 때는 당신은 모든 문제를 미묘하고 복잡하게 만들어 버릴 뿐입니다.

당신은 이런 무력 행사가 파괴할 뿐 아니라 창조하기도 한다는 사실을 인정하지 않으려 합니다. 우리가 하나의 원칙에서 그 원칙의 실천으로 나아가고 있다면, 그것만으로도 충분합니다. … 우리는 법안이 토론을 거치며 복잡해진다는 사실을 잘 압니다. 그러나 우리 가운데 어느 누구도, 심지어 경제 전문가들도 그런 법안을 다루려 하지 않습니다. 금융 전문가들에게 부탁해 보겠지만, 일단 주도권을 쥔 이상 우리는 전에 백만장자들이 활용했던 정보를 모두 확보할 것입니다. 혁명적 창의성을 공문구로 만들어 버리지만 않는다면, 일하길 원하는 사람은 누구든지 환영할 것입니다.[46]

협동조합 등 중앙의 식량 공급 기구들은 몇 개월 동안 소비에트 정부의 통제에서 벗어나 있었다. 다양한 민주주의 세력들이 이 기구들을 장악하고 있었다. 이 기구들은 매우 중요했기 때문에 처음에는 건드릴 수 없었던 것이다.

자본가계급과 프티부르주아 계급

이 장(章)에서 설명한 사실들은 이론적 관점에서도 시사하는 바가 많다.

(1) 1월에 노동자 혁명과 농민 혁명의 1단계가 마무리되고, 혁명은 이 거대한 나라 전체에서 승리했다. 발트해에서 태평양에 이르는 모든 곳에서 대중은 혁명에 나서고, 혁명을 열광적으로 환영하고, 혁명을 수호하고,

혁명을 위해 적극적으로 활동했다. 혁명은 완전히 승리했다. 그러나 바로 이 시기에 벌써 혁명은 두 호전적인 제국주의 동맹체인 독일·오스트리아 동맹, 연합국과 충돌했다. 내전은 지속되고, 이번에는 오히려 외국의 간섭 때문에 다시 불타오를 것이다. 혁명은 국내에서 승리하고 나서 자본주의 세계와 맞서게 됐다.

혁명은 페트로그라드, 스타프카, 우랄, 돈, 쿠반, 우크라이나, 베사라비아, 크림반도, 시베리아 등 국내 여러 지역의 매우 다양한 상황에서 엄청난 저항에 부딪혔지만 놀라우리만치 쉽게 승리했다. 그 이유는 간단했다. 혁명은 가장 적극적이고 가장 강력한, 가장 잘 무장된 집단이며, 더욱이 대다수 농민층의 지지도 확보한 다수의 노동계급과 군대의 과업이었기 때문이다.

상황이 이런 식으로 절묘하게 결합된 것은 완성 단계의 부르주아혁명 (이 혁명은 봉건 지주를 탄압해서 농촌의 대중을 만족시켰다)과 초창기의 노동자혁명이 함께 일어났기 때문이다. 노동계급은 의식적으로 자본가계급이 구체제에 대항하여 자본주의의 자유로운 발전을 위해 투쟁하면서 시작했던 과업을 완성했다. 이 과업을 마무리하면서 노동계급은 비록 어느 정도 지연될 수는 있어도 필연적으로 이 과업을 뛰어넘을 수밖에 없었다. 자본가계급에 대항해 투쟁하는 과정에서 차츰 그 투쟁의 결과로, 생산수단을 소유하지 못한 상태에서 국가 권력을 행사하는 것의 모순이 드러났다.

몇 달 안에 주요 국유화 선언이 나오게 되지만, 그런 선언은 사회주의로의 이행을 위한 신속한 계획이 아니라 오히려 내전의 결과를 배경으로 하게 된다. 현실이 이론을 구속하고, 생산을 장악하는 과정에서 더 합리적이고, 완만하며, 희생이 적은 이행을 선호하는 노동계급의 의식도 구속하게 된다. 지금 다루는 시기에서 이런 투쟁과 투쟁의 해결에 대한 첫 조짐을 찾아낼 수도 있을 것이다.

(2) 노동계급에 대한 두려움 때문에 자본가계급은 자신의 혁명을 성취할 수 없었다. 말하자면, 지주들을 희생시켜 농민들을 만족시키지 못했다. 이 점이 자본가계급이 패배한 가장 중요한 원인 가운데 하나였다. 자본가계급은 농민층을 두려워해 케렌스키 정부 시절 제헌의회를 소집하지도 못했고, 낡은 사회의 가장 반동적 요소인 봉건 유산계급과 동맹할 수밖에 없었다.

프티부르주아 사회주의 정당은 자본가계급의 꽁무니를 쫓아다닌 결과, 필연적으로 대중과 유리될 수밖에 없었다. 그러나 차르 체제에서 어느 정도 혁명적 교육을 받고 노동계급의 강력한 영향을 받게 되면서, 이 정당들은 자본가계급의 직접적 영향에서 벗어나 무조건 자본가계급을 지지하기를 삼가게 됐다. 이들은 프랑스를 본떠 민주주의 공화국을 수립하고 정치적 독립을 유지하려 했지만, 기껏해야 자기들이 품고 있던 민주적 환상의 희생자가 될 수밖에 없었다. 그들보다는 자본가계급의 통찰력이 더 뛰어났다. 특히 노동계급의 힘을 평가하는 데서 그랬다. 코르닐로프의 사례에서 볼 수 있듯, 자본가계급은 계급 독재를 원했다. 그러나 최후의 순간에 중간계급은 이들을 지지하지 않았다. 러시아 자본가계급은 워낙 수도 적은 데다가 홀로 남겨져 자기 힘으로만 살아가야 하자 무너지고 말았다. 늘 그렇듯이, 자본가들의 경제적 힘과 수의 힘은 엄청나게 불균형했다. 1917년 11월부터 1918년 봄 사이에 자본가계급은 붕괴돼 거의 모든 힘을 잃어버렸다. 자본가계급은 지도자, 강력한 정책, 진지한 정당 등 어느 것도 없었다. 이 계급은 총체적 혼란을 겪었다. 몇 안 되는 장군들이 이끄는 기껏해야 수천 명에 불과한 장교들만이 홀로 절망에 빠져 자본가계급의 대의를 방어하고 있었을 뿐이다. 두 수도에서 공포에 질린 부르주아들은 칼레딘, 알렉세예프, 코르닐로프의 무모한 행위를 효과적으로 지원할 만큼 명민하지도 못했다. 민주적 중간계급에게 냉대받은 칼레딘 등은 모든 전투에서 적위대에게 패배하고 말았다. 이들이 그토록 쉽사리 패배할 수밖에 없었던 것은 '선진적인' 프티부르주아 계급이 이들을 지지하지 않았기 때문이다.

자본가계급과 프티부르주아 계급이 분열하면 자본가와 지주들은 외톨이가 돼 무력함을 드러낸다. 일단 패배하면, 이 계급은 자기 자신의 힘으로는 다시 일어설 수 없다.

(3) 이 점은 이런 사건들에서 사회 세력이 가장 기묘하게 재결합하는 양상을 찾아볼 수 있다는 점에서도 드러난다. 예를 들면, 노동계급과 중간계급의 갈등이 심화할 때, 자본가계급은 중간계급을 이끌지 못하고 오히려 이들의 뒤를 따르기 시작한다는 것이다.

봉기가 진행되는 동안 도시 프티부르주아 계급은 '사회주의자들'의 지도에 따라 대거 반혁명에 가담했다. 토지 포고령에 만족한 농촌 프티부르주아 계급, 즉 부농과 중농은 반혁명에 동조하지 않았다. 반혁명이 실패하고 나서 도시 프티부르주아 계급은 여전히 차르 체제를 증오하고 민주주의 신념을 지니고 있으므로 혁명적이라고 자부했지만, 감히 또 다른 무장 투쟁에 나서지는 못한 채 집권 환상을 여전히 간직하고 있었다. 10월 말과 11월 초의 사건은 그들의 본색을 고스란히 보여 주었다. 제헌의회의 패배를 통해 중간계급의 정치적 무능력이 백일하에 드러났을 뿐 아니라,[47] 오직 자본가계급과 노동계급만이 근대 사회의 운명을 결정할 수 있는 계급이라는 우리의 확신이 다시 한 번 입증됐다.

제5장_ 브레스트리토프스크 강화조약

러시아와 제국주의

러시아혁명의 발전은 국제 정치와 긴밀하게 맞물려 있었다. 페트로그라드 주재 영국 대사 뷰캐넌이 이끄는 연합국 대표들이 러시아의 대자본가 계급과 몇몇 주요 장군들과 짜고 니콜라이 2세 군사정권을 쓰러뜨리려고 궁정혁명을 꾸미던 바로 그 시점에 독재 체제가 무너졌다.[1] 당시 니콜라이 2세 정권은 전쟁의 원만한 수행에 지장을 주고 있었다. 한편, 독일·오스트리아 동맹은 레닌을 비롯해 망명 중인 국제주의자들을 러시아로 되돌려 보내려고 여러 가지 편의를 제공했다. 임시정부는 연합국의 지원에 의존하고 있었다. 임시정부는 러시아가 그들과 맺은 조약들을 이행하겠다고 연합국에 약속했고, 케렌스키는 연합국의 압력으로 1917년 7월 공세를 단행했다. 그러나 임시정부로서는 이것이 위기를 자초한 치명적 전환점이 되고 말았다. 페트로그라드에서 봉기가 일어났고, 뒤이어 열린 2차 소비에트 대회에서는 곧바로 연합국 지지 정책을 철회했다. 연합국의 군사사절단이 볼셰비키에 맞서 스타프카 사건에 간섭했다. 브레스트리토프스크 협상이 시작되자 소비에트 공화국의 운명은 두 제국주의 동맹 모두에게 대단히 중요한 국제 문제로 떠올랐다.

이런 국제적 상황의 이면에 있는 심오한 인과관계는 몇 가지 사실에서 분명히 드러난다. 혁명은 전쟁에서, 더구나 러시아인들에게는 아무 의미도 없는 전쟁에서 비롯했다. 따라서 혁명의 국제적 중요성은 러시아 자체의 특징뿐 아니라 이런 연유에서 비롯한 것이기도 했다. 이 책의 1장에서 프랑스-러시아 제국주의가 사실상 19세기 말까지 소급될 수 있다는 역사가 포크로프스키의 말을 뒷받침하는 통계를 제시했다. 그 말을 좀 더 자세히 설명할 필요가 있다. 전전(戰前)의 러시아 제국은 영국, 프랑스, 독일, 오스트리아·헝가리 제국과 더불어 유럽의 5대 강국에 속했다. 이 강대국들의 특징은 금융 팽창주의였지만, 러시아만은 자본 수출국이 아니라 순수한 자본 수입국이었다.[2] 1914년에 영국은 식민지와 해외에 1천억 프랑 상당의 자본을 투자하고 있었다. 독일은 440억 프랑을 투자했다. 1912년 프랑스의 해외 투자액은 420억 프랑이었는데, 그중 10분의 9를 러시아에 투자하고 있었다. 프랑스 금융가들이 해외 투자에서 얻은 25억 프랑의 연간 수입 가운데 러시아에서 프랑스로 흘러 들어간 돈이 5억~6억 프랑에 이르렀다.

러시아의 공업은 1891년과 1900년 사이에 집중적으로 발전했다. 1910년부터 러시아는 독일보다 고도의 공업 집중 현상을 보이며, 금속 생산 부문에서는 유럽 4위를 차지했다. 이는 프랑스, 영국, 독일, 벨기에 자본이 들어온 결과였다. 국제 금융에 대한 부채 규모로 볼 때, 러시아와 비슷한 나라는 사실상의 식민지인 중국뿐이었다.

프랑스와 러시아가 정식으로 동맹을 체결하기 이전부터 파리의 증권거래소는 러시아 금융시장을 정복하기 시작했다. 차르 체제 하의 국가가 프랑스에서 엄청난 액수의 차관을 도입해 산업에 투자하자 러시아의 금광업은 몰락했다. 그 틈을 비집고 프랑스 제국주의는 자신의 전략적 이익뿐 아니라 투기와 식민화의 목적도 추구하고 있었다. 프랑스는 러시아 기계공업의 발전에도 지대한 영향을 끼쳤다. 기계공업은 시베리아 횡단철도 건설을 통해 처음으로 극동 지역을 서방 교역의 대상지로 등장시켰을 뿐 아니라(1895년에는 러시아-중국은행도 설립됐는데, 이 은행은 파리의 거대 금융기관의 지원을 받아 비테가 설립한 것이다), 그 뒤에도 다가올 전쟁에 대비해 러시아를 군사 대국으로 전환시키는 데 이바지했다. 프랑스가 차르에게 제공한 차관은 대부분 전략적으로 중요한 도로를 건설하는 데 쓰였다.

식민지와 비슷한 특성을 지닌 러시아의 대외 종속, 그 가운데서도 특히 프랑스 제국주의에 대한 종속을 보여 주는 생생한 통계 자료가 매우 많다. 혁명 직전, 페트로그라드은행은 약 85억 루블의 자본을 보유하고 있었다. 이 가운데 외국자본은 프랑스계 은행이 55퍼센트, 영국계 은행이 10퍼센트, 독일계 은행이 35퍼센트를 차지했다.[3] 외국 금융회사들은 러시아의 대형 은행을 매개로 기관차 제작업 100퍼센트, 조선업 96퍼센트, 기계 제조업 68퍼센트, 석탄업 75퍼센트, 석유 생산 60퍼센트 등 러시아 기계공업의 60~88퍼센트를 통제하고 있었다. 생산수단(기계와 장비) 생산이 분명히 부차적 지위를 차지했다는 사실은 러시아 공업의 유사 식민지적 특성을 보여 준다.[4] 전쟁은 연합국 제국주의에 대한 러시아의 종속을 더욱 강화시켰다. 전쟁 중에 러시아가 연합국 제국주의 국가에서 빌린 자본은 75억 루블, 당시 시세로 200억 프랑이 넘었다.

1918년 1월의 당면 과제

연합국 제국주의 체제에 속한 한 국가이자 이 체제의 가장 취약한 국가인 러시아는 전쟁 개시 40개월 뒤인 1918년 1월 경제 파탄 상황에 이르렀다. 러시아 경제가 파산하고 나서, 다른 교전국들도 곧바로 나락의 문턱에 서게 됐다. 당시 유럽의 나머지 나라들에 닥친 상황은 다음과 같다. 영국은 식량을 엄격히 배급하고 있었지만 해군력과 부 덕분에 충분히 보호받았고, 식민지의 덕을 톡톡히 보고 있었다. 그러나 영국은 국가 총자산의 3

분의 1에 이르는 약 60억 파운드를 전비로 지출하고 있었다. 오스트리아·헝가리 제국의 전비 지출액은 적어도 영국과 같은 액수였기 때문에 이 나라의 경제 파탄은 훨씬 더 심각한 상태였다. 독일의 전비 지출도 비슷한 수준이었고, 3천억~3천4백억 마르크로 평가되는 국가 총자산 가운데 850억 마르크를 썼다. 카네기재단의 통계를 보면, 교전국 전체의 전비 지출은 총 2천만 80억 달러에 달했다. 이것은 어마어마한 액수였다. 게다가 파괴, 인명 손실(대략 1천만 명에 이르는 사망자와 그 두 배에 달한 부상자와 불구자), 사망률 증가, 출생률 감소, 전체 국민 노동력의 무분별한 낭비 등은 돈으로 환산되지도 않았다. 전비는 총 3천2백억 달러 또는 1조 6천억 프랑이었다.[5]

4년간의 전쟁으로 유럽 문명이 뿌리째 흔들렸다는 것은 틀림없다. 독일, 오스트리아·헝가리, 불가리아, 터키 등의 동맹국은 '매우 인위적인 기근' 속에서 살아야 했다. 1917년도 독일의 수확은 평화 시의 평균 수확량보다 40~50퍼센트쯤 적었다. 이에 따라 병사들의 식량 배급은 하루 200그램으로, 나중에는 160그램까지 줄었다. 식료품 소비는 대체로 30~40퍼센트 정도 감소했다. 미국의 지원 덕택으로 연합국의 상황은 조금 나아졌다. 그러나 영국과 프랑스의 1917~18년 겨울은 엄격한 배급과 심각한 연료 위기 때문에 여전히 혹독할 수밖에 없었다. 프랑스의 경작 면적은 1917년에 35퍼센트 감소했다. 모든 나라는 석탄, 석유, 설탕, 곡물, 화학제품과 금속제품의 심각한 부족으로 고통받고 있었다. 각국 군사령부는 '인적 자원'의 탈영과 타락을 무기력하게 바라볼 수밖에 없었다. 독일과 오스트리아, 프랑스에서는 최후의 예비군 부대까지 이미 소집된 상황이었다.

유틀란트 해전에서도 영국의 봉쇄를 돌파하지 못한 데다 베르됭 전투에서 완패하고 나서, 피폐해진 동맹국은 1916년 12월 평화 교섭을 제안했으나 연합국은 이를 거부했다. 그러자 독일은 최후 수단에 의지하기로 결정했다. 최후 수단이란 독일군 참모부 일각에서 오랫동안 주장해 온 무자비한 잠수함전이었다. 이 결정이 내려진 것은 1917년 1월이었다. 이제까지 중립국 선박들은 독일 유보트의 간섭을 받지 않았기 때문에 별다른 위험 없이 연합국 측을 지원할 수 있었다. 그러나 이제 중립국 선박들은 아무 경고 없이 공격받아 격침됐다. 미국은 자신의 상업적 이익이 위협당하자 독일에 선전포고했다. 미국은 연합국 측에 막대한 자금을 쏟아붓고(그때까지 미국은 유럽이 보유한 금을 빨아들이고 있었다) 막강한 전쟁 기술, 잘 먹고 잘 입고 잘 무장된 병력을 엄청나게 제공해서 전황을 연합국에 유리하게 바꿔 놓았다. 1917년 2월과 5월 사이에 독일 잠수함은 총 250만 톤에 달하는 1374척의 배를 침몰시켰다. 1년 동안 침몰된 배의 총 톤수는 600만 톤에 달했다. 하지만 미국 혼자서만 월 평균 25만 톤에 달하는 배를 만들어내고 있었다.

1917년 12월과 1918년 1월 사이의 주요 사건들은 다음과 같다. 프랑스에서는 77세인 클레망소가 권력을 잡고 독재적으로 통치하기 시작했고, 이미 죽은 것이나 다름없는 나라의 마지막 힘까지 전쟁을 위해 동원했다. 캄브라이에서 전투가 벌어졌고, 12월 15일에는 8월 22일부터 지속된 제2차 베르덩 전투가 끝났다. 며칠 뒤, 10월 24일 이후 지속된 제2차 이손조 전투가 끝났다. 팔레스타인 지방에서도 전투가 벌어졌다. 마지막으로 1월 8일에는 비밀외교 종식, 해양의 자유, 교역의 자유와 평등, 군비 제한, 각 민족의 이익을 고려한 식민지 문제 해결, 점령지 철수와 재건, 알자스와 로렌 지방의 프랑스 반환, 폴란드 독립과 해상통로 확보, 국제연맹 창설 등 14개 평화 조항을 담은 미국 대통령 윌슨의 서신이 의회에 전달됐다. 윌슨의 평화안은 멀리 떨어진 곳에서 일어난 러시아혁명의 메아리를 담고 있었다. 이것은 부르주아 자유주의자들이 소비에트의 구호를 베껴 만든 '합병·배상 없는 평화'였다. 이 시기 각 진영이 전쟁을 어떻게 바라보았는지는 다음과 같이 표현할 수 있다.

연합국: 미국이 전쟁에 참가할 때까지 버티기. 이를 위해선 어떤 대가를 치르더라도 러시아 전선에서 벌어지는 전투를 질질 끌어야 한다.

동맹국 : 미국이 전쟁에 가담하기 전에 영국과 프랑스에 평화를 강요하기. 영국과 프랑스를 쳐부수는 데 모든 자원을 투입하려면 최대한 신속하게 러시아 전선에서 작전을 종결시켜야 한다.

혁명 러시아: 서로 싸우는 제국주의의 어느 쪽에도 가담하지 않기. 그리고 유럽에서 혁명적 위기가 무르익을 때까지 버티기. 당시 유럽의 위기에 관한 소식이 많이 유포되고 있었다.

'무병합 평화'에 대한 제국주의적 해석

12월 2일 브레스트리토프스크에서 휴전이 체결되자 강화 협상이 곧 추진될 것처럼 보였다. 12월 9일에는 카메네프와 이오페가 이끄는 러시아 대표단과 오스트리아·헝가리의 외무장관 체르닌 백작, 독일 외무장관 폰 퀼만 남작, 동부전선 총사령관 호프만 장군이 이끄는 동맹국 대표단이 브레스트리토프스크 요새에서 만났다. 러시아 대표단이 먼저 안을 내놓았다. 이에 대해 체르닌 백작은 "4국 동맹의 대표단은 강제 병합과 배상 없는 전면적 강화조약을 즉시 기꺼이 체결할 것"이라고 대답했다. 그는 자신의 대표단이 원칙적으로 정복을 목적으로 한 전쟁의 지속을 비난하며, 4국 동맹의 태도도 "언제나 그랬다"고 말했다. 4국 동맹은 모든 교전국이 이런 평화 조건을 지지하기를 바란다며, 지금 연합국이 점령하고 있는 독일 식민지의 반환을 요구했다.

그러자 러시아 대표단은 자신의 견해를 분명히 밝혔다. "오랜 관습에 따르면, 역사적으로 한 민족이 다른 민족에게 저지른 폭력은 정당화되지 않는다."

협상은 제대로 진행되고 있었는가? 11월 27일 카메네프는 소비에트 중앙집행위원회에 "독일은 단독 강화조약을 성사시키려고 많이 양보하려 한다"고 보고했다. 그러나 지금까지는 시늉만 낸 것이었다. 11월 15일(신력으로는 11월 28일)에도 동맹국은 여전히 공격을 멈추지 않았다. 동맹국의 강화 조건 2항은 다음과 같았다.

러시아 정부는 자신의 원칙에 맞게, 러시아를 이루고 있는 모든 민족에게 예외 없이 민족자결권은 물론 완전한 분리독립권도 인정한다. 또한 러시아에서 이탈해서 완전한 독립 국가를 수립하기로 결정한 폴란드, 리투아니아, 쿠를란트,[6] 에스토니아, 핀란드 일부 지역 민족들의 의사를 존중한다.

러시아 대표단이 내놓은 반대 제안은 동맹국이 이들 나라에서 철수해서 이들 스스로 자유롭게 자신의 운명을 결정할 수 있게 하자는 것이었다. 협상은 중단됐고, 양측 대표단은 다른 교전국들이 자신의 의사를 결정하고 강화 협상에 따른 상황 변화를 검토하기 위해 10일 동안 말미를 갖기로 했다.

강화 협상이 낳은 상황은 심각했다. 소비에트는 모든 교전국 국민과 정부에게 적극 호소하고 있었고, 이에 대해 연합국은 적대적인 침묵을 지켰다. 이들은 점차 러시아에 적대적인 태도를 보였다. 오스트리아·독일 측은 한때는 전면적 평화(실제로는 동맹국이 결코 진지하게 받아들이지 않았던)가 가능할 것처럼 속임수를 부리다가 결국은 양심이라고는 조금도 없는 제국주의자의 본색을 드러냈다. 12월 19일 카메네프는 소비에트 중앙집행위원회에서 이 문제와 관련된 전후 맥락을 설명했다. 러시아 대표단은 12만 평방킬로미터에 이르는 오스트리아와 터키의 영토에서 철수할 것을 제안했다. 반면에, 동맹국은 핀스크만에서 철수를 제안하는 대신, 대략 2천만 명이 거주하는 21만 5천 평방킬로미터의 영토를 유지하려고 애썼다. 동맹국이 설정한 국경은 대단히 전략적이었다. 그에 따르면, 페트로그라드에서 바르샤바에 이르는 길이 동맹국의 손에 넘어가게 돼 있었다. 마침내 카메네프는 "우리가 방어하고 있는 것은 모두 역사적 폭력 행위의 결과물인 지리적 국경이 아니라 러시아혁명이 확산되고 있는 경계"라고 선언했다. 그의 결론은 다음과 같았다.

> 우리는 힘으로 강요된 평화에 직면했다. 이것은 인민의 권리를 부정하는 것이며, 러시아의 발전을 방해하는 것이다. 사회주의 노동계급과 국제 사회주의의 이름으로 지배하는 당은 그런 평화를 받아들일 수 없다.

이제 혁명은 제국주의가 혁명에서 떼어내려고 기를 쓰는 여러 나라 노동자들을 위해 필사적으로 투쟁해야 하지 않을까? 소비에트 중앙집행위원회는 연합국 노동자들에게 새로운 호소문을 발표했다. "여러분의 정부는 여전히 평화를 실현하기 위해 아무것도 하지 않았습니다. 이들은 무엇을 위해 전쟁을 하는지도 밝히지 않았습니다. 이들이 브레스트리토프스크 강화 교섭에 즉시 참여할 것을 요구합니다." 이것은 실현될 가능성이 없는 희망이었다.

위대한 혁명이 마치 황야에서 울부짖는 것처럼 보였다.

체르닌과 루덴도르프의 계획

오스트리아와 독일 장교들의 불만은 혁명가들의 불만과 똑같았다. 이들은 전쟁을 경험했기 때문에 중부 유럽 제국의 운명이 브레스트리토프스크에서 결정되리라는 사실을 잘 알았다. 체르닌과 루덴도르프 백작의 회고록은 이 점에서 중요한 시사점을 많이 제공한다.

이제 힘이 다한 오스트리아는 러시아와 심지어는 연합국과 개별적으로 강화조약을 체결하겠다고 위협하고 나섰다. 체르닌의 말에 따르면, 오스트리아는 독일에 점령당할지도 모른다는 생각과 그에 따른 제국의 해체가 두려워서 러시아를 위협하겠다는 생각을 포기했다. 독일은 모든 힘을 완전히 소진한 상태였고, 독일 국내에서도 불만이 최고조에 이르렀다. 1917년 여름, 폭동이 함대를 휩쓸었고 수병들은 파업을 일으켜 평화를 강요하려 했다. 독일 군대의 엄격한 규율은 무너지고 있었다. 국내에서 질서가 혼란에 빠지자 독일군 총참모부는 언론 통제를 요구할 수밖에 없었다. 그러나 언론 통제는 실패했다. 1916~17년 겨울에 국민들을 부양하려고 토마토를 순무로 대체해야 했다. 순무는 토마토보다 영양가가 훨씬 적었다. '매우 구조적인 기근'에 시달리는 나라에서 끔찍한 굶주림을 모면할 수 있었던 것은 순전히 점령지 루마니아에서 가져 온 곡물 덕택이었다. 1917~18년 겨울이 되자 식량 공급 문제는 더욱 심각해졌다. 석탄과 석유의 공급이 줄어들고, 고무도 부족했다. 군사작전에서 자동차가 차지하는 구실의 중요성에 비춰 볼 때, 고무의 부족은 심각한 지장을 초래했다. 참모진은 병사들의 체력이 허약해졌다는 사실을 알고 놀랐다. 1917년 9월 10일 루덴도르프와 힌덴부르크는 총리에게 심각하게 주의를 촉구했다. "군대에 보급품을 공급하지 못하면 전쟁에서 승리를 장담할 수 없습니다."

중부 유럽 제국의 정부들에는 상반된 두 경향이 있었다. 오스트리아와 불가리아, 터키(베를린보다 콘스탄티노플의 기근이 더 심했기 때문에) 등은 러시아와의 진정한 평화와 교역의 신속한 재개를 원했다. 독일 자본가계급의 일부도 같은 의견이었다. 이들은 당면한 경제적 요구가 절실했기 때문에 더는 전쟁을 지속할 수 없다는 사실을 잘 알고 있었다. 협상론자들 가운데 체르닌과 폰 퀼만이 이런 경향을 대변했다. 최고위 참모들(힌덴부르크, 루덴도르프, 호프만)과 황제 빌헬름 2세, 기계·화학 공업 경영자들, 농장 경영자들 등은 러시아혁명의 붕괴와 러시아의 해체를 원했다. 이들은 그런 일이 일어나면, 즉시 연합국을 제압할 수 있다고 생각했다.

루덴도르프는 미국이 러시아를 상실하면서까지 연합국을 자기편으로 끌어들이려 하지는 않을 것이라고 믿었으나, 이 생각은 잘못된 것이었다. 그는 러시아에 강화 협상 조인을 강요하거나 러시아에 "짧고 강력한 결정타"를 날리고 나서, 미국이 참전하기 전인 4월 중순경 프랑스 전선에 결정적 공격을 퍼붓는다는 계획을 세웠다.[7] 그는 군대의 기강이 해이해진 원인을 오랜 방어로 사기가 떨어진 탓으로 돌렸다. 루덴도르프는 볼셰비키와의 강화 문제에 관해서는 전혀 환상이 없었다. 그는 이후에도 "심지어 강화 협정이 체결된다고 해도 나는 볼셰비즘에 맞서 싸우려면 우리에게 더 많은 병력이 필요하다는 것을 알고 있었다"고 말했다. 그는 군사령관으로서는 예리한 인식이 있었지만, 국가와 군대 외부의 사회적 요인에 관해서는 끔찍하게 무지했다.

국제적인 감독 하에서 협상이 진행되기를 원했던 러시아 대표단은 독일과 오스트리아 측에 협상 장소를 스톡홀름으로 옮기자고 요구했다. 베를린과 빈 측은 두려움에 휩싸였다. 오스트리아-독일 측은 러시아 대표단이 교섭을 파기할까 봐 노심초사했다. 체르닌은 소비에트 대표단이 돌아오기를 초조하게 기다리다가 이들이 돌아오자 안도의 한숨을 내쉬었다. 볼셰비키 대표단은 중부 유럽 제국들의 국내 사정이 점차 악화하는 것을 보면서 교섭을 결렬시키고 싶은 강렬한 유혹을 뿌리쳐야 했다.

강화 협상

12월 27일(구력) 협상이 다시 시작됐다. 소비에트 대표단은 트로츠키, 이오페, 카메네프, 카라한, 역사가 포크로프스키와 좌파 사회혁명당원인 비첸코와 카렐린으로 새로 구성됐다. 체르닌은 이미 혁명의 지도자로 세계적 명성을 얻고 있던 '바로 그 사람', 즉 트로츠키가 도착하자 열광적인 분위기가 일어났다고 말했다. 전혀 성과를 거두지 못한 협상 내용을 여기서 자세히 다루지는 않겠다. 소비에트 대표단은 여러 민족의 권리를 절대적으로 존중한다는 태도를 지켰다. 소비에트 대표단이 독일 측은 점령지에서 얼마나 철수할 용의가 있느냐고 직설적으로 질문하자 호프만 장군(트로츠키의 표현으로는 "철모를 쓴 깡패")은 퉁명스럽게 대답했다. "단 1밀리미터도 안 된다." 회담은 또 중단됐고, 10일 뒤 다시 속개하기로 결정했다.

역사상 독특했던 이 협상에서 나타난 대결의 특징 몇 가지를 열거해 보자. 적대적인 협상자들 사이의 견해 차이가 이렇게 벌어진 적은 없었을 것이다. 협상은 독일의 국경선 안에 있는 음산한 브레스트리토프스크 요새에서 진행됐다. 독일군 참모부는 볼셰비키 대표단에 압박을 가하려고 사소한 부분까지 신경썼다. 폭탄 터지는 소리로 볼셰비키 대표들을 자극하려고 숙소에서 몇 백 야드 떨어진 곳에서 수류탄 투척 훈련을 실시할 정도였다.[8] 협상 담당자들은 자신들이 교전 당사국(신생 소비에트 공화국에 적용된 '국가'라는 단어 자체가 당시의 세계 외교 무대에서는 비웃음거리였다)이 아니라 오히려 양립 불가능한 두 세계를 대표한다는 사실을 잘 알고 있었다. 양측은 공동의 언어를 찾아내는 것조차 어려웠다. 러시아 대표단은 외교 협상의 오랜 관례들을 무시했고, 이들의 혁명적 언사는 협상 상대방의 심사를 불편하게 만들었다.

4국 동맹 측에서는 독일 외무부 국장인 폰 퀼만이 협상을 주도했다. 그는 노련한 공무원 같은 표정을 하고 있었으며, 거만하고 소름끼칠 만큼 정중한 태도를 지닌 시골풍의 신사였다. 트로츠키는 폰 퀼만이 가진 지식의 예리한 면과 한계를 한눈에 파악했다. 폰 퀼만은 마치 미리 각본이 짜인 희극을 보러 오는 듯한 태도로 브레스트리토프스크에 도착했다. 폰 퀼만은 볼셰비키가 온갖 희생을 무릅쓰고라도 호엔촐레른 왕가의 환심을 사려고 쩔쩔매면서도 겉으로는 체면을 유지하려 애쓰고 있을 뿐이라고 생각했다. 그리고 한동안 유럽의 모든 정치 지도자들도 같은 생각을 하고 있었다. 이런 생각이 어긋나자 그는 다른 것, 즉 볼셰비키가 처음부터 연합국과 동맹을 맺고 있었지만 그 동맹은 속임수에 지나지 않을 뿐이라는 생각에 매달렸다. 이런 생각은 노련한 외교관의 정서에 꼭 들어맞는 것이었다. 트로츠키는 "우리는 우리의 적수보다 한 가지 분명한 이점이 있었다. 우리는 상대방이 우리를 이해한 것보다 훨씬 더 상대방을 잘 알고 있었다"고 말했다.[9]

폰 퀼만 측에서는 키가 크고 뚱뚱한 호프만 장군이 자주 회담장에 나왔다. 그는 커다란 얼굴에 코안경을 걸친 온화한 전형적인 독일인이었다. 총참모부의 핵심 인물인 호프만 장군은 비스마르크 추종자 같은 완고한 성격이 있었다. '평화주의자'라는 명성을 얻고 있던, 큰 키에 깡마른 체르닌 백작은 비록 자신이 동료 두 명과 의견이 일치하지 않을 때도(그 두 명도 견해가 일치하지는 않았다) 이들의 의견을 따를 수밖에 없었다. 트로츠키의 보고에 따르면, "터키 대표단은 회담장에 앉아 있다가도 우리에게 원칙을 무시하고 곧바로 일을 시작하자고 요청할 만큼 직설적이었다. 이런 말을 할 때면 그들은 경험 많고 노련한 위조범 같은 표정이었다."[10] 트로츠키와 이오페, 카라한, 카메네프를 비롯한 러시아 대표단이 상대한 것은 바로 이런 사람들이었다. 러시아 대표단은 스스로 자신을 감옥이나 망명을 경험한 사람이라거나 노련한 반란 종사자나 "혁명의 병사들"이라고 밝혔듯이, '전문가'와는 아주 동떨어진 사람들이었다. 막바지에 폴란드 사회민주당 대표로서 카를 라데크도 참여했다.

어쩔 수 없이 다소 신랄한 투의 발언이 오고갔다. 특히 트로츠키와 폰 퀼만, 호프만 사이에 의견이 끊임없이 대립했다. 이 대결에서 트로츠키의 변증법적 솜씨가 약이 오를 만큼 두드러지게 표출됐다. 주고받은 대화 내용 가운데 한 토막을 보면 진행된 토론이 어땠는지 알 수 있다. 그것은 논쟁의 성격을 규명할 수 있는 유용한 지침이기도 하다.

폰 퀼만: 모든 강화조약은 보통 맨 처음에 전쟁이 끝났다는, 그래서 이제부터는 양측이 평화와 조화를 바탕으로 살아가기를 원한다는 등의 서문을 답니다. … 나는 이 점에 대한 토론은 불필요하다고 생각합니다.

트로츠키: 나는 초안에서 둘째 문장을 삭제하자고 제안하고 싶습니다. 그 문장은 대단히 인습적이고 형식적인 성격을 띠고 있어서 내가 보기에는 대단히 실질적인 목적을 지닌 이 문서와 맞지 않을 것 같습니다.[정치위원회 회의, 12월 29일(신력, 1월 11일 — 세르주)].

같은 회의에서 트로츠키는 러시아 군대가 페르시아에서 철수한 것이 어떤 의의가 있는지를 강조했다[1907년에 러시아와 영국은 페르시아를 분할하는 조약을 체결한 바 있다].

폰 퀼만: 페르시아 대표가 여기에 있는 것도 아니고, 대체로 말해서 페르시아는 이 협상의 참가국도 아니므로 나는 이 문제를 생략하는 것이 최선이라고 생각합니다.

트로츠키: 페르시아에게는 매우 유감스럽지만, 페르시아야말로 사실상 하나뿐인 협상 대상입니다.

그러나 폰 퀼만이 똑같은 문제를 확대해서 논의하려고 하자, 트로츠키는 다음과 같이 말했다.

트로츠키: 문제를 그렇게 폭넓게 다뤄야 한다면, 나는 다른 중립국들 문제도 논의할 수밖에 없다고 생각합니다. 예를 들면, 벨기에 ….

스스로 "독일군 대표 자격으로 여기 왔다!"고 말한 호프만 장군은 볼셰비키가 동맹국 군대 안에서 벌이는 선전·선동에 대해 이의를 제기했다. 그러자 트로츠키는 12월 30일(1월 12일) 회의에서 다음과 같이 경멸조로 대답했다.

아주 유감스럽게도 나는 호프만 장군의 태도를 이해할 수 없습니다. 내가 보기에 이는 우리의 견해가 꽤 다른 데서 나온 것이 확실합니다. 나는 이런 차이의 본질이 전쟁 동안 나에게 유죄를 선고한[독일 법정은 트로츠키가 반전(反戰) 선전을 했다는 이유로 징역형을 선고한 바 있다] 판결문에 상세히 기록돼 있을 것이라고 말하고 싶습니다. 그 판결문은 정확치는 않지만 아마 라이프치히나 슈투트가르트의 판결문 보관소에 있을 것입니다.

그러자 폰 퀼만이 호프만 장군에게 물었다. "더 하고 싶은 말이 있습니까?"[죄수를 상대로 회담하고 있다는 사실에 기분이 나빠진] 호프만은 [화를 내며] "아니오, 그만하면 됐소" 하고 대답했다.

하루는 동맹국 대표단이 폴란드와 발트해 연안국의 부르주아 제도들이 그 나라들의 '의지'를 대변할 권리가 있다는 사실을 러시아가 인정해야 한다고 설득하려 했다. 폰 퀼만은 자신의 주장이 매우 설득력 있다고 생각했다.

폰 퀼만: 나도 방금 연설하신 분처럼, 인도 문제를 다루려 합니다. 나는 그 신사분에게 영국 군대가 인도에서 철수하고 인도 인민이 총선거 결과

를 좋아하지 않는다면 하이데라바드의 니잠[하이데라바드 군주의 칭호]이 인도 인민의 대표자로 간주돼야 한다는 점을 고려하지 않으신 것 아니냐고 묻고 싶습니다.

트로츠키: 나는 영국의 [인도] 지배가 끝나도 니잠이 건재할 것이라고 확신하지 못하겠습니다. 어쨌든 나는 니잠의 지위가 확고하다는 것이 입증될 때까지 기다릴 것입니다.

볼셰비키는 모든 비밀외교를 확고하게 반대했기 때문에 협상 속기록을 공개하자고 주장했다. 이들은 독일 제국주의의 전권대표들의 철모와 가면 너머로 여러 민족에게 직접 호소하고 싶어했다. 멀리 떨어진 곳에서도 볼셰비키의 말을 모두 들을 수 있었다. 이 사실은 곧 여러 사건들로 입증됐다. 폰 퀼만과 호프만은 트로츠키와 카메네프의 선동적인 연설에 수도 없이 항의했다. 이들은 서둘러 속기록을 정정하려 여러모로 애를 썼다. 그러나 이 과정에서 일어난 사건들은 이들에게 손해만 가져다주었다. 호프만 장군은 폭력을 통치 수단으로 삼으려 한다고 볼셰비키를 비난하면서 이론적 논쟁을 벌였다. 이 때문에 사람들은 그를 이상적인 부르주아적 정의의 옹호자로 여기게 됐다. 그러나 이런 논쟁은 매우 엉뚱한 것일 수밖에 없었다. 바로 이 점을 둘러싸고 치열한 논쟁이 전개됐다. 이 논쟁을 통해 원래의 내용이 더 엉망이 되고 말았으며, 이로 인해 전체적인 윤곽이 더 악화되고 말았다.

[1월 1일, 신력으로는 1월 14일 트로츠키가 정치위원회에서 한 연설 내용이다 ─ 세르주] 호프만 장군은 우리 정부가 폭력에 의지한다고 말했는데, 나는 이 말이 매우 타당한 것이라고 생각한다. 현재까지 역사 전체에서 다른 형태의 정부는 존재하지 않았다. 사회가 적대적인 계급들로 이뤄져 있는 한 언제나 그럴 것이다. 다

른 나라 정부가 우리의 행동을 보고 놀라고 충격을 받은 것은 우리가 파업 노동자를 체포하지 않고 직장을 폐쇄한 고용주를 체포했기 때문이다. 또한 토지를 요구하는 농민들을 처형하지 않고, 농민들을 사살하려 한 지주와 관리들을 체포하고 총살했기 때문이다.

1월 5일(신력 1월 18일) 회담은 결국 깨지고 말았다. 동맹국은 볼셰비키의 선동에 격분했고, 볼셰비키는 이길 가능성이 전혀 없는 전쟁을 계속하든지 아니면 참담하고 굴욕적인 강화를 받아들이든지 둘 중 하나를 택할 수밖에 없었다.

소수파가 된 레닌

이런 선택의 기로에서 볼셰비키에게 원칙의 문제는 존재하지 않았다. 그들은 평화주의에 대한 환상을 갖고 있지 않았기 때문이다. 일찍이 1916년 4월에 어느 한 나라나 몇몇 나라에서 사회주의가 승리할 것이라고 예견한 레닌은 하나 또는 여러 사회주의 국가들이 자본주의 국가들에 대항해 공세전을 전개해야 할 가능성까지도 생각하고 있었다.[11] 1917년 4월 그는 소비에트가 권력을 장악하고 있다면, "혁명전쟁은 어느 한 나라 자본가들의 이익이 아니라 사실상 자본주의 전체의 이익에 대항하는 것이므로 우리는 어떠한 자본주의 국가들과의 혁명전쟁에도 동의할 것"이라고 말했다.[12] 이런 원칙은 확고했다. 그러나 군대는 무너지고, 병사들은 고향으로 돌아가고 있었다. 대중은 더는 싸우려 하지 않았다. 10월 봉기는 평화의 이름으로 일어난 것이었다. 운송 체계가 거의 무너졌고, 생산은 아주 낮았고, 식량 공급은 심각한 상태였다. 기근은 그 어느 때보다 더 위험했다.

제10군은 "전쟁터에 보병부대와 포병부대 대포를 버려둘 수밖에 없었다"고 보고했다. 제3군은 "요새지대는 다 없어졌다"고 보고했다. 참호는 눈 속에 파묻혔다. 방어 물자는 연료로 사용됐다. 눈이 쌓여 길도 사라졌다. 대피호나 주방, 독일식 매춘굴로 이르는 길만 몇 개 남아있을 뿐이다. 10킬로미터의 지역을 담당하던 어느 부대에서는 모두 다 떠나버리고 참모본부와 연대위원회만 남아 있었다.[13]

포크로프스키는 "전선에서 버려진 대포가 2천 문이 넘는다"고 지적했다. 러시아는 전쟁을 더 계속할 수 없었던 것이다.

그럼에도 독일이 제시한 강화 조건을 수락할 수는 없었다. 상황은 여전히 혼란스러웠고, 군대의 자발적 해산에 관한 보고들은 서로 엇갈렸다. 또, 혁명적 열정에서 비롯한 환상이 커지고 있었다. 1월 8일(신력으로는 1월 21일) 제3차 소비에트 대회가 열리기 전날, 주요 볼셰비키 지도자들이 페트로그라드에서 회의를 열었다. 논쟁에서 세 가지 상이한 견해가 나타났다. 레닌은 강화를 선호했다. 트로츠키는 혁명전쟁이 불가능하다고 생각했지만, 설령 항복하더라도 그것은 독일의 침략 때문이라는 사실을 분명히 해 두려고 협상을 결렬시키는 쪽으로 끌고가려 했다. 혁명전쟁을 지지하는 사람들도 있었다. 볼셰비키 투사 65명이 회의에 참석했는데, 강화 테제를 제출한 레닌은 소수파였다. 혁명전쟁 지지자들이 32표를 얻었고, 트로츠키의 어정쩡한 견해는 16표를 얻었고, 레닌의 견해는 15표를 얻었다.

다음날 열린 중앙위원회 회의에서도 똑같은 상황이 벌어졌다. 레닌은 참석자들에게 더는 전투가 불가능하다는 것, 군마의 부족, 후퇴할 때 불가피한 대포의 손실, 오스트리아—독일군에게 레발과 페트로그라드를 손쉽게 내줄 수밖에 없다는 점 등을 역설했다. 그는 "우리에게 제안된 강화는 불명예스러운 것이다. 그러나 만일 이 제안을 거절하면 우리는 권력을 빼앗길 것이고, 강화는 다른 정부에 의해 이루어질 것"이라고 말했다. 그는 계속해서 독일에서는 이제야 혁명의 맹아가 생겼지만 러시아에는 이미 사회주의 공화국이 존재하고, 그렇기 때문에 힘을 얻으려면 휴전이 필요하다고 주장했다. 트로츠키는 국제적 입증을 요구하지만, 그러려면 우리가 너무 큰 희생을 치를 것이다. 우리는 이미 폴란드의 사회주의화에 실패하고 있고, 또 에스토니아도 떨어져 나가고 있다.

사회주의 공화국의 안전은 30억 루블의 배상금에 상당하는 가치가 있다. … 만일 우리가 실제로 협상이 깨진 뒤 독일혁명이 발발할 것이라고 믿는다면, 우리는 당연히 우리 자신을 희생해야 할 것이다. 독일혁명이 우리 자신의 혁명보다 중요하기 때문이다. 그러나 독일혁명은 아직 시작되지도 않았다. 우리는 전면적인 사회주의 혁명이 발발할 때까지 살아남아야 하며, 그것은 강화조약을 체결할 때만 가능하다.[14]

지노비예프, 스탈린, 소콜니코프는 레닌을 지지했다. 로모프와 크레스틴스키는 전쟁에 찬성표를 던졌다. 그러나 트로츠키, 부하린, 우리츠키가 지지한 견해, 즉 협상을 오랫동안 질질 끌자는 견해가 다수를 차지했다. 며칠 뒤인 1월 14일 볼셰비키와 좌파 사회혁명당의 중앙위원회 합동회의에서 같은 견해, 즉 "전쟁도 강화도 아닌" 테제가 다시 한 번 추인됐다. 이들 다수는 저항이 불가능하다는 것을 알고 있었으나, 만일 독일이 공격한다면 양측의 군대 안에서 혁명적 폭발이 일어날 것이라고 판단했다. 그 사이에 개최된 제3차 전 러시아 소비에트 대회는 이 문제의 처리를 전적으로 인민위원회에 맡겼다.

레닌은 이때 중앙위원회에서만 소수파였던 것이 아니다. 페트로그라드와 모스크바 지역, 우랄, 우크라이나의 영향력 있는 지방위원회도 레닌의 견해에 반대했다. 이 위대하고 질서정연한 당의 운영은 매우 민주적이어서, 지도자로 인정받은 사람이라도 끊임없이 자신의 견해를 표명할 수는 있어도 다수 의견에 복종할 수밖에 없었다. 레닌은 다시 한 번, 그러나 이번에는 자신의 당에서 시류를 거슬러 싸우고 있었다.

레닌의 테제

중대한 상황에서 흔히 레닌은 자신의 생각을 일련의 테제로 만들어 요약적이면서도 명확하고 간명하게 상술했다. 이런 테제들은 결코 장황하지도, 또 용어들을 남발하지도 않았다. 5줄이나 15줄 분량의 21개 조항으로 이루어진 강화에 관한 테제는 그런 사례다. 그의 테제를 간략히 정리해 보자.

(1) 러시아에서 사회주의 혁명은 노동자와 농민 대중의 지지를 통해서만 성공할 수 있다.

(2) 혁명 후 내전은 불가피했으나, 아직 최고조에 달한 것은 아니다.

(3) 사보타주와 부패, 다른 간접적 수단 때문에 내전은 몇 개월 동안 지속될 것이다.

(4, 5) 혁명은 시간이 필요하다. 자본가계급을 패배시키고 조직화 과업에 착수하려면 적어도 몇 개월 동안의 휴전을 확보해야 한다.

(6) 유럽 혁명이 비록 필연적이고 코앞에 닥치기는 했지만 그 실현에 얼마나 많은 시간이 걸릴지는 알 수 없다.

(7) 브레스트리토프스크에서 진행한 1차 협상을 통해 우리는 독일에서는 군부가 우위를 점하고 있다는 것, 우리의 대안은 전쟁을 계속하거나 아니면 30억 루블에 이르는 전쟁 배상금을 은밀히 지급하고 제국주의적 강화에 굴복하는 것뿐이라는 사실을 알게 됐다.

(8) 최대한 오랫동안 협상을 지연시키기 위해 이미 최선을 다한 바 있다.

(9) 우세한 힘에 밀려 강화를 달성하는 것은 프롤레타리아 국제주의를 배반하는 것이 아니다.

파업 중인 노동자가 작업을 재개하는 것과 같이, 자신에게는 불리하고 자본가에게는 유리한 조건을 받아들인다고 해서 그것이 곧 사회주의를 배반하는 것은 아니다. 자본가들의 이익을 위해서 노동자 정당의 자산을 팔아먹는 사람들만이 사회주의를 배반하는 것이며, 단지 그런 거래만이 원칙적으로 용납될 수 없는 행위인 것이다.

(10) 강화가 실현되면 독일군이 동부전선에서 철수할 수 있고, 이것은 독일 제국주의의 손에 놀아나는 꼴이라는 말도 있다. 그러나 이런 관점에서 보면, 혁명전쟁도 영국·프랑스 제국주의자들의 손에 놀아나는 꼴이다.

영국은 우리가 전쟁을 계속한다면 병사 1인당 매달 100루블씩 주겠다고 우리 최고사령관인 크릴렌코에게 아주 거만하게 제안했다. … 이런 상황에서 도출해야 하는 올바른 결론은, 사회주의 정부가 일국에서 승리하는 순간부터 그 정부가 문제를 보는 관점은 어느 제국주의를 지지할 것인가가 아니라 이미 시작된 사회주의 혁명을 강화·발전시킬 최상의 조건이 무엇인가 하는 것이어야 한다는 점이다.

(11) 우리는 자국 자본가계급과 관련해서만 패배주의를 옹호했다. 우리는 **우호적인** 제국주의와 형식적·실질적 동맹을 맺고 이 제국주의의 지원을 받아 다른 제국주의에 맞서 싸워 승리하는 것을 용납할 수 없는 것으로 여겨 항상 거부했다.

(12) 우리는 원칙적으로 혁명전쟁을 지지한다. 그러나 우리는 현실적 가

능성을 고려해야 한다.

(13) 아량과 관용을 바탕으로 한 정책은 현존하는 실제 세력 관계와 전혀 부합하지 않는다.

(14) 군대는 독일군을 효과적으로 방어할 수 없다. 독일군은 페트로그라드를 완전히 장악할 수도 있다.

(15) 농민 대중과 병사들은 전쟁에 반대하고 있다. "군대의 완전한 민주화를 고려한다면, 대다수 병사들의 의지를 거슬러서 전쟁을 벌이려고 애쓰는 것은 완전한 모험일 것이다." 사회주의 군대의 창설은 몇 개월이 소요될 것이다.

(16) 3~4개월 안에 독일혁명이 터진다면 혁명전쟁을 벌일 수 있을 것이다. 그렇지 않다면 패배할 것이고, 결국 사회주의 권력이 붕괴할 것이다. …

(18) 이런 시점에 혁명의 운명을 놓고 내기를 건다면, 그것은 모험이다.

(19) 단독 강화를 맺는다고 해서 독일혁명이 약화되는 것은 아니다. 소비에트는 엄청난 선전적 가치가 있는 사례가 될 것이다.

(20) 강화가 성취되기만 하면, 우리는 제국주의의 속박에서 해방될 것이다.

(21) 참된 혁명전쟁이란 사회주의 군대가 다른 나라 자본가계급을 타도하기 위해 벌이는 공격 전쟁을 말한다. 지금 그런 전쟁은 불가능하다. 우리는 폴란드와 리투아니아, 쿠를란트를 위해 최선을 다했다. 사회주의의 이익은 여러 민족의 이익에 우선하는 것이 아닌가.[15]

이런 레닌의 이론은 정확하게 '숨 돌릴 틈' 이론으로 불렸다.

트로츠키의 테제

볼셰비키 당 안에서 강력한 좌익적 성향은 야로슬라프스키, 솔츠, 무랄로프, 사프로노프, 오신스키, 스투코프 등 모스크바 지역의 극좌파 투사들을 중심으로 이미 형성되고 있었다. 12월 말 이래 모스크바 지역위원회는 브레스트리토프스크 협상을 중단하고 실제로 "모든 자본주의 국가들"과의 외교 관계를 완전히 끊으라고 요구했다. 이 그룹은 심지어 자본주의 국가와 사회주의 국가 사이의 경제 관계는 인정될 수 없다고 생각했다. 이들은 "빌헬름 2세 앞에 머리를 숙이느니 차라리 사회주의의 대의를 위해 굶어 죽는 것이 낫다"고 생각했다. 민주적 강화는 인민의 봉기를 통해서만 얻을 수 있다는 것이었다.[16] 이런 교의는 명백히 추상적인 혁명적 낭만주의에 기초하고 있었다.

트로츠키의 테제는 본질적으로 달랐다. 그는 혁명전쟁이 가능하다는 듯이 가장하지 않았다. 그러나 그는 심각한 위기에 처한 독일이 러시아혁명의 영향을 받기 쉬운 피로한 군대를 동원해 실제로 공격할 수 있으리라고는 믿지 않았다. 그는 독일 노동계급과 군대를 시험해 볼 필요가 있다고 생각했다. 그런 생각을 레닌은 "매우 매혹적이지만 위험한, 매우 위험한 생각"이라고 평가했다.

연합국 언론은 볼셰비키를 독일에 매수된 스파이라고 보았고, 브레스트리토프스크 협상도 사전에 조율된 것으로, 이미 합의까지 해 놓고도 그저 형식만 갖추려는 희극이라고 생각했다.

[트로츠키의 말이다 — 세르주] 여기에서는 볼셰비키가 호엔촐레른 왕가와 굴욕적이고 노예화나 다름없는 강화를 맺기 위해 '민주적인' 제헌의회를 해산한 반면에, 독일군은 벨기에와 프랑스 북부를 점령하고 있었다. 연합국의 자본가계급은 노동계급 대중을 지독한 혼란 속으로 몰아넣을 수 있게 됐고, 심지어 우리에 대해 더욱 쉽사리 무력으로 간섭할 수 있게 됐다. 이것은 틀림없는 사실이다.[17]

대중은 여러 해 동안 국수주의에 속박돼 있었다. 국제주의자들은 노동계급 운동에서 조그만 집단이었을 뿐이다. 만일 볼셰비키가 동맹국(연합국에 대항해 함께 싸운 독일과 오스트리아·헝가리 등)과의 단독 강화 때문에 나타날 수 있는 불안을 해소하려는 노력을 전혀 하지 않는다면, 연합국의 대중은 러시아에 간섭해야 한다는 생각을 하지 않을까? 반면에, 볼셰비키가 자신들의 목에 칼이 들어오고 나서야 비로소 강화조약을 체결한다면 아무 의혹도 일어나지 않을 것이다.

이에 대해 레닌은 "너무 위험한 생각이다. 지금 우리의 혁명보다 더 가치 있는 것은 아무것도 없다. 온갖 희생을 치르더라도 혁명을 위험에서 구해야만 한다"는 견해를 고수했다.

트로츠키도 당내 상황을 감안해서 발언에 나섰다. 즉각적인 강화는 분열을 낳을 수 있었다. 그러면 좌파의 가장 훌륭한 인자들이 이탈할 것이고, 그 때문에 틀림없이 우파가 강화될 것이다. 레닌은 다음과 같이 답변했다. "이런 공상은 사라질 것이다. 분열은 결코 불가피한 것이 아니다. 그리고 만일 분열이 일어나더라도 당을 이탈한 사람들은 다시 당으로 되돌아올 것이다. 그러나 독일이 우리를 분쇄해 버리면, 우리 가운데 어느 누구도 되돌아올 수 없게 된다."

트로츠키는 나중에 《레닌에 관하여》라는 저작에서 이렇게 말했다. "만일 호엔촐레른 왕가가 우리와 전쟁을 하지 않겠다고 결정하거나 또는 전쟁을 치를 능력이 없을 확률이 단 25퍼센트라도 됐다면 우리는 도박을 하고 말았을 것이다. 우리는 이 점을 잘 알고 있다."

독일에서 일어난 사건은 이런 생각이 옳았음을 증명해 줬다. 1월 중순경 베를린에서 대규모 파업이 일어났다. 18일자(신력으로는 31일자) 〈프라우다〉에는 다음과 같은 머리기사가 실렸다. "일이 터졌다! 독일 제국주의의 지도부는 중대한 위기에 빠졌다! 노동자들의 무장 혁명이 일어났다!"

독일 혁명! 베를린의 소비에트! 파업 운동은 빈, 베를린, 키일, 함부르크, 뒤셀도르프, 라이프치히, 할레를 휩쓸었다. 비록 곧 해산당하지만, 빈과 베를린에서 소비에트가 나타났다. 군수 공장들은 문을 닫았다.

강화도 전쟁도 아닌

1월 18일 브레스트리토프스크 협상이 재개됐다. 이 회담에 참가한 우크라이나 공화국 대표는 볼셰비키를 격렬하게 매도하는 연설을 했고, 동맹국은 자신들의 입지가 강화된 것을 알았다. 폰 퀼만 남작은 즐거운 마음으로 그 연설을 들었다. 소비에트 대표단은 라다 대표단의 참가를 막지 않았다. 라다는 아직까지도 일부 영토를 통제하고 있었지만, 머지않아 그런 통제도 끝나게 된다. 반면에, 소비에트 대표단은 스타니슬라스 보빈스키와 카를 라데크로 이뤄진 폴란드 사회민주당 대표단에게 발언 기회를 주려고 애썼다. 폴란드 대표단은 독일이 폴란드를 점령해 세운 정권을 거침없이 비판했다.

독일 장군들은 점점 더 화가 치밀었다. 귀중한 시간을 허투루 쓰고 있다. 아니란 말인가? 왜 볼셰비키 선동가들에게 바보 취급을 받아야 하는가? 루덴도르프는 나중에 "나는 마치 불타는 석탄 더미 위에 앉아 있는 느낌이었다"고 말했다. 한편, 신문은 호프만 장군의 거친 간섭에 적대적 논조를 나타냈다. 자국 안의 심각한 상황을 걱정하던 오스트리아 대표단은 동맹을 포기하겠다고 위협하면서까지 베를린에 구조 물자 공급을 요구했다. 체르닌은 "우리는 식량 부족 때문에 거의 무너질 위기에 처했다"고 말했다. 1월 하순경 파업이 일어나자 이들은 당황할 수밖에 없었다. 오스트리아·헝가리 제국 총리는 "만일 식량이 공급되지 않으면, 우리는 다음 주에 걷잡을 수 없는 반란에 휩싸일 것"이라는 내용의 전보를 보냈다. 그의 말은 매우 정확한 것이었다.

루덴도르프는 협상을 중단하고 곧바로 공격을 취해 러시아에 좀 더 유순한 정부가 새로 들어서기를 바라고 있었을 것이다. 그는 "이들이 어떻게 우리를 대하고 있는지 보시오!" 하고 말했다. 호프만은 상기된 표정으로 카메네프와 이오페, 트로츠키에게 동맹국들은 패전국이 아니라는 점을 주지시켰다. 파업이 일어나자 빌헬름 2세는 장군들의 항의에 굴복할 수밖에 없었다. 볼셰비키는 라디오를 통해 독일군을 겨냥한 선전 방송을 내보내고 있었다. 이 방송을 들으면 황제는 자신의 군대에 보복당할 운명에 처해 있는 것 같은 생각이 들었다. 이 방송을 통해 최후 수단이 동원됐다는 사실이 공표됐다. 빌헬름 황제가 폰 퀼만에게 러시아 대표단에 최후통첩을 하라고 명령한 것이다. 호프만이 바랐던 것은 오로지 "최후통첩으로 러시아 대표단을 제압하는 것"이었다. 그는 러시아 대표단 앞에 새로운 국경이 그어진 지도를 조용히 펼쳐 놓았다. 이번에는 러시아 대표단이 막다른 골목으로 쫓기고 있었다.

1월 28일(2월 10일) 회의에서 트로츠키는 뜻밖에 공격적인 태도를 취했다. 그가 한 발언은 순전히 선전의 목적을 띤 간단한 것이었다.

여러 나라 국민들은 모든 나라 지배계급들이 정복과 탐욕 때문에 일으킨 이와 같은 인류의 자멸을 중단할 것을 요구하고 있다. 만약 전쟁이 방어적인 것이었다면 양측이 모두 오래 전에 전쟁을 끝냈을 것이다. 대영제국은 아프리카, 바그다드, 예루살렘에서 식민지를 점령하고 있다. 독일은 세르비아, 벨기에, 폴란드, 라트비아, 루마니아를 점령했고, 문순드 제도를 정복하려 한다. 이것은 방어전이 아니다. 이것은 세계 분할 전쟁이다.

우리는 지배계급이 자신들의 의도를 실현하려고 인류의 피를 대가로 치르는 이 제국주의 전쟁에 더는 참여할 수 없다. 우리는 이와 마찬가지로 양 진영 제국주의에 역겨움을 느끼고 있으며, 제국주의 국가들의 이익을 위해 우리 병사들의 피를 흘릴 수 없다.

우리는 이미 코앞까지 와 있다고 생각하는 그날, 즉 러시아의 노동 대중이 권력을 장악했듯이 모든 나라의 피억압 계급들이 권력을 장악하게 될 때를 기다리면서 전장에서 우리 인민과 우리 군대를 철수시킬 것이다. 군복을 입고 있던 우리 농민들은 이번 봄부터 이미 토지를 경작하려고 일터로 되돌아가고 있다. 그 토지는 러시아혁명이 지주들의 손에서 빼앗아 그들에게 나누어 준 것이다. 군복을 입고 있던 우리 노동자들은 파괴의 기계가 아니라 창조의 도구를 생산하려고, 그리고 농민들과 더불어 새로운 사회주의 경제를 건설하려고 자신의 공장으로 되돌아가야 한다.

우리는 우리 군대를 해산하고 있다. 우리는 합병에 기초한 강화조약을 체결하지 않겠다. 우리는 동맹국과 러시아 사이의 전시 상태가 끝났음을 선언한다.

이것은 오스트리아와 독일 대표단이 예견했던 것 가운데 최악의 안이었다. 이 새로운 상황을 검토하려고 홈부르크 성에서 비상위원회가 열렸다. 이 회의에 빌헬름 2세, 총리 헤르틀링, 부총리, 힌덴부르크, 루덴도르프, 해군성 대표, 폰 퀼만이 참석했다. 이들의 견해는 일치하지 않았다. 총리, 부총리, 폰 퀼만과 오스트리아 대표단은 국내 상황, 특히 오스트리아·헝가리제국의 국내 상황이 좋지 않아 러시아를 공격할 수 없다고 생각했다.[19] 따라서 트로츠키가 예견했던 가능성은 매우 현실적이었던 셈이다. 반면에, 장군들은 공격을 주장했다. 그 이유로 첫째, 러시아 전선을 마무리하지 않고는 영국과 프랑스를 공격할 수 없다는 것, 둘째 오스트리아에서 기근을 해결할 수 있는 하나의 방법은 우크라이나의 비옥한 곡창지대를 점령하는 것이라는 점을 들었다. 이와 비슷한 다른 경제적 이유 때문에라도 러시아의 일부를 점령해야만 했다. 셋째로, 볼셰비즘에 심각한 패배를 안겨줘야 했다. 그러지 않으면 볼셰비키의 군사력이 재건될 수 있다는 것이었다. 황제는 총참모부의 견해에 동의했다.

연합국과 부채의 무효화

이와 동시에 소비에트 정부는 러시아의 외채를 무효화하고 연합국과의 모든 관계를 단호하게 끊었다. 이것은 어쩔 수 없는 조처였고, 나아가 혁명의 목적 가운데 하나라고 할 수도 있었다. 러시아 제국은 해외의 강대국에 심각하게, 거의 식민지에 가까울 만큼 의지해 왔음을 앞서 지적했다. 유산계급과 대러시아 민족주의에 의해 강요된 족쇄를 끊어버린 노동자·농민 혁명은 국제 금융자본이 강요한 부담을 떠맡을 수 없었다.

게다가 총 800억 루블에 이르는 엄청난 국가 부채를 무효화하는 것 말고는 파산을 피할 수 있는 다른 방법도 없었다(이 막대한 부채는 해외채권 16억, 장기 내국채 25억, 단기 내국채 19억, 국내 간접채권 4억 8천만, 여러 간접채권 약 15억 루블 등이었다). 1918년 1월 1일 부채 계정을 보면 연간 이자로 1913년도 국가 총세입 34억 5200만 루블보다 훨씬 많은 40억 루블이나 지급해야 했다. 이제 총부채는 국가 총자산의 3분의 2와 맞먹었다. 파산과 경제적 손실을 피하는 방법은 혁명적 조처뿐이었다. 외국 채권자들과 어떻게 협의한들 러시아의 식민지적 종속만 심화할 뿐이었다.

국가 부채를 말소하기 전에, 1월 26일자 인민위원회 포고령을 통해 민영은행의 주식자본을 모두 몰수해 국영은행으로 통합했다.[20] 1월 28일 포고령으로 "러시아 지주와 자본가의 정부가 해외에서 계약한" 국가 부채가 모두 무효화됐고, 그 효력은 12월 초까지 소급 적용됐다. 12월분의 채권도 무효화됐다. 포고령 제3조에 따르면, "해외에서 조달된 모든 채권은 어떠한 예외나 유보 없이 무효화"됐다. 은행과 협동조합, 지역의 민주 조직, 소주주들이 보유한 유가증권은 최대 1만 루블까지 러시아 소비에트연방 사회주의 공화국이 발행한 새로운 주식으로 교환될 예정이었다. 그러나 결국 이런 계획은 실행되지 못했다. 소비에트는 민주 조직과 소주주들 가운데 누가 주식을 받을 혜택을 누릴 수 있는지를 결정하는 책임을 지게 됐다. 이런 조처로 국제금융과 제국주의 연합은 중대한 타격을 입었다. 10월 혁명 이래 줄곧 연합국 정부와 러시아 주재 연합국 대표들(이들은 아직도 소비에트 정부를 승인하지 않았다)은 소비에트 정부에 적대적인 태도로 일관했다. 이들은 소비에트 정부가 전면적 강화를 여러 번 호소했지만 아무 반응도 보이지 않았다. 반면에, 연합국의 군사사절단이 두호닌 장군의 저항을 고무했다는 사실은 잘 알려져 있다. 우크라이나에서 내전이 벌어졌을 때 프랑스군 장교들이 라다를 지지했는데, 이 문제 때문에 프랑스 대사 눌렁과 외무인민위원 사이에 외교 분쟁이 일어났다. 베르틀로 장군은 루마니아가 베사라비아에서 꾸민 음모를 지지했다. 영국은 두 명의 러시아 망명 혁명가 치체린과[21] 페트로프를 억류했다. 트로츠키가 러시아에 거주하는 영국인들에게 보복하겠다고 위협하고 나서야 비로소 이들은 석방됐다.

연합국의 언론은 러시아혁명을 중상하고 헐뜯었다. 그런 폭력과 편견은 프랑스혁명 때 영국 언론과 윌리엄 피트, 망명 왕당파가 혁명에 대해 퍼부은 비상식적 공격에 못지않았다. 이 시기의 자료를 연구하다 보면 한가지 놀라운 사실에 충격을 받게 된다. 즉, 자본주의 세계의 정치인, 언론인, 가장 교양 있다는 지도자들도 러시아혁명을 **전혀 이해하지 못하고 있다**는 것이다. 이들은 가장 어리석은 소문을 진실인 양 받아들였다. 이들은 대개 교조주의적 모험가 집단인 볼셰비키가 폭동을 일으켜서 우연히 권력을 잡게 됐고, 갑자기 역사의 무대에 등장한 것처럼 3주에서 6주 내에, 나중에는 3개월 또는 6개월 내에 사라질 것이라고 생각했다. 누구나 다 볼셰비키가 교수형에 처해질 것이며, 그것 말고는 어떠한 대안도 불가능하다고 말했다. 러시아에 파견된 연합국 대표들은 하나같이 이런 무지에 빠져 있었다. 오로지 미국인 레이먼드 로빈스와 프랑스인 자크 사둘 두 사람만이 이런 시류를 거스르고 있었지만 이들은 자국 정부에 아무런 영향을 미치지 못했다.[22]

12월 18일 영국 대사 뷰캐넌은 영국이 "러시아에서 국민이 인정하는 안정된 정부의 수립"을 기다리고 있다고(어느 정도 타협적인 연설로 의도됐던 것이지만!) 선언했다. 관영이나 다름없던 파리와 런던의 언론들은 칼레딘, 알렉세예프와 코르닐로프에게 기대를 걸고 있었다. 이 언론들은 일본의 시베리아 간섭 계획을 부추기기 시작했다. 미국은 어떤 태도를 보일 것인지 밝히지 않았다.

브레스트리토프스크에서 극적인 사건이 일어난 지 이틀 뒤, 즉 1월 31일 루마니아군이 오데사를 공격하기 시작했다. 독일군 육군 원수 마켄젠이 루마니아군의 공격을 은밀히 지지한 반면에, 프랑스의 베르틀로 장군은 확고한 지지 의사를 표명했다. 그리고 이날 페트로그라드 주재 외교단은 인민위원회에 모욕적이고 위협적인 각서를 들이밀었다. 각서의 핵심 내용은 다음과 같다.

페트로그라드 주재 연합국과 중립국 정부의 대사와 전권공사들은 국가 부채의 무효화와 재산 몰수에 관한 노동자·농민 정부의 모든 포고령이 외국의 이익을 침해할 때, 이런 포고령을 무효로 여기겠다는 뜻을 인민위원회에 전달하려고 이 각서를 작성한다.

경쟁하는 두 제국주의 동맹이 이제 노동자·농민 혁명에 대항해 공동전선을 결성한 것이다. 브레스트리토프스크 협상이 난항을 겪고 있을 때 제기된, 독일에 대항하는 연합국과 소비에트의 군사 동맹 가능성은 결국 무산됐다. 러시아 주재 연합국 대표들의 정치 활동은 사실상 자신들이 소속된 계급의 정서에 따른 것이었다. 다시 말해, 이들은 영국이나 프랑스 또는 미국의 외교관이나 장교가 아니라 무엇보다도 자본가계급의 일원이라는 점을 한시도 잊지 않았다. 전 세계 정치인들은 러시아 분할을 점점 더 진지하게 고려하기 시작했다. 호프만 장군은 자신에게 '평화를 선언'한 러시아를 공격하기 시작했다. 반면에 포슈 장군은 2월 26일 미국 언론과 한 인터뷰에서 "미국과 일본이 시베리아에서 독일과 대결하게 될 것"이라고 말했는데, 이 인터뷰에 대해 프랑스 언론은 침묵하는 것이 최선이라고 생각했다. 일본의 시베리아 침략 가능성, 다시 말해 일본이 러시아의 극동지역을 점령하는 문제가 런던, 워싱턴, 파리, 도쿄 사이에서 활발하게 논의됐다. 그러나 이 계획은 미국의 반대로 실현되지 못했다.[23]

비록 짧은 기간이었지만 한동안 미국과 소비에트 러시아의 동맹 가능성이 논의됐다.[24] 트로츠키는 미국의 원조를 공식적으로 요청했다. 자크 사둘은 트로츠키의 부탁이 없었지만 트로츠키를 대신해서 이 문제를 떠맡았다. 2월 2일[25] 눌렁 씨는 트로츠키에게 전화를 걸어 "당신들이 독일에 저항하면 프랑스의 군사·재정 지원에 의지할 수 있을 것이오" 하고 말했다. 사둘이 애를 썼지만, 이런 지원은 사실상 하나도 성사되지 않았다.

위험에 부딪힌 사회주의 조국

러시아–독일 전선은 리가에서 드니에스테르 강변의 카메네츠–포돌스크까지 사실상 일직선으로 펼쳐져 있었다. 협상이 중단된 지 8일 뒤인 2월 18일 호프만 장군은 적대 행위를 일주일 전에 알려야 한다는 휴전 조항을 위반하고 소비에트 정부에 전시 상황 재개를 통보했다. 독일의 우익 신문은 러시아에 질서를 회복시켜야 한다며 공격을 정당화했다. 바이에른의 레오폴트 공은 자신의 군대에게 연설할 때 정복이 아니라 볼셰비즘이라는 전염병을 일소하려고 싸우는 것이라고 강조했다. "독일은 지금부터 동방의 역병에서 유럽 문화를 보호하는 방어벽이 돼야 한다." 반면에, 루덴도르프는 소비에트 권력을 무너뜨리려고 덤비지는 않았다. 그때는 전혀 알려지지 않은 사실이었으나, 지금은 익히 알려져 있듯이 그의 군대는 소비에트 권력을 감당하기가 아주 벅찼을 것이다. 그는 우크라이나를 점령하려 했고, 러시아에 "단기적이고 결정적인" 타격을 가하고자 했다. 그런 타격으로 러시아의 모든 포대와 물자를 통제할 수 있을 것이고, 그래서 러시아가 짧은 기간에 군대를 다시 창설할 수 없게 만들고자 했다.

독일군의 공격은 아무 저항도 받지 않았다. 독일군은 철도를 이용해 총 한방 쏘지 않고 전진했다. 독일군은 며칠 만에(2월 18일에서 24일까지) 레발과 레지차, 드빈스크, 민스크를 점령했고 우크라이나로 쳐들어갔다.

끔찍한 나날이었다. 독일이 공격을 선언하자 인민위원회는 오스트리아·독일 측에 강화에 동의한다는 전보를 쳤다. 모두들 동맹국 진영이 답변하지 않을 것이라고 생각했다. 모호한 대답이 베를린에서 날아왔다. "당신들의 제안을 서면으로 제출하시오." 대체로 사람들은 독일군이 지금 러시아가 아니라 소비에트와 싸우고 있으며, 심지어 러시아에 구체제를 부활시키기로 연합국과 합의했을지도 모른다고 생각했다. 또한 독일군이 소비에트 영토의 대부분을 점령하려고 하며, 페트로그라드도 거기에 포함될 것이라고도 했다. 남아 있던 마지막 러시아 부대는 퇴각 시 무기와 군수품을 파괴하라는 인민위원회 지시도 묵살한 채 독일군과 마주치자 정신없이 후퇴했다. 독일군이 강화 제안을 거절하면, 소비에트는 점령지에서 빨치산 전투를 전개할 수밖에 없었다. 다른 대안은 없었다. 2월 21일 소비에트는 "사회주의 조국이 위기에 처했다"고 선언했다.

혁명적 방어를 위해 국가의 병력과 자원을 모두 동원하라는 명령이 떨어졌다. 이 명령에 따라 모든 위치를 마지막까지 방어해야 했다. 독일군이 전진해 오기 전에 모든 철로를 파괴하고, 비축해 둔 식량과 군수품, 유용한 물품도 모두 적군이 이용하도록 방치하지 말고 없애버려야 했다. 군대 기술진의 지시에 따라 참호를 구축하려고 도시 주민들을 동원해야 했다. "자본가계급에 속하는 건강한 성인 남녀는 모두 이들 부대에 협조해야 한다. 저항하면 모두 총살될 것이다." 혁명적 방어에 적대적이고 독일의 침공이나 반(反)혁명에 동조하는 모든 조직의 출판물 간행을 금지하고 이런 잡지의 직원들을 방어 임무에 동원해야 했다. "적의 앞잡이, 투기꾼, 강탈자, 건달, 반혁명 선동가들을 즉석에서 사살해야" 했다. 이런 문서에서 적색 테러의 시초가 발견된다. 적색 테러는 프랑스혁명에서도 그랬듯이, 외국의 침략과 아주 심각한 위험 때문에 시작됐다.

그러나 농민들은 싸우려고 하지 않았다. 레닌은 이 사실에서 자신의 '숨 돌릴 틈 이론' 전체를 찾아냈고, 이 점에서 그는 옳았다. 독일군은 어떠한 저항도 받지 않은 채 전진했고 막대한 전리품을 얻었다. 이들은 일주일에 200~300킬로미터씩 전진했다. 이따금 적위대의 저항이 있었지만, 그런 저항도 결국은 무위로 끝나고 말았다. 농민 출신 병사들의 수동적 태도는 노동자들의 열기와는 대조적이었다. 노동자들은 싸울 수 있을 만큼 자랐다고 생각한 아이들과 아내를 데리고 공장 전체 단위로 스몰니로 몰려왔다. 지난해의 열렬한 애국주의자들 몇 명만이 독일군을 해방자로 환영했다.

남부 지역에서는 적위대가 안토노프-오프세옌코의 지휘 하에 뛰어난 전과를 올리고 있었다. 이들은 로스토프를 장악했고, 칼레딘은 패배했다. 베사라비아 전선의 적군은 루마니아군을 격파하고 오데사를 안전하게 방어했다. 또한 실제로 테러가 일어나지 않았다는 점도 중요하다. 대중은 자신들이 원치 않은 전쟁을 위한 테러를 지지할 마음이 없었던 것이다.

페트로그라드에서 257킬로미터 떨어진(러시아에서는 그렇게 먼 거리가 아니다) 프스코프가 점령되자 수도의 많은 사람들은 경악을 금치 못했다.

3월 1일에는 새로운 소비에트 대표단이 브레스트리토프스크에 도착했지만 이들은 상황을 전혀 호전시킬 수 없었다. 독일군은 자신들이 정한 3월 4일까지 강화가 실제로 체결되지 않는 한 공격을 중단하려 하지 않았다. 소비에트 대표들은 독일군이 최대한 멀리 러시아 영토로 침입하려고 소규모 돌격 부대들을 이용하고 있는데, 이런 부대는 쉽사리 격퇴할 수 있을 것이라고 자국 정부에 보고했다.

사실, 독일의 공격은 근본적 한계가 있었다. 빨치산 전투, 도로 파괴, 보급로 확보의 어려움, 러시아 주민들의 정서, 침략군 후방에서 형성되는 소규모 단위의 적군, 독일과 오스트리아 국내의 파업과 기근, 불만 고조 등 이 모든 요인들 때문에 독일군 사령부는 공격을 시작한 첫 주의 끝 무렵에 벌써 힘들고 위험한 대규모 장기전에 부딪혔다. 독일군은 낯선 나라에서 전에 마주쳤던 적과는 전혀 다른 적들과 싸우고 있었다. 이들이 러시아의 신속한 항복을 목표로 세운 모든 계획은 이제 흐릿해졌다.

레닌이 승리하다

독일이 전쟁을 다시 시작하겠다고 선언하자, 레닌은 2월 17일 중앙위원회 회의에서 강화안을 즉시 수락하자고 제안했다. 이번에는 오직 한 표 차이였지만 그는 여전히 소수파였다. 부하린, 트로츠키, 이오폐, 크레스틴스키, 우리츠키, 로모프는 반대했고, 스베르들로프, 소콜니코프, 스밀가, 스탈린은 레닌에게 찬성했다.

독일이 공격을 개시한 18일, 중앙위원회는 두 차례 회의를 열었다. 두 명이 각각의 견해에 대해 발언했다. 문제를 바라보는 두 명의 시각은 너무나 달랐다. 한 사람당 5분의 연설 시간이 주어졌다. 그리 길지 않은 시간이었다. 첫 번째 회의에서 레닌은 7 대 6으로 패배했다. 레닌은 곧바로 협상을 재개하자는 견해였다. 지노비예프가 레닌에 동의했고, 부하린과 트로츠키가 반대했다. 두 번째 회의에서 트로츠키는 중앙위원들에게 독일이 드빈스크를 점령하고 우크라이나를 침공했다고 보고했다.

[레닌은 이렇게 말했다 — 세르주] 우리는 우리 자신의 의도와는 정반대로 혁명전쟁을 치르고 있다. 전쟁은 장난이 아니다. 여러분이 이런 끔찍한 태도를 계속 유지한다면 이 도박 때문에 혁명이 필연적으로 붕괴되는 위기가 닥칠 것이다. 게다가 이오페가 브레스트에서 보고한 바에 따르면, 독일에서 혁명이 시작될 조짐이 전혀 없다는 것이다. 독일이 우리의 상점과 철도를 장악하는 동안 우리는 여기서 탁상공론만을 일삼고 있다. 즉, 우리는 무너지고 있다. … 역사는 여러분이 혁명을 포기했다고 기록할 것이다! 우리는 강화를 체결하고 전쟁을 교묘히 피할 수도 있었다. 그러나 우리에게는 아무것도 남아 있지 않고, 게다가 우리는 아무것도 할 수 없다. …
농민들은 전쟁을 바라지 않기 때문에 싸우지도 않을 것이다. 그러므로 영구적인 농민 전쟁은 유토피아에 지나지 않는다. 혁명전쟁은 말로 하는 게 아니다. 전쟁을 준비할 수 없다면 강화조약에 도장을 찍어야 한다.
우리가 독일군에게 핀란드, 라트비아, 에스토니아를 넘겨준다고 해서 혁명이 끝나는 것은 아니다.[26]

사태 전개 과정에서 레닌의 현실주의가 옳았음이 입증됐다. 이번에는 그가 7 대 6으로 이겼다. 레닌이 다수파가 된 것은 트로츠키의 표 때문이었다.[27] 레닌도 중앙위원회도 트로츠키의 모순을 비난하지 않았다. 그는 레닌과 함께 독일군에 보내는 무선전보 내용을 작성하는 일을 맡았다. 트로츠키가 서구 노동계급에게 입증하고 싶었던 일이 이루어졌다. 그가 그렇게도 바라던 기회가 생긴 것이다.

상황은 시시각각 나빠졌다. 독일군은 신속하게 답변하지 않고 막대한 전리품을 얻으면서 계속 전진하며 공격하고 있었다. 모스크바 지역의 좌파 투사들이 "당 내외에서 선전·선동의 자유를 확보하려고" 직책을 사임하자 당은 분열됐다. 사퇴한 사람들 중에는 로모프, 부브노프, 우리츠키, 퍄타코프도 있었다. 이것은 틀림없이 분열을 향한 첫걸음이었다. 당 신문은 침묵을 지켰다. 이틀 뒤, 사퇴한 사람들은 좌파 잔류자들과 함께 생각을 바꿔 당대회에 호소하겠다고 선언했다.

2월 22일 트로츠키는 연합국의 제안을 중앙위원회에 보고했다. 이 제안은 러시아가 독일과 싸우면 프랑스와 영국이 기꺼이 원조하겠다는 내용이었다.

트로츠키는 소비에트 외교정책의 독자성이 보장되는 한 마땅히 이런 제안을 받아들여야 한다고 생각했다. 부하린은 이 제안을 거절하자고 주장했다. 레닌은 회의에 참석하지 않았으나 서둘러 종이에 몇 자 적어 보냈다. "나는 영국·프랑스 제국주의 도당의 지원과 무기를 받아들인다는 쪽에 **찬성표**를 던집니다 — 레닌."[28] 중앙위원회의 표결 끝에 6 대 5로 연합국의 제안이 수용됐다.

2월 23일 중앙위원회는 소비에트의 각서에 대한 폰 퀼만의 답변을 논의했다. 폰 퀼만은 꽤 가혹한 강화 조건을 제시했다. 즉, 러시아는 발트해 지역 전체, 폴란드, 리투아니아, 에스토니아, 우크라이나, 핀란드의 분리를 인정해야 한다는 것이었다. 레닌은 늘 그랬듯이, "혁명적 미사여구나 늘어놓는 정치는 끝났다"고 단호하게 선언했다. 레닌은 그런 정치가 계속된다면 즉시 정부와 중앙위원회에서 사임하겠노라고 덧붙였다. 그는 "만일 여러분이 혁명전쟁을 바란다면 그렇게 하시오" 하고 말했다. 트로츠키는 당이 분열하면 혁명전쟁이 불가능해질 것이라는 판단 때문에 강화 교섭에 동의한다고 말했다. 그러나 투표에는 기권했다. 레닌의 주장이 7 대 4로 승리했다.[29] 4명은 기권했다.

강화조약

소콜니코프, 페트로프스키, 치체린, 카라한, 이오페는 브레스트리토프스크로 가서 독일대사 폰 로젠베르크와 호프만 장군을 만났다. 이번에는 소비에트 대표들이 어떠한 협상도 거부했다. 소콜니코프는 "우리는 조금도 지체하지 않고 강화를 체결하려고 여기에 왔다. 우리는 폭력으로 강화를 강요당하고 있다"고 선언했다. 3월 3일 회담에서 그는 다시 한 번 "우리가 서명하는 이 강화는 우리를 총으로 위협해 따르도록 강요한 것이다. 혁명 러시아는 이를 악물고 이 강화안을 받아들일 수밖에 없다"고 말했다. 소콜니코프는 잠시 동안 침략자의 특성과 계급적 본질을 솔직히 비난하고 나서 "어떠한 토론도 쓸모없는 것이고, 아울러 어떠한 토론도 거부한다"는 말로 끝맺었다.

30개 항으로 구성된 조약의 기본 조항은 다음과 같다. 양측 "정부나 군대"에 대한 선동을 모두 중지하기로 약속하고, 새로운 소비에트 군대를 포함한 러시아군을 해산하고, 러시아의 새로운 서부 국경에 위치한 국가(모든 발트해 연안국과 폴란드)에서 일어나는 사건에 일절 간섭하지 않고, 러시아군이 소아시아 지역에서 철수하고, 우크라이나 인민공화국과 이 나라가 동맹국과 체결한 조약을 소비에트가 승인하고, 러시아가 핀란드·알란드섬에서 철수하고(이것은 핀란드혁명의 희생을 뜻한다), 서로 전쟁 배상금을 지급하지 않는다. 그러나 러시아는 러시아인 전쟁 포로 부양 비용과 혁명으로 오스트리아와 독일인들이 입은 손실에 대한 보상금(총 30억 루블)을 동맹국 측에 지급해야 했다. 전쟁 포로는 지체 없이 교환됐고, 이 덕분에 독일은 병력을 충원할 수 있었다. 상업과 영사 관계가 재개됐다.

일단 강화조약이 체결되자, 독일군은 계속 전진해 우크라이나로 쳐들어갔다. 우크라이나가 조약으로 보호받고 있었지만 독일군은 곧바로 돈, 크림반도, 캅카스로 진격했다.

미사여구가 아니라 인내를

　이와 같은 혁명기의 레닌의 정책은 철저하게 연구할 만한 가치가 있다. 레닌은 언제나 그랬듯이, 〈프라우다〉의 기사와 중앙위원회 회의에서 열심히 자신의 주장을 개진했다. 레닌의 주장은 좌익공산주의 경향에 반대되는 논지로 일관하고 있다. 그는 2월 21일자 〈프라우다〉에 실린 글 "혁명적 미사여구에 관하여"를 통해 좌익공산주의의 테제를 논리정연하게 반박하기 시작했다. 레닌의 주요 논지를 인용해 보자.

　혁명적 미사여구는 대체로 여러 혁명정당들이 앓는 일종의 질병과 같다. 혁명정당들이 노동계급과 프티부르주아적 요소의 혼합으로 고통받을 때, 또는 사건의 전개 과정이 필연적으로 첨예한 전환을 겪을 때 이 병이 찾아온다. 혁명적 미사여구는 특정 순간이나 상황 등의 객관적 조건과 무관하게 되풀이되는 혁명적 구호들로 이루어져 있다. 이 구호들은 뛰어나고, 감동을 주며, 열광적인 분위기를 불러일으키기는 하지만 어떠한 근거도 없는 것이다. 문제의 본질은 여기에 있다.

　레닌은 모스크바와 페트로그라드 당 조직이 혁명전쟁을 옹호하면서 전시에 그저 동원 해제에 반대하는 것 말고는 아무 일도 하지 않는다고 말했다. 과거의 군대는 이미 없어졌고, 새로운 군대는 거의 창설되지도 않았다. 좌파가 그렇게 무수히 남발했던 말들은 순진한 감정을 표현한 것일 뿐이다. 이들의 논리는 한심하기 그지없는 것이었다. 이들은 1792년 혁명 프랑스의 사례를 들며 설득하려 애썼다. 그러나 프랑스는 경제 혁명을 이루고 난 **뒤에야** 비로소 전쟁에 나섰다. 프랑스혁명 때는 "경제적으로나 정치적으로 후진적인 여러 민족이 전쟁으로 피폐해진 적도 없고 게다가 이제 막 토지와 자유를 얻은 한 민족과" 서로 맞붙었다. 그러나 러시아에서 우리는 막 전쟁을 끝냈을 뿐이고 혁명은 거의 시작되지도 않았다. 우리 농민들은 "아직도 자유로운 노동, 말하자면 지주와 전쟁의 재앙에서 해방된 노동을 단 1년도 해 본 적이 없다. … 반면에, 프랑스에서는 봉건 체제가 무너지고, 부르주아적 자유가 튼튼히 자리 잡고, 만족한 농민층은 봉건 체제의 토지를 향해 달려들었다. 이것이 1792~93년의 군사적 기적을 낳은 경제적 바탕이었다."

독일이 코앞에 닥친 국내 혁명 때문에 전쟁을 도발하지 못할 것이라고들 한다. 그러나 1917년 6월에 우리는 어떠했는가? 혁명이 잇달아 터졌지만 우리는 러시아 자본가계급이 [전쟁] 공세에 나서지 못하도록 막지 못했다. 독일혁명은 무르익고 있다. 그렇다고 해서 이 혁명이 이미 완숙 단계에 이르렀다고 주장한다면, 이 말은 허튼소리나 다름없다.

우리가 전쟁을 벌여서 리프크네히트에게 도움을 줄 것이라는 말도 들린다. 그러나 훌륭한 군대 없이 전쟁을 일으키는 것은 말짱 헛일이다. 필요한 힘을 갖추지 않고 전쟁에 나서는 것은 완전한 모험주의다.

우리의 힘이 10월보다 약하다고도 한다. 그러나 대중은 우리 편이며, 우리는 이를 알고 있다.

단독 강화조약의 경제 관련 조항 때문에 우리가 망하지 않을까? 독일 제국주의는 점점 더 약화하는 반면에, 우리의 자원은 다달이 증가하고 있다. "가장 불리한 강화라도 우리에게는 벨기에 전체보다 몇 백 배 더 낫다."

강화는 비참하고 불명예스러운 것이다. 우리가 정말 폴란드, 쿠를란트, 리투아니아, 라트비아를 독일에 넘겨주면서 이들을 배반하려는 것일까? 아니, 그렇지 않다. 사회주의의 이익은 민족의 자결권에 앞서기 때문이다.

"상투적인 혁명적 문구에 따르면 반드시 전쟁을 할 수밖에 없다. 그래서 사람들은 언제부턴가 혁명전쟁을 부추기는 잘못된 혁명적 문구 때문에 혁명이 파괴된 비참한 진실을 더는 이야기하지 않으려 할 것이다."[30]

다음날, 레닌은 같은 주제를 다룬 "옴"이라는 제목의 글을 카르포프라는 평범한 가명으로 발표했다. 그는 "미사여구나 늘어놓는 것은 마치 옴과 같이 끈질긴 병을 앓는 것과 마찬가지"라고 썼다. 이 기사의 일부는 동맹국과의 전쟁에서 영국의 지원을 받는 것을 원칙의 포기라고 생각하는 좌파의 주장을 반박하는 내용이다. 케렌스키가 정복 전쟁을 지속시키려던 연합국 강도들에게서 무기를 사들인 것과 사회주의 러시아가 빌헬름 2세의 전쟁에서 자신을 방어하려고 똑같은 연합국 강도들한테서 무기를 사들이는 것의 차이를 구별할 수 없단 말인가? 차이점은 도둑질을 위한 살인 행위와 자기방어를 위한 살인 행위의 차이와 같다.[31]

2월 23일 발표한 "강화인가 전쟁인가?"라는 글에서 레닌은 "비록 혹독한 조건이 달려 있지만 즉시 강화에 반대하는 사람은 누구든지 소비에트 권력의 패배를 위해 활동하는 것과 마찬가지라는 사실을 분명히 해야 한다"고 썼다.[32]

2월 25일 발표한 세 번째 글 "고통스럽지만 필요한 교훈"에서 레닌은 혁명전쟁이라는 이데올로기가 어디서 나왔는지를 밝혔다. 국내에서 혁명이 손쉽게 승리하자 사람들은 흥분했다. 독일이 공격한 며칠 동안의 교훈은 가혹했지만 그럼에도 꼭 필요한 것이었다.

지난 며칠 동안 정부가 받은 전보는 교훈이라는 측면에서 아주 대조적인 두 부류였다. 한 부류는 매우 '단호한' 혁명적 문구들을 쏟아내고 있었다. … 다른 종류의 전보는 자기 위치를 방어하지 않은 연대에 대한, 또 후퇴하기 전에 모든 물자를 파괴하라는 명령을 실행하지 못했다는 매우 슬프고도 부끄러운 보고들이었다. 패주는 말할 것도 없고 혼란, 무능력, 무력함, 낭비만이 남아있었던 셈이다.

군대가 없는데도 강력한 적과 전투를 벌이는 것은 범죄다. 그러므로 강화는 항복이 아니라 진지한 전쟁 준비를 위해 필요한 것이다. 우리는 선진 제국주의 나라들에서 사회주의 혁명이 일어나도록 도울 수 있어야 한다. "준비가 갖추어지지 않은 소비에트 사회주의 공화국을 전쟁으로 내몰아 적들의 치명적 공격에 내맡긴다면, 이 혁명은 손상될 수밖에 없다. '전 세계에서 사회주의가 승리할 것이라고 굳게 믿는다'는 우리의 위대한 구호를 공문구로 만들 수는 없다. 그러나 아무리 이상적인 진리일지라도 모든 구체적 상황에 무차별 적용하면 기껏해야 허튼소리에 지나지 않을 뿐이다."[33]

레닌의 사상을 트로츠키가 상세히 설명한 내용을 참고하면 이해하는 데 도움이 될 것이다.[34] 트로츠키는 레닌을 탁월한 현실주의자이며 모든 모험가들의 불구대천 원수로 묘사했다. 레닌은 결코 희망을 포기하는 법이 없고, 신념과 명확한 의지를 견지한 사람이었다. 또한 어떤 사태가 터지더라도 흔들리지 않았고, 결국에는 승리를 쟁취하고야 마는 사람이었다.

만일 독일군이 계속 전진해 온다면 어떻게 할 겁니까? 트로츠키가 레닌에게 물었다. 만일 독일군이 모스크바로 쳐들어오면 어떻게 할 겁니까?

그런 일이 벌어지면, 우리는 우랄산맥 동부 지역으로 후퇴할 것이오. 쿠즈네츠크 탄광은 석탄이 풍부한 곳이오. 우리는 우랄의 공업과 쿠즈네츠크의 광산을 기반으로 우랄 지역의 노동계급과, 우리와 합류할 페트로그라드와 모스크바 노동자의 지원을 받아 우랄·쿠즈네츠크 공화국을 세울 것이오. 우리는 살아남을 것이오! 만일 필요하다면 우리는 우랄 지역을 지나 더욱 먼 곳으로라도 이동할 것이오. 우리는 캄차카 같이 먼 곳으로 곧장 갈 수도 있소. 그러나 우리는 살아남을 것이오! 국제 정세에 많은 변화가 일어날 것이고, 우리는 우랄·쿠즈네츠크 공화국에서 모스크바와 페트로그라드로 돌아올 것이오. 그러나 우리가 쓸데없이 혁명전쟁에 집착한다면, 그리고 노동계급과 당의 핵심이 학살당하도록 방치한다면, 우리가 돌아올 곳은 어디에도 없소.

당면 과제와 전술

10월 혁명은 브레스트리토프스크를 통해 국제 무대에 등장해, 공식적으로는 해체됐지만 여전히 주요 구실을 하고 있던 연합국들의 세계 제국주의와 마주하게 됐다. 레닌은 이런 국면의 본질적인 목적을 간파했다. 그것은 **혁명을 구하고 시간을 버는** 것이다. 시간을 버는 것은 혁명을 구원한다는 말이었고, 혁명은 제국주의 동맹 내부에서 위기가 무르익는 동안 힘을 얻을 수 있을 것이다. 레닌의 전술은 이런 생각을 확고하게 반영하고 있었다. 그의 정책은 냉철하고 확고한 현실주의의 영향을 받은 것이었다. 어떠한 열정의 폭발조차도 그런 현실주의의 예리함을 둔화시키지 못했다. 국내에서 혁명이 눈부신 승리를 거두어도, 독일과 오스트리아에서 대파업이 일어나도, 심지어 동맹국에 최초로 소비에트가 출현해도(혁명의 전조), 현실을 바라보는 그의 명확한 안목을 흐릴 수는 없었다. 즉, 레닌은 독일에서는 혁명적 위기가 아직도 미숙한 단계에 머물고 있으며, 오스트리아·독일 제국주의가 여전히 강력하다는 사실을 또렷이 인식하고 있었다. 따라서 그는 독일혁명에 의지하는 것은 러시아혁명 자체를 위험에 빠트릴 수 있다고 결론지었다. 레닌의 현실주의는 그가 적의 힘을 과대평가하는 **근본적** 경향을 전혀 보이지 않았다는 점에서 더욱 인상적이었다.

근본적 경향 따위는 없었다. '우랄·쿠즈네츠크 공화국'에 관한 견해는 이런 점을 증명하고 있다. 레닌이 혁명전쟁을 주장한 사람들에 대해서는 거의 최후통첩에 가까울 만큼 단호하게 반대한 반면 트로츠키의 테제에 대해서는 비교적 가볍게 반대한 것도 마찬가지 경우다. 레닌은 소비에트 권력이 약하다는 점을 예리하게 인식했고, 그렇기 때문에 독일이 공격해 오면 소비에트 권력이 붕괴할 수 있다고 생각했을 것이다. 오늘날 우리는 중부 유럽 제국들의 국내 상황이 꽤 심각했고, 이들이 우크라이나를 점령했을 때 얻은 이득은 보잘것없었던 반면에, 엄청난 난관에 봉착했다는 사실, 공산화한 러시아의 생명력이 참으로 경이로웠다는 사실을 잘 알고 있다. 심지어 침략자들이 수도를 점령했더라도 그것이 소비에트 정권의 붕괴를 뜻하지는 않았을 것이라는 사실, 간단히 말해 그때 독일 제국주의가 더는 러시아혁명을 무너뜨릴 수 있는 처지에 있지 않았다고 결론지어도 좋을 것이다.

이때 트로츠키 노선을 이해하려면 이런 현실을 기억해야 한다. 트로츠키는 혁명적 가능성을 모두 소진시키고, 오스트리아·독일 제국주의에 대한 볼셰비키의 비타협성을 서구의 노동계급에게 확신시킨다는 이중의 목표를 추구하고 있었다. 중부 유럽 제국은 브레스트리토프스크 강화조약이 체결되고 난 뒤 9개월 동안이나 버텼다. 1918년 11월이 되자, 1월과 2월에 이들 나라에서 일어났던 혁명의 기회를 과대평가하는 과오를 범했음이 입증되고, 이 점에 대한 레닌의 주장이 옳았음도 확인됐다. 그러나 서구 노동자들에게 오스트리아·독일인들에 대한 볼셰비키의 의도를 확신시킬 필요성은 여전히 남아 있었다.

무시무시한 전쟁의 광기가 아직도 유럽과 미국의 대중을 휩쓸고 있었다는 점을 염두에 둬야 한다. 모든 연합국의 노동계급 안에서 애국주의적인 공식 사회주의가 여전히 다수를 차지하며 굳건하게 버티고 있었다. 러시아혁명에 공감하는 소수의 목소리는 거의 들리지 않았다. 프랑스의 바렌느, 르노델, 상바, 알베르 토마 같은 늙은 사회주의자들은 연합국이 러시아에 간섭하는 것을 점차 노골적으로 지지했다. 통합사회당[35] 의원단은 볼셰비키에게 경고와 충고와 비난이 뒤섞인 글을 보내 단독 강화를 체결하지 말라고 요구했다. 부르주아 언론은 하나같이 볼셰비키를 독일 첩자들로, 브레스트리토프스크 협상을 통상적 광대놀음으로 묘사했다.[36] 이들 나라 대중의 눈에는 러시아인들이 독일 제국주의에 항복하는 바람에 이미 모든 사람들이 증오하는 전쟁을 더욱 연장시킨 장본인들로 보였다(필자는 개인적으로 프랑스 병사들과 이와 비슷한 대화를 많이 나눴다). 만약 대중의 이런 태도가 계속 유지됐다면, 연합국 정부들은 러시아에 대해 직접 대규모 간섭을 할 수 있지 않았을까?

트로츠키의 전술은 이런 심리 상태를 해소하는 데 큰 도움이 됐다. 협상이 중단되고 나서도, 또 브레스트리토프스크에서 소비에트 대표단이 당혹스러운 태도를 보인 뒤에도, 호프만 장군이 비무장한 러시아를 공격한 뒤에도, 그리고 막 전쟁이 시작되려는 찰나에 전 세계가 보는 앞에서 조약이 체결되고 나서도 어떻게 영국이나 프랑스의 노동자가 볼셰비키와 오스트리아·독일 제국주의가 사전에 미리 야합했다고 믿을 수 있겠는가? 라코프스키의 말처럼, "만약 두 번째 안에 따라 브레스트리토프스크 조약에 서명했기 때문에 독일이 공격을 중지한 것이라면, 예전에 첫 번째 조약의 체결을 거부함으로써 우리는 꽤 오랫동안 연합국의 공격을 피할 수 있었던 것"이 아니겠는가.[37]

루덴도르프의 회고록과 브레스트리토프스크에서 독일 대표들이 했던 여러 발언들을 살펴보면, 오스트리아군과 독일군이 러시아에 대한 공격을 주저했다는 사실을 알 수 있다. 헤르틀링 총리와 폰 퀼만 남작은 국내 상황을 볼 때 공격해서는 안 된다고 말했다. 장군들은 황제가 지원한 덕에 승리할 수 있었다. 하지만 동맹국들이 현재 상태를 그대로 수용하는 방안을 진지하게 고려했다는 것은 분명한 사실이다. 따라서 '강화도 전쟁도 아닌' 노선은 성공할 가능성도 있었다고 하겠다.

이와 반대로, 좌익공산주의자들과 대다수 좌파 사회혁명당이 지지했던 혁명전쟁은 불가능했다. 간단히 말해, 이 전쟁은 성공할 수 없었다. 이런 사실은 이미 독일이 매우 쉽사리 침공할 수 있었다는 사실을 통해 분명해졌고, 붉은 군대 창설에 따르는 난관을 보면 더욱 분명해진다. 이런 전술의 이면에 있는 근본 목적은 무엇인가? 이 전술은 여러 원칙을 통일시키고, 적극적인 개입으로 독일혁명을 재촉한다는 목적이 있었다. '부끄러운', '불명예스러운' 등등의 단어를 빈번하게 사용한 데서 보이듯, 이 두 목적 가운데 첫 번째 것은 참된 노동계급 현실주의와는 동떨어진 추상적이고 교조적인 명예 개념에서 나온 것이다. 혁명적 명예는 어쩔 수 없는 패배를 받아들이지만 그러면서도 투쟁을 포기하지 않을 때는 전혀 문제가 되지 않는다. 두 번째 것은 낭만적이라고 할 만한 정서가 주된 원인이다. 어느 한 나라에서 계급투쟁의 마지막 고비를 재촉하려고 혁명적 간섭을 추진한다는 원칙에는 비난받을 만한 요소가 전혀 없다. 또 간섭하지 않을 경우에 파괴적 결과가 초래될 가능성이 있다면, 간섭은 시의 적절하게, 그리고 현실적인 힘을 사용해 이루어져야만 한다. 브레스트리토프스크 협상이 진행되는 동안 추상적이고 비변증법적인 주장, 격양된 감정, 위험한 교조적 사상으로 일관한 좌익공산주의 안에서도 이런 현상들 바로 밑에는 좀 더 나은 경향이 나타났을 수도 있다. 기회주의에 대한 우려도 볼 수 있다. 그러나 볼셰비키당 안에서 우파의 경향이 표출된 적이 사실상 없었으므로 그런 우려는 근거 없는 것이었다. 하지만 기회주의에 대한 우려는 여전히 그 힘을 발휘하고 있었다.

우리는 레닌이 좌파의 테제를 비판하는 데 온 정열을 쏟았음을 알고 있다.

[이와 관련하여 트로츠키는 다음과 같이 말했다 ─ 세르주] 당과 혁명이 가망 없는 전쟁에 말려들지 않은 것은 레닌이 일시적으로 굴복할 필요(그 자신이 공식 회의에서 "독일

제국주의와 관련해서 불법행위로 전환하는 것"이라고 표현한)가 있다고 강력하게 제기했기 때문이다. 이 점은 의심의 여지가 없다. 전쟁에 말려들었다면, 2~3개월 뒤 러시아혁명이 총체적으로 무너질 수도 있었다.[38]

노동자 정당의 건강성

당시의 모든 책임은 당에, 더 정확히 말하면 페트로그라드와 모스크바의 지도부에 있었다. 이런 위기 상황에서 두 도시에서는 어떤 일들이 벌어졌을까?

규율이 확립돼 있고, 민주주의에 대한 추상적 숭배와는 거리가 멀었던 볼셰비키당은 이와 같은 중대한 시기에도 여전히 당내 민주주의 규정을 준수하고 있었다. 이 당에서는 공인된 지도자들이 소수파가 되는 일이 흔했다. 레닌의 개인적 권위는 엄청났지만 그렇다고 해서 중앙위원회에서 투사들이 그에게 도전하거나, 또는 저마다 견해를 적극적으로 주장하는 일이 중단되지는 않았다. 중요한 안건은 표결로 처리됐는데, 표결은 근소한 차이, 즉 단 1표 차이나 참석 인원 15명 가운데 7표라는 식으로 결정될 때도 많았다. 소수파는 자신의 생각을 포기하지 않더라도 기꺼이 당의 결정을 따랐다. 레닌은 소수파가 되면 일단 복종하면서 사건의 전개 과정에서 자신이 옳았음이 입증되기를 기다렸고, 원칙을 위반하지 않고 자신의 견해를 꾸준히 펼쳐나갔다. 뜨거운 설전이 오갈 때조차도 객관성은 냉철하게 유지됐다. 뜬소문이나 음모, 개인의 성격도 의견 개진에 전혀 영향을 끼치지 못했다. 투쟁적인 사람들도 정책에 대해 발언할 때는 반대파 동료들을 무시하거나 상처를 주지 않으려고 조심했다. 반대파가 위협받는 일은 결코 없었기 때문에 이런 상황에서 사람들은 보통 예상할 수 있는 최소한의 감정만을 드러낼 뿐, 반대파는 무모한 결정을 곧바로 철회했다.

레닌은 다수파였을 때도 자만하지 않았다. 그는 다른 것에 더욱 마음을 썼다. 반대파를 대하는 레닌의 태도는 관대하면서도 단호했다. 반대파 개개인에 대해서는 관용의 태도를 보였으나, 반대파의 견해에 대해서는 단호했다. 이것은 자유주의적-부르주아 의회주의자들처럼 개인과 그 개인의 사상을 가르는 것이 그의 습관이었기 때문이 아니다. 물론 레닌의 격렬한 비판은 옹졸한 개성 탓도 아니었다. 다른 한편으로, 레닌은 언제나 당에 반대하는 세력에 대한 투쟁과 당내 동지들 사이에서 벌어지는 투쟁에 적용되는 방법과 절차를 구별했다. 레닌이 1917년 초에 활용한 전술도 노동계급의 적에 대한 투쟁과 노동계급 운동 내부 투쟁 사이의 구별에 기초한 것이다.

노동자 정당의 지도자에 대한 레닌의 개념을 자세히 살펴보자. 레닌은 지도자란 모두에게 인정받는 탁월한 자질을 바탕으로 권위를 누리는 사람이며, 소수파가 되는 것을 두려워하지 않고 시류를 거슬러 나아갈 수 있는 단호하고 절제력이 뛰어나면서도 강건한 사람이라고 말했다. 지도자의 사명은 대중을 추종하는 것이 아니라 대중을 일깨우고 이끄는 것이다. 왜냐하면 대중은 지도자들을 통해서 자신들의 의식 가운데 가장 예리하고 날카로운 요소를 표현하기 때문이다. 이런 노동자 정당 지도자 개념은 프티부르주아 계급의 영향을 받고 있던 낡은 기회주의 정당들의 사례와 대비될 수 있다. 기회주의 정당의 지도자들은 대중을 추종함으로써 인기를 얻는 것처럼 보일 수 있다. 그래서 이들은 대중이 전쟁에 반대하고 평화주의적 태도를 취하면 자기들도 그렇게 하고, 대중이 '모든 전쟁의 종결을 위한 전쟁'을 주장할 때면 자기들도 애국자가 되며, 대중이 전쟁에서 패배하고 부상당해 피를 흘리고 돌아오면 '혁명가가 된다.'

당시 볼셰비키당은 부하린이 나중에 묘사했듯이, 진실로 용감한 '철의 군대'였다. 당은 가장 낮은 직위의 당원부터 최고위 당원까지 진취성이 충만한, 또한 오랜 투쟁 속에서 스스로 찾아낸 지도자들을 사랑하고 존경하는, 그러면서도 이 지도자들과 어떻게 대립하고 이들을 어떻게 소수파로 만드는지를 알고 있는 하나의 살아 있는 유기체였다. 당은 진정한 집단 지도부가 있었고(지도부에 집단적 책임을 묻도록 한 레닌의 의도는 매우 가치 있는 것이다), 지나친 권위나 민주주의까지 피할 수 있는 건강한 정치 전통으로 무장하고 있었다. 집단적인 사고 습관과 마르크스주의 교육, 민주적 중앙집권주의의 실천으로 전술상의 이견을 줄일 수 있었다. 중앙은 이끌고 지지를 받아야 한다. 그러나 이런 중앙 자체는 당을 대변하고, 당을 통해 대중을 대변한다.

만일 레닌이 약간 더 권위적인 사람이었다면, 또는 그의 동지들이 조금 더 다혈질이었거나 규율이나 당에 대한 충성, 통일된 정서 등이 약간 부족한 사람들이었다면, 또는 당의 핵심 지도부가 약간 더 엄격했거나, 조금 덜 집단적이었거나, 지식이나 확고한 의지력이 부족했거나, 마르크스주의 의식이 덜 예리했다면, 브레스트리토프스크 협상 기간이나 그 직후에 당의 일부 뛰어난 좌파들은 파괴되든지 일시적으로 쫓겨나든지[39] 영원히 축출될 수도 있었을 것이다. 약간 더 그렇거나 조금 덜 그랬다면 말이다. 지금의 모든 균형은 이처럼 미세한 차이에 달려 있다. 지금까지 설명한 균형은 건강한 노동자 정당의 조건이 될 수 있을 것이다.

최초의 제국주의적 강화가 낳은 결과

브레스트리토프스크의 '부끄러운 강화'는 유럽 노동계급의 무기력 때문에 제국주의 세력에 둘러싸여 고립된 혁명 러시아 노동계급의 불가피한 첫 후퇴였다. 또한 이는 신생 소비에트 국가와 이를 둘러싼 제국주의 환경 사이의 첫 충돌이기도 했다. 이제 러시아혁명은 외톨이가 됐다. 살아남으려면 혁명은 시간을 벌어야 했다. 시간은 결정적으로 중요했다. 당시 러시아혁명은 3개월 안에 패배할 수도 있었다. 따라서 이 3개월을 확보하는 것은 무한한 미래가 열린다는 것을 뜻했다.

유럽의 처지에서 보면 브레스트리토프스크 강화는 첫 제국주의적 강화(이후 부쿠레슈티 조약이 체결됐고, 뒤이어 베르사유 조약이 나왔다)였다. 이 강화는 패전국에 대포로 강요한 것이고, 공개적으로 영토 정복과 경제적 노예화라는 목적을 지향하고 있었다.

동맹국에게 브레스트리토프스크 강화는 비록 어쩔 수 없었다고는 하나 돌이킬 수 없는 실수로 입증됐다. 독일 참모부는 자신의 확고한 논리에 따라 전쟁을 계속해 왔다. 강화조약의 여러 조건들은 독일 참모부가 추구하고 계획하던 강력한 정보를 반영한 것에 지나지 않았다. 일단 둘러싼 장벽이 파괴되고, 우크라이나의 곡물과 도네츠의 석탄, 러시아의 모든 원료를 통해 물자가 확보되면, 또한 전쟁 포로의 귀환으로 전투력이 상승되면 중부 유럽 강대국들이 서부전선에서 승리를 거둘 수 있지 않을까? 독일군 최고사령부가 성취하고자 했던 것이 바로 이것이었다. 3월에 솜므에서 대공세를 취해 아미앵으로 진격하고자 했을 때 루덴도르프가 품었던 희망도 바로 이것이었다. 당시 그는 영국·프랑스 연합전선을 파괴하려고 애쓰고 있었다.

그러나 사실 브레스트리토프스크 협상에 뒤이은 역사의 변증법은 그의 승리를 불가능하게 만들었다. 최초의 제국주의 강화에서 세계인들은 **먼저 독일이 평화를 얻었다**고 생각했다. 러시아혁명과 월슨 대통령의 민족자결주의 선언 등과 같은 사례는 독일 제국주의의 기초를 내부로부터 위태롭게 만들었다. 러시아에 강요된 불명예스러운 강화는 연합국과 중립국 민족들 사이에서 전쟁에 대한 새로운 열의를 불러왔다. 이제 협상을 하겠다는 생각은 무엇이든 완전히 잊혀지게 됐다. 그때까지 아직 결정되지 않았던 타협적인 강화에 관한 구상은 소멸되고 말았다.

이밖에도 러시아의 항복 효과에 관한 오스트리아·독일의 계산이 사건의 진행 속에서 어긋났다는 사실을 지적해야겠다. **제국주의 간 전쟁술**의 대가였고, 프랑스 공군이 폭격 금지 명령을 받았던 브리에 광산이나 점령지 벨기에를 착취하는 데 능숙했던 독일 전략가들은 **계급 전쟁**의 과제가 그들의 능력 밖이라는 사실을 깨닫게 됐다. 이들은 강화 협상 동안 볼셰비키를 전혀 이해하지도 못했고(반면에, 볼셰비키는 독일 전략가들을 이해하려고 진심으로 노력했다), 마찬가지로 자신들이 우크라이나나 러시아 남부를 점령함으로써 낳을 결과를 이해하지도 막지도 못했다. 우크라이나가 독일에 제공한 식량은 독일이 예상했던 것보다 적었다. 그리고 그것도 무수한 희생을 대가로 얻은 것이었다. 러시아 영토를 점령하자 농촌의 혁명적 주민들은 무장을 갖추고 저항했다. 이들의 저항은 프랑스 북부 지방의 저항과는 완전히 달랐다. 독일군은 이 어려운 문제를 해결하려고 전에 편성했던 것보다 더 많은 부대를 배치해야 했다. 점령군은 빨치산에게 시달리고, 혁명의 선전·선동에 흔들리고, 각 지역 주민들과 한바탕 전쟁을 치르느라 기진맥진했고, 군기마저 무너졌다. 러시아에서 본국으로 송환된 포로들은 '볼셰비키화'했다. 정복당한 우크라이나는 독일 제국주의의 첫 번째 무덤이었음이 입증됐다.[40]

제6장_ **휴전과 영토의 축소**

우크라이나 점령

우크라이나의 상황은 급변했다. 라다는 혁명에 저항하면서 연합국과 동맹국에 동시에 원조를 요청했다. 라다는 양측으로부터 지원을 받았다. 프랑스는 우크라이나의 애국자들에게 돈을 보냈다. 이런 애국자들, 이런 구제도와 재산의 방어자들은 실제로는 더 많은 돈을 제시하고 더 강력하다고 입증되기만 하면 어느 나라에건 조국을 팔아넘기려고 혈안이 돼 있는 자들이었다. 연합국 언론은 볼셰비키의 '배반'에 대해서는 엄청난 비난을 퍼붓고 끊임없이 분노를 표명한 반면에, 우크라이나 민족 자본가계급의 실질적 배반은 눈감아 주었다. 그러나 볼셰비키는 독일 제국주의에 맞서 필사적으로 투쟁한 반면에, 우크라이나 민족 자본가계급은 세계 전쟁을 몇 개월 동안이나 연장시켰다. 이런 일화는 정치가, 당 지도자, 여론 형성자들이 역사적 진실과 사실을 얼마나 무시했는지를 매우 잘 보여 준다. 유산계급의 이익만이 그들이 의식하는 유일한 지표였다. 이 이익 때문에 유산계급은 수단과 방법을 가리지 않고 볼셰비키를 비방할 수밖에 없었다. 그런 비방은 나중에 유산계급 자신의 학살을 부르는 서곡에 지나지 않았다. 이 사실은 두말하면 잔소리일 것이다.

2월 9일(구력으로는 1월 27일), 적위대가 키예프에 들어갔다. 이제 우크라이나

라다는 빈니차 지방의 몇몇 도시만을 지배하게 됐다. 그러자 독일이 군대를 동원해서 소비에트에게 라다를 승인하라고 강요했다. 독일군이 라다를 군사적으로 지원한 것은 브레스트리토프스크 조약의 규정에 따른 것이었다. 교활한 살인자이자 모험가였던 페틀류라가 이미 라다의 실질적 지도자로 등장해 있었다. 적군이 키예프로 들어온 바로 그날, 그는 독일의 군사 지원에 대한 보답으로 동맹국과 조약을 체결했다. 이 조약에 따라 페틀류라는 곡물 100만 톤(나중에 216만 톤이 됐다), 밀 18만 톤, 양 3만 마리, 설탕 4만 톤, 기타 여러 가지를 공급하기 시작했다. 그는 독일 점령군에게 필요한 물품을 대기도 했다.

루마니아 전선에서 캅카스 국경 지역에 이르기까지 노동자 적위대와 최초의 소비에트 군대는 이제 막 몇 번의 빛나는 승리를 거두었다. 혁명은 모든 곳에서 승리했다. 2월 8일 '오데사 소비에트 공화국'과 루마니아 전선의 소비에트 집행위원회는 루마니아군 침략자들에게 적대 행위를 중단하도록 강요했다. 오데사 소비에트 공화국과 루마니아 전선의 소비에트 집행위원회는 단 하룻밤 만에 키예프에서 이동해 온 4천 명의 무라비요프 적군의 지원을 받아 이아시 방면으로 진격하기 시작했다. 베사라비아의 루마니아 점령군은 리브니차에서 대패하고 20문의 대포를 잃었다. 이아시의 외교계가 경악하여 중재에 나선 덕분에 루마니아는 3월 8일 러시아-루마니아 전쟁을 종결하는 조약에 서명할 수 있었다. 루마니아는 공식적으로 베사라비아에 대한 요구를 철회했고 이 지역에서 철수하는 데 동의했다. 돈, 크림반도, 쿠반 지역에서 백군이 패배한 것은 바로 이때였다. 수적으로 열세였지만 적군이 승리할 수 있었던 원인은 빈농과 노동계급 주민들이 적군을 자발적으로 지원한 데 있었다.

총 20만 명에서 25만 명에 달하는 오스트리아군과 독일군 보병 29개 사단과 기병 4개 사단이 우크라이나에 진격했을 때 상황이 바로 이랬다. 이런 병력에 대항해 안토노프—오프세옌코와 그의 강직한 부관 퍄타코프, 예브게냐—보시,[1] 무라비요프, 시베르스, 사블린, 키크비제[2] 등은 허술하게 조직된 약 1만 5천 명의 병사를 끌어모을 수 있었다. 이들은 넓은 땅에 몇 명씩 소부대로 분산 배치됐다. 독일군은 여기저기서 고립된 혁명가들의 격렬한 저항을 받았지만 별다른 어려움 없이 이들의 본거지를 무너뜨릴 수 있었다. 사실, 혁명군 측은 병사나 무기가 부족하지는 않았다. 농민들이 침입자에 대항한 모든 저항을 지원하려고 적극 나섰기 때문이다. 부족한 것은 조직뿐이었다. 국가도, 심지어 권위 있는 지방기관도, 훈련받은 간부도, 응집력도 상호 조율도 없었다. 옛 기구들은 모두 붕괴됐고, 이를 계승할 새로운 기구는 혼란의 와중에서 고통스럽게 온갖 시련을 극복하며 이제 막 형성되고 있었다. 무장한 반도들이 사실상 거의 모든 곳에서 날뛰고 있었다. 우크라이나의 값싼 흰 빵을 노리고 러시아 전역에서 모험가들이 몰려들고 있었다. 우크라이나의 농촌 지역과 소도시들은 우크라이나 사회주의자들(민족주의에 어느 정도 감염된)부터 좌파 사회혁명당, 아나키스트들, 반(反)아나키스트들까지 온갖 종류의 허무맹랑한 책략꾼들이 설쳐대기에 안성맞춤인 곳인 듯했다. 모든 정파는 자신의 깃발 아래 조직된 소규모 군대를 보유하고 있었다. 혁명 조직의 이름과 깃발이 봉건적 무장 집단을 그럴듯하게 보이게 하는 경우도 흔했다. 볼셰비키당의 영향력이나 조직이 많이 아쉬웠다. 당내에서는 우크라이나인과 러시아인, 지방의 투사들과 중앙의 투사들 사이에 갈등이 생겨났다. 볼셰비키의 핵심부에서도 민족문제는 아직 해결되지 않았던 것이다.

아나키스트들과 좌파 사회혁명당이 여러 번 함께 활동하며 중요한 구실을 했다. 한동안 아나키스트 바론이 예카테리노슬라프에서 독재를 실시했다. 니콜라예프에서는 아나키스트들이 반란을 일으켰으나, 도시는 독일군에게 넘어갔다. 오히려 시민들이 아무런 도움도 받지 못한 채 4일 동안이나 독일군에 맞서 전투를 벌였다. 엘리자베트그라드에서는 마루샤 니키포로바가 이끄는 무리가 아나키스트의 흑색 깃발을 내걸고 반(反)혁명적 주민들에 대항하여 2주 동안 시가전을 벌였다. 루마니아 전선에서 떨어져 나온 한 무리의 백군 장교들(예를 들면, 드로즈도프스키 부대)이 쿠반으로 가려고 우크라이나를 통과하고 있었다. 독일이 진군하기 전에 퇴각해서 볼가에 진지를 구축하라는 연합국의 명령을 받은 체코슬로바키아 군단은 대부분 우크라이나 중심부에 모여 있었다. 우크라이나 지역의 독일인 거주자들은 반란을 일으켰다. 페틀류라의 민족주의 사령부인 하이다마키는 농촌 지역 여러 곳에 거점을 확보하고 있었다. 기관총으로 무장한 농촌은 모든 침입자들에게 격렬하게 대항하며 자기 지역을 방어했다. 도네츠 노동자 공화국 같은 지역 공화국이 수립됐다. 적군 여단들은 군기가 전혀 없는 데다 술에 만취하는 일이 많았고, 결국은 총살당하는 여러 모험가의 지휘를 받는 일이 잦았기 때문에 지역 주민들 사이에서 소비에트의 권위가 실추돼 있었다. 도처에서 총살과 약탈과 암살이 자행됐다. 강력한 부대조차 적을 만나면 총 한 방 제대로 쏘지 못하고 후퇴해 버리기도 했다. 푸티블레에서 독일군 2개 연대를 저지했던 적군 제35여단처럼 몇 안 되는 병사들이 뛰어난 항전을 펼친 적도 있었다. 로자바야 철도 교차점에서 레닌 대대 병력 전체가 적군의 퇴각을 엄호하다 전멸당한 사례도 있었다.

이와 같은 무서운 혼란의 와중에는 개인의 비범한 능력도 혁명 투쟁에 큰 도움이 된다. 이때 옛 볼셰비키 투사였던 예브게냐 보시라는 여성이 그런 탁월한 인물로 떠올랐다.[3] 불공평한 운명 탓에 보시는 이름이 거의 알려지지 않았다. 동궁 점령을 지휘했던 추드노프스키가 죽은 것도 그즈음이었다.

전투는 대부분 철로를 따라 전개됐다. 무장열차는 작전 기간 내내 중요한 구실을 했다. 독일군의 진군 단계는 주목할 만하다. 이들은 3월 14일

체르니고프, 3월 16일 키예프, 3월 30일 폴타바, 4월 10일 헤르손, 4월 20일 크림반도, 5월 6일 로스토프나도누를 따라 진군했다. 결국, 독일군은 곡창지대를 따라 진군한 셈이다. 독일군은 농부들에게서 강제적으로 빼앗을 것이 더는 없게 되자 진군을 중단했다. 한 무더기로 묶여 채찍질 당하거나 고문당한 농민들, 산 채로 매장된 농민들에 대한 이야기가 무성했다. 자본가계급과 프티부르주아 계급의 열렬한 환영을 받았던 점령 정권은 곧 테러 정권으로 변모했다. 우크라이나 농민들은 테러 정권에 은밀하게 산발적으로 저항해서 침략자들의 힘이 빠지게 만들었다. 아주 작은 마을에서도 피가 흘렀다.

핀란드 노동계급의 민주주의 혁명

브레스트리토프스크 조약 체결로 핀란드 노동계급은 희생을 치를 수밖에 없었다.[4] 러시아 혁명가들이 핀란드 노동계급에게 가장 큰 희망을 걸었던 것은 당연한 일이었다. 레닌이 빈번히 강조했듯이, 러시아가 유럽에서 가장 후진적인 나라 가운데 하나였다면, 핀란드는 세계에서 가장 선진적인 나라 가운데 하나였다. 핀란드의 상황은 모든 면에서 사회주의의 가장 손쉬운 승리를 약속하는 듯했다. 핀란드의 관습, 정치 문화, 노동운동의 승리와 심지어 산업 구조까지도 가장 진보한 서유럽 민주주의 나라와 비슷했다.

핀란드 민족은 농노제나 전제주의를 몰랐다. 핀란드는 12세기 이래 스웨덴 영토의 일부였고, 봉건제에 정복당한 일이 전혀 없는 소소유자들의 나라였다. 1809년 나폴레옹과 알렉산드르 1세의 동맹 체결로 핀란드는 러시아에 편입됐다. 핀란드는 대공국(大公國)의 지위를 부여받았으면서도 제국 안에서 광범한 자치권을 누리고 있었다. 대공국이라는 법적 지위가 더 효과적이었던 이유는 핀란드인들이 대공, 즉 러시아의 차르에 대항하여 핀란드를 신중하게 방어할 수 있었기 때문이다. 핀란드는 독자적인 국회, 통화, 우편 제도, 학교, 경찰, 행정 제도를 유지했다. 핀란드는 스칸디나비아 나라들처럼 서구식으로 발전했다. 핀란드인들을 러시아에 동화시키려던 니콜라이 2세의 야만적인 시도는 끝내 핀란드 사회 전체를 러시아에서 더욱 멀어지게 만들었다. 1905년 혁명 때문에 2년 뒤 차르는 핀란드에 헌법을 허용할 수밖에 없었고, 그 덕분에 핀란드 민족은 보통선거를 도입할 수 있었다. 1907년 첫 의회 선거에서 사회민주주의자들은 총 200석 가운데 80석을 차지했다. 1916년 선거에서 사회민주주의자들은 200석 가운데 103석을 차지해 절대 다수파가 됐다. 유권자들은 1일 8시간 노동과 사회 입법화에 대한 현명한 강령에 투표했다.

그 뒤에 사회주의적 의회주의는 위기에 처했다. 무엇보다도, 당시 실시되고 있던 투표라는 방식을 통해 사회주의로 평화롭게 이행할 수 있었을까? 핀란드 자본가계급은 사회민주주의자들이 다수를 차지하는 '적색 국회'에 맞서 케렌스키와 동맹했다. 페트로그라드의 임시정부는 핀란드 의회의 해산을 명령함으로써 차르 체제의 정치 노선을 따랐다. 핀란드 의회는 선택의 기로에 섰다. 헬싱포르스에 있는 의사당의 닫힌 문 밖에서는 러시아 감시인이 보초를 서고 있었다. 그 뒤 선거에서 사회민주당은 비록 득표는(37만 5천 표에서 44만 4천 표로) 늘었으나, 오히려 의석은 줄었다(103석에서 92석으로). 이런 결과가 나온 것은 부르주아 정당이 냉정하면서도 능숙한 속임수를 썼기 때문이었다.

그러나 핀란드 노동계급은 선거 패배를 받아들일 수 없었고, 마찬가지로 핀란드 자본가계급도 불안정한 '승리'에 만족하지 않았다. 모든 문제는 의회 밖의 수단에 의해 결정될 수밖에 없었다. 자본가계급은 오래 전부터 이런 결과를 예상하고, 내전을 위해 만반의 준비를 갖추고 있었다. 내전은 20년 넘게 독일 사회민주당의 형태를 유지해 온 핀란드 사회민주당이 회피하고자 했던 막판 대결이었다. 1914년 이래 핀란드 자본가계급은 제국주의 전쟁을 이용해서 무력으로 핀란드 민족의 독립을 쟁취하려 했다. 독일군 제27 소총대대는 3천 명에 이르는 부자와 유산계급 출신 핀란드 청년들로 이루어져 있었다. 러시아는 핀란드 유산계급의 오랜 숙적이었다. 여러 곳에 비밀 군사학교가 있었다. 차르가 몰락하고 나서 북부 지역에서는 법과 구제도를 유지하려고 소총부대가 자발적으로 조직됐다. 이 부대는 게리히 장군이 이끄는 최초의 백위대인 경호부대로 공식 조직됐다. 이 부대의 사령부는 보트니아만의 바사에 있었다. 한편, 자본가계급은 전쟁 초기에 독일의 침략에 대비해 국가를 보호한다는 명분으로 핀란드에 파견된 러시아군의 철수를 끈질기게 요구했다.

11월 중순경(구력 11월 14일, 신력 11월 27일) 핀란드에서는 10월 혁명의 영향으로 대규모 총파업이 벌어졌다. 총파업의 원인은 빈민층에게만 고통을 안겨준 심각한 기근과 상원이 취한 반동적 정책이었다(당시 상원은 반동적인 스빈후부드의 주도 하에 독재적 지도부를 세우려 했다). 모든 곳에서 작업이 중단됐다. 철도 운행도 중지됐다. 여기저기서 러시아군 병사들의 지지를 받은 노동자 적위대가 관공서를 장악했다. 모든 곳에서 적군과 백군 사이에 유혈 충돌이 일어났다. 의회가 열리고 다양한 문제가 논의됐다. 겁을 먹은 자본가계급은 1일 8시간 노동과 새로운 사회법, 행정부 민주화에 동의했다. 이 모든 법안은 상원을 통과해 하원으로 넘겨졌다. 그러나 노동자들이 승리한 총파업은 반동적인 스빈후부드를 수반으로 하는 부르주아 내각 수립으로 이어지고 말았다! 혁명이 유산된 셈이다. 핀란드 혁명가들이 이때 권력을 잡으려 했다면 어떻게든 잡을 수도 있었고, 또 이 일은 아주 쉬운 것으로 판단됐다. 권력을 장악하는 데는 볼셰비키의 지지가 결정적 요소였다. 그러나 전에 핀란드 사회민주당의 주요 지도자였던 쿠지넨[5] 동지가 나중에 썼듯이, "우리가 성취한 민주주의 성과들이 안전하기를 바랐고, 아울러

의회를 기술적으로 활용해서 이 역사적 전환을 이루려 했으므로 우리는 혁명을 피하기로 결정했다. … 우리는 혁명을 믿지 않았다. 우리는 혁명에 희망을 걸지 않았다." 지도자들의 이런 정서 때문에 핀란드 노동계급의 대의는 엄청난 위험에 부딪혔다.

노동자들이 총파업을 통해 자신들의 힘을 목격했다면, 자본가계급은 총파업에서 위기를 느꼈다. 핀란드 자본가계급은 자신들의 힘에만 의존하면 곧 몰락할 운명이라는 사실을 깨달았다. 스빈후부드는 스웨덴에 개입을 요청했다. 백군은 핀란드 북부 지방에서 서둘러 무장을 마쳤다. 거기에 식량 저장 기지를 세워 놓았기 때문이다. 노동계급의 주요 활동 지역의 기근을 연장시키려고 정부는 신속한 조처를 취했다. 비축된 식량을 노동자들을 위해 쓰지 못하도록 만든 것이다. 핀란드가 독립을 선언했으나 아무 변화도 일어나지 않았다. 스웨덴이나 독일이 간섭할 가능성이 커지면서 노동계급의 불안감도 점점 더 커졌다. 설상가상으로 의회는 부르주아 독재의 필요성을 확실하게 표명한 결의문을 87 대 97로 통과시켰다. 노동자들은 다시 한 번 권력 문제에 부딪혔다. 그러나 조건은 11월 총파업 때보다도 더 융통성이 없었다. 사회민주주의자들이 보기에 이번에는 의회주의적 수단으로 문제를 해결할 수 있는 기회가 모두 사라졌다는 점이 명백했다. 권력 문제를 해결하려면 투쟁할 수밖에 없었다.

1월 14일(신력 1월 27일) 밤 헬싱포르스의 노동자 회관에 적기가 게양됐다. 도시는 신속히 장악됐고, 상원과 정부는 바사로 도피했다. 적군은 아무런 저항을 받지 않은 채 며칠 만에 아보, 비푸리, 타메르포르스 등 대도시와 핀란드 남부 지역 전체를 장악했다. 너무 평화롭게 승리해서 오히려 불안할 지경이었다. 만네르와 시롤라, 쿠지넨을 비롯한 몇몇 사회민주당 지도자들은 노동조합 10명, 사회민주당 10명, 헬싱포르스 노동자 단체 회원 5명 등 35명의 대표로 구성된 노동자평의회가 통제하는 노동자 정부인 인민대표협의회를 세웠다. 인민대표협의회는 "날마다 사회주의 혁명을 향해 전진하는" 것을 활동 목표로 삼았다. 인민대표협의회는 생산에 대한 노동자 통제를 도입했다. 목재, 종이와 직물 등 주요 공업이 현저하게 집중화됐음을 고려하면 이런 통제는 아주 간단했다. 이들은 또한 은행 부문의 사보타주를 중단시키는 데 성공했다. 일반 국민의 생활과 생산은 곧바로 정상을 되찾았다.

프롤레타리아독재는 가능했는가? 또 필요한 것이었는가? 총 300만 명의 인구 가운데 50만 명이 산업 분야에 고용돼 있었지만, 운동의 지도부는 그렇게 생각하지 않았다. 노동계급과 농촌 일용 노동자는 합해서 약 50만 명이었다. 농촌에서 다수를 차지한 소농과 중농은 혁명으로 끌어들일 수 있거나 혁명으로 중립화시킬 수 있었다. 그러나 쿠지넨에 따르면, 불행하게도 "대다수 혁명 지도자들은 패배할 때까지도 혁명의 목적에 대한 명확한 상이 없었다." 지도자들의 목적은 부자를 착취하거나 프롤레타리아독재를 실시하지 않고도 노동계급이 주도적 계급이 될 수 있는 의회제 민주주의를 건설하는 것이었다.

인민대표협의회는 1일 8시간 노동, 혁명적 파업 기간에 임금 지급 의무화, 집안 하인과 농장 머슴의 해방(농장주들은 머슴을 1년 단위로 고용했고, 고용된 머슴들은 아주 고된 규율에 시달려야 했다), 지대를 부역과 강제노동으로 지급하는 구식 토지 제도 폐지, 소규모 소작료 폐지, 사법개혁, 사형제도 폐지(전에 사형은 아주 가끔씩 실시되곤 했다), 빈민들에 대한 세금 면제(과세대상이 되는 최저 수입은 도시에서는 기존의 800마르크에서 2400마르크로, 농촌에서는 400마르크에서 1400마르크로 상향 조정됐고, 2만 마르크 이상의 수입을 올리는 사람들에게는 부가세가 강제로 징수됐다), 방이 두 개 이상인 주택에 대한 세금 부과, 언론에 부과한 구식 규제 철폐, 공장에서 노동자 통제 등의 주요 조처들을 통과시켰다.

얼마 뒤 내전 기간에는 곡물과 감자의 징발, 부르주아 신문의 폐간, 자본의 해외 이전 금지, 18세에서 55세 사이의 신체 건강한 성인의 의무노동 같은 다른 조처들이 도입됐다. 이런 조처들은 이상적 민주주의의 이름으로 수행된 노동자 혁명이었다. 1918년 2월 말에 만들어져 봄에 국민투표에 회부될 예정이었던 헌법 초안도 이런 이상적 민주주의의 성격을 띠고 있었다. 이 계획은 아주 흥미 있는 것이므로 간단히 언급해 볼 가치가 있다.

'핀란드 인민공화국'의 최고 권위는 보통선거와 비례대표제를 통해서 3년마다 직접·비밀투표로 선출되는 인민대표자회의에 있다. 여성도 투표권이 있고 선거연령은 20세다. 이런 일반적 자유와 함께 헌법은 개인의 불가침, 파업권, 파업자들이 대체인력 투입에 맞서 공장을 방어할 수 있는 권리, 노동쟁의 때 군대의 중립화 등을 보장했다. 개헌은 국민투표를 거쳐야 한다. 의회 소수파라도 표결에서 3분의 1이 넘는 표를 얻으면, 다음 회기까지 과세법을 제외한 모든 조처를 거부할 권리가 있다. 간접세 또는 사용세(이런 세금은 주로 빈민층에게 영향을 미쳤다)를 도입하는 법안은 3분의 2 이상 표를 얻어야 한다. 기본 소비재를 수입할 경우에 세금을 면제한다. 전시에 정부는 '헌법 위반자들'에 대해 특별조치를 취할 수 있는 권한을 갖는다. 대표자들이 헌법을 위반하면 인민은 봉기할 수 있는 권리가 있다. 인민은 법안을 발의할 권리도 있다. 따라서 1만 명 넘는 시민이 참여해 제안한 법은 즉시 논의돼야 한다. 공무원과 시장은 5년 임기로 선출되며, 연임할 수 있다. 대표는 유권자 5분의 1 이상이 요구하면 언제든지 재선거 대상이 될 수 있다. 의회는 3년마다 행정을 담당할 인민대표협의회를 선출한다. 의회는 인민대표협의회 의장과 부의장을 임명한다. 의장과 부의장은 한 차례 연임이 가능하며, 어떠한 특권도 인정되지 않는다. 정부는 '행정·사법 통제위원회'의 감독을 받는다. 이 위원회 위원 2인 이상이 거부하면 새로운 입법은 효력을 잃는다. 사법부 선출 조항도 있고, 선출된 사법부는 정부의 통제를 받았다. 지방 자치, 노동자 대표의 모든 행정 참여를 보장하는 조항들도 있었다.

부르주아 민주주의의 현실과는 반대로, 이 헌법은 인민대표자회의가 입법, 행정, 사법권의 많은 부문을 담당한다. 정부의 기능은 사실상 행정의 집행으로 제한된다. 어떤 핀란드 혁명가는 이런 계획에 대해 다음과 같이 말했다.

이론적으로는 부르주아 민주주의가 최고 수준까지 발전했지만, 실제로는 자본주의 체제에서 그런 수준은 실현될 수 없다. 노동계급이 이기면, 부르주아 민주주의는 프롤레타리아독재로 이행·전환될 것이기 때문이다. 노동계급이 패배하면, 부르주아 민주주의는 부르주아독재가 될 것이다.[6]

이런 계획은 어느 정도 공상적이기는 하지만 참으로 고귀한 것이었다. 쿠지넨은 "자본가계급의 취약성 때문에 우리는 민주주의의 마력에 사로잡힌 존재가 됐고, 의회 활동과 민주화된 대의제도를 통해 사회주의를 향해 전진하겠다고 결정했다"고 말했다. 핀란드 사회주의자들이 이런 생각을 하게 된 것은 개혁주의적 환상에 영향받았기 때문이다. 계급투쟁의 법칙을 모르다 보니 그런 결과가 나온 것이다.

핀란드의 백색 테러

자본가계급은 훨씬 더 현실적이었다. 이들은 즉각 약 5천 명의 소규모 백군 부대를 창설하기 시작했다. 이 부대의 주요 병력은 경호부대(이미 말했듯이, 이 부대는 핀란드 출신 청년들로 이뤄진 독일군 제27 소총대대를 말한다) 출신 병사와 스웨덴 자원병, 자본가계급, 프티부르주아 계급 출신의 젊은이들이었다. 스웨덴 출신으로 옛 러시아군 장군이었던 만네르하임은 이 부대의 지휘를 맡으면서, "순식간에 구질서를 부활시키겠다"고 천명했다. 백군은 북부 지역의 러시아군 수비대를 몇 차례 약탈하는 행운을 잡아 무장을 완료할 수 있었다. 사실 러시아군 수비대 지휘관들은 그런 약탈을 방조했다.

적위대는 적대 행위가 시작됐을 때 1500명에 불과했고, 무장도 형편 없었다. 백군은 보트니아만의 여러 도시, 울레아보르크, 바사, 쿠오피오뿐 아니라 핀란드 북부 농업 지대를 통제했고, 보트니아만에서 라도가 호수까지 일직선으로 펼쳐진 전선을 장악하고 있었으므로 전투의 주도권도 쥐고 있었다. 러시아군 수비대는 스베아보르크와 비푸리, 핀란드 중심부의 도시인 타메르포르스에 자리 잡고 있었고, 발트함대 일부가 이따금 헬싱포르스에 기항했다. 안토노프-오프세옌코와 디벤코, 스밀가는 이들 부대와 선원들 사이에서 볼셰비키 조직을 만들었다. 혁명적 성향의 장교 스베츠니코프가 지휘하는 타메르포르스의 러시아 수비대는 만네르하임의 첫 공격을 저지했다. 핀란드 적위대는 러시아군의 보호 아래 무장하고 조직을 만들었다. 그러나 이때 소비에트 군대는 브레스트리토프스크 조약에 따라 핀란드에서 철수해야 했다. 소비에트 군대 가운데 남은 사람들은 모두 적위대에 합류한 약 1000명의 자원병이었지만, 이들의 다수도 고향으로 돌아가기를 학수고대했다. 핀란드 사회주의자인 에로 하팔라이넨과 스베츠니코프가 작전을 지휘했다. 적군은 3월 초에 총공세를 단행했다. 이 작전은 실패했다. 그러나 이 실패 때문에 적군은 승리하겠다는 결의를 다질 수 있었다. 1월 15일에서 4월 1일 사이에 노동자 정부의 조직적 노력 덕분에 약 6만 명(이들 가운데 약 3만 명이 후방 지역에 주둔했다)의 병력을 규합하는 데 성공했고 전선에서도 부분적 승리를 많이 거둘 수 있었다.

백군 정부의 두목인 스빈후부드는 빌헬름 2세의 지원을 받았다. 폰 데어 골츠 휘하의 독일군 2만 명이 항코와 헬싱포르스, 로비사에 상륙해 적위대를 후방에서 포위했다. 격렬한 시가전 끝에 헬싱포르스가 점령됐다.

이 전투에서 독일군과 백군은 노동자가 보는 앞에서 아내와 어린이들을 질질 끌고 다녔다. 그리고 이들 가운데 약 100명이 죽었다. 점령 뒤에는 잔인한 복수가 뒤따랐다. 노동자들의 집은 포격을 받아 폭파됐다. 스웨덴 신문에 다음과 같은 기사가 실렸다. "무기를 지니고 있었다고 말한 적군 여군 40명은 얼음 위로 끌려나와 재판도 없이 총살당했다."[7] 거리에서 300구 이상의 시체가 수거됐다.

　노동자 정부에서는 탄네르를 대표로 하는 온건파가 매우 강력했으므로 엄격한 조처라고 해 봐야 기껏 후방에서 암약하는 백군 스파이 정도를 대상으로 했을 뿐이다. 그런 조처도 너무 늦게 적용됐다. 법정에 출두한 반(反)혁명가들이 벌금형이나 가벼운 징역을 선고받는 일도 많았다. 즉결 처형이 실시된 것도 적위대가 나섰기 때문이다. 정부의 우유부단, 정부 지도자들 사이의 정책 이견, 혁명의 발전을 꺼리는 태도, 흐지부지된 농업 개혁, 브레스트리토프스크 조약의 영향 등 모든 요인이 적군을 약화시키는 데 일조했다. 독일군의 상륙은 가장 많은 혼란을 불렀다. 당시 독일의 힘은 최고조에 달했다.

　만네르하임은 타메르포르스를 포위했다. 이곳에서는 적군 병사 1만 명이 몇몇 러시아 장교의 지휘를 받으며 필사적으로 저항하고 있었다. 도시를 점령하기 위해서 며칠 동안 시가전을 치러야 했고, 시가전이 끝난 후에도 건물을 하나씩 점령해야 했다. 이 도시에서 두 명의 뛰어난 지휘관 부라첼 대령과 무하노프 중위를 포함해 200명의 적군 병사들이 총살당했다. 적군 병사 수천 명이 가까스로 도망치는 데 성공했다. 그러나 약 2천 명이 전투 중에 사망하거나 나중에 학살당했고, 5천 명이 감옥에 갇혔다.[8]

　타메르포르스와 헬싱포르스 사이에 있는 타바스테우스에서 결정적 전투가 벌어졌다. 적군 병사 약 2만~2만 5천 명이 이곳에 집결했다. 북부 지역에서는 만네르하임이 적군을 남부로 밀어내고 있었고, 폰 데어 골츠 부대는 반대 방향으로 작전을 펼치고 있었다. 적군의 동쪽 퇴각로가 차단 됐다. 병사들은 지휘관의 명령을 위반하고 가족들과 얼마 안 되는 재산을 모두 가져왔다. 이것은 군대의 행군이라기보다는 주민의 이주였다. 한 순간에 혼란스런 탈주로 바뀔 수도 있는 이 거대한 행렬을 지휘하기는 불 가능했다. 백군은 이들을 향해 유산탄을 퍼부었다. 포위당한 사람들은 이틀 동안 영웅적으로 싸우다 결국 항복했다. 몇 천 명은 동쪽으로 도망 갔다. 항복한 사람들은 학살당했고, 부상자들은 거침없이 사살됐다. 살아남은 1만 명 정도의 포로들은 리히마키에 억류됐다가, 5월 12일 비푸리 로 이송됐다. 적위대 몇 천 명이 러시아로 피신했다.

승자는 패자를 학살했다. 고대 이래 계급 전쟁이 가장 잔인하다는 것은 익히 알려져 있는 사실이다. 유산계급의 승리보다 더 많은 희생이 따르고 더 잔인한 것은 없다. 프랑스 자본가계급이 파리코뮌에 대해 저지른 대학 살 이래, 이 세상에서 핀란드에서 일어난 일에 견줄 만한 참상은 아직 없 었다. 내전 초기부터 "백군이 점령한 지역에서는 노동자 조직 구성원이었 다는 사실은 곧 체포를 뜻했고, 노동자 조직 사무원은 총살감이라는 뜻 이었다."[9] 사회주의자 학살은 그 규모가 너무나 엄청났기 때문에 설사 학 살 소식을 듣게 되더라도 흥미를 보이는 사람이 아무도 없을 정도였다. 쿰 멘에서는 제43 적위대가 전투에 패하고 나서 약 500명이 처형당했다. 1 만 3천 명의 주민이 살고 있던 코트카에서는 '수백 명'이 총살당했다. "이 들은 신원 확인 절차조차 건너뛴 채 일괄 처리됐다." 부르주아 신문에 따 르면, 라우마에서는 "5월 15일 체포된 전쟁 포로 500명이 바로 그날 처형 됐다." "4월 14일 200명의 적위대가 헬싱포르스의 툴로 지구에서 처형됐 다. … 집집마다 수색하며 적군을 사냥했다. 희생자들 중에는 여성도 많 았다." 스베아보르크에서는 성삼위일체의 날에 공개 처형이 실시됐다. 라티 근방에서는 몇 천 명이 백군에게 처형당했다. "날마다 몇 시간씩 기관총을 쏘아댔다. … 하루는 약 200명의 여성이 포탄으로 처형됐다. 살점이 사방으로 튀었다." 비푸리에서는 600명의 적위대가 요새의 가장자리를 따라 둥글게 3열로 서 있다가 기관총이 발사되자 피를 흘리며 죽어갔다. 처형당한 지식인들 중에는 〈소치알 데모크라트〉(사회민주주의자)의 편집자인 유호 라이니오와 작가 이르마리 란타말라도 있었다. 란타말라는 배로 처형지로 이송되는 도중에 "물에 빠져 죽으려고 시도했다. 그러나 코트 자락이 배에 걸려 물속으로 가라앉지 못했고, 백군은 소총을 쏘아 물속에서 그를 처형했다." 처형된 사람들의 수에 대한 정확한 통계는 없다. 지금 나와 있는 통계를 보면, 처형자는 2만 명부터 10만 명까지 제각기 다르게 집계돼 있다.

그러나 집단수용소에 억류된 적군 전쟁 포로 수에 대한 **공식** 수치는 있다. 이에 따르면, 포로는 7만 명이었다고 한다. 수용소는 기근, 해충, 전염병으로 황폐해져 있었다. 유명한 핀란드 의사 티거슈테트 교수의 보고서를 보면, "1918년 7월 6일부터 7월 31일까지, 타메르포르스 수용소와 인근 감옥에 수용된 사람들의 수는 6027명에서 8597명으로 늘어났다. 이 26일 동안 2347명의 포로가 죽었고, 수용된 사람들의 주당 사망률은 1천 명당 407명에 이를 정도로 매우 높았다." 7월 25일까지도 여전히 핀란드에 수감된 혁명가들은 5만 818명에 달했다. 같은 해 9월, 2만 5820명이 여전히 법정 심문을 기다리고 있었다. 한동안 자본가계급은 독일에 인력을 공급하려고 자신들의 포획물을 수출할 수 있는지 알아보았다. 강제노동 판결을 받은 사람들을 해외로 이주시킬 수 있는 법안이 통과됐다. 전쟁으로 인구가 감소한 독일은 죄수들의 노동력을 화학제품이나 광물과 교환하려고 했다. 그러나 이 계획은 독일혁명 때문에 실행되지 못했다.

핀란드의 모든 사회 영역에서 몇 개월 동안 숙청이 계속됐다. 5월 16일 아직까지 이 나라에 살고 있던 옛 사회민주주의 대표들에 대한 체포영장이 발부됐다. 혁명가들은 추방당하거나 도망쳤다. 이들 가운데 3명이 7월 2일 밤 감옥에서 "자살했다"고 한다. 10명 이상이 사형선고를 받았다. 그러나 대법원은 1919년 1월에 이 판결을 취소하고 사형 1명, 종신형 6명, 12년 형 4명, 11년 형 1명, 10년 형 5명, 9년 형 5명, 8년 형 15명, 7년 형 2명의 판결을 내렸다. 카타야는 "유죄 선고를 받은 사람들의 다수는 대단히 교활하게 사회주의를 배반하고 평생을 부르주아 사회에 헌신한 모종의 사회민주주의자였다. 그러나 자본가계급은 무차별 복수를 자행했다"고 말했다. 이처럼 승리한 자본가계급에게 더는 이용 가치가 없는 개혁주의자들과 혁명가들을 무차별 단죄한 것은 백색 테러의 일반적 특징이었다. 질서가 다시 확립되자 핀란드 자본가계급은 호엔촐레른 왕가에서 유래한 군주제에 대한 생각으로 즐거워했다. 독일의 상황이 점차 나빠지자 핀란드 자본가계급은 이런 계획을 포기했다.

백색 테러로 희생된 핀란드 노동자가 모두 합해 10만 명이 넘는다는 주장, 다시 말해 전체 노동계급의 4분의 1이 처형됐다는 주장은 전혀 과장이 아니다.[10] 1919년 초에 한 핀란드 공산주의 조직은 "조직에 가입한 모든 노동자가 총살되거나 수감됐다"고 밝혔다. 이런 사실을 통해 백색 테러의 본질에 관한 중요한 이론적 추론이 가능하며, 그때 이래 헝가리, 이탈리아, 불가리아 등 여러 곳에서 경험을 통해 그런 추론이 입증됐다. 백색 테러는 광적인 싸움이나, 혐오스러운 계급을 향한 폭력이나, 심리적 요인 등으로 설명할 수 있는 것이 아니다. **내전에서 광기의 구실은 아주 부차적일 뿐이다.** 사실상 테러는 계산된 것이고, 역사적 필연성의 결과다. 승리한 유산계급은 향후 10년 동안 노동계급을 무기력하게 만들어 놓기에 충분할 만큼 무자비한 학살을 자행해야만 그 후 투쟁에서 자신의 지배가 보장된다는 사실을 잘 알고 있다. 노동계급이 유산계급보다 수가 훨씬 많기 때문에 희생자 수는 그만큼 더 커지게 마련이다.

백색 테러의 목표는, 간단히 말해 노동계급 가운데 선진적이고 의식이 투철한 사람들을 몰살시키는 것이다. 이런 뜻에서 **어떤 종류의 혁명이건 패배한 혁명은 늘 승리한 혁명보다 훨씬 더 많은 노동계급의 희생이 수반된다**고 할 수 있다. 승리한 혁명에 아무리 많은 희생과 폭력이 뒤따른다고 해도 말이다.

한 가지 사실이 더 남아 있다. 핀란드에서 학살이 저질러진 시기는 1918년 4월이었다. 이때까지만 해도 러시아혁명은 사실상 거의 모든 곳에서 혁명의 적들을 너그럽게 대했다. 혁명은 테러를 활용하지 않았다. 남부 지역에서 전개된 내전에서 약간의 유혈 사태가 일어났지만, 이것은 예외적인 경우였다. 러시아 노동계급에게 사회 전쟁의 제1법칙이 **패배한 자의 비참**(悲惨)이라는 사실을 일깨워준 것은 유럽에서 가장 발전한 사회 가운데 하나인 핀란드의 승리한 자본가계급이었다.[11]

캅카스의 '독립'

그 사이에 캅카스는 프롤레타리아 러시아에서 이탈하고 있었다. 이 오래된 '제국의 부관(副官)'은 화려한 산악 지대에 자리 잡고 있으며, 크기는 프랑스보다 약간 작았다. 거의 1천만 명에 달하는 인구와 천연자원이 풍부한 캅카스에서는 예로부터 매우 복잡한 민족혁명이 진행돼 왔다. 캅카스는 1760년부터 1864년까지 한 세기에 걸친 격렬한 전투 끝에 러시아 제국에 점령당했다. 유럽과 아시아 대륙에 걸쳐 있는 높은 산악 지대인 캅카스에는 10개 이상의 소수민족들이 매우 다양한 나라들로 나뉘어 있었다. 이 지역은 캅카스 중간계급의 야심뿐 아니라 제국주의의 음모도 판을 치는 곳이었다. 그곳은 우크라이나보다 더 매력적이고 얻을 수 있는 이윤도 더 컸다. 쿠반의 곡물, 아제르바이잔의 석유, 그루지야의 마그네슘과 구리, 아르메니아의 면화와 담배, 북부 지역의 식용유, 아르메니아와 그루지야의 포도주 등 캅카스의 풍부한 재원은 경제적 미각을 자극했다. 따라서 캅카스는 참으로 굉장한 땅이라고 할 수 있었다. 이 지역 전체는 민주주의 공화국 수립을 바라고 있었다. 러시아의 탄압이, 캅카스산맥 남쪽 나라들에 거주하는 자존심 강하고 호전적인 소수민족들의 민족주의 정서를 자극하자 이런 전망은 더욱 현실적으로 보였다. 카스피해와 흑해 사이에는 그루지야인, 아르메니아인, 체르카스인, 오세티야인, 아브카시아인, 아즈하르인, 터키인, 타타르인, 페르시아인, 유대인, 러시아인 등이 오랫동안 자유를 꿈꾸며 살고 있었다. 그러나 자유의 실현 방식은 민족마다 달랐다. 1905년 혁명은 캅카스에 테러 활동과 거대한 대중적 승리, 무자비한 탄압으로 표현되는 강력한 전통을 남겨 놓았다. 중요한 사회 세력은 다음과 같다.

(1) 유전 도시인 바쿠의 러시아 노동계급.

(2) 그루지야의 프티부르주아 계급과 수공업자, 지식인들. 이들은 오랫동안 멘셰비키 사회민주주의의 영향을 받았다.

(3) 아르메니아의 혁명적 민족사회주의 정당인 다시나크추튠.

(4) 반동적인 무슬림 정당 무사바트.

(5) 캅카스 전선의 군대. 이곳에서는 사회혁명당의 영향이 여전히 강력했지만, 볼셰비키가 꾸준히 사회혁명당을 대체하고 있었다.

캅카스에는 정치적 중심지가 두 곳 있었다. 하나는 카스피해 부근의 바쿠로, 볼셰비키와 노동계급이 집중돼 있었다. 다른 하나는 그루지야의 수도인 트빌리시로, 이곳에서는 멘셰비키 지식인들의 입김이 드셌다. 트빌리시는 주요 도로와 철도가 교차하는 지역 요지에 세워진 도시로, 행정 중심지였다.

사실상 독립을 유지하고 있던 캅카스는 1917년에도 러시아에서 떨어져 나가려고 하지는 않았다. 소수민족들은 전 러시아 민주주의 체제 안에서 폭넓은 자치를 누리는 것을 당연하다고 생각했다. 지역 군(郡)소비에트, 지역 노동자 소비에트 회의, 여러 당의 지역위원회는 트빌리시에 민주주의 정부를 세웠다. 그런데 이 정부는 사실상 케렌스키 정부와 협조하고 있었다. 그루지야의 멘셰비키는 러시아의 멘셰비키보다 더 자주 계급투쟁이란 말을 입에 올렸다. 그러나 이것은 그저 정치적 기교와 혼합된 교조적 언사의 남발에 지나지 않았다. 10월 혁명 소식이 전해지자 트빌리시는 비우호적인 반응을 보였다. 그 뒤 트빌리시에서는 볼셰비키의 봉기를 수치스럽다며 비난하고, 모든 독재에 반대하고 민주주의를 지지한다는 선언이 발표됐다. 11월 11일(신력으로는 24일) 멘셰비키인 게게치코리와 치헨켈리, 사회혁명당원인 돈스코이가 이끄는 지방정부가 들어섰다. 바쿠 지역과 군대는 이 지방정부의 통제를 받지 않았다.

페트로그라드와 모스크바에서 볼셰비키가 승리했다는 소식이 전해지자 바쿠 소비에트 안에서 권력의 변화가 일어났다. 이제까지 소수파였던 볼셰비키가 소비에트 안에서 지도적인 집단이 됐다. 스테판 샤우미얀이나 자파리제 같은 뛰어난 인물들이 소비에트 지도자가 됐다. 샤우미얀은 40세였다. 그는 아르메니아에서 태어나 유럽에서 다방면에 걸친 엄격한 교육을 받았다. 샤우미얀은 추방당한 뒤 스위스, 독일, 영국 등지에서 경험을 쌓고 단련된 마르크스주의자였다. 샤우미얀은 1903년 러시아 사회민주노동당이 분열한 이래 줄곧 볼셰비키로 활동했다. 그는 레닌과 가까운 사이였고, 체포·투옥·유형 경험이 여러 번 있었다. 그는 당 비밀 잡지의 열성적인 편집자로서, 1914년에 일어난 유명한 파업의 지도자로서, 전시에는 비타협적인 '패배주의자'로서, 그리고 믿음직한 이론가로서 명성을 얻었다. 샤우미얀은 탁월한 볼셰비키 가운데서도 가장 중요한 인물이었다. 알렉세이 자파리제도 1903년 이래 볼셰비키로 활동하면서 바쿠 지역의 노동운동을 창시한 인물 가운데 한 사람이었다. 그는 자본가계급 출신이었고, 1907년, 1910년, 1913년, 1915년에 4번의 유형 경험이 있었다. 그는 유배당할 때마다 번번이 탈출해서 원래 활동하던 곳으로 돌아와 비합법 임무에 참여했다. 이 지도자들은 자신들의 경험을 활용해 바쿠 소비에트를 지도했다. 11월 말 제헌의회 선거 결과로 이들은 어려움을 겪었다. 총 10만 7천 표 가운데 볼셰비키가 2만 2천 표를 얻었고, 이슬람계(무사바트와 기타 후보자들)가 2만 9천 표, 아르메니아 다시나크(반혁명 성향의 아르메니아 부르주아 민족주의 당)가 2만 표, 입헌민주당이 9천 표, 멘셰비키가 5천 표, 사회혁명당이 약 1만 9천 표, 유대인이 2천 표를 얻었다. 좌파 사회혁명당과 다시나크 좌파가 볼셰비키에게 표를 몰아줘서 볼셰비키는 모든 경쟁자들 가운데 가장 강력해졌다. 그러나 볼셰비키는 아르메니아와 이슬람 민족주의의 강력한 힘뿐 아니라 강력한 우파의 반발에도 신경을 써야 했다. 이들은 볼셰비키가 권력을 장악하는 데 참 위험한 요소였다. 이런 사실을 잘 기억해 둘 필요가 있다. 나중에 일어나게 될 사건들을 이해하는 데 실마리가 되기 때문이다.

캅카스 군대의 상황은 참으로 비참했다. 모든 부대가 불결한 위생 상태와 빈곤으로 말미암은 티푸스, 괴혈병, 전염병 때문에 인원이 대폭 줄었다.[12] 자포자기한 병사들은 곧 '볼셰비즘에 감염됐다.' 프르제발스키 장군은 캅카스 군대의 해산을 명령했다. 트빌리시 정부가 터키와 담판을 벌이는 동안 소수민족들을 토대로 작은 부대를 창설하려는 노력이 있었다. 지금 아무 기록도 남아있지 않지만, 엄청난 비극이 일어났다. 사병의 대부분을 차지하는 러시아 농민들이 무장한 채로 고향으로 돌아가려 했다. 그러나 반(反)혁명적 민주주의 세력들은 농민들이 볼셰비키와 결합해서 볼셰비키가 강화되는 것을 바라지 않았을 뿐 아니라 자기들도 무력 기반을 마련하려 했다. 그루지야 멘셰비키, 무사바트 출신의 터키 '연방주의자들',

쿠르드 산악 민족, 아르메니아 민족주의자들은 러시아행 군용열차를 산속 협곡에 세워놓고 강제로 '무장해제'시키려 했다. 러시아군이 저항하는 일이 자주 일어났다. 무장해제를 핑계 삼아 러시아군 병사들의 개인 물품을 빼앗는 경우도 많았다. 연대 전체가 맨발과 누더기 옷을 걸치고 민족주의에 고무된 주민들의 공격을 받으며 며칠 동안이나 행군해야 하는 날도 있었다. 여러 곳에서 전투가 벌어지고, 학살이 뒤따랐다. 러시아 군용열차가 탈선하는 일도 많았다. 아르메니아인, 터키인, 타타르인, 그루지야인, 쿠르드인들이 자기들끼리 싸우는 일도 가끔 있었다. 불길이 산봉우리를 옮겨 다니며 촌락을 집어삼켰다.

2월 중순(구력) 트랜스캅카스['캅카스 너머'라는 뜻으로 캅카스 산맥 남쪽 지역] 의회가 트빌리시에 세워졌다. 그루지야 멘셰비키, 아르메니아 다시나크, 터키 연방주의자들(무사바트)이 의회 다수파를 통제했다. 치헤이제와 체레텔리, 노아 조르다니아, 라미시빌리, 게게치코리 등 노회한 멘셰비키 사회민주주의자들이 의회를 이끌었다. 이들은 볼셰비키에 맞서기 위해 온갖 민족주의 세력이나 반동 세력과 닥치는 대로 결탁했다. '트랜스캅카스 공화국'은 독립을 선언했다. 케렌스키 내각에서 장관을 지낸 체레텔리는 "볼셰비키가 저지른 범죄 때문에 트랜스캅카스를 잃는 대가를 치른 것이다"고 말했다. 다른 멘셰비키는 한술 더 떴다. "이제는 터키와 볼셰비키 가운데 누가 더 위험한지 모르겠다."[13]

의회는 농업개혁법을 제정했지만 이 법은 사람들의 공감을 얻지 못해 서류상의 조처로 끝나버렸다. 의회는 브레스트리토프스크 협상 참가를 거부하고, 트레비존트에서 터키 총사령관 베히브 베이와 협상을 벌였다. 그러나 캅카스가 독립을 선언했음에도, 4월이 되자 베히브 베이는 동맹국의 일원이었던 터키의 특별 요구에 따라 아르메니아의 카르스와 아르다간뿐 아니라 바툼(그루지야가 흑해에 보유하고 있던 하나뿐인 항구)도 점령하려 했다. 그루지야인들은 바툼을 지키기 위해 싸우려고 했지만, 이슬람 연방주의자들은 터키에 무력으로 대항하는데 반대했다. 이 때문에 트랜스캅카스 공화국은 무너졌다. 그러자 동맹국은 캅카스 지역을 분할해서 그루지야, 아르메니아, 아제르바이잔 등 서로 경쟁하는 여러 개의 민족공화국을 세우자고 주장했다. 말하자면, 분할해서 지배하자는 속셈이었다. 민족사회주의 정당들은 이런 요구를 기꺼이 받아들였다. 멘셰비키는 5월 말 그루지야 독립을 선언했다. 6월 중순에 독일군이 트빌리시를 점령했다. 6월 13일 노아 조르다니아의 사회주의 정부는 주민들에게 공식적으로 "그루지야 정부가 공화국의 국경 지역을 방어하려고 독일군을 불러들였다"고 발표했다. 누구를 막자고? 틀림없이 이런 질문이 나올 수밖에 없었을 것이다. 그루지야 사회민주당 중앙 기관지 예르토바는 볼셰비키에 반대한다고 솔직하게 실토했다. 나중에 노아 조르다니아는 그루지야 제헌의회에서 "나는 동구의 미친 자들보다 서구의 제국주의자들을 더 좋아한다"고 말했다. 수공업자와 농촌의 프티부르주아 계급을 대변하는 이 '사회주의' 지식인들은 데니킨을 지지하며 독일군을 불러들인 것처럼, 또 바쿠에 대항하여 이슬람 반동주의자들을 지지한 것처럼, 나중에 연합군을 불러들일 것이다. 간단히 말해서, 이른바 '사회주의' 지식인들은 노동자 혁명과 싸울 수만 있다면, 어떤 무기든지 주저 없이 언제나 받아들였다는 것이다.[14]

바쿠코뮌과 26명의 학살

샤우미얀이 이끌던 바쿠 소비에트는 한동안 이 지역을 실수 없이 신중하게 통치했다. 3월 18일 이슬람 봉기가 일어나자 소비에트는 독재를 도입할 수밖에 없었다. 무사바트가 선동해서 봉기가 일어나자 타타르계 주민과 터키계 주민들은 반동적인 자본가계급의 뒤를 따라 소비에트에 대항했다. 당시 러시아인들은 아르메니아인들의 지지를 받아 소비에트를 장악하고 있었다. 거리에서는 마치 경주하듯이 학살이 벌어졌다. 대부분의 터키계 항만 노동자들은 적군을 지지하거나 중립을 지켰다. 소비에트가 투쟁에서 승리했다.

이때 처음으로 아제르바이잔 소비에트 공화국이 세워졌다. 샤우미얀은 공화국 인민위원회 의장이 됐다. 5월 들어 인민위원회는 석유공업을 국유화한 뒤 카스피해의 유조선도 국유화하는 조처를 취했다. 그러나 국유화 조처를 실행하기는 참으로 힘들었다. 석유공업을 운영하려면 이 지역 노동계급이 습득하지 못한 기술이 필요했다. 모스크바에 원조를 요청할 수밖에 없었다. 게다가 사회혁명당과 멘셰비키, 다시나크가 몰수된 회사를 지키고 있었다.

굶주림이 곧바로 도시를 덮쳤다. 반(反)혁명적인 무슬림 농민들과 그루지야 멘셰비키가 보낸 장교들이 바쿠를 포위했다. 이즈음 무사바트는 가냐에 다른 정부를 세워 대항했고, 다게스탄에서는 한 이슬람 이맘이 볼셰비키 도시에 맞선 성전(聖戰)을 설파하고 있었다. 곡물의 공급도 모자랐다. 5, 6, 7월에 주민들은 땅콩과 해바라기씨를 아주 소량 배급받을 수 있었을 뿐이다. 소비에트가 가까스로 배편으로 가져온 소량의 옥수수는 군량으로 비축됐다. 바쿠에 주둔하고 있던 소규모 적군이 징발에 나서려고 했다. 이 부대는 훈련도 장교도 모자랐고, 사병들도 대부분 노동계급의 혁명 정신에 무지한 아르메니아인들로 이루어져 있었다. 이들은 과음을 일삼았고 무슬림 농민들을 약탈하기도 했는데 이 때문에 그들 내부에서도 불만이 터져 나왔다.

바쿠의 체카는 겨우 두 명만 처형했다. 그 둘은 그야말로 재수 없이 걸린 셈이었다. 노동자 정부의 관리였던 이들은 부정부패를 저질러 체포됐다.[15] 무사바트는 터키군의 지원을 받아 도시를 점령할 계획을 세웠다. 페르시아에서 소환된 일부 러시아군(실제로는 반(反)혁명 성향 때문에 의심받고 있었다)이 한동안 터키군을 묶어두었다. 굶주린 도시의 여러 사회주의 정당들은 페르시아 북부에 주둔하는 영국군에 호소하려 했다. 7월 25일 소비에트는 볼셰비키 대표들이 격렬하게 반대했지만 영국군을 불러들이기로 표결했다. 샤우미얀은 "영국이 원하는 것은 우리의 석유뿐이다. 그들은 우리에게 줄 식량이 없다"고 말했다. 그의 말은 소름이 돋을 만큼 정확했다. 그동안 믿을 수 없었던 러시아군이 전선을 혼란에 빠뜨리고 있었다. 모든 전선에서 터키와 타타르군의 공격이 임박해 있었다. 다시나크는 4월 21일 이후 페르시아 주둔 영국군 사령관 던스터빌 장군과 실제로 협상을 벌이고 있었다. 던스터빌은 나중에 자신의 《회고록》에 "우리 친구들은 곧 볼셰비키를 전복시키고 우리를 불러들일 것 같았다"고 썼다.[16] 인민위원들은 사퇴했고, '인민의 독재'라는 모호한 이름 아래 사회혁명당과 다시나크, 멘셰비키로 이뤄진 '민주주의 세력'의 지도부가 인민위원들을 대체했다. 볼셰비키는 바다를 통해 아스트라한에 도착하려 했으나 그럴 수 없게 되자 최후의 저항을 위한 진지를 구축하고 방어를 위해 포대를 설치했다. 진지는 항구의 중앙 지점과 많은 노동자 가족들이 타고 있던 배의 갑판 위에도 설치됐다. 미코얀이[17] 이끄는 한 무리의 동지들은 이른바 '민주주의 세력'에 저항하면서 노동계급 지구에서 반쯤 비밀리에 활동을 지속하고 있었다. 드디어 수백 명의 영국군이 상륙했다.

8월 14일 밤 볼셰비키는 다시 한 번 항구를 출발했다. 좋지 않은 날씨 때문에 대포, 말, 가족이 모두 타고 있던 육중한 유조선들은 공해상에 도달할 수 없었다. 포함들이 유조선들을 따라잡았다. 카스피해 함대는 차르 정권 시절의 장교들을 그냥 놔두고 있었고, 소비에트는 수병들 사이에서 정치 활동을 게을리하는 커다란 실수를 저질렀다. 이제 지역정부는 샤우미얀과 몇몇 주요 노동자 지도자를 넘기라고 요구하면서 거절하면 대포를 쏘겠다고 위협했으나 적군은 이를 거절했다. 적군은 바다 한가운데에서 한 시간쯤 포탄 세례를 받은 뒤 항복했다. 이들은 저항할 힘이 없었다. 적군은 샤우미얀이 도망갈 수 있게끔 필사적으로 노력했으나 결국 실패로 끝났다. 약 40명의 볼셰비키 투사들이 체포됐다. 이들은 9월 중순경 영국군과 집정 내각이 타타르군과 터키군의 진격에 밀려 도망갈 때까지 감옥에 갇혀 있었다. 이 볼셰비크들이 감옥에 앉아 학살을 기다리고 있을 때, 미코얀이 이들을 석방해 주었다. 샤우미얀과 자파리제와 26명의 동료들은 다른 도망자들과 함께 카스피해 동쪽 지역을 향해 떠났다. 이 지역은 겉보기에는 모호한 사회혁명당 정부가 다스리고 있었으나, 실질적으로는 영국군 장교 6명이 통치하고 있었다. 샤우미얀을 비롯한 사람들은 모두 크라스노보츠크에서 체포됐다. 레지널드 티그-존스 대령은 톰슨 장군과 아슈하바트의 영국사절단을 대신해 26명의 처형을 요구했다.[18] 수감지인 "인도로 이송하는" 도중에 포로들을 처형할 예정이었다. 체포된 지 3일 뒤인 9월 30일 볼셰비키 26명은 아슈하바트 철로 위의 황량한 곳에서 총살당했다.

[한 목격자의 진술이다 — 세르주] 오전 6시경 인민위원 26명은 타고 있던 기차에서 자신들을 기다리는 운명에 대한 이야기를 들었다. 이들은 8명이나 9명씩 열차 밖으로 끌려 나갔다. 이들은 틀림없이 충격을 받았고, 긴장한 채 침묵하고 있었다. 수병 한 명이 "나는 두렵지 않다, 나는 자유를 위해 죽는다"고 외쳤다. 사형집행인 가운데 한 사람이 "우리도 머지않아 자유를 위해 죽을 것이다. 하지만 그 자유는 당신들이 말하는 자유와는 다르다"고 대꾸했다. 인민위원들 가운데 처음 몇몇은 희미한 어둠 속에서 기차에서 끌려 나와 일제사격을 받고 쓰러졌다. 두 번째 집단은 달아나려 했으나 여러 번 총탄 세례를 받고 쓰러졌다. 세 번째는 운명에 몸을 맡겼다.[19]

'캅카스의 레닌'이라고 불리던 샤우미얀은 이렇게 처형당했다. 뒤따라 바쿠코뮌의 영웅들도 사라졌다. 트랜스캅카스 정부의 사회혁명당원이었던 푼티코프는 나중에, "티그-존스 대령은 나에게, 영국사절단의 희망대로 처형이 이루어져서 만족스럽다고 이야기했다"고 말했다.[20]

그즈음 터키군과 타타르군은 바쿠를 공격하고 있었다. 이들은 3일 동안 아르메니아인, 러시아인, 노동자들, 적군 병사들을 처단했다. 그럼에도 얼마 후에 트빌리시 사회주의 정부의 그루지야 국방장관 게오르가제는 한 연회석상에서 귀빈으로 초청돼 온 터키군 장군 누리 파샤에게 "바쿠에서 볼셰비키 봉기자들을 몰아내고 그곳에 당신의 영광스러운 민주주의를 확립한 것을 축하합니다" 하고 가볍게 말했다고 한다. 사회주의 그루지야가 터키군의 영토 통과를 허용했던 것이다.

레닌과 제3차 소비에트 대회

1월 10일부터 18일까지(신력으로는 23일부터 31일까지) 페트로그라드에서 제3차 소비에트 대회가 열렸다. 그 대회에서 중앙집행위원회가 구성됐다. 위원회는 공산당 160명, 좌파 사회혁명당 125명, 우파 사회혁명당 7명, 과격파 사회혁명당 7명, 아나키스트-공산주의자 3명, 멘셰비키 2명, 멘셰비키-국제주의자 2명 등으로 이뤄졌다. 트로츠키와 카메네프는 브레스트리토프스크 협상에 대해 보고했다. 가장 중요한 쟁점은 소비에트 권력을 조직하는 문제였다. 여기서는 레닌의 활동을 상세히 다루고자 한다. 이것이 가장 중요하기 때문이다.

레닌은 인민위원회 보고를 시작하면서 소비에트 권력이 지금까지 파리코뮌(2개월 10일 동안 지속됐다)보다 5일 이상 더 지속됐다는 사실에 기쁨을 나타냈다. 레닌은 볼셰비키와 좌파 사회혁명당의 연합전선이 입증해 주듯이 노동계급과 빈농의 동맹이 아주 중요하다고 강조했다. 그리고 농민층에게 사회주의를 강요할 수는 없다고 다시 한 번 강조했다. 그는 또, 폭력이 필요하다고 단언했다.

역사에서 계급투쟁에 관련된 어떠한 문제도 결코 폭력 이외의 다른 방법으로 해결된 적이 없다. 우리는 고역에 시달리는 착취받는 계급들이 착취자들에게 휘두르는 폭력을 옹호한다.

레닌은 내전을 끝내라고 주장하는 사람들에게 유산계급이 휘두른 무자비한 폭력을 어떻게 생각하느냐고 물었다. "우리는 강하기 때문에 아직도 진짜 테러를 저지르지 않았다." 자본가의 재산 몰수만으로도 그들을 위축시키기에 충분할 것이다. 레닌은 기차역에서 우연히 들은 늙은 여자의 말을 내전 종결 옹호자들에게 전했다. "사람들은 더는 총을 가진 자들을 두려워하지 않는다." 그러므로 사람들이 우리를 '독재자'나 '봉기자'라고 부르더라도 우리가 거리낄 것이 있겠는가? 그리고 나서 그는 적군 창설을 선언했다. 무장한 국민이 탄생한 것이다.

레닌은 두 종류의 사회악을 비난했다. 그것은 지식인들의 사보타주와 후진적인 대중의 이기주의적 충동이었다. "교수들과 교사들과 기술자들은 자신의 지식을 노동자를 착취하는 수단으로 전락시켰다. 이들은 '우리는 우리의 지식을 자본가계급을 위해 쓰고 싶다. 그러지 않으면 우리는 전혀 일을 하지 않을 것이다' 하고 말한다."

그러나 옛 정권이 우리에게 물려준 최악의 사회 부류들은 빼앗아서 달아나려는 욕망에만 사로잡혀 있는 악당들이다. 이들 속에 과거의 모든 악이 응집돼 있으므로 이들을 공장 밖으로 쫓아내야 한다.

후진적 시민들의 조야한 개인주의에 대한 이런 언급은 중요하다. 이런 개인주의는 자본주의 경쟁이 발전시키고 북돋운 것인데, 특히 프티부르주아 계급의 개인주의가 가장 강력하다. 레닌은 끊임없이 개인주의 문제를 제기하고 비판하고 싸우고, 여기에 내재한 엄청난 위험을 들춰냈다. 레닌은 대중이 혁명의 도둑, 모험을 무릅쓰는 자들, 부당이득을 취한 자들에게 끊임없이 관심을 기울일 것을 거듭 부탁했다. 그는 늘 농민들에게 다음과 같이 말했다. "토지를 갖게 되면 얼마나 기쁘겠는가. 물론 여러분은 실수도 하겠지만, 실수야말로 배울 수 있는 유일한 방법이다." 그는 대회에서 "노동계급은 자신의 힘으로 모든 생산 분야를 관리하려고 여기저기서 경영자협회와 접촉해 왔다"고 말했다. 레닌은 세계혁명에서 러시아혁명이 차지하는 위치에 관한 전반적 견해를 표명하면서 보고를 마쳤다.

마르크스와 엥겔스는 프랑스인이 혁명을 시작하고 독일인이 끝맺을 것이라고 말하곤 했다. "프랑스인이 혁명을 시작할 것"이다, 이것은 수십 년에 걸친 혁명 과정에서 프랑스인이 혁명적 헌신성과 혁명적 주도성을 획득했기 때문이고, 그래서 프랑스인들이 사회주의 혁명의 선두에 서게 된 것이다 하고 말했다. 그러나 우리는, 식민지에서 온갖 약탈을 자행해서 노동계급의 최상층을 타락시키는 열강이 아니라, 그렇지 못한 나라에서 가장 쉽게 혁명운동이 시작될 것이라고 생각한다. … 러시아는 사회주의 혁명을 시작했다. 독일과 프랑스, 영국인들은 이 혁명을 끝맺을 것이다. 그러면 사회주의가 승리할 것이다.

레닌은 국가의 억압에 대해 다음과 같이 명확하게 말했다.

부르주아 사회가 급격하게 해체되는 지금, 아나키즘 사상이 활기를 띠고 있다. 그러나 무엇보다도 부르주아 사회를 전복하려면, 또 피착취 계급들의 강력한 혁명 권력과 혁명적 국가권력을 세우려면 여전히 아나키즘이 필요하다. … 새로운 경향의 아나키즘은 틀림없이 소비에트 편이다.

며칠 뒤 레닌은 지방으로 떠나는 선동가들에게 연설하면서 늘 거론하던 견해를 다시 한 번 되풀이했다. "모든 노동자, 모든 농민, 모든 시민은 스스로 도울 수밖에 없고, 자신밖에는 의지할 곳이 없다는 점을 알아야 한다."[21]

문제점

소비에트공화국은 브레스트리토프스크 조약이라는 버거운 짐을 지고도 살아남을 수 있는가? 이것은 중대한 문제였다. 소비에트공화국은 산업 노동계급의 40퍼센트(오스트리아-독일인들이 도네츠 광산을 차지했기 때문이다), 연료 생산의 45퍼센트, 설탕 생산의 90퍼센트, 금속공업의 64~70퍼센트, 주요 수출 곡물인 밀의 55퍼센트를 잃었다.[22] 몇 세기 동안 러시아의 대외교역은 주로 곡물 수출에 의존했다는 사실을 감안하면, 러시아는 이제 손에 쥔 것에만 의지해서 살아가야 하는 처지가 됐고, 별 수 없이 가난에 빠질 수밖에 없었다. 로조프스키는 "브레스트리토프스크 강화조약은 혁명이 서서히 죽어가고 있음을 뜻한다"고 말하기도 했다. 이런 생각은 혁명전쟁 사상을 북돋는 데 이바지했다. 인민경제위원회의 제1차 전국대회(5월 26일~6월 4일)의 토론 과정을 보면 당내 다수파의 생각을 알 수 있다. 라데크는 조약의 경제적 영향을 보고하면서, 혁명이 이제부터 해외 강대국과 세계시장에 심각하게 종속될 것이라고 강조했다. 그는 사적 자본한테서 양보와 융자를 얻어내는 정책(오늘날 이 노선은 약간 공상적인 것처럼 보인다)을 옹호했다. 그의 견해에 따르면, 새로운 기업만이 특혜를 누리고, 이런 기업들은 국가의 기존 주요 공업지대(우랄, 도네츠, 쿠즈네츠크, 바쿠)를 뺀 다른 지역에 세워질 예정이었다. 국가는 기업과 이윤을 나눠 가질 것이고, 일정한 기간이 지나면 기업을 사들일 권리를 지니게 될 것이다. 대회는 이런 가설에 따른 해결책에 만족하는 수밖에 달리 방도가 없었다. 또한 대회에서는 우랄 지역의 공업뿐 아니라 투르케스탄의 면화 생산을 발전시키기로 결정했다. 늙은 칼리닌은 "앞으로 우리의 권력 토대를 쌓을 수 있는 곳은 우랄과 북부 지역과 시베리아일 것"이라고 선언했다.[23] 이런 것들은 결코 좌절한 적이 없는 혁명가들이 내놓은 필사적 해결책이었다. 손발이 다 잘린 채 강력한 제국주의의 끊임없는 위협 속에서 살아가고 있으며, 또한 도시와 농촌 사이의 점점 늘어나는 갈등의 제물이 돼 버린 러시아가 과연 살아남을 수 있을까? 절박한 빈곤을 벗어날 수 있는 확실한 가능성만이 가장 낙관적인 것이었다. 당은 분열되고 있었다. 좌익공산주의자들(이들은 점점 좌파 사회혁명당에 접근하고 있었다)은 점차 강화가 전쟁보다 더 나쁜 악이라고 믿게 됐다. 반면에, 레닌과 당내 다수파는 유럽 세계의 진동에 귀를 기울였고, 독일의 붕괴를 기다리고 있었다.

인플레이션, 기근, 전반적인 혼란 속에서 도시와 농촌 사이의 적대감은 점점 더 커지고 있었다. 루블화 가치는 엄청나게 떨어졌다. 이런 상황에서는 당연한 일이지만 세금이 더는 걷히지 않았기 때문에 정부는 자기가 발행한 은행권을 유일한 재원으로 삼을 수밖에 없었다. 공업 생산이 엄청나게 줄었고, 그 결과 공산품 가격이 올랐다. 농민들은 곡식을 내주고 루블화 지폐를 받았지만, 이 돈으로는 공급이 제한된 일부 공산품을 제외하고는 아무것도 살 수 없었다. 게다가 이런 물건조차도 구하기가 참 힘들었다. 그래서 농민들은 곡식과 공산품을 맞바꾸는 물물교환으로 돌아서고 말았다. 몇 안 되는 투기꾼들이 농민과 도시의 중간에 끼어들어 활동하고 있었다. 도시는 혁명 전부터 기근으로 고통받고 있었다. 이 때문에 도시에는 먹을 것이 거의 남아 있지 않았다. 이런 붕괴의 와중에서 개인주의적 본성이 마음껏 활개를 치고 있었다. 개인이 개별적으로 탈출구를 찾기는 쉽지만, 모두가 이용할 수 있는 빵을 만드는 것은 불가능했던 셈이다. 이런 힘에 맞서 부분적인 성공이나마 거두려면, 노동계급의 규율과 집단의식 외에는 다른 방법이 없었다. 1917~18년의 인플레이션은 다음과 같은 수치로 가능할 수 있을 것이다. 1917년 1월 1일 제국은행이 발행한 루블화 지폐 총액은 90억 루블이 조금 넘었다. 1917년에는 147억 2100만 루블이 발행됐고, 1918년 1월부터 5월까지 120억 루블이 발행됐다.[24]

볼셰비키당 내에서 일어난 불화를 알려면 러시아 국내의 이런 상황을 염두에 둬야 한다.

레닌과 공산당 7차 당대회

2월 24일 모스크바 지역위원회는 중앙위원회를 무시하고 '강화조약의 이행을 위한 조처'를 거부하는 결의문을 통과시켰다. 이런 행동을 설명하는 자료에는 다음과 같은 내용이 들어 있었다.

가까운 시기에 당 내부에 분열이 일어날 것이라고 판단한 모스크바 지역위원회는 단독 강화를 지지하는 자들과 공산주의 운동의 온건파에 대한 투쟁을 위해 모든 진지한 혁명가들과 공산주의자를 결속시킬 것을 결의했다. 우리는 순전히 형식적인 것으로 바뀌고 있는 소비에트 권력을 희생시키는 것이 세계혁명의 이익과 일치한다고 믿어 의심치 않는다. 과거처럼 우리는 사회주의 혁명의 이념을 전 세계에 확산시키고 러시아에서 부르주아 반혁명을 단호하게 억압하고 독재를 엄격히 실시하는 것이 우리의 근본적 과업이라고 생각한다.

레닌은 "이상하다 못해 기괴하다"고 맞받았다. 그는 소비에트 권력을 희생시킨다면 독일혁명의 기회가 많아지는 것이 아니라 오히려 혁명을 위태롭게 만드는 것이라고 올바르게 지적했다. 1871년 파리코뮌이 패배함으로써 영국 노동자들이 위협받지 않았던가? 1793년의 프랑스와 나폴레옹 군대의 군홧발에 짓밟힌 프로이센은 완강한 의지로 버팀으로써 권력을 유지할 수 있다는 점을 입증하지 않았던가?

왜 이런 사건들이 우리 역사에서 되풀이될 수 없다는 것인가? 왜 우리는 절망에 빠져야 하고, 또 "완전히 형식적인 것이 돼 버린 소비에트 권력"이란 말이나 하면서 불명예스러운 평화보다 더 창피한 — 정말, 그렇다! — 결의문이나 제출하고 있다는 말인가? 외국의 침략은 결코 대중적 정치제도를 '완전히 형식적인 것'으로 만들지 못한다. 그리고 소비에트 권력은 대중적 정치제도일 뿐 아니라 역사에 알려진 다른 어떤 제도보다 훨씬 우월한 제도다.

반대로, 소비에트 권력이 모험을 하지 않는 한 … 외국의 침략은 소비에트 권력에 대한 인민들의 지지를 강화시킬 뿐이다. … 러시아는 새로운 민족전쟁 즉, 소비에트 권력을 방어하고 유지하려는 전쟁으로 나아가고 있다. 이 시대는 나폴레옹 전쟁 때처럼 침략자들이 소비에트 러시아에 강요한 해방전쟁들(나는 일부러 전쟁이 아니라 전쟁들이라고 말하고 있다)의 시대가 될 수 있다. 이것은 완전히 가능한 일이다. 따라서 절망, 특히 창피한 절망은 군대가 없어서 우리에게 강요된 가혹한 강화조약들보다도 더욱 수치스러운 것이다. 만약 우리가 전쟁과 봉기를 **사려깊게** 생각할 줄 안다면, 그런 수십 개 항의 억압적인 조약 때문에 우리가 패배하는 일은 없을 것이다. 우리가 스스로 절망과 미사여구로 자멸하지 않는다면 어떻게 침략자들이 우리를 죽일 수 있단 말인가.[25]

레닌의 표현을 빌리면 "불행한 공산주의자들"인 좌익공산주의자들은 3월 5일부터 19일까지 처음으로 일간지를 펴냈다. 이 신문은 부하린, 라데크, 우리츠키가 편집·발행한 페트로그라드 당위원회의 기관지인 〈코뮤니스트〉였다. 〈코뮤니스트〉는 그 뒤 곧 모스크바로 이전해 4월 20일부터 6월까지 매주 발행됐다. 이 시기에 오볼렌스키-오신스키와 스미르노프가 편집진에 합류했다. 부브노프, 브론스키, 안토노프(루킨), 로모프(오포코프), 포크로프스키, 프레오브라젠스키, 퍄타코프, 솔츠, 운슐리히트, 콜론타이, 쿠이비셰프, 야로슬라프스키, 사프로노프, 사파로프가 이 좌파 기관지에 협력했다. 이 사람들은 좌파 운동을 뒷받침할 사상적 무기와 내용을 제공했다.

3월 6일부터 8일까지 페트로그라드에서 열린 7차 당대회에서 두 견해가 서로 맞섰다. 며칠 뒤인 3월 10일 독일군의 점령 위협이 가시화되자 수도는 모스크바로 이전했다. 당대회는 강화조약 단 하나만을 논의했다. 레닌은 좌파의 테제를 비판했는데, 지노비예프, 스밀가, 스베르들로프, 소콜니코프가 레닌을 지지했다. 트로츠키는 전쟁을 지지하면서도, 분열된 당이 혁명전쟁을 치를 수는 없다는 이유로 레닌의 테제를 지지했다. 양측이 똑같이 분열을 걱정했으나 대회 일정이 끝날 때까지 그런 걱정이 해소되지는 않았다. 그러나 대의원들은 단결에 더 관심이 많았다. 반대파는 중앙위원뿐 아니라 강령개정위원으로도 선출됐다.

대회에서 레닌이 한 여러 연설에서 역사적으로 가장 위대하고 이론적으로 흥미를 끈 발언들을 간추려 보고자 한다. 그는 먼저 소비에트 정권이 처음 몇 개월 동안 성공적으로 전진해 왔다고 말했다. 그러나 그 뒤로는 어쩔 수 없이 사회주의 혁명의 어려움이 나타나게 될 것이라고 덧붙였다. 예를 들어보자.

부르주아혁명과 사회주의 혁명의 본질적 차이 하나는 부르주아혁명이 봉건제 안에서 태어나 상업 발전을 통해 봉건 사회의 모든 면을 서서히 바꾸며 구체제 안에서 조금씩 경제체제 형식을 확립했다는 점이다. 부르주아혁명은 구체제의 모든 토대를 제거하고 파괴한다는 오직 한 가지 임무만을 갖는다. 상품생산 체제를 창조하고 자본주의의 성장을 촉진함으로써 이 임무를 완수하게 되면 비로소 부르주아혁명은 전체 사명을 완수한다. 사회주의 혁명의 상황은 아주 다르다. 후진국일수록, 비록 혼란스러운 역사 때문에 사회주의 혁명이 일어나더라도 옛 자본주의 관계에서 새로운 사회주의 관계로의 이행은 더 어렵다. 게다가 사회주의 혁명은 파괴의 임무뿐 아니라 조직이라는 아주 어려운 다른 임무가 하나 더 있다.

소비에트 사회주의 공화국은 아주 쉽게 탄생했다. 왜냐하면 1917년 2월에 어떤 당도 소비에트 건설이라는 구호를 미처 제기하기도 전에 이미 대중이 소비에트를 건설했기 때문이다.

따라서 부르주아혁명과 노동계급 혁명의 차이는 부르주아혁명이 이미 있는 조직의 덕을 보는 반면에, 사회주의 혁명은 맨손으로 모든 것을 창조해야만 한다는 점에 있다. '공격 전술'은 경제와 행정 과업에 적용될 수 없다. 사회주의 혁명은 "러시아보다 유럽에서 훨씬 어렵게 시작될 것이다. 러시아에서는 사회주의 혁명을 시작하기가 참으로 쉬웠다. 그러나 혁명을 유지하는 일은 어려울 것이다. 유럽에서는 반대로 일단 혁명이 시작되기만 하면, 유지하기는 아주 쉬울 것이다." 우리는 야수 같은 제국주의 앞에서 무장해제당해야 했다. 그리고

다시 말하지만, 유럽 혁명만이 우리를 구원할 수 있다. … 그리고 모든 파업에는 혁명이라는 괴물이 숨어 있다는 점을 이해하지 못하는 사람은 사회주

의자가 아니라는 말은 정말 정확한 말이다. 그렇다. 모든 파업에는 사회주의 혁명이 숨어 있다. 그러나 모든 파업이 사회주의 혁명을 향한 일보전진이라고 말한다면, 그것은 가장 어리석고 공허한 이야기다. 독일에서 혁명이 일어나지 않는다면 우리는 무너질 수밖에 없다. 이것은 절대로 옳다. 페트로그라드나 모스크바에서는 버틸 수 있을지도 모른다. 아마 블라디보스토크에서도 그럴 수 있을 것이다. … 어떤 경우든 만약 독일혁명이 일어나지 않는다면 우리는 무너지고 말 것이다. 그렇다고 해서 결코 자만하지 않고 가장 위험한 상황에 대비해야 하는 우리의 임무가 줄어드는 것은 아니다. 독일혁명은 우리가 바라는 것처럼 신속하게 도래하지는 않을 것이다. 역사가 그것을 입증해 주고 있다. 우리는 이 점을 사실로 인정해야만 한다.

군대는 우리 사회의 병든 가지였다. 그렇기 때문에 우리는 군대를 해산해 버렸다. 군대를 해산하는 일이 빠르면 빠를수록 조직을 복구하는 일도 빠르게 진행될 것이다. "우리는 후퇴하는 법도 알아야 한다."

우리는 역사적 경험과 세계혁명의 도움을 받아 당내 분열을 치료할 것이라고 레닌은 말했다. 그는 〈코뮤니스트〉 편집진이 품고 있던 환상과 10월 봉기 방식을 세계 무대로 이전시키려는 어리석은 시도에 맞서 격렬하게 논쟁했다. 이들의 환상은 사실에 의해 산산조각났다. 레닌은 **휴전이 실제 사실**이라고 말했다. 그는 11일간의 혁명전쟁[2월 18일 독일군의 공세 개시부터 강화 협상이 재개된 2월 28일까지를 말한 듯하다]이라는 충격적인 이야기를 되풀이했다. 그 이야기란 이런 것이다. 〈코뮤니스트〉 편집진은 페트로그라드를 잃을 것이며 독일군이 거침없이 진격할 것이라고 생각했지만, 얌부르크[26] 같은 도시를 '탈환한' 전신국 기사들은 독일군이 하나도 없는 것을 보고 놀랐다는 등의 이야기다. "명백히 거기에는 아주 쓰라리고 충격적이고 고통스럽고 창피한 진실이 있다. 그러나 그 진실은 여러분의 〈코뮤니스트〉보다 몇 백 배나 더 가치 있는 것이다."

자, 무엇을 해야 하는가? 명령을 내려야 한다. 하루에 한 시간만이라도
노동자에게 무기 다루는 법을 가르치자. 이 일은 가장 아름다운 소설을
쓰는 것보다 훨씬 더 어려울 것이다. "우리의 평화는 제2의 틸지트의 평
화다." 따라서 우리는 그런 평화를 이용해 전쟁을 준비해야 한다. "역사를
통해 우리는 평화가 전쟁 전의 휴전이며 전쟁이 더 나은 평화를 얻을 수
있는 하나의 수단임을 알고 있다." 연설 전체가 현실주의와 끈기를 바탕으
로 하고 있었다. "꼭 그래야 한다면, 우리는 후퇴할 것이다. 내일 우리는
모스크바를 포기할지도 모른다. 우리는 시련에 대처하는 법을 배울 것이
다. 그리고 때가 되면 우리는 다시 투쟁할 것이다." 레닌은 중앙위원회의
"사기를 꺾는 전술"을 비난하는 부하린과, 우크라이나와의 전쟁을 주장하
는 트로츠키와 격론을 벌이면서 딱 잘라 말했다. "나는 시간을 벌고 싶
다. 그러려면 공간을 포기할 수밖에 없다."[27]

영웅적 희생의 테제

레닌은 좌익공산주의자들의 주장을 공들여 분석해야 했다. 부하린은
그 뒤 1925년에 쓴 저작의 서문에서 그 분석이 정확했음을 인정할 만큼
참으로 대범했다. 좌익공산주의자들의 주장은 조약이 체결되기 전이나 체
결될 때도 모욕감, 슬픔, 분노, 혁명의 미래에 대한 끔찍한 비관주의 등
참으로 깊은 감정에 뿌리를 두고 있었다. 더욱 비극적인 것은 이런 감정이
철저한 희생을 요구하는 거의 맹목적인 열정과 혼합됐다는 사실이다. 많
은 선언문에도 이런 감정이 표출돼 있다. "만일 러시아혁명 자체가 흔들
리지 않는다면, 그 누구도 이 혁명을 지배하거나 파괴할 수 없다."[28] "혁명
이 … 항복을 선언하지 않는 한, 혁명은 제아무리 극심한 패배라 하더라
도 부분적 패배를 겁내지 않는다. 위대한 소비에트공화국은 페트로그라

드나 키예프, 모스크바를 잃어버릴 수 있으나 **무너질 수는 없다.**"[29] 그런 확신은 놀라운 것이다. 사실 어떻게 러시아가 유지될 수 있다는 것인가? "정신적 동원"이 필요했다. 부하린은 "대중이 독일의 공격을 목격하면 … 진짜 성스러운 전쟁이 시작될 것이다" 하고 말했다.[30] 만일 군대가 없다면 어떻게 할 것인가? 그렇다면 우리는 게릴라전을 활용할 것이다. 혁명의 전체 진행 과정 동안 게릴라전은 모든 혁명적 낭만주의자들이 품었던 해맑은 희망 가운데 하나였다. 게릴라 전사들의 힘은 무엇보다도 자신들의 사회주의적 신념과 "동원될 새로운 군대의 사회적 성격" 속에 들어 있을 것이다. 바로 이 점에서 아주 현명한 이념이 참으로 잘못된 이상주의와 뒤섞이게 됐다. 새로운 군대는 혁명적 열광주의의 근원인 계급적 이해관계에 바탕을 두고 만들어질 수 있고 또 그래야만 한다. 독일의 기술이 사회주의 신념과 충돌할 수 있다는 주장은 유치한 발상일 뿐이다.

교조적 확신과 현실 왜곡이 이런 이론들을 정당화했다. 그들의 교의에 따르면, '타협 절대 불가!'였다. 혁명은 조작돼서도, 후퇴해서도, 타협에 동의해서도 안 된다는 것이다. 쓸 수 있는 유일한 전술은 최대한의 비타협성이었다. 타협의 대가로 목숨을 부지하는 것보다 죽는 편이 훨씬 낫다는 것이다! 이것은 좌익공산주의의 기본적인 교의였고, 사람들은 이 교의를 기회주의 경향에 대한 건전한 반발로 믿어야만 했다. 어떻게 좌익공산주의자들이 자본주의 강대국과의 모든 관계에 반대했는지는 이미 기술한 바있다. 독일 제국주의한테서 얻어낼 수 있는 일시적 휴식을, 심지어 그 가능성조차 논의하기를 거부함으로써 자신도 모르는 사이에 현실을 왜곡할 수밖에 없었다. 부하린은 강화 전망이 "환상적이고, 존재하지 않는 것"이라고 말했다. 콜론타이는 강화가 "불가능한 것"이라고 말했다. 라데크는 조약이 체결된 뒤, "이것은 강화가 아니고 새로운 전쟁"이라고 말했다.

열성적 혁명가들은 자신의 강렬한 감정 때문에 현실을 직시할 수 없었다. 이들의 감정에 따르면 "투쟁은 계속되지만, 휴전은 늘 그랬듯이 불완전하고 시시한 사실"이었다. 레닌은 특유의 상식적 질문을 던졌다. "우리가 이미 5일 만에 페트로그라드에서 철수했는데 어떻게 휴전의 실체를 부정할 수 있는가?"

좌익공산주의자들의 결론은 의기충천한 감정과 역사에 대한 낙관주의와 당면한 현실에 대한 비관주의의 기묘한 혼합 사이를 오가는 단 하나의 명확한 이론적 문장으로 요약된다.

우리는, 국내 전선과 국제 전선에서 노동계급의 정책을 엄격하게 적용하는 데는 많은 위험이 따른다는 사실, 곧 우리 자신의 몰락으로 귀결될 수도 있음을 숨기려는 것은 아니다. 그러나 세계 노동계급 운동의 이익을 위해서라면, 우리가 상황에 순응해서 살아남는 것보다는 아직도 진실한 노동계급 권력을 유지하고 있을 때, 외부 세력의 엄청난 압력을 받아 쓰러지는 것이 훨씬 더 낫다고 믿는다.[31]

좀 고상한 표현을 쓴다면, 러시아에서는 그동안 이런 이데올로기를 프티부르주아적 일탈로 여기는 것이 관행이었다. 물론 노동계급 이데올로기로부터 다양한 일탈이 일어나는 것은 사실이지만 그 대부분은 지식인들 사이에서 일어나는 현상이며, 노동계급과 자본가계급 사이의 매개적 위치를 차지하는 중간계급의 의식적인 특성에 충실한 표현들을 어느 정도 반영하기 나름이다. 확실히 중간계급, 특히 지식인들에게는 상처받은 자존심, 격앙된 애국심, 영웅적 희생('불명예보다는 죽음을'이라는 학파)의 감정이 노동계급의 현실적·평등주의적·변증법적 정서, 나아가 확고한 혁명적 정서보다 훨씬 더 입맛에 맞았다. 그러나 필자도 경험한 바 있지만 이런 좌파적 경향이 또 다른 측면, 즉 기회주의의 위협에 대한 반발을 대변한다는 점 또한 틀림없다. 레닌은 어떠한 좌파에도 어떠한 우파에도 속하지 않았다. 그는 그냥 혁명가였고, 단호하면서도 실용적이었고, 미사여구를 늘어놓지도 않았다. 그러나 레닌의 시대 이전까지, 사람들이 혁명의 이름으로 '행동하기로' 선택한 그 모든 순간들은 이들에게 곧바로 기회주의로 떨어지게 만드는 기회를 제공했다. 또 하나 중요한 사실을 기억해 둘 필요가 있다. 전에는 노동계급 혁명이 한번도 성공한 적이 없었다는 점이다. 최상의 혁명가 가운데 일부는 당시 희생이라는 방식으로 노동계급의 영웅적 패배의 전통을 지속시키려는 경향을 나타냈다. 미래를 위한 희생의 가치에 깊은 감명을 느꼈기 때문이다. 그러나 레닌은 이런 전통이야말로 깨져야 한다고 주장했는데, 이것은 그의 커다란 장점의 하나였다.

7차 당대회에서의 원칙과 행동

이 중요한 시기에 7차 당대회는 이론 문제에 관심을 집중시키고 있었다. 이 대회에서 마침내 레닌은 당의 명칭을 바꾸는 데 성공했다. 그 결과, 당의 명칭은 러시아 사회민주노동당에서 러시아 공산당(볼셰비키)으로 전환됐다. 레닌은 1917년 초 이래 당명을 바꾸자고 주장해 왔다. 레닌은 당명 전환을 계기로 다시 한 번 파리코뮌을 모델로 해서 나온 소비에트 국가가 어떻게 민주주의의 개념보다 우월한 것인지를 강조할 수 있는 기회를 얻었다. 아울러 레닌은 모든 대의원들에게 사회주의가 모든 국가 탄압을 금지하고, "능력에 따라 일하고 필요에 따라 가져가는" 규정을 적용하기를 간절히 열망하고 있다는 사실을 다시 한 번 일깨울 수 있는 기회도 얻었다. 레닌은 혁명에 반대하는 모든 사회주의자들이 제기한 '빈곤은 사회화될 수 없다'는 취지의 이론을 반박하려고 1887년에 프리드리히 엥겔스가 쓴 몇몇 예언적 문구를 따왔다. 엥겔스는 이미 그때 세계적인 대재앙을 내다보았고, 여러 왕조의 몰락과 대규모 황폐화가 진행되는 가운데 "노동계급의 승리나 이런 승리를 가능하게 해 줄 조건의 창출"을 미리 짐작했다. 이와 더불어 레닌은 지금 시기에 인류 문화의 부활이 지난한 과업으로 입증됐다는 것을 인정하면서도 인류 문화는 파괴돼서는 안 된다고 선언했다.

부하린, 소콜니코프, 블라디미르 스미르노프는 지금의 당 강령에서 상품생산의 발전에 관한 설명을 다룬 이론 부분을 빼자고 제안했다. 이들은 이 부분이 시대착오적이며, 당 강령이 제국주의와 사회주의 혁명의 시대를 규정하는 것으로 충분하다고 생각한 것이다. 이 견해는 여러 가지 점에서 잘못된 것이었다. 왜냐하면 심지어 제국주의 단계에서도 후진국에서는 상품생산과 자본주의의 가장 단순한 형태가 계속 발전하고 있었기 때문이다. 그러나 레닌은 이들에게 대답하면서 문제를 좀 더 포괄적으로 다루었다. 여기에 그의 말을 인용하면 책의 한 면을 다 차지할 것이다.

상품생산은 자본주의를 낳았고 자본주의는 제국주의로 귀결됐다. 위와 같은 일은 역사의 일반적인 전개 과정이다. 그러나 사회주의의 기초를 잊어서는 안 된다. 투쟁이 아무리 복잡해지더라도, 또 우리가 우연히 극도의 혼란에 직면하게 되더라도(앞으로 그런 혼란은 아주 많이 일어날 것이다. 우리는 지금까지 러시아에서 일어난 혁명의 역사가 얼마나 거대한 전환을 만들어 냈는지 경험으로 알고 있다. 상황은 훨씬 더 복잡해질 것이고, 훨씬 더 급속하게 진행될 것이다. 발전은 더욱 격렬해질 것이며, 유럽 혁명이 일어나면 상황의 전환은 더욱 복잡해질 것이다), 이런 혼란과 급격한 역사적 전환 속에서 우리가 나아갈 길을 잃어버리지 않으려면, 또한 넓은 전망을 유지하고 자본주의의 전체 발전과 사회주의로 나아가는 전체 길을 연결시키는 주홍색 실을 찾아낼 수 있으려면(그런 길은 곧바로 뻗어 있으리라고 생각하는 것이 자연스럽고, 또 처음과 중간과 끝을 한 눈에 보려면 마땅히 그 길이 쭉 곧은 것으로 생각하기 마련이지만, 사실 일상생활을 들여다 보면, 그 길은 결코 곧게 뻗어 있지 않고 상상할 수 없을 정도로 얽히고설켜 있다), 이렇게 우여곡절 속에서 우리가 길을 잃지 않으려면, 후퇴나 일시적 패배 또는 역사나 적이 우리를 저지했을 때 물러설 시기를 놓치지 않으려면, 나는 이 중요한 옛 강령을 포기하지 않는 것이 중요하다고 본다. 오히려 이론적으로 올바른 오직 하나의 노선은 이 강령을 보존하는 것이다. 오늘날 우리는 러시아에서, 자본주의에서 사회주의로 이행하는 첫 단계에 도달했을 뿐이다. 역사는 우리에게 평화로운 상황을 허용하지 않았는데, 그런 평화적 상황은 이론적으로는 일정한 시기 동안 지속될 것이고, 그것이 우리에게 바람직하다. 그래야 우리가 이런 이행 단계들을 신속히 통과할 수 있을 것이다. 우리는 내전 때문에 러시아에서 많은 어려움이 일어났다는 점과 이런 내전이 전체 전쟁들과 맞물려 있다는 사실을 곧바로 깨달았다. 마르크스주의자들은 폭력이 반드시 자본주의의 완전한 붕괴와 사회주의 사회의 탄생을 불러온다는 사실을 결코 잊지 않았다. 그런 폭력은 세계사의 한 시기, 다양한 전쟁의 전체 시기, 제국주의 전쟁, 내전, 제국주의의 억압에 시달리던 민족의 해방전쟁(이 전쟁은 제국주의 전쟁과 내전이 뒤섞인 것이다)의 전 시기를 차지하고 있다.

우리는 이제 막 자본주의 전체를 뒤흔들어 놓았고 사회주의로 이행하기 시작하는 첫 걸음을 내디뎠을 뿐이다. 우리는 사회주의로의 이행 단계가 얼마나 많은지를 알지 못할 뿐 아니라 알 수도 없다. 그것은 유럽의 사회주의 혁명이 언제 전반적으로 시작될지, 유럽의 사회주의 혁명이 적대 세력을 누르고 쉽고 빠르게 사회주의 발전의 평탄한 길로 들어설 수 있을지, 또는 그 속도가 완만할지 아닐지에 달려 있다. 우리는 이 점을 전혀 모른다. 따라서 마르크스주의 정당의 강령은 절대로 확실한 사실들에 바탕을 둬야 한다. 오로지 그렇게 할 때만 우리의 강령은 힘을 지니게 된다.

부하린을 비롯한 반대파는 당의 최소강령 삭제를 지지했다. 레닌은 10월 혁명 전에는 이런 제안에 반대했으나 이제는 삭제에 반대할 이유가 없다고 보았다. 그렇지만 그는 "우리가 다시 후퇴하지 않으리라고 생각하는 것은 환상"이라고 덧붙였다.

그는 더 나아가 사회민주주의자들이 마르크스주의 국가론의 원칙을 왜곡했다고 주장했다. 레닌은 1917년과 마찬가지로 소비에트 공화국의 본질을 아래와 같이 규정했다.

관료제 없는, 경찰 없는, 상비군 없는 새로운 민주주의로 부르주아 민주주의를 대체한 새로운 유형의 국가는 노동 대중을 전위대로 활동하도록 만들고, 이들에게 법적·행정적·군사적 권한을 부여해서 노동 대중이 교육받을 수 있는 수단을 창출했다. 우리는 러시아에서 이제 막 이 과업을 시작했으므로 당분간 이 작업은 별다른 성과를 내지 못할 것이다.

우리가 일을 썩 훌륭하게 수행하고 있지는 않을 것이다. 그러나 우리는 대중을 이끌고 이들이 해야 할 일을 하게 만들 것이다. 그리고 유럽의 노동자들은 다음과 같이 말할 것이다. "우리는 러시아인들이 서투르게 하고 있는 일을 더 잘 해낼 것이다."[32]

여기서 레닌이 7차 당대회에 제출한 강령 초안을 간단히 요약해 보자. 이 강령 초안에는 소비에트의 강점이 10가지 테제로 규정돼 있다. 이 테제들에는 레닌의 생각이 가장 발전된 형태로 담겨져 있다.

(1) 가난하고 억압받는 모든 대중의 단결 (2) 전체 노동 대중의 재교육을 위한 활동적인 소수의 단결 (3) 입법권과 행정권을 분리시키는 의회제 폐지 (4) 대중과 국가의 연대. 이 연대는 예전의 민주주의 형태에서보다 더 밀접할 것이다. (5) 노동자와 농민의 무장 (6) 더 많은 민주주의와 훨씬 적은 형식주의. 대표를 선출·소환하는 기회의 확대. (7) 정치 기구와 생산 부문 간의 더욱 긴밀한 관계 (8) 관료제를 타파할 수 있는 능력 (9) 부자와 빈자의 형식적 민주주의에서 피착취 대중의 실질적 민주주의로의

이행 (10) 소비에트 전체 구성원의 국가 행정과 경영 참여.

이 테제에 이어 "국가의 점진적이면서도 완전한 폐지"를 목적으로 한 정치적 조처와 여러 경제적 조처를 제시했다. 그런 경제적 조처에는 노동조합이나 공장위원회 같은 각종 노동자 조직이 관리하는 "생산의 사회화", 전체 주민의 소비자협동조합 가입 의무화, 생산자와 소비자 공동체들이 수행하는 모든 상업 활동의 등록(화폐가 "아직 폐지되지 않았기" 때문이다), 보편적 노동 의무의 부과("우리는 이 의무를 신중하게 확대해서 자신의 노동 성과에 의존해서 살아가는 농민도 포함시켰다"), 월수입이 500루블 이상인 모든 사람과 임금노동자, 가내 고용인을 위한 노동·소비 수첩의 발행, 모든 금융 활동을 국영은행으로 집중하기, 처음에는 노동자 조직이 참여하고 차차 전체 주민이 참여하는 생산·소비 통제와 회계, 노동시간 단축과 노동생산성 향상을 목표로 한 생산자·소비자 협동조합들 사이의 조직화된 경쟁, 여러 가족이 참여하는 집단 급식 체제의 체계적 도입, 간접세를 누진세로 대체하거나 폐지하기, 국가 독점 기업들의 매출액에 대한 과세 등이 들어 있다.

적군 창설

오스트리아·독일군은 핀란드와 발트해 연안 국가, 우크라이나를 점령하고 있었다. 터키군은 형식상으로는 여전히 '독립국'인 캅카스 지역에 주둔하고 있었다. 영국군은 바쿠를 점령했고, 루마니아군은 베사라비아를 접수했다.[33] 4월 6일 일본군은 블라디보스토크에 상륙했다. 혁명은 무력으로 포위됐다. 혁명은 군대가 필요했다. 그러나 군대는 완전히 무에서 창조돼야 했다.

브레스트리토프스크에서 협상이 진행되고 있을 때인 1월 2일(신력 15일), 자원자병으로 구성된 적군 창설 포고령이 나왔다.[34] 차르 정권의 참모진 가운데 살아남은 자들로 구성된 적군 참모부는 각 지역 소비에트가 적극적으로 나서서 150명으로 이뤄진 대대를 기본 단위로 새로운 군대를 모집하도록 호소했다. 이런 호소는 효과를 발휘했다. 그 뒤에 이런 임시변통의 부대를 골격으로 실제 적군이 창설된 것이다. 3월 1일 군대최고회의가 설치됐다. 트로츠키는 처음부터 군대 창설을 고무하는 데 탁월한 솜씨를 보였다. 그는 3월 19일 모스크바 소비에트에서 "우리는 잘 조직된 군대, 즉 새로운 군대가 필요하다"고 선언했다. "우리는 필요하다면 하루 12시간을 일할 것이다. … 그러면서도 우리는 규율과 일, 창조적 활동이라는 길을 따라 앞으로 나아갈 것이다."

단호한 노동, 혁명적 규율. 이것은 트로츠키가 청중의 머릿속에 심어 놓으려고 되풀이한 구호였다. 그의 제안에 따라 4월 22일 일반 의무군사훈련 포고령이 통과됐다. 그러나 이것은 예비적 조처였다. 많은 주민들이 아직도 정권에 적대적 태도를 보이고 있었다. 지금 창설 중인 군대는 자원자들을 기반으로 해야 했고, 이들의 사회적 출신과 정치적 견해는 가장 중요한 고려 대상이었다. 그러나 현대의 군대는 아주 복잡한 기구다. 특별한 기술이 없다면 이 기구는 작동되지 않았고, 기능도 보장할 수 없었다. 어디에서 전쟁 기술자들을 찾아야 하는가? 오로지 적대 계급에 속하는 구체제 인사들뿐이다. 트로츠키는 초창기부터 이 전문가들을 고용해야 한다고 주장했다. 이런 정책을 실현하려면 광범한 저항과 근거 있는 불안을 극복해야 했다. 심지어 레닌도 처음에는 이의를 제기했다가 나중에야 그 이의를 철회할 정도였다. 트로츠키의 《레닌에 관하여》라는 글에는 다음과 같은 내용이 나온다.

나는 블라디미르 일리치에게 "진지하고 경험이 풍부한 군인들이 없다면 우리는 결코 이런 혼란에서 벗어날 수 없습니다" 하고 말했다.

"그것은 아주 타당한 것 같소. 그러나 만일 그들이 우리를 배반하기 시작하면 어쩔 셈이오?"

"우리는 모든 장교에게 정치위원을 한 명씩 붙여 줄 것입니다."

레닌은 "억센 주먹을 가진 정치위원을 두 명씩 붙여 주시오. 어쨌든 우리는 건장한 공산주의자들이 부족하지는 않소!" 하고 소리쳤다.

전문가(직업장교) 한 명과 볼셰비키 정치위원 두 명이 새로운 적군 지휘부를 맡게 됐다. 군 참모들은 별다른 어려움 없이 이런 지휘 방식을 받아들일 듯했다. 이들은 수동적 복종과 국가에 대한 봉사에 익숙했고, 일단 권위가 강요되면 복종했다. 백군 장군들은 자신들의 회고록에서 볼셰비키가 적군의 기술진을 충원할 때 제공한 편의에 대해 불평했다. 그러나 이 장군들도 생계를 유지해야 했다. 게다가 이들은 애국심에 불타고 있기도 했다. 하지만 많은 장교들은 적군에 참여하면서도 여전히 혁명의 적이었다. 군대 내부에서는 음모가 끊이지 않았다. 트로츠키는 옛 장군들이 이끄는 군대가 반(反)혁명의 수단이 될 수 있다고 걱정하는 사람들의 항의를 무마해야 했다. 그는 군대가 노동자와 빈농으로 충원되고 강력한 공산주의자 정치위원들이 지휘하고 있으므로 오로지 개인적 배신자들만을 걱정하면 된다고 대답했다. 트로츠키는 혁명 자체가 형성해 놓은 태도와 관습을 비판해야 했다. 군지휘관을 선출하는 일이 오랫동안 지속되면서, 옛 군대의 민주화 필요성 때문에 원칙이 의무가 됐다는 것이었다.

권력이 적대 계급에게 있고 군지휘관이 그런 계급의 도구로 남아 있는 한, 우리는 장교 선거제를 도입해서 최고사령부의 저항을 물리쳐야 했다. 그러나 지금은 권력이 노동계급에게 있고 군대 병력도 노동계급에서 충원된다. 솔직히 말하지만, 이런 조건에서는 장교 선거가 더는 정치적 효용성이 없고 기술적으로도 부적절하다. 사실상 그것은 이미 포고령으로 폐지됐다.

이런 이유가 아무리 탁월하더라도 강요하기란 쉽지 않았다. 전에 총살 집행 부대를 관리하던 장군들과 여전히 반혁명파의 핵심인 장교들이 최고사령부에서 1급 혁명가들과 노동계급을 대체하고 있는데, 어찌 안 그랬겠는가? 비록 정치위원들이 최고사령부를 통제한다지만 이들은 얼마나 유능할까? 그러나 이 모든 일은 꼭 필요했다. 트로츠키는 "적군 창설은 우리가 죽느냐 사느냐 하는 문제"라고 말했다.

군대에 필요한 병력을 동원할 수 있는 행정기관이 전혀 없었다. 당은 다시 한 번 자신의 중요한 역사적 사명을 발휘하면서, 국가를 인수해야 했다. 적위대, 빨치산 부대(남부 지역에 많았으나 아나키즘적 태도를 지닌 데다가 규율도 형편없고 대단히 반항적이어서 통제하기 힘든), 소수의 정규군 부대(이제 막 정규군으로 편성된) 등이 공화국의 첫 번째 군대가 됐다. 그러나 이들의 자질은 일정하지 않았고, 믿을 수도 없었다. 충원 운동은 여전히 만족스럽지 못했으나 효과는 아주 컸다. 4월 1일 페트로그라드에서 2만 5천 명이, 모스크바에서 1만 5천 명이 자원입대했다. 6주 사이에 10만 6천 명의 자원병이 충원됐다.

제7장_ 기근과 체코슬로바키아 군단의 간섭

기근

　4월과 5월에 식량 사정은 몹시 나빠졌다. 이미 1917년 2월에 페트로그라드 노동자 지구에서 "빵! 빵을 달라!"는 외침이 터져 나오면서 차르 체제가 무너진 경험이 있었다. 1916년 이후로는 군대에 공급할 빵조차 턱없이 모자랐고, 이에 따라 1917년에 군대에 지급된 식량은 정상 배급량의 53퍼센트에 지나지 않았다.[1] 독일군이 밀고들어오면서 여기저기서 게릴라전이 전개됐고, 얼마 뒤 군대마저 자발적으로 해체되고 나자 운송 체계는 완전히 무너졌다. 노동계급의 최상급 요원들은 혁명을 위해 투쟁하거나 혁명에 참여하려고 공장에서 빠져 나갔다. 기술진의 사주를 받은 고용주들은 생산을 사보타주했다. 공산품은 가격이 올랐을 뿐 아니라 시중에서 구하기도 점점 더 힘들어졌다. 반면에, 화폐 가치는 떨어지고 있었다. 화폐는 그 전에도 이미 끊임없는 재발행으로 가치가 떨어진 상태였다. 국가는 농민들이 곡물을 판매하는 것을 금지했고, 지폐로든 현물로든 아주 형편없는 값을 치르고 농민들로부터 곡물을 인수했다. 당연히 농민들은 그런 국가에 곡물을 내주기를 꺼렸다. 곡물은 투기의 대상이 됐고, 정상 가격보다 네다섯 배나 비싸게 팔렸다. 이런 참담한 일들이 일어나자 대도시, 주요 혁명 세력인 노동계급, 성장 일로에 있던 군대에 대한 식량 공급이 심각한 문제로 나타났다.

차르 체제가 무너지자 임시정부는 곧바로 곡물 수송을 독점했다. 그러나 독점한 곡물 수송의 실제 운영을 떠맡은 것은 중개상, 공장 소유주, 지주, 부농들로 구성된 공급위원회였다. 그래서 소비에트 정부는 이 제도의 성격을 완전히 바꿔 놓았다. 멘셰비키와 사회혁명당과 농민층은 인민위원회에 독점 폐지를 촉구했다. 그러나 곡물 독점은 실제로 꼭 필요한 것이었다. 곡물이 자유로이 거래되면 국가는 화폐 발행이라는 수단이 있더라도 투기 앞에서는 사실상 힘을 쓸 수 없기 때문이었다. 그렇게 되면 투기가 시장을 지배하게 된다. 부농이나 넉넉한 수입원이 있는 농민은 잘 먹고 잘 살 수 있을 뿐 아니라 사실상 이들만이 그런 생활을 유지할 수 있었다. 규칙적인 식료품 수송은 사실상 불가능했다. 도시를 희생시켜서 부유해진 농민들은 한동안 강력한 세력으로 떠오르기도 했다. 국가 독점은 사활을 걸고 지켜야 했고 실제로 그랬다.

4월 2일 포고령에 따라 농촌과 물물교환이 실시됐다. 이것은 도시와 농민들 사이의 까다롭고 혼란스러운 관계를 정상화하는 첫 단계였다. 화폐 가치가 떨어지자 곡물과 상품의 직접적 물물교환이 필요했다. 그러나 국가가 배분한 상품은 부농, 즉 쿨라크의[2] 수중으로 흘러들어간 것으로 드러났다. 국가는 새 포고령을 발표해 이제부터 물물교환이 빈농 조직을 통해 이루어질 것임을 분명히 했다. 이 조처 때문에 처음으로 부농과 빈농 간에 싸움이 일어났다. 이 투쟁은 몇 개월 만에 처참한 내전으로 비화할 수밖에 없었다. 5월 13일 마침내 "식량 공급의 독재"가 선포됐다. 이 포고령에 따라 농민은 생계와 파종 등에 필요한 양을 빼놓고 남는 곡물을 모두 국가에 넘겨야 했다. 확정된 기준에 따라 공제량이 결정됐다. 국가는 빈농과 노동자들에게 곡물 투쟁에서 쿨라크에 맞서 단결하라고 촉구했다. 식량공급인민위원회에는 적극적 활동에 필요한 모든 권한이 부여됐다. 간단히 말해, 프롤레타리아독재가 쿨라크에 대항해 공식적으로 전쟁을 선포한 셈이었다. 5월 20일 '식량군'이 창설됐다. 1919년에 식량군은 4만~4만 5천 명이었다. 농촌에서 징발을 실행한 것은 바로 이들이었다.

기근이 아주 심각했으므로 페트로그라드 인근의 차르스코예셀로에서 사람들이 받은 1일 배급량은 100그램을 넘지 못했다. 마침내 폭동이 일어났다. 4월 6~7일에는 "제헌의회 만세!", 심지어 "니콜라이 2세 만세!" 따위의 소리도 들렸다. 4월 19일 스몰렌스크에서 아나키스트들이 "부추긴"(그랬다는 소문이 돌았다) "기아 폭동"이 일어났다. 4월 말 기아에 허덕이고 인구마저 과잉 상태였던 사마라 지방으로의 통행이 완전히 금지됐다. 기근은 노동계급 거주지에서도 고통·절망·분노를 자아냈고, 도시 중간계급이 온갖 종류의 반혁명 선동을 기꺼이 따르도록 만들어 버렸다. 이들은 완전히 파산했을 뿐 아니라 혁명을 전혀 알지 못했다. 부농을 비롯해 비교적 잘사는 농민들은 엄청난 불만 때문에 여차하면 무시무시한 농촌의 폭군으로 돌변할 위험이 있었다.

어떤 노동자 출신 투사의 기록을 보면, 이때 페트로그라드에서는 단 한 마리의 말도 볼 수 없었다. 말은 죽었거나 잡아 먹혔거나 징발됐거나 농촌으로 보내졌다. 개와 고양이도 전혀 눈에 띄지 않았다. … 사람들은 완두콩이나 아마씨 기름으로 만든 감자부침으로 연명했다. 나는 페트로그라드 비보르크 소비에트 집행위원이었으므로 노동자가 몇 주 동안 빵과 감자를 전혀 배급받지 못했다는 사실을 알고 있다. 이들이 받은 것은 해바라기씨와 약간의 호두뿐이었다. … 굶주린 도시는 수많은 적대적 농민들과 정면으로 맞서고 있었다. 소비에트 권력은 절망적 상태에 빠졌다.[3]

아나키스트 무장해제

바로 이런 상황에서 4월 11~12일 밤에 아나키스트들이 무장해제당했다. 아나키스트들은 노동자 대중 사이에서 별다른 영향력을 발휘하지 못했다. 소비에트와 소비에트 대회에서 아나키스트가 소수 의석을 차지한 것 자체가 이 점을 입증한다. 대의원은 수백 명이었으나, 아나키스트들은 단 한번도 6명 이상 대의원을 배출한 적이 없었다. 게다가 몇몇 자유지상주의자들은 소비에트가 권위주의적 기구라는 이유로 참여를 거부했다. 그러나 1917년 5월과 6월 이후 페트로그라드의 두르노보 별장에서 일어난 끔찍한 사건과[4] 곧이어 10월 봉기의 전주곡이라 할 수 있는 7월 사태를 통해 자유지상주의자들 가운데 작은 집단 하나가 점점 두각을 나타내기 시작했다. 7월 시위는 부분적으로 아나키스트들의 작품이기도 했다. 크론시타트와 그 밖의 다른 곳에서 아나키스트들은 볼셰비키와 함께 케렌스키 정부에 맞서 용감히 싸웠다. 이데올로기적 혼란이 있었지만[5] 대다수 아나키스트들은 10월에 훌륭히 싸웠다. 노동계급이 승리한 뒤에 아나키즘 운동은 활발하게 전개됐다. 어느 누구도 이들을 막지 못했다. 아나키스트들은 마음대로 주택을 징발했다. 아나키스트 조직은 볼셰비키당과 대등한 지위에서 협상을 벌였다. 아나키스트들은 모스크바에서 거대 일간지 〈아나르히야〉를 발행했다. 페트로그라드에서 발행되던 아나코생디칼리스트 신문 〈골로스 트루다〉(노동의 소리)는 여러 차례 레닌의 〈프라우다〉와 경쟁할 만큼 영향력이 있었지만, 혁명전쟁 문제를 놓고 편집자들의 의견이 대립하는 바람에 폐간되고 말았다. 볼리네와[6] 그의 가까운 동료들은 빨치산 부대를 창설하자는 선동을 포기하고 전쟁터로 나갔다. 그러나 아무 성과도 거두지 못했다.

고르딘 형제가[7] 발행한 〈아나르히야〉는 선전·선동에 열을 올렸다. 그러나 그것은 이상과 도그마로 채워진, 현실과는 동떨어진 선전에 지나지 않았다. 1918년 4월 이후 이 신문에 게재된 일부 기사를 살펴보자. 러시아 혁명 과정에서 아나키즘이 몰락하기 시작한 것이 바로 이때였다. 4월 12일 이후 〈아나르히야〉는 더는 발행되지 않았다. 4월 7일 고르딘 형제는 "우리는 모든 유형의 국가에 반대한다. 그런 원칙에 따라 우리는 소비에트도 반대한다"고 썼다. "볼셰비키는 우리가 자신들을 뒤엎으려 한다고 말한다. 천만의 말씀이다! 우리는 심지어 멘셰비키를 타도하는 것에도 반대했다!"

4월 10일 고르딘 형제는 "권력을 장악한 것이 치명적 오류라고 생각했고, 지금도 그렇게 생각한다. … 그러나 10월 혁명이 일어났을 때 우리는 최전선에서 싸웠다"고 썼다. "비록 위협당하고 있지만 우리는 평온을 유지하고 있다. 우리는 결코 무너지지 않는다. 위대한 것은 사라질 수 없다"고 쓴 글도 있다. 체카를 비난하는 인도주의적 구호가 신문 두 면에 걸쳐 검은 활자로 크게 게재됐다(그래도 이 구호는 대단히 온건한 것이다). "**비무장 상태로 체포된 사람들을 쏘지 말라.**" 이런 식의 말투는 때에 따라서는 대단히 과격하게 들려도 아무런 해를 끼칠 수 없는 것이다. 그러나 그런 사실은 별로 중요하지 않다.

모스크바만 해도 아나키즘 세력은 수많은 조직과 또 그 밑의 조직으로, 개인주의에서 생디칼리즘, 공산주의, 그리고 여러 종류의 환상적인 '사상'들에 이르는 다양한 분파와 거기에서 파생된 또 다른 분파들로 분리돼 있었다. 수천 명에 달하는 아나키스트들은 대부분 무장하고 있었다. 기근이 만연한 상황에서 자유지상주의 선동가들의 거리낌 없는 선전·선동은 주민들 가운데 의식이 일천한 사람들에게 잘 먹혀들었다. '흑색총참모부'가 이 선동가들을 지도했다. 이들은 러시아에서 무책임하고 통제되지 않으며 통제할 수도 없는 무장을 갖춘 또 하나의 국가를 이루고 있었다. 아나키스트들은 자기들 속에 수상한 사람들, 모험가들, 일반 범죄자와 반혁명가들이 포함돼 있다는 것을 인정했으나, 자신들의 자유지상주의 원칙에 따라 누가 자기 조직에 가담하든 이를 거부할 수도, 또 그들을 실질적으로 통제할 수도 없었다. 아나키스트들은 자신의 운동을 정화할 필요성을 느끼고 있었으나, 권위 있고 잘 훈련된 기구 없이는 그런 정화가 불가능하다는 사실도 알고 있었다. 아나키스트들 사이의 분열과 이런 맹목적 원칙 숭배 때문에 이들의 운동은 정치적 자멸로 나아갈 수밖에 없었고, 날이 갈수록 더욱더 타협적인 양상을 보이게 됐다.

〈아나르히야〉에는 "중대 공고"가 게재되는 일이 많았다. "아나키스트 연맹위원회 공지 사항. 유감스럽게도 악습이 계속되고 있다. 정체를 알 수 없는 자들이 사람들을 마구 체포하거나 연맹 이름으로 기금을 착복하고 있다. 연맹은 개인의 치부를 목적으로 하는 어떠한 몰수도 용납하지 않을 것임을 선언한다."(4월 1일) "흑색총참모부는 최소 1인의 입회하에 3인 이상이 서명하지 않은 명령에 따라 실행된 작전을 책임지지 않을 것임을 선언한다."(같은 날) 참모부는 자기 사람들마저 믿지 못했다. 심지어 2명의 서명만으로는 충분하지 않다고 할 정도였으니까! 하지만 도적떼에게 이런 경고를 해봤자 헛수고였다.

일부 아나키스트들이 사면초가에 놓인 볼셰비키를 지독하게 중상 모략했지만 과연 볼셰비키는 타격을 받았을까? 힘이란 문제를 해결하는 단초이고, 볼셰비키는 그런 힘이 있었다. 자크 사둘은 4월 7일 또는 8일, 소비에트의 대의에 공감하는 알렉산드르 가이라는 아나키스트 지도자를[8] 만났다. 사둘은 "가이가 볼셰비키를 격렬하게 비난했다"고 말했다(가이는 공산당과 동맹한 '소비에트 아나키스트들' 가운데서도 가장 우파적인 인물이었다는 점을 참고해야 한다).

아나키스트들은 이미 남부 지방의 여러 도시를 통제하고 있었다. 그때 가이는 모스크바에서 무장한 사람들 수천 명을 동원할 수 있다고 믿었다. 그러나 아직은 때가 일렀다. 왕당파들은 자신들의 목적을 위해 아나키즘 운동을 이용하려고 이 운동에 가담했다. 이런 추잡하고 위험하기 짝이 없는 자들부터 먼저 숙청해야 한다. 한두 달 사이에 아나키스트들은 볼셰비키의 무덤을 팔 수 있을 것이고, 그때가 오면 야수의 지배는 끝장날 것이다.[9]

그보다 얼마 전에 아나키스트연맹 지도자 회의가 열려 볼셰비키에 대항한 봉기 가능성을 논의했다는 사실은 필자도 알고 있다.

그러나 그 뒤 어떻게 됐는가? 어떻게 아나키스트들은 권력 장악을 포기하게 됐는가? B와 N이라는 영향력 있는 선동가 두 명은 "회복이 불가능한 경제 상황에 대한 책임을 떠맡아 치명적 불신을 받게 되는 것"은 아무 의미도 없으며, 이 때문에 "머지않아 우리가 망하고 말 것"이라는 이유로 봉기에 반대했다.

미국제 자동차에 대한 공격, 여러 차례에 걸친 체카 요원 암살, 여러 건의 반도에 대한 즉결 처형, 아나키스트연맹이 "착취자"라고 규정한 사람들에 대한 체포 등의 사건들이 빈발하자 체카 의장 제르진스키는 흑색수비대를 해산시키자고 주장했다. 4월 11일에서 12일 밤 사이에 5천 명의 소비에트 군병력이 이 작전에 동원됐다. 아나키스트들이 차지하여 기관총으로 방어하던 주택들이 포위당했다. 건물을 점거하고 있던 사람들에게 20분 내에 투항하라는 경고가 전달됐다. 여러 곳에서 유혈 충돌이 일어났다. 아나키스트 회관에 대포가 발사됐다. 어떤 곳에서는 자유지상주의자들이 포위된 채 10시간이나 버티기도 했다. 공격을 퍼부은 끝에 27개의 주택이 점령되고 20개 집단이 무장해제됐고, 500명이 체포됐다. 사망자와 부상자도 몇 십 명에 달했다. 이 전투 와중에 죽은 아나키스트는 단 한 사람도 이름이 알려지지 않았다. 들리는 소문에 의하면, 즉결 처형도 없었고, 그 밖의 강경한 조처도 단 한 건 없었기 때

문이다. 21일 재발행된 일간지 〈아나르히야〉의 표제는 "절대주의를 타도하자!"였다.[10]

반혁명가들은 흑색수비대의 특권적 지위를 어느 정도까지 이용할 수 있었는가? 이에 관한 증거로 필자는 고페르스[11] 장군 사례만을 살펴보겠다. 고페르스는 '조국과 자유 수호연맹'이라는 장교 음모단에 가담했다. 이 연맹의 지도자는 모스크바에서 자기네 군대를 주둔시킬 만한 곳을 전혀 찾을 수 없었다.

조직원들이 규율과 … 지도자의 명령에 복종할 때만 비로소 조직의 전투력에 의존할 수 있다. 아나키스트 조직에 가입함으로써 우리는 우리 자신을 적절히 조직할 수 있는 기회를 얻었다. 볼셰비키도 아나키스트 조직을 묵인하고 있었다. … 4월 초에 우리 연맹원 60~70명이 아나키스트 조직에 가입했다. 우리는 지방에서 온 우리 연맹원이 숙박할 수 있는 곳을 찾으려고 더는 고민하지 않아도 됐다. 내가 할 일은 이들에게 출입증을 발행하고, 우리 '아나키스트 분대'의 책임자에게 인도하는 것뿐이었다. 그러면 그 책임자는 우리 연맹원들을 자유지상주의자들이 차지한 큰 저택에 배정했다. 우리 아나키스트의 책임자는 포병 대장이었다. 그의 외모와 성격은 그야말로 아나키스트들의 모습과 정확히 일치했다(고페르스가 남긴 기록에서).

아나키스트들이 무장해제 당하는 동안 반혁명 장교들은 체포됐고, 몇 주일 뒤 석방될 때까지 오로지 석방만을 위해 모든 것을 감수하며 최선을 다할 수밖에 없었다. 나는 반혁명가들을 통해 여러 다른 비슷한 보고를 접할 수 있었다. 반혁명가들은 '제3의 혁명'이라는 단체를 만들었는데, 외국인 장교들도 이곳에 빈번히 출입했다.[12]

혁명, 그리고 혁명에 반대한 사람들

페트로그라드와 볼로그다, 그 밖의 다른 곳에서도 아나키스트 무장해제는 별 어려움 없이 진행됐다. 5월 15일 차리친(오늘날의 스탈린그라드)에서 아나키스트들이 봉기했다. 5월 17일에는 사라토프에서도 과격파 사회혁명당과 자유지상주의자들이 봉기했다. 우크라이나는 아나키스트 운동이 목표로 삼은 지역이었다. 이곳에서는 게릴라전이 몇 년 동안 지속되고 있었다.

이제 러시아혁명에서 아나키즘이 하던 구실은 일관성 있는 치안 활동으로 완전히 뿌리 뽑혔다. 아나키즘에 대해서는 정치 선전조차 필요 없었다. 신문이나 선동가들도 자유지상주의자들을 무장해제시키려고 대중을 동원하거나 또는 그런 행동을 정당화하는 선전 활동에 나서지도 않았다. 흑색수비대는 무서운 존재였지만, 정치적 영향은 아예 없는 것이나 다름없었다. 흑색수비대의 힘은 모두 일부 대담한 사람들이 장악한 기관총 몇 자루에서 나왔다.

아나키스트 '당'은 사실상 전혀 주도권을 발휘하지 못했다. '당' 조직은 분열했고, 유토피아적 정서에 몰두했고, 현실을 무시했다. 게다가 무시무시한 말을 남발할 뿐, 조직과 규율이 전혀 없었다. 그나마 갖고 있던 실질적 능력과 힘마저 하찮고 혼란스러운 투쟁을 벌이며 날려버렸다. 그럼에도 이미 밝혔듯이 이 당은 나름의 참모부가 있었고, 스스로 조직하려고 애를 쓴 탁월하면서도 무장한 당이기도 했다. 그러나 이 당은 명확한 모습이나 지도 기구가 없는, 다시 말해 두뇌나 신경조직이 없는 모호한 당이었고, 아주 모순적인 목표에 사로잡혀 자신을 통제할 수 없는 이상한 당이었다. 게다가 당내 집단, 대단히 의심스러운 외부 압력, 집단적 본성이 유능한 개인을 억누르고 이들의 재능을 고갈시키는 무책임한 당이기도 했다. 아나키스트 당은 사회 전쟁이 진행되는 동안에는 제 구실을 전혀 하지 못했다. 왜냐하면 현대 전쟁에서 전투부대는 정보와 지혜와 의지를 집중시켜야 하기 때문이다. 전쟁에서는 지도부의 결정에 순순히 복종하는 수단, 사실과 가능성에 대한 명확한 견해가 필요하다. 이런 것들은 오로지 명료한 이론을 통해서만 실현될 수 있다.

아나키스트 무장해제가 진행되는 동안, 볼셰비키와 최소한 이 작전에 암묵적으로 동의하던 좌파 사회혁명당은 혁명의 후방을 보호한다는 절박한 요구를 따르고 있었다. 혁명의 배후에 혁명의 통제를 받지 않는 아나키스트의 보루가 있다는 사실이 용납될 수 있었을까? 적군의 창설과 더불어 게릴라 부대와 정규군 창설자들 사이에 장기적인 투쟁이 다시 시작됐다. 이 점은 나중에 다시 다룰 것이다. 우크라이나 방어전을 통해 게릴라 부대의 약점이 여지없이 드러났다. 게릴라 부대는 모험주의자들이나 탁월한 혁명가들로 이뤄진 것도 많았지만, 대부분 이 두 집단이 뒤섞여 있었다. 이런 게릴라 부대는 '위에서 하달된' 명령을 수행하기를 거부하고, 독자적인 생각에 따라 전투를 벌이곤 했다. 군대를 창설하려면 이런 경향들의 저항을 분쇄해야 했다. 이들의 저항을 꺾기 위해서라도 수도 한복판에 있는 게릴라 집단을 쓸어버릴 필요가 있었다.

아나키스트들 때문에 볼셰비키는 최초로 혁명 내부의 소수 반대파를 무력으로 억압해야 하는 상황에 부딪혔다. 혁명가들은 감정에 이끌려 주저했다. 그러나 그 결과는 어떠했는가? 흑색수비대가 결국은 봉기를 일으켜 모스크바가 며칠 동안 몹시 위태로운 소요에 휩쓸리거나(기근과 이미 강력한 조직을 갖춘 반혁명을 떠올리는 것만으로도 충분하다), 그렇지 않으면 불확실한 결과를 낳은 일련의 사건을 거친 뒤에 흑색수비대가 서서히 해체됐을 것이다. 반대파가 국가 안에 또 다른 국가를 만들려고 무장할 때 그 반대파를 물리칠 수 없는 혁명은 모두 분열된 채 적의 타격에 자신을 내맡기는 꼴이 될 것이다.

노동자 정당은 결정을 내려야 할 시기가 오면 대중 가운데 후진적 집단의 저항을 물리칠 수 있는 방법을 알고 있어야 한다. 노동자 정당은 때로는 대중을 거슬러서 단호하게 태도를 고수하는 법도 알아야 한다. 예를 들면, 굶주린 자들이 패배주의를 대중 속에 심어놓을 수도 있기 때문이다. 노동자 정당은 시류를 거슬러 나아갈 수 있는 방법과 다른 계급의 영향, 계급의식의 결여를 막기 위해 노동계급의 의식을 고양시킬 수 있는 방법을 터득해야 한다. 나아가 노동자 정당은 반대파를 복종시킬 수 있는 방법을 알고 있어야 한다. 그런 반대는 소수파에서 나온다. 그러나 소수파를 위협하는 행동은 아주 어리석은 일이 될 수도 있다. 이 점에서 반혁명 세력과 혁명 내부의 반대파를 구분해야 한다. 혁명 내부의 반대파는 적이 아니고 우리 계급에 속하며 혁명에 속한다. 이들 반대파는 이렇게 저렇게 혁명에 이바지하길 바라고 이바지할 수 있으며, 마땅히 혁명에 이바지해야 한다. 이들 반대파의 오류는 치명적인 것도 불가피한 것도, 또한 절대적인 것도 아니다. 반혁명에 대항할 때 어쩔 수 없이 사용하는 방법을 반대파에게 사용하는 것은 틀림없이 범죄이자 재앙이 될 것이다. 기껏해야 의견의 대립을 고통스럽고 비참한 분열로 대체하는 결과만이 생길 뿐이다.

볼셰비키는 이런 실수를 하지 않았다. 볼셰비키 언론은 온갖 난관을 무릅쓰며 아나키스트들이 계속 존재하거나 선전·선동을 지속하는 데 아무 제재도 받지 않을 것이라고 밝혔다. 아나키스트들은 무장해제당하기는 했으나 자신들의 신문, 조직, 단체를 계속 유지했다. 자유지상주의 경향을 대표한 소집단 서너 개에 소속된 사람들도 끊임없이 반대파로 넘어갔다. 그중 몇몇은 볼셰비즘에 이끌려 결국은 공산당에 흡수됐고, 일부는 비타협적인 반(反)소비에트주의로 경도됐다. 이 순간부터 자유지상주의 경향을 대표한 소집단들은 거의 영향력을 잃고 말았다.[13]

두 개의 테제. 부하린: 확전론

7차 당대회에서 서로 다른 강령이 첨예하게 대립했다는 점은 앞서 이미 기술했다. 그러나 모든 사람들이 단결을 우선시한 데다 레닌이 끊임없이 노력한 덕택에 당의 분열만은 막을 수 있었다. 좌익공산주의자들은 분열을 피하기 힘들어지고 있다고 선언했다. 이들은 독자적인 지도 기구(모스크바 지역위원회, 우랄위원회, 그 밖의 조직들)와 자체 언론(《코뮤니스트》)을 보유하고 있었고, 사실상 모든 곳에 지지자가 있었다. 좌익공산주의자들은 당 중앙위원회 선거에 출마하기를 거부했다가 마지못해 중앙위원으로 선출됐다. 당시 레닌은 중앙위원회가 확고한 정책을 추구해야 할 의무가 있지만, 그렇다고 "모든 중앙위원이 동일한 견해를 가져야 한다는 말은 아니다"고 강조했다. 그 밖의 다른 어떤 규정도 기껏해야 "분열을 재촉하는 걸음걸이"일 뿐이었다. "모든 중앙위원들은 사임하거나 야단법석을 떨지 않고도 자신의 책임을 수행할 수 있는 기회가 있다." 레닌이 거듭 지적했듯이, "동지들은 중앙위원회를 떠나지 않더라도 자신의 견해를 잘 방어할 수 있다. 우리는 중앙위원회에서 사퇴하는 이런 관습을 없애야 하고, 이를 위해 노력해야 한다." 중앙위원으로 선출되자 좌익공산주의자들은 다시 중앙위원회 참석을 거부했다. 의장은 이들을 향해 아주 간명하게 대답했다. "선출된 동지들은 출석 요청을 받게 될 것이다. 그리고 선출된 사람들은 출석을 거부할 완전한 권리가 있다."[14]

다시 한 번 브레스트리토프스크에서 얻은 위태로운 휴전에 대한 불화가 생겨났다. 이런 불화 때문에 무슨 일이 일어났는가? 우리는 어디를 향해 나아갈 것인가? 레닌은 4월 29일 소비에트 중앙집행위원회에서 보고하면서 이런 문제에 대해 설득력 있는 명쾌한 대답을 내놓았다.[15] 레닌의 이 보고는 뒤에 《소비에트 권력의 당면 과제》라는 제목의 소책자로 출판됐다. 이미 살펴보았듯이, 트로츠키는 레닌에게 전적으로 동의하며 혁명의 승리를 위한 **노동, 질서, 규율**이라는 모토를 제시했다. 그러나 그런 결의는 혁명 러시아의 혁명정당을 완벽하게 만족시킬 수 없었다. 부하린, 프레오브라젠스키, 퍄타코프, 야로슬라프스키, 라데크 등의 좌익공산주의자들은 이 모든 것을 위험한 우익적 일탈의 징후로 여겼다. 4월 4일 좌익공산주의자들은 자신들의 태도를 정리한 15개 테제를 발표했다. 이 테제의 내용을 요약해 보자. 테제의 첫 부분은 대부분의 노동자가 브레스트리토프스크 강화조약을 승인했다는 사실을 교묘히 회피한다. 승리한 것은 지치고 탈계급화된 사람들이었다. 강화 이후의 상황을 분석하면서, 좌익공산주의자들은 제국주의 체제가 "다가올 봄이나 여름에" 붕괴할 것이라고 결론짓고, 독일이 전쟁에서 승리해도 제국주의 체제 붕괴가 약간 지체될 뿐이라는 예측을 내놓았다.

이 테제는 중앙위원회가 오랜 시간이 지나도록 공업의 완전한 국유화와 생산의 사회화를 선포하지 못했다고 비난했다. 좌익공산주의자들은 당이 프티부르주아 정치의 함정에 빠져서, "노동계급과 빈농의 화해"를 추구하는 위험한 짓을 저질렀다고 비난하기도 했다.

이 경향이 득세하면 노동계급은 빈농이 금융자본과 지주의 족쇄를 벗어던지도록 이끈 사회주의 혁명에서 노동계급의 지도적 구실과 헤게모니를 상실하고 말 것이다. 노동계급은 기껏해야 프티부르주아 대중에게 포위된 세력이 될 것이다. 프티부르주아 대중은 자신들의 과업이 서유럽 노동계급과 동맹해서 제국주의 체제를 무너뜨리려고 싸우는 노동자 투쟁이 아니라 제국주의의 침략에 맞서 소농의 조국을 방어하는 것이며, 제국주의와 타협해서 그 목표를 달성할 수 있다고 생각한다. 만일 적극적인 노동계급 정책을 포기한다면, 승리한 노동자·농민 혁명은 전형적인 프티부르주아 계급의 경제 관계인 국가자본주의 체제로 타락하기 시작할 것이다.

당은 국제 혁명이 어떠한 타격을 입든 상관없이 소비에트 권력을 유지하려는 유혹 때문에 이런 길로 이끌렸을 가능성도 있다. 외교정책에서 자본주의 국가들과의 협력과 외교적 책략이 혁명적 선동을 대체할 수도 있다. 경제 분야에서는 자본가와 협동조합 관리자, 부농과의 협정이 은밀하게 진행될 것이고, 사회화된 공업에서는 공업계 대표들과 협력하여 국영기업의 외형을 갖춘 트러스트를 창설하게 될 것이다. 소비에트는 독립성을 잃을 것이고, 러시아는 코뮌 형태의 국가에서 중앙집권적 관료제 정부로 바뀔 것이다. 성과급이나 그와 비슷한 방식에 따른 노동 규율이 생길 것이다. 이제 세계 노동운동과 분리된 소비에트 국가는 프티부르주아 국민국가로 전락할 것이다.

"노동자 공산주의자들은 전혀 다른 형태의 정치를 바란다. 우리는 소비에트를 프티부르주아 국가로 전락시킨 양보의 대가로 러시아 북부 지역에 소비에트 오아시스를 유지하려고 해서는 안 된다." 좌익공산주의자들은 무엇을 요구했는가? 이들은 적극적인 국제 정책, 공화국을 제국주의자의 도구로 전락시킬 수 있는 모든 협정(브레스트리토프스크 조약, 트로츠키와 연합국의 협상을 뜻한다) 거부를 요구했다. 한마디로, 자본가계급에 대한 굴복은 어느 것이나 거부한 것이다. 이들의 요구에는 반혁명 언론을 탄압하고, 모든 지식인과 기술 관료들에게 노동을 부과하고, 재산을 몰수하고, 소비자코뮌을 설립하고, 빈농이 부농을 공격하게 하고, 지방 소비에트에 자치를 부여하는 것도 포함돼 있었다.

좌익공산주의자들은 레닌과 그의 정책까지도 때로는 아주 난폭하게 공격했다. 우랄 지역의 조직은 새로운 당대회 소집을 요구했다. "레닌이 만들어 낸 국가자본주의"도 이들의 비판에서 벗어나지 못했다. 이들은 공업과 수송 체계에서 한 사람에게 집중된 권위를 비판하는 데서 나아가 당내의 개인 독재를 공공연하게 비판하기도 했다. 심지어 "레닌 동지가 이끄는 소수의 지배자 집단은 말만 할 뿐 머릿속에 든 게 전혀 없다"고 비판하기도 했다. 이 "소수파"는 "기회주의적"이고 "자본주의적"이며, "근시안적 사람들"이라는 것이었다. 좌익공산주의자들이 반대 의견을 너무나 열성적으로 개진했기 때문에 좌파 사회혁명당은 대담하게 이들에게 레닌의 체포 가능성을 타진하기도 했다. … 1923년에 부하린은 이런 에피소드를 공개했다. 부하린은 이런 사실을 아주 잘 알 만한 사람이었다. 분열의 요인은 얼마든지 있었다.[16]

두 개의 테제. 레닌: 공세 중지론

좌익공산주의자들의 테제에 대해 레닌은 "좌익공산주의자들의 유치함과 프티부르주아 정서"라는 글로 반박했다. 레닌은 좌익공산주의자들이 "강화조약 체결로 제국주의 강대국 간의 갈등이 더 첨예해졌다"는 것만 받아들일 뿐, 이것이 강화조약 체결의 정당성을 입증한다는 사실은 완전히 무시하고 있다고 말했다. 좌익공산주의자들은 다가올 봄과 여름에 제국주의가 붕괴할 것이라고 예견했다. 이런 "유치하고 백해무익한 정식화"는 뻔한 진리를 외면하고 있다. 신중한 정치가라면 언제 체제 붕괴가 시작될지 말할 수 없다. 좌파는 "대중이 소극적인 평화 정서에 완전히 젖어 버렸다"고 개탄해마지 않았다. 레닌은 이런 말을 마치 기괴한 괴물같이 여겼다. 3년 동안 무시무시한 참상을 겪고 나서, 한 숨 돌리는 것보다 더 자연스러운 일이 무엇인가? 이런 사실을 개탄하는 사람이라면 누구를 막론하고 그 자신이 탈계급화한 프티부르주아 지식인의 정서에 물들어 있음을 증명하고 있는 것이다.

양보하면 혁명을 지킬 수 없다고도 한다. 그러나 지금 문제는 당장 함정에 빠지지 않는 것이다. **지금** 우리는 전투를 피하고 있다. 후퇴를 바라지 않는다면, "적극적인 국제 정책" 같은 모호한 문구도 쓰지 말아야 한다.

이 순간에 우리는 싸우거나 싸우지 말거나 둘 중 하나를 택해야 한다. 10월 25일 이후 우리는 국가의 방어를 지지했다. 그러나 그런 방어는 엄중한 것이다! "자본주의의 적(혁명적 노동계급)이 서서히 파괴된다면 자본주의에 이익이 될 뿐이다. 가능한 모든 일을 하는 것 … 국가 단위의 혁명 부대가 하나의 거대한 국제군 속으로 융합될 때까지 또는 그 이후까지도 결정적 전투를 지연시키는 것은 우리에게 이익이 된다." 지속적인 전투를 위해 이용할 수 있는 힘이 충분하지 않을 때는 후퇴를 활용해야 한다.

경제 분야에서 좌파는 단호한 사회화 정책을 옹호한다. "그러나 세상에서 가능한 가장 위대한 '결의'조차 몰수에서 사회화로 이행하기에는 충분하지 않다. … 오늘날 눈먼 사람들만이 우리가 감당할 수 있는 것보다 더 많이 국유화하고 몰수했고, 타도하고 억압했다는 사실을 모른다." 우리가 국가자본주의로 전락할 위험이 있다고들 한다. 과연 그런가? 그렇지 않다. 국가자본주의는 위대한 일보 전진이 될 것이다! 또한 사회주의를 향한 단계가 될 것이다.

레닌은 러시아 경제가 (1) 가부장적인 농업 경영 (2) 소규모 상품생산(자신의 곡물을 판매하는 대다수 농민들도 여기에 포함된다) (3) 사적 자본주의 (4) 국가자본주의 (5) 사회주의라는 몇 가지 요소로 구성돼 있다고 본다. 러시아는 영토가 매우 넓고 조건도 다양하기 때문에 이렇게 서로 다른 사회경제 체제가 뒤섞여 있다. 러시아의 특수한 상황은 이런 사회경제 체제의 혼재에서 비롯한 것이다. 어떠한 요소가 지배적인가? "분명히 프티부르주아 농업국에서는 프티부르주아적 요소가 지배적이다. 왜냐하면 토지를 경작하는 사람들의 대다수가 소상품 생산자이기 때문이다." 이 점은 부당이득 행위 때문에 곡물 독점이 위협받고 있다는 사실로도 입증된다. 이런 투쟁에서 국가자본주의는 사회주의의 동맹자다. 독일의 교훈을 살펴보자. 독일에서 국가자본주의는 대지주(융커)와 군국주의적인 자본가의 이익을 위해 세워졌다. 바로 이런 점 때문에 독일에서는 확실히 노동계급 혁명이 손쉽게 승리할 것이다. 이 점과 관련해서 우리는 표트르 대제가 유럽을 본받았던 것보다 더욱 적극적으로 독일을 본받아야 하며, 독재적 방법조차 거리낌 없이 활용할 수 있어야 한다.

사회주의는 근대 과학의 최신 성과에 토대를 둔 자본주의 대기업 없이는, 또한 수많은 인민이 생산과 분배의 통일된 기준을 엄격히 지키도록 만들 합리적 조직 없이는 상상할 수 없다.[17]

레닌은 일찍이 1917년 9월 자신이 썼던 표현을 되풀이했다. "사회주의는 국가자본주의적 독점의 다음 단계일 뿐이다."

마르크스는 1870년대에 영국에서 자본가들이 스스로 "자산 매각"을 허용한다면 사회주의가 평화롭게 승리할 가능성이 있음을 인정했다. 이런 대가를 치르고 내전의 고통을 피할 수 있다면 그렇게 하지 못할 이유가 있겠는가? 레닌은 전문가에게 높은 임금을 지급하는 것을 비난하는 사람들에게 대답하면서 이 사례를 인용했다. 레닌은 무지한 자본가들을 무자비하게 탄압하는 동시에 그렇지 않은 자본가들과는 타협하는 두 가지 방법을 결합할 수 있어야 한다고 말했다. 즉, 경험 많은 경영자들에게 많은 임금을 지급하는 것이 노동계급으로서는 합리적이라는 것이다. 좌익공산주의자들은 노동자를 위해 일한다면서 기껏 멘셰비키의 교조적 선언 몇마디를 고스란히 되풀이할 뿐이다.

레닌이 좌파에게 한 답변은 신중하고 정직하며, 쓸데없는 과장과 인신공격을 삼간 것이다. 오히려 레닌의 답변에는 엄격한 주장과 부하린에 대한 경의의 표현이 많이 들어 있다. 레닌의 답변은 형식상의 절차를 모두 갖추고 있으면서도 힘이 있었고, 아울러 근본 원칙도 보존하는 신중한 것이었다.

그 대답은 마치 당내 토론을 목적으로 쓴 소책자의 본보기와도 같았다.

그 직전에 레닌은 《소비에트 권력의 당면 과제》라는 소책자를 썼다. 이 책은 당시 레닌의 정책을 가장 완벽하고도 간결하게 설명한 것이다. 부르주아혁명에서 노동계급은 파괴의 역할을 한다. 건설의 과업을 떠맡은 것은 소수의 자본가계급일 뿐이며, "무계획적으로 건설된 자본주의 사회의 주요한 조직적 힘인" 시장의 자연발생적 성장이 이런 과업을 뒷받침한다. 반면에, 사회주의 혁명에서는 노동계급이 창조적으로 계획된 생산과 분배에 나설 수밖에 없다. 그리고 대다수 피착취 대중이 창의성을 발휘할 때 비로소 사회주의 혁명은 성공할 수 있다. "노동계급과 빈농이 충분한 계급의식, 원칙에 대한 헌신, 자기희생, 강고한 의지를 발휘할 때 비로소 사회주의 혁명은 승리할 수 있다." 우리는 승리를 **확신했고** 러시아를 **얻었**다. 우리는 노동자들의 다수를 얻었고 권력을 장악했다. 이제 주요 과업은 국가를 **조직**하고 **관리**하는 것이다. 이 임무가 해결되면 소비에트 사회는 사회주의 사회가 될 것이다. 그러나 그 임무가 해결되기 전에는 사회주의 사회는 불가능하다.

이제는 규칙적이고 정직한 회계 작성, 경제적 경영, 도둑질 근절, 노동 규율 관철 등이 국가를 구제하는 조건이다. 그리고 소비에트 권력을 활용해 "사회주의의 최후 승리를 위한 필요충분조건"을 만들어 내야 한다. 자본가계급은 항복했으나 근절되지는 않았다. 이제 새로운 자본가계급이 나타날 수 있는 모든 가능성을 차단하는 과제가 제기됐고, 이것은 훨씬 어려운 과제이기도 하다.

비록 우리가 확실하게 자본을 제거하지 못했고, 또 노동자가 자본을 계속 공격해야 하지만, **미래**의 성공적인 진보를 위해 이제 공격을 '중지'해야 한다. 만일 지금까지 해 왔듯이 계속 자본을 착취하기로 결정한다면, 우리는 틀림없이 패배할 것이다. 왜냐하면 노동계급적인 회계와 통제를 조직하는 작업이 **직접** '착취자를 착취하는' 작업보다 확연히 **뒤져** 있기 때문이다.

그것은 우리가 전술적 과오를 범했기 때문이 아니다. 모든 사회적 투쟁은 자체의 논리가 있다. 그러나 폭력적 공격이 늘 적절한 것은 아니다. "우리는 억압 수단을 이용해 승리를 얻었다. 우리는 행정 수단을 이용해서도 승리할 수 있을 것이다."

전문가에게 지급해야 하는 높은 임금은 사회주의와의 관계에서 볼 때 '일보 후퇴'지만, 어쩔 수 없는 일보 후퇴다. 우리는 은행의 기능을 향상시키고, 뇌물 수수자를 사살하고, 곡물과 가죽 등의 물품에 대한 국가 독점을 강화하고, 강제 노역을 도입해야 한다. 그러나 이 모든 조처는 점진적이고 신중하게, 또한 부자들에게만 적용해야 한다. 사회주의는 회계와 통제를 의미한다. 반면에, 아나키즘과 아나코-생디칼리즘은 국가의 통제와 회계에 반대하며 부르주아적 견해를 드러냈다. "사회주의 국가는 생산자와 소비자 코뮌의 연결망으로서만 세워질 수 있다. 이런 코뮌은 자신의 생산과 소비를 정확하게 계산하고, 효율적인 노동을 실시하며, 끊임없이 노동생산성을 끌어올려 1일 노동시간을 7시간, 6시간 또는 그 밑으로 줄일 수 있게 한다." 협동조합에 관한 포고령은 부르주아 협동조합과의 타협의 산물로, 소비에트 정부가 가입비 없는 조합 강제 가입 원칙을 폐지한 결과로 나온 것이다.

노동생산성을 향상시키고 노동조직을 개선하려면 첫째, 중공업의 발전 둘째, 작업장의 규율이 필요하다. 이런 면에서 상황은 좋지 않았다. "자발적 규율이 프티부르주아 계급의 무계획성과 싸워 이기지 않는 한 사회주의는 없다." 우리는 성과급을 적용해야 하고, 테일러 시스템[미국 기술자 테일러가 제창한 과학적 공장 관리, 노무 관리 방식]의 진보적 요소를 이용해야 한다.[18]

"자본주의 하에서 이뤄진 다른 모든 진보와 마찬가지로 테일러 시스템도 자본주의적 착취의 세련된 잔인성과 수많은 뛰어난 과학적 발견이 조합된 것이다." 중상모략가들이 뭐라고 지껄이든 간에 사회주의는 경쟁이 하는 구실을 부정하지 않는다. 반대로 사회주의는 광고라는 사회 매체를 통해 대중에게 코뮌 사이의 경쟁 등과 같은 경쟁의 무한한 가능성을 열어 놓는다.

레닌은 논문의 여러 면(面)을 할애해 프롤레타리아독재의 정당성을 주장했다. "강철 같은 손이 필요하다." "독재는 철의 통치이자, 착취자와 건달을 억압하기 위한 대담하고 무자비한 혁명적 지배이기도 하다. 그러나 우리 정부는 아직 너무 연약하다." 강제는 반(反)혁명과 프티부르주아 개인주의에 대항하는 데 반드시 필요하다. 우리는 철도에서 근무하는 모든 실무자들에게 독재권을 부여해야 했다. 좌파 사회혁명당은 이 제안에 반대하는 격렬한 선동을 시작했다. 그러나 "역사에서 개인의 독재가 혁명적 계급 독재의 표현이자 수단이며, 통로인 적도 많았다. 물론 독재는 부르주아 민주주의와 조화될 수도 있다. … 원리상으로 특정 개인들이 독재 권력을 휘두르는 것과 소비에트(즉, 사회주의) 민주주의 사이에 모순은 **없다**"는 것은 분명하다. 사회주의 독재는 그 자체가 대중을 조직화하고 그렇게 하도록 자극한다는 점에서 다른 독재들과 구별된다. 그러나 대공업을 관리하려면 의지의 통일, "수천 명의 의지를 한 사람의 의지에 종속시키는 것"이 필요하다. 우리는 대중 협의 단계에서 '철의 규율' 단계로 나아가고 있다. 민주주의를 보장하고 관료제에 맞서 투쟁하는 수단은 형식주의의 소멸, 유권자인 근로인민과 선거인의 자유로운 소환권 보장, 모든 사람의 국정 참여, 대중이 정부를 통제하는 소비에트 체제에서 찾을 수 있다.

지금 우리가 일정한 행정 기능에서 개인 독재를 확고하게 지지할수록, 소비에트 권력에서 왜곡 가능성을 모두 제거하고 관료제의 씨앗을 끊임없이 파내기 위한 대중 통제의 형식과 방법은 다양해지고 풍부해질 것이다.[19]

으레 그렇듯이 이 소책자도 실천적 필요성과 새로운 전략, 조직화를 의심하는 프티부르주아 계급의 혁명적 낭만주의자들에게 경종을 울리는 고발로 끝맺고 있다. "발작적 충동은 우리에게 아무 소용이 없다. 우리에게 필요한 것은 강철 같은 노동계급 군대의 끊임없는 전진이다."[20]

사건의 변증법

정책은 전개된 사실을 통해 입증됐다. 레닌은 두 가지 중요한 점에서 좌익공산주의와 달리 옳았다. 국가의 힘은 완전히 소진돼 있었다. 국가는 이미 확보한 위치를 공고히 하고 새로운 세력을 규합하며, 다가올 공세에 대비하려고 "자본에 대한 공격을 유보"할 필요가 있었다. 지금 유럽에서 무르익고 있는 혁명적 위기 덕분에 러시아혁명은 머지않아 전진할 수 있는 기회를 얻었다. 좌익공산주의자들은 열정이 넘치는 소수파로, 사회적 사실에서 도출된 명확한 변증법적 과정이 아니라 자신들의 감정과 열의에 따르고 있다. 따라서 '혁명전쟁' 문제에서 보듯이, 좌익공산주의자들은 중간계급 출신 지식인들이 흔히 드러내는 혁명적 주관주의에 매몰돼, 노동계급의 현실주의적 안목을 포기했다.

이들이 저지른 오류의 근원은 명백하다. 유럽 자본주의가 확고하게 안정됐다면, 노동자 국가가 곧 퇴보할 것이라는 좌익공산주의자들의 염려는 타당했을 것이다. 그러나 좌익공산주의자들도 자기 입으로 제국주의가 머지않아 붕괴할 것이라고 (올바르게) 주장했다. 말하자면, 이것은 혁명을 위한 새로운 힘의 원천을 지적한 것이었고, 이번에는 국제적 차원에서 혁명을 전망한 것이었다. 이런 관점에서 보면, 평온한 시기를 결코 진정한 위협으로 여길 필요는 없었다. 오히려 힘을 축적하는 데 꼭 필요한 시기로 여겨야 했다.

　좌익공산주의자들의 또 다른 오류는 권력을 장악하기 전과 장악하고 난 후의 혁명 과업이 전혀 다르다는 것을 깨닫지 못했다는 점이다. 권력 장악 전의 혁명 과업은 필연적으로 파괴일 수밖에 없지만, 권력을 장악하고 나서는 반드시 건설이어야 한다. 파괴자가 건설자로 바뀌는 것은 쉽지 않다. 그래서 혁명이 성공한 뒤 굳은 의지와 마르크스주의에 따른 과업이 더욱 중요해지는 것이다.

　그래도 역시 레닌은 반론을 전개할 때나 심지어 정책을 실행할 때도 좌익공산주의자들을 아주 온건하게 대했다. 레닌을 지지한 다수파가 보여 준 온건함은 좌익 소수파의 동요·폭력·비타협성과 완전히 대비됐다. 당이 분열하지 않은 것은 레닌이 분열을 바라지 않았기 때문이다. 레닌은 좌파가 진정한 가치를 지닌 진실한 공산주의자들이며, 심지어 이들의 오류 속에도 건전한 측면이 있다는 점을 잘 알고 있었다. 당이 끈질긴 반대에 부딪히지 않고 "치욕스런 브레스트리토프스크 강화조약"에 서명했다고, 또 당원들의 아무 반대 없이 만장일치로 혁명적 공세의 중지를 받아들였다고, 또 이렇게 중대한 위기 속에서 쉴 새 없는 비판적 사고와 열정과 새로운 해결책을 모색하는 습관을 뜻하는 이데올로기 투쟁이 전혀 없었다고 가정해 보라. 그런 당이 활기차게 살아남아 당면 과제를 해결할 수 있었겠는가? 휴전을 받아들이고 공세를 중단했던 다수파에 관해서도 말해 보자. 이 다수파가 혁명이 이미 너무 빨리, 너무 멀리 나아갔다고 본 우파 인사들을 배제했는가? 브레스트리토프스크 논쟁에 관해 앞서 말했듯이, 노동자·농민의 러시아혁명이 첫해를 맞을 때까지, 노동계급의 역사를 통틀어 기회주의 세력에 의해 잠식되고 부패하고 배반당하지 않은 혁명운동은 단 한번도 없었다. 노동자 혁명이 일어나야 한다는 생각은 원칙상으로는 얼마든지 받아들일 수 있는 문제다. 그러나 노동자 혁명이 일어나면 늘 우파의 일탈에 대한 걱정이 생겨났고, 또 그런 걱정은 이치에도 맞고 근거 있는 것이기도 하다. 그토록 강렬하게 반대 의사를 표명하던 좌익공산주의자들도 일리가 있었던 것이다. 좌익공산주의자들은 확연히 존재하는 우파의 위협에 완강히 맞섰지만, 결국 내전이 일어나거나 우파의 위협이 더 확대되지는 않았다.

휴전은 레닌의 예상보다 훨씬 짧았고 충분하지도 않았다. 《소비에트 권력의 당면 과제》에서 레닌은 웅장한 재건 계획의 윤곽을 제시하고 즉시 실행하려 했지만 내전 때문에 좌절되고 말았다. 자본에 대한 공세를 중단하고 강제가 아니라 능숙한 관리로 일을 진행할 필요가 있었고, 또 마땅히 그래야 했다. 능숙한 관리는 필요했으나 불가능했다. 반면에, 연합국이 체코슬로바키아 군단(이하 체코군)의 간섭을 이용해 내전을 다시 시작하자 점점 더 강제적 방법에 의존할 수밖에 없었다. 6월 이후 정부는 좌익공산주의자들이 주장했던 조처들에 의지해야 했다. 결국 좌익공산주의자들의 실천 강령이 레닌의 지도하에서 실현되는 일이 벌어졌다. 그러나 좌익공산주의자들이 보기에 사회혁명을 계속 이끌어 나가는 정상적 방법은 실제로는 다시 내전을 추동하는 것이었다. 그러나 내전은 사회주의의 전진에 도움이 되기는커녕 오히려 지장을 초래했다. 연합국이 무력으로 간섭하지 않았다면, 소비에트 공화국은 1918년 봄까지는 생산과 관리를 사회주의적으로 재편하는 일을 시작할 수 있었을 것이다. 그러나 소비에트 공화국은 신경제정책이 도입된 1921년경에야 겨우 생산과 관리의 사회주의적 재편을 시작할 수 있었다. 농촌 프티부르주아 계급에게도 3년 전에 필요했던 것보다 훨씬 더 많이 양보해야 했다. 여기서 우리는 레닌의 사상에 놀랄 만한 연속성이 있음을 알 수 있다. 1921년 내전이 끝나자 레닌은 다시 한 번 1918년 4월의 계획을 채택해야 했다. 물론 이 계획은 새로운 환경에 맞게 수정됐다.

어쨌든 6월 이후 좌익공산주의자들이 4월에 요구한 대로 배급제, 소비자코뮌의 설립, 몰수, 국유화, 빈농위원회와 의무 노동의 도입 같은 긴급 조치가 실시됐다. 6월부터 혁명은 모든 힘을 동원해야 했고, 날이 갈수록 정도가 더욱 심화됐다. 그렇지만 레닌과 트로츠키가 지적했듯이 생산, 관리, 혁명적 방어에서 질서정연한 조직화 방침에 따라 혁명이 질서와 규율, 노동을 갖추면서 러시아의 안전이 확보됐다. 우유부단함은 사라졌다. 좌익은 존재할 명분이 사라졌음을 깨달았다. 다시 한 번 당은 굳건하게 단결했다.

우크라이나의 반혁명: 기근

내전 과정에서 여러 차례 드러난 반혁명의 전형적인 주기가 처음으로 완전한 모습을 드러낸 곳은 우크라이나였다. 이 주기의 일반적 국면에 따르면, 중간계급은 처음에는 노동계급을 지지하지만 곧 노동계급에 대항해 무기를 들게 되고 자신이 이제까지 반대해 싸웠던 바로 그 반동 세력과 동맹을 맺는다. 중간계급이 노동계급을 이용하려고 동맹했듯이 반동 세력도 **중간계급**을 이용하려고 동맹할 뿐이다. 동맹이 승리하고 반(反)노동자 '민주주의' 정권이 세워진다. 프티부르주아 계급이 승리한 것처럼 보인다. 그러나 머지않아 반동 세력이 배후에서 쿠데타를 일으켜 프티부르주아 계급을 타도한다.

독일군을 '불러들였던' 우크라이나 인민공화국은 곧바로 자신들이 '보호자'에 의해 좌지우지되고 있음을 깨달았다. 독일군은 라다가 너무 급진적이어서 입맛에 맞지 않다며 달가워하지 않았다. 그래서 곧바로 라다를 해산하고(키예프, 4월 26일) 의원들을 감금했고, 모든 출판물에 대해 사전 검열 제도를 도입했다. 그동안 '영농인대회'는 사령관의 호감을 사고 있던 러시아군 장성 스코로파츠키에게 최고권력자 칭호인 헤트만을 부여했다. 스코로파츠키는 우크라이나에 "평화, 법, 유익한 노동"을 확립하겠다며 개인 권력을 휘둘렀고, 의회 소집, 사적 소유권(이른바 "문화와 문명의 토대") 재확립, 농업 개혁, 노동계급을 위한 농업 개혁과 농업 관련 입법을 발표했다. 그동안은 '임시 헌법'에 따라 헤트만에게 독재 권력이 부여됐다. 모든 토지는 대지주에게 환원되고 국가가 곡물을 징발할 것이라고 선포됐다. 노동자는 파업권과 결사권을 박탈당했다. 프티부르주아 민족주의자들은 농촌에서 자취를 감추었다.

그러나 우크라이나의 실질적 지배자는 독일 육군 원수 아이히호른이었다. 그의 명령이 곧 법이었다. 얼마 뒤 스코로파츠키는 독일군에게 우크라이나 전 지역을 점령하도록 요청했다. 그러면 질서가 확립된다는 것이었다. 이때 독일군은 자신들의 마지막 희망이었던 곡물 징발에만 관심을 쏟고 있었다. 독일군은 농민들에게 독가스를 살포하는 극단적 방법까지 썼다. 질서를 위해서라면 모든 것을 희생해도 좋다는 것이었다! 5월 말경 스코로파츠키는 계엄령을 선포할 수밖에 없었다. 그의 생명은 독일군의 존재에 달려 있었다.

스코로파츠키의 쿠데타 덕택에 반혁명은 방대하고 부유하며 비옥한 영토를 추가로 확보할 수 있었다. 이제 독일 영토가 된 우크라이나의 연약한 이웃인 러시아는 망할 운명처럼 보였다. 앞서 살펴보았듯이, 기근은 반란의 씨앗을 뿌려놓았다. 볼셰비키의 봉기를 물리칠 때가 온 것처럼 보였다. 우크라이나에서 일어난 사건에 직접 영향을 받아 러시아 전역에서 반혁명의 불꽃이 타올랐다. 4월 말까지도 여러 프티부르주아 정당, 멘셰비키, 사회혁명당은 내전에 반대한다고 선언했다. 그러나 이제 이들은 볼셰비키에 맞서 무기를 들고 빨치산이 되기 시작했다.

반혁명군이 장악한 핀란드는 러시아-핀란드 국경에 있는 이노항 반환을 요구했다. 5월 14일 볼셰비키는 이노항을 넘겨주지 않고 폭파해 버렸다. 만네르하임은 전쟁 준비를 끝낸 듯했다. 방금 크림반도를 점령한 독일군은 러시아 남동부의 보로네즈를 점령하려 했다. 당시 기근이 유럽 전역을 휩쓸고 있었다. 런던과 파리 주민들에게 엄격한 배급제가 실시됐고, 빈과 베를린에서는 모든 생활필수품이 모자랐다. 러시아 안에서는 소비에트에 쉽사리 모든 죄를 뒤집어씌울 수 있었다. 부르주아 언론은 공포를 확산시켰다. 5월 9일 부르주아 언론은 독일군이 모스크바와 페트로그라드로 군대를 파병할 권리를 주장하고 있고 볼셰비키가 연립내각을 구성하려 한다고 보도했다. 인기 있는 연설가였던 볼로다르스키는 페트로그라드에서 발행되던 〈크라스나야 가제타〉(적색 신문)에 "불장난을 중지하라"는 제목의 글을 기고했다. "만일 그래야 한다면, 우리는 너희를 완전히 부숴 버릴 것이다!" 수십 개의 부르주아 일간지(〈베체르나야 비예스티〉, 〈지즌〉, 〈로디나〉, 〈나로드노예 슬로보〉, 〈드루그 나로다〉, 〈제믈랴 이 볼랴〉 등)와[21] 일부 사회혁명당 잡지가 법적 제재를 받았다. 그중 여럿이 폐간됐다. 그야말로 상황 논리에 따른 우격다짐 끝에 찾아온 언론 자유의 종말이었다. 볼로다르스키는 "그것을 요청한 건 당신들이었다. 신사분들이여!" 하고 썼다. 5월 15일 그는 더 명료하게 주장했다. "모든 반대자들에게 소비에트 정부의 행동을 비판하고 다른 정부에 유리하게 선전할 수 있는 자유를 허용한 것은 우리 자신이다. 만일 당신들이 자유를 이렇게 이해한다면 우리는 당신들에게 언론 자유를 보장할 것이다. 그러나 당신들은 고의적으로 조작한 뉴스와 … 거짓말, 중상을 포기해야 한다." 노동자 정당이 얼마나 강한지 깨닫게 되는 때는 당이 거대한 위협에 부딪혔을 때다. 배고픈 자들의 폭동이 번지기 시작했고 유대인 혐오가 다시 고개를 들었다. 5월 8일에는 푸틸로프 공장에서조차 사회혁명당 연사가 "유대인들을 네바 강에 처넣읍시다. 파업위원회를 가동하고 작업을 중단합시다" 하고 큰소리로 외칠 정도였다.

사회혁명당과 멘셰비키는 거리 시위를 호소하고 총파업을 준비하자고 선동했다. 이들은 자유무역, 임금 인상, 1~2개월이나 3개월분 임금 선지급, '민주주의'를 요구했다. 이들은 선동으로 노동계급을 자극해 혁명에 반대하게 하려 했다. 마침내 푸틸로프의 전기기술공들이 파업을 단행했다. 최상급의 노동자는 전선으로 싸우러 나갔다. 열의나 혁명적 의식이 희박한 자들, 프티부르주아 분자들, 옛 소상점주들과 수공업자들만이 공장에 남아 있었다. 이들은 피신처를 찾아 공장에 온 사람들이었다. 이런 노동계급 예비군들은 멘셰비키의 선전에 영향을 받았다. 4월에 공산당은 멘셰비키에 맞서 소비에트 내에서 위협받는 지위를 지키려고 모스크바에서 무력을 동원해야 했다. 우랄 지역의 대공장들도 멘셰비키의 영향을 받았다. 5월 초에 여러 곳에서 볼셰비키에 반대하는 봉기가 산발적으로 일어났다. 사회혁명당은 사라토프에서 격렬한 봉기를 일으켰다.

바로 지금이 **일하지 않는 자는 먹지도 말라**는 구호를 발표할 수 있는 결정적 시기였다. 모든 사람에게 돌아갈 만큼 빵이 충분하지 않다면, 날마다 격렬한 사회 전쟁이 벌어지는 지금 같은 때 맨 먼저 구제받아야 할 사람들은 그야말로 피착취 대중이었다! 이들은 하루에 100~200그램의 빵을 받게 되며, 사정이 좋다면 1주일에 한두 번 훈제청어와 그 밖의 생선류 등도 배급받을 것이다.[22] 페트로그라드 소비에트 의장 지노비예프는 첫 노동자 식량징발대를 창설했다. 이 부대의 임무는 농촌으로 파견돼 부농의 곡물을 징발하는 일이었다.

독일군은 혁명에게서 우크라이나의 곡물을 강탈했다. 연합국은 동부 지역에 주둔하던 체코군을 동원했다. 이것은 반란의 신호탄이었다. 그리고 두 수도에서는 볼가강 유역과 시베리아에서 오는 곡물 공급이 중단됐다.

연합국의 간섭 음모와 준비

연합국은 아직도 적대적이었으나 갈피를 잡지 못하고 있었다.[23] 연합국은 3월 19일 온건한 논조의 선언문을 발표해 브레스트리토프스크 강화조약을 인정하지 않겠다고 밝혔다. 트로츠키와 미국인(로빈스 대령)과 프랑스인(사둘 장군)이 적군을 조직하고 수송 체계를 지원하는 문제에서 연합국 사절단이 제공할 수 있는 협력에 관해 협상했다. 일본은 시베리아에 있는 "볼셰비키가 무장시킨 독일인 전쟁 포로"와 "시베리아 횡단철도를 통제하는 독일군의 위협"을 핑계 삼아 시베리아 횡단철도를 점령할 준비를 하고 있었다. 영국의 반동주의자들은 이 계획을 지원했으나, 미국은 극동에서 일본의 세력이 확장되는 것을 결코 용납할 수 없었기 때문에 윌슨 대통령은 시종일관 반대 의사를 고수했다. 한 일본인 사업가가 살해된 뒤 가토 제독은 4월 4일 블라디보스토크 상륙을 준비했다. 그러나 미국의 불만 때문에 사전에 저지됐으나, 이 사건은 소비에트 측에 대한 경고나 마찬가지였다. 이 사건의 결과는 나중에 다시 살펴볼 것이다.

무르만스크의 소비에트 당국은 영국의 켐프 제독과 협력해 핀란드와 독일이 언제 무르만스크항을 점령하려 하는지 알아내려고 애썼다.[24] 모스크바와 페테르부르크에 불안을 느낀 연합국 대사관들은 볼로그다로 철수했다. 프랑스 대사이자 완고한 부르주아 반동가인 눌렁은 볼셰비키와 협정을 체결하는 것에 필사적으로 반대했다. 그는 볼셰비키의 권력 상실을 예견하고, 또 이를 위한 음모도 꾸미고 있었다. 그는 동맹국에 맞서 다시 동부전선을 형성한다는 공식적인 이유로 러시아에 대한 연합국의 무력 간섭을 옹호하는 등 자기 멋대로 일을 추진하려 했다. 그는 외교가에서 다음과 같은 약삭빠르고 야무진 말을 늘어놓기를 좋아했다. "우리는 러시아에서 더는 사회주의 실험을 허용하지 않을 것이다." "우리는 돈을 지급했다. 그래서 우리 마음대로 지시하는 것이다." "이런 러시아인들에게 어떻게 말해야 하는지를 알아야 한다.” “러시아의 의견은 하찮기 그지없다.”[25]
이때는 제국주의 대자본가계급이 프랑스의 정치를 쥐락펴락 하고 있었다.
4월 14일 클레망소는 프랑스는 소비에트든 브레스트리토프스크 강화조약
이든 인정하지 않겠다고 밝혔다. 다음날, 러시아 주재 미국 대사 프랜시스
는 볼셰비키에 대항한 간섭을 적극 찬성하고 나섰다. 프랜시스가 워싱턴
에 보낸 비밀문서에는 모스크바 주재 독일 대사인 미르바흐 백작이 “러시
아의 실질적 지배자”가 됐고, 어떠한 경우라도 연합국이 실제로 존재하는
볼셰비키에 대해 무관심한 태도를 유지할 수는 없을 것이라는 내용이 들
어 있었다.[26] 거짓 주장이란 원래 진실을 감추는 덮개인 것이다.

  이런 사실을 놓쳐서는 안 된다. 이 순간부터 독일의 군사력이라는 외부
압력은 연합국의 외교·군사 대표들이 꾸미는 엄청난 음모라는 내부 압력
과 맞물려, 혁명에 대항하는 공동작전을 펼치게 된다.

  사회혁명당, 멘셰비키, 입헌민주당 등 반혁명 정당의 지도자들은 3월
에 ‘부활동맹’이라는 공동 조직을 만들었다. 사회혁명당 지도자 한 사람
은 “이 동맹은 주로 눌렁을 통해 모스크바와 볼로그다에 있는 연합국 사
절단 대표들과 정기적으로 접촉하기 시작했다”고 말했다.[27] 그러나 부활
동맹 중앙위원회와 연합국이 직접 협력하는 것이 아니라 각 당과 무관
한 활동가들이 자기들끼리 협력하는 척했다. 부활동맹은 무력으로 소비
에트 정부를 전복하기로 결정한 ‘사회주의적’ 프티부르주아 계급과 자유주
의자들의 주요 비밀조직이었다.[28] 모스크바에서는 대자본가계급을 대표하
는 10월당이 부활동맹에 가담하고, 부활동맹을 알렉세예프 장군과 코르
닐로프 장군의 영향을 받는 반동적 성향의 통일전선인 ‘우익 본당’과 연결
해 주었다. 10월당은 입헌민주당의 우파였다. 10월당은 1905년 10월 17
일 발표된 황제 칙령에 의거해 창설됐고, 러시아에 가짜 헌법을 선사했다.
결국, 부활동맹은 가장 ‘진보적인’ 사회주의자들부터 가장 음흉한 반(反)혁

명가들까지 빠짐없이 참여한 반혁명 조직이었다. 사회혁명당 군사위원회는 동맹의 '전투단'을 창설했고, 지휘는 장군 한 명이 맡았다. 부활동맹의 정치 강령은 (1) 순수한 사회주의 정부는 안 된다 (2) 제헌의회 (3) 일시적으로 통령에게 독재권을 부여한다는 세 가지 원칙에 바탕을 두었다. 부활동맹의 페트로그라드 지역위원회는 민중사회당[트루도비키] 2명, 사회혁명당 1명(당 지도자인 고츠), 입헌민주당 1명(콜차크 내각의 장관인 페펠랴예프), 멘셰비키 2명(포트레소프와 로쟈노프)으로 이뤄졌다. 6월에 눌렁은 부활동맹의 정치 강령을 승인하고 독일-볼셰비키에 대항해 군사적 지원을 약속하는 내용을 담은 연합국의 준(準)공식 각서를 동맹에 보냈다.

전에 사회혁명당의 테러리스트로 활동했던 보리스 사빈코프는[29] '조국과 자유 수호연맹'이라는 다른 조직을 결성했다. 이 조직은 왕당파들, 급진적 성향의 장교들, 사회혁명당 지식인들을 모두 만족시키기에 충분할 만큼 두루뭉술한 강령을 바탕으로 가장 선진적이고 호전적인 반혁명 인사들을 끌어모으는 것이 목표였다. 사빈코프의 동맹은 많아야 4~5명으로 구성된 여러 개의 비밀 조직들로 이뤄졌다. 그러나 이 조직들은 적절한 순간에는 확실한 활동에 나설 수 있는 반면에, 탄압의 빌미를 최소한으로 줄이려고 엄한 위계질서와 중앙집중력을 갖춘 소규모 비밀 부대의 핵심이라고 할 수 있었다. 이 동맹은 식량 공급이나 민병대, 창설 중인 군대와 연관된 소비에트 기구 안에 자기 요원들을 심기 시작했다. 어느 대표자가 건네준 정보와 엄청난 행운 덕분에 체카는 가까스로 이런 음모를 색출할 수 있었다. 이때 체카는 150명가량의 소규모 인원으로 운영되고 있었으며, 그나마 대부분은 노동계급 출신이라 이런 활동 경험이 전혀 없었다. 모스크바에서 대대적인 체포가 진행됐으며, 수도에 계엄령이 선포됐다(이 때가 5월 말이었다). 그러나 체포된 음모가들은 점잖은 대우를 받았다. 체카는 아주 예외적인 경우에만 처형을 실시했다. 좌파 사회혁명당은 사빈코프의 공범자들에 대한 계엄령 적용을 반대했다. 제르진스키나 볼셰비키 동료들은 그렇게 하고 싶었지만 말이다. 사빈코프도 여전히 잡히지 않았을 뿐 아니라 그의 연맹도 모스크바와 카잔에서 많은 희생을 치렀음에도 계속 봉기를 준비했다. 이 사건을 나중에 다시 살펴볼 것이다. 이런 조직들은 한둘이 아니었다. 신생 공화국의 토양은 여러 의미에서 철저하게 파헤쳐지고 있었다. 이런 비밀 단체들은 연합국의 아낌없는 지원을 받고 있었다.

체코슬로바키아 군단의 봉기

연합국 대표들은 대규모 작전 계획을 세웠다.[30] 연합국의 작전이 성공하면 소비에트 정권은 최후를 맞을 터였다. 우랄과 볼가 지방과 시베리아에서 체코군이 봉기를 일으켰고, 이와 동시에 모스크바 근처의 여러 마을에서 반혁명 쿠데타가 일어났다. 또 일본군이 블라디보스토크에 상륙하고, 영국군은 아르한겔스크로 쳐들어왔다. 순식간에 잇따라 패배를 겪자, 포위당한 노동자 국가의 양대 수도는 굶주림에 시달리고 사기가 저하돼 붕괴될 위험에 처했다. 말하자면, '구질서'가 부활할 수도 있었다. 러시아에 파견된 프랑스 군사사절단의 일원이었고 나중에 헌신적이고 진지한 혁명가로 활동하게 된 전직 프랑스군 장교 피에르 파스칼은 연합국의 작전 계획을 다음과 같이 설명했다.

야로슬라블의 반란과 체코군의 봉기는 프랑스 사절단의 대리인과 눌렁의 대리인이 직접 공모한 것이었다. 사절단은 체코군과 긴밀한 관계를 맺고 있었고, 체코군에 장교와 자금을 지원했다. … 반혁명 세력들은 모스크바를 고립시켜 기아로 몰아넣으려고 야로슬라블, 니즈니노브고로드, 탐보프, 무롬, 보로네즈를 점령할 작정이었다. 야로슬라블, 무롬, 탐보프 등지에서 봉기가 일어나는 것과 동시에 이 계획이 실행되기 시작했다. 아직도 나는 라베르뉴 장군이 모스크바 근방의 지도 위에 손가락으로 큰 원을 그리면서 "이것이 바로 눌렁이 바라는 바야. 그러나 우리의 계획이 성공한다면, 러시아에 무시무시한 기근이 닥칠 것이고, 그 때문에 나는 죄책감을 느끼게 될 거야" 하고 말하던 것이 기억난다.[31]

이와 비슷한 증거는 아주 많다. 4월 14일 모스크바에서 프랑스 군사사절단 대표 라베르뉴 장군, 그의 동료 코르벨 대령, 영국사절단 대표 록하트가 참석한 반혁명 조직 회의에서 체코군의 마지막 작전 계획이 세워졌다.[32]

러시아 내의 체코군은 전쟁 동안 점진적으로 형성됐다. 오스트리아 전선에서 후송된 체코와 슬로바키아 전쟁 포로들은 민족회의 지도자들의 후원하에 조직을 갖췄다. 이 지도자들은 마사리크나 파리에 있던 체코 민족운동 조직 대표들의 지도를 받았다. 체코군은 러시아혁명에 참여하지는 않았으나, 그 변화 과정을 주시했다. 이들은 무르만스크나 블라디보스토크를 경유해 프랑스 전선에 배치될 예정이었다. 그러나 미국이 전쟁에 개입하면서 솜므에서 알자스에 이르는 프랑스 전선에 부족한 병력이 보충되자, 연합국 정치인들은 체코군을 러시아 내의 반혁명에 활용할 수 있겠다고 생각했다. 연합국 장교들의 지휘를 받던 체코군은 독일군과 맞닥뜨려 우크라이나에서 동쪽 방면으로 퇴각하면서도 브레스트리토프스크 조약을 받아들이지 않았다. 인민위원회는 충돌을 피하려고 체코군이 무기를 휴대한 채 시베리아를 경유해서 철수하도록 허용했다. 체코군 약 3만 명이 시베리아 횡단철도를 따라 이동하는 동안 일본군이 블라디보스토크에 상륙했다. 그 결과, 혁명은 시베리아 전체가 점령당할 수도 있는 위험한 상황에 부딪혔다. 전쟁인민위원 트로츠키는 즉시 체코군의 무장해제와 시베리아 동쪽이 아닌 아르한겔스크 쪽으로 철수할 것을 요구했다. 영국, 프랑스, 러시아군 장교들뿐 아니라 제헌의회의 사회혁명당 소속 대표들도 참가한 첼랴빈스크 대회에서 체코군의 공격 계획이 자세히 수립됐다. 5월 25~26일 체코군은 갑자기 첼랴빈스크(우랄 지방), 펜자, 시즈란(볼가 지방), 노보-니콜라예프스크(시베리아 지방)를 점령했다. 체코군은 이 세 지역에 각각 가이다, 보이체호프스키, 세섹이 지휘하는 정예 부대 약 2만 명을 배치했다. 5월 25일 트로츠키는 명령을 발표해서, 무기를 소지하고 체포된 체코슬로바키아 병사는 모두 즉결 처형하겠지만 무기를 버리고 북부 지방을 거쳐 철수하거나 러시아 시민권을 받아들인 사람에게는 모든 편의를 제공하겠다고 약속했다. 그러나 대다수는 저항을 택했다.

체코군이 봉기하자 소비에트 공화국은 완전히 포위됐고, 이제 우랄의 공업, 볼가의 비옥한 토지, 시베리아의 곡창지대와 단절됐다. 오렌부르크의 카자흐족도 다시 무기를 들었다.

볼셰비키에게 치명타를 가하려고 소집된 체코군은 대부분 급진적 공화주의자들, 마사리크 추종자들, 사회민주주의자들이었다. 이른바 민주주의에 헌신하고 있었던 그들은 프롤레타리아독재의 가혹한 조건에 분노하고 반감을 드러냈다. 러시아의 여러 사회주의 정당은 볼셰비키가 독일의 돈을 받는 간첩이며, 체코군을 독일에 넘겨주려 한다는 소문을 퍼뜨렸다. 체코군은 반혁명적 사회주의자들, 카자흐 농민과 장교 동맹의 도움을 받아 여러 번 작전에 성공했다. 이런 성공으로 사마라(6월 8일, 체코군의 본거지가 됐다)와 시즈란(6월 19일), 우파(6월 13~23일)를 차지하게 됐다. 그 결과, 이 지역 전체가 반혁명 세력에게 넘어갔다. 나중에 밝혀지겠지만, 이것은 소비에트에 대한 전면적 공세의 신호가 됐다. 여러 농촌 지역에서 반혁명 운동이 일어났다. 6월 20일 우파 사회혁명당은 페트로그라드에서 연설가 볼로다르스키를 암살했다. 볼셰비키와 동맹 세력이었던 좌파 사회혁명당은 여전히 정부에 참여하고 있었지만, 정부를 단독으로 지배하고 브레스트리토프스크 조약을 파기하려고 쿠데타를 준비했다. 7월 2일 영국·프랑스 원정군이 무르만스크에 상륙했다.

대공업 국유화

자본가계급에 대한 착취가 시작된 것은 이런 상황의 압력 때문이었다. 이에 관한 설명 가운데 가장 탁월한 것은 경제학자 크리츠만이 쓴 다음 글이다.

노동계급 혁명은 경제 분야에서 망설이고 주저하는 8개월간의 예비 단계를 거치고 나서 점차 참혹해지는 내전과 독일 제국의 친(親)자본주의적 간섭의 압력을 받았다. 그들은 자기 나름의 목적을 위해 브레스트리토프스크 강화조약을 이용했다. 이에 따라 노동자 정부는 1918년 6월 26일 포고령을 발표해 대공업을 국유화해서 착취자들을 착취하겠다고 선언할 수밖에 없었다.[33]

유산계급을 착취하는 일은 다음과 같이 단계적으로 진행됐다.

1917년 11월 8일(구력 10월 26일), 인민위원회 창설을 통한 국가 자본의 몰수.[34] 같은 날 통과된 토지 국유화 포고령에 따른 농업 몰수. 1917년 12월 27일(구력 12월 14일), 은행 국유화 포고령에 따른 금융자본 몰수. 1918년 1월 25일(구력 1월 12일), 해상운송 국유화 포고령에 의한 운송자본 몰수. 그 후 1918년 1월 27일(구력 1월 14일), 차관 무효화 포고령에 따른 신용, 특히 외국 신용의 몰수. 1918년 6월 11일, 콤베디, 즉 빈농위원회의 설립에 관한 포고령에 따른 상업자본 몰수. 1918년 6월 28일, 대공업 국유화 포고령에 따른 대규모 공업자본 몰수.[35]

이런 조처들의 마지막은 5월 1일 공포된 상속권 폐지 포고령이었다. 상속액이 1만 루블을 넘으면 예외 없이 국가로 환수되며, 사망자의 친척 가운데 노동능력이 없는 사람들에게만 지방 당국이 결정하는 연금 수령 자격이 부여됐다.

여기서 생산 분야에서 노동자 통제 상황이 역전된 것을 설명해야 할 것 같다. 11월에서 5월까지, 노동자 통제는 최고경제위원회의 지원을 받아 각 지역 노동자들의 주도로 실시됐다. 그러나 시간이 갈수록 문제가 심각해지고 있다는 것이 분명해졌다. 경영자들은 정치권력을 빼앗기고 노동계급의 통제를 받게 되면서 자신들이 종업원들에게 휘둘리고 있으며, 재산권 행사마저 위협받고 있다고 느꼈다. 경영자들은 싸우고 저항했으며, 사보타주에 돌입했다. 이제 노동자 통제는 혁명의 우유부단함을 보여 주는 과도적 조처처럼 보였다. 노동자 통제는 아무 의미도 없는 조처로 전락하든지 아니면 몰수 단계로 나아가야 했다. 때때로 공장위원회의 신임을 얻게 된 약삭빠른 경영자들이 최고경제위원회에 손해를 끼치면서까지 자신의 생활 방편을 마련하려고 노동자가 기업 운영 경험이 없는 점을 악용하는 일도 있었다. 이들은 새롭고 다양한 방식으로 국가를 등치면서 배를 불린 것이다.[36]

그 밖의 더 많은 자본가들이 갖가지 방법으로 사업을 청산하고 재고품을 빼돌린 뒤, 장비를 훔치거나 팔아치우고 그동안 벌어들인 돈을 챙겨 사라졌다. 공장위원회는 버려진 공장을 신속하게 접수해 당장 가동해야 했다. 기술진의 사보타주도 일어났다. 따라서 철저한 노동계급 독재 체제를 공장에 도입할 수밖에 없었다. "국유화는 경제정책이 아니라 보복 행위였다."[37] 공장위원회나 노동위원회가 공장을 접수했지만, 이것은 일종의 모험이나 다름없었다. 각 위원회는 자기 공장의 이익, 말하자면 공장을 대표하는 노동자들의 이익을 최우선시했다. 그 다음에는 가능한 수단을 모두 동원해 이런 이익을 확보하려 했다. 국가의 전반적인 경제적 이익은 안중에도 없었다. 설령 낙후되고 장비도 형편없고 비교적 덜 중요한 제품을 만드는 기업이라 하더라도 하나같이 물자 구매, 신용 대부, 노동력 등 살아남기 위한 권리를 요구했다. 공장은 자신의 이익을 위해 제멋대로 운영됐고, 그래서 엄청난 혼란이 일어났다. 어떤 사람이 남긴 기록을 인용해 보자.

우리는 소비에트 공화국이 아니라 자본주의 기업과 공장에 토대를 둔 노동계급 공동체 공화국을 건설하고 있었다. 지금 벌어지는 사건들을 보면, 생산과 사회적 분배의 엄격한 질서 확립이나 사회의 사회주의적 재편이 아니라 아나키스트들이 꿈꾸던 생산자 자치 코뮌이 생각난다.[38]

1918년 5월 15일까지 234개의 기업이 공식적으로 국유화됐고, 70개가 넘는 기업이 몰수됐다. 대부분은 제조업이나 기계업 분야의 중공업 기업이었다. 국가는 황폐해진 데다 분열됐고, 패배한 고용주들이 불가능한 조건을 제기하고 있었기 때문에 광범하고 체계적인 국유화나 몰수 조처를 단행하는 것이 급선무였다. 경제위원회 대회에서 밀류틴은 앞으로 진행될 대공업 국유화 계획을 발표하고, 정부와 유전 소유자 간의 싸움에 대해 설명했다. 거대 석유업자들은 생산을 지속하는 조건으로 혁명 전과 같은 이익 보장, 1916년의 노동조건 부활을 요구했다. 노동자들이 석유 생산을 관리할 수 없을 것이라고 확신한 석유업자들은 자신들에게 소비에트 법을 강요하면 파산 직전의 모든 유전에서 생산을 중지하겠다고 위협했다.

1918년 6월 28일의 포고령으로 광업, 기계, 섬유, 전기제품, 목재, 담배, 유리, 요업, 가죽, 시멘트, 고무, 운송 등 모든 산업 분야에서 자본금이 50만 루블이 넘는 기업이 국유화됐다. 이 계획 가운데 일부는 계획 입안자가 보기에도 너무 성급한 것이었음이 곧 드러난다. 국유화된 공업을 관리하는 일은 최고경제위원회에 위임됐다. 그러나 국유화된 공업은 "옛 소유주에게 공짜로 임대될" 것이라고 발표됐다. 그리고 옛 소유주들은 자신들의 업무를 수행하고 "이윤을 획득할 수 있는" 권한을 얻었다(이제 이윤이 존재하는지가 약간 논란거리가 됐다). 기술자들과 감독관들은 유임됐고, 국가의 임명을 받아 국가에 책임을 져야 했다. 누구든지 직무를 유기하면 혁명재판을 거쳐 처벌받았다.

얼마 뒤 경제위원회대회에서는 공장 경영을 맡을 집단적 기구들을 만들기로 결정했다. 지역위원회와 최고위원회가 경영진의 3분의 2를 임명하기로 돼 있었다. 이들 가운데 절반은 정부 당국의 지명을 받아 노동조합이 선출할 수 있었다. 나머지 경영진의 3분의 1은 해당 기업 노동자들이 현장에서 선출했다.

기근에 시달리다

트로츠키는 모스크바의 대중 집회에서 연설하다가 한 묶음의 전보를 내보였다. "비크시, 니즈니노브고로드 지방: 공장은 텅 비어 있고 작업 상황도 아주 나쁨. 기근으로 노동자의 30퍼센트가 감소했음. 굶주림으로 쇠약해진 사람들은 자기 집에 누워 있음." 세르기예프-포사다에서 온 전보: "빵을 달라. 그렇지 않으면 우린 끝장이다!" 브랸스크에서 온 5월 30일자 전보: "끔찍한 사망률, 특히 말초프 공장과 브랸스크 공장 주변의 어린이들이 엄청나게 죽어가고 있음. 전염병이 창궐함." 모스크바 근방의 클린에서 온 전보: "주민들이 2주 동안 빵 구경도 못했음." 파슬로프-포사다에서 온 전보: "주민들은 굶주리고 있으며, 곡식 한 톨 구할 수 없음." 도로고부즈에서 온 전보: "기근, 전염병 … " 그러나 트로츠키가 주장했듯이 러시아에 곡식은 있었다. 대도시에 필요한 식량 공급량은 기껏해야 한 달에 1500만 푸드뿐이었지만, 카자흐 북부 지역만 해도 1억 4천만 푸드의 곡식이 저장돼 있었다. 기근은 계급 전쟁의 결과였다. 부농은 도시에 곡물을 내주지 않았다. 곡물을 줘 봐야 손에 쥐는 것은 휴지 조각이나 다름없는 지폐였기 때문이다. 벨라루시에서 부농은 곡물을 땅에 묻고 흙더미 위에 십자가를 세워서 수색대를 속였다.

사회 안의 불평불만 분자들은 곡물 독점과 최고가격제를 폐지하라고 요구했다. 따라서 이들은 겉모습이야 어떻든 자본주의 방식과 부유한 농촌 프티부르주아 계급의 이기주의를 지지했음을 드러낸 셈이었다. 이미 공산품 품귀 현상이 나타나고, 인플레이션이 번지고, 수송 체계가 파괴된 상황에서 곡물의 자유 교역을 허용하면 가난한 사람들은 엄청난 투기와 절망적 기근에 시달릴 터였다. 빈농위원회 창설, 잉여곡물 징발, 노동자 식량징발대 파견 등 3대 혁명적 조처가 취해졌다. 이런 조처로 농촌 지역에서도 계급투쟁이 단호하게 전개될 터였다. 레닌은 "페트로그라드 노동자들에게 보내는 편지"와 소비에트 중앙집행위원회에서 한 곡물 투쟁 관련 연설에서 이런 조처들을 설명했다. 기근은 "일하지 않는 자는 먹지도 말라!"는 새로운 법에 맞서 자본가계급이 반란을 일으킨 탓이다. 이 기근 때문에 "자본주의에서 공산주의로 이행하기 위한 국가권력, 정부에 혼선을 일으키는 자들과 자본가계급을 응징하는 무자비한 권력의 필요성을 부인하는 경멸스러운 아나키스트 수다쟁이들의 무지막지한 어리석음"이 입증됐다. 엄격한 회계와 공정한 분배가 이뤄졌다면 빵은 모든 사람에게 충분했을 것이다. 그리고 확신에 찬 노동계급도 쿨라크의 저항이나 반동을 일소해서 승리할 수 있었을 것이다. 임시변통 수단은 결코 쓸모없다. "'자기 공장' 사람들만을 위해 '소매'를 통해 빵과 연료를 확보하려는 시도는 혼란을 악화시키고 나아가 부당이득 행위를 부추길 뿐이다." "폭리 취득자, 쿨라크, 기식자, 파괴자들에 대항한 십자군"에 대중을 끌어들이는 것이 혁명적 소수의 과업이었다. 이런 대중 활동 속에서 해결책을 모색해야 했다.

10월 혁명의 가장 위대한 성과 하나는 선진 노동자들이 빈민의 지도자로서, 피착취 농민 대중의 지도자로서, 노동자 국가의 건설자로서 **민중 속으로 들어갔다**는 점이다. … 그러나 노동자는 빈농의 지도자가 된 것이지 성자가 된 것은 아니다. 선진 노동자는 인민을 이끌고 앞으로 나아갔지만, 분열한 프티부르주아 계급의 질병에 감염되기도 했다. … 노동계급은 공산주의 혁명을 시작했지만, 다수의 빈곤을 토대로 소수만이 잘 먹고 잘 살 수 있는 사회, 자본가와 지주, 착취자와 기생충 같은 자들의 사회에서 유래한 나약함과 악습을 즉시 버릴 수는 없었다. 그러나 노동계급은 투쟁 속에서 성장하고, 더 많이 경험하고 단련된 자신의 새로운 힘을 적을 향해 끊임없이 퍼붓는다면, 자신의 나약함과 악습에도 불구하고 결국 구세계를 확실하게, 그리고 반드시 끝장낼 수 있을 것이다.[39]

6월 4일 소비에트 중앙집행위원회와 6월 27일 공장위원회 대회에서 레닌은 독일이 "매우 인위적인 기아에 시달리고 있는" 나라이며, 전쟁이 기근의 주요 원인이고, 러시아 노동계급이 세계혁명의 전위대 구실을 한 것은 고유한 장점이 있어서가 아니라 역사의 대의에 따른 것이라고 상기시켰다. 그는 "우리는 지금 기근을 퇴치하는 … 인류 사회의 가장 근본적인 과업에 부딪혔다"고 탁월하게 표현했다. 레닌은 자본가들과의 타협을 옹호한 멘셰비키의 주장을 반박했다. 기근 자체가 우리의 조직화 과업을 가로막는 장애이므로 기근에 맞서 싸우는 데는 많은 어려움이 따른다. "차라리 봉기를 성공시키는 것이 더 쉽다." 노동계급은 반동 세력과 싸울 때 여러 중간계급 조직의 도움을 받을 수 있다. 그러나 기근과 싸울 때는 조직화 과업에 홀로 달려들어야 한다. 이런 과정을 거쳐 진정한 공산주의자가 된다. 세 가지 핵심 사상이 새로운 포고령들에 반영됐다. 그 사상은 힘의 분산과 "이기적 행동"을 막으려는 중앙집권화, 쿨라크에 대항하는 십자군인 피착취 대중의 동맹, 농촌에서 계급투쟁을 벌이기 위한 노동자·빈농의 동맹이었다. 이런 포고령의 일부 문구는 인용할 만한 가치가 있다.

우리의 식량징발대가 깡패 집단으로 타락하고 있다고 합니다. 다분히 그럴 소지가 있습니다.

옛 사회가 몰락했다고 해서 그 사회의 시체를 관에 넣고 못질해서 무덤 속으로 던져버릴 수는 없습니다. 죽은 사회의 시체는 우리 속에서 해체되고 있습니다. 이것은 우리를 부패시키고 감염시킬 수도 있습니다.

우리에게는 경찰도 없고, 특수한 군사적 특권 계급도 없고, 그 어떤 기구도 없습니다. 노동자의 계급의식적 단결만이 있습니다.

전 세계에서 노동자들이 조직돼 있습니다. 그러나 사실상 노동자들은 농촌과 소규모 농업 생산, 버려진 곳과 어두운 곳 등 그 어느 곳에서도 어려운 생활 여건에 찌든 채 살아가는 사람들을 단결시키기 위해 체계적이고 헌신적으로 노력한 적이 없습니다.

우리는 언제나 노동자들이 스스로 해방해야 한다고 말합니다. 우리는 언제나 노동자들이 다른 사람들에 의해서 해방될 수 없고, 노동자들이 스스로 역사적 문제를 해결하는 방법을 터득해야 한다고 이야기합니다. … 그리고 이런 문제들이 점점 더 어려워질수록, 우리는 수많은 사람들이 이를 해결하는 데 참여해야 한다는 사실을 더 잘 알게 될 것입니다.

공장위원회 대표자 여러분, 아무도 여러분을 도울 수 없다는 점을, 다른 계급에서는 지원자가 아니라 적밖에는 나올 것이 없다는 점을, 소비에트 정부에는 임의로 활용할 수 있는 충성스러운 지식인이 없다는 점을 철저히 명심해야 합니다.

여러분이 자신의 공장과 노동위원회에서 오로지 노동자의 기술적·경제적 이익에만 관심이 있다면, 혁명은 단 하나의 성과도 지킬 수 없다는 사실을 명심해야 합니다. … 여러분의 공장위원회는 지배계급의 핵이 돼야 합니다.[40]

레닌은 소도시 옐레츠에서 있었던 노동자의 사례를 인용했다. 이 도시의 노동자들은 자발적으로 자본가계급의 집을 샅샅이 뒤져서 물자를 징발했다.

부농에 대한 전쟁

기근은 단순히 전쟁의 어쩔 수 없는 영향 때문이 아니었다. 기근은 도시 노동자에 대한 농민의 장기적인 전쟁이 시작됐다는 뜻이기도 했다. 이 전쟁은 1921년에 곡물 자유 교역의 재도입을 중요한 특징으로 하는 신경제정책이 실시되고 나서야 비로소 끝났다. 10월 혁명 때는 막 정점에 도달한 농민운동이 노동운동과 결합했었다. 농민운동은 기본적인 힘을 무한정 제공해서 노동운동을 지원했고, 반면에 대부분 농민들로 이뤄진 군대의 지지를 확보했다. 대신에 노동계급은 농민운동에 조직, 목표, 구호, 정치적 지향점을 제시했다. 그러나 일단 토지를 차지하게 되자 농민들은 만족했다. 농민들은 완벽하고 결정적인 승리를 거두었다. 반면에, 노동계급의 투쟁은 거의 시작되지도 않았다. 10월과 11월에 농민과 노동자는 승리의 정점에 도달했지만, 그 뒤 차츰 서로 목적이 상반된다는 점을 느끼게 됐다. 첫째, 농업용 대토지의 처리에 관한 문제가 불거졌다. 개인 재산에 애착을 느끼고 대체로 부자가 되기를 열망하고 있던 농민들은 토지를 나눠가지고 싶어했다. 반면에, 소비에트 정부는 토지를 농업 공동체로 전환시키려고 했다. 또한 이미 설명했듯이 상품 부족, 인플레이션, 도시를 부양하는 문제 등도 남아 있었다. 전쟁 기간에 농민들은 막대한 루블화 지폐를 쌓아 두고 있었다. 소비에트 국가는 곡물의 최고가격제 도입을 주장할 수밖에 없었다. 이 제도 때문에 농민은 마음대로 시장에서 곡물을 팔 수 없었다. 농민들은 곡물과 교환한 대가로 지폐를 받았지만, 실제로 살 수 있는 것은 아무것도 없었다. 게다가 농민들이 노동계급 혁명에 외상을 줘야 할 이유도 전혀 없었다. 선전가들이 농민들에게 최고가격이 폐지되고 자유 교역이 허용되면 결과적으로 상품 가격이 엄청나게 인상돼 광적인 인플레이션이 일어날 것이라고 설명하자 농민들은 냉담하게 대답했다. "글쎄요. 당신들이 아무리 비싸게 쳐줘도 곡식을 내놓지는 않을 거요." 대답은 항상 이런 식이었다. 쿨라크는 러시아 전역에서 아주 강력하게 소비에트에 저항했다.

레닌이 쿨라크의 위협에 대처한 태도를 설명해야겠다. 러시아 전역에서 당원 동지들이 레닌을 만나러 왔다. 7월 초 페트로그라드의 한 노동자가 레닌을 만나러 와서 이 문제에 대한 자신의 우려를 "나이 든 일리치"에게 털어놓았다. 그는 볼가 지역에서 온갖 어려움을 겪으며 농민들을 상대로 선전 활동을 벌이다가 이제 막 돌아온 사람이었다. 짓궂은 미소를 머금은 채 그의 말을 주의 깊게 듣던 레닌의 눈이 밝아졌다. 그가 들려준 사실들은 레닌 자신이 옳았음을 입증해 주었던 것이다.

내가 농민들이 우리를 때려눕힐 것이라고 단언하자, 블라디미르 일리치는 웃음을 터뜨렸다. "물론이오, 동지. 농민들이 우리를 때려눕힐 거요. 쿨라크가 우리를 때려눕히기 전에 먼저 우리가 쿨라크를 때려눕히지 못한다면 말이오."

그러고 나서 레닌은 종이를 가져다 페트로그라드 노동자들에게 보내는 긴급 전언을 몇 줄 적고는 자기 손님에게 이를 전해 달라고 부탁했다. 여기에 그 서신의 주요 부분을 소개한다.

K동지는 심비르스크 주에서 활동했고, 빈농과 우리 정부에 대한 쿨라크의 태도를 경험한 사람이다. 그는 마르크스주의자나 계급의식적인 노동자라면 의심할 수 없는 사실을 완벽하게 인식하고 있다. 즉, 그는 쿨라크가 노동자 정부인 소비에트 정부를 증오하고 있다는 것과 노동자들이 **즉시** 소비에트에 대한 쿨라크의 공격을 사전 제압하고 쿨라크가 뭉치기 전에 **분쇄**하러 나서지 않으면 **쿨라크가 소비에트 정부를 전복시키고 말 것**이라는 사실을 잘 알고 있다.

지금 계급의식적 노동자들은 그렇게 **할 수 있다**. 즉, 노동자들의 **전위가** 자신의 의무를 이해하고 모든 힘을 쏟아 **농촌 지역에서 대중운동을 조직**한다면 노동자들은 빈농을 결집시켜서 쿨라크를 완전히 무찌르고 분쇄할 수 있다.[41]

간단히 말해, 우리의 과업은 내전을 농촌으로 확산시키고 부농에 대항하도록 빈농에게 호소하는 것이며, 열성적으로 이런 투쟁에 나서야 한다는 것이었다. 그리고 이런 목적을 위해 다시 한 번 노동자의 자발성에 호소하는 것이다.

[레닌은 K에게 이렇게 말했다 — 세르주] 가서 조직하시오. 우리는 여러분에게 국가가 비축하고 있는 것을 모두 제공할 것입니다. 이미 소비에트 정부는 몰수한 물건을 많이 가지고 있습니다. … 우리는 일부 비축품을 유지하려고 애썼지만 모든 것이 도난·약탈당하고 있습니다. 여러분이 혁명에 이익이 되도록 몰수품을 이용한다면 빈농을 여러분 편으로 만들 수 있습니다.

여기 8월 초에 예브게냐 보시 동지에게 보낸 두 건의 전보가 있다. 그녀는 농촌의 반혁명과 싸우기 위해 펜자 지역으로 파견된 사람이다. 이 전보를 보면 농촌의 반혁명 세력과 단호히 투쟁해야 한다는 레닌의 생각을 읽을 수 있다.

(1) 1918년 8월 9일. 지급전보. 펜자. 발신 집행위원회, 수신 예브게냐 보 그다노바 보시. 보고는 접수했음. 부대원을 엄선할 것. 쿨라크, 성직자, 백 군, 도시 외곽의 집단수용소에 수감된 혐의자들에게 가차 없이 테러를 가 할 것. 인민위원회 의장. 레닌.[42]

(2) 1918년 8월 11일. 5개 지역에서 일어난 반란을 진압할 때 잉여 곡물을 징발하는 데 필요한 모든 조처를 취할 것. 이를 위해 쿨라크, 부자, 기식 자, 곡물의 인도와 수송에 관련된 자들 가운데서 인질을 지명할 것(체포가 아 니라 지명할 것). … 요구한 수량의 곡물을 신속·정확하게 인도하면 인질의 생 명을 보장함.[43]

이제 노동자 '십자군'이 농촌으로 떠났다. 산업 중심지마다 식량을 구하려 고 멀리 떨어진 지역으로 파견될 식량징발대가 창설됐다. 이 모험에서 피비 린내 나는 투쟁도 벌어질 터였다. 참가자들이 떼죽음당하는 일도 자주 일 어났고, 동지들이 폐허 속에서 찾아낸 볼셰비키 위원 한 명은 배가 찢겨지 고 그곳에 곡물이 잔뜩 채워진 일도 있었다. 그러나 여전히 수많은 노동계 급이 농촌 지역으로 혁명을 전파하고 있었다. 이들이 도시를 위해 확보한 곡식은 비록 충분하지 않을지도 모르지만 결코 무시할 수 없는 양이었다.[44]

혼란과 소비에트 민주주의

당시 러시아와 정권의 상황을 간략하게 살펴보자. 노동계급은 대단히 지친 기색을 보였고 사기도 저하돼 있었다. 노동계급의 정예 요원들은 줄 줄이 전선으로 떠났거나 소비에트 기구에서 일하고 있었다. 노동계급이 승리하자 가짜 노동자와 몰락한 소상점주들, 사기꾼 무리 등 의심스러운 자들이 노동계급의 지위에 눈독을 들였다. 기근 때문에 노동계급은 농민들과 가까워질 수밖에 없었다. 또 흔히 러시아 노동자는 농민 출신이기도 했다. 생산은 아주 낮았고 공장들은 대개는 멈춰 있거나 도둑질로 형편없는 상황에 처해 있으면서도 할 수 있는 데까지 운영되고 있었다. 원료와 연료가 모자랐고 사실상 규율도 없었다. 3월 말에 실랴프니코프가 소비에트 중앙집행위원회에서 한 보고는 비참한 내용들로 가득 차 있었다. 열차가 전조등이나 신호기 없이 운행되는 일도 많았다. 사실상 철도 신호기 가운데 작동하는 것은 단 하나도 없었다! "사람들은 기차에 파라핀이나 양초조차 없다고 불평하지만, 사실은 누군가가 모두 훔쳐갔기 때문이다." 승무원이 없어 열차가 운행되지 않을 때도 있었다. 아파서 결근하는 사람이 부지기수였고, 책임자의 지시도 이행되지 않았고, 도둑들은 이런저런 위원회 뒤에 숨어 있었다. 모스크바에서 페트로그라드행 철로를 따라 그리 멀지 않은 클린에서는 기관차 차고가 술집으로 바뀌었고, 자동차가 방치돼 있어 철로는 엉망진창으로 망가져 있었다. 모든 사람들은 투기에 손을 대고, 뇌물을 주고받고, 폭리꾼을 지지하고 사회 전체를 상대로 도둑질을 자행하고 있었다. 실랴프니코프는 이런 폐단을 치유할 수 있는 하나의 방법이 철도 노동자들에게 업무의 효율성에 관심을 갖게 하고 공장에서와 마찬가지로 작업장에서도 성과급을 도입하는 것이라는 사실을 알고 있었다. 네프스키의 6월 보고를 참고하면, 운송 분야에서 생산성이 50~70퍼센트까지 하락한 반면에, 운영 비용은 150퍼센트 늘었다. 특히 전쟁터 인근 지역과 농촌에서 물자 낭비가 심각했다. 창문은 전부 깨졌고, 문짝도 메스꺼운 오물들로 뒤덮여 있었다.

일부 대공장은 사회 기강 문란의 온상이 돼, 반(反)혁명 선동에 유리한 여건을 제공하고 있었다. 페트로그라드에서는 소비에트가 회의와 중상모략으로 시간을 낭비하고 있던 오부호보 공장 노동자들을 비난했다. 푸틸로프 공장은 연이어 터지는 사건들 때문에 상황이 조금도 개선되지 않았다. 멘셰비키는 엄청나게 큰 소르모보 공장(여기서는 이제 한 달에 단 2량의 기관차를 생산하고 있었다. 그러나 전에는 18량을 생산했다)과 콜로멘스크에서 파업을 부추기고 있었다. 멘셰비키 선동가를 체포하면 연이어 또 다른 파업이 벌어졌다. 야로슬라블과 즐라투스트에서 사회혁명당과 멘셰비키당은 거리의 주인이 됐다.

식량이나 돈을 공급받지 못한 지역의 소비에트는 절망적인 상황에 빠져들었다. 이들은 좀 더 부유한 시민들에게 특별세를 부과하고 상품을 몰수했으며, 기업의 당좌계정까지 압수했다. 그 결과 국가의 고정적인 세원이 고갈됐다. 또한 지역 소비에트는 자기 영토를 통과하는 상품에 통행세를 부과했다. 차리친·사마라·카잔 소비에트가 바쿠에서 모스크바로 운송되는 석유에 세금을 부과하자(때로는 아예 빼앗기도 했다), 모스크바에 도착한 석유 가격은 5배로 뛰었다. 크림반도의 얄타 소비에트가 수출용 담배에 금지세를 부과하자 로스토프·모스크바·페트로그라드의 담배 공장은 원료를 구할 수 없었다. 니즈니노브고로드 소비에트는 석연치 않은 목적을 내세워 아무 통제도 받지 않고 지역 부자들에게서 약 2700만 루블의 특별세를 거둬들였다. 또한 게릴라 대원들이 흔히 책임자로 임명되던 군사혁명위원회도 세금을 갈취하거나 사욕을 챙기려고 징발에 나서기도 했다.[45]

다음 수치를 보면, 러시아의 재정 상태를 잘 알 수 있을 것이다. 그해의 예산은 8백억~1천억 루블이었다. 그러나 최대한 늘려 잡아도 실제 세입은 기껏해야 150억 루블이었다.[46]

식량 공급도 혼란스러웠다. 모든 소비에트, 공장, 가족들은 자기들이 먹고사는 문제에 매달렸을 뿐 다른 사람들은 신경쓰지 않았다. 식량공급인민위원회가 취한 모든 조처는 각 지역이 저마다 온갖 자기중심적 조처를 취했기 때문에 이렇다 할 효과가 없었다. 곡식을 운반하던 열차가, "책임 있는" 지방 당국이 때맞춰 작성하고 서명한 포고령과 규정서에 따라 도중에 징발되거나 다른 곳으로 빼돌려지거나 압수됐다. 또는 그냥 강탈당했다. 따라서 페트로그라드―모스크바 노선의 모든 도시는 약탈에 의존해 연명하고 있었던 셈이다. 희생의 대가를 치른 것은 굶주리는 페트로그라드였다. 모든 철로는 '행상인', 소수의 모리배, 식량을 구하려고 위험을 무릅쓰고 농촌으로 가려는 대담한 사람들로 들끓었다. 이들은 무리를 지어 돌아다니며 열차를 공격해 빼앗거나 철도 노동자들을 매수했다. 그런 뒤 각기 50파운드나 100파운드의 곡식을 가지고 떠났다. 쿠르스크 주에서는 투기에 나선 행상인이 약 2만 명으로 추정됐다. 사라토프 주에서도 투기꾼들은 5만 명에 이르렀다.[47]

사회 질서가 빠르게 무너지고 있었기 때문에 긴급하고 적극적인 조처가 필요했다. 도덕에 호소하기 위해 할 수 있는 일은 이미 모두 다 했다. 이처럼 점증하는 혼란 때문에 중앙집중적 권위가 더욱 절실했다. 소비에트 중앙집행위원회는 식량공급인민위원에게 지방 소비에트의 결정을 무효화하고 지방 소비에트 관리를 해임할 수 있는 권한을 위임했다. 지방의 혼란 상태를 국가의 간섭으로 대체하고, 각양각색의 위원회를 책임 있는 지도자들로 교체하고, 노동자를 생산에 끌어들이고, 농촌에서 오랫동안 기승을 부리다가 이제는 노동계급의 핵심으로 파고든 반혁명 세력을 억압하는 것 등이 모두 시급한 과제였다.

소비에트 중앙집행위원회에서 이런 조처에 관한 논쟁이 벌어졌다. 왜냐하면 공화국에는 성문헌법이 없었음에도 이미 구체화한 헌법 구조와 내부 민주주의 체계가 있었기 때문이다. 프롤레타리아독재는 당의 독재나 중앙위원회의 독재, 또는 어떤 개인의 독재가 아니다. 프롤레타리아독재의 메커니즘은 참으로 복합적이었다. 모든 소비에트, 모든 혁명위원회, 볼셰비키당이나 좌파 사회혁명당 소속의 모든 위원회가 이 메커니즘의 한 축을 이루고 있었으며, 자기 나름의 방식에 따라 이 메커니즘을 운영했다. 레닌도 엄격한 규칙에 따라야 했다. 레닌은 볼셰비키당 중앙위원회에서 다수파를 설득해야 했고, 중앙집행위원회 내의 공산당 대표들과 그 다음에는 중앙집행위원회 자체와 토론해야 했고, 좌파 사회혁명당, 아나키스트들, 국제사회민주주의자, 의심스러운 동맹 세력들, 나아가 관계 회복이 불가능한 적인 우파 사회혁명당과 멘셰비키의 포화에도 용감히 맞서야 했다.[48] 모든 포고령은 회의에서 논의됐다. 그래서 회의가 대단히 흥미로울 때도 많았다. 정부를 반대하는 세력들은 의회제 하에서보다 훨씬 많은 언론 자유를 누렸다. 이들은 일편단심으로 제헌의회를 칭송했다. 이들은 비록 무력했으나 대담하게도 — 솔직히 이들의 용기는 인정할 만하다 — 지칠 줄 모르고 독재자들을 고발했다. 우파 사회혁명당은 "인민위원들의 독재 때문에 러시아는 6개월 안에 완전히 붕괴되고, 독일 제국주의에 의해 폐허로 변할 것"이라고 주장했다. 우파 사회혁명당은 제헌의회, 브레스트리토프스크 조약 파기, 전쟁 재개, 연합국 지원을 요구했다. 변호사였던 코간—베른시테인(우파 사회혁명당)은 볼셰비키에게 "쫓겨나기 전에 꺼져라! 너희들은 총칼로 권력을 잡았을 뿐이야!" 하고 소리쳤다. 그는 "10월 반혁명", "패륜아 레닌" 운운하며 공공연히 비난했다. 또 마르토프와 함께 "독재를 타도하라, 공화국 만세, 제헌의회 만세!" 하고 외쳤다. 5월 14일 회의가 끝날 무렵, 다른 사람 하나가 스베르들로프에게 "이 야만인, 정신병자, 폭도 같으니라구!" 하고 소리쳤다. 스베르들로프는 차분히 듣고 있었다.

볼셰비키에 반대하는 세력들은 모든 잘못은 레닌의 당이 권력을 강탈하고 독재적이고 관료적인 방법을 써서 사회주의로 성급히 이행하려는 엄청난 부담을 러시아에 강요한 데서 비롯했다고 주장했다. 이런 잘못을 바로잡으려면 민주주의(부르주아 민주주의)로 돌아가야 한다는 것이었다. 민주주의는 제헌의회를 통해 현명한 법을 갖출 수 있고, 노동계급의 호위를 받아 사회주의로 이행할 것이라는 주장이었다.

6월 14일 회의에서 이런 혼란스러운 논쟁이 마무리됐다. 이 회의에서 볼셰비키는 "소비에트 내에서 여러 정당의 반(反)소비에트 활동이 나타났다"는 의제를 제출했다. 소스노프스키는 보고를 마치면서, 소비에트에 맞서 내전을 선동하고 적과 동맹한 정당의 대표를 소비에트 중앙집행위원회에서 추방하자고 제안했다. 이런 취지의 결의문이 통과됐고, 지방 소비에트도 이 결의안에 따르도록 권고했다. 좌파 사회혁명당은 반대표를 던졌다. 이 결의문은 프롤레타리아독재의 정치적 독점을 향한 중요한 진일보였다. 지금까지는 적대적이거나 대립하거나 중립적이거나 의심스럽거나 조건부로 우호적인 여러 정당, 집단, 언론 등의 합법적 존재와 프롤레타리아독재가 양립할 수 있을 듯했다. 중앙집행위원회는 일종의 의회 같은 느낌이 있었다. 부르주아 언론에 대한 탄압이 어떤 상황에서 시작됐는지는 앞서 설명했다. 이제 우파 사회혁명당은 체코군과 공공연히 동맹했고, 멘셰비키는 외국의 간섭과 동시에 파업을 선동했기 때문에[49] 두 정당도 불법화됐다. 그러나 이것이 아직까지는 돌이킬 수 없는 조처였던 것은 아니다. 레닌은 나중에 오랜 적수였던 마르토프와 단, 아브라모비치에게 중앙집행위원회에서 함께 일하자고 요청했다. 레닌은 이들을 두려워하지 않았고, 이들의 반대도 유용할 것이라고 생각했다.

6월 말 체코군이 승리하고 농촌에서 충돌이 시작됐고, 이와 동시에 도시에서는 멘셰비키의 선동이 절정에 달했다. 페트로그라드에서는 노동자대표위원회가 7월 2일 총파업을 벌이겠다고 선언했다. 총파업은 실패했지만, 파업에 돌입한 공장도 많았다. 6월 20일 익명의 암살자가 공장 집회를 마치고 돌아오던 당 활동가이자 선동가, 열정적 언론인인 볼로다르스키를 권총으로 저격했다. 이 사건은 반(反)혁명이 도발한 최초의 정치적 암살이었다.

계급 국가, 계급 군대

러시아는 곡물뿐 아니라 무기도 필요했다. 빵과 군대가 없다면 공화국은 무너지고 말 터였다. 트로츠키는 "자원입대한 사람은 예상의 3분의 1에 지나지 않았다"고 말했다. 초창기의 적군은 그저 잠시 생계나 해결하고 무기나 얻어 가려는 미덥지 못한 사람들에게나 인기가 있었다. 그러나 혁명 지도자들이 확실히 깨닫고 있었듯이 현대전은 총력 동원을 전제하기 때문에 오로지 능력 있는 시민 집단만이 사회주의 러시아를 철저하게 방어할 수 있었다. 지도자들은 자원병 제도가 "대단히 어려운 상황에서 나온 일시적 타협"일 뿐이라고 생각했다. 4월 22일 소비에트 중앙집행위원회는 16세 이상 40세 이하의 모든 남성을 대상으로 보편적·의무적 군사훈련을 실시한다는 포고령을 발표했다. 16~18세의 청년들에게 예비 훈련이 실시됐다. 이 포고령에 따라 남성은 매주 12시간씩 8주 이상 군사교육을 받아야 했다. 집행위원회는 군사교육 실시와 동시에 적군 병사의 충성서약문도 승인했다.[50] "나는 피착취 인민의 아들로서 노동자·농민 군대의 군인이 됐다. 이에 나는 무기 다루는 법을 익히고, 무기와 탄약, 장비를 소중히 간수하고, 규율을 준수하며, 나와 동료의 인간적 존엄성을 옹호하고, 노동자 해방이라는 위대한 목적을 위해 내 모든 생각과 행동을 바치며, 소비에트 공화국과 사회주의, 모든 민족의 우애를 위한 투쟁에 내 모든 힘과 생을 바칠 것을 맹세한다. … 이 선서를 위반하면 처벌과 모욕을 달게 받겠다."

체코군이 이렇다 할 전투도 치르지 않고 공세를 승리로 이끈 것에서 공화국의 군사적 취약성이 드러난다. 체코군은 볼가강과 블라디보스토크 사이의 방대한 지역에 흩어져 있었기 때문에 어디에서도 사실 대단한 세력은 아니었다. 체코군이 강력해진 것은 오로지 상대편이 혼란과 군기 문란에 빠져 있었던 반면에, 자신들은 결집력과 규율이 있었기 때문이다. 시베리아 횡단철도 인근 지역과 첼랴빈스크 지방의 소비에트는 간섭군에게 효과적으로 저항한 적이 단 한번도 없었다. 몇몇 소비에트는 이웃 지역을 희생시킨 대가로 불가피한 투쟁마저 회피하려 했다. 이들은 내전의 심각성을 인정하지 않았다. 오히려 이들은 내전이 오해에서 비롯했거나 일시적 폭동에 불과하고, 결국은 잘 해결될 것이라고 믿었다. 일부 소비에트는 내전이 전쟁이라는, 특히 죽음을 무릅쓴 위험한 전쟁이라는 사실을 받아들이려 하지 않았다. 소비에트는 이미 9일 동안 아무 대책도 없이 적의 공격 준비를 수수방관한 데다 정작 체코군이 첼랴빈스크를 점령했을 때도 쓸데없는 생각으로 이틀을 낭비했고, 싸울 것을 제의했던 헝가리 포로에게 무기를 내주지도 않았고 자발적으로 뭉친 노동자 군대마저 무시해버렸다. 다른 소비에트들은 체코군과 협상을 벌여 휴전을 체결했다. 이런 일은 특히 시베리아 지방에서 심했다. 그 결과, 소비에트들은 자신의 정치적 우둔함을 통해 적의 활동을 도운 셈이 됐다. 트로츠키가, 무기를 버리려 하지 않는 체코군은 이유 여하를 막론하고 무조건 총살하라는 엄명을 내렸지만, 그 지시가 이행된 곳은 단 한 군데도 없었다. 너무나 값비싼 동정이 만연한 셈이다.

옛 군대의 몇몇 부대가 무질서한 상태로 러시아 전역에 퍼져 있었다. 누구든지 이들을 이용할 수 있었다. 적위대의 최정예 부대는 시베리아와 만주 국경 지방에서 아타만 세묘노프와 싸우고 있었고, 다른 부대는 백군 반도들과 싸우고 있었다. 10월 혁명이 11월과 12월에도 계속 승리할 수 있게 해준 혁명 대중의 자발성도 이제는 여러 이유로 주춤해진 상태였다.

최상의 혁명가들은 가장 먼저 선발돼서 지방 소비에트에서 빠져나갔다. 농촌은 승리감에 도취돼 긴장이 풀려 있었다. 궁핍한 생활과 위험 때문에 후방에 남아 있던 노동자들은 지친 기색이 완연했다. 후방에 있다는 사실 자체가 바로 그 노동자들의 후진성을 보여 주는 것이기도 했다. 농민층은 동요하고 있었다. 이제부터는 부족한 대중의 자발성을 강제와 조직화로 보충해야 했고, 끊임없이 말썽을 일으키는 게릴라 부대를 정규군으로 대체해야 했다.

군대를 혼란에서 이끌어내 군대다운 군대로 만드는 과제를 해결한 것은 트로츠키의 단호하고 지칠 줄 모르는 열정이었다. 혁명 자체 내에 도사린 무수한 저항을 극복해야 했다. 좌파 사회혁명당과 좌익공산주의자들은 하나같이 게릴라전을 지지했고 혁명 군대의 이론을 거부했으며, 전직 장교 고용에도 반대했다. 좌익공산주의자들은 "사실상 군대 안에서 전직 장교 집단이 형성되고 반동적 성향을 지닌 장군들이 군사령관에 임명된 것"을 비난하는 테제를 발표했다. 이들은 군지휘관 선출 원칙을 고집했다. 몇 개월도 안 돼 현실은 이들의 주장에 가차없는 실망을 안겨주었고, 자연히 이들의 반발은 사라질 수밖에 없었다.

노동계급 안에는 군지휘관이 없었다. 트로츠키는 "그렇다면 다른 계급을 위해 일해 온 사람들을 지휘관으로 임명하자"고 주장했다. 그러나 이들 장교와 장군들은 분명히 반혁명적 인사들이 아닌가? 그렇다. 그래서 명령 체계가 이중으로 수립됐다. 모든 장교 곁에는 정치위원들이 조언자 겸 정치적 안전판으로서 붙어 있을 것이다. 군대의 정치위원은 지휘관과 함께 보고를 받는다. 명령서에는 군지휘관과 정치위원이 함께 서명해야 한다. "이로써 명령이 반혁명 책동이 아님을 노동자와 농민에게 보증하는 셈이다." 모든 작전에 대한 책임은 지휘관에게만 있다. 특정 명령이 군사적으로 타당한 것인지를 평가하는 것은 정치위원의 임무가 아니다. 따라서 어떤 명령에 불만이 있더라도 정치위원이 취할 수 있는 조처는 해당 명령을 군사혁명위원회에 제출하는 것뿐이다(전쟁인민위원의 명령, 1918년 4월 6일).

장교들에게 적군 복무를 **강요**할 수 있는 조처가 취해졌다. "군대의 기생성을 일소해서", 예비군에 남아 있는 반혁명 세력을 제거해야 했다. 장교들은 인민의 희생을 바탕으로 훈련을 받아 왔다. 이제 장교가 인민에게 봉사하도록 해야 한다. 아타만 크라스노프의 군대에 가담해 돈 계곡을 불태우고 있는 사람들에게 보내는 호소문은, 즉시 항복하면 노동계급이 용서해 줄 뿐 아니라 **새로운 임용**도 약속하지만 그러지 않으면 사살될 것이라고 경고했다. 나아가 장교와 장군에게는 적절한 예우를 해 주겠다고도 밝혔다. "당면한 어려운 상황 속에서 일하기로 한 사람은 설령 보수주의자라고 할지라도 그런 예우를 받을 만하다. 왜냐하면 음모나 꾸미는 가짜 사회주의자들보다는 이들이 더 중요하기 때문이다." "이들 중에서 기대했던 것보다 훨씬 더 많은 훌륭한 사람들을 발견하게 될 것이다."[51] 멘셰비키는 소비에트 중앙집행위원회에서 보나파르트 체제의 유령을 상기시키고 싶어 안달이었다. "군대? 장군? 코르닐로프 같은 인간을 조심하시오. 나폴레옹을 기억하시오!" 그러자 트로츠키는 멘셰비키에게 자신만만하고 경멸적인 투로 날카롭게 퍼부었다. "코르닐로프라니? 코르닐로프를 만들고 키운 게 바로 당신들 아니오? 러시아가 계급 국가인 것처럼, 러시아 군대도 계급 군대가 될 것이오. 우리는 노동계급이 군대를 독점할 것이라고 확신하고 있소." 만약 붉은 군대의 장군들이 혁명사에 등장하는 옛날 장군들의 흉내나 내려고 한다면, 이들은 러시아의 법이 어떤 것인지를 알게 될 것이다. 게다가 단과 마르토프는 프랑스 역사를 인용했지만, 이런 인용은 경솔한 것이었다. 이들은 대규모 기계공업, 금융자본, 노동계급의 시대에는 보나파르트주의가 18세기 말에 저질렀던 잔인한 짓을 더는 저지를 수 없다는 것을 알고 있어야 했다.

그래도 군지휘관들 가운데 피슈그뤼가[52] 한 구실을 되풀이하려는 사람은 없다. 샤스트니 제독은 배반의 결과가 어떤 것인지를 잘 보여 준다. 그는 4월 말경 발트함대가 헬싱포르스에서 빙하에 막혀 독일군의 손아귀에 떨어질 위험에 처했을 때 발트함대를 안전하게 인도해서 유명해진 사람이었다. 그 뒤 샤스트니는 발트함대를 크론시타트로 향하게 했다. 그는 함대를 방어하되 적의 손에 떨어질 경우에 대비해 함대를 폭파시킬 준비도 하라는 명령을 내렸다. 제독은 함대 파괴 계획으로 은연중에 정부의 비난을 받게 되자 수병들 사이에 정부에 대한 불신을 조장했다. 기뢰 설치반의 일부 장교들은 '함대의 독재'라는 구호를 내걸었다. 트로츠키는 제독을 체포했다. 6월 20일 최고 혁명재판소에서 트로츠키는 "혁명의 시기에 점잖은 제독과 장군 양반들께서 나름대로 정치를 시작하실 때는 그 결과도 책임져야 한다는 점을 마음에 새겨 두셔야 했습니다. 샤스트니 제독은 승부에서 지셨습니다" 하고 비꼬았다. 제독은 처형당했다.[53]

제8장_ **7~8월의 위기**

　　1918년 7월과 8월 두 달은 혁명에 가장 중요한 시기였다. 1919년 7월 위기는 훨씬 오래되고 고통스럽기는 했지만, 계급 전쟁이라는 측면에서 1918년 7~8월의 위기처럼 폭발적이지 않았다. 독일 제국주의의 힘을 한껏 경험한 소비에트 공화국이 이제는 나라 한복판에서 연합국의 간섭 때문에 충격을 받고 있었다. 동맹국과 연합국이 소비에트에 대항해서 사실상 기괴

러시아 지도

한 동맹을 맺은 것이다. 그리고 바로 그때 루덴도르프는 솜므와 엔에서 파리를 향해 마지막으로 죽을 힘을 다해 공세를 감행하고 있었다. 또 이때 독일군은 돈 지역을 통치하는 아타만 크라스노프에게 무기와 탄약을 공급하고 있었으며, 연합군은 아타만 크라스노프를 지원하고 있었다.

지도를 보자. 핀란드 국경에서 핀란드·독일 군은 무르만스크선 철도를 위협했다. 연합군(영국군)은 북부에서 무르만스크, 켐, 오네가, 아르한겔스크, 셴쿠르스크의 해안을 점령했다. 북부전선은 거의 850마일에 걸쳐 있었다. 독일 국경은 핀란드만부터 우크라이나까지 350마일에 걸쳐 거의 수

러시아 서부

직으로 뻗어 있었다. 독일군은 프스코프와 민스크를 장악했고, 우크라이나 전역을 점령한 상태였다. 아타만 크라스노프는 로스토프 인근 카자흐족 영토를 반(反)혁명 국가로 바꿔 놓았다. 알렉세예프 장군이 이끈 백군은 쿠반을 거의 다 점령했다. 멘셰비키가 주도하는 그루지야는 이미 '독립국'이었다.

바쿠는 영국군을 불러들이고 있었다. 남부전선은 900마일 넘게 펼쳐 있었다. 두토프 장군이 이끈 카자흐군은 우랄 남부 오렌부르크 지방의 농촌을 통제했다. 체코군은 볼가 지역에서 카잔, 심비르스크와 사마라를 장악하고 쿠르스크와 보로네즈, 차리친을 위협하고 있었다. 소비에트 공화국은 사실상 15세기 모스크바 대공국의 영토로 줄어들었다. 연합국 대사들은

흑해와 카스피해

볼로그다에 있었다. 국내에서는 반혁명 세력이 야로슬라블을 점령했고, 리빈스크와 코스트로마, 무롬과 수도 근처의 니즈니노브고로드를 위협하고 있었다. 농촌 지역에서는 부농[쿨라크]이 봉기를 부추기고 있었다. 탐보프, 랴잔, 야로슬라블, 펜자는 반혁명 부농에게 휘둘리고 있었다. 우리는 뒤에서 모스크바와 페트로그라드에서 일어난 사건들을 자세히 살펴볼 것이다. 그 사건들도 대단히 중요하기 때문이다. 위험은 곳곳에 도사리고 있었다.

아래 표를 보면, 기근이 어느 정도였는지를 짐작할 수 있다. 식량 배급을 위해 대도시 주민들은 (1) 중노동 육체노동자 (2) 일반 육체노동자와 강도 높은 정신노동 종사자 (3) 정신노동자 (4) 무직자 등의 네 범주로 구분된다. 여기에 7월 3~4일과 8월 14~15일에 페트로그라드에서 각 범주에 속하는 사람들이 받은 배급량을 제시해 보겠다. 물론 이것은 하나의 사례일 뿐이다.

2일치 배급량

범주	7월 3~4일	8월 14~15일
중노동 육체노동자	빵 200g, 달걀 2개, 생선 400g	훈제청어 5마리, 빵 200g
일반 육체노동자와 강도 높은 정신노동 종사자	빵 100g, 달걀 2개, 생선 400g	훈제청어 5마리, 빵 100g
정신노동자	빵 100g, 생선 400g, 훈제청어 5마리	마른 야채 50g, 훈제청어 5마리

7월 2일 연합국은 무르만스크를 점령했다. 연합국의 공식 발표는 독일·핀란드 군의 음모에 맞서 항구에 저장된 무기, 탄약, 보급품을 보호하려고 무르만스크를 점령했다는 것이었다. 프랑스 군사사절단은 시베리아와 이탈리아 출신 전쟁 포로를 무장시켜 러시아 북부 지방으로 파병했다. 연합국은 여전히 소비에트에 대한 간섭을 머뭇거리고 있었다. 그러나

브레스트리토프스크 강화조약이 체결되고 나서 곧바로 서유럽이 강화조약을 "연합국의 대의에 대한 배반 행위"라고 비난하고, 뒤이어 독일이 프랑스 전선에서 대대적인 공세에 돌입하자, 서유럽에서는 간섭에 유리한 분위기가 조성됐다. 일반 대중의 신경도 날카로워졌다. 이들은 볼셰비키가 "독일 황제와 타협했다"는 전설 같은 이야기를 믿었다. 미군이 프랑스에 도착하자, 부족한 병력 문제가 해소됐고 러시아에서 군사작전을 신중하게 펼칠 수 있게 됐다. 게다가 유럽의 정치인들은 이제 볼셰비즘의 사회적 의미를 깨닫기 시작했다. 이 점을 가장 잘 알고 있던 사람들은 당연히 볼로그다에 피신해 있던 연합국 외교관들이었다. 앞에서 말했듯이, 미국 대사 프랜시스와 프랑스 대사 눌렁은 간섭을 강력히 지지했다. 영국 대리 대사 록하트는 드러내 놓고 이들을 지지했다. 러시아 주재 연합국 외교관들과 군사사절단은 이때 두 가지 목표를 추구하고 있었다. 하나는 소비에트 권력의 강화를 막는 것이었고, 다른 하나는 러시아 국내에서 반혁명을 성사시켜 적극적인 간섭이 시의적절하고 결정적인 승리의 기회를 제공할 수 있다는 점을 런던과 파리, 워싱턴 정부에 입증하는 것이었다.

시베리아에는 많은 반혁명 정부가 세워지고 있었다. 체코군이 시베리아 횡단철도의 전 구간을 지배하고 있었고, 일본은 블라디보스토크를 점령했다.

사건의 전개 과정을 알고 싶으면 이 러시아 지도들을 꼼꼼히 살펴봐야 한다.

지도자들

여기서 잠시 이 사건에서 주요 구실을 한 사람들을 살펴보자. 나중에 이들은 거인과 같은 모습으로 나타날 것이다. 사람들은 이들의 활동, 여러 사실, 역사적 날짜들에서 이들의 인간적 면모를 찾아내려고 애쓸 것이다. 그러나 지금 이 순간만큼은 이들의 위대함마저 우리에게 꽤 친숙하게 느껴진다. 그리고 우리도 이들을 소박한 사람들로 대할 뿐이다. 이들은 서로 철저하게 역할을 분담했고, 모든 사람들이 자신의 역할을 충실히 해 내고 있다.

블라디미르 일리치 울랴노프('N 레닌'은 비합법 상황에서 책을 출판하려고 오랫동안 쓴 가명이다)는 48세다. 레닌은 어깨가 아주 넓고 약간 뚱뚱한 보통 체구의 사람으로, 빠른 걸음걸이와 재치 있는 표정을 하고 있다. 광대뼈는 강렬한 인상을 주고, 코는 두툼하고, 툭 튀어나온 앞이마는 대머리 때문에 더욱 두드러져 보인다. 짧고 붉은 턱수염 때문에 얼굴이 길어 보이고, 파란 눈은 장난기로 초롱초롱 빛난다. 천재인 그의 겉모습은 평범하기 이를 데 없다. 웃을 때는 호방하고, 표정은 늘 밝고 따뜻하다. 다른 사람의 말을 들을 때 그는 손을 앞이마에 대고 이따금 주변을 날카롭게 주시하거나, 때로는 단호한 생각으로 표정을 굳힌 채 조금도 자세를 흐트리지 않고 시선을 집중시킨다. 그러나 보통 때 레닌의 표정은 마치 '그래, 바로 그거야!' 하고 말하는 듯한 동의나 야유의 뜻을 담은 즐겁고 환한 미소다. 연설할 때 그는 결코 자신의 태도를 우기지 않고, 또 과장된 표현을 싫어한다. 그는 완고한 말투로 힘을 실으면서도 상식에서 벗어나지 않는 치밀한 논증으로 설득하고 증명하는 데 열중한다. 무뚝뚝하고 서슴없이 움직이는 그의 손은 마치 논쟁을 체현하기라도 하는 듯하다. 웅변가와 평론가로서 레닌은 듣는 사람들에게 믿음을 주고 심지어 강요하기도 하는 듯한 인상 깊은 현실주의자다. 레닌은 자본가계급 출신이다. 스무 살 때 페테르부르크 대학에 입학한 후, 선동·선전 활동으로 가득 찬 삶을 살았다. 레닌은, 청년 테러리스트였다가 교수형 당한 형을 늘 마음속에 그리며 살았다. 그 뒤 레닌은 수감 생활 1년, 시베리아 유형 2년을 거쳐 뮌헨과 런던에서 망명 생활을 했다. 그 다음에도 당 건설, 끊임없는 논쟁과 투쟁, 연구와 이론 개발로 바쁜 나날을 보냈다. 1905년 혁명이 진행되는 동안 레닌은 러시아에서 비밀리에 활동하기도 했다. 그는 많은 국제대회에 참석했고, 전쟁이 계속되는 동안 제네바, 파리, 크라쿠프, 취리히에서 날마다 투쟁했다. 레닌은 15년 넘게 한결같이 당을 건설하고 혁명을 준비하려고 끊임없이 애썼다. 그는 영국, 스위스, 프랑스, 갈리치아에서 직업혁명가로서 똑같은 생활을 되풀이했다. 즉, 허름한 집에 살면서, 도서관에서 연구에 몰두하고 불법 신문과 잡지를 편집하고 회의에 참석했다. 그는 동지들과 늘 함께했고 차 모임을 자주 가졌으며 때로는 자전거 여행을 즐기기도 했다. 힘든 시기였지만, 레닌은 전혀 머뭇거리지도 의심을 품지도 않았다. 레닌은 4개 국어(러시아어, 영어, 독어, 불어)를 구사할 수 있고, 마르크스주의 사회학, 자본주의와 노동운동의 역사, 러시아 정치에 정통한 박식한 학자였다. 레닌은 당내에 퍼진 이상주의적 경향을 논박하려고 철학에 심취하기도 했다. 레닌은 혁명가로서 3개의 혁명을 경험했다. 행동과 사상, 말, 사생활과 정치적 사명의 일치는 레닌의 가장 중요한 성격상의 특징이다. 레닌은 바위 덩어리 같은 사람이다. 그의 인생 전체는 해야 할 일과 사명으로 꽉 짜인 끊임없는 긴장의 연속이었다. 그런 사명은 노동계급의 사명과 밀접히 결합돼 있었다. 당의 창건자이자 혁명 지도자로서 레닌이 지닌 특권은 엄청난 것이다. 그렇지만 인민은 레닌이 창건한 당내에서 거리낌 없이 레닌에 맞섰고, 레닌도 이것을 바라마지 않았다. 레닌의 실용적 견해는 때때로 인정사정없을 때도 있었지만 그는 결코 부정한 짓은 저지르지 않았다. 지금 레닌은 당과 정부의 수반이다. 그는 진로를 구상하고 목적지를 정한다. 레닌은 혁명의 두뇌. 사둘의 말을 빌리면, "레닌은 믿을 수 없을 만큼 정확하고 강력한 분석 체계를 지닌 탁월한 사고 기관이다. 그 기관은 위대한 혁명운동의 원동기가 됐고, 전체의 필수적 일부로서 기가 막히게 적응했다."[1]

레온 다비도비치 트로츠키(본명은 브론슈타인)는 레닌이 자신보다 뛰어나다는 점을 기꺼이 인정했지만(이런 인정이 특별히 중요한 것은 아니다), 그럼에도 흔히 레닌과 대등한 인물로 묘사된다.[2] 7차 당대회에서 두 지도자는 동수의 표를 얻어 중앙위원으로 선출됐다. 트로츠키는 39세다. 여윈 체구지만 어깨가 넓고, 군인 같은 태도와 절제돼 있으면서도 자연스러운 기품이 있다. 얼굴은 긴 편이고, 앞이마가 튀어나왔으며, 머리는 숱이 많은 곱슬이다. 푸른 눈은 찌를 듯 날카롭고 생기가 넘치며 코안경알 너머로 늘 무엇인가를 찾는 듯 예리하게 반짝인다. 얼굴의 윤곽선은 날카롭고, 입은 큰 편인데 뚜렷한 입술선은 그의 성격이 확고함을, 때로는 또 다른 특징이라고 할 수 있는 완고함을 두드러지게 한다. 턱수염이 적어서, 강인하고 섬세한 얼굴이 더 뚜렷하게 드러난다. 이런 얼굴 덕분에 그는 폐쇄적이고 뭔가 거리감을 주는 개성의 소유자처럼 보이지만, 상냥한 면도 있다. 그의 몸놀림은 말투만큼이나 권위주의적이다. 연설할 때 그는 놀랄 만큼 강한 목소리로 말하는데, 그 목소리는 연단에서 멀리 떨어진 곳에서도 알아들을 수 있을 정도다. 그의 연설은 간결하고 날카롭고 신랄한 내용으로 가득 차 있고, 처음부터 끝까지 확신에 찬 명확한 논조로 일관한다. 한 마디 한 마디가 대단히 정확하고 형식도 흠잡을 곳이 없다. 그의 냉혹하고 도도하며 정확한 풍자는 단번에 상대방을 압도한다. 그의 총명함, 응축된 지혜, 굳은 의지는 서사시 같은 명료한 언어로 위대함, 힘, 필요성을 전달하여 군중을 압도한다. 저널리스트 같은 그의 어조는 본질과 형식의 놀라운 융합 덕분에 마치 웅변가의 연설을 듣는 듯하다.

트로츠키의 일생은 다음과 같다. 그는 유대계 부르주아 집안 출신으로 1879년에 헤르손 주에서 태어났고, 17세 이후 혁명적 성향을 나타내기 시작했다. 18~19세 때 니콜라예프에서 남부러시아노동자연맹 회원으로(당연히 비합법으로) 활동했다. 2년간 수감 생활을 했고(그는 교도소에서 마르크스주의를 배웠다), 그 뒤 다시 2년 동안 우스트-쿠트(시베리아)에 유배됐다가 탈출해서 망명 생활을 했다. 빈, 취리히, 파리, 런던에서 활동했고, 1903년에 〈이스크라〉 편집부에서 일했는데 이때 처음으로 레닌과 협력하게 된다. 1903년 사회민주당이 분열하고 나서 트로츠키는 조직 문제에 관한 이견 때문에 레닌과 헤어졌고, 잠시 소수 반대파(멘셰비키)에 가담했다. 그러나 멘셰비키가 자유주의자와의 협력을 지지한다는 사실이 드러나자 트로츠키는 곧바로 멘셰비키와 결별하고 두 분파의 외부에 남았으며, 이때 그는 어느 정도 볼셰비키 좌파 성향을 유지했다. 1905년 혁명 때 트로츠키는 비합법적으로 러시아로 돌아왔다. 이때부터 트로츠키는 모든 기회주의에 대한 반대자로서, 또한 프롤레타리아독재와 사회주의 혁명 지지자로서 볼셰비키와 제휴하게 된다. 그는 페트로그라드 소비에트 의장으로 선출됐으나, 12월 3일 소비에트와 함께 체포됐다. 감옥에서 이론과 역사 연구에 몰두했고, 그 뒤 북극의 오비 강변에 있는 오브도르스크로 추방당했다. 유형지에서 탈출한 뒤 해외로 갔다. 트로츠키는 빈에서 독일과 오스트리아의 사회주의자들과 함께 일했고, 이오페와 함께 〈프라우다〉를 편집했다. 발칸전쟁이 일어나자 트로츠키는 종군기자로 활약했다. 그는 1914년 오스트리아에서 추방당했다. 제1차세계대전이 진행되는 동안 트로츠키는 독일에서 국제주의자로 활동했는데, 이 때문에 많은 비난을 받았다. 트로츠키는 파리에서 〈나셰 슬로보〉를 편집했고 프랑스 아나키스트들과 함께 〈비 우브리에르〉를 펴냈다. 그러다가 1916년 프랑스에서 추방당했다. 그는 스페인에서도 추방당하고 나서, 뉴욕으로 건너가 혁명적 신문을 발행하던 신문사에서 일했다. 러시아에서 혁명이 일어나자 곧바로 러시아로 떠났는데, 도중에 캐나다에서 억류당했다. 이때부터 트로츠키는 볼셰비키와 비슷한 혁명관을 지니게 됐다. 페트로그라드로 돌아온 트로츠키는 7월 사태 뒤 케렌스키 교도소에 한동안 억류되기도 했다. 그는 이런 투쟁과 투쟁 과정에서 한 연구를 통해 유럽의 문화를 터득한 이론가로 성장했고, 4개 국어를 구사할 수 있게 됐다. 10월 혁명을 탄생시킨 주요 활동가인 트로츠키는 이제 소비에트 공화국을 방어하는 임무를 맡고 있다. 그는 전쟁터로 뛰어들어 칼을 갈았으며, 모든 전선에서 임무를 수행했다. 혁명기의 강렬한 표현을 쓰자면, 그는 살아남고자 하는 혁명의 의지를 체현하고 있는 셈이다.

레닌과 트로츠키의 공통점은 시간 엄수, 시간과 재원의 절약, 규율, 동지들 사이의 책임과 주도력에 기초한 활동 방식이다. 두 사람은 타고난 조직가였고, 꾸준히 조직가 집단을 길러냈다.

대외적 방어는 국내 방어로 보완돼야 한다. 당이 끊임없이 음모를 들춰내고 노동계급을 위해 일하는 어려운 사명을 맡긴 사람은 경계와 신중함, 테러의 화신과도 같았던 펠릭스 에드문도비치 제르진스키였다. 제르진스키는 키가 크고 말랐으며, 뼈가 앙상한 얼굴에 눈매는 날카로웠다. 제르진스키의 불구대천의 원수들(제르진스키와 적대 세력 사이의 투쟁은 그야말로 죽기 아니면 살기 식으로 진행됐기 때문에 그에게 적은 모두 불구대천의 원수일 수밖에 없었다)조차 그의 수도사 같은 정직성과 흔들리지 않는 냉정함, 놀라운 업무 수행 능력을 칭찬했다. 제르진스키는 41세로, 부르주아 출신 폴란드인이다. 그는 18세 때부터 마르크스주의 혁명가로 활동했다. 다섯 차례 감옥에 갇혔고, 세 번 유배당하고 탈출한 경험이 있으며, 1912~14년에는 10년 강제노동형을 선고받아 복역하기도 했다. 5년 동안 정치범으로 투옥됐다가 차르 체제가 무너지자 풀려났고, 그 뒤 1917년 봉기를 성사시킨 페트로그라드 군사혁명위원회 위원으로 일했다. 체카가 창설된 뒤로 제르진스키는 줄곧 의장직을 맡았다. 그는 참 신념이 강한 사람이었다. 청년기가 지나고 나서 그는 시인과도 같은 열정으로 인간과 삶을 변화시키는 데 자신의 생을 바쳤다. 그의 《옥중수고》는 심오한 이상주의로 가득 찬 글이다. 카를 라데크는 "제르진스키는 우리가 상상할 수 있는 가장 고매한 인류애의 소유자였다. 그리고 그가 혁명의 칼을 그토록 무자비하게 휘두를 수 있었던 것은 만약 조금이라도 나약해지면 대중에게 치명적 결과를 초래할 것이라는 굳은 신념이 있었기 때문"이라고 말했다.[3]

야코프 미하일로비치 스베르들로프는 키가 크고 지적인 사람이지만, 레닌에 가려 빛을 보지 못할 때가 많았다. 스베르들로프에 대해선 이미 서술한 바 있다.[4] 스베르들로프는 당과 공화국의 특명을 받아 활동했으며, 공화국 헌법을 만들었다.

그리고리 예브세예치 지노비예프(라도미슬스키)는 1907년 이래 레닌과 같이 일해 온 이론가이자 대중 활동가, 연설가다. 지노비예프는 공화국의 가장 선진적인 도시이면서 아울러 적의 위협을 가장 많이 받는 최일선 거점인 페트로그라드를 방어하고 있었다. 그는 북부코뮌 집행위원회 의장으로서 굶주리고 콜레라가 창궐하며, 기습 공격에 노출된 거대한 노동자 도시를 다스리고 있었다. 그의 동료인 봉제공 볼로다르스키는 미국에서 돌아온 뒤 연설가이자 작가로서도 열심히 활동했으나, 얼마 전에 이름이 밝혀지지 않은 집단에게 암살당했다. 나중에 암살을 모의한 사람이 볼셰비키 편으로 넘어오면서 암살이 우파 사회혁명당의 짓으로 판명났다. 지노비예프는 헝클어진 머리와 너무 부드러워 야무진 흔적이라고는 한 군데도 없는 얼굴, 절제된 태도, 세련된 몸가짐, 깊고 날카로울 때도 있지만 언제나 듣기 좋은 목소리를 지닌 인물이었다. 그러나 지노비예프는 말할 때는 꽤 차가운 용어들을 사용하는 바람에, 이 옛 수도의 공장들에서 일하는 노동계급의 불평과 분노를 샀고, 이를 무마시켜야 하는 경우가 많았다. 이들은 자신의 정예 요원들을 전선으로 내보낸 터였고, 또 굶주림 때문에 죽어가고 있었다.[5]

여기서 무대 위에서는 전혀 볼 수 없었던 한 사람을 이야기해야 할 것 같다. 바로 베를린 주재 소비에트 대사로 빌헬름 2세에게 파견됐던 아돌프 아브라모비치 이오페 박사다. 그의 임무는 대단히 미묘해서 때로는 자신을 잘 드러내지 않고 아주 신중하게 처신해야 했고 한편으로는 대단히 중요해서 특출한 기술도 있어야 했다. 지금 독일 제국의 기초가 흔들리고 있으며, 체제가 삐걱거리는 소리를 들을 수 있을 정도다. 독일 제국주의의 붕괴는 러시아혁명의 구원이 될 것이고, 나아가 유럽에서 혁명적 폭발의 신호탄이 될지 모른다. 전쟁이 진행되는 동안 베를린의 자기 집 위에 적기를 게양한 최초의 볼셰비키 대사 이오페는 한편으로는 적대적 상황의 재발을 막으면서도, 다른 한편으로는 독일혁명을 준비하는 상반되는 사명을 지니고 있었다. 그의 집은 어떤 스파르타쿠스단원의 집보다 더 엄중하게 감시받았다. 그래서 그보다 더 외관에 신경을 쓰는 사람도 없었다. 그러나 지금 그의 사명은 완수돼 가고 있다.

이오페 박사는 35세로, 앞이마가 넓고 전형적인 유대인의 외모를 지니고 있다. 입술의 선은 또렷하며, 긴 턱수염을 기르고 있다. 베를린에서 교육받은, 학식이 풍부하고 업무 추진 능력도 탁월한 이오페는, 아주 신중한 태도를 지니고 있었다. 그는 자신의 고향 크림반도에서 16세에 이미 사회민주주의자가 됐다. 독일에서 의학을 공부했고, 뷜로우 총리에 의해 1907년 추방됐다. 그는 여러 차례 투옥된 경험이 있고, 캅카스에서 비합법 서적을 유포하기도 했다. 또한 전함 포템킨호 출신의 어떤 동지가 세바스토폴을 탈출하는 일을 맡아 처리하기도 했다. 반동기에 이오페는 러시아에서 수많은 비밀 임무를 수행했다. 그 뒤 중노동형을 선고받고 4년 동안 토볼스크 주로 추방당했다가, 곧바로 혁명에 참여했다. 혁명을 거치고 나서 러시아는 독일 황제의 궁정에 훌륭한 대표를 파견했다. 독일에 파견된 최초의 볼셰비키 대사는 혁명가 외교관으로서 오랫동안 자신의 직무를 훌륭하게 수행했다. 이오페는 에스토니아, 리투아니아, 라트비아, 폴란드(1920~21년)와의 평화 협상 주역으로 활동했다. 그는 중국에서 소비에트 대표로 활약하면서 쑨원(孫文)을 친(親)소비에트 성향으로 돌려놓기도 했다. 그 뒤에는 도쿄와 빈에서(1925년) 소비에트 대표로 활동했다. 이오페는 불치병으로 1927년 모스크바에서 생을 마감했다. 그러나 그는 마지막 죽는 순간까지도 자신이 공산당 내 반대파와 견해를 같이한다고 선언했다.

중요한 사람이면서도 이 책에는 나오지 않은 또 다른 위대한 인물이 있다. 지금까지 우리는 우크라이나에서 전개된 혁명의 운명을 일부러 무시한 채 혁명의 핵심 지역을 집중적으로 살펴보았다. 그런데 볼셰비키는 농민 봉기의 도움을 받아, 독일 점령군에 의지하는 스코로파츠키 독재에 맞서 풍부한 곡창지대를 얻으려고 투쟁했다. 키예프에서 볼셰비키를 대표하는 사람은 크리스티엔 라코프스키였다. 이때 라코프스키는 우크라이나와 소비에트 공화국 사이의 평화를 위해 협상을 벌이고 있었다. 라코프스키는 실제로 관찰하고 기다리며, 투쟁하고 준비했다. 그는 나중에 몇 년 동안 우크라이나 소비에트 정부를 통치하게 된다. 이 정부는 4년여 동안 대략 15번의 침략과 반혁명 세력의 무장 탈환을 겪으며 황폐해진 우크라이나에서 노동계급 혁명의 정신적 지주라고 할 수 있는 존재였다. 지금 장년기를 맞은 크리스티엔 라코프스키는 유럽의 노련한 사회주의자 축에 드는 사람으로 국제대회에도 오랫동안 참여해 왔다. 그는 파리에 오랫동안 체류해 프랑스인처럼 살고 있었으나, 러시아인들과 계속 접촉한 덕분에 러시아화했다. 불가리아에서 출생했고 루마니아 국적을 가진 라코프스키는 불가리아 역사에, 그리고 최근에는 루마니아의 연대기에도 그 이름이 나온다. 전쟁 전, 그리고 전쟁 중에도 혁명적 국제주의 태도를 견지한 라코프스키는 발칸사회주의연방이라는 구상을 지지했다. 그는 여러 번 기소돼 재판받은 경험이 있다. 그는 부쿠레슈티에서 정권의 불구대천 원수로 두려움의 대상이었고, 늘 암살자의 추격을 받았다. 라코프스키는 노동절에 이아시의 감옥에서 풀려났다. 러시아 병사들은 그를 위해 감옥 문을 열어 주고 열렬히 환영했다. 라코프스키는 즉시 오데사에 최초의 루마니아 공화국 혁명정부를 세웠다. 유연하고 날씬하며, 라틴계 외모와 기질을 가진 라코프스키는 잘생긴 대머리 신사였다. 신랄한 언변으로 유명한 이 민중의 지도자는 확고한 혁명적 진설성과 한없이 미묘한 서구의 지성이 잘 어우러진 사람이었다.[6]

당과 당원들

당에는 이들과 같은 최고위급의 위대한 인물 말고도 수많은 사람들이 있다. 이들은 지도자들이 죽으면 그들을 대신할 것이다. 이들도 정력적이고 강하며, 나름대로 특출한 능력이 있다. 혁명은 풍부한 인력을 자랑한다. 왜냐하면 혁명을 통해 그동안 잠자고 있던 활력과 젊음으로 충만한 다양한 사회계층 출신의 무수한 대중이 창조적 활동에 눈을 뜨기 때문이다. 이런 일반 당원들은 수도 많고 또 주목받을 만큼 뛰어난 자질도 있다. 그중 많은 사람들은 자신들에게 새로운 능력을 일깨워 줄 사건을 절실히 바란다. 물론 지금까지 이뤄진 지도자의 선택 가운데 자의적이거나 불공정한 것은 하나도 없다. 몇 년 뒤면 우리도 이런 식의 올바른 선택을 할 수 있을 것이다. 이런 공정한 선택은 특정 대회에서 순간적 충동의 결과나 유권자의 투표 덕분이 아니다. 이것은 20년 동안 혁명을 준비해 왔고, 18개월 동안 혼란을 경험한 덕분에 나온 것이다.

그러나 이들도 당의 위대성과 힘을 통해서만 자신의 위대성과 힘을 발휘한다. 그리고 당 자체의 힘은 사회에서 대중과 계급이 발휘하는 힘에서 나온다. 여기서 개인이 역사에서 하는 구실 문제를 심도 있게 다루지는 않겠다. 여러 계급과 대중, 당은 특정 개인이라는 대리인을 통해 활동한다. 따라서 어떤 사람을 선택했는지에 따라 이들이 승리할 만한 자격이 있는지 아닌지가 정확히 검증된다. 만약 레닌과 트로츠키가 1917년 9월에 암살당했다면, 혁명이 승리할 수 있는 기회는 엄청나게 줄어들지 않았을까? 만약 1918년 7~8월과 같은 중요한 시기에 레닌과 트로츠키가 없었다면, 바다 한가운데서 폭풍우를 만나 난파한 배에, 온갖 능력을 동원해 최대한 안전을 도모하는 경험 많은 선장이 없는 것이나 마찬가지 아니었겠는가? 레닌은 바로 이런 불확실성 때문에 고통받았다. 그는 언젠가 트로츠키에게 "백군이 당신과 나를 죽이면 부하린과 스베르들로프가 모든 일을 제대로 해낼 수 있을까?" 하고 말했다. 기업 경영에서 흔히 쓰이는 **적재적소**라는 영국 격언은 계급투쟁에 적용될 때 훨씬 더 잘 맞는다. 차르 정권이나 러시아 자본가계급은 자신들에게 필요한 사람을 찾아내지 못하거나 찾더라도 적절하게 쓸 수 없었던 반면에, 노동계급이 단번에 필요한 사람을 발견했다는 사실은 참으로 의미심장하다. 이와 마찬가지로, 전 세계에서 자본가계급이 어쩔 수 없이 자신의 정치 지도자와 행정 담당자를 노동계급에서는 아니더라도 적어도 사회주의 운동에서 빌릴 수밖에 없었다는 점도 중요하다. 게다가 그런 경우는 점점 더 늘어나고 있다.

앞에서 레닌이 개인의 권위가 유익한 구실을 한다는 것을 강조하면서 개인의 독재와 프롤레타리아독재가 양립할 수 있다고 말했다고 서술한 바 있다. 지금 혁명 계급의 무한한 힘이 우리 앞에 나타나고 있다. 간단히 말해, 이것은 이미 형성된 반혁명 계급의 힘을 넘어서기 위해 갈 길을 제시하고, 한 곳으로 결집하고, 지도하고, 조직해야 하는 원초적 힘이다. 효율적으로 조직되고 교육받은 사회계급은 비록 자신들보다 힘은 셀지 몰라도 조직과 방향성이 없는 다른 계급들에게 자신의 의지를 강요할 수 있을 것이다. 이 점은 사람만 바글대는 폭도와 소규모 군대의 차이와 같다. 당은 노동자·농민 대중 사이에서 조직의 효모로 활동한다. 이런 활동에서 당의 기능은 다양해진다. 당은 대중의 가장 보편적이고 기본적인 열망을 표현하며, 대중의 행동에 의식을 불어넣는다. 당은 자신이 대표하는 계급들 가운데 가장 활동적인 인자들을 끌어들이고 동원하며, 그중에서 일할 사람을 선발하고 가르친다. 당은 대규모 집회와 대회, 회의나 일상 토론 등을 매개로 지도자와 대중 사이에 지속적인 접촉과 의견 교환의 틀을 마련한다. 마지막으로, 당은 노동계급 안에서 선진 의식을 지닌 사람들이 후진적 의식을 보이는 계층보다 우월하다는 사실을, 또 지혜와 수준 높은 자질이 낯선 영향이나 구래의 악습, 차원 낮은 자질보다 우월하다는 것을 확증해 준다.

제5차 소비에트 대회

7월 1일 영국·프랑스 원정군이 무르만스크에 상륙했다. 7월 2일에는 백군이 오렌부르크에 진입했고, 3일에는 체코군이 우파를 공격했다. 7월 4일에는 제5차 전 러시아 소비에트 대회가 열렸다.

대회에 참석한 대의원은 1164명이었다. 이 가운데 773명은 공산주의자였고, 353명이 좌파 사회혁명당, 17명이 과격파 사회혁명당, 10명이 무소속, 4명이 아나키스트, 4명이 국제사회민주주의자, 3명이 소수민족 대표였다. 전쟁인민위원 트로츠키의 긴급 선언으로 회의가 시작됐다. 곧 정치 투쟁이 격렬하게 벌어졌다. 독일군에 점령당한 우크라이나 국경에 인접한 쿠르스크 지방에서는 적군 병사들 사이에 불안한 기운이 감돌고 있었다. 적군 병사들은 독일군과 싸우기를 바랐다. 몇몇 부대는 공격을 요구하고 있었다. 정치위원 한 명이 살해되고, 연대의 지휘관 한 명도 부상당했다. 유격부대원들이 우크라이나 영토로 잠입하는 일이 자주 일어났다. 우크라이나에서는 열광적인 전쟁 지지자들이 평화사절단 단장인 라코프스키를 수류탄으로 위협한 일도 있었다. 이 모든 행위는 중단돼야 했다. 트로츠키는 "이런 혼란을 조장하는 적의 스파이를 총살하라고 명령했다. 대회가 이 조처를 승인해 줄 것을 요청한다"고 말했다. 대회장에는 함성이 메아리쳤다. 좌파 사회혁명당은 "도살자! 케렌스키!" 하고 외쳤다. 이들의 지도자였던 캄코프는 연단에서 공개적으로 "러시아의 혁명가들이 우크라이나에 있는 형제들을 지원하게 해 줄 광범하고 건강한 운동"을 건설하자고 주장했다. 전쟁을 기정사실로 만들고자 혈안이 된 유격부대원들에 대한 이런 노골적인 지지는 격렬한 반발을 불러일으켰다. 그러자 좌파 사회혁명당은 발작이라도 하듯 "우리에게 발언권을 달라, 당신들 면전에서 우리를 총살시켜라!" 하고 외치기 시작했다. 지노비예프는 트로츠키의 제안을 지지했고, 그의 제안은 3분의 2에 이르는 다수의 지지를 받아 통과됐다. 트로츠키의 제안은 "공화국의 안전이 최상의 법이다. 이에 반대하는 자들은 모든 권리를 박탈당할 것"이라고 천명했다. 사회혁명당은 항의하며 회의장을 떠났다가 다시 돌아왔고, 투쟁은 더욱 난폭하게 재개됐다.

마리아 스피리도노바가[7] 신경질이라도 내듯이 볼셰비키를 신랄하게 비판했다. 그녀는 볼셰비키가 우크라이나를 희생시키고 배반했다고 말했다. 또한 "볼셰비키 강탈자들"이 농민층을 파괴하고 금을 가득 실은 비밀 열차를 독일군에 보내고 독일의 노예가 돼 버렸다며 비난했다. 레닌은 머리를 흔들며 마리아 스피리도노바의 말을 듣고 있었다. 레닌의 반박은 방해를 받아 가끔씩 중단되긴 했으나, 당연한 사실을 언급한 아주 상식적인 것이었다. "가장 신실한 대표들을 이런 거짓과 실수의 진흙탕 속에서 뒹굴도록 몰고 간 당은 죽은 당이다."[8] 브레스트리토프스크 조약을 파기하는 것은 농민들의 목을 대지주들의 올가미 속으로 처넣는 것을 뜻한다. 중요한 것은 시간을 버는 것이다. 공화국은 점점 더 강해지고 있으며, 반면에 우리의 적인 제국주의는 힘을 잃어가고 있다. 내전은 사회주의에 꼭 필요한 것이지만, 각 정당은 굶주린 개인의 관점이 아니라 사회주의적 관점에 기초해야 한다. 좌파 사회혁명당은 농민과 우리를 대립시키고 있다.

우리를 내팽개친 사회주의자들을 상대로 무자비한 전쟁을 벌여야 한다. 그 몇몇 사람들이 모든 곡물을 매점하고 있는 동안 나머지 사람들은 굶어죽고 있기 때문이다! 우리는 어떤 형태의 싸움이든 결코 물러서지 않을 것이다. 우리는 모든 것을 국가의 감시 하에 놓을 것이고, 필요하다면 모든 것을 국유화할 것이다. 곡물을 독점하고 세금을 부과할 때, 최고가격을 정하고 공산품 가격을 빈농을 위해서는 50퍼센트를, 또한 중농을 위해서는 25퍼센트 인하할 때, 그때 우리는 모든 문제를 실질적으로 풀 수 있을 것이다.

그러나 7월 6일 새벽 4시경, 대립되는 견해로 논쟁의 분위기가 후끈 달아올라 있던 바로 그 순간에 모스크바 주재 독일대사 미르바흐 백작이 대사관에서 체카 요원인 좌파 사회혁명당 테러리스트에게 암살당했다는 소식이 전달됐다. 볼쇼이 극장에서 진행되고 있던 대회는 즉시 회의를 중단하고, 좌파 사회혁명당 대표단을 억류했다. 좌파 사회혁명당 대표단은 한편으로는 자신들이 계획해 온 봉기가 일어나 석방될 것을 기대하면서, 다른 한편으로는 '독일 스파이'인 볼셰비키에게 학살당할까 봐 몹시 불안해하면서 밤을 지새웠다.

미르바흐 백작 암살: 좌파 사회혁명당의 봉기

7월 6일 새벽 3시경 체카 요원 두 명이 자동차로 독일 대사관에 도착했다. 그들은 미르바흐 중위라는 무명의 전쟁 포로 관련 자료를 가져 왔다고 했다. 대사와 비서, 두 명의 방문객은 갈색과 분홍색 실크 벽걸이로 장식된 응접실에 함께 앉아 있었다. 방문객 가운데 한 사람인 블룸킨은 "여기 서류가 하나 있는데 … " 하고 말하면서 재빨리 서류 가방을 열고 브라우닝 자동소총을 꺼내 미르바흐 백작을 쏘았다. 부상당한 대사는 옆방 응접실로 뛰어갔으나 거기서 쓰러지고 말았다. 테러범들은 곧바로 뒤따라가, 한 명이 대사에게 수류탄을 던졌으나 터지지 않았다. 다른 한 명(블류킨)이 수류탄을 집어 들어 발밑에 쓰러져 있는 대사에게 다시 세게 던졌다. 대사는 무참히 살해당했다. 수류탄이 터지면서 테러범도 창문 밖으로 튕겨 나갔다. 장교 한 명이 그에게 총을 쏘았지만 동료가 그를 차 속으로 끌어들였다. 테러범들은 멀리 달아났다. 추격은 없었다.[9]

제르진스키는 좌파 사회혁명당 중앙위원회에 들렀다가 암살에 대한 모든 책임이 사회혁명당에 있다는 사실을 알게 됐지만, 포로로 붙잡히고 말았다. 포포프가 지휘하는 체카 특수부대가 좌파 사회혁명당의 핵심 병력이었다. 이들은 그날 저녁에 도시의 여러 지점에서 공격을 감행했다. 기습 공격으로 중앙우체국을 장악하고, 서둘러 모든 지역으로 전보를 타전해 인민위원회의 결정을 모두 무효화하고, "이제부터 사회혁명당이 유일한 집권당"이라고 선언했다. 좌파 사회혁명당은 "인민은 독일과의 전쟁을 원한다!"고 선언했다. 그동안 주민들은 무관심하게 또는 적개심마저 품고 거리에서 전개되는 군사작전을 지켜보고 있었다. 좌파 사회혁명당은 8백에서 2천 명 정도의 병력과 약 60문의 기관총, 6문의 야포, 3대의 장갑차를 보유하고 있었다. 일부 아나키스트들과 흑해 주둔 수병부대가 좌파 사회혁명당에 합류했다. 좌파 사회혁명당은 거사 직전까지도 볼셰비키의 권력을 강제로 탈취한다는 계획을 자신의 빨치산 부대에 알리지 않았고, 그래서 병사들은 혼란에 빠지고 사기가 꺾여서 순식간에 마비됐다. 좌파 사회혁명당의 전략은 기껏해야 크렘린에서 대포 몇 번 발사하는 것으로 끝났다. 볼셰비키는 옛 군대 가운데 활용 가능한 라트비아인 소총부대와 헝가리 출신 전쟁 포로들로 구성된 국제여단을 동원했다. 소총부대 지휘관은 바체티스라는 장교로[10] 당원은 아니지만 충성심이 남달랐다. 국제여단은 벨러 쿤이라는 공산당원이 이끌고 있었다. 지역사령관 무랄로프도 신생 적군 가운데 동원 가능한 일부 부대 병력을 보유하고 있었다. 1917년 동궁을 점령했던 안토노프–오프세옌코와 포드보이스키가 이 부대를 지휘했다.

다음날 정오쯤 봉기가 진압됐다. 좌파 사회혁명당 중앙위원회의 사령부에 포탄 몇 발이 발사되자 폭도들은 도망쳐 버렸다. 약 300명이 체포됐고, 몇 명은 처형됐다. 그중에는 알렉산드로비치도 있었다. 그는 1917년의 모든 사건에 참가해 활약했고, 평판이 좋고 뛰어난 젊은 투사였다. 그는 체카 의장인 제르진스키의 보좌관이었으나, 자신이 소속된 당인 좌파 사회혁명당의 훈령에 따라 봉기를 준비하기 위해 상관과 동료들을 속일 수밖에 없었다. 그는 용감하게 죽었다. 그의 죽음은 직무 위반의 대가로 받은 형벌 이상의 의미가 있었다. 그의 죽음은 독일과의 강화를 위해 치른 보상금인 셈이다.

소비에트 동맹의 붕괴

좌파 사회혁명당은 자멸했다. 이들은 무엇을 추구하고 있었을까? 좌파 사회혁명당 대변인은 5차 소비에트 대회에서 자신들의 목표가 "러시아혁명과 국제혁명에 치명적인 브레스트리토프스크 강화조약을 혁명적으로 파기하고, 독일 노동자와의 연대"를 추구하고, 소비에트 정부의 농민 정책을 수정하는 것 등이라고 밝혔다. 좌파 사회혁명당은 "억압받는 농민들"의 이익을 대변한다고 자처했다.

마지막 항목은 제법 중요한 것이다. 6월 중순 소비에트 중앙집행위원회에서 빈농위원회에 관한 논쟁이 벌어졌다. 레닌은 찬성 발언을 한 반면, 마르토프는 신랄하게 비판했다. 좌파 사회혁명당도 격렬하게 자신들의 견해를 토로했다. 좌파 사회혁명당은 농촌의 쿨라크에 맞서 내전을 벌여야 한다는 데는 동의하지만, 빈농과 노동자, 반(半)노동자 대중의 지지를 끌어내려는 노력의 일환으로 빈농과 중농을 차별하려는 시도는 어리석은 것이라고 말했다. 빈농이 아니라 "농촌에서 가장 확실하게 사회주의 혁명을 지지할" 중농에 의존해야 한다는 것이었다.[11] 좌파 사회혁명당은 "가장 빈곤한 농민층"이라는 레닌의 정식에 반대하고 "노동하는 농민층"이라는 용어로 대체하기를 바랐다. 다시 말해, 볼셰비키는 농촌 정책의 기반을 농촌 노동계급의 힘과 이익에 둔 반면에, 좌파 사회혁명당은 쿨라크와 투쟁하는 데 끌어들이기를 바랐던 농촌 프티부르주아 계급(중농 대중)의 이익을 옹호했다는 것이다. 따라서 식량 공급 문제를 놓고 좌파 사회혁명당과 볼셰비키는 의견이 다를 수밖에 없었다. 볼셰비키가 무질서, 만연한 지역적·개인적 이기주의와 싸우기 위해 중앙집권화를 계획했다면, 좌파 사회혁명당은 대부분 중농의 통제를 받는 농촌 소비에트에 독자성과 권위, 통제권을 최대한 위임하려 했던 것이다.[12]

이런 견해 차이는 빈농위원회에 대한 공산품 공급과 관련된 포고령을 논의하면서 더욱 첨예하고 분명하게 표출됐다. 카렐린은 이 포고령이 노동하는 농민, 즉 중농의 이익을 침해하는 것이라고 선언했다. 불모지대 주민들과 곡창지대 주민들을 대립시킨, 이 포고령은 지방 소비에트를 위협하는 관료적 독재의 일부일 뿐이라는 것이었다. 노동하는 농민의 소비에트와 빈농위원회를 대립시킨 것은 범죄라는 주장이었다.[13]

이런 사실을 감안하면, 좌파 사회혁명당을 중농의 당이라고 할 수 있을 것이다. 따라서 좌파 사회혁명당의 우유부단함과[14] 아나키즘 경향, 중앙집권적 국가와 정규군에 대한 반감, 게릴라전 선호, 흔히 볼셰비키의 독재 정신에 대비되는 이른바 민주적 정서를 어렵지 않게 알 수 있다. 그러나 당시 중농은 정말 전쟁을 선호하고 있었을까? 물론 그렇지 않다. 왜냐하면 평화를 강요하다시피 한 것은 다름 아닌 중농이었기 때문이다. 중농의 당이 전쟁을 일으켜 정치적 자살을 하고 만 것은 이 당이 프티부르주아 계급의 특징이라 할 수 있는 정치적 독자성 결여, 열병 같은 정서, 정책상의 혼란 때문에 다른 세력(이에 대해선 나중에 서술할 것이다)의 장난감이 됐다는 점에서 비롯했다.

1917년 7월부터 1918년 1~2월까지만 해도 농민층은 지주들을 착취하는 볼셰비키를 지지했다. 그러나 1918년 7월에 농민층은 볼셰비키에게 적대적 태도로 돌아섰다. 곡물 거래라는 중요한 문제에 걸린 이해관계 때문에 중농과 쿨라크가 힘을 합쳤다. 지도부가 순전히 사회주의 지식인들로만 이루어진 좌파 사회혁명당은 이제 자신의 사회적 기반을 잃게 됐다. 사회혁명당 지도부의 의도와 이 당에 힘을 제공했던 계급의 열망 사이 간극은 더욱 커졌다. 이제 무엇을 하든 그것은 일종의 모험이나 다름없었다. 이런 상황에서 혁명적 이상주의자들에게 남은 것은 마지막 순간을 위해 행운을 빌거나 몰락해 굴복하는 것뿐이었다.

트로츠키의 말에 따르면, 아나키스트의 무장해제에 뒤이은 사회혁명당의 패배는 1917년 11월에 농민 대중과 노동계급이 힘을 합해 이루어 놓은 소비에트 동맹이 더는 필요 없게 됐음을 의미하는 것이었다. 농촌의 대중에 의해 부르주아혁명이 자연스러운 과정을 거치며 진행되자, 부르주아혁명과 사회주의 혁명은 각자가 추구하던 목표를 놓고 첨예하게 대립하게 됐다. 상반되는 이해관계와 정서 때문에 뿔뿔이 흩어져 버린 프티부르주아 계급의 이데올로그들은 수없는 내부 논란을 거치며 노동계급 정당과 갈라섰다. 외부의 압력이 강화되는 순간에 이런 일탈이 일어났던 것이다.

소비에트 동맹이 해체되자 곧바로 엄청난 권력 집중 현상이 나타났다. 그 직전까지만 해도 독재는 어느 정도 민주주의적으로 진행됐다. 헌법의 형식은 민주주의의 틀을 따르고 있었다. 지방의 다양한 활동, 여러 당과 집단의 존재, 여론의 요구, 서방의 민주주의 학교에서 교육받은 혁명가들이 보여 준 민주주의 전통, 중앙 권력의 취약성 덕분에 민주주의가 존재할 수 있었다. 볼셰비키당 내에서 벌어진 논쟁도 당내 민주주의를 생생하게 보여 주었다. 그러나 이제 모든 것이 바뀌었다. 쿨라크의 반란과 소비에트 동맹 붕괴와 함께 시작된 연합국의 간섭은 공화국의 생존을 명백히 위협했다. 그 뒤 프롤레타리아독재는 민주적 장치를 내버릴 수밖에 없었다. 기근과 지방의 무질서 때문에 권력을 해당 인민위원들의 손에 몽땅 집중시켜야 했다. 수송 체계가 무너지자 당국은 어쩔 수 없이 철도에 엄격한 방식을 적용할 수밖에 없었다. 전쟁이 일어났고, 혁명이 완전히 포위당한 데다가, 자발적 저항의 구심도 부족했기 때문에 게릴라 부대를 대체할 정규군을 창설할 수밖에 없었다. 경제 파탄으로 금융정책을 중앙으로 집중시켜야 했다. 갖가지 음모 때문에 국내 치안을 유지하려고 강력한 수단이 도입될 수밖에 없었다. 여러 차례의 암살과 농민 봉기, 치명적 위협 때문에 어쩔 수 없이 테러를 활용해야 했다. 반혁명 사회주의자들을 불법화하고, 아나키스트들이나 좌파 사회혁명당과 결별함으로써 공산당이 정치를 독점하게 되고, 현실적 필요에 의해 헌법도 폐지되는 결과가 나타났다. 다양한 색조의 견해를 개진하며 서로 다른 사회적 이해관계를 대변하던 여러 정당들 사이의 정치적 논쟁이 소멸되자, 지방 소비에트부터 중앙집행위원회와 인민위원회까지 각급 소비에트 기구들은 오로지 공산주의자들로만 채워지게 됐다. 그러나 이 기관들은 이제 허수아비처럼 운영되고 있었다. 왜냐하면 오로지 당만이 모든 결정을 내릴 수 있었고, 소비에트 기구가 할 수 있는 일은 당이 결정한 사항을 형식적으로 승인하는 것뿐이었기 때문이다.

좌파 사회혁명당은 완전히 패배했다. 대다수 당 조직과 당원은 당에서 떨어져 나갔다. 1923년까지 좌파 사회혁명당은 작은 잡지 하나를 발간하고 일부 소비에트에 대표 몇 명을 파견하면서 법적으로는 존재하지만 사실상 유령 같은 존재나 다름없었다. 잔인한 7월이 지나고 나서, 좌파 사회혁명당은 세 계파로 분열했다. 당의 일부 투사들이 민중공산당을 창설했는데, 이 당은 얼마 뒤 볼셰비키당에 흡수됐다. 볼셰비키에 맞서 계속 투쟁한 다른 계파는 제3의 혁명을 꿈꾸며 마흐노와 우크라이나 아나키스트들과 협력하고, 1919년에는 모스크바 공산당 간부를 죽이려는 아나키스트의 시도를 지원했다.[15] 스피리도노바와 캄코프는 이런 '행동가들'과 비슷한 태도를 취하다 곧바로 감옥에 갇혔다. 전직 사법인민위원 시테인베르크가 이끈 세 번째 계파는 볼셰비키당을 위한 충직한 반대자로 남아 어느 정도 합법적으로 명맥을 유지했다. 이들은 서유럽 사회주의자들과 접촉을 모색했다. 당시 서유럽 사회주의자들은 사회주의 인터내셔널과 공산주의 인터내셔널 사이에서 이따금 '2.5인터내셔널'이라고 불린 사회주의 좌파 인터내셔널을 창설하려고 애썼으나, 결국 헛수고로 끝나고 말았다.[16]

야로슬라블

모스크바에서 시가전이 전개되는 동안, 반혁명군은 야로슬라블을 점령했다. 모스크바와 볼로그다를 연결하는 아르한겔스크 철도의 볼가 지역에 위치한 이 옛 도시는 산업 중심지이자(주민 10만 명 가운데 1만 6천 명이 노동자였다), 16~17세기에 세워진 훌륭한 교회로 유명한 종교 중심지이기도 했다. 이런 지역 상황에서 반동 세력의 영향력이 아주 강력하다 보니 1917년 봄에는 장교들이 유대인 병사들을 살해하고, 종교가 없는 사람들이 폭도에게 얻어맞을 정도였다. 이 지역에서 멘셰비키는 파업을 일으킬 수 있었지만, 볼셰비키는 흑사병 같은 증오의 대상이었다. 우체국과 전신전화국, 식량공급부 직원들의 저항을 분쇄해야 했다. 주민들에게 배급이 실시됐다. 소비에트는 자본가들한테서 세금을 강제 징수했다. 성직자들이 주민들을 부추겨 항의 행진을 조직하자 소비에트는 모든 혼란을 성직자들의 개인적 책임 탓으로 돌렸다. 베른대학 출신의 젊은 철학박사이자 1905년 혁명에도 참여해 싸운 바 있는 나힘손과 시계제조공 자하임이 이끄는 공산주의자 200~300명이 사실상 도시를 장악하고 있었다. 두 사람은 모두 유대인이었다. 그 사이에 조국과 자유 수호연맹은 비밀리에 세력을 결집했다. 연맹은 믿을 만한 지지자 수천 명에 의존해서 먼저 모스크바, 리빈스크, 무롬, 코스트로마, 야로슬라블, 카잔에서 동시에 봉기를 일으킬 계획을 세웠다. 체카가 모스크바와 카잔에서 방어 조처를 취하자, 연맹은 이 광범한 작전 계획을 포기할 수밖에 없었다. 7월 초 보리스 사빈코프가 부하들을 이끌고 야로슬라블에 도착했다. 그의 부하 중에는 페르후로프 대령도 있었는데, 지방 군사령관에 임명된 이 고위 장교는 적군에 복무하며 온갖 사건을 경험했고, 얼마 전까지 빨치산 부대와 연계된 포병 부대의 감찰관이었다. 그는 이제 휘하에 200~300명의 전직 장교들을 거느리게 됐다.

7월 6~7일 밤에 페르후로프 대령 휘하 병력 110명이 도시에서 그리 멀지 않은 곳에 집결했다. 이들은 권총 12정으로 무장하고 있었다. 이들은 공격을 시작해 포대 무기고를 점령하고 무장을 갖추었다. 기마부대는 저항 없이 항복했고, 적군 소속 연대는 중립을 지키기로 결정하고 무장해제에 동의했다. 노동자 수백 명이 백군을 지지하겠다고 약속했다. 그러나 실제로 백군을 지지한 사람은 수십 명뿐이었다. 공산주의자 체포가 시작됐다. 나힘손과 자하임은 침대에서 일어나자마자 체포돼 현장에서 총살당했다. 도시는 계엄 상태였고, 알렉세예프 장군(나중에 데니킨과 함께 남부 자원군을 조직하러 갔다)을 대신해 '고참 혁명가' 보리스 사빈코프와 페르후로프 대령이 지휘하는 '북부 자원군'이 관할하게 됐다. 볼셰비키 한 명을 포함한 정치위원 여러 명이 백군에 투항했다. 지식인과 고등학생들, 중간계급 젊은이들은 '질서'라는 깃발 아래 수백 명씩 백군에 가입했다. 체코군의 완승 소식이 전해졌다. 백군은 약 200명의 공산주의자들과 혐의자를 무차별 체포해 볼가강 양쪽 강변에 정박 중인 바지선에 가뒀다. 어른과 아이들, 부상자, 병자, 죽어가는 사람 등 200명의 포로는 물 위에 떠 있는 감옥에서 서로 뒤엉킨 채 13일 동안 갇혀 있었다. 적의 총구가 항시 이들을 겨누고 있었다. 게다가 이들은 아무것도 먹지 못했다.

반혁명 쿠데타가 조직되고 있다는 정보를 입수한 멘셰비키는 완전 중립을 유지하기로 결정했다.

공산주의자들은 지방의 좌파 사회혁명당 지부와의 정치적 갈등에 온 정신을 쏟고 있을 때 벌어진 이런 공격에 놀랐지만, 즉시 정신을 차리고 동원할 수 있는 적군을 모두 도시 주변에 집중 배치했다. 이들은 휘하의 강력한 포병부대를 이용해 즉시 포격에 나섰다. 포격은 12일 동안 계속됐다. 잔혹한 전투가 전개됐다. 아르한겔스크에서 시작하기로 약속된 연합국의 공격이 실패로 돌아가자, 백군은 자신들이 패배했다는 것을 알았다. 백군은 포위하고 있던 마을에서 봉기를 일으키려 했으나, 실패로 끝나고 말았다. 농민들은 볼셰비키에 맞서 자기 고장을 지킨다는 단 하나의 목적으로 무기를 요구했을 뿐 더는 싸움에 말려들려 하지 않았다. 결국 페르후로프는 안개가 낀 틈을 타 배를 이용해 50명의 병력을 이끌고 간신히 도시를 빠져나갔다.[17] 그러나 대다수 백군 병사들은 포위망 돌파라는 위험을 감수하려 하지 않았다. 이들은 온갖 핑계를 대서라도 혁명군 측의 복수를 피하려고 했다. 이들은 7월 2일에 전쟁 포로위원회 대표를 맡고 있던 독일군 중위에게 항복하여, 스스로 독일군의 전쟁 포로가 됐다. 시체와 파괴의 연기로 가득 찬 도시는 이제 식량마저 바닥나 버렸다.

적군의 야로슬라블 전선 특별참모부는 주민들에게 다음과 같은 포고령을 발표했다.

목숨을 부지하고 싶은 사람은 이유 여하를 막론하고 24시간 내에 도시를 떠나 아메리카 다리 앞에서 투항해야 한다. 24시간이 지난 뒤에도 도시에 남아 있는 사람은 반란자로 취급될 것이다. 24시간 뒤에는 아무도 생존을 보장할 수 없다. 독가스 중포탄으로 무자비하게 도시를 포격할 것이다. 남아 있는 자는 누구를 막론하고 반란자와 배반자, 노동자·빈농 혁명의 적들과 함께 죽게 될 것이다[7월 20일 — 세르주].

주민들은 이 포고령을 듣고 공포에 떨며 항복하려고 삼삼오오 무리를 지어 들판의 지정된 장소로 모여들었다. 그곳에서 그들은 줄줄이 체카의 재판대에 섰다. 재판은 공개적으로 진행됐다. 이런 약식재판에서 350명의 백군이 체포돼 즉시 총살당했다. 57명의 장교들은 붉은 군대가 도시에 진입했을 때 이미 처형됐다. 이것은 끔찍한 테러를 알리는 최초의 사건이었다.

야로슬라블에서 전개된 쓸데없는 싸움 때문에 4000명의 실직 노동자와 4만 명의 이재민이 생겼다. 공장 14개, 가옥 7618채 중 2147채, 학교 10개 중 9개, 공공건물 47채 중 20채가 파괴됐다.[18]

눌렁의 정책

사실 야로슬라블 전투는 연합국의 러시아 간섭에 대한 소소한 이야기에 지나지 않는다. 앞 장에서 이미 라베르뉴 장군의 모스크바 포위 계획을 설명한 바 있다. 1924년 모스크바 혁명재판소에서 보리스 사빈코프가 했던 증언은 아주 분명한 것으로, 이 사건에 관한 문서 자료와 내용이 일치한다.

[사빈코프는 다음과 같이 말했다 — 세르주] 처음에 나는 모스크바에서 작전을 전개하려고 생각했다. 그러나 프랑스측[그레나르 영사와 눌렁을 대신한 라베르뉴 장군 — 세르주]은 나에게 연합국이 러시아 전선에서 독일군에 대한 작전을 지속시킬 수 있을 듯하다고 말했다. … 그들은 나에게 꽤 규모가 큰 영국·프랑스 군대가 이

런 목적으로 아르한겔스크에 상륙할 테니, 내부에서 이 원정을 지지할 필요가 있다고 말했다. 영국과 프랑스군이 봉기를 지원하면 우리는 볼가강 북부 지역을 장악하려 했다. 우리는 야로슬라블, 리빈스크, 코스트로마, 무롬을 장악할 계획이었다. 프랑스군이 볼로그다에 집결할 예정이었다. 그러나 그들은 우리를 속였다. 연합국은 도착하지 않았고, 우리는 야로슬라블에서 단독으로 싸워야 한다는 사실을 알았다. … 프랑스군은 이미 우리가 동원할 수 있는 자원을 알고 있었다. … 나는 그레나르와 라베르뉴를 여러 번 만났다. 프랑스군은 나에게 돈의 사용을 일임했다. 우리는 세 곳에서 스스로 기금[조국과 자유 수호 연맹의 기금 — 셰르주]을 마련했지만, 액수는 비교적 적었다. 소소한 액수의 기증도 있었다. 나는 클레판도라는 체코인 중개인을 통해 (케렌스키가 내놓은) 20만 루블을 받았다. 프랑스측은 250만 케렌스키 루블을 주었다.[19] 먼저 장교 한 명이 나에게 소액을 가져왔다. 봉기가 일어날 듯하자 프랑스측은 당장 거액을 주었는데, 200만 루블쯤 됐던 것 같다.[20]

프랑스측은 나에게 야로슬라블, 리빈스크, 코스트로마를 장악하라고 충고했다. 나는 우리 병력이 충분하지 않다고 생각해 망설였다. 한동안 나는 우리 병력을 모두 체코군에 넘길까 생각했고, 여전히 붉은 군대가 장악하고 있던 카잔으로 가서 체코군이 접근해 오면 봉기를 일으키라고 일부 부대에 명령을 내리기까지 했다. 그러나 나는 그레나르 장군을 통해 볼로그다에서 온 전문을 받았다. 그 전문에서 눌렁은 7월 5일에서 10일 사이에(또는 3일에서 8일 사이일 수도 있다. 기억이 정확하지 않다) 아르한겔스크 상륙 작전이 감행될 것이라고 단언하며, 나에게 어떤 희생을 치르더라도 정확히 그날 볼가강 상류에서 행동에 돌입하라고 요청했다.

영국군은 한 달 후인 8월 3일까지도 아르한겔스크에 상륙하지 않았다. 당연히 프랑스군도 상륙하지 않았다. 모든 정황으로 보아 눌렁은 자신의 간섭 정책을 지지하도록 프랑스 정부에 영향을 미치려고 대규모 반볼셰비키 봉기를 원했다.[21] 볼가강 상류에서 이뤄진 사빈코프의 활동은 볼가강 하류에서 전개된 체코군과 우파 사회혁명당의 활동을 보완하는 것이었다. 사회혁명당 정부라고 볼 수 있는 기관이 눌렁의 지도를 받으면서 사마라에서 한 달 동안 운영됐다. 이 시기 우파 사회혁명당 지도자이면서 소위 제헌의회 운동의 지도자로도 활약한 사람이 다음과 같은 기록을 남겼다.

6월에 우리는 눌렁의 공식 각서를 받았다. … 이 각서에서 그는 연합국 정부가 독일·볼셰비키에 맞서 공동 작전을 전개하기 위해 병력을 제공하기로 결정했음을 확언했다. 그런 병력은 전투의 초기 단계에서 주도권을 행사하고도 남을 정도로, 또 반볼셰비키 음모자들을 대규모 정규군으로 조직할 수 있을 정도로 충분했다. 연합국은 볼셰비키와의 공존 가능성을 완전히 거절하고, 이미 선출된 제헌의회가 열릴 때까지 전권을 보유한 세 명의 집정관이 통치하는 형태의 단일한 연립정부 수립을 제안했다. … 게다가 연합국은 집정관에게 권위를 부여하고 새로운 제헌의회 선거를 준비할 수 있는 권한에 국한시켜서만 의회를 인정하려고 했다.[22]

이때를 전후해 클레망소 내각의 외무장관 스테판 피숑은 사마라 정부의 외무장관 베데냐핀(우파 사회혁명당)에게 같은 내용의 각서를 동봉한 편지를 보냈다.[23] 트루베츠코이 공, 스트루베, 구르코 등의 우익 본당과 자유 자본가계급이 주도권을 행사하던 부활동맹도 프랑스군과 협력했다. 이 모든 반혁명 세력에 진지하고 단호하게 대항했던 좌파 사회혁명당조차 프랑스 군사사절단과 관계를 맺고 있었다. 필자는 프랑스 군사사절단이 독일 대사 암살 사건에 사용된 수류탄을 제공했다는 증거를 여러 곳에서 확보할 수 있었다. 사빈코프는 다음과 같이 증언했다. "한 가지 대화가 기억난다. 상대는 그레나르였던 것 같다. 그는 나에게 좌파 사회혁명당이 미르바흐 백작을 암살했지만, 필요한 수단은 프랑스군이 제공했다고 말했다."

소비에트 정부 내의 전쟁 지지파가 연합국과 접촉하고 있었다는 것은 확실하다. 따라서 프랑스가 사빈코프와 체코군의 활동뿐 아니라 좌파 사회혁명당의 계획도 사전에 알고 있었고, 서로 알지 못하는 여러 당들 사이에 일정한 분업을 조직하려 했다는 결론이 나온다. 결국 두 개의 경쟁적인 전선을 한꺼번에 지배한 것은 다름 아닌 프랑스였던 셈이다. 다음에 설명할 무라비요프의 배신은 이런 생각이 옳았음을 보여 준다.

협박과 배반

며칠 동안 러시아는 독일과 새로운 전쟁이 시작되리라는 위협을 느꼈다. 독일 총리는 제국의회에서 거듭 부인했지만, 7월 14일 독일은 자국 대사관의 안전을 보장하기 위해 정복 차림의 일개 대대가 모스크바로 들어갈 수 있도록 허용해 달라는 요구 사항을 소비에트 공화국에 전달했다. 그것은 모스크바를 점령하겠다는 말과 마찬가지였다. 레닌은 답장을 썼다. 러시아의 대답은 물론 단호한 거절이었다.

[중앙집행위원회에서 레닌이 말했다 — 세르주] 우리는 전에 북부 지방에서 체코군의 폭동과 영국의 군사작전에 대처했던 것처럼 독일의 행동에 대처할 필요가 있다. 동원을 확대해 모든 성인 노동자와 농민에게 저항할 것과, 만약 일시적 후퇴가 불가피하다면 비축품이 적의 수중으로 넘어가는 것을 막기 위해 단 하나도 빠뜨리지 말고 모두 불태울 것을 호소해야 한다. 그러면 전쟁은 우리에게 혹독한 시련이자 절대로 무조건 필요한 것이 되고, 그 전쟁은 러시아 노동자와 농민이 소비에트 정부와 함께 목숨이 다하는 최후의 순간까지 수행하는 혁명전쟁이 될 것이다.

그러나 프랑스 전선에 대한 마지막 공세가 실패하자 독일은 더는 러시아를 공격할 여력이 없었다. 결국 독일 대사관이 점령지인 프스코프로 이전했을 뿐이다.

좌파 사회혁명당은 동부전선에서 다시 봉기를 시도했으나 미수에 그쳤을 뿐 아니라 또 한 번 시끄러운 소란을 일으킨 격이 되고 말았다. 동부전선에서는 붉은 군대가 최고사령관 무라비요프 대령의 지휘하에 체코군과 반혁명 세력에 맞서 작전을 펼치고 있었다. 이미 살펴봤듯이, 무라비요프는 10월의 승리 뒤 페트로그라드 방어와 얼마 뒤 키예프 점령에서 많은 공을 세운 바 있었다.

무라비요프는 타고난 모험가였다. 그는 스스로 좌파 사회혁명당으로 자임했다(이 당의 당원이 되는 것은, 볼셰비키의 규율에 복종하여 체면을 구기는 일이 없이 소비에트 정권에 채용되길 바랐던 많은 사람에게 편리한 해결책이었다). 나는 그가 군사학교에서 전술학을 강의했다고 생각한다. 무라비요프는 허풍선이에다가 호언가였지만, 민첩함과 대담함, 병사를 다루고 병사에게 용기를 불어넣는 기술 등 군인의 자질은 다 갖추고 있었다[트로츠키—세르주].

조직자로서 무라비요프는 활달한 성격이었다. 자기가 속한 좌파 사회혁명당의 지시를 따르면서 여전히 모스크바 쿠데타의 결과를 전혀 모르던 그는 난데없이 독일과 전쟁을 벌이겠다고 선언하고는 휘하 병력에게 동쪽으로 전진하라고 명령했다. 그는 심비르스크 소비에트를 포위한 채 소비에트에 나타나 지지를 요구했다.[24] 그러나 심한 질책과 모욕을 받고 위협까지 당했다. 투하체프스키라는 젊은 장교가[25] 자발적으로 나서서 부대를 지휘하며 체코군에 맞서 싸웠다. 라트비아인인 바체티스가 전선의 최고 지휘권을 접수했다.

소비에트 헌법

7월 10일 제5차 소비에트 대회는 회의를 속개하고 스베르들로프가 만든 러시아소비에트연방공화국의 헌법 초안을 채택했다. 제1조는 '피착취 노동 대중의 권리 선언'이었다. 제2조는 일반 원리에 대한 것이었는데 "인간에 의한 인간의 착취를 근절하고 계급도 국가도 없는 사회주의를 건설하기 위한" 노동계급과 빈농의 독재인 "러시아 공화국은 피착취 대중의 자유로운 결합체다." 공화국의 최고 권위는 소비에트 대회에 있고, 대회가 열리지 않는 동안에는 전 러시아 소비에트 중앙집행위원회(베치크)에 속한다. 교육이 "노동자에게 사상의 자유를 보장할 수 있도록" 교회와 국가는 분리된다.

피착취 대중에게 자신의 의견을 표현할 수 있는 실질적 자유를 보장하려고 소비에트 공화국은 이미 … 언론의 자본에 대한 종속을 폐지했고, 노동계급과 빈농에게 러시아에서 신문을 출판하고 … 자유롭게 배포할 수 있는 기술적·물질적 수단을 모두 제공한다.

집회와 결사, 교육의 자유도 비슷한 조처들에 의해 보장된다. "공화국은 … 노동을 모든 시민의 의무로 여기며, 따라서 '**일하지 않는 자는 먹지도 말라!**'는 모토를 채택한다." 의무병 제도가 실시될 것이다. 그러나 무기를 보유할 수 있는 특권을 가진 노동자들만을 대상으로 한다. 공화국에 거주하는 외국인 노동자는 정치적 권리를 모두 누리게 될 것이다. 공화국은 외국에서 정치적·종교적 범죄 때문에 수배 받는 모든 사람의 망명을 허용한다. 모든 민족은 똑같은 대우를 받는다. 권리를 남용해 공화국에 위해를 가한 자는 개인이든 단체든 권리를 빼앗길 것이다.

제3조는 권력 구조에 관한 것이다. 전 러시아 소비에트 대회는 지방 소

비에트 대의원들로 이뤄진다. 도시는 주민 2만 5000명당 한 명의 대의원, 농촌은 12만 5000명당 한 명의 대의원을 뽑는다. 이 조항은 농민층에 대한 노동계급의 우위를 정식화한 것이다. 대회는 적어도 1년에 두 번 열린다. 임시대회는 베치크나 소비에트 대의원 3분의 1의 요구로 소집될 수 있다. 대회는 최대 200명의 중앙집행위원을 뽑으며 입법권을 갖는다. 중앙집행위원은 특정 업무를 맡거나 인민위원회에서 다른 일을 맡을 수 있다. 중앙집행위원회는 인민위원회가 취한 모든 조처의 결정을 보류하거나 무효화할 수 있고, 인민위원회는 주요 결의 사항을 중앙집행위원회에 제출해 승인받아야 한다. 인민위원회는 외무, 전쟁, 해군, 내무, 사법, 노동, 사회보장, 공공교육, 체신, 소수민족, 재정, 통신, 농업, 상공업, 국가통제, 최고경제위원회, 공공보건 부처 인민위원 17명으로 이뤄진다. 각 부처에는 인민위원회의 승인을 거쳐 임명된 위원들로 이루어지는 자문기구를 둔다. 자문위원은 해당 부처뿐 아니라 인민위원회와 중앙집행위원회 사무국에도 안건을 제출할 수 있다. 인민위원회는 소비에트 대회와 중앙집행위원회에 보고하고 책임을 져야 한다.

전 러시아 소비에트 대회는 헌법의 승인·수정·보완, 정책의 전반적인 틀의 지시, 강화·전쟁의 선포, 국가 경제계획의 확정, 예산 인준, 재정 관련 협정의 조정, 입법, 사면 등의 권한을 행사한다. 정회 중에는 중앙집행위원회가 헌법 개정과 강화조약 인준을 뺀 나머지 권한을 행사한다. 따라서 긴급한 문제를 중앙집행위원회가 다룬다.

소비에트 대회는 단계별로 다양하게 이뤄진다. 도 소비에트 대회는 시 또는 군 소비에트에서 주민 2만 5000명당 한 명의 대의원과 도시에 등록된 선거인 5000명당 한 명의 대의원 등 최대 500명의 대의원으로 이뤄진다. 시군 소비에트 대회에서 도 소비에트 대회의 대의원을 선출할 때 이런 규정에 따른다. 시군 소비에트 대회는 읍·면 또는 군 소비에트에서 주민

1만 명당 한 명의 대의원과 도시 거주 선거인 1000명당 한 명의 대의원을 뽑아 이루어지며, 최대 300명의 대의원들로 이뤄진다. 구 소비에트 대회는 주민 1000명당 한 명의 대의원을 선출하며, 최대 300명의 대표자로 구성되고, 농촌의 읍·면 소비에트 대회는 지방 소비에트 대의원 10명당 한 명의 대의원으로 구성된다. 이런 대회들은 최고의 지방 당국을 구성하고 집행위원회를 선출한다.

도시 지역 소비에트나 인민위원회는 주민 1000명당 한 명의 대의원으로 구성된다. 이 대의원들은 최소 50명에서 최대 1000명에 이른다. 농촌 지역과 주민 1만 명 미만 도시에서는 100명당 한 명의 대의원을 선출하고, 촌락마다 최소 3명에서 최대 50명의 대의원이 선출된다. 선거는 3개월마다 실시된다. 소비에트는 집행위원회를 선출한다. 지방 소비에트의 권한은 아주 포괄적이다.

선거권은 모든 남녀 노동 대중, 병사와 수병에게 부여된다. 그러나 다른 사람의 노동력을 착취하는 자, 불로소득자나 상인, 목사나 수도사, 전직 경찰, 옛 왕족들, 죄인과 시민권을 박탈당한 사람들은 선거권이나 피선거권이 없다. 선거는 선거관리위원회와 소비에트 대표의 입회 하에 "관례에 따라" 진행된다(즉, 참가자의 거수로 결정한다). 선출된 사람의 신임장은 소비에트가 지명한 관리위원회의 대조 확인을 거친다. 유권자는 언제든 자신의 대표를 소환할 수 있고 또 새로 선출할 수도 있다.

헌법 제5조는 예산에 대한 것이다. 제79항은 공화국의 재정정책이 "자본가계급의 재산 몰수와 모든 시민의 보편적 평등을 지향한다. 이런 목적을 추구하는 데 사적 소유권의 침해는 아무런 문제가 되지 않는다"는 점을 또렷이 밝히고 있다. 대회는 국가와 지방 당국의 수입 규모를 결정한다. 중앙정부는 모든 국고의 지출을 통제한다. 제6조는 러시아 소비에트 사회주의 연방공화국의 국가 문장에 대한 것이다. 국가의 문장은 붉은 바탕색에 떠오르는 태양의 햇살을 배경으로 낫과 망치를 그린 것이며, 왕관 모양의 보리 이삭 띠가 전체를 둘러싼 모습이다. 그 위에 '전 세계 **노동계급이여 단결하라**'는 구호가 새겨져 있다. 붉은 깃발에는 공화국 국호의 첫 대문자들이 새겨져 있다.

이런 헌법은 그 유례가 없는 것이다. 헌법은 그저 이미 존재하는, 말하자면 하부에서 정상까지 자발적으로 성립된 새로운 유형의 국가 조직을 인준하고 법전화하는 구실을 할 뿐이다. 헌법의 독특한 특징은 입법권과 행정권의 통일, 노동계급의 정치적 독점, 농민층에 대한 노동계급의 지배, 대중의 공공 업무 참여, 계급 독재 등이다. 다수의 유권자와 대의원, 소비에트와 여러 가지 대회들, 그리고 이들이 누리는 여러 권리는 노동자 민주주의가 확고하게 보장돼 있음을 증명한다. 그런 독재는 다단계적 특징을 갖는 선거, 권력의 중앙집중화에 의해 보장된다. 그러나 잘 알고 있는 것처럼, 바로 이 시점에 러시아의 여러 당들 사이의 동맹이 무너졌다. 소비에트 민주주의는 어쩔 수 없는 역사적 이유 때문에 볼셰비키당의 독재로 대체됐다. 헌법은 이상적인 노동자 민주주의 구현을 목표로 한 계획이었으나, 계획 자체로 머무르게 됐고 구현 가능성은 차츰 멀어져 갔다. 이상적인 노동자 민주주의를 구현하는 데 필요한 시간이나 이용할 수 있는 수단이 없었기 때문이다. 이런 제도는 참 단순한 사회적 성격을 띠고 있었으나 방대한 영역과 현실적인 복잡성(왜냐하면 그런 제도는 수많은 근로인민의 정치적 활동이 필요하기 때문이다)을 띠는 것이었다. 생생한 혁명적 분위기가 결여된 상황에서 이런 제도들 가운데 어느 하나라도 정상적으로 운영하자면, 국가 안에서 자유롭고 풍요로우며 다양한 정치 활동을 지속적으로 수행할 수 있도록 해 주는 최소한의 평화와 안전, 만족할 만한 수준의 번영이 전제돼야 한다. 그러나 바로 이 순간에 치명적 위협이 가해졌고, 그에 따라 소비에트 공화국은 고립된 진지로 전락할 수밖에 없었다. 그 결과 충성스럽고 의식이 각성된 혁명가들의 결사체가 공화국을 방어하게 됐다. 그리고 이들은 독재를 결정적 무기 삼아 싸웠다. 다만 나중에 법칙의 효력을 갖게 되고, 그 법칙에 따라 공산당이 자연스럽게 프롤레타리아독재를 실시한다는 식의 이론을 만들어 낸 사람은 아직까지는 아무도 없었다는 사실을 지적해 둬야겠다. 이 이론은 뒤에 일상적인 필요에 의해 강요됐을 뿐이다.[26]

체코군의 승리와 그 결과

전선의 상황은 나날이 악화됐다. 체코군은 7월 5일 우파에, 7일에는 베르흐네–우랄스크에, 8일에는 즐라투스트에, 10일에는 시즈란에, 22일에는 심비르스크에, 25일에는 예카테린부르크에 진입했다. 그들은 8월 6일 마침내 카잔을 점령해서, 승리의 절정에 도달했다. 그동안 야로슬라블 전선의 무롬과 리빈스크, 아르자마스에서 7월 11일 반혁명이 시도됐고, 14일에는 니즈니노브고로드에서 똑같은 시도가 있었다. 영국군은 31일 오녜가를 점령했고, 8월 2일에는 백군의 지원을 받아 아르한겔스크를 점령했다.

따라서 볼가강에서 우랄산맥으로 이어지는 중심부가 체코군에게 점령당한 꼴이 됐다. 그들은 국가의 가장 중요한 강과 유라시아의 대평원, 우랄의 광산·공업 지대, 시베리아의 도로를 차지했다. 멀리 떨어진 남부 지방에서는 두토프 장군 휘하 카자흐군이 우랄스크와 부줄루크를 점령했고, 그 결과 투르케스탄과 통신이 사실상 끊겼다. 체코군의 전략적 목표는 백해 해안에 상륙한 연합군과 결합하고, 시베리아 횡단철도를 이용해 우랄 지역에도 쉽게 손을 뻗칠 것으로 예상되는 일본군의 간섭을 지원하는 것이었다.

정규군이고 일사불란한 지휘 체계를 갖춘 데다가 모든 곳에서 반혁명을 지지하는 주민들의 지원을 받았던 체코군이 전투에서 마주친 것은 임시변통으로 급조됐을 뿐 아니라 훈련도 받지 못한 오합지졸 부대였다. 그런 부대는 기껏해야 대중이 미워하는 적들과 게릴라전을 벌일 때나 알맞은 것이었다. 한 가지 사례를 들어 보자. 어느 보병부대가 첼랴빈스크에서 그리 멀지 않은 먀스 근방의 전선을 장악하고 있었다. 그 부대는 1105명의 병력을 보유하고 있었고, 각 지역에 배치된 13개의 소부대로 나뉘어 있었다. 소부대는 가장 적은 부대가 9명이었고, 가장 많은 폐름 지역 부대가 570명이었다. 이 부대는 24명의 기병과 9정의 기관총을 보유하고 있었다. 하지만 폐름에서 온 4개 보병중대는 말이 한 마리도 없는 반면, 카타이에서 온 39명의 자원병들은 12마리의 말을 보유했다. 모든 소부대는 각자 지휘관이 있었고, 제멋대로 행동하려 했다. 이런 소부대의 조직적 기반은 각 지역의 공장이었다. 시모노프 연대에 대한 몇몇 자료는 그 부대들의 군비 상황을 보여 준다. 시모노프 연대에서 고참병은 약 100명에 지나지 않았다. 훈련을 받은 적이 있다고 해 봐야 기껏 다섯 차례나 될까 말까 한 병사들이 약 100명, 그리고 나머지 600명은 전혀 무기를 다룰 줄 몰랐다. "병사들은 그들이 할 수 있는 어떤 식으로든 완전 무장을 갖추기는 했지만, 무기를 어떻게 사용하는지도 몰랐다." 이 부대들은 곧잘 싸우다가도 어느 때는 아주 형편없었다. 이들은 정찰법이나 주요한 방어 유형, 행군 중 농촌을 지나갈 때 취해야 하는 가장 기초적인 예방책에 관해선 전혀 아는 바가 없었다. 게다가 이들은 한가하게 먼 훗날 무엇을 할 것인지를 토론한다는 한심한 이유로 진지를 포기하기까지 했다. 또는 "이 전쟁에 넌더리가 나!" 하고 투덜대다가 단순히 휴식을 취한다는 이유로 적을 앞에 두고 퇴각하면서도, 귀찮다고 다른 동료들에게 주의 한 마디 해 주지 않았다. 키시티마 강에서 전개된 몇몇 작전에 관한 보고서에서 한 단락을 인용해 보자.

약 11시경 총성이 그쳤다. 로즈데스트벤스코예에서 파견된 부대 지휘관이, 자기 부대원들이 적군이 고향에서 가까운 몇몇 마을을 점령했다는 소식을 듣고, 전선을 벗어나 고향을 지키러 가기로 결정했다는 사실을 전화로 보고했다. 노동자들도 같은 태도였다. 그래서 명령을 하달해도 이행되지 않았다. … 제7우랄연대는 휴식을 취한다며 아무에게도 알리지 않고 제 위치를 벗어났다. 그 일에 관해 묻자 우랄연대 지휘관은 "병사들이 세면과 취침을 원했다. 그래서 30분 동안만 진지를 비우기로 결정했지만, 아직도 자고 있다. 내가 할 수 있는 일은 전혀 없다"고 대답했다. 한 차례 격렬한 전투가 끝나자 병사 2200명 가운데 겨우 900명만이 살아남았다. 그나마 대부분은 맨발이었고 총도 없었다. 대포 4문 가운데 3문이 남아 있었다. 기관총 50정 중에서 사용할 수 있는 것은 12정뿐이었고, 5정은 박살나 있었다. 두 부대가 흔적도 없이 사라졌다. 그 부대는 고향 주위에 기관총 사수들을 배치하고 나서, 꿈쩍도 않기로 결정했다.[27]

체코군은 이 빨치산 부대를 가볍게 무찌르고 말았다. 그때 총동원이 실시됐다. 수많은 투사들의 주도로 대대, 연대, 분대가 자발적으로 구성됐다. 투사들은 장교를 동원해 일을 맡기고, 총참모부와 보급 기구를 창설했다. 붉은 군대는 수많은 투사들의 자발성과 트로츠키가 이끈 조직화 노력 덕분에 창설된 것이다. 7월 29일 트로츠키는 모스크바 소비에트에서 연설하면서 이때의 과업을 두고 다음과 같이 말했다. "우리 군대는 응집력이 부족하다. 붉은 군대는 옛 군대의 고된 훈련을 예리하고 단호한 투쟁 의지로 대체해야 한다." 붉은 군대 창설자의 혁명적 주인 의식은 바로 이런 것이었다. 근대의 모든 정규군에는 군대를 강화하는 세 가지 중추, 즉 국가, (사형 제도를 포함한) 군사법원, 이 둘을 보완하는 조국애(군국주의에 반대하는 사람들도 다른 시민들처럼 입대한다)가 있다. 붉은 군대는 특히 노동자의 집단적

계급의식의 조직적 표현체가 돼야 한다. 붉은 군대의 규율은 병사들의 개인적 신념에 따라야 한다.

우리는 노동계급의 최고 수준 인자를 공급함으로써, 모든 부대를 자동적으로 한 덩어리로 만들어 주는 장기적인 훈련과 교육, 실탄 훈련을 통해 확보된 옛 군대의 전투력에 정신력을 보강해야 한다. 그렇게 해야, 설령 군사령부가 취약하더라도 이길 수 있다.

모든 부대에 핵심적인 공산주의 혁명가를 배치함으로써 군의 일상생활과 정신을 최고로 끌어올려야 한다. 5명이나 10명의 노동자면 넉넉할 것이다. 모스크바에서는 이미 200~300명의 선동가와 정치위원, 활동가를 군대에 파견했다. 그러나 그 수를 갑절로 늘려야 한다. 페트로그라드 소비에트는 대의원의 4분의 1인 200명을 체코슬로바키아 전선으로 파견하기로 결의했다. 우리가 이만한 대가를 감내한다면 불순한 장교들도 결국 항복할 것이다. 우리는 그들을 전선의 강제수용소에 가두고, "여차하면 쏘려고 늘 권총을 휴대하고 다니는 정치위원들과 함께 그들을 포위할 수 있을 것이다." 정치위원들은 막강한 권위를 누리는 군대의 살아 있는 화신이 될 것이다. "이런 방식이 싫은 사람은 짐을 싸서 내보내라! 그러나 남는 사람들에게는 삶을 보장하라!"

붉은 군대의 중추인 공산주의자는 방대한 정치적 선동과 선전, 교육 업무를 추진해 나갔다. 일찍이 어떠한 군대에서도 이에 비길 만한 일은 없었다. 노동자 혁명은 수동적인 복종을 확고한 정치의식에 토대를 둔 규율에 대한 복종으로 대체하고 있다.

페트로그라드, 모스크바, 그 밖의 여러 공업 지역에서 노동계급 출신 젊은이들이 군대에 들어왔다. 모든 이들에게 제시된 슬로건은 "승리 아니면 죽음을"이다. "노동계급의 자식으로서 우리는 죽음과 계약을 맺었다. 그러므로 우리는 승리와 계약을 맺은 것이다"(트로츠키). 이것은 공허한 허풍이 아니다. 곳곳에 죽음이 도사리고 있기 때문이다.

로마노프 왕조의 몰락

체코군의 간섭은 로마노프 왕가의 운명을 결정했다. 혁명이 발발한 그날부터 왕궁은 왕조의 존속을 원하는 사람들과 왕조를 폐지하려는 사람들 사이의 끊임없는 투쟁의 장으로 변모했다. 이런 투쟁은 소비에트가 르보프 공(公)의 임시정부에 니콜라이 2세 체포를 요구한 1917년 3월 16일 이후 계속돼 왔다. 그 직후 페트로그라드 주재 영국 대사가 황제의 가족을 영국으로 옮길 가능성이 있는지 임시정부에 타진했다. 이런 논의가 진행되는 동안 로마노프가(家)는 페트로그라드 근처의 차르스코예셀로에 있는 저택에 감금돼 있었다. 1917년 7월에 심각한 폭동이 일어나자 케렌스키 내각은 혁명 대중을 조금이라도 만족시키려고 황제의 가족을 토볼스크로 추방했다. 8월 14일 니콜라이 2세와 가장 가까운 친척들, 5명의 조신과 수행원, 35명의 하인들은 일본 적십자기를 게양한 특별기차로 차르스코예셀로를 떠났다. 그들은 토볼스크의 '자유의 거리'에 있는 주지사 소유 주택에 여장을 풀었다. 임시정부는 황제 가족이 임시정부의 '보호'를 받아야 한다고 명령했다. 보호 임무를 맡은 병사들은 스스로 알아서 황제 일가의 도주를 막으려고 가능한 모든 조처를 취하기로 결정했다. 시베리아의 이 대도시에서 황제는 감시에 순응하는 온순한 성격의 소유자처럼 참을성 있게 지냈다. 전국에서 내전이 벌어지는 동안 황제는 토볼스크의 벽난로 옆에서 선량한 자본가처럼 조용히 겨울밤들을 보냈다. 니콜라이 2세는 외국 잡지들을 읽었고, 알렉산드라 표도로브나는 늙은 타티셰프 장군과 함께 카드놀이를 했다. 4명의 공작부인들은 여자들이 늘 하는 일들에 몰두했다. 눈이 내리는 밤이면 혁명군 병사들이 문 앞을 지켰다. 시베리아에서 유형을 경험한 사회혁명당원이자, 지금은 임시정부를 대표해 이곳에 와 있는 한 사람은 퇴위한 황제의 요구를 모두 들어 주려고 온 정성을 기울였다. 라스푸틴의 옛 친구인 토볼스크의 헤르모게네스 대주교는 휘하 성직자의 도움을 받아 온갖 위로를 다해 가며 '순교자 황제'를 돌보았다. 이런 상황은 10월 혁명 뒤에도 지속됐다.

그러나 호위대 병사들 가운데는 로마노프 왕가가 살아서 도망치도록 놔두지 않겠다고 맹세하는 사람들도 있었다. 호위병들은 황제의 숙소를 조사하거나 그의 체르케스 대검을 빼앗고, 견장을 떼라고 황제에게 강요하고, 황제가 쓰는 물건을 제한하기도 했다. 우랄 지역 소비에트는 줄기차게 중앙집행위원회에 왕가 포로들을 예카테린부르크로 이송할 것을 요구했고, 만약 도망자가 생기면 거쳐 가게 될 지점을 감시하려고 미리 적위대를 파견해 놓았다. 위험을 무릅쓰고 자신들의 책임 하에 로마노프가를 처형하려고 우랄 지역에서 온 볼셰비키 몇 명이 토볼스크에 도착했다. 그 결과 죄수들은 자신들을 구하려는 사람들과 처형하려는 사람들의 상반되는 음모에 둘러싸였다.

장교들과 왕당파 성직자들에게는 열정과 지혜, 심지어는 자신들의 목표에 대한 헌신조차 부족했다. 먼저 그들은 수백 명의 병력뿐 아니라 꽤 많은 자금을 이용할 수 있었을 것이다. 솔로비요프 중위와 바실리예프 신부가 자금과 주도권을 놓고 논쟁을 벌이는 바람에 그들은 행동할 시점을 놓쳐 버렸다. 우랄 소비에트는 마침내 로마노프가를 예카테린부르크로 옮겨도 좋다는 중앙집행위원회의 승인을 얻어 냈다. 중앙집행위원회는 야코블레프라는 사기꾼 같은 자에게 노동자 기병대를 이끌고 이송을 지휘하도록 위임했다. 그와 동시에 우랄 소비에트 집행위원회는 좀 더 믿음직한 지휘관의 지휘 하에 다른 부대를 파견해, 니콜라이 2세를 "죽이든 살리든"

다시 데려오게 했다(이때가 4월 말이었다). 야코블레프의 행동은 처음부터 너무 많은 의혹을 불러일으켰기 때문에, 우랄 소비에트 집행위원회는 필요하다면 무력을 써서라도 그에게서 로마노프가 사람들을 떼 내기로 결정했다. 차르 호위대 병사들도 탈출 시도를 염려해 호위대원 가운데 8명을 골라 야코블레프와 동행하도록 했다. 야코블레프는 황제와 황후, 마리아 공주, 그 밖의 다섯 명을 썰매에 태우고 얼어붙은 이르티시 강을 건너 티우멘을 향해 갔다. 특별 호송대는 포크로프스코예를 통과했는데, 그 마을은 라스푸틴이 태어난 곳이었다. 마지막까지 남은 신하들은 왕가의 몰락에 지대한 구실을 한 '성자'의 집 앞에서 니콜라이 2세와 알렉산드라 표도로브나에게 마지막 경의를 표했다. 황제와 황후에게 마지막 기회가 찾아왔다. 야코블레프는 자신에게 위임된 여정을 변경해 로마노프 왕가를 예카테린부르크가 아니라 옴스크, 첼랴빈스크, 사마라를 거쳐 모스크바로 이송하려 했다. 그는 여행을 하는 동안 로마노프 왕가에게 산속의 은신처를 제공하고, 거기에서 사태를 주시하려고 계획했다. 옴스크 소비에트는 황제의 호위대가 자기 영토를 통과하지 못하게 하고 야코블레프에게 되돌아가라고 명령했다. 처형하겠다는 위협을 받자, 야코블레프는 무릎을 꿇고 말았다.[28]

그 사이에 예카테린부르크 지역 공산당 대회에서 차르를 처형하자는 요구가 나왔다. 활발한 볼셰비키 활동가이자 지역 소비에트 집행위원회 의장으로 이 문제 전체를 관장하던 비옐로보로도프가 니콜라이 2세를 우랄 지역 노동계급의 수도로 인도했다. 전 황제는 기술자인 이파티예프의 훌륭한 집에 묵게 됐다. 이파티예프는 24시간 동안 집을 비웠다. 왕가의 다른 사람들은 23명의 측근과 함께 5월 말에 도착했다. 그러나 황제 가족은 의사인 보트킨(알렉세이 왕자가 늘 건강이 좋지 않았기 때문에 이 의사가 필요했다), 요리사, 사환, 남녀 하인 한 명씩을 제외하고는 모두 내보내야 했다. 이제부터 공장 노동자들이 그들을 감시했다. 그들이 거주하는 방 바로 옆의 복도에서 세 명이 밤낮으로 감시했다. 황제 가족은 하루에 30분 정도만 정원 산책을 할 수 있었다.

그때 우랄 소비에트는 차르의 처형을 요구하고 있었다. 좌파 사회혁명당이 처형을 주장하고 있었다. 볼셰비키를 증오하는 일군의 좌파 사회혁명당원들과 아나키스트들은 이파티예프의 집을 공격할 준비를 했다. 중앙집행위원회 사무국의 견해는 달랐다. 사무국은 우랄 지역 노동자들 앞에서 마지막 차르의 재판을 진행하려고 했다. 재판은 7월 말에 시작됐고, 트로츠키가 검사로 나섰다. 체코군이 접근해 옴에 따라 재판은 더는 진행될 수 없었다. 예카테린부르크 체카는 직전에 장교들의 음모를 적발했고, 세르비아 대사 스팔라이코빅이 보낸 수많은 첩자들을 체포했다. 7월 12일에 소비에트는 더는 재판을 진행할 수 없다고 공표했다. 체코군이 양쪽에서 도시로 다가오고 있었으며, 주말 무렵 도시를 점령할 것으로 예상됐다. 소비에트는 지체 없이 로마노프가를 처형하고, 그들이 남긴 것을 모두 파괴해서 앞으로 유품이 이용되지 못하게 할 것을 결정했다.

베르흐네-이세츠크 공장 노동자인 표트르 자하로비치 예르마코프는 믿을 만한 사람들과 함께 처형 집행을 위임받았다. 7월 15일 한밤중에 니콜라이 2세와 황후, 알렉세이 왕자, 젊은 공작부인 4명, 의사 보트킨, 왕자의 가정교사와 하인 등 총 11명은 넓은 거실에 모이라는 소리를 들었다. 이들은 다시 다른 곳으로 이송되는 것이라고 생각했다. 그들 앞에는 무장한 사람들이 서 있었다. 황제 일행에게 지역 소비에트의 이름으로 사형이 언도됐고, 그들에게는 사형선고를 받아들일 시간조차 남아 있지 않았다. 니콜라이 2세가 놀라서 내뱉은 말은 단 한 마디였다. "그래서 우리가 다른 곳으로 이송되는 게 아니란 말이지?" 그는 너무 놀라 제정신이 아니었다. 몇 분의 시간이 흐르고 나서, 로마노프가 사람들은 탄환 자국이 박힌 벽으로 내동댕이쳐진 시체 더미가 되고 말았다. 그들의 유해는 이불에 둘둘 말려 자동차로 도시에서 8베르스타 떨어진 폐광으로 운반됐다. 그곳에서 사람들은 시체의 옷을 샅샅이 뒤졌다. 공작부인의 옷에서 많은 다이아몬드가 나왔다. 시체를 화장해서 재를 가까운 늪에 뿌렸다. 처리가 너무 치밀했기 때문에, 백군은 2년 동안이나 끈질기게 찾았지만 아무것도 발견하지 못했다. 며칠 뒤, 전에 차르가 왕위를 이양했던 동생 미하일 알렉산드로비치 대공이 사라졌다. 그는 페름에서 자유롭게 살고 있었다. 단호한 성격의 고참 볼셰비키 먀스니코프가 이끄는 노동자들이 7월 12일 밤에 알렉산드로비치를 체포하는 척하면서 납치했다. 지방 당국은 그가 도망갔다고 믿었으나, 사실은 총살당했다.

세르게이 미하일로비치 대공과 이고리·콘스탄틴·이반 콘스탄티노비치 대공들, 팔레이 공, 1905년 암살된 세르게이 대공의 미망인 엘리자베스 표도로브나, 세르비아 헬레나 공주 등 왕실의 다른 친척들은 예카테린부르크에서 북동쪽으로 250마일 떨어진 소규모 공업 도시 알라파예프스크의 버려진 학교에 구금됐다. 이들은 7월 17~18일 밤에 총살됐고 시체는 광산의 수직갱에 던져졌다.

전 러시아 소비에트 집행위원회 사무국은 18일 회의를 하던 중에 로마노프가의 처형을 보고받았다. 그때 사무국은 공중보건에 관한 포고령 초안을 논의하고 있었으며, 세마시코가 보고하고 있었다. 스베르들로프가 회의장으로 들어와 레닌 바로 뒤의 자기 자리에 가 앉았다. 세마시코가 보고를 마쳤을 때, 스베르들로프는 레닌 쪽으로 몸을 기울이고 레닌에게 귓엣말로 몇 마디를 전했다.

"스베르들로프입니다. 발언 기회를 요청합니다."

스베르들로프는 평상시의 목소리로 말했다.

"방금 니콜라이가 예카테린부르크 지방 소비에트의 명령에 따라 총살됐다는 소식이 들어 왔습니다. 니콜라이는 도망치려 했습니다. 그리고 체코군이 접근하고 있었습니다. 베치크 사무국이 처형을 승인했습니다."

회의장에 침묵이 흘렀다.

레닌이 "포고령 문안을 상세히 검토합시다" 하고 말했다.

그 달 19일에 로마노프가의 재산을 몰수한다는 포고령이 발표됐다.[29]

제9장_ **승리 의지와 테러**

사마라 제헌의회

체코군 총검의 보호하에 '민주' 정부가 볼가 지방에 세워졌다. 6월 8일 새벽 체코군이 사마라를 점령했고, 그날 밤 브루슈비트, 포르투나토프, 볼스키, 네스테로프 등 사회혁명당 소속 제헌의원 4명으로 이뤄진 위원회가 권력을 인수해서 사마라에 민주 정부가 세워졌다. 4인위원회는 제헌의회 이름으로 소비에트 해산과 민주적 자유의 부활을 선포했다. 그동안 거리에서는 볼셰비키가 학살당하고 있었다. 4인위원회는 당국에 저항하는 모든 사람의 명단을 지방 군법회의에 제출했다. 8월 9일 특별 권한을 지닌 국가보위부가 창설됐다.

사회혁명당 제헌의회 위원회는 체코군의 뒤를 따라가며 볼가 지방의 도시들에서 권력을 장악했다. 점령된 도시에서는 공산당원이나 공산당원 혐의자들이 처형됐다. 7월 28일자 제헌의회 위원회의 기관지 《베스트니크》('감시자'라는 뜻)에는 "심비르스크에서는 생포된 붉은 군대 병사들이 대부분 처형됐다. 집단 처형이 유행병처럼 난무했다"는 기사가 실렸다. 사마라에서는 위원회가 스스로 즉결 처형 중단 명령을 내려야 했고 "이를 어기면 처형에 대해 소명해야 할 것"이라고 덧붙였다. 이 민주 정부는 자신이 다스리는 지역에서 반동의 폭력으로부터 노동자를 보호하려고 도시에 주둔한 체코군 지휘관에게 구걸할 수밖에 없었다. 체코군이 후퇴하는 붉은 군대를 뒤쫓는 동안 카잔에서는 하얀 완장을 찬 사람들이 무기를 들고 가택을 수색하고 혐의자를 체포하면서 거리를 휘젓고 있었다. 이들은 사전에 준비한 명단을 들고 밀고자들의 안내를 받아 '볼셰비키'를 발견하는 족족 그 자리에서 목을 베었다. 거리는 며칠 동안 형체를 알아볼 수 없고 발가벗겨진 시체들로 뒤덮여 있었다. 부상당한 채로 발견된 붉은 군대 병사는 예외 없이 살해됐다. 몇몇 시체에는 가슴에 문서들이 꽂혀 있었다. 예를 들어 '인민위원'이라는 직함이 보이는 시체의 눈은 도려내져 있었다. 한바탕 풍파가 휩쓸고 난 뒤에도 보복 행위가 이어졌다. 수그러들거나 완화될 기미는 전혀 보이지 않았다. 계급적 증오심이 폭발했다. 옷을 잘 차려입은 광폭한 폭도들이 호위병의 감시를 받으며 지나가는 붉은 군대 포로들을 끌어냈다. 한 목격자는 "젊은 여자가 포로를 세차게 밀어붙이고는 그들의 눈에 침을 뱉었다. 시체가 발밑에서 짓밟히고 있었다. 죽은 사람의 눈이 도림질을 당했다"고 증언했다. 볼셰비키는 간단한 심문 절차를 거친 뒤 처형됐다.

과거의 시 기구들이 다시 세워지고, 자본가 신문도 재발행돼 트로츠키의 도망, 연합국의 불가항력적인 간섭, 붉은 군대 소속 중국인과 라트비아인과 독일인들의 잔학 행위 따위의 기사가 실렸다. 카잔의 대주교는 교회를 지키려고 신자들을 끌어모았다. 대학은 자진해서 정부의 지시를 충실하게 따랐다. "교수들, 장군들, 학생들, 모든 계급의 구시대 인물들이 민병대에 참여했다. 그 덕분에 젊은이들을 전선으로 파견할 수 있었다"(《베스트니크》). 국민군이 창설되고 있었다.

카잔에 예탁돼 있던 러시아 보유금은 반혁명의 손아귀로 떨어졌고, 반혁명측은 꽤 오랫동안 이 금을 반혁명 운동의 돈줄로 쓸 수 있었다. 보유금은 6억 5700만 루블(현 시세로 65억 루블)과 현금 1억 루블에 달했고, 거기다

"엄청난 담보물과 금, 백금 덩어리"까지 있었다.[1]

제헌의회 위원회는 토지 국유화와 대지주 재산 몰수를 승인하는 포고령을 통과시켰다. 그러나 이미 국유화됐거나 시 소유, 또는 압수된 모든 기업체를 옛 소유주에게 되돌려 주었다. 제헌의회 위원회는 자본가계급을 끌어모으려고 과감한 조처를 취하고 생산에 대한 노동자 통제를 폐지했다. 위원회의 강령은 몇 마디로 요약할 수 있었다. 그것은 반동적 제정도 사회주의 실험도 아닌, 자본가 민주주의의 부활이었다.

제헌의회 위원회의 외교정책에 관해서는 스테판 피숑이 사마라 정부의 외무장관 베제냐핀에게 보낸 편지를 통해 앞에서 이미 설명한 바 있다.[2] 사회혁명당 중앙위원 티모페예프와 프랑스 대리인인 샤를 뒤마와 얼리히도 외교정책을 놓고 협상을 벌였다. 그러나 군사작전이 더 중요했다. 프랑스 군사사절단의 알퐁스 귀네 사령관은 체코슬로바키아 민족회의에 영향력을 행사하고 있었다. 연합군의 작전을 지원하려고 심비르스크, 카잔, 사라토프를 신속하게 공격하라고 충고했던 사람도 다름 아닌 알퐁스 귀네였다. 프랑스군 장교 콩도 대위는[3] 카잔의 점령을 독려하려고 심비르스크를 방문했다. 연합국 측에서 볼 때, 제헌의회 위원회는 미래의 러시아 국민정부의 맹아나 다름없었다.

위원회는 어떠한 사회 세력에 의존하고 있었을까? 이 민주주의적 반혁명 정부의 전직 장관이었던 멘셰비크 마이스키는 이 점에 대해 정확한 기록을 남긴 바 있다. 위원회가 멘셰비키의 지원을 받아 대볼셰비키 결의안을 신속하게 통과시켜서 '소비에트'를 온건하게 만들고자 했던 시도는 완전히 좌절됐다. 노동계급이 지극히 적대적인 태도를 보였기 때문이다. 농촌에서 동원도 처참하게 실패했다. 동원된 인원은 전부 합쳐 1만 5000명도 채 안 됐는데, 그나마 백군 장교들의 감시 아래 병영으로 끌려나온 사람들이었다. 원래 위원회가 동원에 응할 것이라고 예상했던 인원은 5만 명이었다. 살던 마을에서 무력에 의해 질질 끌려온 젊은 농민들로 이뤄진 이런 군대는 전혀 믿을 수 없었다. 이들 가운데는 직속 상관을 줄로 묶어 붉은 군대에 투항하는 사람도 많았다. 프티부르주아 계급만이 새로운 정부를 열렬히 환영했다. 그러나 새 정부의 민주주의적 환상, 러시아 공화국과 붉은 깃발('사회주의 혁명가들'은 여전히 공공 건물에 이 깃발을 게양하고 있었다)에 대한 집착은 곧바로 왕당파, 자유주의 기업가, 성직자가 대부분이었던 장교들을 어리둥절하게 만들었다. 일종의 군사독재를 갈망했던 자본가계급은 점차 민주주의적 환상을 희석화된 볼셰비즘 변종으로 보기 시작했다. 자본가계급은 자신의 때를 기다리고 있었다.[4]

테러를 향하여

계급 전쟁이 야금야금 농촌 지역으로 침투했다. 쿨라크는 곡식을 숨겼고, 식량징발대가 접근하면 종소리를 울렸으며, 계속되는 전투에 참여하기도 했다. 그러나 곡식을 찾으려고 온 노동자가 한밤중에 남모르게 살해되는 일도 많았다. 빈농들은 식량 공급 기구를 대신해 활동했던 여러 위원회를 조직하고, 자발적으로 징발에 나섰다. 가장 작은 규모의 촌락에서도 곡식을 둘러싸고 끔찍한 전쟁이 불길처럼 번지고 있었다. 붉은 군대가 이 전쟁에 개입하기도 했다. 신문은 이런 사건에 대한 보도로 가득했다.

오렐 주의 스미르보 지역. 붉은 군대 파견대가 곡식을 가져가려고 오자 쿨라크는 "당신들 손으로 지은 농사도 아니면서 무슨 권리로 곡식을 **빼앗아**가려는 거냐?"고 소리쳤다. 쿨라크를 설득하는 것은 불가능했다. 쿨라크는 파견대에 총을 쏘아 인민위원과 병사 여러 명을 죽였다. 지방 집행위원회가 장갑차로 무장한 강력한 파견대와 함께 왔다. 쿨라크는 좋은 교훈을 터득했다[8월 21일 — 세르주].

신부가 교회 재산을 공격하는 사람들에게 장례미사 집전을 거부한 사건도 있었다. 오렐에서 멀지 않은 리브니에서는 지역 전체가 반란을 일으켜 전투와 뒤이은 탄압 와중에 반혁명주의자들이 300명 넘게 살해됐다(8월 20~23일).

도시의 기근은 정말 심각했다. 식량 공급으로 빵 대신에 빻지도 않은 곡식이 분배되는 일도 많았다. 빵이 공급되더라도 지푸라기가 들어 있거나 잡다한 곡식을 뒤섞어 만든 것이 나오기도 했다. 개인 빵집은 문을 닫았고, 포고령에 따라 모든 식료품과 생필품 가격이 고정됐다. 그럼에도 주민들은 비싼 돈을 내고 매점매석된 물건을 사서 쓸 수밖에 없었다(투기는 불법이었으나 대규모 상설 시장이 있는 지역에서도 공공연했고, 때로는 군인들이 즉석에서 곡식을 몰수할 태세로 포위하기도 했으나 아무 소용이 없었다). 엄밀한 의미에서 보면 물물교환이 점차 상업을 대체했고, 현물거래가 이루어지면서 화폐도 쓰이지 않게 됐다. 페트로그라드에서 발행된 〈크라스나야 가제타〉는 도시에 필요하지만 돈이 없어 사올 수 없는 연료 문제에 대한 기사를 실었다. "우리가 비축해 놓은 구리를 [외국 구매자들에게 ― 세르주] 넘겨주고 석탄을 구할 수 있을 것이다." (8월 1일) 사람들은 계속 도시를 떠났다. 부자들은 재산을 암시장에서 다이아몬드나 외국 화폐로 바꾸고 해외로 빠져 나갔다. 물론 여기에는 적잖은 위험이 뒤따랐다. 곡식이 있다는 말에 현혹돼 농촌으로 떠난 사람도 부지기수였다. 1915년 11월 1일 231만 9000명이었던 페트로그라드 인구는 1918년 7월 1일 148만 명으로 줄었고 그 뒤에도 급감했다.[5]

주민들의 불만이 높아졌다. 인민위원회는 유대인 혐오가 '불법'이라는 포고령을 발표했다. 모든 반혁명가(주로 장교들) 집단과 부패 관리, 반란을 도모한 사람들이 한 번에 5명, 10명 또는 15명씩 처형됐고, 처형의 빈도도 늘어나고 있었다. 아직까지는 그런 처형을 테러라고 할 수는 없었다. 그저 테러의 뚜렷한 조짐이었을 뿐이다. 밤이 되면 도시는 매복과 음모로 긴장된 어둠 속에 빠져들었다. 페트로그라드 수비대 사령관은 병사들에게 "탄약을 아껴 쓰라는" 특별명령을 내려야 했다(8월 17일).

　공장과 작업장의 노동자는 식량징발대와 붉은 군대로 징집됐다. 소비에트가 의무노동제를 도입하여 자본가계급을 공공 작업에 동원하는 일이 많았다. 8월 3일, 북부코뮌(페트로그라드)의 언론인민위원 쿠즈민은 세 가지의 부서 방침에 따라 모든 자본가 간행물을 폐지했다. 그 가운데 일부는 그때까지도 출판되고 있었다. 체카는 식량 파괴자를 "무자비하게 처형할" 것이라고 발표했다. 8월 24일 모든 도시에서 주택의 사적 소유를 폐지한다는 포고령이 발표됐다.

　체카가 색출해 신속하게 일망타진한 반혁명 조직들을 체계적으로 정리하는 것은 불가능에 가깝다(체카는 반혁명 조직의 성격을 진지하게 분석하느라 시간을 낭비하지는 않았다). 예컨대, 폴란드 군단은 볼로그다에서 600명쯤 체포되자 붕괴했다. 프랑스 군사사절단은 프랑스 시민증을 가진 폴란드 출신 반혁명가들을 이 도시로 파견했다. 그들은 그때 한창 창설 중인 폴란드 군대의 요원들로 추정된다. 주로 장교들로 이뤄진 대규모 조직 두 개가 적발됐다. 그중 하나는 사빈코프의 조직과 비슷하게 수송 체계를 파괴하는 임무를 맡고 있었는데, 틀림없이 사빈코프의 조직과 일정한 관계를 유지하고 있었을 것이다. 다른 조직은 입헌민주당원들, 말하자면 자유 자본가계급의 첩자들로 이루어져 있었다. 모스크바에서 150명이 체포됐다. 체카는 소리 없이 임무를 수행했다. 이런 사건들은 신문에 거의 보도되지도 않았고, 은밀히 처리됐다. 그럼에도 실제 처형이 실시되는 경우는 여전히 아주 드물었다.

　결국 북부코뮌 인민위원회 의장 지노비예프는 이제부터는 러시아 공화국의 적대 세력을 처형하겠다는 경고를 발표했다. 반혁명을 선동한 자, 명령 불복종으로 재판에 회부된 붉은 군대 병사, 백군이나 외국 군대를 도와준 자, 염탐꾼, 부패한 자, 살인자, 절도범, 강도, 사보타주 참가자, "그 밖의 범법자"는 "즉시 사형에 처할" 것이다. 체카가 총살형을 집행하고, 사형수 명단이 신문에 공개될 것이다(8월 18일). 이 규정에는 예비 재판이 들어 있지 않았다. 죄목이 아주 많고 모호했기 때문에 체카가 사실상 무제한의 강력한 권력을 행사하게 됐다. 이제야 테러의 무기가 갖추어진 셈이다. 그러나 혁명은 지금 모의 중인 암살 기도가 실행된 뒤에야 그런 무기를 사용할 터였다.

카메네프가 러시아로 돌아오자 혁명을 대하는 강대국의 태도에 대해 여전히 남아 있던 환상마저 산산이 깨졌다. 카메네프는 4월에 서유럽으로 떠났다. 공산당 중앙위원회는 그에게 소비에트의 진실을 서구 사회주의자들과 대중에게 알리는 임무를 부여했다. 그리고 틀림없이 서구의 정부들과 공식 협상을 시작하라는 임무도 부여했을 것이다. 카메네프가 어디 가든 밀정이 따라붙었고, 유럽의 언론들은 온갖 욕설로 그를 비방했다. 프랑스는 그의 입국을 거절했고, 영국은 그를 추방했다. 핀란드의 백군은 러시아로 돌아가는 그를 붙잡아 몇 개월 동안 감옥에 가둬 두기도 했다. 그런 카메네프가 이제 막 돌아와, 러시아 노동계급에게 "동지들, 우리는 혼자입니다" 하고 말했다(8월 7일, 페트로그라드 소비에트에서 한 연설).

러시아 공화국도 이제 다른 강대국에 대한 태도를 바꾸었다. 레닌, 치체린, 트로츠키가 서명한 간섭 중단 호소문이 프랑스, 영국, 미국, 이탈리아, 일본의 노동자에게 발표됐다.

연합국이 우리의 숭고한 저항 임무를 돕겠다면, 우리 철도와 경제를 복구하는 데 도움을 줄 수 있도록 허용할 것이다. 허약한 러시아는 자기방어할 수 있는 처지가 아니기 때문이다. 그러나 연합국은 우리의 호소에 응하지 않았다. 연합국의 생각은 전에 프랑스 자본이 러시아를 전쟁에 끌어들이려고 차르 정권에 제공했던 차관의 이자를 받겠다는 것뿐이다. 러시아 인민은 그동안 흘린 피의 강물과 산더미 같은 시체로 이미 그 이자를 다 갚았다.

너무나 오랫동안 우리는 제국주의 대표들의 지독한 모욕을 감내했고, 얼마 전까지만 해도 차르 체제에 아부하던 제국주의 대표들이 러시아에 체류할 수 있도록 허용했다. … 제국주의 대표가 음모에 가담했다는 사실이 분명히 입증됐지만, 우리는 제국주의 대표들에게 결코 보복하지 않았다.

그때까지 독일군에 점령돼 있던 우크라이나가 이제 막 불타는 용광로로 돌변했다. 7월 30일 좌파 사회혁명당의 테러리스트 보리스 돈스코이가 키예프에서 [독일]야전군 사령관 아이히호른을 암살했다. 7월 중순부터 8월 중순까지 철도 노동자들은 파업과 사보타주로 침략자에 맞서 투쟁했다. 주요 철도를 운영하려면 독일의 철도 노동자를 데려와야만 했다. 8월 7일 비밀 조직인 우크라이나 군사혁명위원회는 카자흐 족장 스코로파츠키와 점령군에 대해 전쟁을 선포했다. 모든 곳에서 한꺼번에 농민 봉기가 터져 나왔다. 폴타바, 키예프, 츠르니고프, 예카테리노슬라프에서는 전쟁의 불길이 타올랐다. 아나키즘을 신봉하는 교사이자 전에 정치범으로 수감된 경력이 있는 네스토르 마흐노가 동료 15명과 함께 굴라이–폴리예에서 게릴라 전투를 시작했다. 이들은 무기를 얻으려고 독일군 보초들을 공격했다. 마흐노는 나중에 완벽한 군대를 만들 생각이었다.[6] 독일군은 이런 운동을 탄압했고, 그 와중에 전쟁 포로를 무더기로 처형하고 촌락까지 불태웠다. 그러나 독일군은 이런 운동을 막기에는 역부족이었다.

반혁명 집단의 암살 기도

포위당하고 굶주림으로 고통받고 있으며, 음모가 들끓는 러시아 공화국에서 반혁명 집단의 암살 기도는 공화국 대표들에게 심각한 타격일 수밖에 없었다. 노동계급의 진정한 지도자는 누가 대신할 수 있는 것이 아니다. 그래서 지도자의 구실은 매우 중요한 것이다. 개인적 장점과 권위, 영향력 등 이 모든 것은 노동계급이 시간과 그 무엇으로도 대체할 수 없는 여러 사건의 도움을 받아 만든 역사적 산물이다. 고급문화를 맘껏 누리던 지배계급은 과거의 황금기에 자신들에게 필요한 지도자를 많이 배출할 수 있었다. 반면에 억압에 시달리고 문화 혜택마저 누리지 못하던 노동계급이 현재 상태에서 지도자의 부재나 죽음의 공백을 메우는 길은 정치적 조직화뿐이었다. 위기의 시기에 노동계급은 이런 중대한 문제에 부딪힐 수밖에 없었다. 독일 노동계급 운동에는 10년이 지난 뒤에도 여전히 카를 리프크네히트와 로자 룩셈부르크를 대신할 수 있는 인물이 없었다. 그래서 노동운동 지도자들이 혁명을 망치고 있다. 우파 사회혁명당의 테러 전통은 사람들의 생각을 끈질기게 이런 방향으로 몰아갔다. 사실 사회혁명당 중앙위원회는 차르 체제가 무너졌으니 개인적 암살 기도를 더는 허용할 수 없다고 선언한 바 있었다. 그러나 제헌의회 해산, 브레스트리토프스크 강화조약 체결, 연합국의 압력 증대 등이 잇따르자 사회혁명당의 정서와 정책은 중대한 변화를 겪게 됐다. 5월 7~14일 열린 사회혁명당 제8차 전국협의회는 러시아에 대한 외국의 간섭 원칙을 승인했다. 그들의 말은 하다못해 거짓으로라도 속셈을 감추려 하지 않았다.

사회혁명당 제8차 전국협의회는 볼셰비키 정부의 정책이 러시아의 독립 자체를 위협한다고 보고, 이 위협을 제거하려면 볼셰비키 정부를 곧 해산하고, 보통선거로 선출된 합법적 정부로 권력을 이양해야 한다고 생각한다. … 그런 정부는 외국 세력이 러시아 국내 문제에 간섭하지 않고 러시아의 영토적 통일이 보장된다는 조건하에 순수하게 전략적 목적을 위해 연합국 군대가 러시아 영토로 들어오는 것을 허용할 수 있을 것이다.

이런 말은 볼셰비키와 싸우는 것이라면 어떤 방법도 정당하다는 것이나 다름없다. 말하자면 테러리스트의 브라우닝 자동소총이 체코군의 비행기에서 나올 것이라는 말이나 다를 바 없다.

페트로그라드에는 소수 정예 테러리스트 단체인 사회혁명당 '전투조직'이 있었다. 이 단체는 어느 정도 중앙위원회에서 독립적이었고, 필요하다면 중앙위원회가 이 조직의 존재 자체를 부인할 수도 있었다. 이 단체는 우리츠키와 지노비예프를 밀착 감시했고, 이들을 제거할 준비가 돼 있었다. 이 단체는 이미 인민의 보호자인 볼로다르스키를 암살한 바 있었다. 이 단체의 우두머리는 세묘노프였는데, 그는 1921년에 볼셰비키에 투항해서 전에 자신이 몸담았던 당의 테러 활동을 낱낱이 털어놓았다. 이 단체 조직원 중 약 10명이 레닌과 트로츠키를 한꺼번에 암살하려고 모스크바에 집결한 적 있었다. 이들은 모스크바를 네 지역으로 나누고, 각 지역에 염탐꾼과 암살자를 한 명씩 배치했다. 이들은 금요일마다 레닌이 참석해 연설하는 대중 집회장에 나가 레닌을 저격할 기회를 노렸다. 이런 감시는 약 5주 동안 지속됐다. 암살 임무는 코노플레바와 카플란이라는 여성 두 명과 우소프와 코즐로프라는 노동자 두 명이 맡았다. 그 노동자 두 명은 레닌을 만나고 나서 주눅이 들었다. 우소프는 나중에 "나는 두려웠고, 신념마저 잃었다. 나는 조직을 떠나야만 했다"고 털어놓았다.

지난번 금요일처럼 8월 30일에도, 테러리스트들은 대규모 노동자 집회에서 레닌을 기다리고 있었다. 미첼손 공장 외부에 배치된 사회혁명당 소속 고참 노동자인 노비코프는 레닌이 도착하는 것을 보았다. 전에 아나키스트였던 테러리스트 판니 카플란은 권총으로 무장하고 강당 안에 들어와 있었다. 권총에는 단체의 우두머리인 세묘노프가 독약을 묻혀 둔 총알이 들어 있었다. 레닌은 혼자 왔다. 호위하는 사람도 없었고 그를 환영하는 행사도 없었다. 레닌이 밖으로 나오자 노동자는 그의 자동차에서 멀지 않은 곳에서 한동안 그를 둘러싸고 있었다. 그 순간 카플란이 레닌을 향해 총을 세 번 쏘았고, 레닌은 목과 어깨에 심한 상처를 입었다. 운전사는 차를 몰아 레닌을 크렘린으로 이송했다. 레닌은 아무 말도 하지 않고 온 힘을 다해 계단을 올라가 2층으로 갔다. 그런 뒤 레닌은 심하게 앓았다. 사람들은 레닌을 많이 걱정했다. 목의 부상은 아주 심각했다. 한동안 레닌이 죽을 것이라고들 생각했다. 레닌은 부상당했지만, 죽을 힘을 다해 이겨냈다. 그는 약 10일 동안 병상에 누워 있었다.

5일 뒤 사회혁명당 중앙위원회는 자신들이 암살 기도와 "전혀 무관하다"고 밝혔다(사회혁명당 중앙위원회는 볼로다르스키가 암살된 뒤에도 똑같이 말했다). 사회혁명당 중앙위원회로서는 보복도 두렵고, 암살 기도 자체가 대중의 미움을 살 행위임을 잘 알고 있었으므로 그렇게 부인할 수밖에 없었다. 사회혁명당 중앙위원회가 암살을 부인하자 테러리스트들은 가장 비참한 결과를 맞았다. 사회혁명당은 당의 전투조직이 행동에 나서야 한다고 주장하고, 또 실행에 옮긴 일을 칭찬하는 전통을 유지해 왔다. 암살에 참여한 사람 한 명은 "우리는 중앙위원회 이름으로 죽으러 가는데, 중앙위원회는 우리를 부인하고 있다!"고 외쳤다. 그러나 사회혁명당 지도자들의 이중성은 너무 파렴치했다. 중앙위원회가 암살 기도를 부인하는 바로 그 순간에도 사회혁명당원들은 트로츠키의 열차를 전복시킬 준비를 하고 있었다. 사회혁명당 지도자들은 붉은 군대의 지도자가 사라지면 전선 자체가 완전히 무너질 것이라고 생각했다. 크렘린 주변, 전쟁인민위원회, 국방부 건물에서 트로츠키에 대한 염탐이 계속됐다. 트로츠키가 탄 열차를 폭파하는 임무를 띤 5명의 요원들은 전문 테러리스트에게 기술 훈련을 받았다. 트로츠키는 9월 6일 전선을 향해 출발할 예정이었다. 두 명의 테러리스트(그중 한 명은 여자였다)가 기차역에서 트로츠키를 기다리고 있었다. 만약 트로츠키가 그 두 명의 저격을 모면하더라도 다음에는 헬레나 이바노바가 트로츠키의 열차를 폭파시킬 예정이었다. 헬레나 이바노바는 밤새 카잔행 철도에서 기다렸으나 헛일이었다. 트로츠키는 니즈니노브고로드행 철도로 출발했던 것이다.

두 수도에서는 음모가 횡행했다. 레닌이 모스크바에서 저격당한 바로 그 날, 페트로그라드 체카 의장인 우리츠키가 사회혁명당 소속 학생인 카네기세르에게 살해당했다.[7] 그 뒤 카네기세르는 영국회관으로 피신하려 했다. 그는 사회혁명당 중도파보다 훨씬 더 우익적인 민중사회당 당원이었다. 이들의 행동은 외국의 간섭 세력과 어떤 직접적 관계가 있었을까? 프랑스 군사사절단의 암호 해독가였던 피에르 파스칼은 "나는 개인적으로 테러 관련 전보를 해독한 적 있다. 나는 프랑스 군사사절단이 러시아에서 자행되는 암살 행위를 부추겼다고 분명히 밝힐 수 있다"고 말했다.[8] 영국 첩자들이 레닌과 트로츠키를 암살하려고 어떤 준비를 했는지 간략히 살펴볼 것이다. 마지막으로, 사빈코프는 체코슬로바키아 민족회의의 첩자가 자신에게 자금을 지원하면서, 테러를 실행하는 데 그 자금을 쓰기를 원했다고 증언했다.

9월 사태

이런 잔학 행위들이 동시에 일어나자 마침내 당과 노동계급 내에서 무서운 분노의 물결이 일었다. 이제는 혁명이 모든 것을 분쇄하든지 아니면 혁명이 무너지든지 둘 중 하나라고 생각하게 된 것이다. 혁명은 외부의 적을 타도하려면, 그 전에 내부의 적부터 무찔러야 했다. 페트로그라드에서 발행되는 〈크라스나야 가제타〉에는 다음과 같은 기사가 실렸다.

이제 우리 차례다. … 우리는 한 사람의 죽음을 수천 명의 죽음으로 응징하겠다고 말했다. 이제 그 말을 실천에 옮겨야 한다. 순결한 피를 흘리기를 두려워하는 연약한 자들은 가라! 자본가계급이 노동계급 여성과 아이들의 삶이 파탄난 것에 대해 양심의 가책을 조금이라도 느끼겠는가? 자본가계급 중에서 죄 없는 자는 아무도 없다. 레닌의 피가 한 방울 떨어질 때마다 자본가계급과 백군은 수백 명의 목숨으로 대가를 치러야 한다. … 혁명의 이익을 위해 자본가계급의 육신을 제물로 삼아야 한다. 아무도 자본가계급을 불쌍히 여기지 않을 것이다. 이제는 우리가 피도 눈물도 없는 비정한 사람이 돼야 할 때다[8월 31일 — 세르주].

이 글은 [소비에트] 정권에 적극적으로 충성한 몇몇 자본가들만이 용서받을 자격이 있다고 강조했다. 그날 저녁 이 신문에는 다른 사설 하나가 실렸다.

피에는 피! 그러나 그럴 수는 없다. 우리가 대량 학살을 저지를 수는 없다. 만약 학살이 벌어지면 자본가계급을 적대하는 사람들도 살해당할 수 있고, 인민의 진짜 적들이 도망칠 수도 있기 때문이다. 우리는 조직적으로 자본가계급, 배부른 자들, 그들의 하수인을 색출해 낼 것이다.

다시 말해, 테러를 억제하기 위해 테러를 조직한다는 것이다.

9월 2일 체카는 즉결 처형을 단행했고, 소비에트 정부도 외국의 간섭에 단호히 대처하기로 결정하고 영국 사절단을 급습해 영국 대리대사 록하트를 체포했다. 즉시 영국·프랑스의 음모가 백일하에 드러났다. 중앙집행위원회의 선언에 따라 러시아는 무장 진지로 전환됐고, 이 진지의 방어는 트로츠키가 이끄는 혁명전쟁위원회에 위임됐다(이 책에서는 '혁명군위원회'와 '혁명전쟁위원회'라는 명칭을 혼용할 것이다. 두 명칭 모두 정확한 번역이며, 명칭은 둘이지만 같은 기구를 지칭한다). 다음날 내무인민위원 페트로프스키가 서명한 포고령에 따라 적색 테러는 합법적 조처가 됐다. 이 명령이 떨어지기 전까지 소비에트는 핀란드와 우크라이나, 체코군이 점령한 지역에서 자행된 노동자 대량 학살에 대해 미미한 보복 조처만을 취했다.

이런 식의 관대함, 느슨함은 끝났다! 지방 소비에트가 파악하고 있는 우파 사회혁명당은 모두 곧 체포될 것이다. 수많은 자본가와 장교를 인질로 체포할 것이다. 백군 수비대가 조금이라도 저항하거나 움직이는 기색을 보이면 모두 총살할 것이다. 이제 논쟁은 필요 없다. 지방 집행위원회가 앞장서서 이 방침을 실행해야 한다. … 이런 조처들은 곧바로 법률로 제정될 것이다. 이런 임무에 미온적으로 대처하는 지방 당국은 곧바로 인민위원회에 보고될 것이다.

9월 7일 페트로그라드 체카는 10명의 우파 사회혁명당 당원을 포함해 512명의 반혁명가를 총살했다고 발표했다. 며칠 뒤, 페트로그라드에서 발행되는 신문에 수많은 체포자 명단이 실렸다. 총 500~600명에 달하는 대공들, 귀족들, 다양한 계급의 장교들, 우파 저널리스트들, 금융가들, 기업가들, 상인들이 체포됐다. 9월 중순경 열린 북부코뮌 특별위원회 협의회에서 나온 구두보고에 따르면, 크론시타트에서 500명의 반혁명가들이 총살됐다고 한다. 모스크바에서 처형당한 사람 수는 훨씬 적었다. 그리고 총살당한 사람 명단이 일반인들에게 공개됐다. 모스크바에서 10일 동안 벌어진 테러에서 몇몇 대공들, 전직 장관 흐보스토프, 프로토포포프, 셰글로비토프와 마클라코프, 몇 명의 장교와 전직 경찰들, 공갈범들, 무기 소지죄로 기소된 변호사 등 약 60명이 처형됐다.

여러 지방에서 전개된 적색 테러는 대강의 규모조차 파악하기 힘들다. 신문에 난 너무 단편적인 정보, 뚜렷하지 않은 특징들만을 알 수 있을 뿐이다. 페름에서는 50명의 인질이 처형됐고, 그 뒤 36명이 또 처형됐다. 트베르에서는 단지 150명이 체포·투옥되는 데 그쳤다. 9월 25일 첫날 귀족한 명과 장교 몇 명을 처형했던 펜자에서 "노동자 예고로프 피살에 대한 보복으로 152명을 처형했다"는 내용의 전보가 왔다. 코스트로마에서 7명의 백군 병사를 처형하고 "대자본가들을 체포했다. 지금 그들은 막사 청소를 하느라 얼이 빠져 있다"는 전보가 왔다. 니즈니노브고로드에서는 41명의 목사, 장교, 경찰관, 자본가가 처형됐다. 뱌트카 근처의 오를로프에서는 23명을 처형했고, 슈이에서는 8명을 처형했다. 쿠르스크에서는 9명을 처형했다. 키르마라는 소도시의 체카는 "처형된 12명의 반혁명가, 폭도, 도둑, 사기꾼" 명단을 모스크바에 보냈다. 대규모 섬유공업 중심지인 이바노보-보즈네센스크에서는 184명을 체포하고 집단수용소를 세웠지만, 정작 처형된 사람은 소수에 지나지 않았다.

9월 5일 이후 당은 테러를 완화하기 위한 여러 가지 조처를 취했다. 페트로그라드의 〈크라스나야 가제타〉에는 "자본가들은 끔찍한 교훈을 얻었다. … 우리가 평화롭게 새로운 삶을 건설하는 것을 적들이 방해하지 못하게 만들자. 적들이 우리를 건드리지 않는다면 우리도 그들의 끓어오르는 증오를 무시한 채 그들을 잡으러 다니지 않을 것이다. 백색 테러가 다시 시작되기 전에는 적색 테러도 없을 것이다. 자본가계급의 운명은 그들 자신의 손에 달려 있다"는 기사가 실렸다. 9월 6일 신문에는, "백군 수비대가 자기 인질의 생명을 위협하는 모험을 감행할까? 국내 전선은 안정됐다. 자본가는 테러를 당했고 그들의 투쟁 조직도 무너졌고 그들의 음모는 적발되고 음모를 꾸민 자들은 처벌됐다. … 이제부터는 전쟁터로 가자"는 기사가 실렸다. 그러나 사실 이 9월 한 달은 프랑스 혁명기와 너무 닮았다. 프랑스혁명처럼 또 프랑스혁명 때와 비슷한 이유로 테러의 시대가 열렸던 것이다.

록하트 사건

　체카는 반혁명 음모의 끈이 모두 러시아 주재 외국 사절단과 연결돼 있다는 사실을 이미 오래 전부터 알고 있었다. 우리츠키가 살해된 바로 그날, 체카는 페트로그라드 주재 영국 영사관을 습격했다. 그곳에서 약간의 유혈 충돌이 일어났다. 크로미 대령이 저항했으나 곧 살해됐고,[9] 체카 요원도 한 명이 죽고 두 명이 다쳤다. 마침내 체카는 영국 영사관에 숨어 있던 반혁명가 여러 명을 체포하고 무기와 서류들도 압수했다. 모스크바 주재 영국 대리대사 록하트는[10] 몇 주 동안 아주 개인적인 사생활까지도 세심하게 감시당했다. 대다수 외국인 염탐꾼들처럼, 록하트는 주로 그때 창설 중이던 붉은 군대, 특히 라트비아 부대에 관심이 많았다. 그 부대의 규율과 조직은 특이했다. 록하트는 라트비아 장교와 접촉하고, 그 장교를 프랑스 영사 그레나르와 시드니 렐리 중령에게 소개했다. 그러나 록하트는 자신이 붉은 군대의 이중 첩자와 만나고 있다는 사실을 전혀 몰랐다. 따라서 체카는 처음부터 이 사실을 잘 알고 있었다. 모스크바와 페트로그라드에는 스파이 조직과 반혁명 조직이 있었다. 영국인 장교 렐리와 프랑스인 장교 베르탕몽이 칼라마티아노라는[11] 일반인과 함께, 군사사절단이 철수하고 난 뒤 그들에게 위임된 러시아 내 정보 작전을 책임지고 있었다. 그들은 9월 중순 볼로그다를 점령하고 모스크바에서 쿠데타를 일으킬 계획이었다. 크렘린에서 인민위원회가 열리면 인민위원들을 체포하기로 했다. 인민위원들의 근무 방식을 잘 알고 있었던 렐리는 한꺼번에 레닌과 트로츠키를 체포하는 것이 중요하다고 생각했고, 크렘린 수비대를 매수할 수 있다고 확신했다(시드니 렐리 중령은 1928년에 소련 영토에서 총살당했다). 레닌과 트로츠키를 체포하면 "[렐리의 말을 빌리면 ─ 세르주] 현장에서 사살하는 것이 가장 안전하지만"[12] 곧바로 아르한겔스크로 압송할 예정이었다. 록하트는 붉은 군대 장교에게 여러 차례에 걸쳐 총 120만 루블을 전달했다. 록하트는 붉은

군대 장교에게 영국 사절단의 표제와 도장이 찍힌 위조문서를 건네기도 했다.[13]

붉은 군대 당국은 폭발물과 음모자 명단, 군 문서를 적발했고, 영국과 프랑스가 페트로그라드의 식량 공급을 중단시키려고 다리 두 개를 폭파하려 했다는 사실도 알게 됐다. 8월 31일~9월 1일 밤에 체카는 한 비밀 모임을 급습했다. 체포된 사람들 중에는 처음에 이름을 밝히려 하지 않은 영국인이 한 명 있었다. 그가 바로 록하트였다. 록하트는 곧 풀려났으나 며칠 후 다시 크렘린에 억류됐다. 그곳에서 록하트는 매우 정중한 대접을 받았는데, 그 때문에 체카의 요원인 표트르에게 특별히 감사를 표할 정도였다. 라베르뉴 장군과 그레나르 영사는 노르웨이 공사관으로 피신해 체포를 면했다. 노르웨이 공사관은 붉은 군대의 삼엄한 감시를 받았다. 이즈음 리트비노프와 몇몇 볼셰비키가 영국과 프랑스에서 억류당했다. 외무 인민위원회는 포로 교환을 제의해 성사시켰다.

전 세계 언론은 볼셰비키가 외교관의 치외법권과 면책특권을 침해했다고 격렬하게 비난했다. 볼셰비키는 스스로 '문명의 법'을 어겼다. 영국과 프랑스 정부는 자기들이 억류하고 있는 볼셰비키에게 보복하겠다고 위협했다. 그럼에도 소비에트 영토에서 강대국의 음모는 실패로 끝났다.[14]

스비야시스크

바로 이 순간 모스크바 철도의 카잔 역에서 약 4마일 떨어진 작고 이름 없는 기차역에서 혁명의 운명이 결정되고 있었다. 파죽지세로 치닫던 체코군과 백군은 바로 이곳에서 급조되고 볼품없는 참호에 부딪혀 더는 전진할 수 없었다. 그 참호 저편에는 강철 같은 의지 말고는 아무것도 가진 것이 없는 병사들이 버티고 있었다. 8월 8일 동부전선이 완전히 혼란에 빠지자 트로츠키는 특별열차를 타고 카잔으로 출발했다. 가장 믿을 만한 핵심 당원 가운데 선발한 약 200명이 트로츠키와 함께 갔다. 기차는 도중에 철도노동자의 저항을 물리쳐야 했으므로 천천히 달릴 수밖에 없었다. 카잔행 철도는 매우 위험했기 때문에 엄한 군기로 단련된 이 열차 승객들조차 여러 번 경계 태세를 갖춰야 했다. 백군이 방금 카잔을 점령했다. 비교적 최근에 창설된 붉은 군대의 일부 연대는 적을 만나면 장교들의 배반 때문에 부대가 와해됐다. 붉은 군대의 혼란으로 급기야 총사령관 바체티스가 백군에게 체포됐고 바체티스는 자신을 따르는 몇 사람과 함께 탈주자와 추적자들을 따돌리고 가까스로 도망쳤다. 남아 있는 소비에트군 병력은 볼가강변에 있는 스비야시스크의 작은 기차역을 사수하고 있었다. 트로츠키의 기차가 멈춘 곳이 바로 이 역이었다. 기관차가 떠나자 황량한 역 마당에는 총참모부 근무자들과 혁명재판소, 아직은 구상 단계에 불과한 군의 여러 부서가 사용하는 객차 몇 량 말고는 아무것도 남아 있지 않았다(트로츠키의 기차는 전설적 존재가 됐다. 이 기차는 4년 동안 모든 전선을 누볐다. 이 기차에서는 언제나 혁명군사위원회 회의가 열렸다. 그러나 처음에 스비야시스크에 왔을 때는 이런 조직과 장비들이 없었다.) 곧이어 다른 기차 하나가 "300명의 기병대 병력과 비행기, 자동차 5대 분량의 기름을 실은 주유 트럭, 무선전신국, 인쇄소, 재판소를 싣고 왔다. 간단히 말해 작은 군부대 하나가 도착한 것이다."[15]

스비야시스크는 체코군이 니즈니노브고로드에 이르는 하상도로와 카잔발 모스크바행 노선에 접근할 수 없도록 막았다. 스비야시스크의 방어자들은 스비야시스크가 러시아의 중심부로 향하는 요충지이며, 마지막 한 사람까지 죽을 각오로 방어해야 할 최후의 요새라는 점을 알고 있었다.

깨진 유리 조각이 널려 있는 기차역 바닥에 짚더미를 깔고 잠자던 사람들은 아무것도 두려워하지 않았다. 승리의 희망조차 거의 포기한 상태였다. 그 누구도 이번 일이 언제 끝날지에 관심을 보이지 않았다. … 일상생활은 언제나 경이로운 활력으로 충만해 있었다. 비행기 한 대가 기차역으로 다가와 폭탄을 투하했다. 대포를 발사하는 묵직한 소리나 넌더리나는 기관총 소리가 가까워졌다 멀어지곤 했다. 너덜거리는 망토에다 헐렁한 구식모자, 다 떨어진 군화를 신고 있는 병사. 이것이 바로 스비야시스크 수비대의 모습이었다. 그 병사는 시계를 들여다보고 씩 웃으며 중얼거렸다. "새벽 3시나 4시, 또는 6시 20분에도 나는 여전히 살아 있을 걸. 그러면 … 스비야시스크도 사수되겠지. 트로츠키의 기차가 저기 있군. 정치부 창문에서 불빛이 비치네. 또 하루가 지났어." 의약품도 없는 것이나 마찬가지였으니, 의사가 무슨 수로 부상자를 치료하는지 도대체 알 수가 없었다. 상황이 너무나 비참해서 부끄러움이나 공포 따위는 잊은 지 오래였다. 수프를 얻으러 갈 때마다 병사들은 죽은 사람이나 들것에 실린 부상자들을 지나쳤다. 그때 8월의 우기가 시작됐다. 방어진은 보잘것없었고, 무기조차 변변한 것이 없었다. 그러나 단 한군데도 뚫린 적이 없었고, 교량도 우리가 통제하고 있었다. 후방에서 지원군이 도착하기 시작했다.[16]

통신도 이제 복구됐다.

트로츠키의 탁월한 조직력이 진가를 발휘하기 시작했다. 공공연히 사보타주에 돌입한 철도를 통해 트로츠키는 새로운 무기뿐 아니라 방어와 공격에 필요한 모든 것을 스비야시스크로 가져올 수 있었다. 그것도 1918년이라는 시점에서 말이다. 이 시기는 동원 해제 열기가 여전히 뜨거운 때였고, 멋진 군복을 입은 병사들이 모스크바 거리를 행진하는 광경이 큰 물의를 일으키던 때였다. 스비야시스크로 모든 것을 집중시키려면 대세를 거슬러야 했고 4년 동안 지속된 전쟁의 지루함과 싸워야만 했다. 게다가 혁명이 몰고 온 거센 폭풍우와도 싸워야 했다. 그때 혁명은 전국에서 증오의 대상이 돼 버린 구식 규율을 내팽개치고 있었다. … 엄청난 어려움에도 불구하고 보급품, 신문, 군화, 망토가 우리에게 도착했다.

스비야시스크를 방어하는 사람들은 어떤 사람들이었을까?

로젠골츠의 객차 안에 갑자기 하늘에서 떨어진 것처럼 지도와 타자기가 생겼다. 혁명전쟁위원회 사무실이 도착한 것이다. 로젠골츠는 강력한 조직 기구를 건설하고 있었다. 그는 정밀한 기하학 공식에 따르듯이 기구의 각 부서를 세심하게 나누었다. 단순하고 확고한 성격의 로젠골츠는 (큰 권총이 허리 띠에 매달려 있지만) 자세를 보나 온화하다기보다는 창백한 얼굴 표정을 보나 전혀 군인 같지 않았다. 그의 큰 장점은 재건하고, 재조직하고, 꽉 막혀 있는 혈관에 피를 순환시키는 개인적 능력에서 나온 것이었다. …

시베리아 출신 고참 볼셰비키로 전직 노동자였던 이반 니키티치 스미르노프는 스비야시스크 공산주의자들의 양심이었다.[17] 비당원 병사들이나 그를 모르던 공산주의자들도 그의 완전무결한 정직성과 정확성을 인정했다. 스미르노프는 결코 목소리를 높이는 법도 없었고, 자기 자신에 만족하는 조용하면서도 매우 용기 있는 사람이었다. 그래서 그런지 그는 다른 사람들에게 겁을 주거나 자신을 만나는 사람이 스스로 겁쟁이나 허약한 사람으로 느끼지 않게 하는 사람이었던 듯하다. 그러나 마지막 위기가 닥치면 그는 두려움을 모르는 최고의 용사로 돌변한다. 트로츠키와 함께라면 우리는 부상조차 잊고 총탄이 다하는 최후의 순간까지 싸우다 죽을 수도 있다. 트로츠키는 프랑스 혁명사의 가장 위대한 장면을 떠올리게 만드는 말과 행동으로 전투 의지를 북돋는 데 탁월했다. 그러나 스미르노프와 함께라면 우리는 악명 높은 감옥에서 백군의 심문을 받으며 벽을 보고 서 있다 해도 침착하고 명석하게 대처할 수 있다. 우리는 날씨가 갑자기 추워지는 가을밤에 기차역 마룻바닥에 뒤엉켜 누워 이런 말들을 속삭였다.

스비야시스크의 한 여성 투사가 남긴 이 글은 꽤 중요한 사실을 담고 있다. 즉, 이 글은 전반적인 의식 상태를 한눈에 알 수 있도록 간명하게 설명한다. 이런 수준에 이른 어느 개인의 인품과 고결한 도덕성은 여러 사람들에게 불굴의 정신을 불어넣는다. 또한 다른 사람들을 이런 수준으로 끌어올리는 것은 위대한 대의의 특권이기도 하다.

병력 규모나 무기, 조직이 월등한 적과 싸워 승리할 수 있다는 신념이 점차 뚜렷해졌다. "우리는 다시 카잔을 장악할 수 있을 거야!" 새로운 병력이 속속 도착했다. 비록 비행기 수는 1개 편대에 불과할 만큼 적었지만, 작은 비행장도 만들었다. 백군은 스비야시스크에 집결하는 군대가 곧 무서운 세력으로 성장할 것이라는 점을 깨닫게 됐다. 백군의 공격은 언제나 실패로 끝났다. 그때 반혁명 측에서 가장 잘 알려진 지도자였던 사빈코프와 탁월한 재능을 지닌 카펠(여러 차례 치열한 전투에 참여했다가 나중에 시베리아에서 죽는다)이라는 젊은 전략가는 스비야시스크를 기습 공격한다는 대담한 계획을 구상했다. 백군은 포위망을 넓혀 모스크바로 가는 길을 차단하고 후방에서 스비야시스크로 공격해 들어갔다. 백군의 작전을 막으려고 함포를 실은 무장열차가 파견됐으나, 잘못된 명령 때문에 열차는 탈취돼 불태워졌다. 백군은 스비야시스크에서 기껏해야 6마일 떨어진 곳에서 모든 퇴각로를 차단하고 있었다.

붉은 군대 병력은 곤경에 휩싸였다. 붉은 군대의 정치 부서는 오로지 볼가강을 따라 신속히 퇴각할 궁리만 하고 있었다. 강 옆의 전선을 지키던 연대는 전투에 지고 나서 뿔뿔이 흩어져 버렸다. 사령부와 정치위원들은 패잔병을 이끌고 있었다. 이 패잔병 무리가 볼가강 함대의 배를 습격했다. 총체적인 혼란의 도가니 같았다. 스비야시스크에는 제5군 사령부와 트로츠키의 열차, 군수물자를 책임진 참모들만이 남아 있었다.

레온 다비도비치[트로츠키]는 기관사, 사환, 전신원, 구급원 등 간단히 말해 총을 들 수 있는 인력을 모두 동원했다. 이들은 약 500명 정도였다. 그러나 백군의 병력은 갑절이나 많았다. 사령부는 텅 비었고 더 후퇴할 수도 없었다. 백군과의 전투에 모든 것을 쏟아부었다. 스비야시스크로 가는 도로는 포격 때문에 완전히 파헤쳐졌다. 전투는 몇 시간씩 계속됐다. 백군은 자기네 정보부대가 미처 파악하지 못한 새로운 정예 부대와 싸우고 있다고 착각할 정도였다.

백군은 48시간에 걸친 격렬한 전투 끝에 완전히 지쳤다. 그러나 그들은 자기들이 지원 병력이라고는 트로츠키와 슬라빈(제5군을 지휘한 고참 장교)뿐인, 한줌도 안 되는 급조된 부대와 싸웠다는 사실을 알 턱이 없었으므로 상대방의 힘을 과대평가할 수밖에 없었다. 백군은 후퇴했다. 트로츠키는 자기 부대가 스비야시스크에 주둔 중이라는 사실을 분명히 하려고 일부러 열차에서 기관차를 분리했다. 약 1만 명의 병력을 보유하고 있던 제5군은 카잔을 공격하려고 스비야시스크 앞과 볼가강의 건너편 강둑에 집결해 있었다. 스비야시스크를 잃었다면 제5군은 무너졌을 것이다.

다음날 붉은 군대는 더 많은 전과를 올림으로써 스비야시스크에서 결정적 승리를 거둘 수 있었다. 붉은 군대 볼가함대를 창설하려고 크론시타트에서 어뢰정을 몇 척 파견했다. 이 함정들은 운하를 통해 도착했고, 젊은 볼셰비키 해군 장교 라스콜니코프와 마르킨(영웅적으로 싸우다 전사한다)이 함대를 지휘했다. 트로츠키와 라스콜니코프는 카잔에 정박해 있는 적의 함대를 불태우기 위한 기습 공격을 계획했다. 붉은 군대 함대는 한밤중에 모든 불을 끈 채 볼가강 하류로 이동했다. 트로츠키와 라스콜니코프를 실은 어뢰정만이 카잔항의 비좁은 통로를 통과하는 데 성공했다. 어뢰정은 키가 고장나 한동안 위기에 빠졌으나 적의 군함 옆에 다가가 불 을 붙이는 데 성공했다. 백군 함대 전체가 화염에 휩싸였다. 반면에 붉은 군대는 손실 없이 퇴각했다.

최초의 승리: 카잔 점령

다음날, 공포에 사로잡혀 도망쳤던 공산주의자 27명이 재판을 받고 처형됐다. 그중에는 고참 투사도 여러 명 있었다. 물론 이런 엄격한 조처는 필요한 것이기도 했다.

> [라리사 레이스네르는 다음과 같이 썼다 — 세르주] 공산주의자들은 겁쟁이들이고 법률의 적용 대상에서 제외될 뿐 아니라 법을 무시하고도 교묘히 처벌을 회피한다는 소문이 군대 전체에 떠돌았다. … 총사령관이자 혁명군사위원인 트로츠키가 나서서 용감하게 싸우지 않았다면, 군대에서 공산주의자들의 권위는 오래 전에 무너졌을 것이다.

공산주의자들은 군대의 심장이고 영혼이었다.

이와 같은 무자비함은 전혀 새로운 것이 아니었다. 트로츠키의 기차가 스비야시스크에 머무른 25일 동안, 무원칙과 무질서에 맞선 투쟁이 무자비하게 전개됐다. 그것은 혁명적 열성, 또는 좀 더 정확히 말해서 열광이라고 불러야 했다. 8월 14일 트로츠키는 다음과 같은 명령을 발표했다.

> 나는 페트로그라드에서 온 빨치산 부대가 자기 위치를 이탈했다는 사실을 알았다. 그래서 정치위원 로젠골츠에게 그 문제를 조사하도록 명령했다.

노동자와 농민으로 구성된 붉은 군대 병사들은 겁쟁이도 인간쓰레기도 아니다. 이들은 피착취 대중의 자유와 행복을 위해 싸우길 원한다. 이들이 후퇴하거나 형편없이 싸운다면, 그것은 지휘관과 정치위원의 잘못 탓이다. 나는 경고한다. 만일 부대가 퇴각하면 처음에는 정치위원을, 다음에는 지휘관을 총살할 것이다.

용감한 병사는 자신의 전과에 따라 보상받고 정치위원으로 발탁될 것이다. 겁쟁이들, 투기꾼, 배신자들은 총살을 면치 못할 것이다.

나는 이 약속을 반드시 지키겠다고 붉은 군대 전체에게 맹세한다.

페트로그라드 빨치산은 자기들이 수도에서 온 자원병이기 때문에 특혜를 받을 것이라고 생각했을 수도 있다. 그러나 이들은 군사재판에서 준엄한 벌을 받았고, 수십 명이 처형됐다.

지금 군복무 중인 병사는 누구든지 이런 엄격한 조처를 피할 수 없다. 전쟁에 참가한 군인은 언제나 적의 총탄과 동지의 총탄 사이에 서 있을 수밖에 없다. 의지가 약해서 적군의 동맹자가 됐을 때도 총탄을 감수해야 한다. 집단적 자기보존 본능은 각 개인 고유의 본능을 제거하려고 이와 같은 철의 법칙을 요구한다. 그리고 이런 행위는 논의의 대상이 될 수 없다. 기껏해야 우리는 붉은 군대의 규율이 만들어진 상황의 본질을 다시 한 번 강조할 수 있을 뿐이다. 스비야시스크에 왔을 때, 트로츠키는 타자수 몇 명을 건너편에 있는 자신의 사령부로 보내려고 장문의 문서를 작성해야 했다. 8월 19일 트로츠키는 붉은 군대 함대의 수병들에게 장문의 편지를 보내 그들을 질책했다.

어제 함대 사령부를 방문했을 때, 눈앞에 펼쳐진 광경을 보고 기가 막혔다. 배에 낯선 사람들이 가득했으나 누구도 통행을 검문하지 않았다. 검문이 전혀 없었다. 원하는 사람은 누구든지 배로 들어갈 수 있었다. 누가 함대를 책임지고 있는지 또 누가 통신을 담당하고 있는지 전혀 알 수 없었다. 사람들이 여러 곳으로 나가 있었지만 누가 그런 조처를 취했는지 아는 사람은 아무도 없었다. … 그들은 떠날 때 작은 배들을 방치해 버렸다. 아마 누군가가 모아 놓겠지 하는 것 같았다. 조직도, 책임 의식도 없었다. 배 위에는 여자들과 아이들도 많았다. 이런 상황에서는 아무 일도 할 수 없다. 군사기밀도 유지할 수 없다. 나는 정치위원 마르킨을 만났다. 마르킨은 어떤 기술자와 함께 있었는데, 그 기술자는 엔진을 어떻게 가동하는지도 모르고 있었다. 마르킨은 "언제나 마찬가지야!" 하고 말했다. "후방으로 퇴각해야 할 때는 엔진이 기막히게 작동되지. 그러나 전투가 벌어지는 전선으로 전진하려고 하면 엔진은 꺼지고 만다니까!" 수병 동지들이여! 이런 상태가 더는 지속될 수 없다. … 조국이 처한 상황을 생각해 보자. 카잔을 장악하면 적의 전선을 파괴할 수 있다. 손쉽게 스비야시스크와 사마라를 장악할 수 있을 것이다. … [이렇게 호소하고 나서 다음과 같은 말로 끝맺는다 — 세르주] 모든 것을 군대답게 정돈해야 한다. 단 한 치의 땅도 양보해서는 안 된다. 모든 힘을 다해 적의 영토를 조금이라도 빼앗아야 한다. 대담하고 용감하게 공격하라. 비겁한 자는 아무것도 얻을 수 없다. 수병 동지들에게 뜨거운 동지애를 전하며!

이렇게 말하고 가장 단호한 명령을 내리는 지도자는 때때로 최전방에서 병사들과 함께 스스로 총탄의 위험을 **무릅써야 했다.** 군대를 창설한 이 지도자는 언제나 설득으로, 언제나 모범과 엄격함을 보이며 자기 일을 해 나갔다.

트로츠키는 승리를 확신했으므로 자신감에 차 있었다. 그의 자신감은 무시무시하기까지 했다. 그는 적에게 점령당한 도시마다 '경고문'을 살포했다.

체코 반혁명군이 일시적으로 여러 도시를 점령하고 있지만, 시민들은 여전히 소비에트 공화국 법의 테두리 안에 있다.

어느 누구도 노동자와 농민의 권력에 대항하여 저지른 반역 행위를 정당화하려고 침입자들을 부추겨 협박을 일삼을 권리를 갖고 있지 않다. **반혁명 세력인 체코군이 지배하는 동안 그들에게 부역한 자는 누구를 막론하고 총살될 것이다.**

자본가계급의 난동에 가담하거나 자본자계급과 공모한 자의 재산과 토지는 몰수될 것이다.

이런 물건은 반혁명 세력의 공격으로 죽은 노동자나 농민의 가족과, 좀 더 폭넓게 말하면 자본가계급의 반란으로 고통받은 피착취 대중에게 보상하는 데 사용될 것이다.[1918년 8월 15일].

백군에 의해 군대로 끌려간 노동자들에게는 백군에게 처형당할 위험을 무릅쓰고라도 붉은 군대에 투항하라는 명령이 발표됐다(8월 27일. 동원 명령).

공산주의자들의 설득, 모범, 규율, 확신, 조직력이 발휘되자 4주가 채 안 돼 기적과도 같은 일이 일어났다. 혁명위원회의 유능한 위원이었던 구세프의 보고에 따르면, 트로츠키의 기차가 도착했을 때 스비야시스크에 있었던 사람들은 다 합쳐서 1만 명에서 1만 5000명가량 됐으나, 전혀 조직되지 않은 상태였다고 한다.[18] 이들은 수십 개의 연대 단위로 분산돼 있었다. 이 연대 가운데 일부는 이미 오래 전에 창설됐지만, 다른 몇몇은 소규모 빨치산 부대를 기반으로 만들어진 것이었다. 몇몇 부대는 군기가 너무나 해이해서 전투 참가조차 거부할 지경이었다. 이것은 마치 제4라트비아 연대의 지휘관 두 명(둘 다 공산주의자다)이 혁명재판에 회부됐던 사건을 연상하게 했다.

다른 부대도 전혀 싸우지 않은 것은 아니다. 그러나 자기들보다 병력 수는 적지만 적극적이고 더 잘 조직된 적에게 굴복하는 일이 잦았다. 정치국과 재판소, 정보기구의 참모진은 경험 없는 사람들로 채워져 있었다. 요컨대, 이들은 자신감이 없고, 자발성도 없고, 수동적이고, 위에서 아래까지 규율이 전혀 없었다. … 트로츠키의 특별열차가 스비야시스크의 음침한 역에 부대의 모든 부서마다 넘치는 승리 의지와 강렬한 자발성, 능동적 자세를 불어넣었다. 첫날부터 큰 변화가 있어났다는 사실을 감지할 수 있었다. 변화는 규율 문제에서부터 감지되기 시작했다. 빨치산 전투, 무규율, 한심할 정도의 자만심에 절어 있던 시기에 트로츠키가 실시한 가혹한 방법은 매우 적절하고 필요한 것이었다.

카잔에서 온 패배한 낙오자 무리에서 강력하고 자신감 넘치는 군대가 만들어졌다. 이들은 다시 한 번 카잔을 공격하려 했다.

판니 카플란의 공격 소식이 전해졌을 때 트로츠키는 며칠 동안 모스크바로 돌아갔다. 모스크바에서 트로츠키는 중앙집행위원회에 상황이 안정적이고 아군이 상황을 주도하고 있으며, 붉은 군대가 불시에 기습을 받더라도 잘 대처할 수 있었다고 보고했다. 다음날 붉은 군대가 카잔을 탈환했다.

카잔 무기고의 노동자들은 며칠 전 백군에 맞서 봉기했으나 많은 사람들이 학살됐다. 제헌의회 위원회는 도시의 젊은이들을 모두 징집해서 전선으로 내몰았다. 자본가들은 4일 동안 도피했고, 그동안 탈주자들이 그들을 호위했다. 그들은 가져갈 수 있는 것을 모두 짊어지고 갔다. 감옥 안마당에는 채 온기가 식지 않은 시체들이 즐비했다. 전설적인 인물 아진이 이끄는 붉은 군대 기병대가 도착하고 나서야 처형이 중단됐다. 트로츠키의 목소리가 소비에트에 울려 퍼졌다.

지금 노동자들은 내전에서 잔인한 행위를 저질렀다고 비난받는다. 따라서 우리는 우리의 경험에 비춰 이 비난에 항의할 수밖에 없다. 즉, 이 시기에 러시아 노동계급이 저지른 용서받을 수 없는 범죄는 노동계급의 적에게 관용을 베풀었다는 것뿐이다. 우리는 인류의 가장 위대한 선을 위해, 인류의 부활을 위해, 어둠과 노예 상태에서 인류를 구원하려고 싸웠다.[19]

볼가, 우랄, 쿠반 지방

이틀 뒤, 12일에 투하체프스키 휘하 제1군이 심비르스크를 장악했다. 다음날 밤 제1군은 볼가강을 건너 전진해야 했다. 그러려면 길이 1킬로미터의 철교를 점령해야 했다. 철교 바로 너머에는 적의 진지가 있었다. 운전사 없는 기관차가 전속력으로 철교를 향해 달렸고 그 뒤를 무장 열차와 보병 부대가 뒤따랐다. 강을 사이에 두고 양쪽에서 대포가 발사됐다. 백군이 바지선에 불을 지르자 전투가 본격적으로 시작됐다. 전면공격으로 전의를 상실한 적들은 어지럽게 후퇴했다. 이런 전과를 올린 것은 생긴 지 얼마 안 된 부대였다. 6월 말 사령관으로 임명된 투하체프스키는 사령부가 기차 안에서만 활기차게 움직인다는 사실을 발견했다. 사령부는 철로를 따라 싸우는 데 만족할 뿐, 기차 밖으로 나가는 모험을 하려 하지 않았다. "총참모부는 5명의 동지들로 구성돼 있었다. … 관리는 전혀 이루어지지 않았다. 적의 병력이 얼마나 되는지 아는 사람은 단 한 명도 없었다. 그 지역을 통과하는 모든 열차를 중간에서 가로챈 어떤 동지의 재능과 열성 덕분에 군량을 비축할 수 있었다."[20]

혁명전쟁위원회가 세운 계획은 이제 실행에 옮겨지고 있었다. 백해에서 흑해까지 12개 군이 성공적으로 운영되고 있었다. 각 군의 배치는 다음과 같다. 제6군은 북부 지역에서 영국군이 드비나 지역의 셴쿠르스크를 통과하는 것을 막고 있었다. 제4군은 페름과 예카테린부르크 사이에, 제2군은 페름과 카잔 사이에 주둔하고 있었다. 제5군은 카잔에 주둔했고, 투하체프스키의 제1군은 최남단에 자리 잡고 사마라를 위협하고 있었다. 제4군은 사라토프에, 보로실로프 휘하의 제10군은 차리친에 자리 잡고 있었다. 제11군과 12군은 캅카스 북부에 주둔했다. 제10군과 캅카스 북부의 두 군을 제외한 각 군은 8000명에서 1만 5000명 사이의 병력을 보유하고 있었다. 제10군은 4만 명이나 되는 병사들과 240문의 대포, 13량의 무장열차를 보유하고 있었고, 비슷한 전력을 보유한 아타만 크라스노프의 돈 카자흐 군과 대치하고 있었다. 캅카스 북부의 두 군은 10만 명이 넘는 병력을 보유하고 있었으며, 비슷한 병력을 보유한 백군과 여기저기서 치열하게 싸우고 있었다. 그 싸움에서는 몰살, 도시 약탈, 극악한 보복, 용감한 행동이 난무했다.

붉은 군대는 계급투쟁 속에서 탄생했다. 그러나 그 계급투쟁은 비록 조직적이었지만, 테러 때문에 생존 투쟁이라는 가장 원시적인 형태로 바뀌었다. 여기서 지금까지 잘 알려지지 않은 당시의 일부 사건들을 이야기하려 한다. 그때 전쟁이 어떠했는지, 왜 붉은 군대가 승리할 수밖에 없었는지를 알려면 그 어떤 장황한 설명보다 이 사건들을 살펴보는 것이 훨씬 더 좋다.

5월에 예카테린부르크의 노동자와 첼랴빈스크의 광부들은 오렌부르크 근처에 있는 두토프 휘하의 카자흐군과 싸우려고 처음으로 군대를 창설했다. 체코군이 우랄을 향해 진군해 오자 모든 공장은 초기의 자원병을 중심으로 새로운 연대를 창설하고 무장을 갖추었다. 예카테린부르크와 베르흐네−우랄스크, 트로이츠크의 주민들은 60정의 기관총과 12문의 대포를 보유한 약 1만 명의 작은 군대를 창설했다. 그러나 장교가 너무 모자랐기 때문에 공산당원과 소비에트 대의원, 전직 장교들에게 부대 지휘권을 맡길 수밖에 없었다. 결국은 육군 하사관 출신의 볼셰비키 노동자 블류헤르가 이 부대를 지휘하게 됐다. 체코군은 베르흐네-우랄스크를 점령했고, 블류헤르의 소부대는 2000명의 도망자를 받아들여 규모가 불어났다. 점령당한 도시의 노동계급은 사모바르[러시아에서 찻물을 끓일 때 쓰는 큰 주전자]와 침구류, 의류 등 귀중한 물건들을 짐마차에 싣고 도시에서 빠져 나왔다. 이들은 130킬로그램의 금도 지니고 있었다. 군대는 사실상 포위당했다. 그들이 어디로 갈 수 있었을까? 투르케스탄으로 가야 했을까? 아니면 볼가강 하류를 따라 되돌아가야 했을까? 그들은 우랄산맥을 넘기로 결정했다. 그렇게 하면 아마 북부 지역에 주둔하고 있는 붉은 군대와 합류할 수 있을 것이다. 이것은 게릴라전이고 아울러 주민들의 피난이기도 했다. 블류헤르 부대는 모든 대공장에서 새로운 빨치산과 탈주자 부대를 받아들여 강화됐다. 블류헤르 휘하의 빨치산 부대는 베르흐네-우랄스크 근처를 통과해야만 했다. 그러나 그들은 총알이 모자랐고, 따라서 총검과 짧은 창만을 들고 카자흐 병사, 장교, 고등학생들이 방어하는 고지를 향해 돌격할 수밖에 없었다. 얼굴을 마주 대할 정도로 가까워지자 병사들은 서로 서로 알아보게 됐다. 예전에 같은 동네에서 살던 사람, 이웃들, 사촌, 노동자와 사장, 때로는 아버지와 아들이 적과 아군으로 나뉘어 싸우려 했던 것이다. 그들은 서로 죽일 수 없었기 때문에 한참 동안 망설였다. 그런 다음 광란의 전장에서 서로 부여안고 뒤엉켰다. 마침내 붉은 군대는 그곳을 통과했다.

양측의 무기는 형편없었다. 박물관 전시실에서 탈취한 구식 소총, 집에서 들고 나온 사냥총, 마치 중세 시대 농노의 무기처럼 조잡한 창과 곤봉 따위였다. 총알은 그나마 구할 수 있었던 연장으로 만든 것이었고, 기관총을 쏘는 것처럼 위장하려고 나무로 만든 딸랑이를 쓰고 있었다. 후미에는 10명의 어린이가 짐마차를 끌고 있었는데, 그 마차에는 여자들과 부상자들이 빗발치는 듯한 총탄 속에 누워 있었다. 백군도 붉은 군대도 포로를 잡지 않았다. 병사와 지휘관이 똑같은 급료(한 달에 150루블)를 받는 군대, 사령관도 사병과 똑같이 전투에 참가한 군대, 실탄이 너무 부족해서 귀중한 물물교환 대상이었던 군대, 바로 이런 군대에서 완벽한 규율과 뛰어난 조직이 만들어졌다. 물자 부족에 시달리며 약 한 달간의 악전고투 끝에 그들은 우랄산맥을 넘어 우파 근처의 보고야블렌스크와 아르한겔스크의 공장에 다다랐다. 또 다른 난관이 기다리고 있었다. 이곳의 적진을 돌파하기는 매우 어려워 보였다. 새로운 영웅적 행동이 필요했다. 가족을 포기할 수밖에 없었다. 침묵이 짓누르는 가운데 거수로 엄청난 희생을 각오할 사람들을 뽑았다. 9월 2일 크라스니야르에서 블류헤르 군대는 백군의 끊임없는 기관총 사격을 받아 깊은 우파 강기슭으로 내몰렸다. 나무기둥 3개를 대충 엮어 하룻밤 사이에 다리를 만들었다. 블류헤르의 군대는 다시 한 번 난관을 뚫고 나아갈 수 있었다. 그들은 자기들이 모두 죽을 것이라고 생각했다. 부대 지휘부는 실탄이 다 떨어질 때까지 싸우기로 결정하고 마지막으로 전열을 정비했다. 병사들은 동료를 위해 마지막 실탄 한 발을 남겨 놓기로 했다. 맨 나중에 남게 될 부대 지휘관은 스스로 목숨을 끊기로 했다. 강 건너편에 도착했을 때 200명이 체포됐다. 그들 가운데 단 한 사람도 목숨을 부지하지 못했다. 9월 13일 마침내 우랄 빨치산 부대는 페름 남부의 쿤구르 근처에서 붉은 군대 제3군과 합류하는 데 성공했다. 그들은 싸우면서 우랄산맥을 통과했고, 50일 동안 약 1000마일을 행군한 셈이었다.[21]

비슷한 시기에 약 1200마일 떨어진 곳에 있던 또 다른 붉은 군대도 비슷한 전공을 세웠다. 병사 1만 6000명이 전투에 패한 쿠반의 붉은 군대에서 떨어져 나와 게릴라전을 벌이고 있었다. 이들은 캅카스 산맥의 일부가 있는 타만반도를 통과해 크림반도 쪽으로 퇴각하며 싸웠다. 피난민 1000여 명이 그들의 뒤를 따랐다. 그곳에서 그들은 포위돼 절망적 상황에 처했다. 그들에게는 오직 하나의 길만이 남아 있었다. 그 길은 흑해의 푸른 물을 따라 남쪽으로 뻗어 있는 둑이었다. 흑해에는 독일 순양함이 정찰하고 있었다. 둑 위의 산에는 적군이 득실거렸다. 해변가의 작은 도시들은 파괴되고 기아에 시달렸다. 여기서는 도저히 식량을 얻을 수 없었다. 머리 위에는 태양이 이글거리고 있었다. 게릴라 부대는 둑을 따라 내려갔다. 굶어 죽지 않으려면 쉬지 않고 걸어야 했다. 모든 것이 넉넉하지 않았으므로 규율과 질서를 확립하고 지도자를 뽑을 수밖에 없었다. 농민 출신 전직 대위였던 에피파니 코프튜흐는 빨치산 부대원 전체의 안전을 위해 몇 가지 규칙을 정했다. 그의 부대는 행군하면서 포탄 공격을 비롯한 모든 장애물을 뚫고 나갔지만, 머지않아 더는 견딜 수 없음을 알게 됐다. 병사들과 피난민들은 옥수수와 콩, 야생 열매 등으로 겨우 연명했다. 옷은 거의 다 해져 반 벌거숭이나 다름없었고, 낙오자는 길가에 방치돼 죽어가고 있었다. 그러나 그들은 물러서지 않았고 타는 듯한 먼지 속을 뚫고 나아갔다. 8월 16일 2주 동안 잠시도 쉬지 않고 싸우며 행군을 거듭한 끝에 그루지야 수비대가 지키고 있던 난공불락의 투압세 요새에 다다랐다. 그곳에서 그들은 더는 앞으로 나아갈 수 없었다. 총을 들고 독수리 둥지 같은 요새에 빽빽이 들어차 있던 적들은 승리를 굳게 믿었다. 그러나 몇 명의 빨치산 대원들이 바위 틈새에 총검을 박으며 암벽을 타고 올라갔다. 새벽에 빨치산 부대는 요새를 습격했고, 참혹한 싸움이 벌어졌다. 그 뒤 빨치산 부대는 마이코프를 향해 나아갔다. 그곳에서는 포크로프스키 장군이 약 4000명을 목매달거나 총검으로 찔러 죽이거나 사살하면서(도시 주민이 4만 5000명이었다) 유혈낭자한 파티를 벌이고 있었다. 빨치산 부대는 행군 도중 숲 속의 빈터에서 말 못할 짓을 당한 여자들을 발견하기도 했다. 빨치산 부대원들은 포크로프스키의 기병대를 쳐부수고 마이코프를 점령했다. 이어 9월 25일 아르마비르를 장악했다.

작가 세라피모비치는 소설 《철의 소나기》에서 에피파니 코프튜흐가 타만반도에서 후퇴하는 장면을 묘사했다. 역사적 진실에 충실하고, 당시 분위기를 효과적으로 재구성한 이 소설은 불어로 번역되기도 했다.[22]

우랄의 투사들이나 쿠반 빨치산의 영웅적 활동이 군사적 측면에서 결정적으로 중요했다고 할 수는 없을 것이다. 그러나 붉은 군대가 이긴 이유를 알려면 마땅히 이런 사건들에 주의를 기울여야 한다. 스비야시스크, 우랄, 투압세에서 연이어 이룩한 세 가지 위대한 전과는 하나같이 러시아 사회가 얼마나 승리와 생존을 바라고 있었는지를 보여 준다.

민주주의적 반혁명 세력의 등장과 몰락: 우파 집정부

붉은 군대는 점차 강해진 반면 민주주의적 반혁명 세력의 상황은 점점 더 어려워졌다. 사마라에서 제헌의회 위원회를 반긴 것은 오로지 부유한 계급뿐이었다. 제헌의회 위원회는 병력 동원과 징발에 불만을 품고 터져 나온 공장의 반란과 농촌의 소요를 탄압해야 했다. 자본가계급조차 사마라 정부에서 이탈해 반동 세력이 득세할 듯한 시베리아 쪽을 눈여겨보기 시작했다. 사실 '사회혁명당' 정부의 힘의 원천은 체코군의 총검과 백색 테러였다. 이때 전개된 투쟁의 역사 가운데 가장 중요한 것은 붉은 군대가 진입하기 며칠 전에 카잔의 무기고에서 일어난 반항적인 노동자들 학살, 사마라 부근의 이바셴코에서 봉기한 군수공장 노동자들 학살(처형당한 남녀와 아동이 1500명이나 됐다),[23] 사마라가 무너지자 우파로 호송된 정치수 306명 학살 등이다.

신병을 뽑으려고 농촌으로 파견된 백군 장교들은 차르 시절의 관례에 따라 농민을 다루었다. 백군 장교는 혐의자를 체포하고 때로는 몰수당한 지주들에게 토지를 돌려주었다. 백군 장교는 징집병, 지역 명망가들, 수상한 사람들, 불평하는 사람들에게 태형을 가했다. 제헌의회 지지자들이 펴낸 신문에 게재된 많은 기사 가운데 하나를 인용해 보겠다.

클류체스크 지역. 200명의 카자흐 부대가 도시를 포위하고는 노동자가 공장에서 돌아올 때까지 모든 사람들의 외출을 금지했다. 그날 저녁에 18명이 체포됐다. 군복무 의무를 지닌 사람들은 도망쳤다. 도망자의 가족은 매질을 당했다. 아침이 되자 체포된 사람들이 광장으로 끌려 나왔다. 그들은 거기에서 옷을 벗고 그 옷 위에 엎드려야 했다. 그런 뒤 모두 매질을 당했다. 농민 두 명은 뜰로 끌려 나가 총살당했다.

국민군 조직가인 갈킨 대령은 군복무를 피해 달아난 농민의 친척과 군복무 선전에 열의가 없는 지방 당국을 모두 처벌하라고 명령했다. 농촌에서 제헌의회 지지자들의 평판이 점점 나빠지자 이는 곧바로 붉은 군대의 활동을 지지하는 현실적 토대가 됐다.

당시 우랄과 블라디보스토크 사이에는 약 20개의 반혁명 정부들이 있었다. 제헌의회 위원회가 가장 권위 있는 정부인 듯했다. 이 위원회는 체코군의 지지를 받는 유일한 민주 정부였고, 유럽 러시아에서도 영향력이 가장 컸다. 이 위원회의 라이벌은 시베리아 지역정부였다. 옴스크에 자리 잡은 이 정부의 영토는 첼랴빈스크까지 뻗어 있었다. 자유주의 자본가인 크롤이 이끄는 우랄 정부는 옴스크의 공공연한 반동 세력(자본가들의 카데츠[입헌민주당], 실제로 무력을 동원할 수 있었던 카자흐 장군들)과 우호적 관계를 맺고 있었다. 체코군은 러시아인들에게 국민군 창설 기회를 보장하려고 전선을 지키면서, 러시아의 중앙집권적인 권력기관 수립을 계속 요구했다. 그래서 볼셰비키에 반대하는 다양한 정부들이 모여 회의를 열자는 이야기가 나왔다.

9월 8~25일 우파에서 회의가 열렸다. 제헌의원들, 사마라 제헌의회 위원회, 옴스크의 시베리아 지역정부, 우랄 임시 지역정부, 우랄·시베리아·동투르케스탄·예니세이·아스트라한·이르쿠츠크의 카자흐족, 바시키르 정부, 알라시오르다 키르기스 정부, 투르크·타타르 민족회의, 에스토니아 임시정부, 볼가·우랄·시베리아의 지방자치단체들, 사회혁명당·멘셰비키·민중사회당·통일사회민주당(예딘스트보, 즉 플레하노프 그룹)·국민자유당(카데츠당)·재건동맹당의 중앙위원회 대표들이 참석했다. 그러나 극동의 여러 정부는 참석하지 않았다. 사마라의 사회혁명당 민주주의자들(아프크센티예프, 젠멜만, 아르구노프, 젠지노프, 예카테리나 브레시코-브레시코프스카야, 볼스키, 베데냐핀 등)이 진지한 사회주의자들, 옛 테러리스트, 왕당파 장군들, 카자흐족 장들, 사업가들, 자본가들, 자유주의 교수들, 소수민족의 부르주아 지도자들, 외국 스파이, 모험주의자 등 온갖 사람들이 모인 이 회의의 분위기를 주도했다.

안드레이 대주교가 축복기도를 하고 나서 종교의식을 마친 뒤 회의가 시작됐다. 두 파벌이 곧바로 논쟁을 시작했다. 한편은 제헌의회에 책임지는 정부가 주도하는 민주주의·의회주의·공화주의 반혁명을 바라는 사회혁명당이었고, 다른 한편은 장군들, 자본가계급, 나름의 선견지명 있는 활동가들로, 이들은 처음에는 군사독재를 원했다가 나중에는 반동 세력을 기반으로 하는 정권으로 의견을 바꿨다. 두 파벌의 중심은 각각 사마라 정부와 옴스크 정부였다. 카데츠 소속 선동가인 크롤은 "어느 누구에게도 책임지지 않는 강력하고 무제한적인 개인의 최고 권위"를 옹호했다. 붉은 군대가 카잔을 점령하자 사회혁명당의 입지가 약해졌다. 반면에 체코군은 왕당파 반동 세력에 적대적인 태도를 취했다. 결국 제헌의회 개회 전까지 광범한 권한을 행사할 집정관 5인으로 정부를 구성하자는 타협안이 채택됐다. 5명은 우파 사회혁명당 내에서도 가장 우파적이고 뛰어난 웅변가인 아프크센티예프, 카데츠의 자본가 아스트로프, 자유주의 장군 볼디레프, 시베리아 정부의 자유주의자 대표 볼로고츠키, 옛 민중주의적 사회주의자 차이코프스키였다. 회의에 참석하지는 않은 차이코프스키는 영국이 점령한 아르한겔스크에 있는 북부 국민정부 수반이었다. 부집정관은 사회혁명당원 아르구노프와 젠지노프, 늙은 왕당파 알렉세예프 장군이었다.

5인 집정부는 소비에트 정권 해산, 러시아가 상실한 영토 반환, 볼셰비키가 체결한 모든 조약 무효화, 러시아와 연합국 사이에 체결된 조약의 이행, 독일 동맹국들에 대한 전쟁 재개, 강력한 국민군 창설, 민주주의 정권 수립 등을 주창했다. 이런 강령은 체코슬로바키아 대표와 프랑스 대표의 승인을 받았고, 시베리아 주재 영국 대리대사 알스톤은 영국 정부의 희망 사항을 전달했다.

영국은 연합국이 결코 러시아를 떠난 적이 없음을 다행으로 여기며, 러시아가 전장으로 되돌아가고 있다는 사실에 주목한다. 영국은 기꺼이 러시아에 원조를 제공할 것이다. 우파 회의에서 새롭고 강력하고 자유로운 러시아가 건설되기를 기원하며.

반혁명가들의 후방은 사기가 저하돼 큰 혼란에 빠졌다. 그들의 전선은 붉은 군대의 포탄 세례로 무너지고 있었다. 체코군은 고립돼 거의 지원을 받지 못한 채 붉은 군대에 저항하고 있었으나, 이미 지친 데다 서서히 무너지고 있었다. 일본군은 극동 정복 계획을 체계적으로 실행에 옮기고 있었다.[24] 반동 세력은 연합국의 부추김을 받고 노골적으로 시베리아에 군사독재를 수립하려 했다. 그러나 중간계급의 당은 경험에서 아무 교훈도 끌어낼 수 없었고, 민주주의에 대한 환상 때문에 판단력을 상실한 채 폭풍이 몰아치는데도 여전히 모래 위에 누각을 짓고 있었다.

테러가 상시적이 되다

9월 뒤에도 테러는 사라지지 않았고, 완화된 형태로 체계적으로 실시됐다. 여러 신문에는 이미 한 주에 여러 번 체카 공식 발표가 실렸다. 이 발표들을 보면 러시아 도처에서 범죄자와 반혁명 세력에 대한 즉결 처형이 이어졌다. 1918년 10월 24일자 〈이즈베스티야〉는 즉결 처형을 다룬 두 기사(앞에서는 이 기사를 그냥 하나의 사례로 언급한 바 있다)를 실었다. 이 두 기사를 좀 더 자세히 살펴보자. 예고리예프스크 지역의 체카는 반혁명 성향의 신부 한 명을 3년 동안 수도원에 감금했다. 이바노보–보즈네센스크 체카는 수색을 실시하는 인민위원에게 반항한 투기꾼에게 징역 5주와 벌금 3만 루블을 선고했다. 메쇼프스크 지역의 체카는 "과격한 흑백인조 단원"인 전직 경찰관을 총살했더니 "주민들이 조용해졌다"고 덧붙였다. 코젤의 체카는 신부들과 쿨라크의 선동을 진압하고 있다고 간단히 발표했다. 미네예프스크에서는 우파 사회혁명당원이 처형당했다. 페름에서 체카는 우파 사회혁명당원들에게 주로 벌금형을 선고했다. 그리고 주민들에게 무슨 일을 하는지 알리려고 소식지를 계속 보내다가 이를 묶어 《부패와의 전쟁》이라는 제목의 책자를 간행했다. 체카 본부의 수사관 한 명과 그의 사환이 뇌물 수수 혐의로 유죄판결을 받고 총살됐다. 그 후 체카 본부의 명령으로 처형된 범죄자 16명의 명단이 발표됐다. 그들은 사기꾼, 폭도, 협동조합의 날인을 위조한 체카 요원, 소총을 팔아먹으려 한 체카의 정치위원 등이었다. 코틀라스에서 체카는 반혁명 선동을 한 시민을 총살했다. 슈이에서 체카는 "절도범, 암살자, 선동가" 7명의 처형 소식을 공표했다.

〈이즈베스티야〉 기사는 적색 테러의 현황을 잘 묘사했다. 적색 테러는 계급 전쟁에서 필수적이고 확실한 무기일 뿐 아니라 프롤레타리아독재 자체의 내부 정화를 위한 무서운 도구였다. 테러를 이끌었던 어떤 사람은 "체카는 조사위원회나 재판소가 아니다. 내전의 국내 전선에서 조사와 재판, 무력을 써서 활동하는 투쟁 기구일 뿐이다. 체카는 적을 판결하지 않고 무찌른다"고 썼다.[25] 체카는 적이 어떤 사회 계급에 속하는지, 출신 배경이 어떤지, 위험한지, 위험하다면 얼마나 위험한지 등을 따질 뿐이다.

체카는 약식 조사를 할 때도 있고 길고 복잡한 조사를 할 때도 있는데, 조사는 거의 완전히 비공개로 이뤄진다. 이때 변호권은 인정되지 않는다. 수사관은 자신의 책임 하에 평결을 내린다. 위원회도 평결을 내리며, 이때 피고인의 항의는 허용되지 않는다. 사형은 만장일치로 언도된다(초기에 위원은 12명이었으나 단 한 사람이라도 반대하면 사형을 언도할 수 없었다). 사형은 사람들의 동요를 막으려고 언제나 비밀리에 실시됐다. 대도시에서는 지하실에서 권총으로 사형을 집행했다.

지방 지부는 어느 정도 마찰이 있기는 했으나 점차 중앙 본부에 종속됐다.[26] 육군과 해군 내의 간첩·반혁명 행위를 단속하려고 특수부가 설치됐다. 수송 체계를 감시할 조직도 별도로 창설됐다. 체카는 인질로 잡아둘 자본가들을 고르려고 전체 자본가 인구조사를 실시했다. 제르진스키를 비롯한 체카 핵심 간부들은 불가피한 경우가 아니면 자본가들을 체포하지 말도록 지시했다. 1918년 11월경에는 명령 83호를 발표해 카데츠 당원과 대자본가 단체 회원 가운데 주요 정치 활동 가담 전력이 없는 사람들을 풀어 주도록 지시하기도 했다.

체카는 여러 지역에서 지방 대회를 개최했다. 10월 중순경 페트로그라드에서 열린 대회에는 서북부 지방의 체카 책임자들이 모두 참석했다. 그 대회에서 체카가 여전히 벌금이나 강제징수 같은 일시적 기금 조달에 의존하고 있다는 사실이 밝혀졌다. 지노비예프는 좌파 사회혁명당이 도시에서 분규를 조장하고 있다고 말하고, 이제부터는 "공산당만이 자유롭게 활동할 수 있다"고 강조했다. 아울러 그는 지방 당국의 역할까지 떠맡으려 했던 어떤 지부의 위험한 행위와 의도를 비난했다. 체카가 독재로 나아가는 경향이 나타나고 있었다. 지노비예프는 부패한 정치위원을 엄중히 처벌하는 것이 대단히 중요하다고 강조했다.

같은 달에 표트르라는 체카 수뇌부 한 명이 "테러 조직이 지방에서 부적절한 행동을 하고 있다"며 항의했다(《이즈베스티야》, 10월 29일). 내무인민위원회와 체카는 관할권을 놓고 다툼을 벌였다. 권력이 남용되는 사례가 많았다. 기근과 전염병이 만연하고, 개인 행동을 극도로 제약하는 이런 때에 감옥을 관리하는 사람은 남의 미움을 사기 쉬웠다(영향력 있는 공산주의자들이 여러 번 압력을 가하며 감옥 일에 간섭했다). 어떤 재판은 몇 년씩 질질 끌었고, 다른 재판은 서둘러 대충 종결됐다. 카를 라데크는 최초로 즉결 처형보다 훨씬 합리적인 새로운 테러 방식을 제안했다.

[카를 라데크가 말했다 — 세르주] 자본가계급이 누리는 경제적 특권을 무너뜨려야 한다. 겨울이 오기 전에 방한복과 안락한 집, 부유한 개인이 지나치게 많이 소유한 물건을 모두 징발하자. 이 물건들을 전부 병사들과 노동자들에게 주자. 음모를 처벌할 엄격한 법률을 통과시키자. … 프라하에나 있는 사치스러운 레스토랑이 모스크바에 생기는 것을 용납할 수 없다. 붉은 군대 병사들이 전선에서 혹한으로 고통받고 있는 동안 자본가계급이 값비싼 털 코트를 걸치고 있는 것을 허용할 수 없다.

아직도 이와 같은 상태가 지속되고 있었다(《이즈베스티야》, 10월 6일).

적색 테러의 규모는 어느 정도였는가? 이 질문에 답하려고 할 때 이용할 수 있는 자료는 하나같이 매우 불완전하다. 처음 몇 달 동안은 아예 통계 수치가 발표되지도 않았다. 라치스가 밝힌 공식 수치는 부정확한 자료를 토대로 작성된 것이다.[27] 이 점을 염두에 두고 적색 테러의 규모를 살펴보자. 이미 알려졌듯이 체카는 1917년 12월 설립됐다. 체카가 처음 6개월 동안 처형한 사람은 22명뿐이었다. 그러나 1918년의 마지막 6개월 동안에는 6000명 이상이 처형됐다. 1918년의 월평균 처형 수치를 보면, 반혁명 행위자가 380명, 부패 공무원이 14명, 투기꾼이 3명이다.[28] 혁명이 진행된 지난 4년 동안 적색 테러로 처형된 사람의 수는 베르덩 전투로 죽은 사람 수보다 훨씬 적었다.

1793년과 1918년의 개략적인 비교

프랑스혁명과 러시아혁명은 닮은 점이 많다. 여러 사건과 행동의 세부 사항조차 닮았다. 심지어 일부 사건들은 날짜까지 같다. 1792년과 1918년 9월 2~6일은 두 혁명이 똑같이 감옥에 갇혀 있던 국내 반혁명 세력을 처형한 날이다. 1792년에 프로이센군이 베르덩에 침입했다는 소식이 전해지자 파리는 무장봉기했다. 체코군이 볼가 지역의 주요 도시를 모두 점령하고, 영국군이 아르한겔스크와 무르만스크를 장악하자 페트로그라드와 모스크바의 노동자들은 무기를 들었다. 7~9월 동안의 여름에는 두 혁명 모두 결정적 위기를 맞았다. 프랑스가 1792년과 1793년, 러시아가 1917년, 1918년, 1919년 여름에 각각 위기를 맞았다는 점도 똑같다. 이 몇 달은 기후적, 생물학적(이 시기에 인간의 에너지는 절정에 달한다), 사회적(수확기를 앞둔 시점) 요인 때문에, 전쟁을 하기에는 가장 적절한 시기였다. 적색 테러의 직접 계기가 된 러시아의 1918년 7~9월의 위기는 1793년 같은 시기에 프랑스혁명을 위협했던 상황을 생생하게 재현하는 듯하다. 당시 프랑스에서는 뒤무리에의 배반과 방데에서 일어난 반란에 뒤이어 노르망디, 보르도, 리옹에서도 반란이 일어났다. 샤를로트 코르데가 마라를 암살했다. 동맹국이 프랑스를 침공했다. 영국군은 툴롱을 장악했다. 음모, 배반, 기근이 혁명을 안에서부터 갉아먹고 있었다. 윌리엄 피트는 상퀼로트에 맞서 문명을 수호하겠다며 유럽 연합군을 조직했다. 런던에서 발행되는 신문들은 "자코뱅의 악행"에 대한 소름 끼치는 기사를 실었다. 파리의 코뮌과 공안위원회는 대대적인 무장 호소와 테러, 최고가격법으로 혁명의 적들에 대항했다. 혁명재판소는 러시아 혁명기의 체카 못지않게 신속히 임무를 수행했다. 프랑스에서도 러시아와 마찬가지로 군대의 사기를 고무하고, 패배한 부대의 지휘관을 문책해서 장군들의 복종을 유도하고, 국민공회 의원을 군대로 파견해야 했다. 카르노는 트로츠키와 같은 구실을 했다.

자코뱅의 테러는 볼셰비키의 테러보다 훨씬 더 잔인했다. "앙제에서는 사형수들이 … 음악 소리에 맞춰 처형장으로 끌려갔다. 길가에는 혁명 기관 사람들이 축제복을 입고 병사들과 함께 늘어서 있었다."[29] 낭트와 리옹, 방데에서는 혁명으로 수천 명이 처형됐다. 파리에서는 프레리알 22일의 포고령이 발표된 지 9일 만에 1376명이 처형됐다.[30] 당시 프랑스 인구가 2500만~3000만 명 정도였다는 점에 유의해야 한다.

그러나 역사적 필연성은 변명을 요구하지 않는다. 역사상 테러 없는 전쟁이나 혁명은 없었다. 계급 전쟁에서 테러는 먼 옛날부터 유산계급이 선호한 무기였다. 종교개혁과 종교전쟁, 자크리의 반란, 17세기 영국혁명, 미국 남북전쟁의 역사를 돌이켜 보라.[31]

그리고 무엇보다도 최근 10년 동안의 경험을 회상해 보라. 제1차세계대전이 일어났을 때 모든 군대가 지니고 있던 영웅주의로 충만된 규율은 따지고 보면 테러에 의존하고 있었다. 군법정이 처형대로 보낸 사람들이 몇명인지 도대체 누가 알겠는가? 중부 유럽, 핀란드, 스페인, 이탈리아와 발칸 지역에서 자본주의는 위협을 느끼자 백색 테러에 호소했다. 그리고 파시스트 독재는 백색 테러를 상시적 제도로 끌어올렸다.

게다가 적색 테러는 백색 테러에서 나온 것이다. 노동자·농민은 권력을 경험한 적도 없고 많은 혁명가도 관대한 이상주의를 지니고 있었다. 따라서, 거의 그럴 것 같지 않던 노동자·농민이 무기를 들고 나선 것은 차르 체제와 자본주의 옹호자들을 보면서 그래야 한다는 교훈을 얻었기 때문이다. 제정이 몰락하고 10월 봉기가 성공한 후 승리자들이 패배자들을 너그럽게 대한 것을 보면 약간 당혹스럽기까지 하다. 사회주의 10월 혁명 후에도 극우 반동 지도자 푸리시케비치는 평온하게 자유를 만끽하고 있었다. 카자흐족의 아타만 크라스노프는 체포될 때도 무기를 놓지 않았을 뿐 아니라 곧 가석방되기조차 했다. 크렘린 무기고에서 노동자들을 학살한 모스크바의 사관생도들은 무장해제당했을 뿐이다. 투쟁, 음모, 사보타주, 기근, 암살에 맞서 10개월 동안 잔인하기 이를 데 없는 투쟁이 벌어진 뒤에야, 또 외국이 무력으로 간섭하고 헬싱키, 사마라, 바쿠, 우크라이나에서 백색 테러가 터지고 나서야, 심지어 레닌의 피가 뿌려지고 나서야 비로소 혁명은 백색 테러 근절에 나선 것이다! 수백 년 동안 제정이 처형, 태형, 교수형, 총살 따위로 대중을 사육했던 나라에서 말이다!

그러는 동안 반혁명 세력이 점령한 영토에서 백색 테러로 훨씬 더 많은 사람이 희생됐다. 이런 사실을 밝힐 수 있는 통계 자료는 전혀 없다. 그러나 백군 병사와 붉은 군대 병사의 회고록에 풍부하게 등장하는 여러 가지 사실은 너무나 끔찍하다. 몇 가지 사실은 이미 기술한 바 있다. 포크로프스키 장군은 마이코프(북캅카스)에서 4000명을 학살했다. 사마라 근처의 이바셴코보 공장에서 백군과 체코군은 수백 명의 붉은 군대 병사를 처형했다. 코르닐로프의 장교들이 레잔카(돈 지방)의 작은 도시를 휩쓸고 지나간 적이 있다. 그들은 한 마을에서 507구의 시체를 남기고 떠났다.[32] 그러나 장교들 가운데 죽은 사람은 3명, 다친 사람은 17명에 지나지 않았다. 라리사 레이스네르는 체코군이 점령하고 있을 때 볼가강에는 끊임없이 시체가 떠다녔다고 증언했다. 그러나 이렇게 수많은 희생을 치렀지만 '문명 세계', 다시 말해 자본주의 세계는 거의 관심을 보이지 않았다. 기껏해야 희생자 수가 증가하고 있다는 점이나 확인했을 뿐이다. 자본주의 세계는 백색 테러와 자국 군대의 테러에는 눈을 감았다. 그들은 오로지 적색 테러에만 엄청나게 격분했을 뿐이다.

테러 이론

레닌은 자신의 저작에서 테러를 거의 다루지 않았다. 그런 내용이 있다고 해 봐야 우연적이고 형식적인 언급에 그칠 뿐이다. 레닌과 볼셰비키의 처지에서 보면 유산계급의 저항을 단호하게 가차없이 분쇄해야 할 이유는 자명했다. 그래서 그들은 테러 문제를 이론적으로 입증하는 일이 전혀 불필요하다고 생각했다. 혁명정부가 수립된 그날부터 레닌은 엄격한 조처를 실시했고, 자기 측근이 품고 있던 "평화주의적 환상"이나 "용납할 수 없는 허약성"과 싸웠다.

[레닌은 거듭거듭 말했다 — 세르주] 정말 어리석은 짓이야. 사람들을 죽이지 않고도 혁명이 성공하리라 생각하나? 무기를 버리고도 적을 이길 수 있다고 생각해? 당신이 이용할 수 있는 다른 탄압 수단은 뭐지? 감옥에 가두는 거? 양편이 서로 승리하는 데 혈안이 된 내전에서, 누가 감옥에 갇히는 것 따위를 두려워하겠나?[33]

레닌은 5월에 쓴 글 "좌익 공산주의자들의 유치함과 프티부르주아 정서"를 나중에 소책자로 펴낼 때 한 페이지에 다음과 같은 각주를 첨가했다.

다시 한 번 현실을 직시하자. 우리에게는 여전히 사회주의의 승리를 위해 필요한 가차없는 태도가 부족하다. 그렇다고 우리의 결단력이 모자라다는 말은 아니다. 결의는 충분하다. 그러나 우리는 소비에트 법을 어기는 투기꾼, 약탈자, 자본가를 충분히 많이, 충분히 빠르게 체포하지 못했다. … 둘째, 우리 재판정은 확고함이 부족하다. 예컨대 강도를 총살하지 않고 징역 6개월을 선고한다. 이 두 가지 잘못은 똑같은 사회적 뿌리가 있다. 그것은 바로 프티부르주아 집단의 영향력, 그 계급의 무기력성이다.[34]

레닌은 대단히 현실적인 사람이었으므로 "혁명에서 힘은 사람의 머릿수에 비례한다"(트로츠키)는 결론을 받아들이지 않았다. 망설임과 허약성은 엄청난 대가를 치르기 마련이다. 단호하게 투쟁할수록, 기간은 짧아지고 비용은 적게 든다. 그리고 성공의 기회도 많아진다. [프랑스혁명 당시] 로베스피에르는 국민공회에서 "전제정권을 관대하게 다루는 것은 야만적 행위나 다름없다"고 선언했다.

트로츠키는 1920년에 《테러리즘과 공산주의》라는 책을 써서 테러리즘 비판 이론을 발전시켰다. 이 책은 원래 칼 카우츠키가 쓴 같은 제목의 유명한 저서 《테러리즘과 공산주의》를 비판할 목적으로 쓴 것이다.

> 적색 테러는 원칙적으로 무장봉기와 구별되지 않는다. 적색 테러는 무장봉기의 연속일 뿐이다. 원칙적으로 모든 폭력을 비난하는 사람만이 권력을 장악하고 있는 혁명적 계급의 테러를 "도덕적 관점에서" 비난할 수 있다(확실히 그것도 말로만).
>
> 반동 세력이 역사 발전의 법칙에 따라 봉기한 계급에게 테러를 사용할 때 테러는 힘을 잃는다. 다른 한편, 무대를 떠나려 하지 않는 반동 계급에게 사용할 때, 테러는 효율적인 수단일 수밖에 없다[트로츠키 ─ 세르주].

바로 이런 심오한 이유 때문에 언제나 백색 테러보다 적색 테러로 흘리는 피가 훨씬 더 적은 것이다. 피착취 대중은 사회 내의 소수 계급에 맞서 테러를 사용한다. 테러는 새로 등장한 경제적·정치적 세력의 임무를 완수하는 것에 불과하다. 진보적 수단으로 수많은 노동자를 혁명의 대의로 규합하면, 소수 특권층의 저항을 아무 어려움 없이 분쇄할 수 있다. 반면에 백색 테러는 이 특권적 소수가 노동 대중에게 자행하는 것이고, 따라서 수많은 사람들을 죽일 수밖에 없었다. 체카가 러시아 전역에서 3년 동안 처형한 사람보다 파리코뮌 때 베르사유 정부군이 겨우 1주일 동안 살해한 사람이 더 많았다.

내전에서 승리하는 열쇠는 기본적으로 국가 간 전쟁 때와 마찬가지다. 그 열쇠는 적의 병력 가운데 일부(최상의 요인)를 전멸시키고 나머지 병력의 사기를 꺾고 무장을 해제시키는 것이다. 현대전에서는 점차 전투원과 비전투원의 차이가 없어지는 경향이 있다. 적의 철도 중심지와 산업 시설을 파괴하는 것은 적군 병력을 분쇄하는 것만큼 중요하다. 후방에서 전선에 군수물자를 공급하려고 일하는 노동계급을 파괴하는 것은 앞으로 일어날 모든 전쟁에서 최전방 병사들을 죽이는 것만큼이나 중요한 목적이 될 것이다. 이 모든 점을 고려할 때, 내전은 국가 간 전쟁의 관례를 앞지르게 된다. 내전에서는 예외 없이 모든 사람이 전투에 참여한다. 내전은 적대 계급의 잔존 세력을 가려내려고 한 치의 땅도 빠뜨리지 않고 샅샅이 수색한다. 사회 계급은 끔찍한 손실을 입은 후에야 진심으로 자신의 패배를 인정한다. 그 계급의 가장 강하고 용감하며 총명한 요원이 죽어야 한다. 원동력을 제공하는 최상의 사람들이 고갈돼야 한다(그래서 우리는 국내에서 전쟁이 시작되자마자 군대와 국가의 청년들이 학살당하는 일을 겪어야 했던 것이다. 그런 식의 대학살에 성공하지 못한다면 결과는 매우 달랐을 것이다). 그런 대학살은 과거에도 늘 존재하던 것이다. 앞으로도 언제나 그런 일이 벌어질까? 지금 유럽의 많은 나라에 세워진 백색 테러 정권은 지금의 지배계급에 대한 앞날의 보복이 정말로 무시무시한 것이 될 것이라는 점을 증명이라도 하듯 기를 쓰고 있다. 그렇더라도, 앞으로 사회 전쟁에서 인류가 더는 많은 피를 흘리지 않도록 노동자 권력에 희망을 걸도록 하자. 자코뱅 테러처럼 적색 테러도 외국의 간섭 때문에 일어난 것이었다.

1918년에 노동계급의 국제적 연대는 아직도 혁명에 대항한 외국의 간섭을 모두 막을 수 있을 만큼 강하지 않았다. 만일 강했다면, 혁명 러시아는 내전으로 허비해야 했던 4년을 손쉽게 절약할 수 있었을 것이다. 노동자의 국제적 연대로 외국의 침략을 막을 수 있었다면, 승리한 노동계급은 테러가 필요 없거나 필요하더라도 잠시 동안만 그랬을 것이다. 승리를 확신하는 노동계급에 대항하여 참혹한 전쟁을 시작하지 않을 만큼 충분히 현실주의적으로 적대 세력들의 힘을 가늠하는 것은 유산계급의 책임이 될 것이다. 노동계급의 조직, 계급의식, 두려움을 모르는 결연한 혁명적 의지, 활발한 국제적 연대 등은 적절한 힘을 갖춘다면 장차 적색 테러를 쓸모없는 것으로 만들 것이다.

제10장_ **독일혁명**

동맹국의 붕괴

7~8월은 러시아뿐 아니라 서구에서도 매우 중요한 시기였다. 미국은 아직 전쟁에 참가하지 않았고, 러시아는 이제 막 전장에서 철수했고, 독일군은 대규모 공세를 감행했으나 연합국의 저항 의지를 꺾는 데 실패했다. 독일군은 협공 작전을 전개했으나 기껏해야 파리에 조금 더 접근할 수 있었을 뿐이다. 4월 말 힌덴부르크와 루덴도르프의 군대는 캉브레, 생캉탱, 라페르의 진지를 출발해 알베르, 몽디디에, 누아용까지 전진했다(2차 솜므 전투). 몇몇 지역에서 독일군은 50킬로미터 이상 전진했고, 독일군이 이렇게 진군하자 콩피에뉴, 파리로 가는 도로뿐 아니라 아미앵, 영국군과 프랑스군의 연결선도 위험해졌다. 5월 말 독일군은 마른 강변의 레레트에서 40킬로미터 이상 전진해 수아송과 샤토–티에리를 장악했다.

그러나 이제 세계 최강 공업국·금융국이 된 미국이 참전하자 연합국이 서로 결속돼 있는 한 동맹국이 승리할 가능성은 완전히 사라졌다. 무차별 잠수함전은 영국을 굴복시킬 수 있었겠지만 미국이 개입한 후에는 병력과 전비의 낭비나 다름없었다. 미국과 영국의 조선소는 매달 독일의 유보트 잠수함이 침몰시키는 것보다 더 **많은** 군함을 만들었다. 4월 말 이후 매달 30만 명씩 파견된 미군 정예 병력은 연합국의 병력 손실을 보상하고도 남았다.

　미국이 자신의 넘치는 힘을 써보기도 전에 이미 독일과 오스트리아의 힘은 한계 상황에 다다랐다. 동맹국은 우크라이나를 점령했지만 획득할 수 있는 곡물이 보잘것없었으므로 별 도움이 안 됐고, 러시아 전선도 계속 22개 사단이나 되는 독일군의 발을 묶어 놓고 있었다. 러시아 전선에 배치된 독일군은 예비병으로 이루어졌기 때문에 '볼셰비즘의 병균'에 훨씬 쉽게 감염될 수 있었다(이 점은 사건의 진행 과정을 통해 곧바로 입증될 터였다). 7월 중순경 독일 총리 힌체는 루덴도르프에게 승리가 확실한지를 물었다. 대답은 놀라웠다. "그럼요, 확실하죠." 그 대답은 지나칠 정도로 확고했고, 그래서 7월 15일 독일은 공세에 돌입했다. 그러나 그 공세는 장차 벌어질 비극의 서막에 불과했다. 랭스와 샤토-티에리에서 에페르네를 향해 치열한 공격이 시작됐다. 마른강을 건넌 독일군은 새롭고 강력한 적군과 맞부딪쳤다. 독일군은 필사적으로 싸웠으나 하루도 버티지 못하고 무너졌다. 이틀 뒤 포슈[프랑스 장군]는 '샤토-티에리 지역'으로 공격 방향을 전환했고, 강력한 탱크 부대로 빌레-코테르를 공격하기 시작했다. 이것은 종말의 시작이었다. 7월 하순 독일군은 벨강을 건너 후퇴했다.

　루덴도르프는 "제1차세계대전을 통틀어 8월 8일은 독일군에게 가장 암울한 날이었다"고 말했다. 바로 그날 알베르와 모뢰유 사이의 피카르디에서 세 번째 전투가 벌어졌다. 그 전투에 선보인 탱크는 연합국의 군사 기술이 단연코 우월하다는 사실을 확증해 주었다. 독일군 제2군이 괴멸됐다. 제2군은 여러 개의 사단을 재편성해야 할 만큼 치명적 타격을 입었다.

　지도자들에게 종전이 다가오고 있다는 사실을 일깨워 준 것은 뜻밖의 새로운 사실, 즉 **병사들이 더는 전쟁을 바라지 않는다**는 점이었다.

불가능한 것으로 생각되던 사건들이 독일군에서 일어났다. 우리 병사들이 적의 기병에게 무릎을 꿇었다. 탱크가 다가오자 부대 전체가 무기를 버렸다. 후퇴하던 부대는 용감하게 최전방으로 나가는 사단과 마주치자 욕설을 퍼부었다. "개새끼들!" "임마, 전쟁이 지겹지도 않냐!" 무기력해진 장교들이 뒤따르고 있었다. … 전쟁은 끝나야 했다[루덴도르프 — 세르주].[1]

적군은 끊임없이 압박해 들어오고 있었다. 독일군은 이제 모든 전선에서 퇴각하고 있었다. 독일군의 저항은 1~2주면 한꺼번에 무너질 터였다. 총참모부는 정부가 즉시 강화를 모색해야 한다고 요구했다.[2] 더는 꾸물거릴 시간이 없었다.

9월 15일 연합국은 바르다르와 체르나 사이에 있는 마케도니아를 공격했다. 연합국은 때마침 소피아에 파견돼 있던 미국 외교관들에게서 불가리아가 붕괴 직전 상황이라는 소식을 들었다. 농민 출신 병사들은 싸우기를 거부했고, 제2·3사단은 진지를 포기했지만 아무 저항도 받지 않았다. 불가리아 군대는 며칠 사이에 무너졌다. 이와 같은 사태에 격분한 페르디난트 황제는 농민 반대파의 지도자로 이제 막 감옥에서 풀려난 스탐볼리스키를 전선으로 파견했다. 공화파의 군대가 소피아로 진군하고 있었다. 상황은 여전히 불투명했다. 한 가지만은 확실했다. 혁명을 막으려면 적극적인 간섭이 필요하다는 것이었다. 처음에는 독일군이 개입해서 반란군의 소피아 입성을 막았고 다음에는 연합군이 개입했다. 페르디난트 황제는 동생 보리스에게 왕위를 넘겨주었다. 야당이 정부를 장악했다. 외세의 무력 개입과 농민 혁명으로 온 나라가 위기에 빠졌다. 9월 27일 불가리아는 프랑슈 데스페레에게 공식적으로 항복했다.

붕괴의 벼랑 끝으로 내몰린 오스트리아는 이미 9월 14일 미국에 강화를 요청하는 각서를 보냈다. 10월 4일 독일과 오스트리아는 공동으로 윌슨 대통령에게 휴전을 제의했다. 바덴의 막스 공을 총리로, 사회민주주의자인 샤이데만을 부총리로 하는 새로운 정부가 베를린에 들어섰다. 새 정부는 오랫동안 윌슨 대통령과 어려운 협상을 진행했다. 동맹국은 윌슨이 이미 1월에 제시한 14개 조항(문호개방 외교, 해상의 자유, 상업적 평등, 민족자결권, 폴란드의 독립, 국제연맹)을 받아들였다. 윌슨은 오로지 민주적인 독일과 협상을 진행할 것이라고 천명했다. 민주주의와 민족자결권 선전 공세가 경제봉쇄와 무력시위를 완벽하게 뒷받침한 것이다. 가장 선진적인 자본주의 구조를 갖춘 나라들이 구체제의 유산에 짓눌린 제국들보다 낫다는 사실이 입증됐다. 침략과 혁명에 대한 두려움에 휩싸인 독일은 모든 조건에 동의했다. 오스트리아 황제 카를은 느닷없이 개혁가를 자처하며 10월 16일에 '연방국가'를 선포했다. 그러나 이미 때는 늦었다. 체코슬로바키아는 그의 칙령을 기다리다 지쳐 스스로 독립을 선포했다. 10월 31일 혁명이 빈과 부다페스트 거리를 덮쳤다.

소피아, 부다페스트, 빈, 베를린 사람들은 모두 러시아만 바라보고 있었다. 러시아는 모범이고 희망이며 믿음이었다. 모든 곳에서 비밀리에 또는 공개적으로 소비에트가 세워지고 있었다. 10월 7일 베를린에서 열린 스파르타쿠스단의 비합법 대회는 소비에트를 건설하기로 결의했다. 총참모부가 혼란을 막으려고 세밀한 계획을 세우고 있을 때 리프크네히트가 사면돼 감옥에서 석방됐다. 해군본부가 어처구니없는 결정을 내리자 드디어 혁명이 일어났다. 함대는 전혀 가망이 없음에도 독일의 명예를 위해 출항해서 연합국과 최후의 일전을 벌이라는 명령을 받았다. 황제의 제독들은 화려한 죽음을 원했다. 그러나 수병들은 그럴 이유가 없었다. 오히려 수병들은 살아야만 하는 근거를 새로 찾아냈다. 수병들은 비밀 소비에트를 중심으로 폭동을 일으켰고, 킬의 노동자들은 총파업(10월 28일~11월 4일)으로 수병들을 지지했다. 사회민주당의 노스케는 폭동을 일으킨 수병들을 달래려 했으나 실패했다. 반란의 불길이 가까워졌다. 11월 6일 사회민주당 정치인들은 바덴의 막스 공의 주재로 그뢰너 장군과 "군주제를 유지하는 최선의 방책"을 협의했다. 빌헬름 2세의 고집은 제국의 마지막 수호자들이 보기에도 제국을 위태롭게 만드는 것이었다. 11월 9일 바덴의 막스 공은 섭정 통치를 도입했다. 재봉공 출신으로 사회민주당 대표를 맡고 있던 프리츠 에베르트가 제국의 섭정 통치자로 나섰다.[3] 황제는 군사령부가 있던 스파를 떠나 자동차로 황급히 네덜란드로 갔다. 그 순간에 카를 리프크네히트는 베를린의 황궁 발코니에서 공화국과 사회주의의 도래를 선포했다.

쉘트에서 볼가강까지 노동자·병사 대표 평의회, 즉 소비에트가 모든 것을 실질적으로 지배했다. 독일의 합법 정부는 6명의 사회주의자로 이뤄진 인민위원회였다.

9월 말에서 1919년 1월 말까지 러시아에서 일어난 모든 사건은 이런 빛나는 승리를 배경으로 하고 있다. 이 시기에 러시아혁명은 모든 전선에서 공세에 돌입해 승리했고, 독일혁명은 혁명을 예측하고 혁명의 도래를 기대했던 혁명적 마르크스주의자들에게 거대한 승리를 안겨 주었다. 독일혁명은 혁명적 마르크스주의자들의 가장 깊은 희망의 실현이자 서구 혁명의 시작이기도 했다.

독일혁명을 위해 모든 것을

10월 3일 전 러시아 소비에트 중앙집행위원회와 모스크바 소비에트의 공동 회의가 열렸다. 바로 그날 바덴의 막스 공과 샤이데만의 후원으로 독일에 새로운 내각이 들어섰다. 병에서 완전히 회복되지 않아 회의에 참석할 수 없었던 레닌은 대회장에 간단한 서신을 보냈다.

독일의 위기는 혁명이 이미 시작됐거나 또는 혁명이 코앞에 닥쳐 있고 또 불가피하다는 것을 뜻한다. 독일 정부는 군사독재냐 사회주의자들과의 동맹이냐를 놓고 망설였다. 군사독재는 1914년 8월 2일 이래 사실상 늘 존재했지만 더는 군대를 믿을 수 없었기 때문에 가능한 방안으로 생각되지 않았다. 샤이데만의 입각은 폭발을 재촉할 뿐이다. 왜냐하면 자본가계급의 가련한 아첨꾼의 무능력이 머지않아 폭로될 것이기 때문이다. 위기는 기껏해야 시작됐을 뿐이다. 위기는 틀림없이 노동계급의 권력 장악으로 끝날 것이다.

러시아 노동계급은 온 힘을 다해 독일 노동자들을 도와야 한다. … 독일 노동자들은 자국의 제국주의와 영국 제국주의에 대항해 가장 굳건히 싸울 사람들이다. 독일 제국주의가 패배하면 프랑스 제국주의는 한동안 한층 거만해지고 무자비한 횡포를 일삼으며 반동적 성향을 드러낼 것이고, 영토를 늘리려는 생각도 더욱 강해질 것이다.

러시아 노동계급은 국제주의를 위해 스스로 엄청난 희생을 감수해야 한다는 사실을 깨닫게 될 것이다. 영국·프랑스 제국주의에 맞서 싸우고, 독일 제국주의의 족쇄와 투쟁하고 있는 독일 노동자들을 지원해야 하는 상황이 다가오고 있다.

우리는 독일혁명을 위해 곡식 창고를 지어야 하고, 강력한 붉은 군대 창설에 더한층 박차를 가해야 한다.

전에 우리는 봄이 되면 100만 명의 군대를 창설하기로 결정했다. 그러나 지금은 300만 명의 군대가 필요하다. 우리는 그런 군대를 만들어 낼 수 있다. 그리고 우리는 그런 군대를 보유하게 될 것이다. 그러나 상황이 완전히 뒤바뀔 수 있다. 독일 제국주의와 영국·프랑스 제국주의가 소비에트 권력에 대항해 서로 동맹할 수도 있다.[레닌의 서신 내용에서 — 세르주]⁴

트로츠키는 그동안의 사태 전개 과정을 폭넓게 개괄했다.

유물론자로서 우리는 이런 사건의 본질을 이미 이해했고 또 그 결과도 예측했다고 할 수 있다. 역사는 우리의 의지를 거슬러 전개되는 듯하지만 사실은 우리가 추적해 온 노선을 따르고 있다. 어쩔 수 없이 엄청난 희생을 치를 수도 있지만, 그 결과는 우리가 예상했던 대로 자본주의와 제국주의라는 신(神)들의 몰락으로 끝날 것이다. 마치 역사가 인류에게 마지막으로 혹독한 교훈을 주고 싶었던 듯하다. 노동자들은 너무 게으르고 무관심하고 우유부단했다. 노동계급이 1914년에 제국주의자들의 계획에 결연히 반대했다면 이 전쟁은 결코 일어나지 않았을 것이다. 그러나 그러지 않았다. 노동계급은 역사에서 새롭고 무자비한 교훈을 배워야 했다. 역사는 가장 강력하고 가장 잘 조직된 민족으로 하여금 상상할 수 없이 높은 곳까지 오르도록 허용했다. 독일은 420밀리미터 대포 덕분에 자신의 의지를 전 세계에 강요할 수 있었다. 독일은 유럽을 영원히 굴종시킨 듯했다. … 그런데 독일 제국주의를 그렇게 높은 곳까지 끌어올리고 대중을 매료시켰던 역사가 이제 독일을 무기력과 굴욕의 심연 속에 빠뜨렸다. 마치 이렇게 말하는 듯하다. 보라! 독일은 망했다. 이제 유럽과 세계에서 독일의 잔해를 쓸어 내라.

트로츠키는 노동계급이 권력을 장악하면 독일이 구원받을 수 있다는 점을 입증하려 했다.

그렇게 된다면 독일은 세계 여러 민족과 피억압 대중의, 무엇보다도 프랑스 대중의 강력한 지지를 받을 것이다. … 다른 어떤 국민들보다 훨씬 더 많은 희생을 경험한 프랑스 노동계급은 혁명을 고대하는 마음으로 독일에서 첫 신호가 오기만을 기다리고 있다.

트로츠키는 다음과 같은 말로 끝맺었다.

독일 노동계급이 공격을 감행하면, 혁명적 투쟁에서 소비에트 러시아가 해야 할 첫 임무는 국경을 무시하는 일일 것이다. 소비에트들로 이뤄진 러시아는 독일혁명과 유럽 혁명의 전위일 뿐이다. … 기술 전문가가 많은 독일 노동계급, 그리고 잘 조직돼 있지는 않으나 인구가 많고 천연자원이 풍부한 러시아, 이 둘은 가공할 동맹을 형성할 것이며, 그 앞에서 제국주의의 물결은 모두 분쇄될 것이다. … 리프크네히트는 우리와 조약을 체결할 필요가 없다. 조약이 없더라도 우리는 모든 힘을 다해 리프크네히트를 도울 것이다. 우리는 전 세계 수준의 노동계급 투쟁에 모든 것을 바친다. 레닌은 우리에게 편지를 보내 소비에트 공화국의 방어를 위해 100만 병력을 보유한 군대를 건설하라고 촉구했다. 이 계획에는 분명한 한계가 있다.[5] 역사는 우리에게 말한다. 아마 내일 독일 노동계급이 당신들에게 지원을 요청할 것이오. 200만 명의 군대를 창설해서 오라고.

이것은 볼셰비키당뿐 아니라 좌파 사회혁명당, 아나키스트들, 멘셰비키-국제주의자를 가리지 않고 모든 러시아 혁명가들의 정서이자 가르침이었다. 그래서 브레스트리토프스크 강화조약에 관한 논쟁이 진행되는 동안 레닌은 결정적 투쟁을 앞둔 독일혁명을 두고 "그것은 필요할 뿐 아니라 패배를 무릅쓰고라도, 심지어 소비에트 권력을 상실하더라도 당연히 이행해야 할 의무"라고 썼던 것이다.[6] 후진국에 세워진 사회주의 공화국은 더 강력한 산업 기반과 더 많은 노동계급을 보유한 선진국의 사회주의 혁명을 위해 스스로 희생해야 할 수도 있다. 국제 노동계급을 위해서는 선진국에서 사회주의 혁명이 일어나는 것이 훨씬 중요하다. 노동자 국제주의 관점에서 볼 때, 이런 제안은 단순히 원칙을 엄격하게 적용한 것일 뿐이다. 레닌은 8월 20일 "미국 노동자들에게 보내는 편지"에서 다음과 같이 썼다.

자본가계급에 대한 승리, 노동자들의 권력 장악, 세계 노동자 혁명을 위해, 영토의 상실이든 제국주의에 패배해 겪게 될 고통이든 희생을 피할 수도 없고 또 피해서도 안 된다는 점을 이해하지 못하는 자는 진정한 사회주의 자가 아니다. 사회주의 혁명의 진정한 발전을 위해 '자기' 나라가 기꺼이 희생을 무릅쓸 수 있음을 **행동**으로 입증하지 못하는 자는 진정한 사회주의 자가 아니다.[7]

중앙집행위원회는 러시아 노동계급이 독일과 오스트리아 노동계급에게 한없는 지지를 약속하는 결의안을 채택했다. 혁명군사위원회는 "붉은 군대 창설 계획을 확대하라는" 지시를 받았다. 식량인민위원은 독일과 오스트리아 노동자들을 위해 지체 없이 식량 기금을 확보하라는 명령을 받았다.

새로운 위험

부상에서 회복된 레닌은 10월 22일 중앙집행위원회와 모스크바 소비에트, 노동조합위원회 합동회의에서 연설했다. 그는 "우리는 세계혁명에 이토록 가까이 가 본 적이 없고, 이토록 위험한 상황에 처한 적도 없다. 왜? 지금은 전 세계가 볼셰비즘을 위협으로 여기고 있기 때문이다" 하고 말했다. 동맹국이 붕괴되기 전에는 러시아혁명은 러시아 특유의 현상이라고 생각할 수 있었다. 그러나 이제는 정반대로 "볼셰비즘은 국제 노동계급의 전 세계 수준의 이론이며 전술이 됐다"는 점이 명백해졌다.

연설에서 드러나는 레닌의 사려 깊은 태도는 주목할 만하다.

독일에서 민중 혁명, 어쩌면 노동자 혁명은 불가피해졌다.

우크라이나 혁명에 방해가 되지 않도록 유의해야 한다. 모든 혁명에는 나름의 발전 과정이 있다는 점을 이해해야 한다. 모든 나라에서 혁명은 나름의 방식대로 진행된다(우리는 이미 그런 사실을 경험했고, 또 잘 알고 있다. 그래서 우리는 당연히 그 누구보다 이 점을 더 잘 이해한다). … 혁명의 발전 리듬을 알지 못하는 사람들의 간섭은 "우리의 주된 목표는 혁명을 의식적 과정으로 만드는 것이어야 한다"고 말하는 지혜로운 공산주의자들을 방해할 수 있다. 자기방어를 할 수 없는 혁명은 아무짝에도 쓸모없지만 혁명이 곧바로 자기방어 방법을 알 수 있는 것은 아니다.[8]

독일 제국의 해체 때문에 역설적으로 러시아혁명은 엄청난 위험에 처했다. 이제 연합국은 거리낌 없이 소비에트 공화국에 반대하는 활동을 전개할 수 있었다. 볼셰비즘은 이제 단지 비스툴라에서만이 아니라 라인강에서도 연합국을 위협하고 있다. 이런 새로운 환경 속에서 독일과 연합국 자본가계급은 소비에트에 대항해 서로 손을 잡을 수 있었다. 독일과 연합국 간에는 우크라이나 점령에 관한 무언의 합의가 이루어진 듯했다. 남부 지역에서는 연합국이 다르다넬스 해협과 흑해, 또는 루마니아를 통해서 공격할 것이다. 레닌의 전망은 정확했다. 연합국은 실제로 우크라이나를 점령하려고 생각했다. 프랑슈 데스페레 장군은 러시아 남부에서 대규모 작전을 계획하고 있었다. 나중에 설명하겠지만, 이 작전이 전개되면서 심각하고 참혹한 결과가 빚어졌다.

레닌은 전에 브레스트리토프스크 강화조약을 둘러싸고 나타난 갈등에 관해서는 한마디도 하지 않았다. 이렇듯 레닌은 자신의 승리에 겸손해 하는 지도자였다. 언제 그런 승리가 있었는지 신경쓰지도 않았다. 지난 2월 혁명전쟁을 지지한 좌익공산주의자들과 논쟁할 때 레닌이 개진한 주장이 옳았음이 이제 분명히 입증됐다. 힌덴부르크와 루덴도르프가 주도한 서부전선의 춘계 대공세는 독일 제국주의의 끈질긴 힘을 보여 줬다. 그리고 그 힘은 9개월이나 더 유지됐다. 오늘날 잘 알려져 있듯이, 호프만 장군은 소비에트 공화국에 대한 결정적 공세를 펼치도록 독일 총참모부를 설득하려 애썼다. 브레스트리토프스크 조약으로 확보한 위험하고 고통스러운 휴식 덕분에 혁명은 힘을 축적하고 국내 전선의 적대 세력을 무찌르고, 붉은 군대를 창설할 수 있었다. 그동안 독일 제국주의의 토대를 무너뜨리고 있던 곤경은 극도로 심각해졌다.

러시아혁명의 지도자들은 상호 밀접하게 연관된 두 가지 문제에 관심을 쏟았다. 첫째, 독일에서 노동계급의 승리를 보장하는 것. 둘째, 이제 세계대전의 승자로 등장한 연합국에 맞서 굳건하게 버티는 것.

왜 이런 문제가 현안으로 등장했을까? 이제 독일 노동계급의 위협이 대두하고 있고, 따라서 연합국이 볼셰비키를 공격하는 데 더욱 박차를 가할 것이기 때문이다. 독일에서 노동계급이 승리하면 세계 자본가들에 대항하는 유럽 노동자들의 공동전선이 형성될 것이다. 이제 인류의 운명 자체가 벼랑 끝에 내몰린 셈이다.

독일혁명의 여러 사실들

일찍이 1908년에 독일 사회민주당의 가장 유명한 이론가 한 명은 독일의 사회주의 혁명이 무르익었다는 사실을 입증하려 했다.[9] 이때 독일은 어떤 나라보다 사회변혁의 전제조건을 모두 갖추고 있었다. 그 조건이란 고도의 산업 집중, 탁월한 기술 발전, 사회에서 압도적 다수를 차지하는 노동계급의 존재, 노동계급 조직의 급속한 성장(이 성장은 여전히 계속되고 있다)이었다. 독일 인구는 6170만 명이었고, 그중 2742만 명이 성인 노동인구였다. 이 경제활동인구 가운데 재산 소유자는 604만 9135명(22.9퍼센트), 피고용인은 158만 8168명(5.8퍼센트), 노동계급은 1978만 2595명(72.3퍼센트)이었다. 1907년도 공식 인구조사에 근거한 이 통계는 논란의 여지가 있다. 특히 '재산 소유자' 범주에는 중간계급과 상층계급뿐 아니라 사회적 지위가 노동계급과 비슷한 소농도 많이 포함돼 있다. 그러나 독일에서 산업 노동계급이 압도 다수를 차지한다는 점만큼은 틀림없는 사실이다. 1925년도에 실시된 노동인구의 계급적 분포에 대한 분석을 살펴보자.

노동계급	16,000,000
준(準)노동계급(하층 피고용인과 빈농)	5,700,000
프티부르주아 계급(수공업자, 부농, 중·상층 피고용인, 공무원)	10,100,000
자본가, 자본주의 사회의 경영진	2,000,000

이들의 총합은 3380만 명이며, 그중 2060만 명이 임금 소득자였다.[10]

독일혁명의 기본적 배경에 관한 한, 사회 통계는 전반적 추세를 뚜렷이 보여 주지만 그래도 논란의 여지가 많다. 1907년 인구조사에서 성인은 2704만 명으로 계산됐지만, 여기에 460만 명에 이르는 육군 병사, 해군 수병, 금리생활자, 연금생활자 등의 비취업자 집단이 추가돼야 한다. 1923년도 《공산주의 인터내셔널 연감》(러시아판)을 보면, 그해의 혁명적 동원 이전 인구 구성은 자영업자 443만 명, 반(半)노동계급 347만 명, 피고용인 322만 명, 노동자 2270만 명이었다. 1925년에 발행된 《사회민주주의 정당들》(바르가가 서문을 썼다)에는 똑같은 자료를 활용해서 추정한 1925년도 통계 수치가 나오는데, 독일 노동자 수가 훨씬 적다. 그러나 그때는 독일 공산당이 좌절을 겪은 뒤였다.[11] 이 수치는 당연히 에누리해서 받아들여야 한다. 우리 통계학자들도 통계 처리와 통계 수치 활용에 더 신중을 기하리라 믿는다.

1912년 총선거에서 사회민주당은 425만 표를 얻었다. 사회민주당은 부유한 협동조합과 세계에서 가장 강력한 노동조합의 지지를 받았고, 1914년에 당원이 108만 6000명이었다. 전시(1917년)에 당원은 24만 3000명으로 줄었으나, 그것은 주로 공개적인 정치 활동이 금지됐기 때문이다. 그러나 1914년 8월 2일 용감히 전쟁에 반대한 사람은 100명의 당 국회의원 가운데 카를 리프크네히트와 오토 륄레 두 명뿐이었다.[12] 사회주의 노동계급의 전체 지도부와 참모진 가운데 그 둘을 뺀 나머지 사람들은 전부 전쟁에 찬성표를 던졌다. 그러나 이 사건은 기껏해야 긴 전개 과정에서 갑자기 돌출한 하나의 정점일 뿐이다. 위대한 노동자 당은 프티부르주아 기회주의 때문에 약화됐다. 자본주의의 경제적 팽창, 부분적으로는 식민지 착취와 수출에서 거둔 이익을 토대로 한 국가적 번영, 현재 생활에 만족하고 더 나은 임금을 받으며 정서나 생활 방식에서 수완 좋은 중간계급과 결합된 노동계급 귀족의 존재는 프티부르주아 기회주의의 온상이 됐다. 더구나 당 지도부는 자신의 운명을 제국의 운명과 동일시했다.

이런 상황 변화 속에서 다양한 사회주의 조류 사이에 복잡한 투쟁이 전개됐다. 이 투쟁에서는 자본주의 사회 내 모든 세력의 지지를 받는 기회주의파가 언제나 마지막 승리를 차지했다. 소수의 혁명파와 당 지도부 안의 다수 현실주의자들 사이에 끊임없는 사상투쟁이 벌어진 결과, 노동자의 의식은 더한층 기만당하게 됐고, 대중을 속이려고 새로운 말들이 계속 만들어졌고, 혁명의 용어는 근본적 의미를 계속 상실했다. 계급투쟁은 점차 계급 협력으로 대체됐다. 마르크스가 선언했듯이, 의회민주주의를 통해 평화적으로 사회주의에 도달하겠다는 이론은 프롤레타리아독재의 필연성을 망각 속으로 밀어 넣었다. 미사여구 늘어놓기와 거짓 애국주의 때문에 당대회장에는 노동자 인터내셔널의 붉은 깃발과 나란히 자국 국기가 걸렸다. 탁월한 이론가들조차 독일 자본주의의 발전에 비춰 사회주의의 근본 원칙을 수정하자고 제안할 정도였다. 그들은 제국이 철광석을 대포 만드는 데 쏟아붓고 있을 때도 이제 평화적 개혁의 길을 따라 사회주의로 나아가고 있다고 강변하는 데 온 힘을 기울였다.

노동 귀족은 지난 사반세기 동안 차츰 자신들의 이익을 사회 전체의 이익과 동일시하게 됐다. 그런 사회체제의 번영은 자신들에게 안락함을 보장해 줄 수 있었다. 사회민주당 지도부는 그런 노동귀족 가운데서 나왔다. 1914년 8월 2일의 투표는 사회주의 관료 집단이 이미 오래 전에 부르주아지 편으로 넘어갔음을 적나라하게 보여 줬을 뿐이다.

독립사회민주당(USPD)은 1917년에 샤이데만과 에베르트 같은 사회민주당 지도자들이 제국주의를 무조건 지지하는 데 불만을 품고 당에서 분리·독립한 세력이었다. 독립사회민주당은 신성동맹에 대한 노동자 대중의 반대뿐 아니라 혁명적 미사여구로 온건함·타협·기회주의·중용의 정치를 은폐하려는 낡은 중도주의도 반영하고 있었다. 이 당의 이론가들은 지난 10여 년 동안 사회주의 사상을 부패시키는 데 앞장섰던 사람들이었다. 그 이론가들이란 수정주의를 만들어 낸 에두아르트 베른슈타인과, 기꺼이 윌슨주의의 선구자 구실을 한 평화주의자 카우츠키였다.[13] 독일혁명이 목전의 일로 다가왔으나 대중적 혁명조직이 없었기 때문에 이 오페는 이 당의 영향력 있는 좌파(하제, 도이미히, 크리스피엔)와 협력할 수밖에 없었다.

스파르타쿠스단은 계급의식 면에서 러시아 볼셰비키당에 견줄 만한 유일하고 진정한 혁명적 노동자 조직이었다. 이 단체는 1916년 1월 기회주의에 맞서 싸우던 탁월한 투사들에 의해 창설됐다. 스파르타쿠스단의 지도부는 소수였다. 그러나 그들이 남긴 업적은 한결같이 위대했다. 폴란드 출신의 고참 지하활동가 레오 티슈코[레오 요기헤스의 다른 이름]는 전에 비밀 활동에 천재적 재능을 발휘했다. 역사가 프란츠 메링은 역사유물론의 방법론을 가장 탁월하게 적용했던 인물이다. 로자 룩셈부르크는 명석한 두뇌를 지닌 인물로 서구 사회주의에서 레닌이나 트로츠키와 같은 반열에 드는 단 한 명뿐인 사상가였다. 그리고 리프크네히트는 가장 용기 있는 활동가였다. 그러나 "시류를 거스르는" 투쟁에 익숙했던 이 지도자들은 대단히 인기가 많았음에도 압도 다수 대중의 지지를 받지는 못했다. 카를 라데크가 지적했듯이, 스파르타쿠스단은 "하나의 당이라기보다는 이데올로기적 경향"이었다. 결국 스파르타쿠스단은 1917년 4월 독립사회민주당에 가입했다. 그들에게는 달리 대안이 없었던 것이다.

기묘하게도 계급 전쟁에 필수적인 무기, 즉 자신의 과업을 잘 아는 혁명 정당조차 갖추지 못한 독일 노동계급에 맞서 싸운 상대는 높은 수준의 교육을 받고, 가장 뛰어난 조직을 보유하고, 가장 의식이 투철한 자본가계급이었다. 자본가계급은 힌덴부르크, 루덴도르프, 마켄젠, 폰 데어 골츠, 폰 클뤼크 같은 전쟁 지도자를 어떻게 육성하는지 알고 있었다. 또한 자본가계급은 크루프, 알베르트 발린, 후고 슈틴네스, 발터 라테나우, 후겐베르크, 클뢰크너, 티센을 비롯한 많은 자본가들도 배출했다.[14]

반혁명적 사회주의자들이 권력을 획득하다

군대가 지치고 사기가 꺾인 데다 승전의 희망마저 상실한 채 전선에서 도망쳐 버린 마당에, 현명한 자본가계급이 바보같이 상황을 역전시키려 할 리는 없었다. 앞서 설명했듯이, 루덴도르프는 전쟁이 끝났다는 것, 따라서 평화를 확보하려면 잠시도 낭비할 수 없다는 것을 깨닫고 있었다. 위대한 독일에 대한 꿈이 산산이 부서지자, 제국주의 질서를 보존하려 했던 고집쟁이들은 모든 것을 잃어버렸다. 제국주의 질서를 보존하려면 대중과 적절한 조건으로 타협해야 했다. 1918년 9월부터 11월까지 독일 제국을 통치한 사람들은 러시아에서 볼셰비즘이 절정에 달했을 때 사빈코프, 코르닐로프, 케렌스키, 체르노프 같은 러시아인들이(또는 뷰캐넌, 팔레올로그, 알베르 토마가)[15] 결코 이해하지 못했던 한 가지 사실을 알고 있었다. 독일 지배자들은 대부분 혁명 때문에 망하지 않으려면 혁명과 함께 나아가야 한다고 생각했다. 이런 경우에 꼭 맞는 독일어 표현이 생각난다. 정상을 파괴하려면 정상에 올라라, 즉 운동을 분쇄하려면 운동의 선두에 서라는 말이다.

독일에서는 어디서든지 군지휘관들이 일반 병사들에 빌붙으려 했다. 병사 평의회(러시아어로 소비에트)가 세워지자, 참모장들은 평의회의 여러 직위에 선출되는 기발한 재주를 부렸다. 황제의 야전 사령관과 대은행가들은 매우 신중하게 처신하면서도 대중에게 영향력 있는 사회주의 지도자 에베르트와 샤이데만을 정부에 불러들이기로 했다. 바덴의 막스 공의 내각은 인민위원회가[16] 이끄는 사회주의 공화국 수립(11월 12일)을 위한 길을 닦아 놓았다. 소비에트가 독일 전역을 다스리게 됐다. 인민위원회, 노동자 평의회(Arbeiterräte)라는 명칭은 러시아혁명의 영향을 받아 나온 것이다. 그러나 이 기구들은 제1당인 사회민주당 다수파 때문에 제 구실을 하지 못했다. 인민위원회는 사실, 보통의 연립내각을 구성하기 위한 민중 선동용 속임수였을 뿐이었다. 자본가계급에 대한 충성으로 악명 높던 사회민주당 다수파의 프리츠 에베르트, 란츠베르크, 샤이데만은 우유부단한 독립 사회민주당의 후고 하제, 디트만, 바르트와 함께 연립내각을 구성했다. 독일에 사회민주주의 공화국의 토대를 놓기 시작한 것은 바로 이 정부였다. 이 정부는 선거가 실시될 때까지 시민들에게 질서와 평온을 가져다주었다. 이 정부는 연합국이 제시한 가혹한 휴전 조약 수용을 거부했으나, 총참모부의 강압을 받자 할 수 없이 조약에 서명했다. 처음부터 정부는 사회 안정과 연합국과의 강화, 다시 말해 자본주의 방어, 혁명운동 탄압, 소비에트 공화국에 대항한 연합국과의 공동전선이라는 길과 내전, 소비에트 러시아와의 동맹, 독일 방어를 위한 혁명전쟁의 길 가운데 하나를 선택해야 했다. 그런 내전의 길을 택했다면 노동계급이 확실히 승리했을 것이다. 그러나 윌슨과 포슈는 결코 볼셰비키와의 협상에 동의하지 않았을 것이다(적어도 그럴 것이라고 다들 생각했다).[17] 따라서 독일의 이익을 위해서는 새로운 차원의 투쟁, 즉 노동자 혁명 자체의 발전이 필요했다. 그러나 그러려면 노동계급의 승리에 대한 확고한 열망과 희망과 확신이 필요했다. 과거에 사회민주당이 했던 구실은 그런 전망과는 완전히 어긋나는 것이었다. 자본가계급과 프티부르주아 계급은 제국주의의 폐허에서 태어난 자랑스럽고 강력한 노동자 국가 독일보다는 차라리 연합국의 발에 짓밟힌 자본주의 독일을 더 좋아했다.

독일의 인민위원들은 이오페에게 아무런 지원도 요청하지 않았다. 인민위원들은 러시아의 소비에트 중앙집행위원회가 제공한 곡물을 거부했다. 그들은 옛 관료들에게 간섭하기를 꺼렸고, 반동적 장군들을 사령관직에 그대로 두었다.[18]

반혁명적 사회주의자들이 권력을 장악했다.

반혁명적 사회주의자들과 노동계급의 혁명적 소수파 사이의 투쟁이 무르익고 있었다. 혁명을 주장했던 소수파는 스파르타쿠스단과 프롤레타리아독재를 요구한 독립사회민주당의 좌파를 중심으로 결집했다.

소비에트 대사 이오페가 베를린에서 추방되다

러시아에서는 상황이 빠르게 전개됐다. 붉은 군대가 정비돼 속속 전과를 올리기 시작했고 여러 도시를 장악했다. 체카는 적을 사살하고 있었다. 기근과 필사적으로 투쟁하는 와중에 공장, 수송 체계, 도시가 폐쇄됐다. 모든 사람들이 유럽 혁명 발발을 바라며 살아가고 있었다. 러시아인의 모든 눈길은 서구를 향하고 있었다. 기근, 발진티푸스, 죽음, 적에게 점령당하거나 패배한 도시, 이런 문제들이 뭐가 중요한가? 베를린, 파리, 로마, 런던에서 세계의 미래가 결정되고 있었다. 소비에트 러시아의 국제주의는 마음에서 우러난 진실한 것이었다. 어떤 것도 그 국제주의를 막을 수 없었다.

당시 신문은 날마다 놀라운 소식들을 보도했다. 하루도 빠짐없이 신문에는 서구 혁명을 염원하는 사람들이 스톡홀름에서 입수해서 마감 직전에 보내 온 속보나 정체불명의 소문 따위가 실렸다. 즉, 파리에서 폭동이 일어났다, 리옹에서 폭동이 일어났다, 벨기에서 혁명이 일어났다, 콘스탄티노플에서도 혁명이 일어났다, 불가리아에서 소비에트가 승리했다, 코펜하겐에서 반란이 일어났다 등등. 실제로 유럽 전체가 혁명운동에 휩싸였다고 할 수도 있었다. 어디나, 심지어 연합국 군대 안에서도 비밀리에 소비에트가 나타났다. 실제로 모든 일이 가능했다. 10월 15일 보로프스키는 스톡홀름에서 지노비예프에게 전보를 쳤다. "프랑스에서 혁명이 일어나고 있다"(그의 전보를 실은 신문 머리기사를 그대로 옮겼다). "파리에서 이틀 전에 시작된 노동자 시위가 급속하게 확산되고 있다. … 노동자들은 모든 정치수를 즉시 석방하라고 요구했다. … 전선에서는 연합국 군대의 병사 소비에트가 독일의 병사 소비에트와 접촉하고 있다."

11월 5일 이미 킬에서는 붉은 깃발이 휘날리고 있음에도 총리인 바덴의 막스 공은 오래 전에 총참모부가 요구했던 조처를 취하기로 결정했다. 즉, 소비에트 러시아와 외교 관계를 단절한 것이다. 이오페는 24시간 안에 베를린을 떠나라는 요구를 받았다. 몇몇 러시아 외교관의 수하물이 '우연히' 공개됐고 그 안에 들어 있던 혁명 삐라가 발견됐다.[19] 그 삐라는 독일에 살포될 예정이었다. 이 소식만으로도 독일 대중이 러시아를 나쁘게 생각할 수 있었는데, 러시아가 미르바흐 백작 암살범을 처형하지 않으려 한다는 주장까지 나왔다.

얼마 뒤 12월 10일 이오페가 주고받은 흥미로운 전보를 보면 그가 베를린에서 했던 활동을 알 수 있다. 소비에트 대사는 독립사회민주당의 하제와 바르트를 매개로 독일 혁명가들에게 돈과 무기와 탄약을 지원했다는 사실을 기꺼이 인정했다. 독일 사회주의 정부의 각료였던 하제와 바르트는 이 말을 극구 부인했다. 그러자 이오페는 그들에게 치명적인 서신을 보냈다. 그 서신의 내용을 인용해 보자.

물론 나는 노동계급 운동의 신참이자 그다지 신임하지도 않는 바르트 동지에게 내가 직접 무기 구매 자금을 건네줄 정도로 어리석지는 않소. … 그러나 인민위원인 바르트는 자신이 독일인 동지들에게 받았다고 시인한 수십만 마르크가 그들의 주요 자금원인 나한테서 나왔다는 것을 잘 알고 있소. 나는 혁명이 일어나기 2주 전에 바르트와 대화한 적 있소. 그때 그는 자신이 요청했던 200만 마르크를 제공하지 않았다는 이유로 나를 비난했소. … 그는 내가 그 돈을 제공했다면 독일 노동자들이 오래 전에 무장했을 것이고 봉기를 승리로 이끌 수 있었을 것이라고 말했소. … 나는 여러 번 하제와 그의 동료들에게 제국의회에서의 연설을 위한 자료를 제공했소. 이런 자료가 번번이 러시아에서 나오지는 않았소. 독립사회민주당은 우리나라 작가들과 공동으로 출판 계획을 추진하면서 우리에게서 물질적 도움을 받았소. … 하제 씨는 우리가 독일혁명과 세계혁명이라는 공동의 이익을 위해 같이 일한다는 사실을 믿지 않았던 듯하오. 나는 하제 씨가 폰 퀼만의 견해를 받아들이지 않았다면 우리가 공동으로 했던 일에 대해 결코 이런 식으로 말하진 않았을 것이오. … 폰 퀼만은 우리와 독립사회민주당의 협력을 범죄로 여겼고, 그 때문에 우리를 독일에서 추방한 것이오. 스스로 사회주의적·혁명적이라고 자처한 새 독일 정부가, 전에 그들이 혁명가로 활동할 때 우리와 함께 활동했다는 이유 때문에 노골적으로 우리를 비난할 정도까지 이른 것이라면, 나를 당 동지나 정직한 반대파로 묶어 두었던 정치적 강제는 그 힘을 완전히 잃어버리고 말 것이오. 나는 베를린 주재 러시아 영사관 법률고문인 제국의회 의원 오스카 코온에게, 내가 베를린을 떠나기 전날 밤 그가 독립사회민주당원 자격으로 내게서 받아간 50만 마르크와 1만 5000루블의 돈이 독립사회민주당 계좌로 입금되지 않았다는 사실을 알리려 하오. 전에 독일혁명을 위해 쓰라고 코온 박사에게 맡겨 놓은 1000만 루블에 대해서도 말할 것이오.[20]

크라스노프와 돈 지역의 대군

몇 달 사이에 여전히 내전이 진행 중인 모든 지역에서 이미 레닌이 경고했던 새로운 위험이 나타났다. 독일군과 연합군은 번갈아 전쟁에 참여했다.

볼가에서 붉은 군대가 승리하고 나서 혁명군사위원회의 관심은 돈 지역으로 집중됐다. 붉은 군대는 1918년 초에 별 어려움 없이 돈 지역을 정복했으나(아타만 칼레딘의 자살을 상기하라), 봄이 되자 독일군이 다가오기 시작했다. 아타만 크라스노프(1917년 10월 혁명 직전에 페트로그라드로 진격했다가 포로로 잡힌 뒤 가석방된 바로 그 자)는 4~5월 동안 돈 지역 카자흐족의 반혁명을 앞장서서 제창했다. 7월경 크라스노프는 보병 2만 7000명, 기병 3만 명의 병력과 175문의 대포, 610정의 기관총, 20대의 비행기, 4대의 무장열차, 8척의 전투함을 거느리게 됐다. '돈 지역의 대군'이 다스리는 영토는 서쪽으로는 헤트만 스코로파츠키의 우크라이나에 접해 있었고, 북쪽으로는 소비에트 러시아, 동쪽과 남쪽으로는 데니킨이 국민군을 창설하고 있던 쿠반의 카자흐 영토와 접해 있었다. 이 새로운 국가는 독일 황제를 주군으로 받드는 군사적 모험가의 개인적 봉토에 지나지 않았다. 크루크라는 카자흐 의회가 제정한 돈 지역 국가의 헌법에 따라 아타만이 전제군주로 선포됐다. 아타만은 군통수권, 외교정책 결정, 장관과 군지휘관 임명, 계엄 선포, 법률 인준과 거부권, 사면권을 행사했다. 사유재산은 불가침의 권리로 선언됐다. 종교에서는 그리스정교의 우위가 공식적으로 확인됐다. 그렇지만 아타만도 시대 흐름에 맞게 행동해야 했다. 심지어 그는 "자본가들의 전쟁" 운운하기도 했다. 카자흐족 빈농들의 이익을 위해 농업 개혁이 선포됐다. 포고령에 따라 지주의 토지는 유상으로 몰수됐고, 경작지는 공동 소유로 선언됐다. 아타만은 농민 혁명을 막으려고 이런 양보 조처를 취했을 뿐 아니라 뻔뻔스럽게도 반혁명적 사회주의자들의 뒤까지 봐주었다. 그래서 노보체르카스크[21] 행정부의 공공 교육 장관에 반혁명적 사회주의자가 임명되기도 했다. 그곳의 수도에서는 사회혁명당 조직인 프랴조프스키 크라이 ('아조프의 땅')가 왕당파 조직과 나란히 활동했다. 그렇다면 노동자들은 어떤 대접을 받았을까? 어떤 사령관이 노동계급 도시인 유조프카의 사령부로 보낸 같은 날짜의 전보 두 통을 살펴보자. "노동자들을 체포하지 말고 교수형에 처하든지 사살하라. 11월 10일. 명령 제2428호." "거리에서 체포된 노동자를 모두 교수형에 처하라. 시신은 3일 동안 본보기로 전시하라. 11월 10일. 명령 제2431호. 서명자, 지로프." 로스토프에서도 같은 방식이 채택됐다. 타간로크에서는 데니소프 장군이 주민들에게 소요가 일어나면 질식가스를 마구 살포하겠다고 경고했다. 반면에, 돈 지역은 기본법 제15조~23조에 따라, 상상할 수 있는 민주적 자유를 모두 누렸다. 크라스노프는 어이없을 만큼 솔직하게 "이른바 혁명의 성과는 완전히 일소됐다"고 선언했다.

5월 5일 아타만은 독일 황제에게 볼셰비즘에 대항하는 데 필요한 협력과 보호를 요청했다. 아타만은 빌헬름 2세에게 무기뿐 아니라 우크라이나와 돈 지역 정부가 타간로크 지방의 영유권 문제를 놓고 벌이던 분쟁을 중재해 줄 것도 요청했다. 아르님 장군이 독일이 무기와 탄환을 대량 공급한 돈 지방에 도착했다. 6월 28일 아타만은 독일 황제에게 새 편지를 보내 아조프해에서 카스피해에 이르는 지역에 독일의 지배를 받는 거대한 카자흐국을 수립하겠다고 밝혔다. 이 '반민족적인 볼셰비즘'의 적, 이 애국자가 꿈꾸었던 것은 자기 나라의 덩치를 최대한 부풀리는 것이었다. 아타만은 침략자 독일에 보로네즈와 차리친, 아스트라한, 쿠반, 테레크를 양보해 달라고 요청했다.[22] 그는 독일의 상업적 이익에 유리한 조약을 제안했고, 자신의 영토에서 생산되는 곡물, 가죽, 술, 석유, 담배, 가축 등을 제공했다. 심지어 그는 전우(戰友)인 데니킨을 모함하기도 했다. 쿠반이 데니킨의 작전 근거지였기 때문이다. 아타만은 카자흐 의회에서 "차라리 독일의 지배가 러시아 농민 폭도의 지배보다 참기 쉬울 것"이라고 말했다.

그러나 11월에 베를린과 소비에트의 외교 관계가 단절돼서 독일이 러시아를 전면 침공할 것이라는 추측이 난무하던 바로 그때 독일 제국주의가 무너졌다. 우크라이나를 점령한 독일군은 완전히 혼란에 빠졌다. 독일군 병사들은 이제 어떤 희생을 감수하더라도 집으로 돌아가기만을 원했다. 독일에 충성하던 크라스노프는 지체없이 연합국으로 기울었다. 그는 새 친구들이 한 약속들을 회고록에 기록했다. 루마니아의 이아시에서 열린 회의에서 프랑스 영사 에노는[23] "연합군이 도착할 때까지 독일군 사령부가 책임지고 우크라이나를 보호하고 질서를 유지해야 한다고 주장했다." 베르틀로 장군은 12월 중순 이전에 프랑스군 몇 개 사단을 파견하겠다고 약속했다. 이제 크라스노프는 더는 독일 황제에게 청원하지 않았다. 새로운 상대, 즉 프랑슈 데스페레 장군이 나타났던 것이다.

돈은 민주공화국이며, 본인이 이 나라의 대표를 맡고 있소. … 돈이 싸우고 있는 대상은 볼셰비즘이오. … 연합국의 원조가 없다면 러시아 해방은 불가능하오. … 3~4개 군단, 9만~12만 정도의 병력이면 3~4개월 안에 러시아를 해방시킬 수 있소. … 외국 군대의 우크라이나 점령 가능성이 점점 더 커지고 있소[크라스노프가 프랑슈 데스페레에게 한 말 — 세르주].

툴라, 사마라, 사라토프, 차리친, 펜자, 모스크바에도 연합국 게릴라 부대가 출현할 가능성이 커지고 있었다. … 이아시에서 베르틀로 장군은 크라스노프가 파견한 대사에게 공식적으로 "우크라이나는 확실히 영국·프랑스 군이나 독일이 그곳에 남겨 놓을 군대에게 점령될 것"이라고 잘라 말했다. 더욱이, 필요하다면 "살로니카에서 온 부대 전체"가 러시아로 파견될 예정이었다.

풀 장군이 이끄는 영국군 군사사절단은 예카테리노다르에 있는 데니킨 군사령부를 방문했다. 영국군과 프랑스군 장교들(뷔프레, 포르, 오셍,[24] 에를리히)이 돈 지역을 방문했다. 카자흐족 노인들은 찬미의 노래를 부르며 그들을 환영했고, 흰 옷을 입은 소녀들도 그들을 둘러싸고 환호하기 바빴다. 풀도 베르틀로 못지않게 군건한 태도를 보였다. 그는 "나는 곧바로 바툼에서 연대를 불러들일 것이다!" 하고 선언했다. 그러나 영국은 풀을 소환했다.[25] 1919년 1월 말, 푸케 대령은 프랑슈 데스페레 장군을 대리하여 아타만에게 연합국이 정한 가혹한 조건을 제시했다. 아타만은 러시아 무장 세력의 최고 우두머리인 데니킨 장군에게 복종해야 한다. 또한 "군사, 정치, 행정 분야에서는 프랑슈 데스페레 장군의 명령을 따라야 한다." 아타만이 내리는 명령은 사전에 푸케 대령의 승인을 받아야 한다. 돈 지역 정부는 프랑스 시민이 혁명 때문에 입은 손실을 모두 배상해야 한다. 프랑스 시민의 "모든 기업은 소요 때문에 입은 손실에 대해 평상시 이익만큼의 보상금을 받는다. 또한 해당 기업이 1914년 이후 얻은 모든 매출액의 5퍼센트를 배상금으로 더 받는다."

크라스노프는 붉은 군대를 무너뜨리려는 전쟁을 시작했다. 이 공세는 기습 공격뿐 아니라 전략적 차원의 대규모 군사작전도 포함하고 있었다. 그는 1918년 10월과 1919년 1월 두 차례에 걸쳐 볼가 저지대의 관문인 차리친을[26] 포위하려 했지만, 러시아군 제10군(툴랴코프, 보로실로프, 스탈린)은 차리친을 영웅적으로 방어했다. 크라스노프는 농민들을 동원해서 목적을 이루려 했으나 실패했다. 11월 초에 트로츠키는 남부전선의 보로네즈, 차리친과 아스트라한을 방문했다. 그는 군의 사기를 되살렸고 정규군을 조직하는 일에도 큰 성과를 냈다. 이 지역에서 정규군을 조직하는 것은 매우 힘든 일이었다. 내전은 촌락 사이, 촌락 내의 부자와 빈자 사이의 대결로 치달았다. 어디서나 게릴라 부대가 결성됐고, 게릴라 부대 지휘관들은 민족 영웅이 됐다. 이런 게릴라 부대들은 용감했지만 체계가 없었다. 이런 집단을 정규군으로 대체하려면 그들의 반발, 집단적 응집력, 특유의 전통을 분쇄해야 했다. 게릴라 부대는 촌락을 상시적 요새로 만들었는데, 이들은 전쟁의 전반적 상황 따위는 안중에도 없었다. 어떤 부대가 자기네 구역을 떠나야 하는 상황이 되면 자연스레 부대 자체가 소멸되고 말았다. 영웅 대접을 받던 지휘관들은 자기 마음대로 행동하고 싶어했다. 그래서 중앙집권화 조처가 실시되자 몇몇 지휘관은 격렬하게 반발했다. 쿠반에서는 소로킨이 자신의 지휘권 밖에 있는 혁명위원회를 체포해 사살했다. 미로노프, 아프토노모프, 사하로프, 포타펜코를 비롯한 수많은 지역 군사령관들이 혁명을 빙자해 중앙 권력에 맞서 폭동을 일으켰다. 지역 군사령관들의 반란은 진압됐다. 모스크바에서 소집된 연대들, 노동자 출신 정치위원들, 금속노동자 출신의 실랴프니코프가 이끄는 혁명군사위원회는 남부전선에서 단호하게 중앙집권화를 단행했다(정작 이 부대를 지휘한 사람은 차르 시대의 장교 출신으로 볼셰비키 편으로 넘어온 시틴이었다). 이때부터 크라스노프의 패주가 시작됐다. 붉은 군대의 전투력은 점차 강해졌다. 1919년 초에 용감한 육군 부사관 출신 부됸니가 이끄는 강력한 붉은 기병대가 창설됐다.[27] 이는 카자흐족의 중산층과 심지어 부자들까지도 붉은 군대의 대의에 동참하게 됐음을 입증하는 것이었다. 왜냐하면 기병대는 상대적으로 부유한 계층으로 구성된 부대였기 때문이다.

트로츠키는 남부전선에서 붉은 군대가 수행해야 할 임무를 다음과 같이 적절하게 설명했다.

> 우리는 떠나는 독일 제국주의와 다가오는 영국·프랑스 군국주의 사이의 틈새로 비집고 들어가야 한다. 우리는 돈, 캅카스 북부, 카스피해 유역을 접수해야 하고 우크라이나의 노동자와 농민들을 지원해야 하며, 이곳을 영국군이나 독일군 같은 외국 군대가 존재하지 않는 우리 소비에트의 영토로 돌려놓아야 한다. … 이곳 남부전선에서 우리 혁명의 맥박이 고동치고 있다. 이곳에 소비에트 권력의 운명이 걸려 있다.

사마라의 붕괴

10월 초에 사마라와 스타브로폴을 점령함으로써 볼가 지역이 해방됐다. 트로츠키가 말한 것이 모두 이뤄졌다. 붉은 군대는 우랄 지방에 침투해 연이어 승리를 거두었다(10월 16일 부굴마 점령).

카잔과 심비르스크가 무너지자 사회혁명당 제헌의회의 수도는 공포에 떨며 하루하루를 살아갔다. 교통이 마비돼 도시는 갑자기 공포에 휩싸였다. 주민들은 지하실로 숨고 상점은 문을 닫았고, 이 지역 자본가계급은 기차 편을 이용해 떠났다. 자신의 무기력함을 깨달은 제헌의회 위원회는 결국 해산하고 우파 집정부에 권력을 넘겨주기로 결정했다. 그러나 그들은 우파 집정부를 전혀 믿지 않았다. 오랫동안 벌어진 전투로 지쳐 버린 체코군은 더는 싸우려 하지 않았다. 백군 자원병 부대는 병력이 너무 적어서 별 도움이 되지 못했다. 동원된 농민들은 집단으로 탈영하거나 붉은 군대로 넘어왔다. 게다가 아타만 두토프는 오렌부르크에 자리잡은 카자흐 군이 사회혁명당을 지원하지 못하도록 막았다. 집정부도 내부 음모로 헛되이 시간을 낭비하고 있었다.

설상가상으로 사마라에서는 도시의 철수를 이끌 군지휘관조차 찾을 수 없었다. 여러 자유주의 단체가 필사적 저항을 선언하는 결의안을 통과시켰고, 사회혁명당은 전투단을 조직하는 한편, 모든 남성에게 동원령을 내렸다. 그러나 붉은 군대가 거침없이 다가오고 있는데도 실행에 옮겨진 일은 하나도 없었다. 10월 4일 철수령이 나왔다. 그러나 이것은 전면 패배의 신호나 다름없었다.

그것은 악몽이었다. … 군사령관 트레구보프 장군이 가장 먼저 열차를 타고 도망쳤다. 철수위원회도 사라져 버렸다. … 각종 문서와 통행증을 발급할 사람조차 없었다. 모든 사람들은 열차의 자리를 차지하려고 기차역으로 내달렸다. 남의 형편 따위는 잊은 지 오래였다. 그야말로 엄청난 혼란이었다. 마차나 기관차는 한 대도 남아 있지 않았다. 국가기관이나 사람들이 내다 버린 쓰레기가 건물 앞마당에 3층 높이로 쌓여 있었다. 수천 명의 국가공무원, 각 정당 당원들, 유명 인사와 겁먹은 신사 양반들이 울부짖는 여자와 아이들을 무시하고 기차역으로 몰려갔다. 사람들의 표정은 공포와 무자비한 이기주의로 가득했다. 그들의 생각은 똑같았다. "내가 먼저야!" 사람들은 화물열차 안의 점찍어 둔 자리를 향해 냅뛰었다.[28]

당시 상황을 보여 주는 사례를 몇 가지만 살펴보자. 승객들로 꽉 찬 정부의 특별열차가 마지막까지 철로에 위태롭게 정차해 있었다. 체코군은 자신들이 먼저 철수하려고 열차를 모두 독차지했다. 기관차 한 량을 요청하려고 체코군 참모장을 방문한 제헌의회 위원회 대표단은 모욕만 당한 채 물러났다. 멘셰비키 소속으로 사마라 내각에 참여했던 마이스키에 따르면, 대표단이 사회혁명당 소속으로 사마라 정부 수반인 볼스키를 만나러 갔지만 그는 절망한 채 잔뜩 술에 취해 술잔을 깨면서 소리쳤다. "죽은 사마라를 위해 건배! 어디서 시체 썩는 냄새가 나지 않소?" 도시는 두려움과 암울한 분위기에 휩싸여 있었다. 대표단이 볼스키를 남겨 두고 체코군 사령부에 도착하자 한 장교가 그들을 맞이하며 폭소를 터뜨렸다. "당신네 군대는 어디 있지? 하하하. 말해 보시지. 어디 있냐고?" 그는 "정부"라는 말을 듣고 자지러지게 웃다가 더듬더듬 말했다. "당신네 정부?" 그는 종잇조각을 둘둘 말아 오만하게 던져 버렸다.

여기서 사마라에서 일어난 사건을 자세히 기술하는 것은 이 사건이 가장 전형적이었기 때문이다. 이 사건은 스비야시스크, 우랄, 투압세에서 붉은 군대가 보여 준 영웅적 끈기와는 완전히 다른 타락상을 드러냈다. 이토록 다른 면을 보이는 것은 서로 경쟁하는 사회 세력들이 완전히 다른 인간적 자질을 지니고 있기 때문이다. 틀림없이 붉은 군대는 신념과 열정, 지혜, 인내 등의 정신적 자질에서 훨씬 뛰어났다. 이런 자질은 혁명 과정 내내 나타날 터였다. 나중에 더 심각하고 잔인한 사건이 터져 사마라의 붕괴는 잊게 된다. 스비야시스크의 전과를 뛰어넘는 또 다른 성과가 나올 것이다. 오렌부르크의 노동계급은 오랜 포위를 끝까지 버티고 마침내 승리를 거둔다. 페트로그라드는 트로츠키의 방어 덕분에 온갖 난관을 이겨냈다. 차리친은 두 번이나 백군의 공격을 받았지만 그때마다 승리했다. 붉은 군대는 난공불락의 두 요새 크론시타트와 페레코프를 급습해 점령했다. 다른 한편, 루마니아와 프랑스 점령군은 오데사에서 패배하게 된다. 영국군은 아르한겔스크에서 패배한다. 데니킨도 노보로시스크에서 허겁지겁 철수하면서 몰락했다. 콜차크는 시베리아 횡단철도를 타고 도망갔고, 브란겔은 크림반도에서 몰락하게 된다. 앞서 설명했듯이, 이런 도덕적 우월성이 있는 사회 세력이 가장 큰 힘을 갖게 된다. 돈과 사마라에서 일어난 사건들에서 또 다른 특징 하나를 찾아낼 수 있다. 그리고 그 특징은 앞으로 계속 되풀이될 것이다. 그것은 바로 영국인, 프랑스인, 체코슬로바키아인 같은 외국인들은 끔찍할 정도로 자기 이익을 챙긴다는 사실이다. 연합국 장교들은 반혁명 세력 대표들에게 명령을 내릴 때도 무척 거만했고, 상황이 조금이라도 악화되면 곧바로 그들을 내팽개쳤다. 그리고 철수해야 할 때는 첫 번째 열차로 잽싸게 떠나 버렸다. 외국 군대의 총칼이 없으면 반혁명 세력은 무기력한 반면, 러시아의 동맹국들은 '국민적' 러시아를 점령지 취급했다. 바로 여기서 가장 기묘한 것처럼 보이는 내전의 역설이 드러난다. 즉, 내전이 일어나면 애국적 자본가들은 항상 스스로 외세의 노예가 되지만, 국제주의 노동자들은 자국을 잘 방어해서 자신의 사명을 완수한다는 것이다.

시베리아에서 동맹국과 콜차크

사마라가 몰락하자 반혁명적 민주주의 세력은 쇠퇴하기 시작했다. 이제 반동 세력들은 시베리아에서 옴스크 정부를 중심으로 집결했다. 사회혁명당 제헌의회파와 시베리아 반혁명 세력(우의 독재를 지지하는 카데츠가 이들을 이끌었다) 사이의 갈등은 날이 갈수록 첨예해졌다. 시베리아 정부는 우파 집정부에 심한 제약을 가했다. 옴스크에서는 장교 집단이 전례 없이 강력한 구실을 했다. 따라서 만약 그들의 지지가 없다면 어떤 정부도 권력을 유지할 수 없었다. 정치가 군사적 반란과 음모로 점철됐기 때문에 장교 집단의 영향력 자체가 그들을 타락으로 이끌었다. 자유주의자로 평판이 난 정치인은 누구든지 항상 체포, 납치 또는 살해 위협에 시달렸다. 결국 사회혁명당 출신 장관인 노보셀초프가 9월 말경 희생됐다. 당시 시베리아의 수도는 복잡한 군사적 혼란에 휩싸여 있었다. 아무도 최고 권위가 있는 집정부를 존중하지 않았다. 암살로 장관 몇 명이 희생된 내각은 사회혁명당이 다수를 차지한 자유주의적 두마와 논쟁을 벌이고 있었다. '민주주의 세력'이라지만 명령에 대한 복종을 최우선 의무로 삼는 체코군조차 충성을 바치지 않았다. 장교들이 주축이 된 군사정부의 법률 제정은 언제나 비밀리에 이뤄졌다. 그러는 동안 개인 독재의 원칙에 공감하던 산업가들과 장군들은 '민족통일전선' 결성을 제안했다. 집정부와 옴스크 정부는 콜차크 제독을 전쟁장관에 임명하는 데 동의했다(11월 4일). 사실 이런 동의는 대단히 예외적인 사례였다.

이런 내분은 여러 강대국의 책략과 뒤섞였다. 일본군은 아타만 세묘노프의 지지를 받아 극동에서 작전을 수행했다. 체코군은 정복자로서 시베리아 횡단철도를 지배했다. 체코군 사령관 가이다 장군은 러시아 장교들을 멸시하고 징발을 일삼았으며, 볼셰비키와 의심스러운 자들을 총살했다(10월 25일에는 크라스노야르스크에서 재판도 없이 5명을 총살했다). 연합국은 녹스와 야닌 장군을 파견했다.[29] 이들은 로이드조지와 클레망소에게서 시베리아에 주둔하고 있는 모든 연합국 군대의 지휘권을 공식적으로 부여받았다.

중요한 것은 중간계급의 '민주' 정당들이 우크라이나에서 이제 막 사악한 반동을 위한 길을 열었을 뿐이라는 점이다. 이런 경험은 시베리아에서도 반복됐다. 실제로 내전이 벌어졌을 때 이 당들은 늘 이런 구실을 했다. 이런 일은 불가피했다. 프티부르주아 계급은 계급적 특성상 독자적 정책을 가질 수 없었기 때문이다. 프티부르주아 계급은 늘 프롤레타리아독재와 반동의 독재 사이에 위치한다. 어느 정도까지 반동 독재를 위한 길을 준비하다가 결국 반동 독재에 복종하는 것, 그것이 프티부르주아 계급의 운명이다. 사회혁명당 집정부는 지도자의 공허한 말장난을 빼면 내놓을 것이 하나도 없었다. 이 신사 양반들은 얼마 전까지 페트로그라드에서 제헌의회 시절에 노동계급의 위협에 주눅 들었듯이 옴스크에서도 군부의 위협에 피로와 무기력을 느꼈다. 그리고 똑같은 하나의 환상이 사회혁명당 지도부의 용기를 북돋아 주었다. 즉, 의회주의적 순교자의 소명감이 그들의 가슴 속에서 우러나온 것이다. 사마라에서 도망쳐 온 멘셰비크 마이스키가 집정관이자 사회혁명당원이었던 위대한 인물, 인상적인 턱수염과 이상주의자의 앞이마와 청교도 같은 절제된 말투를 지닌 아프크센티예프와 나눈 이야기 한 토막을 여기에 제시하겠다.

아프크센티예프는 나에게 "우리는 화산 꼭대기에 살고 있는 거요. 매일 밤 체포되리라는 생각을 하고 있지" 하고 퉁명스럽게 말했다.

나는 "당신의 정책이 옳다고 생각합니까?" 하고 물었다. 그는 "그렇소. 우리가 다른 식으로 행동하는 것은 불가능했소. 우리는 타협의 순교자요. 당신은 그것을 비웃겠지요? 그래도 그런 순교자는 있는 법이고, 아마도 러시아에는 특히 순교자가 더 많이 필요할 거요" 하고 대답했다.

잠시 뒤 마이스키는 다른 집정관에게 물었다. "당신은 저항하지 않을 건가요?" 그러자 그는 의기소침한 표정으로 대답했다. "우리가 뭘 할 수 있겠소?"

결국 11월 18일 밤 카자흐군이 집정부 관련 정치인들을 체포했다. 영국군 대령 워드의 기관총 부대가 도시의 전략적 요충지를 점령했다. 같은 날 시베리아 정부는 해군제독 콜차크에게 최고통치자 칭호를 수여하기로 결정했다. "성스러운 십자가를 기꺼이 짊어진" 제독은 반동의 길도 당파의 길도 걷지 않고 오직 볼셰비키와 싸울 강력한 군대 창설에 매진하겠다고 선언했다. 러시아 인민은 "이제 스스로 자유를 조직"할 것이다. 워드 대령, 프랑스 영사 르뇨, 미국인 해리스와 체코인 스테파니크 등 연합국 대표들의 동의하에 쿠데타가 준비됐다.[30] 며칠 뒤 집정부는 러시아군과 영국군 병사들의 호위를 받으며 망명길에 올랐다. 12월 14일 야닌 장군이 옴스크에 도착했다. 연합국 명령서에 따라 옴스크의 '최고 통치자'가 사실상 야닌 장군에게 굴복한 것이다!

사회혁명당 제헌의회파는 반발했으나 소용없었다. 체르노프가 이끄는 사회혁명당 저항위원회는 체포에 반발조차 하지 않았다. 사회혁명당은 볼셰비키에 맞선 투쟁을 포기하고 봉기와 테러로 돌아가기로 결정했다. 이번에는 시베리아의 반동 세력이 대상이었다. 그러나 이미 시기를 놓쳤다. 사회혁명당 투사 몇 명이 처형됐다. 그리고 그것이 전부였다.

시베리아의 반혁명은 1919년에 최고조에 달했다. 이런 결과는 군사독재와 연합국의 간섭 때문이었다. 1919년 봄 콜차크 휘하의 군대는 일시적으로 붉은 군대보다 나아 보일 만큼 강력했다. 그러나 모든 백군과 마찬가지로, 콜차크 부대도 계급 군대였다. 이 군대는 주로 장교들과 부유한 계급 청년들로 이루어져 있었다. 최고통치자가 세운 것은 백색 테러 정부였다. 농민들은 살던 곳을 떠났고 식량 공급을 거부했다. 그들은 징발, 지주의 귀환, 그리고 돌아와서는 전보다 더 거만해진 옛 정부 기관들의 자의적 지배에 저항했다. 시베리아 전역은 총성으로 얼룩졌다. 어디서나 탄압은 흔한 일이 됐다. 반란을 일으킨 촌락에서는 농민 수십 명이 총에 맞아 죽었다. 여자들은 채찍질당하고, 어린 소녀들은 강간당했다. 가축도 도난당했다. 폭탄 세례를 받거나 불타버린 읍도 수백 개나 됐다. 붉은 군대 게릴라 부대들이 시베리아의 숲 속으로 숨어들었다. 12월 말 옴스크에서는 공산당 비밀 조직이 조직한 노동자 봉기가 터졌다. 봉기가 진압돼 900명이 목숨을 잃었다. 엄청난 학살이 벌어져 제헌의회의 사회혁명당과 멘셰비키 의원 여러 명이 처형됐다. 철도 파업이 일어나면, 파업에 가담한 혐의를 받은 촌락들은 여지없이 불길에 휩싸였다. 붉은 군대 "산적 떼가 날뛸 때마다" 인질이 3명에서 20명씩 처형됐다.

콜차크의 쿠데타 정권은 반혁명 세력을 체계적으로 통제하기를 원한 연합국의 요구에 맞는 것이었다. 옴스크에서 여러 사건이 전개되고 있을 때 루마니아의 이아시에서는 영국 대사 버클레이가 주최한 협의회가 열렸다. 협의회에는 프랑스 대사 드 생-올레르, 미국 외교관 한 명, 이탈리아 외교관 한 명, 자본가계급의 자유주의 조직(밀류코프)과 왕당파 조직의 지도자들, 사회혁명당 지도자들(푼다민스키)이 참가했다.[31] 러시아에 군사독재를 세우는 문제가 주요 안건이었다. 러시아의 반혁명 활동에 데니킨이나 콜차크 같은 주요 반혁명 지도자들을 강요한 것은 다름 아닌 연합국이라고 말할 수도 있다. 프랑슈 데스페레 장군과[32] 야닌 장군은 이들의 사소한 행동까지 감시했던 것으로 보인다.

제6차 소비에트 대회: 브레스트리토프스크 강화조약의 무효화

11월 6일에서 9일까지 열린 제6차 소비에트 (임시)대회에서 10월 혁명 1주년 기념식이 거행됐다. 바로 이때 독일혁명이 시작됐다. 제6차 대회는 침체된 분위기 속에 진행됐다. 사실상 이 대회는 중앙집행위원회의 확대회의였기 때문이다. 대회에 참여한 사람들은 대부분 같은 견해를 가지고 있었기 때문에 어떠한 논쟁도 없었고 있을 수도 없었다. 공산당원은 투표권을 가진 총 950명의 대의원 가운데 933명을 차지했다. 나머지는 혁명적 공산당 8명, 좌파 사회혁명당 4명, 민중공산당[33] 2명, 과격파 사회혁명당 1명, 아나키스트 1명, 무소속 1명 등이었다. 레닌, 트로츠키, 스베르들로프, 라데크, 스테클로프, 카메네프, 쿠르스키와 아바네소프만이 연설했을 뿐이다.[34] 대회장에서 볼 수 있는 활동이라고는 긴 박수와 만장일치 투표뿐이었다.

대회는 다시 한 번 미국, 영국, 프랑스, 이탈리아, 일본에 강화를 제안하기로 결정했다. 이 나라들은 결코 공식 선언하지는 않았지만 사실상 러시아와 전쟁을 벌이고 있었다. 대회는 사면 결의안을 채택하여 체카에 반정부 활동을 공공연히 적극 벌인 사람들만 체포하도록 지시했다. 대회는 혁명적 합법성에 대한 수정 결의안도 채택했다.

회의 도중에 붉은 군대가 우랄 지방 이제프스크에 있는 여러 공장을 장악했다는 소식이 전해졌다. 멘셰비키의 영향을 받는 반혁명 세력이 장악했던 이제프스크와 보트킨스크의 군수공장 등을 되찾는 큰 성과를 거둔 것이다. 트로츠키는 코틀라스에서 영국군 병사 58명이 집단적으로 붉은 군대에 투항했다는 소식을 알렸다.

대회는 독일의 사태 진전을 예의주시했다. 레닌이 보고를 끝낸 뒤, 대중에게 당시의 새로운 위험에 대해 명확히 알려주고 "우리가 사회주의 조국과 세계 노동자 혁명의 승리를 지키고 보존할 것이라는 신념"을 불어넣어야 한다는 제안이 채택됐다. 이오페는 방금 독일에서 추방당했고, 공산주의 러시아는 이제 동맹국과 연합국 두 방향에서 공격받을 터였다.

레닌은 혁명 1주년을 경축하고 국제 상황을 설명하려고 두 개의 강령을 채택했다.

[레닌이 말했다 — 세르주] 우리는 전 세계 수준의 투쟁 때문에 일어날 수밖에 없었던 혁명을 맨 처음 시작했다. 그러나 그것은 러시아 노동계급이 무슨 대단한 장점이 있었기 때문이 아니라 러시아가 취약하고 후진적인 나라였기 때문에, 그리고 다른 곳에서 혁명이 일어날 때까지 우리로 하여금 혁명운동의 선두에 나설 수밖에 없도록 강제한 군사적·전략적 상황의 특별한 영향 때문이었다. 우리는 이 사실을 잘 알고 있다.

레닌은 1년 동안의 투쟁에 대한 대차대조표를 작성했다. 러시아는 산업에 대한 노동자 통제에서 노동자 조직화로 나아갔다. 토지를 차지하려는 농민들의 일반적 민주주의 투쟁에서 농촌의 계급 분화로, 군사적 무능력에서 붉은 군대의 창설로, 고립에서 서유럽 노동계급과의 공동 활동으로 나아갔다. "우리는 노동자 통제에서 시작했다. 그렇지만 사회주의는 노동계급이 관리 방법을 배울 때만 건설될 수 있다. 그래서 우리가 지금 당장 사회주의를 선포하지 못하는 것이다." 레닌은 농민 문제를 다루면서 쿨라크의 반란으로 일어난 7월 위기에 대해 언급했다. "우리는 그때 비록 농민들이 아직은 사회주의 사회로 나아가는 길로 들어설 수 없다는 것을 알면서도 농촌에서 그런 길을 열어 놓는 것으로 만족했다." 그 어떤 민주주의 공화국도 농민들을 위해 그런 일을 하지 못했다. 기근이 강타하고 나서야 비로소 노동자와 쿨라크 사이에 전쟁이 일어났다. 그 전쟁의 중요한 성과는 도시와 농촌 노동 대중의 대대적인 동원이었다. 그리고 이제 "농촌의 가난한 사람들과 도시의 노동자가 동맹함으로써 사회주의 건설을 위한 건실한 토대가 형성되고 있다." 레닌은 "어떤 일이 있어도 제국주의는 멸망하고 말 것"이라고 선언했다.

레닌은 두 번째 연설에서 다음과 같이 말했다.

국제 관계는 우리에게 꽤 중요한 문제로 다가오고 있다. 그것은 제국주의의 본질이 세계의 모든 국가들을 하나의 단일한 체제 즉, 무자비함과 부패로 점철된 하나의 덩어리라고 할 만한 체제로 확고하고 안정적으로 결합시키는 것이기 때문에, 또 사회주의의 승리는 어느 한 나라에서 이루어질 수 없고 적어도 여러 선진국의 적극적인 협력을 요구하기 때문이다. 러시아는 그런 선진국에 포함시킬 수 없다.

러시아 노동계급은 처음부터 이런 생각을 가지고 있었고, 다른 나라 대중의 의식을 일깨우는 데 온 힘을 기울여 왔다. 물론 곧바로 성과가 나타나기를 바란 것은 아니었다. "설령 우리가 갑작스럽게 제거되더라도, 비록 많은 과오를 범했을망정 우리는 전 세계 수준의 사회주의 혁명을 위해 운명이 우리에게 제공한 휴식 시간을 충분히 활용했다고 말할 수 있는 권리를 갖게 될 것이다." 상황을 가장 폭넓게 관찰하고 있었던 레닌은 다시 한 번 "우리가 이토록 세계혁명에 가까이 간 적이 없고, 지금까지 이토록 위험한 상황에 처해 본 적도 없다"고 말했다. 레닌은 다음과 같은 말로 연설을 마무리했다.

우리는 좌절하거나 비관주의에 빠질 이유가 전혀 없다. 우리는 위험이 크다는 사실을 알고 있다. 운명이 우리를 더욱 가혹하게 시험할지도 모른다. 저들이 어떤 한 나라를 무너뜨릴 수는 있다. 그러나 결코 세계 노동자 혁명을 분쇄할 수는 없을 것이다.[35]

트로츠키는 전선의 상황을 보고했다. 그의 보고는 꽤 희망을 불러 일으켰다. 그는 다음 차례가 남부 지역의 해방이라고 말했다.

11월 11일 연합국과 독일은 휴전을 체결했다. 그것은 브레스트리토프스크 강화조약과 부쿠레슈티 조약을 무효화할 수 있는 계기였다. 이틀 뒤 소비에트 중앙집행위원회는 브레스트리토프스크 강화조약이 무효라고 선언했다. 소비에트 공화국은 제국주의에서 해방된 모든 인민에게 우호적 동맹을 제안했다.

우크라이나를 탈환하다

독일의 침탈과 헤트만 스코로파츠키의 통치 하에서 우크라이나는 결코 고통에서 벗어나지 못했다. 계급투쟁이 격렬하게 지속됐다. 강제징발 때문에 농민들은 무기를 들고 나설 수밖에 없었다. 프티부르주아 계급의 민족 사회주의 정당들은 자기 민족이 겪는 치욕적 상황에 분노했고, 농촌 대중의 불만을 대변했다. 노동계급의 중심지에서는 볼셰비키당의 비합법 조직이 뛰어난 투쟁을 전개했다. 좌파 사회혁명당은 테러 활동에 돌입했다. 농촌은 우크라이나의 전통적인 조직의 하나인 하이다마키라는 비정규군 부대와 붉은 색(볼셰비키)이나 검은 색(아나키스트) 깃발을 내세운 빨치산 부대들로 가득 차 있었다. 공식적으로 헤트만에 대한 전쟁을 선포한 여러 민족주의 단체들은 9월 중순경 벨라야-체르코프 근처에서 자원병을 규합하기 시작했다. 작가 빈니첸코와 교사 시몬 페틀류라라는 고참 민족사회주의 지도자 두 명이 봉기 운동을 지도했다. 이 두 사람은 애처로운 추억으로 남아 있는 라다에서 뛰어난 활약을 한 인물이었다.

점령군 병사들은 빈과 베를린에서 일어난 사건 소식을 듣고 집으로 돌아갈 궁리만 하고 있었다. 이제 오스트리아·독일군이 내세울 수 있는 조직은 우크라이나에서 질서정연하게 철수하려고 대기 중인 조직뿐이었다. 그나마 그 조직도 병사위원회 덕분에 유지되고 있었다.

독일 식 체제를 본뜬 우크라이나는 곧바로 무너졌다. 우크라이나 전역에서 붉은 군대가 나타났다. 붉은 군대 정규군은 고멜, 하리코프, 키예프로 전진했다. 우크라이나의 붕괴가 시작될 때만 해도 붉은 군대보다 훨씬 강력했던 빈니첸코와 페틀류라의 군대는 모든 곳에서 당황하여 쩔쩔매는 헤트만의 당국에 공격을 퍼부었다. 독일군은 전투를 회피하며 퇴각했다. 자신감이 생긴 페틀류라는 11월 15일을 전후해 헤트만을 범죄자로 선언했다. 이 유혈낭자한 혼란 와중에 민족주의자들의 집정부와 소비에트 정부라는 두 개의 권력이 나타났다. 결국 프티부르주아 계급, 도시 중간계급, 부유한 농민을 한편으로 하고 노동자와 빈농을 다른 한편으로 하는 세력들 사이에 힘겨루기가 시작됐다.

집정부는 농민들을 위한 대토지 몰수(토지는 경작자에게 귀속된다고 선언했다),

1일 8시간 노동, 노동법 제정, 결사와 파업권, 공장위원회 인정, "노동자와 농민, 지식인 같은 근로 계급의 배타적 권위", 피착취 대중 대회의 신속한 소집을 강령으로 내세웠다.[36] 얼핏 보기에 이것은 볼셰비즘의 강령과 매우 닮았다. 그들은 지역적·조합적 이익을 옹호하는 것으로 활동을 제한하는 조건으로 소비에트를 눈감아 주었다. 이와 같이 그럴싸한 혁명주의는 현실이 가한 충격 때문에 그리 오래 지속되지 못했다. 도시에서 혁명의 힘은 노동계급에게 있었다. 지주, 경찰, 헤트만, 독일군 사령부가 허둥지둥 떠난 뒤 농촌은 빈농의 손에 들어갔다. 그 뒤 빈농은 곧바로 이제 혁명이 끝났고 남아 있는 한 가지 과업은 볼셰비즘의 위협에 맞서 사적 소유권을 공고히 하는 것이라고 선언한 중농과 부농에 맞서 투쟁에 돌입했다.

페틀류라의 군대와 소비에트·공산당·노동자·농민이 다시 투쟁을 시작하자 페틀류라의 병사들은 도시나 농촌은 말할 것도 없고 그 어느 곳에서도 황청색의 국기를 내걸 수 없게 됐다. 승리의 기쁨을 누리던 반혁명 '민주주의' 세력은 그 기쁨이 순식간에 끝났고 자신들이 다시 한 번 두 개의 독재 권력 사이에 놓여 있다는 점을 깨닫게 됐다. 그리고 늘 그렇듯이, 반혁명 '민주주의' 세력은 결정적 순간에 군부 반동 세력을 편들었다.

우크라이나 집정부의 행동은 정치적 자살이나 다름없었다. 집정부가 1월에 프랑스군 사령관에게 보낸 선언문을 보자.

집정부는 볼셰비키와의 싸움이 종결될 때까지 자청해서 프랑스의 보호 하에 들어가며, 프랑스 당국에 모든 외교적·군사적·정치적·경제적·재정적·사법적 문제에 관한 지도를 요청한다. 집정부는 국경과 민족 문제를 새로 조정할 때, 프랑스와 연합국의 관용을 바란다.

1919년 1월 말 프랑스(당셀므 장군이 대표단을 이끌었다)와 체결한 조약에 따라 집정부는 우크라이나가 러시아의 분리될 수 없는 일부라고 선언했다("민족 독립" 이야기는 그만하자). 집정부는 자신의 권력을 연립내각에 넘긴다("피착취 대중의 배타적 권위" 이야기는 그만하자). 집정부는 노동자 대회 소집 계획을 철회하고 우크라이나 영토에서 소비에트를 허용하지 않겠다고 공언했다. 집정부는 당셀므 장군, 연합군 담당 장교, 데니킨 장군 휘하 자원군 부대 대표 1명, 폴란드 연대 대표 1명, 우크라이나 공화국 대표 1명으로 이뤄진 총참모부에 군대의 지휘권을 위임하고, 그 대가로 연합국은 우크라이나 군대에 계속 무기를 공급하기로 약속했다.

이 기묘한 조약의 본질은 훨씬 가혹한 조건을 지닌 두 개의 경제 관련 조항에 들어 있다. 그 조항들은 나중에 라코프스키가 스테판 피숑 씨에게 보낸 각서를 통해 폭로됐다. 프랑스는 5년 동안 우크라이나를 보호령으로 관리할 권리를 갖는다. 프랑스는 우크라이나 철도를 50년 동안 조차한다. 얼마 후, 이와 같은 우크라이나 지배 계획의 심각성이 표출됐다. 프랑스군, 그리스군, 루마니아군이(12월에서 3월에 걸쳐) 오데사와 헤르손을 점령하고, 프랑스 함대가 흑해에 나타나고, 헤르손과 세바스토폴에서 군사 작전이 전개됐던 것이다.

우크라이나를 팔아먹은 민족주의자들의 승리는 극히 일시적인 것이었다. 그래서 프랑스의 이런 노력은 실패하고 말았다. 페틀류라는 11월 23일에는 하리코프를, 12월 14일에는 키예프를 점령했다. 그러나 그 사이에 예카테리노슬라프에서는 소비에트 대회가 열렸고, 거기에서 유리 퍄타코프를 수반으로 하는 노동자·농민의 볼셰비키 정부가 세워졌다.[37] 붉은 군대는 중간계급을 지지자로 끌어 들이고 천천히 농촌 지역을 탈환해 나갔다. 도시는 이미 붉은 군대가 장악했다. 빨치산 부대가 붉은 군대에 흡수됐다. 마흐노의 강력한 지도력 덕분에 점차 세력이 강해지던 아나키스트들과 그들의 동조자들도 꽤 주저하긴 했으나 결국 소비에트 권력을 지지했다. 흑해의 여러 항구에 주둔하는 연합국 군대조차 혁명의 영향을 받고 있었다. 대략 1월이나 2월경에는 분명히 우크라이나의 중심지들에 라코프스키를 인민위원회 의장으로 하는 소비에트 정부가 들어서게 됐지만, 그때조차 상황은 불확실했다. 러시아의 다른 어느 곳에서도 우크라이나만큼 내전이 격렬하지 않았다. 우크라이나에서는 4년 동안 14개의 정부가 교체됐다. 그러나 우크라이나에서 노동자 혁명에 맞서 다른 정부를 세우려고 한 사람들은 누구든지 결국 모래성을 쌓는 격이었다. 그들이 어떤 희생을 치르건 헛수고가 될 터였다. 그들 발밑의 모래가 늘 이리저리 흩어지고 있었기 때문이다.[38]

러시아 노동자의 승리

"오스트리아·헝가리 혁명과 결합하는 지름길은 키예프를 지나간다. 마찬가지로 독일혁명으로 나아가려면 프스코프와 빌나를 지나가야 한다." 트로츠키의 이 말은 이때 붉은 군대가 발트해 지역의 여러 나라와 우크라이나에서 시작한 대공세의 성격을 잘 보여 준다.

그때 어떤 군대가 활약하고 있었을까? 9월 15일 현재 붉은 군대는 45만 2509명의 전투부대와 9만 5000명의 후방부대를 보유했다. 1919년 봄이 되면 붉은 군대는 총 100만 명 이상의 병력을 확보할 수 있게 된다. 이제 상대방의 병력을 계산해 보자. 3만~4만 명의 연합국 병력(영국군, 미국군, 이탈리아군, 세르비아군, 프랑스군)이 아르한겔스크, 오네가, 켐, 무르만스크를 점령하고 있었다. 4만 명의 핀란드군 병력이 페트로그라드와 카렐리아를 위협하고 있었다. 에스토니아, 라트비아, 리투아니아에 3만~4만 명의 강력한 백군 수비대 저항군이 주둔하고 있었고, 3만 명에 이르는 골츠 휘하 독일군 자원병 부대가 이들을 지원했다. 폴란드는 이때 군대를 소집하고 있었는데 봄이 되면 5만 명이 넘는 병력을 보유하게 될 터였다. 오데사와 헤르손을 점령하고 있던 프랑스군과 그리스군 병력은 2만 명에 이르렀다. 4만 명이나 되는 체코군이 시베리아 횡단철도를 따라 퍼져 있었다. 극동에서는 3개의 일본군 사단과 7000명의 미군이 작전을 수행하고 있었다.

30만 명에 이른 외국의 폭도들에, 돈 지역의 카자흐군 5만 명, 쿠반 지역 카자흐군 8만 명, (봄이 되면서) 10만 명을 넘게 된 콜차크 휘하 '국민군', 쿠반에 주둔하고 있던 데니킨 휘하 자원군 1만~1만 5000명, 우크라이나 집정부의 군대 1만~1만 5000명, 우크라이나의 반혁명 폭도 2만 명 등 총 25만 명이 넘는 러시아 반혁명 세력이 추가돼야 한다.

따라서 양측의 무력은 현저한 차이가 있었다. 반혁명 세력의 군대는 무장 상태도 좋았고 보급품도 훨씬 넉넉했다. 그러나 고립 분산돼 있었을 뿐 아니라 (외국군의 경우에는) 전투를 회피하는 일도 많았다. 하나의 덩어리처럼 된 영토를 방어했던 붉은 군대는 모스크바로 집중되는 방대한 철도망을 통제하고 있었다. 연합국은 분열돼 있는 반면, 붉은 군대는 프롤레타리아독재의 막강한 단결력을 이용할 수 있었다.

공세로 돌아선 붉은 군대는 모든 전선에서 이겼다. 11월 20일에는 발트해 지역의 여러 국가로 나가는 관문인 프스코프를 점령했다. 11월 28일 붉은 군대는 에스토니아의 중심부인 나르바를 차지했다. 12월 9일에는 벨라루시의 수도 민스크를 빼앗아 차지했다. 독일군이 무너지자 발트해 지역 나라들의 민족주의적 준(準)정부들도 무너져 버렸다. 에스토니아, 리투아니아, 라트비아에서 소비에트 정부가 세워지고, 소비에트 중앙집행위원회는 12월 23일 이 나라들을 승인하는 포고령을 발표했다. 12월 31일 우파가 점령됐다. 1월 3일에는 리가와 하리코프가, 1월 8일에는 빌나가, 1월 9일에는 미탄이, 1월 26일에는 북극권의 드비나 강변에 위치한 셴쿠르스크와 우크라이나 남부의 핵심지인 예카테리노슬라프가 점령됐다. 우랄스크, 오렌부르크, 일레츠크를 통해 내전의 혼란 속에 빠진 투르케스탄으로 가는 길이 다시 열렸다.

우크라이나와 발트해 지역 국가들이 다시 소비에트 조국으로 되돌아온 것은 독일혁명이 낳은 첫 국제적 성과였다. 그러나 독일 노동계급은 러시아 노동계급이 승리의 여세를 몰아 손을 잡으려 한 바로 그 순간에 베를린의 바리케이드에서 패배하고 말았다. 카를 리프크네히트와 로자 룩셈부르크 가 살해당한 것은 중부 유럽에서 노동자 혁명의 붕괴를 알리는 신호였다.

독일 노동자들의 패배

여기서 독일혁명의 주요 국면을 살펴보자. 휴전이 성립되자 이른바 사회주의 정부인 인민위원회는 두 가지 사항에 관심을 쏟았다. 하나는 (외국의 점령을 두려워했으므로) 연합국의 요구를 달래는 것이었고, 다른 하나는 새로운 위기로 나타난 볼셰비즘을 억제하는 일이었다. 사회민주당은 사회적 보수주의의 당으로서, 또 자본주의 질서를 수호하는 당으로서 권력을 공고히 했다. 독일에서는 대체로 노동자평의회만이 실질적 권력을 갖고 있었다. 그러나 노동자평의회에서 압도 다수를 차지한 세력은 사회민주당이었다. 12월 16일에서 25일까지 베를린에서는 독일 평의회 대회가 열렸다. 이 대회에서 독립사회민주당의 에른스트 도이미히는 '권력을 소비에트로' 라는 원칙을 확인하는 동의안을 제출했다. 그 동의안은 344 대 98로 부결됐다. 오히려 대회는 제헌의회 소집 요구에 시달리던 인민위원회에 모든 권력을 넘겨주었다. 노동계급의 주요 조직들이 [권력 장악]을 분명히 거부하자 혁명적 노동계급에게 남은 기회는 봉기를 일으키는 것뿐이었다. 만일 공산당이 봉기를 주도적으로 조직했다면, 틀림없이 당시의 결정적 투쟁에서 이길 수 있었을 것이다. 미래의 가능성은 뚜렷한 회복 기회를 제공하는 듯했다. 프롤레타리아독재를 선전하는 스파르타쿠스단의 영향력이 증대하고 있었다. 킬 항구의 수병들과 베를린 노동자 지구의 노동계급은 러시아 형제들이 이룬 일을 따르고자 했다. 이들을 잔인하게 탄압하지 않는 한 사회질서는 안전하지 못했다. 사정이 이랬기 때문에 사회민주당 지도부는 스스로 군부 지도자들과 협력했다. 여기서 켐니츠 사회민주당이 발행하던 〈인민의 소리〉의 전 편집자 구스타프 노스케의 회고록을 살펴보자. 노스케는 1919년 1월 위기 때 반동 장교 집단을 이끌고 노동계급을 도살하는 임무를 맡았다(그는 제국의회에서 노동계급을 대표하는 의원이었는데도 말이다). 1919년 1월 6일 발행된 〈인민의 소리〉에는 정부와 노동자평의회 중앙집행부의 공동 회의에 관한 다음과 같은 기사가 실려 있다.

내가 무력으로 질서를 회복해야 한다는 견해를 피력했을 때 그 누구도 이의를 제기하지 않았다. 국방장관 라인하르트 대령은 총사령관으로 호프만 장군을 임명하는 지시를 내렸는데, 그는 우연히 여러 군부대를 지휘하느라 베를린에서 그리 멀지 않은 곳에 있었다. 라인하르트의 제안은 호프만 장군이 노동자들 사이에서 너무나 인기가 없었기 때문에 거부됐다.

우리는 에베르트의 사무실 가까운 곳에서 매우 초조한 마음으로 서성대고 있었다. 시간이 촉박했다. 인민은 무기를 요구하면서 거리로 몰려 나왔다. 나는 결정을 내려야 한다고 주장했다. 누군가가 말했다. "나는 누가 수색견이 되든 상관없소! 내가 책임져야 한다면 그렇게 할 거요!" 그 즉시 정부가 나에게 베를린의 질서 회복을 위한 비상 권한을 부여한다는 결정이 내려졌다. 라인하르트는 명령서에서 호프만의 이름을 삭제하고 내 이름을 써 넣었다. 이렇게 해서 나는 총사령관에 임명됐다.[39]

바로 그날 냉혹한 도발이 화약통에 불을 붙였다. 독립사회민주당의 용감한 혁명가 에밀 아이히호른은 혁명이 시작된 이래 베를린 경찰청장으로 일하고 있었다.[40] 그는 경찰서를 노동계급의 아성으로 바꾸어 놓았다. 이 혁명 사령부와 정부, 그리고 베를린 주둔군 사령관인 사회민주주의자 오토 벨스 사이에 끊임없는 갈등이 일어났다. 베를린 중심지에서 노동자들의 시위가 벌어졌을 때 아이히호른은 이 시위를 허용했으나 벨스는 군대에 발포 명령을 내렸다. 16명의 노동자가 거리에서 사살됐다. 그들이 흘린 피는 노스케의 임명이 무엇을 뜻하는지를 증명해 주었다. 정부는 아이히호른의 실각을 발표했다. 그러나 아이히호른은 사임을 거부했다. 그는 장관의 체면 때문이 아니라 혁명 때문에 자리에서 물러날 수 없다고 주장했다.[41]

이런 도발이 자행되자 노동계급은 거리로 나섰다. 때마침 카를 라데크는 최근에 세워진 독일 공산당 중앙위원회에 소비에트는 명목상 존재일 뿐이고 아직도 대중의 힘을 겉으로 표출할 수 있는 정치투쟁을 경험하지 못했다는 내용의 서신을 보냈다. 결과적으로 이런 사건들은 사회민주당의 영향력 행사에 제약을 가했다. 이런 상황에서 사람들은 노동계급의 권력 장악을 생각하게 된다.[42] 라데크의 충고는 충돌의 예방, 인민위원회와 노동자평의회 집행위원회가 저지른 죄상을 폭로하는 선전을 목적으로 했다. 이런 선전의 목적은 새로운 노동자평의회 선출을 모색하고, 그래서 현재 공세를 준비 중인 혁명적 노동계급이 합법적 수단으로 권력 기구를 장악할 수 있게 하는 것이었다.

중앙위원회는 망설였다. 리프크네히트는 일반 대중의 정서에 끌려 다녔다. 그는 중앙위원회와 상의하지도 않고 독립사회민주당의 술체, 레베도르와 함께 정부에서 에베르트와 샤이데만을 해임한다는 선언서에 서명했다. 이것은 원칙을 심각하게 훼손하는 행동이었다. 게다가 1917년 7월 위기 때 볼셰비키가 엄격한 자세를 유지해서 가까스로 피할 수 있었던 실수를 저지른 셈이었다. 당시 볼셰비키는, 아직 때가 되지 않았는데도 케렌스키와 싸우려 한 페트로드라드의 대중을 달랬다. 노동계급의 최고 지도자들이 경험을 쌓지 못했다는 점도 독일 노동자들이 패배한 근본 원인 중 하나였다. 중앙위원회는 사건의 전개 상황에 놀란 나머지 봉기 구호나 전략적 지침조차 발표하지 못했다.

20만 명의 단호한 노동계급, 어떠한 희생도 치를 각오가 된 훌륭한 군대가 몇 시간 동안 티어가르텐의 축축한 거리에서 우왕좌왕하고 있었다.[43] 제대로 된 당의 지원을 받기만 했다면 그들은 만만치 않은 세력으로 나타났을 것이다. 누구도 그들에게 어떤 명령도 내리지 않았다. 혁명위원회도 자신의 힘을 활용할 줄 몰랐다. 다음날 로자 룩셈부르크는 "지도부는 회의, 회의, 회의에만 열중해 있었다"고 말했다. "아니다. 이런 대중은 전혀 권력을 장악할 준비가 돼 있지 않았다. 또 그들은 자기들이 처음 시작했으나 정작 다른 사람들이 선두에 서 있음을 알게 됐다. 그들이 최초로 혁명적 행동에 돌입하자 지도부는 경찰국에서 벌어지던 지루한 회의를 중단할 수밖에 없었다."[44] 노스케의 다음과 같은 증언은 이런 판단이 옳았다는 것을 증명해 준다. "만일 이 군중들이 수다쟁이들에 이끌리지 않고, 어디로 나아가야 할지를 잘 아는 확고한 지도자가 있었다면 정오 이전에 베를린의 주인이 됐을 것이다."[45]

어떤 혁명 지도자도 제 이름값을 하지 못했다. 너무 젊고 경험이 없었던 공산당은 대담하게 앞장서서 상황을 이끌 수 있는 간부와 중앙위원회가 없었다. 싸우려고 나섰던 노동자 대중도 사회민주당의 전통적 규율에 얽매여 있었기 때문에 결국 지도부와 당이 없이 자기들 스스로는 아무 일도 할 수 없었다. 리프크네히트는 개인적으로는 강렬한 의욕과 용기가 있었지만 두려움 때문에 행동 시기를 놓쳐 버렸다. 로자는 명석했으나 힘이 없었다. 따라서 패배의 직접 원인은 복잡했다. 봉기는 주로 장교들로 이루어진 노스케 휘하 왕당파 패거리들에게 진압됐다.

〈전진〉이 내전을 선동한다고 대놓고 비난한 카를 리프크네히트와 로자 룩셈부르크는 거리 투쟁 뒤 1월 15일 체포돼 바로 처형됐다. 리프크네히트는 저녁에 티어가르텐으로 이송돼 "도망을 시도하다가" 등 뒤에서 쏜 총에 맞아 죽었다. 로자 룩셈부르크는 구금된 호텔에서 나와 열차 객실로 끌려갔다. 객차 안에서 포겔 중위가 권총으로 그녀의 머리를 쏘았다. 그녀의 시신은 근처 운하에 버려졌다. 리프크네히트와 룩셈부르크 살해범은 어떤 처벌도 받지 않았다.

프린키포 섬

독일 노동자 혁명이 패하자 연합국은 안도의 숨을 내쉬었다. 실제로 연합국은 독일혁명의 패배에 나름대로 특별한 공헌을 했다. 베를린의 스파르타쿠스단원들은 사실, 자본주의 세계 전체와 대결했다. 윌슨, 클레망소, 로이드조지, 오를란도,[46] 포슈("리프크네히트보다 힌덴부르크가 더 낫다"는 그의 말은 유명하다)는 '사회주의자' 노스케, 슈틴네스, 크루프, 그뢰너, 호프만을 신중하게 지지했다. 볼셰비즘의 국경은 이제 라인강에서 비스툴라강 너머로 후퇴했다. 이곳에서는 다신스키가 이끄는 사회주의 정부와 폴란드 공화국이 세워져 옛 유럽의 또 다른 보루 구실을 하고 있었다. 그러나 베를린 학살 사건에도 불구하고 대륙을 압박하던 사회적 위기는 사라지지 않았다. 패전국들의 상황은 혁명으로 치달았고 승전국의 상황도 비슷한 추세였다. 프랑스, 영국, 이탈리아에서는 동원 해제로 생활고에 시달리고 지친 수많은 노동자가 직장에서 쫓겨나 불만이 극에 달했다. 더욱이 이들은 수류탄을 다루는 데 익숙했고 누가 무슨 약속을 해도 잘 믿으려 하지 않았다. 1919년에는 바이에른 소비에트 공화국 수립, 헝가리의 프롤레타리아독재 수립, 이탈리아의 위기 심화, 오데사에 있는 프랑스 군대의 동원 해제, 프랑스의 흑해함대에서 일어난 반란 등 매우 중요한 사건들이 많았다. 게다가 동맹국이 무너진 뒤 세계 지도를 다시 그리려고 모인 연합국 회의(파리 강화회의)에서 효과적 간섭이 쉽지 않다는 점도 분명해졌다. 다시 한 번 격렬한 장기전과 비싼 대가를 치르지 않는 한, 간섭으로 얻으려던 성과, 다시 말해 러시아 자본주의의 부활을 온전히 얻을 수 있을 것 같지는 않았다. 그러나 승전국 군대의 사기와 교전 당사국 노동계급의 태도를 볼 때 피착취 대중의 혁명을 잠재울 만큼 대규모 전쟁을 다시 시작할 수 없다는 것은 분명했다. 따라서 파리 강화회의에서 러시아 문제를 놓고 말이 많았지만, 그것은 기껏해야 국제적 문제의 한 단면일 뿐이었다(물론 고립된 단면은 아니었다). 회담이 진행되면서 두 가지 견해가 분명히 나타났다. 클레망소는 볼셰비즘에 맞서 신속한 군사적 승리를 거둘 수 있다고 보고 강경론을 지지했다. 반면에 로이드조지와 윌슨은 신중론을 폈다. 그들은 외교적 사보타주, 선전포고하지 않은 전쟁, 매수된 위성국을 내세운 대리전, 봉쇄 같은 장기적 행동을 생각했다. 그들은 기근, 무력의 상실, 볼셰비즘 자체의 타락 효과를 바랐던 듯하다. 이런 견해 차이는 서로 얽히고설킨 이해관계 때문에 더욱 복잡해졌다. 그중에서도 가장 심각한 것은 시베리아 극동 지역에서 미군과 일본군이 서로 충돌을 염려해 중립을 유지하는 것이었다.[47]

독일혁명의 패배와 붉은 군대의 승리가 같은 시기에 일어났을 때도, 연합국 사이에서는 앞서와 비슷한 상호 모순되는 경향이 나타났다. 1919년 1월 23일 파리 강화화의는 사실상 옛 러시아 제국의 영토에 들어선 모든 정부에게 콘스탄티노플 근처의 프린키포 섬에서 열릴 예정인 평화회의에 대표들을 파견해 달라고 요청하는 라디오 방송을 했다. 연합국도 그 회의에 참석할 예정이었다. 2월 4일 소비에트 정부는 강대국들에게 평화회의 개최에 동의한다고 알리면서, 평화를 얻으려고 기꺼이 엄청난 대가를 치를 용의가 있음을 보여 줬다. 이것은 브레스트리토프스크 협상이 성사된 것과 똑같은 정치적 이유에서 연합국과도 거래할 수 있다는 뜻이었다(또는 그렇게 추정할 수 있었다). 치체린의 각서를 보면, 소비에트 정부가 제안한 주요 내용은 다음과 같은 것이었다.

소비에트 정부는 … 부채 문제에 관해 협상국들에게 양보할 준비가 돼 있음을 선언한다. 소비에트 정부는 협상국의 시민인 채권자들에게 갚아야 할 금융 채무가 있음을 인정한다. … 소비에트 정부는 채권 이자를 고정된 양의 원료로 지급할 것을 보장한다. … 소비에트 정부는 협상국 시민들에게 광산, 목재 채취, 그 밖의 다른 특권을 허용할 준비가 돼 있다. 단, 이런 특권 허용에 따른 사업 운영은 소비에트 러시아 내부의 사회·경제 제도와 어긋나지 않아야 한다. … 제4항, 이런 조건으로 소비에트 정부는 현재 제안된 협상이 영토상의 양보와 관련돼 있다고 믿는다. 왜냐하면 소비에트 정부는 협상에서 협상국측이 러시아 영토의 일부를 합병하는 것과 관련된 문제가 원칙적으로 배제되지 않기를 바라기 때문이다.

게다가 이 합병 제안은 브레스트리토프스크 당시의 정책보다 한 단계 더 나아간 것이었다. 베를린에서 패배했기 때문에 이런 제안이 나왔을 것이다. 그러나 후퇴에는 명백한 한계가 있었다. 그래서 영토 양보를 제외하면, 일정한 조건하에서 부채를 인정하고 소비에트 정부에 영향을 미치지 않는 조건하에서 금융 협정과 산업 특권 허용을 보장한다는 한계 등이 있었다. 프린키포에서 협상이 시작됐다는 것은 곧 소비에트가 시베리아, 돈 지역, 캅카스에서 건설 중인 반혁명 국가들을 인정하겠다는 뜻이었다. 이것은 아주 위험한 정책이었다. 그러나 다행히도 이런 정책은 콜차크와 데니킨 등 반혁명 지도자들의 반발 때문에 무산됐다. 이들은 틀림없이 연합국 장군들의 충고에 따랐을 것이다. 임박한 봄철 공세를 기대한 반혁명

지도자들은 협상국의 제의와 치체린의 각서를 모른 체했다. 이런 거부는 반혁명 측의 중대한 착오였다.

그때 소비에트 공화국 통치자들이 생각한 목표는 매우 간단했다. 즉, 시간을 확보하는 것, 고립된 작은 지역에서도 노동자 혁명의 중심을 유지하고 있는 소비에트 권력을 공고히 하는 것, 그리고 미래를 위한 선택의 길을 열어 놓는 것뿐이었다. "필요하다면 공간을 어느 정도 양보해서라도 시간을 벌고" 차츰 눈앞의 일로 다가오는 유럽 혁명이 무르익기를 기다려야 했다. 그 후의 사건들은 서유럽 노동계급이 시대의 요구에 제대로 부응하지 못했다는 것을 보여 준다. 성가시고 굴욕적인 강화 조건 때문에 손발이 잘린 것이나 마찬가지인 소비에트 러시아 주변에 수많은 반혁명 국가들이 나타났고, 그에 따라 서구의 혁명적 노동계급의 활동에 도움을 줄 수 없었다. 쿠반과 시베리아의 곡물, 도네츠 지역의 석탄, 우랄의 철, 바쿠의 석유를 빼앗긴 붉은 러시아, 서구 노동계급의 활동이 별 볼일 없었기 때문에 결국 자체 재원에 의존할 수밖에 없었던 붉은 러시아를 상상해 보라. 그런 러시아가 나중에라도 시베리아나 캅카스, 아니면 백군이 장악한 러시아 남부(이곳에서는 기껏해야 협상국들의 식민지나 다름없는 자본주의 국가들이 승전국의 원조 덕택에 강한 권력을 유지하고 있었다)를 정복하거나 저항을 계속할 수 있었겠는가? 백군이 비타협적 태도로 나왔기 때문에 로이드조지와 윌슨의 위험한 외교적 책략은 오히려 소비에트에 이로웠음이 드러났다. 공화국의 적들이 공화국에 사활을 건 전쟁을 강요하는 상황에서도, 노동자 공화국이 세계에 평화를 선언하기 위해 온갖 희생을 마다하지 않았다는 사실이 다시 한 번 밝혀졌다.

프린키포 제안이 실패하자 러시아혁명은 그 후 3년이나 더 영웅적으로 싸울 수밖에 없었다. 그러나 러시아 공화국의 위대한 역사적 의미가 다져진 것도 바로 이 투쟁을 통해서였다. 소련의 영토는 핀란드에서 태평양까지, 북극에서 소아시아까지 지구의 6분의 1을 차지하게 됐다. 연합국은 한동안 폴란드, 시베리아, 아르한겔스크, 발트해 연안 국가들, 돈 지역과 쿠반에서 춘계 공세를 준비했고, 반혁명 국가들도 러시아 코뮌을 포위할 계획을 세웠다. 당시 어떤 나라도 감히 공식적으로 소비에트에 전쟁을 선포하지 못했다. 오히려 연합국은 봉쇄라는 공식적 행위로 비공식적 전쟁을 지속했다. 1919년 1월부터 한 통의 편지도, 한 조각의 음식도, 한 꾸러미의 물건도, 하나의 외국 신문도 붉은 러시아로 들어올 수 없었다. 기껏해야 철조망을 뚫고 들어온 밀수품만이 있었을 뿐이다.

제11장_ 전시공산주의

봉쇄와 생산

1918년은 봉쇄의 첫해였다. 1914년 러시아의 수입은 9억 3600만 푸드였고[1] 수출은 14억 7200만 푸드였다. 그러나 1917년에 수입과 수출은 각각 1억 7800만 푸드와 5900만 푸드로 감소했다. 혁명 첫해에 수입은 겨우 1150만 푸드였고 수출은 180만 푸드였다. 1919년에 수입과 수출은 전혀 없었다. 외부 세계와의 교역 봉쇄에 따른 고통을 더욱 가중시킨 것은, 영토 분할로 러시아의 인구가 3분의 2, 식량 생산은 45퍼센트, 석유 생산은 10퍼센트, 설탕 생산은 8퍼센트, 주철 생산은 23퍼센트로 감소했다는 사실이다. 게다가 철도의 60퍼센트가 백군의 손아귀에 있었다. 운송 체계의 파괴는 재앙을 몰고 왔다.[2]

기근이 어떻게 대도시의 인구를 감소시켰는지는 이미 살펴보았다. 모스크바와 페트로그라드는 기근 때문에 인구의 절반을 잃었다. 당시 식량을 더 쉽게 구할 수 있는 농촌으로 이주하는 것이 전반적 추세였다.

생산은 끊임없이 줄었다. 물론 이런 감소는 혁명 전에 이미 시작된 것이었다. 예를 들면, 1916년에 농기계류 생산은 1913년과 견줘 볼 때 80퍼센트가 줄었다. 특히 1917년은 총체적이고 급속하며 심각한 침체를 나타낸 해였다. 1913년과 1918년의 주요 공업 생산량을 견줘 보면 다음과 같다. 석탄공업 17억 3800만 푸드 대 7억 3100만 푸드(1913년의 약 42퍼센트), 철광석 578억 8700만 푸드 대 16억 8600만 푸드, 주철공업 2억 5600만 푸드 대 3150만 푸드(12.3퍼센트), 강철 생산 2억 5900만 푸드 대 2450만 푸드, 철도레일 3940만 푸드 대 110만 푸드, 1913년 생산을 100으로 할 때, 린넨 생산은 75퍼센트, 설탕 생산은 24퍼센트, 담배 생산은 19퍼센트가 줄었다.[3]

대기업은 원료가 계속 공급될 수 없었고, 전체 생산에 대한 의존도가 높았기 때문에 소기업보다 훨씬 쉽게 무너졌다. 따라서 소기업과 수공업 직공의 중요성이 눈에 띄게 늘었다.

철도는 석탄과 석유 공급이 완전히 중단되자 나무를 연료로 사용했는데, 그 비율은 전체 철도의 70퍼센트에 다다랐다.

임금은 두세 배 올랐다. 그러나 자유 시장(불법이었지만 노동계급이 식료품의 절반 이상을 이곳에서 구입했기 때문에 필요한 존재였다)에서는 곡물 가격이 7배나 올랐다. 노동자의 생계비 가운데서 임금 이외의 다른 수입원이 차지하는 비중은 1913년 3.5퍼센트에서 1918년 38퍼센트에 이를 정도로 차츰 늘었다. 이 다른 수입원은 무엇이었을까? 주로 공장과 식료품 가게에서 훔친 물건들이었다. 지난날 노동자는 식량을 사는 데 수입의 절반가량을 지출했으나 이제는 수입의 10분의 7을 써야 했다. 상황이 이렇다 보니 노동자는 농촌으로 돌아갈 수밖에 없었다. 콜로멘스크의 공장 노동자는 원래 1만 8000명이었다. 그러나 1918년 12월에는 공장 노동자가 7203명으로 줄었다. 그나마 결근자를 포함시킨 수치인데도 그랬다. 1919년 4월 어느 날 아침에는 출근부에 이름이 올라 있던 5779명 가운데 겨우 1978명만이 일하러 나왔다. 이 기진맥진한 노동계급에서 최상의 인자들이 국가, 붉은 군대, 당으로 계속 빠져 나갔다. 기근 때문에 시작된 파업은 이듬해(1919년) 봄에 대폭발로 치달았다.

재정 상태

경제는 물론 적자였다. 자본가계급에게서 특별세를 징수한 조처는 계급 적대감을 심화시켜 내전 과정에서 상당한 구실을 했지만 국가의 세입에는 전혀 도움이 되지 않았다. 사건은 아주 빠르게 전개되는 데 비해 개인의 저항은 너무나 강했다.

신생 공화국은 전쟁 때문에 엄청난 부담을 짊어지게 됐다. 국가는 군대와 노동계급, 관리 등 3천만~4천만 명을 부양해야 했다. 1918년도 국가 예산의 주요 항목은 다음과 같다.

수입은 총 155억 8000만 루블이며, 그 가운데 118억 3400만 루블이 세금으로 거둔 것이다. 직접세 비율은 68.9퍼센트이고, 간접세는 5.1퍼센트, 관세는 1.9퍼센트이다. 지출은 467억 600만 루블이며, 세부 항목별 지출은 다음과 같다. 중앙 국가기관 800만 루블(약 0.1퍼센트 이하), 최고경제 위원회와 식량·재정·농업인민위원부 157억 7000만 루블(33.8퍼센트), 운송 84억 2800만 루블(18퍼센트), 공교육 29억 9400만 루블(6.4퍼센트), 전쟁인민 위원부 151억 3300만 루블(32.4퍼센트). 전비 지출이 식량, 공업, 농업 분야의 합계액과 동일하다는 점이 특징이다. 적자는 엄청난 규모였고, 그 총액은 수입의 2배인 320억 루블에 이르렀다.

결국 이런 수치는 국가에 필요한 재원과 조달 가능한 재원 사이의 불균형을 보여 준다. 국가가 실시한 징발과 화폐 발행은 적자를 줄이는 데 효과적이지 않았다. 인플레이션은 전례 없이 높은 수준이었다.[4] 러시아의 1917년 11월 현재 지폐 유통량은 총 189억 1700만 루블에 이르렀다. 1918년 1월 1일의 유통량은 273억 1300만 루블이었고, 1919년 1월 1일에는 612억 6500만 루블이었다. 같은 기간에 루블화의 가치는 230배 하락했다. 이 막대한 금액의 실질가치는 떨어질 수밖에 없었다. 1918년 1월 1일 현재의 지폐 유통량인 273억 1300만 루블의 구매력은 금화로 11억

1700만 루블에 불과했다. 그러나 1919년 1월 1일에 화폐 유통량은 612억 6500만 루블로 늘어났지만 구매력은 기껏해야 2억 6600만 금 루블에 불과했다.[5] 유통되는 화폐의 총량이 결코 적은 것은 아니었다. 따라서 사회화된 생산 부문과 농촌에 바탕을 둔 자유 시장 사이의 교환이 어려운 것은 아니었다.

1918년도 지폐 발행 총액은 339억 5200만 루블에 달했지만, 실질가치는 5억 2300만 루블에 불과했다. 1918~19년도에 단행된 징발의 실질가치는 1억 2700만 금 루블로 평가됐다.[6]

인플레이션과 징발은 특히 농촌을 지나치게 압박했다. 국가가 농촌에서부터 주요 식료품과 원료를 조달해야 했기 때문이다. 그러나 아직 농촌의 생활조건은 도시보다 비교적 나았다. 농업 생산은 무엇보다 적시에 적절한 조처를 취하지 못했기 때문에 타격받았다. 전전(戰前)의 러시아 총생산은 120억 루블이었고, 이 가운데 농업 생산이 50퍼센트를 차지했다. 그러나 이제 총생산은 40억~50억 루블로 떨어졌고, 이 가운데 80퍼센트가 농업 생산에서 나왔다.

지폐 가치가 떨어지자 현물 교환이 전반적 추세가 됐다. 국가는 식량과 주요 생필품을 명목 가격으로 노동자들에게 분배했다. 이것은 화폐의 완전한 폐지를 예언하는 전조였다. 공공서비스의 무료 이용은 화폐 폐지를 향한 첫 조처였다.[7]

농업

농업 부문은 혁명이 일어나기 전에도 전쟁 때문에 타격을 받았다. 혁명이 성공하자 대토지 소유는 붕괴됐다. 대토지 소유자 3만여 명의 토지가 몰수됐으나, 농민들은 획득한 토지를 곧바로 경작할 수 없었다. 대규모 경작지가 소멸함에 따라 농업 생산은 한층 감소할 수밖에 없었다.[8]

일부 상세한 통계를 보면 농업 혁명의 결과를 알 수 있다. 러시아에서 농민 경작지의 비율은 54퍼센트에서 96퍼센트로 늘어났다. 농민들은 사실상 모든 토지의 실질적 소유자가 됐다. 그러나 농민들은 토지를 얻었어도 전쟁과 운송 체계 황폐화, 취약한 공업 상황 때문에 별다른 이득을 볼 수 없었다.

농민의 평준화 과정은 부농과 빈농의 수를 급속히 감소시키면서 신속히 완결됐다. 말을 한 마리 소유한 농가는 전체 농가의 43.8퍼센트에서 79.3퍼센트로 늘었다. 이런 증가율은 말을 여섯 마리 이상 소유하거나 또는 한 마리도 소유하지 못했던 농가의 감소율과 같았다.

수확량은 급격히 떨어졌다. 공업용 원료 작물의 경작 상황은 농민들에게 비용이 전혀 지급되지 않았기 때문에 더욱 심각했다.[9] 농민들이 점차 자신의 소비를 위해서만 생산할 뿐 더는 시장을 위해 생산하지 않았고 국가도 곡식을 얻는 대가로 이렇다 할 보상을 제공할 수 없는 처지였기 때문에 농업은 상업적 성격을 잃었다. 농민들은 팔 것이 있으면 무조건 불법 시장으로 가져갔다. 거기서는 값을 4배나 더 받을 수 있었기 때문이다.

경제생활의 변증법

경제 분야에서 일어난 여러 사건의 변증법을 추적해 보자. 이미 지적했듯이, 5월 14일의 포고령에 따라 교환은 징발 정책으로 즉각 대체됐다. 농촌을 위해 저장했던 얼마 안 되는 공산품은 부농의 곡식을 몰수하는 과정에서 빈농들에게 공급됐다. 결국 이 물건들은 노동계급을 지원하기 위한 자극제였던 셈이다. 이것은 농촌에서 계급 전쟁을 위한 중요한 조처 중 하나였다. 이런 조처를 통해 농촌에서는 곧바로 노동자 혁명이 추진됐다. 지금까지는 2000만 명에 이르는 노동계급 주민들만이 혁명에 참여했다. 그러나 이제부터 혁명은 쿨라크를 제외한 1억 3000만 명의 농촌 주민을 끌어들일 터였다. 이 시기 내내 농민들은 혼란스러운 투쟁을 벌였지만, 그럼에도 농민들이 항상 어디서나, 모든 투쟁에서 소비에트의 최종 승리를 보장했다는 사실은 여전히 중요하다. 농민들 사이에서 진행된 경제적 평준화는 동시에 이런 정치적 사실을 수반하며 또 그 사실을 설명하는 데 도움을 준다. 노동계급이 쿨라크에 승리하자 반혁명은 마지막 남은 경제적 기반을 잃고 말았다.

그러나 지금 읍이나 면과 같은 작은 마을을 휩쓸고 있는 내전도 농업 생산을 감소시킨 또 하나의 새로운 요인이었다. 경제적 평준화로 경작지가 세분화했다. 농업의 첨예한 위기는 먼저 공업용 작물, 이를테면 농민에게는 거의 필요 없고 도시는 교환하는 데 가장 필요한 작물에 타격을 가했고, 나아가 원료의 수입이 봉쇄된 공업을 위축시켰다.

공업 분야에서 국유화가 계속됐다. 국유화를 나타내는 도표는 매우 중요하다. 4월에는 국유화 조처가 한 번 실시됐고, 5월에는 7회, 7월에서 10월까지는 월평균 170회의 국유화 조처가 실시됐다. 6월에 357개 기업이 국유화됐다. 9월에는 860개였다(국유화는 광업, 수송, 전기, 석유, 고무, 설탕 등 모든 분야의 기업을 대상으로 했다). 공업의 전면적인 국유화에 가까운 이와 같은 몰수 때문에 사회주의 국가는 점점 더 많은 노동자를 책임져야 했고, 서둘러서 공무원, 경영자, 관리자를 많이 만들어 내야 했다. 그런데 이런 사람들은 노동계급 안에서 즉시 충원되지 않았다. 결국 관료 집단이 출현했고 이들은 급속하게 위협적인 존재가 됐다.

여기서 당 정책의 혼선을 살펴보자. 4월에 레닌은 모든 산업 분야의 급격한 사회화가 커다란 위험을 부를 것이라는 점을 깨닫고 "자본을 이런 속도로 계속 몰수한다면, 우리는 반드시 패배할 것"이라고 말했다. 그는 가장 급진적인 경제 조처를 옹호하던 좌익공산주의자들에 맞서 싸웠다. 그러나 6월이 되자 외국의 간섭에 대항하는 조처로 모든 분야의 주요 기업들을 몰수했다. 3월에는 현물세를 규정한 포고령이 통과됐다. 현물세는 1921년의 경우처럼 농촌을 달래려는 것이었지만, 농촌은 결코 만족하지 않았다. 5월이 되자 절대적인 식량 부족 때문에 식량 공급의 독재가 실시될 수밖에 없었고, 이에 따라 사회 전쟁은 농촌으로 이전됐다. 파괴된 수송 체계, 기근, 국가의 경제적 책임, 노동계급(혁명의 살아 있는 힘)을 부양하고 군수 산업을 계속 가동해야 하는 절박한 이유 때문에 엄격한 배급제를 도입할 수밖에 없었다. 그 결과, 관료주의와 탁상행정이 나타났다. 그러나 국가의 곡물 독점으로도 상황은 나아지지 않았다. 그때부터 사적 시장을 억압하는 일이 시급한 과제로 떠올랐다. 그러나 이 과업은 결코 성공하지 못했다. 경제생활은 이중적 형태를 띠었다. 한편에는 대공업을 포함하는 조직된 사회적 부문이, 다른 한편에는 농업과 수공업의 대부분을 포함하는 훨씬 크고 무계획적이고 은밀한 부문이 있었다. 시장은 금지됐지만 모든 도시에서 날마다 수많은 군중이 시장으로 몰려 나왔다. 국가가 생산과 소비를 통제하자 그 반작용으로 완전히 비합법적인 경제가 생겨난 것이다.

투기에는 탄압으로 대처했다. 지하경제를 뿌리 뽑으려고 폭력이 동원됐다. 지하경제는 부패의 사슬로 자신을 방어했다. 부패에는 테러로 대처했다. 그럼에도 도시에 필요한 식량의 3분의 2를 공급한 것은 비합법 시장이었다. 결국 소규모 사영업에 대해 양보할 수밖에 없었다. 누구든지 25킬로그램 한도 내에서 농촌에서 식량을 구할 수 있도록 허용됐다. 이와 같은 조처는 전반적 빈곤을 해결하기 위한 것이었으나, 값비싼 대가를 치러야 했다. 노동과 수송 체계의 붕괴를 촉진한 것이다.

1919년 2월 사회주의 농업의 발전을 위한 중요한 조처가 취해졌다(소비에트 농장과 농촌공동체의 설립). 며칠 뒤 열린 공산당 7차 당대회는 소농 생산이 꽤 오랫동안 이어질 것이라고 결론짓고, 소농 생산을 지원하고 복구하기 위한 여러 조처들을 취했다(당은 제6차 소비에트 대회 이후 빈농위원회를 해체하고 다시 정상적인 농촌 소비에트 기구를 활용하기로 결정했다). 그럼에도 농촌의 문제는 훨씬 뒤인 1921년에야 비로소 해결되지만, 그때도 현물세를 들여오고 자유 시장으로 돌아갔기 때문에 잠정적 해결에 머물렀다.

노동자의 주도력과 관료주의

이런 상황에서 노동계급은 사회주의적 생산과 분배를 조직하려고, 즉 경제 권력을 직접 장악하려고 노력했다. 공장에서는 노동자관리위원회가 자본가들과 기술진·경영진을 추방했다. 한 러시아 경제학자는 자본, 이를테면 공업·농업·상업·부동산[10] 자본에 대한 착취가 매우 완벽해서 자본가계급은 누더기를 걸친 전(前)자본가계급이나 "룸펜 전자본가계급"으로 전락했다. 그와 반대로, 협동조합 체제에서는 프티부르주아 계급의 마지막 경제적 보루를 없애려는 지속적인 노력이 필요했다. 12월 7일자 포고령에 따라 협동조합처럼 운영되던 모스크바 인민은행이 국유화됐다. 자본가계급은 협동조합 내에서 투표권과 피선거권을 박탈당했다. 11월 21일자 포고령에 따라 식량인민위원부에 "주민들에게 모든 물품 배급을 보장하고 사교역의 기능을 대체하라"는 지침이 떨어졌다. 이로써 소규모 상업에 마지막 일격이 가해졌다. 많은 당원들이 '자본주의의 종복'인 협동조합의 철저한 일소와 분배의 완전한 국가화를 요구했다. 의무적 협동조합 체제를 도입해 이 길로 곧장 나아가야 한다는 것이었다.

당시 공업은 52개에 이르는 중앙의 생산 담당 부서(글라브키)가 관리했다. 이 부서들은 노동조합이 막강한 영향력을 행사하던 노동자위원회에서 인력을 지원받았다. 엄청난 난관이 있었으나, 글라브키는 군수공업을 계속 가동했고 나아가 생산성을 높이는 데도 성공했다. 혁명 뒤 1년이 경과할 무렵, 많은 지식인과 기술자들 사이에서 심경의 변화가 일어났다. 이들 가운데 비록 몇 안 되지만 중요한 인물들이 사회주의 국가의 각종 관리위원회에 참가했다. 원료와 연료 분배가 난관을 겪게 되자 중앙집중화로 나아갈 수밖에 없었다. 이런 중앙집중화는 분리주의 경향을 띤 각 집단이나 지방 권력과 처절한 투쟁을 치른 끝에야 이룰 수 있었다. 군대, 수송, 식량 공급, 나아가 당 기구 운영의 전반적 정책 노선으로 나타난 중앙집중화는 전쟁의 산물이었다. 혁명은 "모든 권력을 소비에트로"라는 슬로건으로 시작됐다. 그러나 이제 지역 이기주의가 판을 치고, 능력 있는 사람들도 부족하며, 말썽꾼들까지 활개를 치자 정반대 경향이 나타났다. 혁명을 위해 중앙의 독재 쪽으로 나아간 것이다.

지방 소비에트들은 중앙 산업 관리 부서의 지방 출장소를 폐지하라고 요구했고, 자기 지역의 모든 것을 자신들에게 이롭게 운영하려 했다(탐보프 지역을 사례로 들 수 있다). 국경 지역에서는 분리주의 경향이 매우 강했다. 에스토니아와 라트비아 소비에트 공화국은 인민위원회에 모스크바에서 상거래 협상을 열고 공식적인 상업조약을 체결하자고 제안했다. 라트비아 소비에트 정부의 지도자 스투치카는 러시아 사회주의 소비에트 연방공화국이 전에 리가에서 철거한 공업 시설을 되돌려 달라고 요구했다.

정상적인 기구들이 제대로 기능을 발휘하지 못했기 때문에 국가는 여전히 허약했고, 따라서 독재적 권력이 부여된 여러 비상위원회 기구에 의지할 수밖에 없었다. 군대에 식량을 조달하기 위해서도 이런 종류의 비상위원회가 세워졌다. 그러나 이와 같은 비상위원회의 운영은 중앙집중화의 발전에 지장을 초래했을 뿐이다.

혁명적 노동계급은 모든 행정 기구에서 도시 프티부르주아 출신 사무원과 공무원을 많이 활용하고 있었다. 1918년 상반기 6개월과 1919년 상반기 6개월의 1년 동안, 소비에트 관리들의 유일한 노동조합은 조합원이 11만 4539명에서 52만 9841명으로 4배가 증가했다. 소비재나 이용 가능한 모든 생산품에 대한 조사 결과를 보면 모든 것이 전반적으로 모자랐다. 어떤 기술을 적용하고 어떤 사람을 써야 할까? 부정을 저지른 사람들, 어떤 경우에는 사회적 출신 때문에 사회주의 원리와 무자비한 계급투쟁의 필요성을 전혀 이해하지 못하는 사람들을 데리고 맨손으로 모든 것을 만들어 내야 했다.

일반인들은 비축된 물자에서 자신들에게 필요한 것을 빼내려고 온갖 수를 썼다. 반면에 당은 최우선으로 군대, 노동자, 어린이, 어머니들에게 필요한 물건을 보급하려고 전력을 기울였다. 그러나 당은 관청의 여러 부서에 그런 업무 수행을 위임했고, 그 부서들은 모든 업무를 엉망진창으로 만들었다. 그 사이에 일부 일반인들은 나쁜 의도를 품고 대규모 사기행각을 벌였다. 각종 서류들은 회계, 배급, 주민의 계급 분류에 사용됐을 뿐 아니라 흔히 정권을 적대하는 공무원들의 생계 수단과 사기 수단으로도 이용됐다. 10월 21일 발행된 〈크라스나야 가제타〉에는 이런 관료주의에 대한 분노를 잘 표현해 주는 구호가 나타난다. "관료들을 총살하라!" 그 기사는 의사들이 노동계급 사람들을 대하는 특유의 악랄한 태도를 비난한 것이었다.

1918년 초에 노동계급 가운데 조직된 사람들은 공산당원이 11만 5000명, 노동조합원이 194만 6000명이었다. 1년 뒤에, 공산당원은 25만 1000명으로, 노동조합원은 370만 7000명으로 늘어났다. 말하자면 관료가 당원보다 훨씬 더 많았던 셈이다. 관료들은 당의 기층으로 스며들기도 했다.

사회주의 사회를 건설하려는 첫 시도

이 책에서는 나중에 '전시공산주의'라고 잘못 부르게 되는 사회체제에 대한 설명이나 분석을 다룰 수 없다. 이 체제는 두 번째 해가 시작되는 1919~20년에야 충분히 발전한다. 그러나 이 체제가 형성된 것은 1918~19년의 겨울이기 때문에 어느 정도는 다루지 않을 수 없다. 적어도 이 체제가 무엇을 뜻했는지에 관해서는 일반적인 상을 구성해 볼 수 있다. 그 뒤 몇 년 동안, 러시아 노동계급은 사유재산과 거래의 자유에 집착하는 농민들[11] 때문에 여러 분야에서 후퇴할 수밖에 없었다. 그리고 1921년에 시작된 신경제정책 또는 줄여서 네프(NEP)는 그 전의 체제에 대한 사람들의 생각을 크게 바꾸어 놓았다. '전시공산주의'라는 잘못된 표현은 지금 널리 받아들여지고 있다. 일부 이론가들은 '전시공산주의'를 소비 영역에서 공산주의의 한 유형이라고 규정했다.[12] 사실, '전시공산주의'는 사회주의적 생산을 조직하려는 야심 찬 시도이기도 했다. 고도의 이론적 명확성과 정치 기술을 겸비한 러시아 공산주의자들은 임시방편 조처들이 전쟁 때문에 불가피하고 전시에만 타당하다고 생각하지 않았다. 그들은 오히려 미래지향적인 건설과 사회주의 강령의 신속한 완수를 위한 출발점이라고 생각했다. 외국군의 간섭으로 막 시작된 내전이 러시아 공산주의자들로 하여금 예상보다 빨리 일을 진척시키도록 강요했다면, 그것은 내전이 그들의 의도와 다르거나 심지어 정반대인 조처를 그들에게 강요했기 때문은 아니었다. 내전에서 살아남기 위해서라도 그들은 노동계급 강령을 전면 실행하지 않으면 안 됐기 때문이다. 러시아 공산주의자들의 비타협적이고 대담한 정책만이 노동자 혁명의 승리를 보장할 수 있었던 것이다.

이른바 '전시공산주의'는 가장 어려운 상황에서 취해진 **사회주의 건설 계획**이었다. 이 점에서 경제학자 크리츠만이 내린 결론은 꽤 설득력이 있다. 크리츠만은 '전시공산주의'를 "노동계급의 자연경제 건설"로 규정하자고 말했다.[13]

전체 사회구조는 생산을 바탕으로 건설됐다. 생산은 기업을 토대로 한다. 노동관계는 (소유관계, 즉 소유자와 비소유자의 관계를 대신해서) 사람들 사이의 가장 본질적이고 근본적인 관계가 됐다. 생산에서는 공장위원회를 기본 단위로 하는 노동조합이 점차 경영 기능을 맡았다. 이런 과정에서 생산자에 의한 생산의 직접적 관리가 실현되기 시작했고, 생산의 조직화가 노동계급의 조직화와 융합되기 시작했다. 위에서 아래까지 이르는 모든 사회 단계에서 배타적이고 고압적인 계급의식이 지배했다. "재산과 영예를 모두 빼앗긴 채 멸시를 받으며 쫓겨난 자본가계급은 따돌림 받는 신세가 됐다"(크리츠만). 성 바울의 서신에서 빌려 온 "일하지 않는 자는 먹지도 말라!"는 문구가 담벼락마다 새겨져 있었다. 그것은 남에게 기생하는 습성을 억누르고, 노동자들의 개인주의를 억제하고, 노동과 경영에서 집단적 방식을 확립하기 위한 것이었다.

이 체제[전시공산주의]는 전쟁에서 비롯했다. 그러나 그 전쟁은 계급 전쟁이었다. 이 사실은 노동자 혁명이 승리하려면 반드시 노동자 혁명이라는 자각이 필요하다는 점을 증명해 준다. 그런 자각이 완벽할수록, 혁명의 승리도 더 오래 지속될 것이다. 적당주의야말로 혁명의 승리를 망치는 지름길이다. 그러나 혁명 뒤 러시아 사회체제의 힘은 내전 때문에 바닥났다. 혁명이 확산되지 못한 채 고립됐고 노동계급이 많은 손실을 입었고, 시장을 위해 생산하는 소생산자, 즉 농민층이 공업 종사자보다 수가 많았기 때문에 사회주의 생산을 확고하게 조직하려는 계획은 때이른 것으로 판명됐다. 생산의 전반적 감소가 '전시공산주의' 때문이라는 비난은, 독일이 몇 년 동안 살아남을 수 있게 해 준 전시자본주의(War Capitalism)가 동맹국의 최종 몰락을 부른 기근과 경제 파탄의 원인이라고 비난하는 것과 마찬가지로 비합리적이다. 노동계급이 생산을 장악하는 것 자체가 엄청난 승리였고, 혁명은 이에 의지해 살아남을 수 있었던 것이다. 사실 모든 생산조직의 철저한 재편은 생산량의 상당한 감소 없이는 불가능하다. 마찬가지로 노동계급은 일하면서 동시에 투쟁할 수 없다. 그러나 일단 내전이 끝나자 소련에서 사회주의 공업이 신속하게 회복됐다는 사실은 사회주의의 여러 방식이 잘못되지 않았다는 점을 보여 준다. 오류나 과장이 어떤 구실을 하는지는 평가해야 한다. 그러나 그 구실이 아무리 중요한 것으로 판명되더라도 우리의 일반적 결론을 수정할 필요는 없을 것이다.

러시아 노동계급은 강력한 군대의 창설, 군수산업의 발전, 독자적인 국가 건설 등 많은 일을 했다. 이와 같은 중요한 성과들로 미루어 생각해 보면, 국제 상황이 좀 더 좋았다면 러시아 노동계급은 사회주의 생산 영역에서도 틀림없이 비슷한 성과를 이룰 수 있는 기회를 잃지 않았을 것이다.

멘셰비키가 태도를 바꾸다: 노동계급과 중간계급

1년간에 걸친 투쟁의 교훈이 이제 결실을 맺게 됐다. 도시의 중간계급은 노동계급에 대해 오랫동안 뿌리 깊은 혐오감이 있었다. 그러나 이제 이들 사이에서 새로운 변화 과정이 감지되고 있었다. 많은 지식인들이 드디어 중립을 선언했다. 가장 용기 있고 의식이 앞서 있던 지식인들이 정권에 합류했다. 멘셰비키 사회민주당 중앙위원회는 10월에 발표한 결의안에서, "1917년 10월 혁명은 역사적 필연성을 내포하고 있으며" "국제 노동자 혁명의 한 부분"이 됐다는 사실을 명백히 인정했다. 12월에 열린 멘셰비키당 협의회는 멘셰비키의 옛 정책을 공식적으로 번복하고, 제헌의회를 요구하는 것은 반혁명적이라고 비난했다. 이것은 '민주주의' 세력의 주장에서 완전히 후퇴한 것이었다. 멘셰비키 중앙위원회는 러시아 공화국을 수호하려고 당원들을 동원할 것이라고 선언하고, 공산당에 협정 체결을 제의했다. 볼셰비키는 이에 대해 멘셰비키당이 반혁명 측으로 넘어간 자기 조직과 당원들을 공식적으로 비난하라는 한 가지 요구만을 내놓았다. 이 요구는 실현되지 않았다. 멘셰비키는 전 러시아 소비에트 집행위원회로 되돌아와 한동안 충실한 야당으로 활동하려는 모습을 보여 주었다. 멘셰비키는 모스크바에서 잡지를 발행할 수 있게 됐다. 레닌은 멘셰비키에게 말했다. "우리는 당신들에게 합법적 권리를 부여할 것이오. 그러나 국가권력은 우리 힘만으로 유지할 것이오."[14]

비슷한 움직임이 사회혁명당원들 사이에서도 나타났다. 사마라 정부에 참여했던 사람 몇 명이 자기 당과 결별했고 사회혁명당 소속 전직 제헌의원 피티림 소로킨은 신문에 기고한 짧은 편지에서 자신은 상습적으로 너무 많은 오류를 저지르는 정치를 그만두겠다고 발표해서 세상을 깜짝 놀라게 했다. 레닌은 이 선언을 "프티부르주아 민주주의자 계급 전체가 진화하고 있다는 징후"라고 보았다. "어떤 집단은 우리 편으로 넘어올 것이고, 어떤 집단은 중립을 유지하겠지만 3분의 1이 넘는 사람들은 왕당파 카데츠와 힘을 합칠 것"이다. 이런 진화는 고무돼야 한다. "혁명적 노동계급이라면 누구를 탄압하고 누구와 언제, 어떻게 손을 잡을지 알아야 한다. 사건의 전개 과정이 프티부르주아 민주주의자들을 우리 편으로 돌아설 수밖에 없도록 만들고 있을 때 탄압과 테러 전술만을 주장하는 것은 바보 같고 어리석은 짓일 것이다."[15] 레닌은 이와 같은 사태 전개를 한껏 지원해야 한다면서, 당에서 권력이라는 전리품을 나누어 먹으려고 입당한 부르주아 지식인 출신의 가짜 공산주의자들을 몰아내고 차라리 어제까지 노동계급의 적이었을지라도 가짜 공산주의자들과는 질적으로 다른 사람들을 받아들이자고 주장했다. 기회를 포착하자마자 득달같이 달려든 보잘것없는 자들과 전에는 확신에 찬 적이었으나 이제 무기를 내려놓은 사람들을 구분하는 이런 인식은 참으로 대담한 것이었다. 레닌은 항상 머뭇거릴 수밖에 없는 프티부르주아 계급은 볼셰비키에게 약간만 불리한 상황이 닥쳐도 다시 동요하면서 옛날 방향으로 돌아가려 할 것이라고 경고했다.[16] 레닌은 노동자 혁명과 프티부르주아 계급 사이의 관계를 다음과 같이 설명했다.

우리는 가장 엄격한 형태로 프롤레타리아독재를 실행해야 한다. 우리가 모든 시대의 환상을 깨버리는 데는 몇 개월이 필요했다. 그러나 서유럽 국가들의 역사를 고찰해 보면, 서유럽 국가들이 몇 십 년을 들이고도 이런 환상을 없애지 못했다는 사실을 알 수 있다. 우리는, 인민이 하나의 통일체이며 인민의 의지가 계급투쟁이 아니라 다른 방식을 통해서 표출될 수 있다고 주장한 프티부르주아적 망상을 쫓아내야 한다. 프티부르주아적 망상, 즉 제헌의회의 망상에 조금이라도 양보했다면, 우리는 러시아에서 노동자 혁명을 파괴하고 말았을 것이다. 나아가 우리는 일국의 협소한 이익을 위해 세계혁명의 이익을 희생시키고 말았을 것이다.

테러는 노동자 국제주의와 중간계급의 애국주의가 충돌하면서 생겨났다. 이제 다른 방식으로 나아갈 기회를 잡아야 한다. 그렇지 않으면 "확고한 태도는 한낱 어리석음에 지나지 않을 것이다."

지식인들은 부르주아 생활에 젖어 있다. … 지식인이 체코군 쪽으로 돌아섰을 때, 우리의 구호는 테러였다. 이들이 마음을 바꾼 이상 우리의 구호는 화해, 우호 관계 확립이어야 한다. … 우리가 지식인들 같은 자본주의 문화의 중요한 유산을 이용하지 못하면 우리의 국가를 건설할 수 없다. 우리는 이제 국가의 엄격한 통제하에 프티부르주아 계급을 좋은 이웃으로 다룰 수 있다. … 우리는 프티부르주아 민주주의자들에게 다음과 같이 말한다. 우리는 늘 확고하다. 우리는 언제나 당신들이 나약한 무리였다는 사실을 알고 있다. 그러나 당신들은 이 나라에서 유일하게 교육받은 집단이므로 우리에게는 당신들이 필요하다는 사실을 부인하지 않겠다.

레닌은 또 다른 프티부르주아 계급으로 수가 가장 많은 중농에 대해, 중농은 다른 길이 없다는 것을 확인한 연후에야 사회주의자가 될 것이다 하고 말했다. "많은 포고령을 제정한다고 해서 소규모 생산을 대규모 생산으로 전환할 수는 없다. 우리는 사건의 실제 진전을 통해 사회주의의 불가피성에 대한 신뢰를 얻어 서서히 대규모 생산으로 전환해야 한다."[17]

문학계의 상황

문학계에서도 선진적인 프티부르주아 계급 사이에서의 심적 변화와 아주 비슷한 변화가 일어났다. 러시아 작가들은 하나같이 볼셰비즘에 적대했다고 말할 수도 있다. 혁명에 대한 고리키의 태도는 이미 설명한 바 있다. 그는 레닌의 오랜 친구였지만, "레닌과 트로츠키의 잔인한 사회주의 실험"이 "혼란, 비열한 본능의 표출 … "을 낳을 것이라며 비난을 퍼부었다. 그러던 고리키가 이제 혁명의 위대함과 혁명을 수호하고 봉사할 필요를 인정하고 소비에트 정권에 합류했다. 고리키는 모든 사람에게 호소했다.

지금 러시아 노동계급과 정신적으로 그들을 지지한 러시아 지식인들이 시작한 실험, 러시아의 마지막 피 한 방울까지 짜낼지도 모르는 이 비극적인 실험은 매우 위대한 것이며, 전 세계는 이 실험을 보고 여러 가지 교훈을 얻을 수 있을 것이다. 오늘날 거의 모든 사람들은 세상을 다 바꿔야 한다는 사명감과 세계를 구해야 하고 최상의 세력에게 새로운 생명을 불어넣어야 한다는 소명감을 느끼고 있다. 우리와 함께 우리가 창조한 새로운 생활을 향해 여행하자. 고통과 실수가 따르더라도 물러서지 말고, 또 무엇이든 누구든 아낌없이 버리고 우리와 함께 떠나자.

레오니드 안드레예프, 이반 부닌, 메레시코프스키, 쿠프린은 차르 체제에서 혁명가로 두각을 나타냈던 가장 영향력 있는 산문작가였지만, 모두 볼셰비키에 적대적 태도를 지니고 있었고, 나아질 조짐은 없었다. 그러나 시인들은 뛰어난 직관을 통해 혁명의 심오한 의미를 느끼게 됐다(이것은 놀라운 사실이다). 몇 달이 흐르면서 위대한 러시아 시인들은 다시 모이게 됐고, 혁명의 힘에 독특한 문학적 틀을 부여했다. 고전 문화에 심취해 있던 발레리 브류소프는 문명을 부활시키는 운명을 타고난 의로운 야만인들의 출현을 환영했다. 신비주의자 솔로비요프의 제자인 알렉산드르 블로크는 영웅적 시기를 다룬 가장 대중적이고 가장 순수한 걸작 《12인》을 썼다. 이 시는 12명의 적위대가 무장한 채 한밤중에 눈보라를 뚫고 행군하고 있을 때 그들의 앞에는 눈에 보이지 않은 예수가 장미꽃 관을 쓰고 간다는 내용을 담고 있다(물론 그들은 이 사실을 전혀 모르고 있다).[18] 이와 같은 혁명의 기독교적 개념은 상징주의자인 안드레이 비옐리의 《예수가 부활하다》와 전통적 신비주의에 매료된 니콜라이 클류예프와 세르게이 예세닌의 시에서도 발견된다.

1919년에는 고리키를 뺀 위대한 러시아 산문작가들은 모두 반혁명적이거나 매우 적대적인 태도를 취한 반면, 위대한 시인들은 거의 모두 혁명을 지지했다. 몇 편의 대작이 만들어졌을 뿐, 문학작품은 중단되고 나오지 않았다. 글깨나 쓰는 작가들은 누구든지 자신의 열정을 정치에 바쳤다.[19]

노동계급과 당에서는 프롤레트쿨트(노동자 문화 단체) 운동이 퍼지고 있었다. 이 운동을 전개한 단체들은 노동계급의 열망에 따른 전체 인류 문화의 혁신을 꿈꾸고 있었다. 그들은 진지한 문제를 토론했고, 대도시에서 시와 연극, 문학비평에 관심 있는 사람들을 묶어 활발하게 단체를 만들어 냈다. 이 운동은 두드러진 성과를 낳았다. 이 운동을 통해 수많은 시인들은 용기를 얻었고, 그들은 공장과 영예로운 노동과 노동자 영웅주의 같은 일상적 관행에 가끔 활력을 불어넣었다. 공산주의 이론가들은 1918년 한 해 동안 신문에 글을 발표하고 대규모 집회에서 연설하면서도 탁월한 소책자를 몇 권 발간하는 등 정력적으로 활동했다. 이런 소책자 가운데 레닌의 《프롤레타리아 혁명과 배신자 카우츠키》, 중앙위원회의 의뢰로 트로츠키가 혁명의 역사를 간략하게 정리한 《10월 혁명》, 카를 라데크의 《독일혁명》 등이 가장 뛰어난 것으로 평가된다.

교육, 과학, 예술

지성계에서도 내전이 거세게 벌어졌다. 알렉산드르 블로크가 《12인》을 쓰자, 문학인들은 그와 악수조차 하지 않았다. 볼셰비키와 타협하는 것은 아직도 대부분의 지식인들에게 불명예를 뜻했다. 과학아카데미는 거의 전체가 소비에트 정부에 적대적인 태도를 고집하고 있었다. 대학 교수들의 소극적 저항을 극복하려면 오랫동안 굳건하게 투쟁해야 할 것 같았다. 교사들도 대부분 적대적 태도를 보였다. 이 때문에 교사들의 노동조합을 정리하고 조금씩 재조직해야 했다. 정부는 학교에서 영향력을 행사하려고 열심히 싸웠고, 차츰차츰 영향력을 강화했다.

루나차르스키의[20] 지도 아래, 공교육부는 교육제도를 서둘러 개혁하기 시작했다. 일반인을 대상으로 한 하급 학교와 사실상 자본가계급을 대상으로 한 상급 학교로 나뉜 옛 교육제도는 일반 노동학교로 대체됐다. 차르의 신하와 신봉자를 키웠던 옛 교과과정은 반종교적이고 사회주의적이며, 노동의 교육적 역할에 바탕을 둔 임시 교과과정으로 대체됐다. 노동의 교육적 역할은 사회에서 자신들의 역할을 자각한 생산자의 양성을 목표로 했다. 학교와 현장을 통합하는 계획이 세워졌다. 유아기부터 남녀평등을 지키려고 학교는 보편적 남녀공학을 받아들였다. 그러나 아무것도 없는 상황에서 이 모든 것을 만들어 내야 했다. 옛 교과서는 땔감용으로나 적합했다. 옛 교사들은 대부분 저항하거나 사보타주하거나, 수용을 거부한 채 오로지 볼셰비키가 몰락하기만을 학수고대했다. 교육 자재도 형편없이 모자랐다. 종이, 연습장, 연필, 펜이 모두 부족했다. 겨울철에는 넝마를 걸친 배고픈 아이들이 교실 한가운데 놓인 작은 난로 주위로 모여들었다. 살을 에는 추위를 조금이라도 막으려고 교실 비품을 땔감으로 쓰는 일도 많았다. 연필이라고 해 봐야 아이들 4명당 한 자루밖에 없었다. 그들을 가르치는 교사들도 굶주림에 시달리기는 마찬가지였다.

이렇게 형언할 수 없는 비참한 상황에서도, 공교육은 엄청난 자극을 받았다. 전국에서 지식에 대한 갈증이 솟구치자 도처에 새로운 학교들, 성인 교육 기관, 대학, 노동자 학부 과정이 설치됐다.[21] 보기 드문 교육 방식과 전혀 개발되지 않았던 학습 영역이 수많은 신선한 독창력을 통해 개척됐다. 지진아를 위한 연구소가 세워졌다. 미취학 유아를 위한 교육체계도 창설됐다. 노동자가 쉽게 통학할 수 있는 곳에 세워진 노동자 학부와 특별 단기과정에서 재교육이 이뤄졌다. 곧이어 대학을 정복하기 위한 활동이 시작됐다. 개인 소장품을 몰수해서 박물관의 소장품을 많이 늘렸다. 이런 예술품 몰수 과정에서 최고의 성실성과 책임감이 여지없이 발휘됐다. 중요한 작품 가운데 없어진 것은 단 하나도 없었다. 나날의 상황이 매우 어려웠기 때문에 많은 귀중한 전시물(특히 예르미타시 박물관에 소장된 일부 작품)을 철수해야 했다. 그 작품 모두가 목적지에 안전하게 도착했다. 과학 분야 실험실의 일상생활은 영웅적 투쟁이나 다름없었다. 과학자들은 엄격한 배급이 실시되고, 전기나 물, 연료도 없는(한겨울에도) 공동체의 결핍을 함께 나누면서도, 정치적 충성심을 간직한 채 거의 날마다 평소처럼 연구에 전념했다.

국유화된 극장에서는 밤마다 늘 해 오던 레파토리를 여전히 공연했지만, 이제는 그런 공연도 새로운 청중들을 위한 것이었다. 귀족들의 쾌락을 위해 오래 전에 창설된 발레단은 테러가 진행되는 와중에도 공연을 중지하지 않았다. 황금빛 아치 모양의 천장을 갖춘 극장은 발진티푸스 전염균을 예방하려고 머리를 빡빡 깎은 남녀 노동자들과 젊은 공산주의자들, 그리고 전선에서 온 붉은 군대 병사들로 가득 찼다. 전에는 "신이여 차르를 구하소서" 하고 외쳤던 찰리아핀은 이제 그 뛰어난 목소리로 객석의 노동조합원들을 위해 '몽둥이의 노래'를 불렀다.

축제가 열리는 동안 표현주의 화가들은 자신의 그림으로 광장을 꾸몄다. 프랑스혁명의 영웅들과 사회주의 개척자들을 기념하는 작품이 나무나 석고로 만들어졌다. 이런 작품은 대부분 평범한 것으로 그 뒤 모습을 감추게 됐다.

신문은 이제 민주주의 시대의 풍요함과 다양성을 잃었다. 차츰 그것은 하나의 사상을 충실히 따르는 세 종류의 기관지로 줄었다. 즉, 소비에트의 기관지 〈이즈베스티야〉, 두 개의 〈프라우다〉라는 공산당 기관지, 노동조합 기관지들이 있었다.

생활 풍속

1918~19년의 겨울은, 기근과 발진티푸스가 휩쓸고 연료와 물, 전기가 사라져 버린 대도시에서 특히 모질었다. 건물 안에 설치된 수도관과 하수관도 모두 얼어 터졌다. 얄궂게도 '부르주아'라는 단어에서 유래한 보오르주이키(boorzuiki)라는 별명이 붙은 작은 난로 주위에 가족 전체가 모여 살았다. 낡은 책, 가구, 문짝과 마룻바닥이 땔감 대용으로 쓰였다. 페트로그

라드와 모스크바에서는 나무로 지은 대부분의 집들이 연료로 이용됐다. 러시아 겨울의 지루한 밤 동안 전등은 하나같이 가물거리며 꺼져 가고 있었다. 수세식 화장실은 모두 고장 났다. 마당에 쌓인 배설물 더미는 겨울에는 줄기차게 내린 눈으로 감추어져 있겠지만 봄이 되면 질병의 원인이 될 터였다. 협동조합 앞에는 차례를 기다리는 사람들의 행렬이 하염없이 늘어져 있었다. 광장에는 거대한 불법 시장이 경찰의 단속으로 해산당하면서도 계속 들어섰다. 이 시장에는 옛 자본가계급의 하인들이 남아 있는 자신의 재산을 팔려고 나와 있었다. 국가는 정기적으로 가택을 수색하고 재산을 몰수함으로써 끈질긴 투기에 맞서 싸웠다.

허약한 사람들은 봉쇄 때문에 서서히 죽어 가고 있었다. 독재는 노동자들, 군대, 함대, 어린이 등을 구하려고 애썼다. 봉쇄의 타격을 가장 심하게 받은 사람은 전에 부자와 유산계급이었던 자들이었다. 노인들이 식량을 구걸하며 거리에 쓰러져 있는 것은 흔한 광경이었다. 특히 아동과 노인의 사망률이 급증했다. 그러나 자살자의 수는 꽤 줄었다.

노동자들은 재산을 빼앗긴 자본가계급을 집에서 내쫓고, 전에는 부자들만이 살던 거리에 세워진 현대식 주택에 정착했다. 부하린은, 모든 건물은 무장한 노동계급이 거주해야 하며 혁명의 요새가 돼야 한다고 썼다. 그러나 불행하게도, 자본가계급이 살던 거리의 편리한 시설조차 새로운 주거자의 필요에는 적절하지 않은 것으로 드러났다. 전에는 자본가계급이 여러 도시에서 주민을 쫓아냈다. 게다가 옛 사회체제의 건물들은 전혀 다른 필요에 따라 세워졌기 때문에, 보육원과 학교, 공용 주택이 모자랄 수밖에 없었다.

소비에트 사회봉사단 형태로 자본가계급의 강제 노동을 법제화했다. 그러나 사람들은 이 노동을 잘도 피해 다녔다. 9월 말 페트로그라드에서 '후방 방어 노동'에 동원된 옛 자본가계급 사람들은 기껏해야 400명이었다. 방한복을 마련하려고 자본가계급의 모든 사람들에게서 한 벌씩 강제로 징발했다.

남녀의 자유로운 결혼을 합법적으로 인정하고, 이혼 절차를 간소화하고, 낙태를 합법화하고, 여성의 완전한 해방을 선언하고, 가부장적 권위와 종교적 제재를 폐지하는 조처 등이 법으로 제정됐다. 이런 법률이 제정됐으나, 가족의 유대는 사실상 조금도 약화되지 않았다. 이런 낡은 장애물이 제거됐지만 아무 위기도 일어나지 않았고, 오히려 개인의 생활은 더 간편하고 건전해졌다. 페트로그라드와 모스크바에서는 범죄(엄밀한 의미의)가 평화시의 수준으로 떨어졌다. 매춘은 완전히 사라지지는 않았지만, 고객이었던 부유한 계급들이 사라지자 비교적 사소해졌다.

비록 반혁명 성향의 성직자들이 체카와 충돌하긴 했으나 종교의 일상적 생활은 보통 때처럼 유지됐다. 성직자들은 아직도 두 파로 나뉘어 있었다. 한쪽은 총대주교 티혼이 이끄는 적극적 저항파였고, 다른 쪽은 소극적 저항파였다. 공산당과 인민위원회는 거듭거듭 종교를 가진 사람들의 자유를 침해하지 않을 것이라고 단언했다.

생활 조건은 지역마다 매우 달랐다. 밤이 되면 모든 도시는 어둠에 휩싸였다. 페트로그라드는 굶주림이 가장 심각했고 가장 위태로웠던 도시였다. 그러다 보니 생활은 매우 궁핍했고 고요했다. 반면에 수도 모스크바는 전선의 긴장된 분위기가 없었고 이미 관료주의에 물들어 있었다. 그래서 모스크바 사람들은 페트로그라드와 똑같은 궁핍을 겪으면서도 더 전전긍긍하는 듯했다. 굶주림은 도시에서 집중적으로 나타났다. 우크라이나의 도시들은 테러가 끊이지 않았고, 서로 싸우는 적대 세력의 희생물이 됐고, 새로운 점령군이 나타날 때마다 끊임없이 강탈당하고 황폐해졌다. 키예프의 밤은 고통의 절규가 끊이지 않았다. 오데사의 실제 지배자들은 강도나 다름없는 짓을 할 때도 많았다.

그러나 우크라이나에서는 기근이 그다지 심각하지 않았다. 농촌 지역은 굶주림으로 고통받는 일이 적었지만, 오로지 농업 자원에 의존해 살 수밖에 없었으므로 완전히 자급자족해야 했다.

사회주의 사회를 건설하려는 첫 시도

당시 러시아를 여행한 사람들은 대체로 주민들이 소비에트 권력에 대해 적대적 태도를 보인다는 느낌을 받았을 수 있다. 그러나 그것은 아주 잘못된 생각이다. 재산을 몰수당한 계급과 대부분의 중간계급 사람들은 사실상 그런 적대적 태도를 가질 수 있다. 앞서 말한 심경의 변화는 아직도 프티부르주아 계급 중에서 가장 진보적이고 생각이 명료한 사람들 사이에서만 나타나고 있었다. 농촌 프티부르주아 대중의 일반적 시각은 쿨라크의 시각과 매우 비슷했다. 그 때문에 마치 쿨라크처럼 그들도 공격을 당하면 위협을 느낄 수밖에 없었다. 도시의 프티부르주아 대중은 자본가 계급 자체와 비슷하게 교역이나 그 밖의 다른 일을 하며 생활을 꾸려가면서, 희망 없는 상황에 부닥쳤다. 수많은 지역에서 내전으로 희생된 노동계급보다 프티부르주아 계급이 훨씬 많았다. 이미 살펴본 대로 노동계급 주민의 사회적 구성은 달라지고 있었다.

노동계급은 아직도 혁명에 충성할 만한 유일한 세력이었다. 그러나 이들은 심한 고통을 받고 있었다. 노동자들은 자기 자신의 생활에만 신경을 쓰는 좁은 생각에서 벗어나지 못했다. 흔히 노동자들은 교육받지 못했고 정보에도 어두워서 여러 사실들 사이의 필연적 연관을 파악하거나 더 폭넓은 전망과 더 풍부한 결과를 예상하지 못했다. 또한 자기 보존 본능 때문에, 희생이 필요할 때도 집단의 더 우선적인 요구들에 저항했다. 노동자들은 고통이 너무 커서 불평이나 항변, 때로는 절망을 참지 못했다. 소비에트에 반대하는 정당들은 이런 정서를 이용해 선전·선동하는 데 능숙했다. 러시아 노동계급이 여전히 굳건하다면, 또한 승리의 방법을 알고 있다면, 그 영예는 다름 아닌 공산당이 누려야 한다.

공산당 당원 수는 아직도 25만 명에 지나지 않았다. 그러나 이 시기에 당에 가입한 사람들은 역사 자체가 선택한 자들이었다. 물론 언제나 권력에 따르게 마련인 이익을 노리고 공산당 깃발 아래로 떼 지어 몰려든 모험주의자들도 있었다. 이런 위선적인 공산주의자들은 통계상으로 무시해도 괜찮을 만큼 소수였지만, 권력 남용으로 지방 소비에트 정부의 위신을 떨어뜨리는 데 한몫했기 때문에 훨씬 더 해로웠다. 그들 때문에 데니킨이 우크라이나를 쉽게 정복할 수 있었다는 것은 분명하다(당연히, 그들은 곡물이 있는 곳으로 갔다). 그럼에도 스스로 입당한 노동자들의 압도 다수가 내전의 싸움터로 동원됐다는 점은 사실이다. 그리고 이것은 노동자들이 일어날 수 있는 모든 위험을 받아들였다는 것을 뜻했다.

노동계급이 초조한 마음에 불만을 털어놓는 일도 많았다. 1919년 봄 노동자들이 페트로그라드 총파업에 가담했을 때처럼 멘셰비키의 선동에 넘어갈 때도 있었다. 그러나 백군 장군들의 독재와 자기 당의 독재 가운데 하나를 선택해야 하는 상황에 처하자(다른 길은 전혀 없었고, 있을 수도 없었다) 노동자들은 너도나도 총을 들고 지방 당 사무소 앞에서 질서정연하게 대기했다.

이때 당은 노동계급의 두뇌와 신경조직 구실을 했다. 당은 대중을 통해 보고, 느끼고, 알고, 생각하고, 대중을 위해 일했다. 당의 의식과 조직은 일반 대중의 약점을 보완해 주었다. 당이 없다면 대중은 기껏해야 인간 부스러기 더미에 지나지 않았을 것이다. 이들은 불현듯 떠오른 지혜로 가득 찬 혼란스러운 열망을 느끼면서도(이런 열망은 대규모 행동으로 나아갈 수 있는 메커니즘이 없으면 자연히 소진될 수밖에 없었다), 더 끈질기게 고통을 겪기도 했다. 당은 부단한 선동과 선전을 통해 늘 소박한 진실만을 이야기하면서 노동자들이 자신의 협소하고 개인적인 지평을 넘어설 수 있도록 해 주었고, 그들을 위해 역사의 거대한 전망을 제시했다. 1918~19년 겨울이 지나고 나서 혁명은 공산당의 일이 됐다. 물론 단순히 올해 초와 다르다는 이유만으로 혁명에서 대중의 역할이 줄어들었다고 말하려는 것은 아니다. 그러나 지금 대중이 이루어 놓은 모든 성과는 오로지 당을 매개로 해서 이룩된 것이다. 이는 마치 고도로 진화한 살아 있는 유기체가 자신의 신경 조직을 통해서만 외부 세계를 느끼고 외부 세계에 대응하는 것과 마찬가지다.

그 결과, 어떤 의미에서 당은 변화를 겪게 됐다. 당은 자신의 새로운 기능과 시대의 요구에 철저히 적응하게 됐다. 당내 규율은 점점 더 엄격해졌다. 그런 엄격성은 외부의 영향력을 무력화하려고 활동과 내부 숙청을 통해 필연적으로 강제된 것이다. 그렇지 않았다면 외부의 영향력이 압도적으로 지배하게 됐을 것이다. 나중에 등장하는 표현처럼, 당은 '강철 군단'이 됐다. 그렇지만 당의 사고는 여전히 생동감 있고 자유로웠다. 당은 과거의 아나키스트들과 좌파 사회혁명당을 환영했다. 암살 기도에 피를 흘리며 쓰러졌고 그 뒤 독일혁명에 대한 예상이 적중한 덕분에 레닌의 명성은 더욱 높아졌다. 그러나 그는 매우 소박했기 때문에 어느 누구도 그를 비판하거나 반박하는 것을 두려워하지 않았다. 널리 인정되듯이, 레닌의 개인적 권위는 오로지 뛰어난 지혜, 높은 도덕성을 바탕으로 하고 있었다.

어느 누구도 레닌을 비판하거나 반대하기를 두려워하지 않았다. 레닌은 권위를 전혀 강요하지 않았고 혁명도 마땅히 민주적으로 진행돼야 했으므로, 아무리 최근에 입당한 혁명가라도 당과 국가를 이끌고 있는 사람의 면전에서 당당하게 자신의 견해를 밝힐 수 있었다. 레닌은 공장이나 여러 모임에서 처음 보는 사람들에게 가차 없이 비판받은 적도 많았다. 레닌은 상대방의 말을 차분히 듣고 나서 그들이 알아들을 수 있게 답변했다. 1920년 10월 15일 레닌은 모스크바 주의 집행위원회 회의에 참석했다가 많은 농민에게 날카로운 비판을 받았다. 그때 레닌은 다음과 같이 대답했다.

저는 처음부터 여러분이 중앙 정부를 '둑 밑으로' 끌고 가고 싶을 만큼 화가 나 있다는 사실을 알고 있었습니다. 틀림없이 그렇게 하는 것이 좋은 결과를 낳을 수도 있습니다. 그리고 저는 정부와 정부 정책에 반대하는 모든 사람의 말을 주의 깊게 듣는 것이 제 의무라고 생각합니다. 또한 누군가가 논쟁을 걷어치우려 한다면 그것은 잘못이라고 생각합니다.[22]

지금 당의 전통적인 민주주의 관행들이 권위주의적인 중앙집권화에 자리를 내주고 있다. 이것은 투쟁해야 하기 때문에, 또 마르크스주의적 훈련도 받지 못했고 1917년 이전의 투사들에게 있는 개인적 자질도 갖추지 못한 새로운 당원이 충원되고 있기 때문에 필요한 일이기도 하다. 그래서 볼셰비키의 '고참 수비대'는 자신들의 정치적 헤게모니를 지탱하기로 결정했다.

당내에서 새로운 도덕규범이 만들어지고 있었고, 당 활동이 확장되면서 이제는 새로 태어나고 있는 사회의 법이 되고 있었다. 노동자와 투사를 위한 그 법은 노동계급의 혁명적 사명감의 개념에 토대를 두고 있다. 필요성, 유용성, 추구하는 목적과의 합치, 연대가 그런 법의 제일 원칙들이다. 그 법은 [노동계급 혁명의] 성공과 승리를 최고의 정당화 사유로 여긴다. 그 법은 개인의 이익을 전체의 이익에 끊임없이 종속시킬 것을 요구한다. 공산주의자들마다, 또 혁명에 참여한 사람들마다 자신이 가장 겸허하게 위대한 목표에 봉사하고 있다고 생각한다. 그런 사람들에게 바칠 수 있는 가장 좋은 찬사는 그가 "개인 생활을 돌보지 않고" 자신의 삶과 역사를 완전히 융합시켰다는 말이다. 그런 사람들은 당의 명령으로 어제는 전선에서 병사들의 교육을 담당하는 군대 정치위원으로, 오늘은 체카의 지시를 받아 무자비하게 집행하는 체카 요원으로, 내일은 농촌에서 (밤이 되면 암살될지도 모를 위험을 감수하며) 농민들과 끊임없이 토론하거나 공장을 운영하거나 적의 배후에서 위험한 비밀 임무를 수행하는 요원으로 일하게 될 것이다. 투사라면 한꺼번에 두세 가지 또는 대여섯 가지의 어려운 임무를 수행하지 못하는, 또한 당의 명령에 따라 날마다 끊임없이 자신을 변화시키지 못하는 사람은 단 한 명도 없다. 모든 일을 하는 것은 당이다. 당의 명령은 논쟁의 대상이 아니다. 모든 활동을 지배하는 것은 "추구하는 목적에 부합하는 것"이다.

당의 도덕적 건강성은 당의 절대적 정직성으로 입증된다. 당은 낡은 속임수, 이중적인 언행, 두 가지 이데올로기('엘리트'의 이데올로기와 '대중'의 이데올로기)에 관한 오랜 협잡, 생각과 말의 차이, 말과 행동의 차이를 인정하지 않는다. 우리는 명료하고 분명한 이념, 소박함으로 일관된 이념을 가진 삶을 꾸려 나가고 있다. 이념, 슬로건, 행동은 하나다. 흔들림 없는 노동자 정치 노선의 원인과 결과 사이에는 엄청난 통일성이 있다. 사회적 위선의 근원은 사실상 양립할 수 없는 다양한 사회적 이해관계를 만족시키려 하고 만족시킨 것처럼 보이게 하는 데 있다.

레닌, 카우츠키를 비판하다

레닌이 이때 쓴 《프롤타리아 혁명과 배신자 카우츠키》는, 그 제목이 나타내듯이 빈에서 《프롤레타리아독재》라는 제목의 작은 책자를 펴낸 노회한 사회민주주의 이론가에 대한 반박을 담고 있다.

레닌은 카우츠키가 국가와 프롤레타리아독재에 대한 마르크스주의 교의를 혼란에 빠뜨렸다는 데 주목했다. 카우츠키는 이상적인 다수의 독재와 당·개인의 독재를 대비시키는 모호한 순수 이론 분야를 다루면서, 마르크스가 영국에서 평화적 혁명이 일어날 가능성이 있다고 말한 가정을 상기시킴으로써 폭력 혁명의 개념을 제거하려 애썼다. 레닌은 계급 지배 도구라는 국가의 구실, 재산을 박탈당한 자본가들의 저항을 분쇄할 필요성, 자본의 독재를 위한 가면에 지나지 않은 부르주아 민주주의의 기만성, 프롤레타리아독재의 참된 민주주의적 특성 같은 계급투쟁의 가장 근본적인 진리를 꾸준히 환기시키며 카우츠키의 주장을 낱낱이 반박했다. [레닌의] 이런 사상들은 혁명이 전개되는 1년 동안 우리가 생생하게 경험한 것들이었다. 여기서는 레닌이 지금 벌어지고 있는 혁명을 어떻게 보는지만을 지적하기로 한다.

카우츠키가 선언했듯이, 러시아혁명은 궁극적으로 러시아에서 자본주의 발전의 길을 열어 놓을 운명을 지닌 부르주아혁명인가?

1917년 4월 초에[23] … 우리는 러시아가 이미 발전했고, 자본주의가 성장했고, 파괴가 최악의 상황에 이르러 (좋든 싫든 간에) 사회주의를 향한 진보를 요구하고 있기 때문에 이 단계[부르주아혁명의 목표 — 세르주]에서 혁명을 멈출 수 없다고 공개적으로 선언했다. 전쟁으로 찌든 나라를 구하고 근로인민과 착취당하는 인민의 고통을 완화시키기 위해서는 **다른 방법이 없었다.**[24]

처음으로 한 혁명적 마르크스주의자가 제국주의 전쟁의 비참한 결과가 어떻게 사회주의로의 이행을 재촉하는지를 보여 준다. 레닌은 12월에 빈 농위원회 제1차 대회에서 한 연설을 통해 낡은 개인주의적 영농 기술로 운영되던 농업으로 돌아가는 것은 불가능하다는 점을 입증하려고 이 주제를 다시 거론했다. "전쟁은 우리에게 궁핍과 파괴만을 남겨 놓았다. 옛 방식으로 살아가는 것은 불가능하다. 소규모 농업 경작에나 어울리는 인력과 노동의 낭비를 계속할 수는 없다. … 집단 농업은 인간의 노동생산성을 3배로 늘린다."[25] 올바른 노동자 현실주의에 의해 고취된 이런 사상은 제2인터내셔널의 전통과는 완전히 다른 정반대의 것이었다. 제2인터내셔널의 전통적 사상은 아주 풍요한 사회에서 자본주의 발전이 정점에 다다랐을 때 사회주의 혁명을 이룰 수 있다고 보았다. 이 과학적 사회주의의 전통적 견해는 이제 공상적인 것이었음이 드러났고, 레닌의 대담한 현실감각 덕분에 사회주의를 파산한 자본주의의 고통스런 유산이라는 관점에서 볼 수 있게 됐다.[26]

레닌은 카우츠키에게 다음과 같이 대답했다.

우리의 혁명은 사회주의 혁명이다. 처음으로 우리는 군주제, 지주, 중세적 잔재(그리고 혁명이 부르주아 민주주의 혁명이라는 주장)에 맞서 **전체** 농민층과 함께 싸웠다. 그런 다음 우리는 자본주의(부농과 쿨라크, 투기꾼을 포함한)에 맞서 빈농과 준노동계급, 모든 피착취 인민들과 함께 싸웠다. 그 결과 혁명은 사회주의 혁명으로 전환됐다.[27]

여기에서 브레스트리토프스크 강화조약과 독일혁명에 대한 레닌의 평가를 인용해 보자.

브레스트리토프스크에서 강화를 맺지 못했다면 우리는 러시아 자본가계급에게 권력을 넘겨주고 세계 사회주의 혁명에 커다란 손실을 끼쳤을 것이다. 러시아의 희생을 대가로 우리는 두 제국주의가 약화되는 … 국제적 차원의 영향력을 발휘할 수 있었다. 그리고 우리는 더욱 강해졌고, 진정한 노동자 군대를 창설하게 됐다. …

독일 노동자들이 독일이 희생되는 것을 **개의치 않고** 혁명에 나섰다면(국제주의는 바로 이것으로 이뤄진다), 세계혁명의 이익이 자국의 통합과 안보, 안정보다 중요하다고 선언했다면(그리고 행동으로 입증했다면), 그들은 훨씬 더 커다란 성공을 거둘 수 있었을 것이다. 혁명적 정당이 없다는 것은 유럽의 커다란 불행이자 위험이다. 유럽에는 샤이데만, 르노델, 헨더슨, 웨브 부부 같은 배반자의 당과 카우츠키 같은 노예 근성을 지닌 당은 있지만, 혁명적 당은 없다.[28]

이론의 상황: 혁명 2년의 문턱에서

당시의 주요한 사상을 요약해 보자.

1914~18년의 세계대전은 제국주의 전쟁과 국제 노동자 혁명의 시대를 열어 놓았다. 이제 금융자본의 발전을 통해 나락으로 빠져든 나라들은 자본주의적 안정으로 회귀할 수 없었다. 혁명적 노동계급은 이제 황폐해진 유럽에서 위협당한 문명의 유산을 구하는 과업을 떠맡았다. 노동자 혁명과 사멸하는 자본주의 질서 사이의 투쟁은 오랜 기간이 소요되며 여러 번 패배의 아픔을 겪을 것이다. 노동계급이 이기고 나서 자본주의가 질 수도 있고 다시 살아날 수도 있다. 그러나 노동계급이 패배한다고 해도 그것은 최후의 승리를 위한 토대를 준비하게 될 것이다. 패전국에서는 이미 혁명의 징조가 나타났다. 승전국은 어느 정도까지는 승리를 유지할 것이다. 그러나 그들은 심한 타격을 받은 자국의 생산을 제거하거나 자국의 노동자들에게 사회적 안정에 필요한 최소한의 부를 보장할 수는 없을 것이다. 구세계는 운이 다했다. 자본주의적 제국주의 체제는 노동계급의 예리한 공격을 받아 그 체제의 가장 취약한 지점, 즉 최근에야 산업화된 후진국을 빼앗겼다. 그리고 이것이 가능했던 이유는 제국주의 체제에서 러시아가 가장 취약했기 때문이고, 러시아의 노동자 당이 마르크스주의적 비타협성, 폭정에 맞선 투쟁, 1905년의 경험을 통해 창설됐기 때문이다.

또한, 부르주아혁명이 필연적이었음에도 허약하고 지연되고, 스스로 완수되지 못한 결과로 사회주의 혁명이 가능했기 때문이고, 차르 정권의 폐허 위에서 러시아 노동계급에 맞서 싸운 자본가계급이 경험도 없고 무장해제된 상태에서 독자적 계급 국가를 건설할 수 있는 시간을 얻지 못했기 때문이고, 전쟁으로 말미암아 서구 자본주의 국가들이 러시아 자본가계급을 편들며 제때 효율적으로 끼어들 수 없었기 때문이다. 이런 상황들이 맞물려 러시아 노동계급이 이길 수 있었다.

이제부터 소비에트 공화국은 노동자 혁명의 중심부가 된다. 만일 소비에트 공화국이 쓰러진다면 서구 노동계급이 승리할 수 있는 기회는 더욱 줄어들 것이고, 자본주의의 패배도 늦어질 터였다. 반대로 서구에서 노동자 혁명이 탄압받고 패배한다면 소비에트 공화국도 무너질 위협 속에 놓이게 될 터였다. 소비에트 공화국과 국제 노동계급의 운명은 서로 뗄 수 없는 관계였다. 1918년 4월 23일 레닌은 모스크바 소비에트에서 "다른 나라에서 혁명을 일으킨 노동자들의 강력한 지원을 받을 때까지 버틸 수 없다면 우리는 쓰러지고 말 것"이라고 주장했다.[29] 그리고 다시 한 번 다음과 같이 강조했다.

여러분은 서구 여러 나라에서 노동자들이 혁명을 일으키는 것이 우리가 혁명을 일으킨 것보다 훨씬 어렵다는 사실을 잘 알고 있을 것입니다. 왜냐하면 서구에서는 노동자들이 부패한 독재정권이 아니라 가장 잘 단결되고 가장 잘 교육받은 자본가계급과 마주보고 있기 때문입니다. 그러나 여러분은 서구에서 혁명이 시작됐다는 것, 혁명이 러시아의 경계를 넘어섰다는 것, 서유럽 노동계급이 우리의 주된 지원 세력이자 주된 희망이라는 것, 그리고 우리의 가장 중요한 버팀목인 세계혁명이 시작됐다는 것을 잘 알고 계실 것입니다.[30]

며칠 뒤 레닌은 몇 마디 말을 덧붙였다. "곡식과 그 밖의 다른 물건들이 알맞게 분배된다면, 소비에트 공화국이 아주 오랫동안 존속할 수 있습니다. 나는 여러분에게 이 점을 꼭 강조해 두고 싶습니다."[31]

그것은 생존의 문제이자 사회주의를 **현실로** 전환시키는 문제였다. 소비에트 정권이 취했던 주요 조처들은 모두 국제 혁명으로 완성될 사회주의 체제의 초기 단계라고 여겨졌다(몇 년 뒤 노동계급이 농촌의 프티부르주아 계급에게 밀려 물러서고 나서(1921년의 네프), 이런 조처들은 '전시공산주의'라는 알맞지 않은 명칭으로 불리게 된다). 2년 뒤, 1920년에 부하린은 《과도기 경제학》이라는 제목의 두꺼운 책을 출판했다. 이 책은 지금까지 추구한 노선과 방식으로 사회주의 생산을 조직하는 문제를 다룬 것이다. 이 책에는 네프에 대한 내용이 아예 없다. 1920년 노동절 기념 연설에서 레닌은 "우리는 집단적인 자발적 노동['공산주의 토요일'이라고 부른 무보수 노동]을 관습과 습관으로 만들려고 몇십 년 동안 줄곧 일해야 할 것이다. … 우리는 '능력에 따라 일하고, 필요에 따라 분배하는' 규칙을 대중의 의식 속에 새길 것"이라고 말했다.[32]

1919년 봄에 제3인터내셔널이 만들어지자 이 사상은 지배적인 견해로 나타났고, 전체적으로 정확하고 탄탄해졌다. 사실 지금도 이 이론은 그런 상태를 유지하고 있다. 왜냐하면 계급투쟁에서는 미리 예정된 승리는 없기 때문이다. 전쟁의 여파 속에서는 노동계급이나 자본가계급이나 승리의 가능성이 똑같았지만, 아마 노동계급의 승리 가능성이 더 컸을 것이다. 자본가계급의 승리가 틀림없다고 잘라 말할 수는 없다. 중부·남부 유럽(독일, 오스트리아, 헝가리, 이탈리아, 불가리아)에서 벌어진 전투에서 노동계급이 졌지만, 이들 나라에서 언제나 노동계급이 진다는 것을 뒷받침해 주는 증거는 하나도 없다. 공산당이 없거나 있더라도 미숙한 경우와, 개혁주의적 사회주의의 치명적 구실(가장 결정적인 순간에 자본주의 정권을 지지한)은 반대로 노동자계급의식의 취약한 발전이 이런 패배의 근본적 이유 가운데 하나였다는 것을 보여 준다. 이런 사회 전쟁의 시대에, 노동자 계급의식의 빠른 발전에 대한 희망은 아주 옳은 것이었고 절대적으로 옳은 것이며, 필요한 것이었다. 세계 자본가계급은 옛 러시아 제국의 영토 안에서 벌어진 싸움에서 패배했다. 그러나 러시아의 노동계급이 마지막에 반소비에트 간섭에 대항한 서구 노동자들의 저항 덕분에 승리할 수 있었던 것도 필연성과는 거리가 멀었다. 러시아 노동계급을 심각한 곤경에 빠뜨리기 위해서는 아마 몇 번의 정치적 실수, 어느 정도의 망설임, 몇 사람의 제거만으로도 충분했을 것이다. 계급들 사이의 투쟁은 인류를 전쟁 속으로 몰아넣었다. 다른 요인들은 모두 똑같다. 승리는 확신과 의식, 단호한 결정에 달려 있다.

러시아혁명의 첫해가 끝나갈 무렵, 계급 전쟁이 유럽 전체를 삼켜 버렸다. 전선의 러시아 측 지역에서는 노동자들이 승리했다. 중부 유럽과 발칸에서 전쟁은 아직도 끝나지 않았다. 이탈리아에서는 노동계급의 공세가 다가오고 있었다. 고요한 프랑스와 영국의 자본가계급은 러시아에, 그리고 만일 필요하다면 독일에 끼어들 준비를 갖추고 있었다. **노동자 혁명은 국제 혁명이다.** 페트로그라드와 모스크바에서 출발한 혁명은 유럽 전체를 뒤흔들고 있고 미국을 불안하게 하고 있으며, 막 아시아를 깨우려 하고 있다.

연합국 정부들은 자국 국민이 두려워서 비밀리에 소비에트 공화국에 대한 춘계 대공세를 준비하고 있었다. 연합국의 보호를 받아 시베리아와 남부 러시아에 두 개의 반혁명 국가가 세워졌다. 콜차크는 우랄과 볼가 지역, 그리고 할 수 있다면 모스크바로 내달리려 했다. 에스토니아에 바탕을 두고 영국 사령부의 지지를 받는 로쟌코와[33] 유데니치는[34] 페트로그라드를 공격하려 했다. 핀란드는 교섭이 성공적으로 이뤄진다면 페트로그라드에 마지막 일격을 가하려 했다. 영국군은 아르한겔스크에서 드비나강을 타고 내려오려 했고 프랑스군과 루마니아군, 그리스군은 흑해 항구를 점령하려 했다. 파리와 런던의 내각에서 꾸미고 있는 거대한 계획이 바로 이것이었다.[35] 파리와 런던은 볼셰비즘의 패배를 호언장담하고 있었다. 그러나 정치인들이 커다란 실수를 저지른 곳도 파리와 런던이 될 터였다. 왜냐하면 그들은 아직도 새 시대가 시작됐다는 것을 깨닫지 못했기 때문이다.

빈, 레닌그라드, 디츠코예—셀로예, 1925~28년

편집자 후기

체코슬로바키아 군단의 간섭에서 연합국이 한 구실

러시아가 독일군의 수중에 들어갈 위험이 임박했으므로 연합국이 더는 초연할 수 없다는 것이 분명해졌다. 그러나 6월이 되자 다른 곳에서 희망이 나타났다. 농민 소유자들의 땅인 시베리아는 한번도 진심으로 볼셰비키화한 적이 없었고, 바로 이곳에서 볼셰비키에 대항하는 반동 행위가 시작됐다. 체코군이 이곳에 주둔해서 시베리아의 반동 세력을 돕고 있었다. 체코군은 러시아가 무너진 다음에도 자기 조직을 유지하고, 시베리아 철도 주변의 여러 곳에 진지를 구축하고 있었다. 시베리아에서 반볼셰비키 운동이 시작됐을 때 체코군은 여러 철도역뿐 아니라 블라디보스토크 항구까지 장악하고 있었다.

체코군은 서쪽 방면에서 볼셰비키의 공격 위협을 받고 있고 시베리아 철도 양쪽에서 독일군과 러시아군 때문에 연합국과의 연락이 완전히 차단돼 있는 심각한 상황이다. 그래서 연합국의 간섭 문제가 현안으로 떠올랐다. … 체코군은 꽤 지쳐 있는 반면, 그들과 대치하고 있는 볼셰비키 군대는 독일군의 지도하에 날이 갈수록 병력이 늘고 전투력도 나아지고 있다. … 철도 종사자들이 파업을 일으켜 시베리아 횡단철도를 따라 퍼져 있는 체코군의 후방 통신을 교란했지만 그런 시도는 실패로 돌아갔다. 그것은 하원의원 존 워드 중령[1] 휘하의 미들섹스 연대에 소속된 한 대대의 뛰어난 활약 덕분이다.

－ 전시 내각이 발행한 《1918년 백서》(런던 1919년)에서 －

연합국의 정책

체코군의 활동과 연합국의 여러 가지 간섭 계획 사이의 실제 관계는 꽤나 복잡했다. 체코군을 어떻게 활용할 것인지를 놓고 영국과 프랑스의 정책은 상당히 달랐고, 5월에 체코군이 시베리아 횡단철도를 장악한 것(5월 14일 첼랴빈스크역에서 체코와 헝가리 군인들 사이에 벌어졌던 난투가 자주 거론된다)도 사실은 자연발생적이고 우발적인 성격을 띠고 있었다. 요즈음 역사가들 사이에서는 체코군의 봉기를 촉진했던 요인은 오해와 그들이 처한 난관이었다는 견해가 강력히 떠오르고 있다.[2] 이 일이 진행되는 과정에서, 체코군에게 무기를 버리라고 명령하고 만약 명령을 거부하면 총살하겠다는 트로츠키의 자극적인 행동이 특히 두드러진 사건이었다고 거론되곤 한다. 1918년 여름에 소비에트 외무인민위원부 부인민위원이었던 카라한이 록하트에게 "비록 체코군 문제에 대한 프랑스의 불성실한 태도 때문에 트로츠키의 행동은 완전히 정당한 것이었지만, 그럼에도 트로츠키는 체코군을 공격하는 정치적 실수를 저질렀다"고[3] 말했을 정도였다(나중에 스탈린주의 역사가들은 트로츠키가 연합군의 관심을 끌려고 의도적으로 체코군을 도발했다고 넌지시 내비치기까지 했다).[4] 록하트는 자신의 자서전에서 모든 책임을 프랑스로 떠넘겼다(다음 절에서 분명히 밝혀지겠지만, 록하트는 별로 정직하지 않았다).[5] "나는 트로츠키가 호의적 태도를 지니게 만드는 데 성공했다. 따라서 프랑스가 어리석은 짓만 하지 않았다면 체코군은 무사히 철수할 수 있었을 것이라고 확신한다." 그러나 울만이 매우 뚜렷이 밝혔듯이, 1917년 12월부터 1918년 5월까지 프랑스의 정책 기조는 서부전선의 심각한 병력 부족 문제를 완화하려고 러시아에 있는 체코군 병력 전체를 아르한겔스크나 무르만스크 또는 블라디보스토크를 경유해 프랑스로 신속히 **철수시킨다**는 것이었다.[6] 거듭거듭 체코군의 러시아 주둔을 강력하게 주장한 것은 영국이었다. 영국의 계획은 두 가지 였다. 첫째로, "아르한겔스크와 무르만스크, 이들 항구로 통하는 철도를 따라 전개될 우려가 있는 독일군의 공격과 음모를 막으려고"[7] 체코군 가운데 가장 서쪽에 배치된 부대를 활용하고, 둘째로 블라디보스토크 근처에 주둔하고 있는 체코군 동부 방면 부대를 "시베리아로 보내서 군사작전을 시작하게 한다"는 것이었다. 시베리아에서 체코군의 작전이 시작되면 곧이어 "일본군이 움직이고 그러면 미국도 더는 머뭇거릴 수 없을 것"이라는 생각이었다.[8] 영국이 체코군을 끌어들이려고 한 초기의 이 두 가지 계획은 볼셰비키의 협력이나 적어도 묵인을 가정한 것이었다. 그러나 이 계획은 독일군이 아니라 볼셰비키를 겨냥한 비슷한 두 가지 계획으로 신속하게 대체됐다(더 그럴듯한 핑계는 아마도 가장 가까이 있는 독일군 병력이 아르한겔스크에서 수백 마일, 블라디보스토크에서 수천 마일 떨어진 곳에 있었다는 것일 게다). 새로운 계획은 체코군이 북부에서 백군 장교들의 봉기를 지원하고, 블라디보스토크에서 서쪽으로 진격해서 (가능하다면) 프랑스군 장교들의 지휘를 받아 볼로그다 근처에 있는 북부 지역 반혁명 세력과 제휴한다는 것이었다.[9]

그러나 앞의 설명으로는 이런 계획에서 영국과 프랑스의 음모가 어떤 구실을 했는지 잘 드러나지 않는다. 모스크바에서, 그리고 영국·프랑스 외무부에서 꾸민 음모가 말이다. 록하트는 4월 19일부터 볼셰비키의 동의 여부도 무시한 채, 연합국의 즉시 간섭을 촉구하는 일련의 전보들을 보냈다. 5월 23일부터는 소비에트 정부에 동의를 강요하기 위한 최후통첩조차 건너뛰고 연합국의 대대적인 침공을 강력하게 요청했다. 록하트가 갑자기 볼셰비키에 우호적이었던 타협의 태도를 버린 것은 주로 반혁명 조직과 포괄적으로 접촉한 사실과 관련 있었다.[10] 볼셰비키가 연합국의 간섭을 거부하자, 록하트는 그동안 관계를 맺고 있던 "모스크바의 여러 반혁명 조직" 명단에 "그때까지는 대놓고 볼셰비키에 반대하지 않았던 체코 민족회의"를 포함시켰다.[11]

더욱이 모스크바에 있던 영국과 프랑스 군사사절단 요원들도 록하트와 공모해 볼셰비키에 대항하는 두 가지 간섭 계획 가운데 북부 지역 작전을 시작하는 데서 중요한 구실을 했다. 록하트는 체코군과 소비에트 당국 사이에 충돌이 일어나기 전에 데니스 가스틴 대위에게서 받은 보고 내용을 급히 런던으로 타전했다.[12] "나는 비밀리에 옛 군대의 대규모 단체 두 개와 접촉했다. 그들은 연합국이 자기들을 지원해 주면 니즈니 지역에서 군대를 동원하겠다고 말했다. … 만일 연합국 군대가 아르한겔스크에 상륙해 볼로그다를 장악하고, 이 지역에서 충성스런 러시아군과 합류한다면 일본군이 상륙할 수 있는 기회가 훨씬 유리해질 것이다. … 지금의 무기력한 활동은 주로 애국심과 반볼셰비키 세력의 구심점이 아직 없기 때문이다." 추적이 가능한 간섭 계획 제1안에서 가스틴은 "아르한겔스크와 시베리아 철도의 군수 기지를 통제하고 있는 볼로그다와 볼가의 동쪽" 지역으로 연합국 군대를 전진시킬 것을 제안했다. 연합국 군대 2개 사단이 필요할 것이다. 그는 프랑스 군사사절단의 라베르뉴 장군과 러시아 주재 이탈리아군 대표가 계획 1안과 계획 전체에 동의했다고 말했다. 가스틴의 계획에는 체코군에 대한 별다른 언급이 없다(이미 살펴보았듯이, 스틸 대령이 작성한 5월 24일자 총참모부 문서에 포함돼 있는 한층 발전된 계획에서는 체코군을 주요 대상으로 다루고 있었다). 그러나 라베르뉴가 파리로 보낸 암호문에는 그런 내용이 들어 있지는 않았으리라는 추측은 가능하다. 어쨌든, 얼마 뒤(5월 17일) 파리 주재 영국 대사 더비 경은 프랑스 정부의 견해가 돌변했다는 것을 알리는 지급전보를 타전했다. 프랑스 정부는 바뀐 정책에서 가스틴의 계획과 매우 비슷한 북부 지역의 반볼셰비키 간섭 계획을 제의하고 있다.[13] 얼마간 차이점이 있다면 체코군의 즉시 철수를 주장하지 않고 주요 구성원으로 참여시킨 것 정도였다. (현재 프랑스 공식 견해의 표현에 따르면) "연합국은 이제 자체의 힘만으로 대러시아 정책을 실시할 수밖에 없고, 백해의 기지들, 즉 페트로그라드와 볼로그다로 이어지는 철로의 출발점인 무르만스크와 아르한겔스크 항구를 신속하게 점령하고 이 철도 노선에 있는 주요 기차역을 방어해야 … 한다. 이 작전에는 이미 각 지역에 파견돼 있거나 그곳으로 이동 중인 소규모 해군 부대와 지금 그쪽으로 이동하고 있는 세르비아군과 체코군 부대를 활용할 수 있다. 지금 러시아의 혼란스러운 상황 때문에 뿔뿔이 흩어져 있는 건전한 집단들은 오로지 외국 세력을 중심으로 삼아야만 집결할 수 있다."

연합국의 합동 군사작전을 지배하던 복잡한 체계의 바퀴가 이제야 돌아가기 시작했다. 심지어 체코군이 시베리아 횡단철도를 점령하기 시작했을때조차, 베르사유에 있는 전시최고협의회 산하 군대표부는 "일부 부대를 러시아 북부 지역으로 파견해서 체코군과 세르비아군, 충성스러운 러시아군을 결집시킬 구심점을 만들어야 하는 것 아니냐"는 질문을 받았다. 6월 초에 군대표부는 "영국군 최고사령관의 지휘 하에 미국군, 영국군, 프랑스군, 이탈리아군 4개 또는 6개 대대로 이뤄진 소규모 부대를 긴급 파견하는" 건의서를 전시최고협의회에 제출했고, 이 건의는 곧바로 비준됐다.[14] 눌렁 대사는 이런 병력이 도착할 것을 예상하고 사빈코프에게 7월 6일 야로슬라블에서 봉기하도록 부추겼다. 주력 부대(미군 4800명, 영국군 2400명, 프랑스군 900명)는 9월 초까지도 오지 않았다. 이렇게 되자 체코군과 합류하기에는 시기가 너무 늦었다. 1918년 말에 배치된 1만 6000명의 용맹스런 북부 방면군 병력조차 원래 계획의 주요 목표였던 볼로그다 진격을 절반도 성사시키지 못했다.[15]

실제 사태 전환의 두 가지 특징을 약간 더 설명할 필요가 있다. 왜냐하면 그런 사건들이 체코군을 포함한 연합군 계획의 전반적 목표와 어긋났기 때문이다. 5월 22일 클레망소는 시베리아에서 간섭을 시작하기 위해 체코군을 활용할 수 있을지를 문의한 영국 외무장관에게 항의 서한을 보냈다.[16] 클레망소는 체코군을 즉시 철수시켜서 서부전선에 투입해야 한다는 프랑스 정부의 기존 정책을 부활시키려고 애를 썼다. 그러나 이 새로운 주장은 프랑스가 영국의 정책, 특히 시베리아 정책을 탐탁지 않게 여긴 데서 나온 것일 수도 있다. 시베리아는 그 뒤 1918년에 프랑스가 영국의 팽창주의를 의심하게 되는 주요 원인이 된다.[17]

5월에 논의가 한창 무성할 때 일어난 체코군의 봉기가 북쪽 지역으로 퍼질 조짐이 전혀 안 보였다는 점도 간섭 계획과는 다른 양상이었다. 오히려 5월 23일 첼랴빈스크에서 체코군의 모든 부대 대표자가 참석해 열린 회의에서는 체코슬로바키아 민족회의 대변인과 대회에 참석한 프랑스군 대표가 바라던 바와 달리 군단 병력의 절반이 북쪽인 아르한겔스크로 이동해야 한다는 명령을 무시하기로 만장일치로 결정됐다(이런 거부는 위기에 처한 군단 병력의 분열을 막으려는 결정에서 나왔다). 따라서 체코군과 볼셰비키의 국지적 분쟁 때문에, 체코군을 활용한 간섭 계획을 세운 사람들의 아르한겔스크-볼로그다 작전 구상이 좌절된 셈이다. 그러나 실제로 간섭은 일어났다. 펜자에서 이르쿠츠크까지 그리고 6월 말부터는 이르쿠츠크에서 블라디보스토크에 이르는 지역에서 7만 명의 체코군 병력이 간섭에 동원됐고, 이 간섭을 통해 계획 입안자들은 원했던 것을 모두 얻을 수 있었다. 일본군과 미군을 끌어들이고자 했던 영국의 목적도 이뤄졌다. 영국군 총참모부가 작성한 '(프랑스의 동의를 전제로 한) 연합국의 러시아 작전 구상'이라는 제목의 지도는[18] 흥미로운 사실을 보여 준다. 그 지도를 보면, 체코군이 블라디보스토크와 시베리아 횡단철도를 점령하고 나서 치타에 있는 아타만 세묘노프와 아르한겔스크-볼로그다 지역에 있는 풀 장군과 합류하려고 이동하

게 돼 있었다. 사실 체코군이 북부 '작전'에 참여하는 것만 빼고는, 이 원
대한 계획의 모든 부분이 실현된 셈이다. 성공한 혁명에 못지않게 성공적
인 반혁명에서도 '자발성'은 의식적인 지도와 잘 어울리는 듯하다.

체코슬로바키아의 간섭 정책

서구에서 체코슬로바키아 민족운동을 대변했던 토마시 마사리크와 에
두바르트 베네시의 정책이 볼셰비키를 무너뜨리려는 연합군의 간섭을 명
확히 지지하는 노선으로 발전하기까지는 어느 정도 시간이 걸렸다. 베네
시는 1918년 5월 중순에 영국 전쟁부의 육군 중령 아메리와 논의하면서
"연합국의 러시아 간섭과 관련해서는" 일정한 조건 하에서만 체코군의 절
반(아르한겔스크에 결집한 군대의)을 활용할 수 있을 것이라고 말했다.[19] 베네시가
제시한 조건은 (1) 연합국이 체코슬로바키아의 독립을 지지한다고 공개적
으로 선언해야 하고 (2) "간섭이 실질적인 것이어야 한다. 말하자면 서부
국경까지 죽 이어져서 독일군이나 오스트리아군에 대한 실질적 군사작전
이 실시돼야 한다"는 것이었다. 베네시는 "단지 러시아의 국내 분쟁에 참
여시키려고" 체코군 부대를 러시아로 끌어들이는 것에는 반대했다.

따라서 베네시는 체코군을 이용해 시베리아에 간섭하기를 원했던 영국
과, 서부전선에 투입하려고 체코군의 프랑스 귀환을 주장한 프랑스를 모
두 만족시키려 한 것처럼 보인다. 이때 영국과 프랑스 당국은 아르한겔스
크−볼로그다 침공에 체코군을 참여시키려고 생각하고 있었는데, 이 토론
에서는 그 문제가 나오지 않았다. 베네시는 자신의 회고록에서 해외의 체
코슬로바키아 민족회의가 1918년 7월까지는 러시아에 대한 간섭을 반대
했다고 말한다.[20] 그러나 5월에 그가 아메리와 만나 대화를 나눈 것을 보
면 이런 반대가 그다지 심각한 것은 아니었음을 알 수 있다. 베네시가 내
세운 두 조건은 어느 정도 해결됐다. 6월 6일 영국 정부는 베네시에게 자

신들이 지금 그의 민족회의를 여러 연합국에서 전개되고 있는 체코슬로바키아 민족운동의 최고 조직으로 승인했다는 사실을 알렸다. 그리고 6월 29일 체코의 민족회의는 프랑스의 완전한 승인을 받았다. 이것은 체코군을 간섭으로 끌어들이기 위한 첫번째 전제조건을 적어도 일부는 충족시키는 조처였다. 두번째 조건과 관련해서는 체코군이 가담한 작전이 러시아 서부 국경 지대까지 미치지는 못했지만 오스트리아와 헝가리 전쟁 포로들을 상대로 한 '실질적 군사작전'이 벌어지기는 했다. 당시 연합국의 기묘한 신화에서는 이 전쟁 포로들이 볼셰비키와 몰래 결탁한 동맹국의 능동적인 예비부대로 여겨지고 있었다. 서부전선에 대한 압력이 완화된 뒤에 나온 프랑스의 정책 전환뿐 아니라 이런 요인들도 1918년 여름에 시베리아에 대한 간섭을 공개 지지하기로 한 체코 민족회의의 결정에 영향을 미쳤을 것이다.

그러나 8월 초까지는 민족회의의 핵심 관리들부터 시베리아의 체코군 부대까지 실질적 지지를 표명하지 않았다. 그 직후, 블라디보스토크 지역 주둔군 연대장 디에트리치 장군은 "체코군은 유럽으로 이동하지 말고 시베리아에서 독일군과 싸우라는 마사리크의 명령을 확실히 받았고, 이 명령을 충실히 이행할 것"이라고 선언했다.[21] 체코군 병력이 소비에트로부터 블라디보스토크를 탈취한(6월 29일) 뒤부터 이 일은 이미 원활히 추진되고 있었다. 이런 행동은 연합군 대표들(프랑스 대표도 포함된다)이 현지에서 재빨리 승인할 예정이었다. 5월에 민족회의가 추진한 정책은 동쪽으로 이동하던 체코군의 움직임과는 완전히 반대되는 것이었다. 이미 살펴보았듯이, 첼랴빈스크(5월 23일)에서 열린 체코군 대표자 협의회에서 모스크바에서 온 민족회의 대표는 체코군의 병력을 북부 지역의 항구 쪽으로 이동시키라고 말했으나, 이 충고는 실제로 완전히 묵살됐다.

모스크바에서 온 체코군 장교들이 이런 말을 했다는 것 자체는 북부 지역의 간섭 계획이 실패했음을 뜻하는 것일 수도 있다. 아니면 단순히 프랑스(그들의 중요한 재정적 후원자)가 바라던 주요 정책 노선(즉, 철수)에 동의한다는 표시일 수도 있다.

프랑스가 추진하던 정책의 핵심은 사실상 체코군의 시베리아 개입을 반대하는 데 있었다. 설사 개입이 이미 진행 중이라고 해도 마찬가지였다. 앞에서 설명했듯이 5월 22일 클레망소는 영국의 시베리아 계획을 거부했다. 그는 이미 베네시가 체코군을 연합국 간섭의 '출발점'으로 이용하는 것에 반대한 적이 있음을 지적했다.[22] 체코군이 이미 시베리아 전역을 점령한 5월 28일에도 프랑스 외무장관 피송은 블라디보스토크에서 밴쿠버까지(그리고 거기서 프랑스까지) 매달 4500명의 체코군을 정기적으로 수송하기로 로이드조지와 합의했다.[23] 이런 결정만 보더라도, 연합국 정부들이 러시아 내의 체코군을 활용해서 러시아 전체에 간섭하려는 계획을 적극적으로 수립할 수 있을 만큼 체코군의 움직임을 잘 알고 있었다는 생각이 얼마나 잘못됐는지를 알 수 있다. 볼셰비키의 설명은(빅토르 세르주의 설명도 포함해) 연합국이 완벽하게 알고 있었다고 가정하는 경향이 있다.

연합국의 러시아 간섭 계획에서 체코군이 한 구실은 영국 정부가 체코슬로바키아 민족회의를 외교적으로 승인한 것이나 그 뒤에 벌어진 여러 사건들과 밀접한 연관이 있다. 베네시가 5월 중순 영국 정부에 승인을 강요하고 있을 때, 외무부는 처음에는 미국의 견해가 나올 때까지 어떠한 약속도 하지 않으려 했다. 그러나 5월 20일이 되자 세실은 미국의 동의를 기다릴 것이 아니라 체코인들에게 "가능한 모든 정치적 격려"를 해 주어야 한다고 확신하게 됐다. 왜냐하면 영국은 "러시아에 있는 체코슬로바키아 병력을 아르한겔스크와 블라디보스토크에서 간섭의 핵심 세력으로 만들려고" 생각하고 있었기 때문이다. 워싱턴 주재 영국 대사는 6월 6일자 암호 전문을 통해, (지난주에 이뤄진) 민족회의에 대한 영국의 제한적 승인은 서유럽 전선에서 체코군의 협력이 필요할 뿐 아니라 "우리가 러시아에 있는 약 5만 명의 체코군을 동부전선이나 서부전선에서 적과 싸울 실질적 세력으로 만들려고 한다는 점"에서도 필요한 조처였음을 미국 정부에 알리라는 지시를 받았다.[24] 체코슬로바키아 민족회의도 곧바로 시베리아에서 활동하는 군단을 협상 무기로 이용해 연합국이 민족회의를 체코 정부로 완전히 승인하게 만들려고 했다. 7월 16일 베네시는 체코슬로바키아 임시정부의 선언이 프랑스와 이탈리아에 있는 체코군 병력의 지지를 받아야 한다고 주장한 언론인 위컴 스티드[오스트리아 제국의 해체와 체코 독립을 지지한 <타임스> 기자]에게 다음과 같이 써 보냈다. "그것이 연합국의 시베리아 간섭 계획과 맞아 떨어져서 체코슬로바키아의 독립 선언이 시베리아 간섭 과정의 일부가 됐으면 좋겠다."[25] 늦여름에 런던에서 외무부·전쟁부와 티격태격하던 베네시는 또 하나의 각서를 작성하면서 시베리아 사건을 한층 요긴하게 활용했다. 민족회의의 궁극적 정책은 여전히 체코군을 서쪽으로 철수시키는 것이지만, "체코군이 러시아에 대한 간섭을 촉진해서 영국과 연합국에 꽤 도움을 줄 수 있을 것이다."[26] 체코군은 "군사작전 수행, 연합국을 위한 시베리아 횡단철도 장악, 러시아 주민 징병, 일본과 미국의 간섭에 필요한 기반 마련 등을 위해 러시아에 일시적으로" 남을 수 있다. 그러나 야닌, 스테파니크와 함께 민족회의도 체코군을 통제하는 "정부로서 진정한 주권을 인정받았으므로" 체코군이 연합국의 명령에 복종하는 일은 중단돼야 한다는 것이었다.[27]

베네시는 "체코군은 원칙에 따라 펜자, 사마라, 옴스크 등에서 적위대 편에 가담하거나 적위대에 체포된 체코인을 모두 사살했다. 예를 들어 사마라에서는 200명을 사살했다"고 강조하면서[28] 자국민들의 확실한 반볼셰비키 성향을 내세우려고 애썼다. 두 개의 각서에는 체코 독립 승인을 정당화하는 요소로 간섭을 지지하는 문구가 되풀이해서 나온다. "체코슬로바키아 민족회의를 정부로 승인하는 것은 러시아 간섭 계획에 엄청나게 도움이 될 것이다. … 그것은 미국과 일본의 간섭을 위한 토대 마련에도 도움이 될 것이다."

베네시가 공들인 로비 활동은 좋은 반응을 불러왔다. 8월 9일 밸푸어는 영국을 대표해 체코슬로바키아에 '연합국' 지위를 부여하고, 베네시가 제시한 절차에 따라 민족회의를 "미래의 체코슬로바키아 정부의 현재 수임인"으로 인정한다는 선언을 발표했다. 베네시가 요청했던 특별한 배려(말하자면 간섭을 위장하기 위한 승인)가 외무부에 영향을 미쳤다는 증거는 없다. 오스트리아가 체코인 재소자들을 반란자로 여겨 총살하는 사태의 책임을 회피하는 데는 인도주의적 논거가 중요한 구실을 했던 것 같다.[29] 그러나 시베리아에 있는 체코군의 상황은 체코군의 의무에 대한 영국 정부의 판단과 밀접한 관계가 있었다. 그래서 8월 4일에는 (바이칼 호수와 하바로프스크에 결집한) 체코군의 위험한 상황을 단 하나의 논의 안건으로 다룰 전시 내각 특별 회의가 소집되기도 했다.[30]

따라서 체코인과 슬로바키아인들의 의회는 새로운 국가의 창시자들이 볼셰비키에 대항한 국제 전쟁에서 체코군이 이룬 공적을 담보로 영국·프랑스에게서 융자금을 얻어 건설한 셈이다. 그리고 체코슬로바키아의 민족주의자들은 간섭의 전장에서 체포된 체코슬로바키아 공산주의자들을 총살했는데, 이것은 새 국가 자체의 내전을 알리는 첫 신호탄이었다.

해설

피터 세지윅

빅토르 세르주는 1928년에 중병으로 레닌그라드 병원에 입원해 있을 때, 직접적인 선전·선동 분야에서 발휘하던 문필 재능을 정치적·예술적 증언 같은 더 상시적인 분야에서 발휘하기로 결심했다(당시 스탈린이 승리하면서 세르주는 선전·선동에 참여하는 것이 허용되지 않았다). 이 책은 그런 결정에 따라 쓰게 된 몇몇 초기 저작 가운데 하나다. 세르주는 소련에서 좌익반대파로 활동했다는 이유로 전혀 인정받지 못하는 동안 해외에서 출판하려고 많은 책을 썼다. 이 저작도 그런 책들처럼 독특한 형식으로 짜였다. "각 장은 분리해도 좋을 만큼 완결된 구조를 갖추고 있으며, 서둘러 해외로 보내진 것이다. … 말하자면, 필요한 경우에는 미완성 형태로 펴낼 수도 있었다."

스탈린이 정치적 지배권을 장악하고 있었지만, 그래도 그 뒤와는 달리 초기에는 서구 출판업자에게 원고를 발송하는 것 같은 단순한 행위를 반역으로 여기지는 않았다. 1920년대에는 소련 저술가들이 저작을 소련에서 출판하기 전에 저작권을 취득할 목적으로 해외로 보내는 사례가 적지 않았다. 그러나 어느 정도 허용되던 이런 자유도 오래가지는 못했다. 예를 들어 1929년 소련 언론들은 소설 《마호가니》를 베를린에서 펴냈다는 이유로 보리스 필냐크를 격렬히 비난했다. 그런 행동은 '반소비에트'적인 것으로 치부돼 필냐크는 전 러시아 작가 동맹에서 맡고 있던 자리에서 쫓겨났다. 상황이 이렇다 보니, 세르주는 1930년에 이 책《러시아혁명의 진실》을 파리의 한 출판사가 내놓았을때 두려워할 수밖에 없었다. 그때 세르주는 암묵적으로든 명시적으로든 스탈린주의적으로 개작한 당사(黨史)에 도전하는 역사 서술은 결국 저자에게 좋지 않은 결과로 돌아올 것이라는 점을 알고 있었다. 겨우 1년 뒤에도 그는 내전기를 다룬 책에서, 레닌과 트로츠키 두 지도자가 긴밀한 대화를 나누는 장면에서 두 사람의 이름을 삭제하지 않으면 안 되는 압박감을 느꼈다.[2] 그 뒤 1936년에, 세르주가 3년 동안 중앙아시아 유형을 끝내고 해외 이주를 허가받았을 때도 국가보안부(게페우) 감찰국은 이 책의 후편인《러시아혁명 제2년》을 비롯해 그의 원고를 모두 압수하려 했다. 그때 이 책은 세르주 자신과 마찬가지로, 시기상의 절묘함과 역사적 행운이 맞물린 덕분에 스탈린의 탄압 위협에도 살아남은 비타협적인 이설(異說)의 표본처럼 돼 있었기 때문이다.

세르주의 다른 정치사 관련 저작들과 달리《러시아혁명의 진실》은 자서전적 요소가 전혀 없다. 이 책은 결코 목격담이 아니다. 왜냐하면 이 책의 이야기는 정확히 1919년 1월에 끝나는데, 바로 그때 세르주는 생애 처음으로 러시아로 들어와 볼셰비키 혁명을 직접 경험하기 시작하기 때문이다 (세르주는 추방당한 나로드니크(민중주의자) 부모에게서 태어나 외국에서 자랐다). 볼셰비즘이 승리하고 나서 1년이 지난 무렵 붉은 페트로그라드의 냉혹한 현실 속으로 뛰어들었을 때 세르주는 (그가 회고록에서 밝혔듯이) 엄청난 충격을 받았다.[3] 바로 얼마 전까지만 해도 소비에트 민주주의는 대중의 참여를 바탕으로 한다고 했다. 그런데 여기 지금 있는 것은 죽음의 문턱에 있는 혁명이었다. 노동계급이 굶주림으로 고통받고 사라지고 있는 상황에서 '프롤레타리아 독재'를 지탱하는 엄격한 당 독점에 의해 혁명의 자유가 감독·통제되고 있었다. 정당성의 기초가 이렇게 제한돼 있었음에도 소비에트 정권은 사회주의자들과 국제주의자들에게 여전히 충성의 맹세를 강력히 요구할 수 있었다. 이때는 아직 세르주가 "공산당은 이제 더는 노동계급의 독재가 아니라 노동계급에 대한 독재를 자행하고 있다"(이 말은 그가 1921년에야 한 회의에서 모스크바를 방문한 어느 아나키스트에게 한 이야기다)고 선언할 때는 아니었다.[4] 그러나 집권당과 그 당이 대표하는 계급 사이의 유대 관계는 백군의 반혁명에 대한 투쟁에서 거듭 나타난 대중적 영웅주의의 활약이나 또는 새로운 제도와 문화 속에서 주기적인 개척 작업을 통해 아직도 새롭게 다져질 수 있었다. 1917년에 러시아뿐 아니라 전 세계 수많은 사람들의 가슴 속에 불타올랐던 '소비에트 민주주의'라는 이상이 볼셰비키 지도부의 권위주의적 독점(그가 표현한 대로 "중앙의 독재")에 길을 내주고 말았다는 사실을 모른 척하기에는 세르주는 너무도 정직했다. 본질적으로 《러시아혁명의 진실》은 1917년의 '코뮌 국가'에서 1918년 말 당 독재로 이어진 사건들의 사슬을 재구성하는 것을 그 목적으로 하고 있다. 세르주가 들려주는 이야기의 기본 틀은 그의 다음과 같은 두 가지 기본 생각을 담고 있다. 첫째, 1917년 10월 혁명은 압도 다수의 노동자·농민이 느끼고 있던 대중적 감정의 진정한 표현이었다. 둘째, 볼셰비키의 권력 장악에 뒤이은 초기 몇 달 동안 이미 쇠약한 러시아를 완전히 황폐화시킨 군사적 약탈과 경제 파탄 때문에 혁명의 물결은 급속히 퇴조했다는 것, 다시 말해 스스로 피를 흘리며 죽어 갔다는 것이다.

볼셰비즘의 초기를 다룬 세르주의 서술에 대해 공산주의 역사를 연구하는 역사가들과 평론가들 가운데 적어도 세 부류가 불만을 느끼는 것 같다. 세르주의 첫째 전제를 부인하는 사람들은 1917년의 볼셰비키 혁명이 대중 열망의 표출이나 그런 열망을 대변한 것이 아니라 단순한 쿠데타나 음모였다고 주장한다. 이런 논리에서 보면, 1917년에서 1918년에 걸친 혁명의 운명에 대한 꼼꼼한 설명은 공산주의 이상의 좌절을 설명하는 데 별로 역사적 타당성이 없다. 왜냐하면 볼셰비키 정권은 처음부터 소비에 트 깃발 뒤에 숨어서 소수의 독재를 이끌어 나간 것으로 보기 때문이다.

한편 볼셰비즘의 초기 승리를 진정한 혁명적 대중 권력 기관의 출현으로 묘사하는 세르주의 정의를 기꺼이 인정하면서도, 운동의 급격한 쇠락과 관련하여 그가 설정한 시기를 거부하는 좌파도 많다. 러시아 공산주의의 역사를 좌파적 시각에서 보는 사람들 가운데 1918년을 중요한 시기로 보는 사람은 매우 드물다. 대부분의 경우 스탈린 체제의 궤적을 1937~38년(대숙청)이나 1929~30년(집단화와 기근)이나 1927년(좌익반대파의 패배와 트로츠키의 축출), 또는 대담한 비판가일 경우에는 크론시타트 반란이 진압되고 볼셰비키 당내 분파가 금지된 해인 1921년 등 두드러진 연도들과 관련해서만 설명한다. 1917년 10월 혁명이 확실한 진짜 노동자 봉기였다고 선언하고, 나아가 (세르주처럼) 대중의 혁명 참여가 퇴조한 것이 혁명 직후 채 몇 달도 안 돼서 일어난 일이라고 보는 사람들은 매우 드물다. 그러나 아주 최근에 볼셰비키 역사를 연구하는 제3의 집단이 공개적인 주목을 받기 시작했다. 이들은 세르주의 시기 설정을 공유하며, 특히 볼셰비키가 권력을 장악하고 나서 소비에트 러시아에서 전개된 사태들에 초점을 맞추어 연구하고 있다. 그러나 이들은 일찍이 1918년 레닌 시대의 당 관행에서 드러나는 정치적 탄압과 중앙집권화와 권력 독점의 경향에 대해서는 완전히 다르게 설명한다. 노엄 촘스키, 콩방디[콘벤디트로도 읽는다] 형제, 폴 카단 같은 저술가들은 볼셰비키가 소비에트의 권력을 자신들에게 집중시킨 이유를 역사적 사건들의 순전한 압력 때문이 아니라(역사적 사건들이 나름의 구실을 했다고 인정하지만) 노동자들을 희생시키면서 중앙집권화로 나아가는 특수한 이데올로기적 추동력 때문으로 설명한다. 그들은 10월 혁명 전부터 볼셰비키 내부에서 이런 사상적 변질이 일어났다고 본다. 그리고 그런 변질의 기원을 다양하게 추적하는데, 멘셰비키와 결별한 때인 1902~03년 당시 레닌의 중앙집권적 정치에서, 또는 볼셰비키 내에 여전히 잠재해 있던 정통 사회민주주의의 잔재 속에서, 또는 마르크스 자신이 아나키즘과 오랜 논쟁을 벌이면서 발전시킨 프롤레타리아 국가의 철학에 포함된 요소들까지 거슬러 올라가 그 원인을 찾기도 한다.[5]

이 책은 결코 원숙하게 역사 연구를 하기에 적합한 상황에서 쓰인 것도 아니다. 게다가 이 책에는 역사적으로 패배한 혁명적 집단의 정치적 시야가 드러난다. 그 때문에 지난 몇십 년에 걸친 꼼꼼한 연구와 국제 혁명의 경험에 바탕을 둔 서로 다른 조류의 해석들이 이 책을 겨냥해 내놓은 비판에 취약할 수밖에 없을 것이다. 그러나 세르주의 서술 가운데 몇몇 곳에서 뚜렷이 드러나는 편견과 부적절한 주장(이런 것들 중에 어떤 것도 그의 주장에서 결정적인 것은 아니다)을 제외하면 러시아혁명의 '첫해'를 설명하는 이 책의 전반적인 논지 전개 방식은 다른 서술들과 견줘 볼 때 아주 훌륭하다. 사실, 볼셰비키 혁명처럼 복잡하고 중요한 의미가 있는 사건을 어떻게 해석하든 간에 그 해석을 최종적인 것이라고 인정할 수는 없을 것이며, 특히 대부분 바로 그 혁명에서 비롯한 정치적 분열들로 여전히 갈라져 있는 세계에서라면 더욱 그럴 것이다. 게다가 1917~18년에 전개된 사건들 속에는 볼셰비키의 승리를 설명하는 여러 표준적 견해들이 풀기 힘든 어떤 이론이나 경험적 어려움을 제기하는 특수한 측면들이 있는 것도 사실이다.

볼셰비즘: 쿠데타인가 대중 봉기인가?

먼저 볼셰비키 봉기 이래 지금까지 10월 혁명 반대자들이 잇따라 내놓은 견해를 살펴보자. 이런 견해는 10월 혁명을 러시아 대중의 정치적 동원에 전혀 바탕을 두지 않은 한낱 소수파의 군사 쿠데타나 음모의 산물로 본다. 불행하게도 역사는 논평가들에게 사회적 대격변의 폭이나 깊이를 명확하게 측정할 수 있는 특정 지표를 아무것도 제공하지 않는다. 1789년 이후로만 국한시켜 보더라도 모든 근대 혁명의 사회적 내용뿐 아니라 그런 혁명의 대중적 성격에 대해 비판가들이 제기한 의문점이 있다(극적인 실례를 하나 들어보겠다. 1936년에 스페인에서 노동자·농민 혁명이 일어났다. 그러나 자유주의 성향의 수많은 연구자들, 심지어 솔직히 인정했듯이 옥스퍼드 대학의 근대사 흠정(欽定)강좌 담당 교수 같은 노련한 연구자조차 혁명이 일어난 지 몇 년이 흐른 뒤에도 혁명의 폭과 깊이는커녕 그런 사건이 있었는지조차 모르고 있었다).[6] 의회 선거에서 다수파로 나타나는 것과 견줘 볼 때, 한 봉기의 다수파적 성격을 인정하든 부정하든 어쩔 수 없이 매우 복잡한 정치적·역사적 판단을 내리는 데서 출발할 수밖에 없다. 러시아혁명의 경우에는 또다른 두 가지 요소 때문에 한층 견해가 복잡해진다. 첫째, 학자들은 러시아에서 일어난 사건을 서술할 때 볼셰비키의 10월 봉기를 또 하나의 근대 산업 강국을 낳은 결정적 행위로 해석하는 경향이 있다는 점이다. 이런 해석은 10월 혁명의 세계적 의의와 역사적 필연성까지도 동의하지만, 그 혁명을 당시 대중의 혁명적 정치를 놓고서 평가하지는 않는다. 둘째는, 1917년 10월 말의 며칠 동안 페트로그라드에서 실제 봉기 수행 과정을 보면 음모설이 진실인 것처럼 보이는 측면이 많다는 점이다. 트로츠키도 자신이 쓴 탁월한 역사서 말미에서 그 점을 많이 인정했다.

봉기는 어디 있는가? 봉기의 모습은 어디서도 찾아볼 수 없다. … 사전에 계획되고 준비된 일련의 소규모 활동들은 여전히 공간적·시간적으로 서로 분리돼 있다. … 대다수 대중의 행동은 전혀 없다. 군대와의 극적인 대결도 없고, 상상력이 가져다준 봉기 관념과 연관지을 수 있는 것도 전혀 없다.[7]

계속해서 트로츠키는 봉기를 일으키는 대중이 없다는 사실을 운동의 응집력과 대중적 지지를 보여 주는 긍정적 증거로 제시한다.

노동자들은 하나로 결집하려고 광장으로 몰려나올 필요가 전혀 없었다. 그런 것 없이도 그들은 이미 정치적·도덕적으로 단일한 전체를 이루고 있다. … 이처럼 대중은 눈에 띄지 않으면서도 과거 어느 때보다 더 사태 전개에 맞춰 전진하고 있었다.[8]

그러나 1917년 말 여러 도시에서 대중의 볼셰비키 지지 정서는 훨씬 더 "눈에 띄는" 증거들로 입증된다. 최근에 역사가들이 설명하듯이 "8, 9, 10월에", 즉 볼셰비키가 임시정부를 소비에트 권력으로 대체하자고 다시 호소하고 있었을 때, "볼셰비키에 대한 대중적 지지가 늘어났음을 보여 주는 여러 조짐들이 나타났다."[9] 페트로그라드, 크론시타트, 모스크바, 헬싱키와 레발의 대표단이 참가한 북부지구 소비에트 대회에서 중앙정부를 소비에트로 넘길 것을 주장한 트로츠키의 결의안이 만장일치로 통과됐다. 볼셰비키 노선(평화적 권력 이전 가능성을 열어 놓는 용어들로 이따금 표현돼 있었다)에 대한 지지는 이때 키예프, 민스크, 시베리아, 우랄 지역의 소비에트와 기타 지방 소비에트 집회에서 통과된 결의안에서도 나타났다. 10월 19일 전 러시아 공장·직장위원회 총회에서 볼셰비키 대의원 167명은 사회혁명당 대의원 24명과 연합하여, 7명의 멘셰비키와 13명의 아나코-생디칼리스트 연합 반대파에 맞서 소비에트로 즉시 권력을 이양하라고 요구했다. 이것은 트로츠키의 설명처럼, "나라 전역에서 노동계급의 의지를 가장 직접적이고 의심의 여지없이 확실하게 대변하는 것이었다."[10] 페트로그라드 봉기 성공 후의 상황을 설명할 때 볼셰비키가 상대적으로 민중의 지지를 받지 못했음을 보여 주는 증거로 제시되는 전 러시아 제헌의회 선거 결과도 사실은 주요 공업 중심지와 인근 수비대에서 볼셰비키가 압도적 대승을 거두었다는 점을 증명하고 있다.[11] 임시정부가 타도되고 제2차 소비에트 대회에서 볼셰비키 정부가 세워지고 나서 10일 뒤 선거가 실시되기까지, 당시 레닌과 트로츠키가 주창한 "모든 권력을 소비에트로"라는 슬로건이 명확히 봉기적인 성격을 띠고 있음은 아무도 의심할 수 없을 것이다. 그러나 민중의 지지를 얻으려고 볼셰비키와 경쟁하며 봉기에 반대하던 멘셰비키와 사회혁명당은 러시아의 주요 도시들에서 참패하고 말았다. 도시 소비에트에서 멘셰비키를 주도적 위치에서 축출한 바 있는 친볼셰비키 극좌파 물결은 더욱 거세져 멘셰비키 지지표를 170만 표(이 표의 거의 절반은 그루지야 민족주의자 노아 조르다니아를 지지하는 비노동계급 보루에서 나온 것이었다)로까지 축소시켰다. 한편, 1917년에 사회혁명당이 통제하는 유일한 공업 중심지였던 모스크바에서는 그해 초의 두 차례 지방선거에서 드러난 볼셰비키의 선풍적 인기가 제헌의회 선거에서 사회혁명당이 참패하고 유권자들이 다양한 혁명파와 카데츠(입헌민주당) 반혁명파로 양극화한 것에서 다시 입증됐다.[12]

1917년 말 급진화한 병사들이 농촌으로 돌아가 농업 노동자들에게 급진적 분위기를 전파하면서 대중적 볼셰비즘의 물결은 러시아 농촌으로 퍼졌다. 제헌의회 선거에서 사회혁명당이 (득표수에서나 실제 의석수에서나) 형식상 다수파가 됐지만, 그것이 농민층 내부에서 일어난 급진적 운동의 실제 범위와 세력을 보여 준 것은 아니었다. 사회혁명당 지도부는 당내 좌파(사회혁명당 제헌의원 총 339명 가운데 40명만이 좌파였다)뿐 아니라 빅토르 체르노프의 '중앙파'(11월의 중앙위원회 선거에서 체르노프 그룹이 보여 준 영향력에 견줘 볼 때 50명이라는 제헌의원 수는 엄청 적은 수였다) 세력도 억제하려고 후보자를 신중히 선정했다.[13] 왜냐하면 사회혁명당은 여러 분파와 위원회뿐 아니라 당의 대중적 기반인 농민층에서도 좌익 이탈자들에게, 심지어는 볼셰비키에게도 기반을 급속히 잠식당하고 있었기 때문이다. 1917년 후반기에 광범한 변화를 겪고 있던 여러 농촌 지역에 대한 라드키의 탁월한 연구는 이런 경향을 자세히 보여 준다.[14] 라드키도 증명했듯이, 러시아 농민층의 당이라고 자처하던 당이 제국 전체에서 진행되던 "농업혁명의 길을 가로막는 주요 장애물"로 나타나고 있었다.[15] 제헌의회 선거에서 사회혁명당이 압도적 '다수'를 차지했지만, 러시아 국민 내의 실제 사회 세력 중에서는 미약한 소수에 기반을 두고 있었다. 역으로, 볼셰비키와 좌파 사회혁명당이 얻은 표가 몇몇 핵심적인 공업 중심지를 빼면 전체 노동 대중의 의식적인 다수의 지지를 반영하는 것이라는 주장은 궤변에 가까운 쓸데없는 소리이겠지만, 그들의 득표가 수많은 사람들의 마음속에 있는 "대중적 볼셰비즘"의 반쯤 의식적인 정서가 표현된 것이라는 점은 확실하다.

사회의 정상에서 레닌과 트로츠키가 취한 조직적·정치적 조처들 때문에 형성된 혁명적 대중 동원의 힘과 원천, 의식적 특징 등에 관해서는 아직도 논의해야 할 영역이 많이 남아 있다. 패배로 평판이 실추된 멘셰비키당의 대변자들도 10월 혁명의 '소수파'적 성격 또는 '대중적' 성격을 둘러싼 논쟁의 한 부분을 차지하고 있다. 멘셰비키 지도부는 봉기가 끝난 뒤 그것을 순수한 "군사적 음모", 대중과 유리된 채 수행된 "모험" 등으로 비난했지만, 1918년 10월 17~21일에 열린 중앙위원회 회의에서 자신들의 견해를 뒤집고 말았다. 발표된 결의문을 보자.

볼셰비키의 1917년 10월 혁명은 역사적 필연이었고, 노동 대중이 혁명의 진로를 자신에게 완전히 유리하게 바꾸려고 했던 열망이 표현된 것이었다. 그 혁명이 없었다면, 악행을 저지르는 연합국 제국주의에서 러시아를 해방하는 것, 일관된 평화 정책을 추구하는 것, 농업 개혁을 발본적으로 실시하는 것, 나아가 민중의 이익을 위해 국가가 경제생활 전체를 규제하는 것 등은 생각할 수조차 없었을 것이다.[16]

물론 대중적 기반과 역사적 의의 두 측면 모두에서 볼셰비키 봉기의 진정한 혁명적 성격을 인정하면서도 혁명 이후 공산당 정권의 행동을 심각하게 비판하기도 했다. 그러나 그렇게 비판했다고 해서, 전에 혁명에 반대한 사람들이 10월 혁명을 법적으로나 실제적으로나 인정한 점이 손상되는 것은 아니다.

혁명의 쇠퇴

　볼셰비키당이 누린 대중의 적극적 지지가 쇠퇴하는 과정을 추적할 때 우리가 곧 알게 되는 것은, 1918년이 되면 소비에트와 여타 선거에서 볼셰비키 후보와 그 경쟁자들의 득표 차이 같은 필수 지표들이 사라진다는 사실이다. 초기에 볼셰비키가 소비에트와 노동조합에서 압도적 우세를 점하게 된 것을 독재적 탄압의 효과로 돌릴 필요는 이제 없을 것이다. 왜냐하면 정권에 충성했던 아나키스트들이나 사회혁명당 일부 집단과 같이 볼셰비키는 아니지만 '소비에트를 지지한' 조직들의 꾀죄죄한 성적은 십중팔구 경찰 탄압 때문이 아니라, 새 정권 창출의 공로를 인정받은 당 지도부로 명성과 열정이 '집중되는' 현상(오늘날 후진국에서는 매우 흔한 현상) 때문이었다. 1918년 11월에 열린 전 러시아 소비에트 대회에서 세르주가 지적한 지나친 "동질성"은 많은 신생국의 입법의회에서도 비슷한 유형을 찾아볼 수 있다. 그럼에도 세르주가, 1918년 중반 이후 우호적이면서도 서로 경쟁하는 정당들로 이뤄진 "소비에트 진영의 종말"을 두고 엘리트에 의한 당 통제가 대중적 볼셰비즘을 대체한 결정적 단계라고 시사한 것은 틀림없이 옳았다. 이 점에서 그의 분석은(비록 그가 확신에 찬 트로츠키주의 반대파의 일원이던 시절에 정식화한 것이었음에도) 트로츠키 자신의 분석과는 날카로운 차이를 드러냈다. 1937년 말 스탈린주의가 레닌주의에서 직접 발전한 것이라는 논리를 반박하는 글을 쓴 트로츠키는 소비에트 안에서 당이 권력을 독점하는 것이 전혀 문제될 게 없다고 보는 듯했다. 그는 볼셰비즘을 비판하는 좌파들에게 그들의 주장이 사실이라고 인정한다.

볼셰비키는 … 프롤레타리아독재를 당의 독재로 대체했고, 스탈린은 당의 독재를 관료 집단의 독재로 대체했다. 볼셰비키는 자신을 제외하고는 모든 당을 파괴했고, 스탈린은 보나파르트주의 도당의 이익을 위해 볼셰비키당을 목졸랐다.

그러나 트로츠키는 여기에 다음과 같이 덧붙였다. "누구든 자의적으로 그렇게 비유할 수는 있다. 그러나 그런 비유가 외견상 아무리 그럴듯해 보여도, 그것은 사실 완전한 허구다." 실로 당의 독점은 프롤레타리아독재가 실현되는 자연스러운 방식이다. "노동계급은 오로지 자신의 전위를 통해서만 권력을 장악할 수 있다. … 소비에트는 노동계급과 노동계급의 전위를 이어 주는 유일한 조직 형태다. 당만이 그런 외형에 혁명적 내용을 부여할 수 있다." 트로츠키는 다음과 같이 결론짓는다. "볼셰비키당이 정치적으로 소비에트를 당 지도자들에게 종속시켰기 때문에 소비에트 제도가 사실상 폐지됐다는 말은 영국에서 보수당 다수파의 지배가 영국 의회 제도를 폐지시켰다는 말과 마찬가지다."[17]

각종 소비에트 기관들의 선거 통계 자료가 없으므로(선거가 실시됐을 때는 틀림없이 자료를 수집할 수 있었을 것이다), 노동계급이 어떻게 소비에트 정권에 환멸을 느끼게 됐는지 살펴보는 것은 거의 불가능하다. 소비에트 정부는, 지역적으로 분산돼 서로 조정되지 못한 '노동자 통제' 기관들을 대신해 각 산업마다 지부를 두는 '국가경제최고위원회' 창설로 소비에트 경제 기구들을 중앙집권화함으로써, 노동자 대중과의 충돌을 피할 수 있었다.[18] 수많은 공장 소비에트가 지역 분리주의를 추구하며 그 속에서 기득권을 누리고는 있었지만, 공장위원회 운동은 중앙집권주의로 이행하는 데 협력했고, 더 큰 경제적 안정뿐 아니라 정권의 방위 수단 제공에도 이바지했다는 점 또한 의심의 여지가 없다. 판크라토바는 심지어 다음과 같이 말했다.

국가경제최고위원회 설립안은 실제로 공장위원회 운동 내부에서 스스로 만들어져서 발의됐다. 공장위원회 중앙 소비에트는 국가경제최고위원회 창설에 매우 능동적으로 참여했고, 최상의 노동자들을 파견해 주었고 필요한 수단을 제공했다. 1917년 5월 제1차 회의에서 노동자 통제를 선언했던 페트로그라드 공장위원회는 이제 제6차 회의에서 바로 그 노동자 통제를 만장일치로 폐기했다.[19]

정권과 정권을 지지했던 노동계급 사이의 분열을 더욱 굳혀 놓은 것은 볼셰비키와 노동계급 사이에 벌어진 이런저런 단일 쟁점을 둘러싼 대립이 아니라, 볼셰비키 통치 1년을 거치면서 민중에게 누적된 가차 없는 압박이었다.

1918년 말에 이르러 소비에트 정권과 노동계급 사이에 기껏해야 냉담, 최악의 경우에는 쓰디쓴 적의로 가득 찬 균열이 나타나게 됐다는 것은 거부할 수 없는 결론인 것처럼 보였다. 이 책의 끝부분에서 세르주가 스케치한 묘사는 그 자신의 몇몇 회상 내용과 거의 일치한다. "수도는 추위와 배고픔, 증오와 인내로 채워졌다. 100만 명이 넘었던 수도의 인구는 1년 만에 70만 명 가까이로 줄어들었다." "봉쇄로 질식당한 채 죽어 가던 혁명은 안으로부터 붕괴돼 반혁명의 혼란 속으로 금방이라도 빠져들 것 같았다."[20] 세르주가 도착한 지 몇 주 안 돼, 한때는 노동계급 볼셰비즘의 긍지이자 힘의 원천이었던 페트로그라드의 대규모 공장들이 정권에 반대하는 대대적인 소요(수많은 노동자들을 포함한)에 휩싸였다. 소비에트 정부를 전복하려고 활동하던 국내외 세력들은 이런 파업과 시위를 열렬히 지지했고, 가능한 곳에서는 이런 소요를 선동하기도 했다. 그때 페트로그라드에서 비밀리에 작전을 수행하던 영국 첩보기관 책임자 폴 듀크스는 "대규모 노동자 시위대와 체카군 사이에 유혈 충돌이 일어났다"고 회고하면서, 한 쌍의 역설적 구호가 적힌 깃발을 들고 행진하는 한 노동자 시위대의 모습을 전하고 있다.

레닌과 말고기를 타도하라!
차르와 돼지고기를 달라!

듀크스는 그때 러시아에서 비밀리에 반출된 첩보 보고서를 통해, 얼마 전까지만 해도 혁명을 굳건하게 지지했던 한 공장에서 일어난 대규모 반볼셰비키 소요에 대해 다음과 같이 보고했다.

3월 10일, 푸틸로프 공장에서 대중 집회가 열렸다. 1만여 명이 집회에 참가했고, 다음과 같은 결의안이 통과됐다. 반대표를 던진 사람은 겨우 22명뿐이었다. …
우리 푸틸로프 공장 노동자는 러시아와 전 세계 노동계급에게 다음과 같이 선언한다. 볼셰비키 정부는 혁명의 이상을 배반했고, 따라서 러시아의 노동자와 농민을 배반하고 기만했다. 우리의 이름을 팔아 설치고 있는 볼셰비키 정부는 노동계급과 농민의 권위가 아니라 체카와 경찰의 도움을 받아 권력을 붙잡고 있는 볼셰비키당의 독재일 뿐이다. … 우리는 체포된 노동자와 그 부인들의 석방, 언론의 자유, 의사 표현의 자유, 집회를 열 권리와 인신 불가침, 식량 관리를 협동조합으로 이전할 것, 자유롭게 선출된 노동자·농민 소비에트로 권력을 이전할 것 등을 요구한다.[21]

영국 정부는 주저하는 의회와 국민에게 볼셰비즘의 공포를 알리려고, 그리고 백군 세력을 계속 지원해야 할 필요 때문에, 1919년에 듀크스의 보고서를 공식 《러시아 백서》로 펴냈다.[22]

빅토르 세르주는 정권의 노동계급 기반이 약해지는 과정을 솔직하게 설명했다. 노동계급 속에서 소비에트 정부의 인기가 떨어지고 있었지만 세르주는 여전히 정부의 생존을 위해 헌신했고, 소비에트 정부가 진실로 '프롤레타리아독재'라고 계속 옹호했다. 그는 정부가 사회학적으로(러시아 노동계급 다수의 능동적 지지라는 의미에서)가 아니라 이데올로기적으로(새로운 국가를 이룬 수천 명의 볼셰비키 핵심 활동가들이 보여 준 마르크스주의 시각과 혁명적 단호함이라는 뜻에서) '프롤레타리아독재'라고 규정했던 것이다. 세르주가 이처럼 대중과의 동일시에서 뛰어난 소수에 대한 영웅 숭배로, 또한 마르크스주의 정치학의 준거 틀에서 미학적·심리적 낭만주의의 준거 틀로 옮겨가는 것은 상대적으로 쉬웠다. 그것은 그가 마르크스주의적 계급 관점을 가지게 된 때가 비교적 최근인 1919년이었기 때문이다. 장 메트롱이 분명히 증명하듯이 '빅토르 세르주'라는 이름을 쓰기 전인 청년 시절의 빅토르 르보비치 키발치치의 첫 정치적 견해는 은행 강도 집단인 '보노갱'에 가담했던 가까운 친구들의 절망에 찬 폭력 행사를 미화하고, 현대 노동계급의 우둔함을 경멸한 천방지축의 아나키스트 개인주의였다.[23] 1911년 그의 친구들이 프랑스 헌병대와 최후의 결전에 나서자, 세르주는 자신의 기관지 《아나키》에서 "나는 그 반도들과 함께 있을 것이다!" 하고 외쳤다. 그 폭도들은 타락한 자본주의 사회를 뒤엎을 희망은 없었지만 적어도 그것에 용감히 도전한 사람들이었다. 혁명에 대한 이런 엘리트주의적 헌신은, 세르주가 페트로그라드에 도착하자마자 일어났던 것처럼 대중이 그를 저버릴 때 의지하기에 알맞은 것이었다. 세르주는 죽음을 두려워하지 않은 포위된 혁명 투사들의 특공대인 볼셰비키를 자신의 옛 동료 반도들과 똑같은 이유로 지지할 수 있었다. 이런 견해가 논리적으로나 도덕적으로 얼마나 취약한 것이든 간에, 그 덕분에 적어도 세르주는 현실과 단호히 마주할 수 있었고, 또한 이런 상황에서 노동계급이 마르크스주의의 공식 원칙이 주장하던 혁명적 기대를 충족시키지 않고 있다는 것을 인정할 수도 있었다.

　물론 내전 시기에 소비에트 정권을 지지하고 방어하기 위해 굳이 입센처럼 영웅 숭배자가 되든지 아니면 순진한 친볼셰비키파가 돼야 할 필요는 없었다. 연합국의 적극적 간섭을 등에 업은 반혁명 세력의 위협이 늘어나고, 특히 정권의 생존 자체가 현안으로 떠오르자 대다수 사회주의자와 국제주의자들은 소비에트 정부와 연대해야 했고 심지어 소비에트 정부에 대한 좌익 이단파에 맞서 연대하기도 했다. 그 뒤의 저작(1937년에 출간된 《혁명의 운명》)에서 세르주는 왜 어떤 혁명가도 1919년 초 페트로그라드에서 일어난 노동계급의 반정부 시위를 지지할 수 없었는지를 자신의 관점에서 설명한 바 있다. 멘셰비키와 좌파 사회혁명당 선동가들이 도시 노동자들을 동원하는 데 성공했다는 사실 자체는 노동계급의 의식적이고 혁명적인 분자들이 공장에 없었다는 사실을 증명하는 것이다. 왜냐하면 가장 헌신적이고 이상에 충실했던 노동자들은 이미 몇 천 명씩 자발적으로 내전에 참여했기 때문이다. 남아 있는 사람들이 비록 다수이긴 했지만 이들은 노동계급의 "후진 분자였고, 가장 의식이 없고 가장 이기적이었고, 계급 전체의 이익을 위해 희생하기를 꺼렸고, … 무의식적으로 반혁명을 지지할 준비가 돼 있던 후위대를 더욱 낙담시켰다." "두 방면에서 백군의 위협을 받고 있던 아사 직전의 페트로그라드에서, 또 모든 혁명 분자들이 떠나 버린 공장에서 총파업을 일으키려는" 시도는 "혁명의 자살"과도 같은 일이었다.[24] 1919년 봄 유데니치 장군이 에스토니아에서 백군을 규합해 쳐들어온 사실을 눈여겨봐야 한다. 그 공세 덕분에 유데니치 장군은 5월에 발트해 연안에서 프스코프에 이르는 넓은 지역을 차지했을 뿐 아니라, 그해 말 더 강력한 공세를 펼쳐 페트로그라드 코앞까지 진출할 수 있었다. 1919년 3월에도 이미 연합국 내부에서는 반혁명을 위한 거점 도시를 장악하려고 핀란드를 끌어들이려는 계획이 추진되고 있었다. 이때는 '반혁명의 위협'이 반대파 탄압을 정당화하는 관료주의적 변명 수준을 훨씬 뛰어넘는 시기였다. 1918년에 공산당의 폭력 논리는 그 뒤의 탄압에서 사용된 것과 형식상으로는 똑같은 용어로 표현됐더라도, 1968년이나 1956년, 1937년 또는 (나아가 그렇게 말할 수 있다면) 1921년과는 달리 실제 존재했던 특수한 압력에서 비롯한 것이었다.

이데올로기적 대안

그 때문에 빅토르 세르주는 코뮌 국가가 당 국가로 변질된 책임을 모두 반혁명의 위협으로 설명했던 것이다. 혁명의 사회적 기반에 말 그대로 출혈을 일으켜 러시아 노동계급의 능동적 세력을 몰락시키고 파괴한 것은 연합국에게서 정기적으로 풍부한 자금 지원을 받은 백군이 일으킨 내전이었다. 공산당의 권력 독점과 테러를 설명하고자 한다면, 그 책임을 물어야 할 대상은 좌파든 우파든 반볼셰비키 정당들이 저지른 음모, 암살, 반란 등 거듭된 반혁명 활동이다. 바로 이 점에서 세르주는 "자코뱅주의"나 "레닌주의"(1903년 이후 볼셰비키당의 지적 정수 속에서 발견되는)라는 이데올로기적 요인이 나중의 레닌 치하 국가 독재의 맹아였다거나 심지어 스탈린의 전체주의 통치의 주요 원인이었다고 강조하는 볼셰비키 비판자들과 갈라서는 것이다.[25] 이런 이데올로기적 주장은 트로츠키가 혁명 전에 레닌의 중앙집권주의에 반대하면서 내놓았던 예견을 한두 구절 인용하면 매우 쉽게 알 수 있을 것이다. "당의 내부 정책에서 이런[레닌의 — 세지윅] 방식은 당기구가 당을 '대신'하고, 중앙위원회가 당 기구를 대신하고, 마침내는 '독재자'가 중앙위원회를 대신하는 것으로 귀결될 것이다." 또한 "멘셰비즘의 반혁명적 성격이 이미 완전히 드러났다면, 볼셰비즘의 반혁명적 측면은 오직 혁명이 승리한 뒤에야 드러난다는 심각한 위험을 내포하고 있다."[26] 이것은 레닌의 정치학이 국가권력의 행사에 확연히 적용되기 15년 전에 트로츠키와 로자 룩셈부르크와[27] 멘셰비키 진영이 제기한 관료주의적 '레닌주의'라는 비판 가운데서 가장 놀랄 만한 것들만 뽑아 놓은 것이다. 볼셰비즘의 타락에 대한 이데올로기적 설명의 어떠한 타당성도 인정하지 않는 것은 이처럼 매우 놀라운 예측들과 공산당의 실천 사이에 나타나는 어떠한 유사성도 순전히 우연의 일치일 뿐이라고 말하는 것과 같다. 이런 주장을 그대로 받아들이기는 아무래도 힘들 것이다.

그러나 10월 혁명 전후의 역사적 상황이 민주주의적 사회주의 제도들이 자유로이 만개하는 데 대단히 불리했음을 감안하면, 그런 비슷한 점이 존재하는 것은 당연하지 않을까? 레닌의 초기 정식들에 내재한 '주관적' 결함들에서 비롯한 인과적 요인들을 논외로 하더라도, 러시아혁명과 내전의 '객관적'인 사회적 환경은 이미 대중적인 혁명의 물결이 무너질 만한 조건들을 포함하고 있었다. 1917년(과 1918년)의 사건을 규명하는 데서 1917년의 딜레마에서 유래한 역사적 대의가 활동가들에게 가한 압력은, 1902년에 망명자들의 논쟁이 끼친 사상적 영향보다 훨씬 더 큰 의미가 있었다. 10월 봉기의 기본적인 정치적 전제, 즉 소수의 노동계급과 토지를 갈망하는 다수 농민의 불확실한 동맹에는 '자코뱅주의'와 '대리주의'가 꽤 많이 포함돼 있었다. 그러나 말뿐인 자코뱅주의나 종이 위에(그것도 빛바랜 종위 위에) 쓰인 대리주의가 역사적 불가능성이라는 끈질기고 무거운 압력에 얼마나 버틸 수 있겠는가?

레닌을 이데올로기적으로 비판하는 사람들이 혁명 전의 '레닌주의'에 대해 내놓은 설명은 심각한 오류를 내포하고 있다. 이데올로기적 설명은 무엇보다 그 이데올로기의 근원으로 거론되는 사상들을 정확히 서술할 수 있어야 한다. 그리고 레닌을 '중앙집권주의자' 또는 '자코뱅주의자'라고 묘사하는 것은 기껏해야 절반만이 진실일 뿐이다. 예를 들어 1905~06년의 레닌은 1902~04년의 '중앙집권화 추진자'가 아니었다. 또한 (1906년 볼셰비키-멘셰비키 통합 당대회 이래) 러시아의 경쟁 분파들을 통합하려고 고안된 레닌주의 당 조직 모델은 매우 민주적인 것이었다. 그래서 지도적인 위원회들을 정상적으로 선출하고, 논쟁의 대상이 된 문제를 당내 투표로 해결하고, 지역 지부들이 대의원에게 위임하는 것을 엄격하게 제한했다[28] (이런 조직 모델에 '민주집중제' — 레닌주의자 못지않게 멘셰비키도 받아들일 수 있었던 정식 — 라는 용어가 처음으로 적용됐다. 이것은 1902~04년에 레닌이 주장한 무제한적이고 노골적인 '중앙집권주의'와는 구별된다). 볼셰비키가 권력을 장악하고 나서 첫해부터 레닌의 조직 이론에 담긴 민주주의적인, 심지어는 준(準)아나키즘적인 경향이 훨씬 더 뚜렷해졌다. 세르주는 러시아혁명 첫해를 설명하면서 이런 요소들(고전적인 저작 《국가와 혁명》뿐 아니라 당시 레닌의 수많은 연설이나 저작 속에도 나타난)을 중요하게 취급했다. 세르주는 이런 자유지상주의[절대자유주의]적 진술들에 과도한 의미를 부여했는데(과거 아나키스트로서 자신과 소비에트 권위를 화해시키려고 노력하는 그의 처지를 볼 때 이해할 수 있는 일이다), 우리가 여기에 현혹돼 '민주주의'와 '중앙집권주의' 둘 다를 사회주의 질서 건설에서 핵심 가치로 본 레닌의 일관된 현실주의를 간과해서는 안 될 것이다.[29]

혁명 첫해 동안의 볼셰비키 정책에 대한 또 한 가지 매우 흔한 이데올로기적 설명도 여기서 해명할 수 있을 것이다. 즉, 중요한 경제정책 분야에서 레닌주의 정설에 따른 관료주의적 우선순위들을 충족시키려고 지역 분산적이고 자유지상주의적인 '노동자 통제' 구조들을 당의 엘리트가 장악하는 중앙집권적 계획 기구로 대체했다는 설명 말이다.[30] 1918년 초 공장위원회 운동의 퇴조는 이런 관료주의적 추세의 징후로 이해돼 왔다. 그리고 그런 관료주의적 추세의 원인은 레닌주의적(심지어는 마르크스주의적) '국가사회주의'라는 이데올로기적 전제로까지 소급된다. 그러나 혁명 전의 볼셰비키 산업 정책이 지역의 이니셔티브를 무시한 채 중앙집권화와 국가 계획을 중시하는 경향이 있었다는 증거는 전혀 없다. 사실, (정치권력을 빼앗긴) 자본가들과 노동자들이 작업장에서 오랫동안 공존하는 경제적 점진주의는 마르크스와 엥겔스, 그리고 나중에 레닌이 구상한 마르크스주의적 산업 정책의 가장 명백한 테마였다.[31] 소비에트 집권 첫해에 레닌이 주창한 '국가자본주의'는 바로 장기간에 걸친 사기업 내의 공동 관리를 가리키는 것이었지, 국가 소유와 중앙집권적 관리 체제가 아니었다. 그리고 볼셰비키당 내에서 공장위원회의 '노동자 통제'를 일소하는 데 책임이 있었던 세력은 사상적으로 볼 때 '레닌주의자들'도, 또 일반적 경향으로 볼 때 '관료 집단'도 아니었다. 1917년 말 이후 레닌의 점진주의적 산업 노선은 볼셰비즘의 다채로운 이데올로기적 스펙트럼의 양 극단에 위치한 두 부류 공산주의자들의 집중 공격을 받았다.[32] 우파 쪽에서는 라린, 로조프스키, 랴자노프 같은 노동조합 공식 기구의 대변인들이 공장위원회 구조의 즉흥적 일처리를 반대하고 있었다.[33] 그들은 모든 볼셰비키 당원 가운데 정치적으로 가장 자유주의적인 견해를 지닌 자들로, 모든 정당의 광범한 사회주의적 연합을 주장하고 적대적 논조의 신문을 금지하는 것에도 반대해 왔다. 비록 규모는 작지만 (산업 문제에서) 영향력은 큰 이런 경향 내에서 경제적 중앙집권화에 대한 우려는 실제로 소비에트 정치 구조를 다원주의적·입헌적 방향으로 이끌려는 전망과 연관돼 있었다. 또 다른 극단에는 새로 등장한 '좌익공산주의' 경향이 있었다. 그들은 '노동자 통제' 같은 어정쩡한 조처에 반대하고, 국가가 모든 고용주를 철저히 수탈할 것과 '노동자 관리' 체제의 도입을 요구했다. 그렇게 해야 국유화된 경제 전체를 중앙집권적으로 조정할 수 있고, 공장 노동자가 직접 뽑은 꽤 큰 규모의(많을수록 이상적이다) 민주적 대의 기구가 공장을 운영할 수 있다고 보았던 것이다.[34] '중앙집권주의' 대 '민주주의', '레닌주의' 대 '자유지상주의'라는 식의 양극 구도는 이런 중대한 경제 논쟁에서 나타나는 다양한 경향을 포괄하기에는 전적으로 부적절했다. 이 분야에서 볼셰비키가 비난을 받아야 한다면 그것은 국가 중심주의라는 교조적 명령에 집착해서가 아니라 산업 통제를 위한 프로그램도 전혀 없이 사회주의 혁명의 길에 들어섰다는 이유 때문에 비난받아야 할 것 같다. 이데올로기적 엄격성이 아니라 지나친 즉흥성이 이 중대한 첫해에 드러난 러시아 공산주의의 진정한 약점이었던 것이다.

세르주의 역사책에는 공산당 일당 정권으로 변모한 것이 탄압 지향적인 특유의 이데올로기적 충동 결과가 아니라 위기 상황에 대처하기 위한 임시변통적 긴급조치의 산물임을 보여 주는 광범한 자료들이 상세히 서술돼 있다. 이 기록들을 읽다 보면 독자들은 과연 러시아 볼셰비즘의 강압적이고 엘리트주의적인 측면들이 반볼셰비키 세력들의 사상이나 행동에서 나타나는 비슷한 정치적 특성들보다 정말 더 중요한가 하는 자문을 하게 될 것이다. 볼셰비키는 내전기에 자신들에게 적대적인(또는 비우호적 중립의) 논조를 보였던 신문들을 불법화했다. 케렌스키도 같은 이유로 왕당파 신문을 불법화한 적이 있다. 볼셰비키는 대다수 노동자·농민의 대중운동 선두에 서서 무장봉기 모의를 추진했다. 왕당파나 자유주의 자본가들은 말할 것도 없고 사회혁명당 좌·우파와 아나키스트들도 민중의 지지를 전혀 받지 못했는데도 헛되이 폭동을 일으키거나 폭동을 모의했다.[35] 볼셰비키는 강력하고 무시무시한 보안경찰을 창설했다. 아나키스트 마흐노도 이와 비슷한 악명 높은 기구를 자신의 세력권 내에 두 개나 창설하여, 자신들을 제외한 모든 정당을 무자비하게 탄압했다. 오로지 마르토프를 중심으로 한 멘셰비키 좌파만이 무차별 테러와 폭력을 행사했다는 비난에서 벗어날 수 있는데, 그 대신에 이들은 혁명 자체에 대한 긍정적 전망도 일절 회피하는 대가를 치렀을 뿐이다.

'첫해'의 대차대조표

빅토르 세르주가 쓴 글도 종파적 편협함에서 벗어난 것은 아니다. 왜냐하면 그가 글을 썼을 때는 서로 경쟁하는 이념적 조류들이 목숨을 걸고 투쟁하던 시기였기 때문이다. 그 스스로 술회했듯이 당파성의 압력 하에서도 역사적 냉정함을 유지하려고 참으로 애썼지만, 여러 중요한 사실들에 대한 그의 판단은 일종의 열정으로 휩싸이게 마련이었다. 그는 혁명이 일어나기 전 멘셰비키당의 정치에 대해서는 공정하지 못했고, 잘못 쓴 곳도 있다. 또한 그는 체카가 아나키스트들을 진압한 부분을 설명할 때는 얼버무리기도 했다(그 자신이 극단적인 아나키스트였다가 아주 최근에 볼셰비즘으로 돌아섰기 때문에, 세르주는 자신이 버린 이데올로기를 여전히 부여잡고 있는 사람들을 객관적으로 평가하기가 어려웠을 것이다). 또한 이따금씩 복잡한 사건을 단순화시켜 음모론 비슷하게 설명하려는 경향이 지나치게 나타나기도 한다. 이런 경향은 틀림없이 그가 혁명운동에 침투한 스파이나 첩자들의 깜짝 놀랄 만한 비밀이 가득한 차르 보안경찰의 문서고를 오랫동안 뒤적거린 데서 비롯했다. 더 일반적으로 말하면, 마르크스주의 사회학에 대한 세르주의 지식은 가끔 의외로 조야할 때가 있다. 예를 들면, 사회 계급의 차이에 따른 이데올로기적 다양성을 말할 때 그렇다. 그가 레닌의 "프롤레타리아 현실주의"라고 부른 것은, 예컨대 브레스트리토프스크 강화조약 같은 쟁점에서 결코 러시아 노동계급 투사들의 특성이 아니었다. 왜냐하면 많은 공업 중심지의 공산주의자들은 독일과 전쟁을 계속하길 더 바랐기 때문이다. 마찬가지로 중농을 사회혁명당의 사회학적 기반으로 본 것은 옳았지만, 사회혁명당의 동요와 공상적 태도가 농촌 '프티부르주아' 계층의 정서를 표현하고 있다는 주장은 설득력이 없다. 애국적 희열과 최후통첩주의식 폭력을 왔다 갔다 하는 이런 무분별한 열정은 틀림없이 둔감한 농민이 아니라 유동적인 도시 지식인의 전형적 특징이기 때문이다.

이런 단점이 있지만, 《러시아혁명의 진실》은 러시아 볼셰비즘 초기의 부침, 즉 고통과 행복, 이상과 좌절, 살벌한 조짐과 더 살벌한 결과 등의 혼돈 속에서도 이성의 끈, 인과관계의 끈을 놓치지 않고 있다. 마르크스주의 세력들과 자유지상주의적 급진파들이 새로운 정체성을 내세우고 만들어 내는 우리 시대에, 이 책이 저자가 의도한 주요 목표를 이룰 것이라는 기대가 지나친 것이라고 말할 수는 없다. 그 목표란, 과거에 승리한 노동자 혁명에서 교훈을 끌어내서 다음 혁명의 성공에 필요한 준비를 하는 일이다.

1971년

후주

세르주가 만든 각주 외에 편집자가 붙인 각주는 대괄호([ ]) 안에 표기했다.

제1장 농노제에서 프롤레타리아 혁명으로

1 [1헥타르 = 2.47에이커]

2 표트르 라브로프는 1823년에 태어나 1900년 파리에서 죽었다. 그는 민중
주의적 농민운동론을 발전시켰고 러시아 지하조직의 비밀 잡지 《브페료드》
(Vperyod: 전진)를 편집했다. 그는 《역사 편지》(Historical Letters)와 《사상사
에세이》(Essay on the History of Thought)를 썼으며, 파리코뮌과 국가의 문제
를 다룬 저작들도 있다. [니콜라이 미하일로프스키(1842~1904년)는 '비판적
민중주의' 정치 이론을 발전시켰다. 그 이론은 거대한 산업주의의 물신적 제도에
반대하여 소규모 민주주의 형식을 제공할 수 있는 농촌공동체에 주목한 것이었
다. 미하일로프스키는 테러주의자와 마르크스주의자 모두에 반대했다. 그의 저
작은 우파 사회혁명당에 영향을 끼쳤다.]

3 [그 뒤 베라 자술리치는 민중주의 계열의 '흑토재분배당'과 그 다음에는 러시아
마르크스주의 운동에 적극 가담했다. 1903년 당이 분열할 때 그녀는 멘셰비키
를 지지했고 전쟁 동안에는 플레하노프의 애국주의 단체 예딘스트보(단결) 그
룹에 참가했다. 그녀는 1919년에 사망할 때까지 계속 볼셰비키에 반대했다.]

4 메젠체프는 《러시아 지하 생활》(Underground Russia)의 저자인 스테프냐크(크
라프친스키)에게 살해당했다.

5 람보(A. Rambaud), 《초기부터 1877년까지 러시아 역사》(A History of Russia
from the Earliest Times to 1877) (New York 1886).

6 포크로프스키(M. N. Pokrovsky), 《러시아 역사》(History of Russia) (New
York 1931).

7 자유주의자인 차이코프스키는 불행하게 생을 마감했다. 그는 오랫동안 러시아 협동조합 운동에 온 힘을 바쳤다. 그 뒤 1919년에 연합국이 러시아를 간섭하자 아르한겔스크에서 백군 정부를 이끌었다. 그는 망명 중이던 1926년에 죽었다.

8 마르토프(본명은 체데르바움)는 이론가이며 뛰어난 논객으로, 일생 동안 레닌의 적수이자 멘셰비키 지도자였다. 그는 세계대전 동안 국제주의자의 태도를 지키면서, 한동안(1919~20년)이나마 볼셰비키에 대한 충성스러운 야당의 태도를 견지하려고 노력했다. 그는 망명 중 1923년에 죽었다.

9 스트루베의 점진적인 변화 과정은 매우 흥미롭다. 그는 개혁주의를 거쳐 자유주의로 옮겨 갔으며, 나중에는 스톨리핀 지지자가 됐다. [1920년대 말] 스트루베는 해외로 망명한 왕당파 지도자 노릇을 했다. 그는 데니킨과 브란겔을 중심으로 한 단체에서 뛰어난 구실을 했다. [그는 러시아 정치와 경제에 관한 많은 책을 썼으며 1944년에 죽었다.]

10 이 두 사람 다 1920년대 말에 해외로 망명한 자유주의자였다. 1917년 10월에, 프로코포비치는 케렌스키의 뒤를 이어 반혁명에 사보타주를 주도한 비밀 '정부'의 대표를 맡았다. ['임시정부'를 다시 세우려는 이런 시도는 오래가지 못했다. 프로코포비치와 그의 아내 쿠스코바는 추방됐고 프라하에서 러시아연구소를 운영했다. 그는 1955년에 죽었고 아내는 1959년에 죽었다.]

11 이 최초의 러시아 사회민주당 기관지 편집부에는 레닌과 플레하노프, 마르토프, 악셀로드, 포트레소프와 베라 자술리치 등이 있었다. 레닌을 뺀 나머지 다섯 사람은 나중에 멘셰비키로 활동하게 된다.

12 프랑스 사회주의자인 밀랑은 1899년에 '공화국 수호' 내각에 합류했다. 그 내각에서 그와 함께 활동한 동지 가운데는 파리코뮌의 사형집행인 갈리페도 있었다.

13 네프스키(V. Nevsky), 《러시아공산당사: 개관》(*History of the Russian Communist Party(Bolshevik): A Short Outline (Istoriya RKP (B): Kratki Ocherk)*) (Leningrad 1926), p. 170. 레닌은 "사회주의 과학과 혁명적 지식인이 수십 년에 걸쳐 얻은 혁명의 경험을 선진적인 노동자들의 특별한 기술, 즉 노동계급의 상황에 대한 지식, 대중 선동의 자질, 대중적 지도부의 재능 등과 결합하기 위한" 혁명 조직을 계획했다.

14 조르다니아는 1920년부터 1922년까지 그루지야 멘셰비키 공화국의 대표였다. [볼셰비키가 그루지야를 침공한 뒤 그는 유배당했으며, 1953년에 죽었다.]

15 스피리도비치(A. I. Spiridovich), 《사회혁명당과 그 선조들》(*The Socialist Revolutionary Party and its Predecessors: Partiya Sotsialistov-Revoliutsionerov i ee Predshestvenniki*)을 참조할 것. 이 책은 한 경찰 공무원이 오흐라나 문서를 활용하여 쓴 것이다. [러시아에서는 입수할 수 없었다. 1915년 초판은 차르의 관료들에게만 판매됐다. 오흐라나의 문서보관소가 개방되고 나서 펴낸 1917년 제2 증보

판은 Political Red Cross에 판매가 위탁됐다. 그 가운데 몇 권은 사회혁명당으로 보내졌다. 스피리도비치는 스타프카 인쇄소에서 또 다른 판을 인쇄했지만, 이것은 볼셰비키에게 압수됐다. 프랑스어 번역본인 《러시아 테러리즘의 역사, 1886~1917년》(*L' Histoire du Terrorisme Russe, 1886~1917*), (Paris 1930)이 있다.]

16 미하일 고츠는 1908년에 죽었다. 게르슈니는 몇 년 동안 처절한 투쟁을 벌이다 1920년 파리에서 죽었다. 그는 이 투쟁을 다룬 뛰어난 회고록 몇 권을 남겼다 (프랑스어 번역본이 있음). 1917년에 부르주아 자유주의로 전향한 브레시코-브레시코프스카야는 백군 망명자들 사이에서 "인기 있던 사람"이었다. 체르노프는 케렌스키 내각의 장관이었고, 그 뒤 제헌의회 의장을 맡았으나, 자신의 당이 제헌의회의 계획을 거부하게 만들어서 당을 정치적 재앙으로 이끌고 말았다. 그는 1920년대 말에 여전히 망명 생활을 하고 있다. [브레시코프스카야는 1934년 프라하에서 죽었고, 체르노프는 서유럽으로 이주했다가 그 뒤 1952년 뉴욕에서 죽었다.]

17 통계자료는 레닌그라드 혁명박물관이 제공한 것이다. 지역적 의미만을 지닌 테러 행위는(이런 경우는 몇 백 건에 이른다) 이런 수치에 포함되지 않았다. [좀 더 최근의 자료에 따르면, 1906년과 1907년 동안에만 사회혁명당과 아나키스트 테러리스트가 4000명 이상을 죽였다고 한다. 폴 아브리치(Paul Avrich), 《러시아 아나키스트들》(*The Russian Anarchists*) (Princeton 1967), p. 64.]

18 포크로프스키(M. N. Pokrovsky), 《러시아 약사》(*A Brief History of Russia*) (New York 1933), part 3; 트로츠키(L. D. Trotsky), 《1905》(*1905*) (Paris 1923); 로시코프(N. Rozhkov), 《러시아 역사》(*History of Russia; Istoriya Rossii*) (Petrograd 1926), volume 11과 12.

19 1데샤틴은 약 2.5에이커[약 4000제곱미터]다.

20 가폰은 가까스로 도망가 얼마 동안 해외에서 살았다. 그는 러시아 제국의 경찰과 다시 접촉하기 시작했고 제국 경찰의 음모에 가담했으며, 1906년에 아제프의 지시를 받은 사회혁명당원이 밀정이라는 혐의를 씌워 그를 처형했다.

21 [젬스트보는 19세기 말 차르 알렉산드르 2세가 장려했던 농촌의 자치정부 조직이었다. 비록 위로부터 엄격하게 통제됐으나 젬스트보는 지방의 복지 업무를 조직했고 1900년대에 자유주의적 입헌주의자들의 중요한 선동 대상이었다.]

22 이 순양함은 11일 동안 붉은 깃발을 달고 항해했다. 다른 배는 이 순양함과 순양함의 승무원을 공격하려 하지 않았다. 이 순양함은 보급품이 바닥나 루마니아에 정박했다.

23 안토노프-오프세옌코는 10월 혁명을 다룰 때 다시 나올 것이다.

24 학살을 주도한 것은 경찰과 '흑백인조'(진정한 러시아인 연합)였다. 이 단체는 당국의 보호를 받는 극단적인 반동 조직이었다. 거의 4천 명의 유대인이 살해됐

고, 110개의 도시와 지방에서 1만 명이 부상당했다. 오데사에서만 500명이 처형됐다.

25 1905년에 볼셰비키 당원은 1만 2천~1만 3천 명이었다. 비록 많은 지식인이 참여하고 있었으나 볼셰비키당의 영향력은 주로 노동계급과 직결돼 있었다. 멘셰비키 당원은 약 1만 5천 명이었다. 그들은 주로 프티부르주아 계급과 수공업자, 농민층(특히 그루지야에서)에게 영향을 미치고 있었다. 당시 러시아 노동계급은 약 300만 명이었다. 그러므로 러시아 사회민주당의 두 분파는 전체 노동자들 중 단 1퍼센트만을 끌어들였을 뿐이다. 제2장의 네프스키의 글을 참고할 것. [세르주는 러시아 노동계급 사이에서 사회민주당 두 분파의 영향력을 너무 간단하게 평가했다. 볼셰비키와 멘셰비키는 비록 노동자 출신 당원이 소수이기는 했지만, 둘 다 주요 도시의 노동계급을 바탕으로 하고 있었다. 자세한 설명은 키프(J. L. H. Keep), 《러시아에서 사회민주주의의 성장》(*The Rise of Social Democracy in Russia*) (Oxford 1963), pp. 165~182, 230, 274를 참고할 것. 최근의 상세한 통계학적 연구에 따르면, 1905~07년 동안 볼셰비키는 튼튼한 노동계급 기반이 있었던 반면에, 멘셰비키는 프티부르주아와 소수민족이 많았다고 한다. 레인(David Lane), 《러시아 공산주의의 뿌리》(*The Roots of Russian Communism*) (Assen 1969), pp. 44, 49~51, 209~213.]

26 "게릴라 전술에 대하여"(On Guerrilla Warfare) (30 September 1906), 레닌(V. I. Lenin), 《전집》(*Collected Works*) (London 1969), volume 11, pp. 213~214.

27 포크로프스키(M. N. Pokrovsky), "1914년 전쟁은 어떻게 시작됐는가?", 《프롤레타리아 혁명》(*Proletarskaya Revoliutsiya*), vol.7, 1924, p. 30.

28 사라예보의 암살은 러시아 총참모부의 선동으로 자행됐다. 세르주(Victor Serge), "사라예보 암살의 진실"(La Verité sur l'Attentat de Sarajevo), 《클라르테》(*Clarté*), number 74, 1 May 1924를 참고할 것. [차르의 참모본부가 연루된 증거는 데디예(V. Dedijer), 《사라예보로 가는 길》(*The Road to Sarajevo*) (London 1967)에 설명돼 있다. 데디예는 러시아인에게 책임을 묻는 것에 반대하는 견해를 지니고 있다.]

29 [에밀 반데르벨데: 벨기에 사회당 지도자로 제2인터내셔널의 뛰어난 인물. 전쟁이 일어나자 벨기에 정부에 참여했는데, 전쟁 초부터 연합국의 견해를 지지했다.]

30 [8월 2일은 프랑스 사회당이 '조국 방어'에 찬성표를 던진 날이다. 8월 4일은 독일 사회민주당이 제국의회에서 만장일치로 전쟁공채 발행을 가결한 날이다.]

31 Nevsky, p. 386. [아마도 세르주는 트로츠키가 전쟁 때 취한 태도를 논쟁적인 최근의 당사를 인용해서 정당화하려고 시도한 듯하다.]

제2장 1917년 10월 25일의 봉기

1 "1921년 축제 전야에 부하린 동지의 연설"(Speech of Comrade Bukharin at the Commemorative Evening in 1921), 《프롤레타리아 혁명》, number 10, 1922. 부하린은 이 사건에 대해 "우리는 이때 페트로그라드에서 권력을 장악할 수도 있었다. 우리는 그렇게 결정하지 못했다. 왜냐하면 우리는 모든 지방에서도 결정적인 승리를 거두어야 한다고 생각했기 때문이다" 하고 말했다.

2 플레로프스키(I. Flerovsky), "10월 혁명과 크론시타트"(Kronstadt in the October Revolution), 《프롤레타리아 혁명》(*Proletarskaya Revoliutsiya*), number 10, 1922.

3 트로츠키(L. D. Trotsky), 《러시아혁명》(*The Russian Revolution*) (London 1918) ['The History of the Russian Revolution to Brest-Litovsk'라는 제목으로 *The Essential Trotsky* (London 1963)에 포함돼 있다].

4 세르주, 《1917년 레닌》(*Lénine 1917*) (Paris 1923), p. 55.

5 [노긴은 소비에트 정부의 인민위원이었다. 그는 멘셰비키와의 폭넓은 동맹을 지지했으며, 1924년에 죽었다.]

6 Serge, *Lénine 1917*, p. 45.

7 그라시스(K. Grasis), "카잔의 10월"(October in Kazan), 《프롤레타리아 혁명》, number 10 (33), 1924.

8 [과격파 사회혁명당은 차르 정권을 상대로 더 과격한 테러를 해야 한다며 사회혁명당에서 떨어져 나간 소수의 행동 우선파였다.]

9 본치-브루예비치(V. Bonch-Bruyevich), "7월에서 10월까지"(From July to October), 《프롤레타리아 혁명》, number 10, 1922. 본치-브루예비치는 레닌의 긴밀한 협력자였다.

10 1922년 《프롤레타리아 혁명》에 실린 "10월 투사의 회상"(reminiscences of the fighters of October)과 소책자 《1917년 10월 모스크바》(*Moscow in October 1917 ; Moskva v Oktyabre 1917*) [N. Ovsyannikov가 편집한 책], (Moscow 1919)을 보면 이런 사실을 알 수 있다. 봉기에 반대하는 동지들의 주장을 레닌은 "1917년 10월 16~17일 '동지들에게 보낸 편지'"('Letter to the Comrades' of 16~17 October 1917), 《전집》, volume. 26, pp. 195~215에서 권위 있게 반박했다.

11 [1920년 이탈리아에서 노동자 약 200만 명 이상이 격렬한 파업에 참가했다. 봄과 가을에 주요 공업 도시의 공장이 점령되면서 파업은 절정에 달했다. 남부 지방, 특히 시칠리아에서는 농민들이 토지를 점령했다. 이탈리아 사회당은 파

업을 정치적으로 지도하지 않았다. 혁명 물결이 쇠퇴하자 무솔리니의 파시스트 집단이 등장했다(타스카(Angelo Tasca) (필명 A. Rossi), 《파시즘의 탄생》(*Naissance du Fascisme*), (Paris 1967), pp. 95~107, 438~440을 참고할 것). 세르주는 1923년의 독일에 많은 기대를 했으나, "잃어버린 기회"로 끝나고 말았다. 독일 노동계급의 혁명적 전투성은 각 지역의 한계를 넘지 못했고, 이 결정적 시기에 산발적 활동으로 끝나고 말았다. 독일 공산당과 코민테른의 전술가들은 독일혁명이 왜 실패했는지 밝힐 수 없다. 그들은 늘 그렇듯이 서투른 솜씨밖에 없었다. 안그레스(Werner T. Angress)가 쓴 《실패한 혁명: 1912~23년 독일 공산주의자들의 권력 장악 시도》(*Still-Born Revolution: The Communist Bid for Power in Germany, 1921-23*), (Princeton 1963)는 이런 복잡한 배경을 완벽하고 공정하게 분석하고 있다. 세르주가 1923년 독일의 사건에 대한 태도를 바꾼 점에 관해서는 아래의 각주 30을 참고할 것.]

12 최근에 레닌 《전집》(러시아어 신판) 제21권에 포함된 많은 문서들은 당내에서 실제로 우파적 조류가 형성되고 있었다는 점을 지적한다. 우파는 의회제 민주주의 안에서 강력한 노동자 반대파의 역할을 수행하려 했을 것이다. 우파는 민주주의가 부적절하다는 것을 이해하지 못했다(러시아는 두 가지 독재 가운데 하나를 선택할 수밖에 없었다). 게다가 자기들이 품었던 위험한 망상에 자기들이 희생됐던 것이다.

13 "문제는 이러저러한 노동계급이나 심지어 당대의 노동계급 전체가 무엇을 자신의 목적으로 삼느냐 하는 것이 아니다. 문제는 노동계급이란 무엇인가이며, 그런 문제의 당연한 귀결점인 무엇을 해야 하는가다"(카를 마르크스, 《신성가족》).

14 레닌이 1914~15년에 ("시류를 거슬러"에서) 했던 개인적 예상과 1917년 9월("먼 곳에서 보낸 편지")의 러시아혁명 전망은 1918~19년에 윌슨 대통령이 품었던 희망과 큰 차이가 있다. 윌슨주의적 환상이 연합국의 승리에 이바지한 바는 매우 컸다. 윌슨주의는 연합국들 사이에서 창안자의 의도와는 완전히 다른 정치적 목적에 이용됐다. 레닌의 명확한 견해와 효과적인 활동도 현대 부르주아 정치인들의 맹목성이나 비효율성과는 완전히 다른 것이었다. 독일 제국주의의 지도자들은 독일을 총체적 파국으로 몰아넣었고, 클레망소는 베르사유 조약의 파괴에, 푸앵카레와 쿠노는 1923년 루르 지방의 갈등에 이바지했다. 민족자결권과 해상의 자유, 국제연맹을 호소한 윌슨의 의도와 연합국의 최종 전쟁 이데올로기인 윌슨주의의 사회적 구실을 명확히 구별해야 한다. 윌슨은 개인적으로 그가 실제로 달성한 결과, 즉 자신이 하나의 제국주의 동맹이 다른 제국주의 동맹에 맞서 싸워야 한다는 사상을 제공하게 되는 것을 바라지는 않았을 것이다.

15 레닌 저작들의 프랑스어 번역본은 La Librairie de l'Humanité에 의해 출판됐으나, 불행히도 각주나 역사적 배경에 대한 설명이 빠져 있다. 필자는 이 저작들을 《1917년 레닌》(*Lénine 1917*)을 통해 꼼꼼히 분석한 바 있다.

16 레닌, 《전집》, volume 26, pp. 22~23.

17 [마르크스가 서명했으나 실제로는 엥겔스가 쓴 'Insurrection', in *New York Daily Tribune* of 18 September 1852에서 인용(나중에 *Germany: Revolution and Counter-Revolution*이라는 책으로 합본돼 나왔다).]

18 트로츠키는 레닌이 러시아에 도착했을 때도 여전히 캐나다의 암허스트에 있는 수용소에 억류돼 있었고, 5월 초에야 비로소 페트로그라드에 도착할 수 있었다. 트로츠키가 미국에서 쓴 러시아혁명에 관한 논문은 같은 시기에 레닌이 쓴 논문과 동일한 논조를 지니고 있었다. 5월 5~6일 이후 트로츠키는 〈프라우다〉의 편집진이나 볼셰비키 중앙위원회와 긴밀한 접촉을 유지했다. 당시 그는 사회민주주의자들의 이른바 '지구간'(Inter-District) 조직에 참여했다. 볼로다르스키, 루나차르스키, 마누일스키, 카라한, 이오페와 우리츠키도 이 조직에 참여했다. 이 조직은 1917년 7월에 볼셰비키와 통합하게 된다. 트로츠키는 미국에서 돌아온 다음날인 5월 5일(신력으로는 18일)에 최초로 페트로그라드 소비에트에서 연설했다. 그는 소비에트에 대해 첫째, 자본가계급에게 도전할 것 둘째, 지도자들도 소비에트의 통제를 받을 것 셋째, 소비에트의 혁명적 힘을 확신할 것을 촉구했다. 트로츠키는 "나는 우리의 일정에 따른다면 바로 다음의 활동으로 소비에트가 권력을 장악하게 될 것이라고 확신한다"는 말로 연설을 끝냈다.

19 볼셰비키 망명자 출신 기술자였던 실랴프니코프는 차르 체제가 붕괴하기 직전 몇 달 동안 페트로그라드에서 비합법 활동을 전개했다. 그는 그 활동을 다룬 《1917년 전야》(*The Eve of 1917*; *Kanun Semnadtsatogo Goda*) (Moscow, 연대 미상)라는 흥미로운 회고록을 남겼다. 그는 러시아 금속노동조합을 창설했으며, 1917년 10월에 노동인민위원으로 일했다. 1921년에는 러시아 공산당 내의 '노동자 반대파' 지도자로 활동했다. [실랴프니코프는 1926년 스탈린에게 항복했다가 1933년 당에서 쫓겨났으며, 1935년에 '격리자'로 분류돼 유형에 처해졌다. 그는 1943년에 사망했으나 많은 의문점이 남아 있다.]

20 게오르기프스키(G. Georgievsky), 《적위대의 역사에 대한 에세이》(*Ocherki po Istorii Krasnoi Gvardii*), (Moscow 1919).

21 봉기는 두 가지 주장을 적절히 혼합한 방식에 따라 전개됐다. 봉기는 소비에트 대회가 열릴 예정이던 날 이른 아침에 일어났다. 밤이 돼서야 비로소 토론이 시작됐으며, 그 와중에도 총성은 계속 울리고 있었다. 당시 레닌은 또 다른 실수를 범했다. 그는 10월 초에 "모스크바에서는 확실히 승리할 수 있다. 모스크바에서는 아무도 우리에게 저항하지 않을 것이다. 페트로그라드에서는 좀 더 기다릴 수 있다. 페트로그라드에서 시작할 필요는 없다"는 내용의 편지를 중앙위원회에 보냈다. 사실은 승리가 보장된 곳은 페트로그라드였으며, 그곳에서는 봉기가 별다른 저항 없이 승리로 귀결됐다. 반면에, 모스크바에서 봉기는 격렬한 저항에 부딪혔다. [이 점에 관한 세르주의 설명은 러시아 공산당의 역사를 둘러싼 논쟁

과 관련 있다. 1924년 이후로 당사에서는 (봉기 시기에 관한) 레닌과 트로츠키의 견해 차이가 트로츠키에 대한 논박으로 확대됐다. 트로츠키는 (1924년에 쓴 *Sur Lénine*라는 책에서) 1917년에 레닌과 달리 자신이 생각한 봉기 시점이 옳았다고 지적했다. 그러자 스탈린은 (그해 11월 '트로츠키주의냐 레닌주의냐?'라는 연설에서) 트로츠키 주장을 비판했다. 세르주는 여기서 봉기에 관한 트로츠키의 태도와 레닌의 태도가 모두 정당했다고 서술하는 것으로 만족하고 있다.]

22 [카베냐크와 갈리페는 프랑스 장군들로, 1848년과 특히 1871년에 노동자들을 무력으로 진압하고 부르주아지를 구원한 구세주였다.]

23 [사실 세르주가 잘못 설명한 것이다. 그 장면을 목격한 사람은 수하노프(N. N. Sukhanov)였다. 《러시아혁명》(*The Russian Revolution*), (London 1955), pp. 584~585.]

24 플레로프스키, 《프롤레타리아 혁명》, number 10, 1922.

25 오랫동안 볼셰비키 당원이었던 포드보이스키는 당의 전투조직 창설자 가운데 한 사람이었다. 뒤에 그는 러시아 사회주의 소비에트 연방공화국의 전쟁인민위원이 됐다. 그 뒤 그는 우크라이나 소비에트공화국의 전쟁인민위원이었다. 뒤이어, 그는 젊은이들에 대한 군사훈련과 일반적인 체력 훈련 교육에 전념했다. [그는 1930년대에 대중의 주목을 받지 못했고, 1948년에 죽었다.] 전직 장교이며 정치적 망명을 경험했던 저널리스트인 안토노프-오프세옌코는 전쟁 동안 파리에서 국제주의 언론 〈골로스〉(*Golos*)와 〈나셰 슬로보〉(*Nashe Slovo*), 《나찰로》(*Nachalo*)를 간행하는 데 적극 기여했다. 그는 1917년에 볼셰비키에 가담했고 내전 동안에 붉은 군대의 지도자가 됐다. 그는 1923년에 붉은 군대의 정치 지도부를 이끌었고, 그 뒤 체코슬로바키아의 소비에트 사절단을 이끌었다. [변절한 트로츠키주의자인 안토노프-오프세옌코는 스페인 내전에서 혁명적 반대파를 억압한 게페우의 테러를 지휘하다가 1938년에 모스크바로 소환당해서 공개 재판 없이 총살당했다.] 고참 볼셰비키 투사인 라셰비치는 뒤에 페트로그라드(1919~20년)와 시베리아(콜차크가 무너진 다음)에서 혁명전쟁위원회의 위원으로 일했다. 그는 1926년에 전쟁인민위원이 됐으며, 1928년에 죽었다. [라셰비치는 1925~27년에 지노비예프 반대파를 지지했고, 그 때문에 조건부 항복을 했다. 그는 자살했음이 분명하다.]

26 마티슬라프스키(S. Matislavsky), 《5일》(*Five Days*; *Pyat Dnei*), (Berlin 1922).

27 쉴리히터(A. Schlichter), "모스크바의 기념일"(Memorable Days in Moscow)과 볼리네(Boris Voline), "10월 이전의 모스크바 소비에트"(The Moscow Soviet before October), 《프롤레타리아 혁명》, number 10, 1922.

28 노로프(N. Norov), "전야에"(On the Eve), 오브샤니코프(N. Ovsyannikov)

(편집자), 《1917년 10월 모스크바》(*Moscow in October 1917* ; *Moskva v Oktyabre 1917*) (Moscow 1919). Victor Serge, "모스크바의 10월 혁명"(*La Révolution d'Octobre à Moscou*), 《공산주의 연보》(*Bulletin Communiste*), 1 September 1921.

29 노스코프(Ilya Noskov), "크렘린 학살"(The Kremlin Massacre), 오브샤니코프, 《1917년 10월 모스크바》.

30 [1923년 함부르크 봉기의 특징을 이렇게 분석하면 가장 중요한 결점을 놓치게 된다. 첫째, 함부르크 봉기는 독일의 나머지 지역에서 일어난 봉기로부터 고립됐다(함부르크는 원래 독일 공산주의자들이 계획했던 전 국가적 규모의 봉기를 철회하라는 명령을 받지 못한 도시이기 때문이다). 둘째, 이 도시의 공산주의자 타격대 몇 백 명은 다른 노동자들로부터 고립됐다. 빅토르 세르주는 《한 혁명가의 회상》(*Memoirs of a Revolutionary*), (London 1967), pp. 171~172에서 이런 이중의 고립을 매우 상세하게 설명했다. 여기서 "새로운 유형"의 혁명에 대한 찬사는 최선의 임무 수행이었던 것처럼 보인다. 그 임무에 대해서는 1920년대 초 독일에서 코민테른의 밀사로 일했던 세르주 자신에게도 당연히 어느 정도 책임이 있다.]

31 레이스네르(Larissa Reissner), 《바리케이드 위의 함부르크》(*Hamburg auf den Barrikaden*), (Berlin 1925).

제3장 도시 중간계급 대 프롤레타리아

1 레닌, 《전집》, volume. 26, p. 256

2 리드(John Reed), 《세계를 뒤흔든 열흘》(*Ten Days that Shook the World*) (London 1967).

3 베르사유 조약에서 드러난 연합국의 전쟁 목적은 오스트리아-헝가리 제국의 해체, 독일의 모든 식민지 병합(1240만 명의 인구를 포함한 295만 평방킬로미터), (650만 명의 인구를 지니고 있으며) 70만 평방킬로미터에 이르던 독일 영토의 병합, 독일에게 전시 손해배상금 부과(처음에는 1720억 프랑으로 정해졌다) 등이었다. 반면에, 동맹국 측의 주요 전쟁 목적은 다음과 같다. 프랑스 식민지와 브리에 석탄지대 합병, 벨기에와 세르비아, 살로니카 합병(공개적이든 비공개적이든 상관없이), (폴란드와 발트해 연안국들에 맞서) 동부 지역으로 영토 팽창 등이었다. 브레스트리토프스크 강화조약과 부쿠레슈티 조약은 이런 목적을 가장 정확하게 반영하고 있다.

4 레닌, 《전집》, volume 26, pp. 260~261.

5 트로츠키, "브레스트리토프스크까지 러시아혁명의 역사"(*The History of the Russian Revolution to Brest-Litovsk*) [(London 1918) 이 글은 *The Essential Trotsky* (London 1963)에 재수록됐다.]

6 "페트로그라드의 연합국과 부르주아 집단들은 또다시 혁명가들을 조속히 일망 타진하라고 요구하기 시작했다. … 그들은 모두 케렌스키와 사빈코프가 승리하여 돌아와 주기를 바랐다. 케렌스키와 사빈코프가 돌아온다면 분명히 무자비한 탄압이 펼쳐질 것이다." 자크 사둘이 1917년 10월 27일(신력 11월 9일)에 알베르 토마에게 보낸 편지 [in *Notes sur la Révolution Bolchévique* (Paris 1919)].

7 1922년 모스크바에서 열린 우파 사회혁명당 재판 보고서에서 인용 [《*Pravda*》, June and July of 1922에 게재됨].

8 포드보이스키(N. Podvoisky), "러시아 사회민주노동당의 군사조직"(The Military Organisation of the Russian Social Democratic Labour Party), 《크라스니 아르히프》(*Krasny Arkhiv*), number 7~8, 1923.

9 피온트코프스키(S. A. Piontkovsky), 《10월 혁명의 역사에 대한 문서집》 (*Documents on the History of the October Revolution* ; *Khrestomatiya po Istorii Oktyabrskoi Revoliutsii*) (Moscow 1925).

10 크라스노프의 증언.

11 크라스노프가 이겼다면 그는 전혀 머뭇거리지 않고 적을 총살하거나 교수형에 처했을 것이다. 1917년 10월 28일 크라스노프는 무력 대항을 요구하며 무자비한 탄압 조처를 취하겠다고 발표했다. 크라스노프가 돈 지역에서 저지른 만행을 나중에 설명하겠다. 혁명 초기의 가장 위대한 인간성은 가혹한 행위를 뜻한다. 관대함은 너무 큰 대가를 치른다.

12 고츠(A. R. Gotz)는 사회혁명당을 창설한 지도자 중 한 명으로, 1906~07년에 테러 활동에 참여했고 차르 정권에서 지명 수배됐다. 그는 시베리아로 추방됐다가 케렌스키 정부의 후원자가 됐다. 그 뒤 소비에트에 맞서 무력 저항을 했다. 그는 1922년 모스크바에서 열린 사회혁명당 재판에서 사형선고를 받았다. [그러나 집행유예가 선고돼 1927년에 석방된 뒤, 1937년에 대숙청으로 제거되기 전까지 몇 년 동안 국립은행에서 일했다.] 또 다른 저명한 지도자인 아프크센티예프는 뒤에 시베리아 '집정부'에 참여했다. 콜차크가 정부를 해산시키고 나서 그는 추방됐다. [그는 1943년에 죽었다.]

13 사회혁명당원 라키틴-브라운(Rakitin-Brown)은 1922년 모스크바에서 열린 사회혁명당 재판에서 "나는 화가 났다. 그것은 꺼림칙한 부정이었다. 고츠는 봉기 준비에 참여했고 아프크센티예프는 명령에 서명했다"고 증언했다. 당시 크릴렌코가 피고인들을 기소한 고소장은 이 모든 사실들을 낱낱이 기록하고 있고, 널리 공개됐다.

14 일랴 바르딘(Ilya Vardin)은 《5년》(Moscow, 1922)에 포함된 논문 "10월 혁명 후의 멘셰비키"를 쓰면서 러시아 사회민주노동당(멘셰비키)의 공식 기관지 〈라보챠야 가제타〉(Rabochaya Gazeta) 1917년 11월 5일(신력으로는 11월 18일)자를 인용했다. 아브라모비치와 단은 이제[1920년대 말] 망명 중인데도 여전히 사회주의 인터내셔널 집행부에서 러시아 사회민주당의 대표를 맡고 있다.

15 [쥘 게드(1845~1922)는 말로만 반란을 선동하는 열렬한 사회주의자이자 국제주의자였고 (플레하노프처럼) 제2인터내셔널에서 개혁주의와 기회주의에 '강경하게' 반대했지만, 제1차세계대전이 발발하자 조국애를 지지하며 '국가 수호 내각'에 참여했다.]

16 사둘(Jacques Sadoul), "10월 18일 편지"(letter of 18 October), 《볼셰비키 혁명에 대한 노트》(Notes sur la Révolution Bolchévique), p. 47. 플레하노프의 미망인은 몇 년 동안 침묵을 지키다 1922년에 사둘의 설명을 부분적으로 부인했다. 그러나 우리 동지가 남긴 혁명 기록은 대체로 성실하고 정확한 특성과 거리가 있지만, 이 문제에서만은 (불행하게도 플레하노프의 기억과는 달리) 여러 사실이나 기록들과 완벽하게 일치한다.

17 아니셰프(A. Anishev)는 《내전의 역사에 대한 스케치》(Sketches of the History of the Civil War ; Ocherky Istorii Grazhdanskoi Voiny) (Leningrad 1925)를 쓰면서 〈노바야 지즌〉(Novaya Zhizn), 28 October 1917을 인용했다.

18 아니우시킨(Aniushkin), "시 두마의 마지막 날들"(Last Days of the Municipal Duma), 오브샤니코프가 쓴 책.

19 "10월 투사의 회상", 《프롤레타리아 혁명》, number 10, 1922에 실린 보그다노프의 설명을 인용.

20 "10월 투사의 회상", 《프롤레타리아 혁명》, number 10, 1922에 실린 페트로프스키의 설명을 인용.

21 이 슬로건은 레닌이 1917년 이래 줄곧 (매우 정확한 의미로) 제기해 온 것이다.

22 《프롤레타리아 혁명》, number 10, 1922.

23 트로츠키, 《레닌》(Sur Lénine), chapter 5 ('Government Power')를 참조할 것.

24 "10월 투사의 회상", 《프롤레타리아 혁명》, number 10, 1922에 실린 코즐로프스키와 본치-브루예비치의 회고담.

25 안토노프-오프세옌코, 《내전의 회상》(Reminiscences of the Civil War: Zapiski o Grazhdanskoi Voine), volume 1, (Moscow 1924).

26 드미트리예프(I. Dimitriev), "오르샤의 10월"(October at Orsha), 《프롤레타리아 혁명》, number 10, 1922.

27 이 사람은 지금[1920년대 말] 모스크바에 있는 마르크스-엥겔스 연구소의 책

임을 맡고 있는 마르크스주의 역사가 랴자노프(D. Ryazanov)다. [그는 1931년 '멘셰비키 중앙파'(Mensheviks Centre)에 대한 재판이 끝난 뒤 체포됐으며, 1938년에 유형지에서 죽었다.]

28 [세르주는 볼셰비즘의 열광적 '애국심'을 완화하려 했다. 《한 혁명가의 회상》, p. 245. 그는 이런 '당의 애국심'이 여러 공산주의 반대파의 지적 손실을 가져온다는 것을 알고 있었다.]

29 사둘이 쓴 《볼셰비키 혁명에 대한 노트》에는 이 사건들에 관한 흥미 있는 설명이 제시돼 있다(pp. 74~80).

30 프롤레타리아독재는 오랫동안 망설인 끝에 적대 세력의 언론을 탄압했다. 봉기 뒤에는 "반란자 볼셰비키", "피에 굶주린 무정부 상태", "독일 황제가 보낸 간첩들의 쿠데타"에 무력으로 저항할 것을 공개적으로 지지한 부르주아 신문들만이 탄압받았다. 마지막 남은 자본가계급과 프티부르주아 계급의 기관지가 폐간된 것은 1918년 7월이었다. 멘셰비키의 합법적 신문이 폐간된 것은 1919년이었으며, 정권에 적대적 태도를 취했던 아나키스트와 과격파 사회혁명당의 신문은 1921년에야 폐간됐다. 좌파 사회혁명당의 신문은 아직까지도 발행되고 있다. [언론 탄압의 시기에 대한 세르주의 기록은 외면적으로만 정확했다. 예를 들면, 계속 발간됐던 것은 친(親)소비에트파였던 좌파 사회혁명당의 신문뿐이었다. 자세한 설명은 Schapiro, pp. 163, 179~182, 192~193을 참조할 것.]

31 레닌, 《전집》, volume 26, pp. 285, 288, 292.

32 레닌, 《전집》, volume 26, p. 297.

33 크리츠만(L. Kritsman)은 '전시공산주의'를 분석한 뛰어난 책 《위대한 러시아혁명의 영웅적 시기》(*Geroicheskii Period Velikoi Russkoi Revoliutsii*) (Moscow 1925)에서 이와 같은 명쾌한 공식을 제공했다.

34 프랑스는 알제리를 점령하는 동안 여러 차례 카빌리아(Kabylia)에 불을 질러 파괴했다. 영국도 인도에서 뛰어난 전쟁술과 지배권을 발휘했다. 1900년에 유럽 각국의 군대가 북경의 궁궐을 약탈했고, 이탈리아는 트리폴리타니아를, 프랑스는 인도차이나와 모로코를, 영국은 수단을 무자비하게 침탈했다. 1871년 파리코뮌의 패배자들이 받았던 잔인한 대접은 근대의 어떤 전쟁에서도 보기 드물었다.

제4장 내전의 첫 불꽃: 제헌의회

1 [아나키스트 이론가인] 엘리제 르클뤼는 러시아혁명에 관한 책을 쓰면서 1905년에 거의 예언에 가까운 통찰이 담긴 분석을 내놓았다. 그의 분석에 따르면,

"러시아는 전 국토의 구석구석까지 심지어 오지의 오두막까지도 흔들릴 것이다. 그러나 계급 문제와 더불어 다른 문제도 터져 나올 수밖에 없을 것이다. 그런 문제란 다양한 언어를 가진 민족과 이질적인 민족문화와 관련된 것들이다. 사실 러시아라는 방대한 정복지 안에는 20개의 노예화된 민족이 갇혀 있다." 이것은 탁월한 분석이다(Reclus, 《통신》(Correspondance), volume 3, Paris, 1912).

2 1897년의 인구조사에 따른 것. 확실히 그 뒤 20년 동안 인구는 놀랍게 증가했으나, 인구 구성은 대체로 달라지지 않았다.

3 레레비치(G. Lelevich), 《총참모부의 10월》(October at the Stavka ; Oktyabr v Stavke) (Moscow 1922).

4 레닌, 《전집》, volume 26, p. 312.

5 레닌, 《전집》, volume 26, p. 318.

6 스탄케비치(V. B. Stankevich), 《회고록》, part 3 (Berlin 1920).

7 "기병들은 지쳤고 여러 사건 때문에 혼란에 빠졌으며, 갈피를 잡지 못하고 있었다. 그들은 스스로 최선을 다했으며 지난날처럼 장군들에게 여전히 충성을 바치고 있다고 말했다. 그러나 그들은 장교들에게 물었다. '오, 귀족! 러시아 전체가 볼셰비키로 넘어가면 우리는 무엇을 해야 하나?'"(데니킨, 《혼란에 휩싸인 러시아에 대한 스케치》(Ocherki Russkoi Smuty) (Paris and Berlin 1921~25).

8 알렉세예프는 제국주의 전쟁 동안 차르의 참모총장 자격으로 러시아군 최고사령관을 지냈다.

9 데니킨, 《혼란에 휩싸인 러시아에 대한 스케치》

10 사파로프(G. Safarov), 《민족문제와 프롤레타리아》(Natsionalny Vopros i Proletaryat) (Petrograd 1922).

11 [베사라비아: 전에는 러시아의 한 지방이었으며, 드네스트르 강과 프루트 강 사이에 있는 땅. 제1차세계대전이 끝난 뒤 루마니아에 병합됐다. 1940년에 몰다비아 소비에트 사회주의 연방공화국으로 소련에 통합됐다.]

12 루마니아 귀족들은 일종의 토지 소유 귀족이었다. 그들은 1917년에 농민봉기가 일어났을 때, 1만 5000명의 농민들을 처형하고 봉기를 진압했다.

13 다음의 수치를 참고하면 스파툴 타리가 어떤 사상을 대변했는지 알 수 있다. 제헌의회 선거는 이와 같은 가짜 '국민 의회'가 세워질 시점에 실시됐다. 60만 명(인구의 4분의 1)이 선거에 참여했으며, 소비에트 20만 표, 사회혁명당 22만 9000표, 유대인 소수파 6만 표, 입헌민주당 4만 표, '몰다비아 국민당' 1만 4000표라는 결과가 나왔다. 그러므로 스파툴 타리에서 우위를 차지한 당은 전체 표의 2.3퍼센트만을 차지했을 뿐이다. 그 결과 스파툴 타리는 제헌의회에서 단 한 석도 확보할 수 없었다.

14 베사라비아 합병에 관해서는 제6장의 주33을 참고할 것.

15 데니소프(S. V. Denisov), 《회고록》, (Constantinople 1921).

16 크리체프스키(N. Krichevsky), "크림반도에서"(In the Crimea), 《러시아혁명에 대한 문서》(*Archives of Russian Revolution*), volume 3, Berlin 1924 (해외판).

17 므스티슬라프스키, 《브레스트리토프스크: 휴전 협상》(*Brest-Litovsk: The Armistice Negotiations*) [다른 자료는 전혀 없다.]

18 무후이스(Muhuis)라고도 불리는 문순드(Moonsund) 해협은 에스토니아의 다고예(Dagoe[Hiiu Maa]) 섬과 오에셀(Oesel[Saare Maa]) 섬, 에스토니아 해변 사이에 있다.

19 1722년에 표트르 대제가 제정한 차르 시대의 신분제는 공직 계급, 성직 계급, 군인 계급, 해군, 궁정 계급과 지식 계급으로 이루어져 있었다. 예를 들어, 공직의 신분제는 '국가 서기'(군대에서 장군과 원수 등급에 상응한다)와 '충실한 비서'에서 '사무관'(군대의 소위에 해당)에 이르는 14등급을 포함하고 있었다. 대화나 서신 연락에서 사람들은 귀족, 고관 귀족, 최고위 귀족, 각하, 전하 등 자신이 속한 신분의 등급에 따라 호칭된다.

20 소비에트 정부의 이런 관용 덕분에 유대인 혐오의 주요 선동가였던 푸리시케비치는 나중에 자유를 되찾아 해외로 나갈 수 있었다. 그는 망명지에서 죽었다. 그가 쓴 책 《나는 어떻게 라스푸틴을 죽였는가》(*How I Killed Rasputin*)는 꽤 유명하다.

21 레닌, 《전집》, volume 26, p. 354.

22 In a broadsheet of 18 November. 레닌, 《전집》, volume 26, pp. 323~325를 참고할 것.

23 레닌, 《전집》, volume 26, pp. 341~346을 참고할 것.

24 트로츠키, 《레닌》, chapter 4를 참고할 것.

25 좌파 사회혁명당이 저지른 이런 실수(그들의 정책적 특징이기도 하다)는 자못 심각하다. 그들은 우파 사회혁명당과 좁힐 수 없는 차이 때문에 갈라섰으나, 공동의 전통과 옛 당 이름, 다수결에 대한 오랜 환상에 집착해서 출마자 명단을 공동으로 제출했다. 좌파 사회혁명당의 인기는 사회혁명당의 반(反)혁명적 성격을 희석시키는 데 일조했다.

26 레닌, 《전집》, volume 26, pp. 379~383.

27 실제로 600명 이상의 대표들이 돌아왔으나, 150명 이상이 페트로그라드에 도착하지 못했다.

28 레닌, 《전집》, volume 30, pp. 253~261에 인용된 스뱌티츠키(H. Sviatitsky), "제헌의회 선거"(The Elections to the Constituent Assembly), 《러시아혁명 1

년》, (Moscow 1918). 저자는 일부 지역(올로네츠, 에스토니아, 칼루가, 베사라비아, 포돌랴, 오렌부르크, 야쿠티야, 돈)을 뺀 나머지 지역과 시베리아를 대상으로 통계를 냈다. [제헌의회 선거에 대한 완전한 분석은 라드키, 《1917년 러시아 제헌의회 선거》를 참고할 것. 제헌의회 선거는 볼셰비키와 나머지 세력이 도시-농촌에 따라 나뉘어 있음을 입증해 주었다. 세르주는 결론 부분을 쓸 때 선거에 큰 영향을 끼쳤던 대단히 원심력이 강한 소수민족의 당에 대해서는 거의 관심을 두지 않았다. 그러나 그가 우크라이나 무슬림 사회혁명당의 표를 러시아 우파 사회혁명당의 표와 합한 것은 실수였다. 왜냐하면 후자는 전자의 분리주의적인 민족적 열망에 적대적 태도를 지녔기 때문이다. 라드키는 《망치와 낫》(The Sickle under the Hammer), p. 456와 이후의 서술에서 우파 사회혁명당이 볼셰비키, 좌파 사회혁명당, 우크라이나 사회혁명당, 사회혁명당의 군소 민족주의 집단에 대항하여 제헌의회에서 다수를 확보할 수 없었을 것이라고 평가하기까지 했다. "볼셰비키의 정반대 편에서는 불운한 제헌의회가 사형 판결을 걱정하며 떨고 있었다. 그러나 레닌의 해산 명령이 없었더라도 제헌의회는 확실히 사형선고를 받았을 것이다."]

29 트로츠키, 《레닌》.

30 소콜로프, "제헌의회의 방어", 《러시아혁명에 대한 문서》, (Berlin 1924) volume 3. 이 논문의 저자는 제헌의회 신봉자로 남아 있었다.

31 소콜로프는 시위자들이 대부분 의회의 권위를 지지한 사람들이 아니라 볼셰비즘을 미워했던 계층의 사람들(자본가계급이나 중간계급)에서 나왔다는 사실을 인정했다. 반동적 성향의 이 사람들은 내전의 첫 중요한 전투에서 판명되듯이, 이미 본능적으로 사회혁명당과 제헌의회의 그늘로 모여들고 있었다. 소콜로프의 인정은 대단히 중요한 것이다.

32 야코프 미하일로비치 스베르들로프의 전기는 용감한 혁명가의 일생을 그린 것이다. 니즈니노브고로드의 수공업자 가족에서 태어나 약제사로 일했던 스베르들로프는 볼셰비키 투사로서 1903년 이래로 줄곧 비합법 활동을 펼쳤다. 그는 5번 체포됐으며, 처음에는 요새 감옥에 2년 반 동안 수감됐다가(당시 그는 형기를 모두 채우고 나왔다) 나중에 나림(Narym)이라는 동토 지대의 오지로 4년 동안 추방됐다. 그는 그곳에서 유형수들의 시위 후에 매우 혹독한 조건 속에서 살다가 추위와 굶주림 때문에 거의 죽을 고비를 넘기기도 했다. 그가 살아남을 수 있었던 것은 오로지 기적과도 같은 인내 덕분이었다. 그는 생명의 위험을 무릅쓰고 5번 탈출을 시도했고 두 번 성공했다. 그는 1912년에 당의 비밀 조직망을 구축하려고 페트로그라드로 돌아왔으나 밀정 말리노프스키의 고발로 당국으로 넘겨졌다. 그는 다시 북극권에 있는 투르한스크 지역으로 추방당했다. 이곳에서 그는 차르 체제가 무너질 때까지 3년 동안 머물렀다. 혁명이 일어났다는 소식을 듣고 썰매를 타고 얼음이 녹아 물에 빠질지도 모르는 위험을 무릅쓰고 예니세이 강을 건너 5000마일을 여행했다. 그는 당의 지시를 받아 크라스노야르스크 소비에트에서 활동했으며, 나중에 페트로그라

드로 돌아왔다. 페트로그라드에서는 당의 핵심 조직가로 활동했다. 11월 초 정부가 위기에 처하자 그는 카메네프를 대신하여 전 러시아 소비에트 집행위원회 의장직을 수행했다. 그는 결핵으로 1919년에 34세의 나이로 죽었다.

33 [1915년 9월에 스위스의 치머발트에서 반전 사회주의자들의 국제대회가 개최됐다. 그 대회에서 전쟁을 지지한 사회주의 조류와 새로운 인터내셔널 창설을 바라는 사회주의 조류의 주장이 모두 거부됐다. 다음 대회는 1916년 4월에 키엔탈에서 열렸다.]

34 루드네프는 우파 사회혁명당이었으며, 차르 체제가 무너지고 나서 볼셰비키 혁명이 일어날 때까지 모스크바 시장으로 일했다.

35 라스콜니코프는 볼셰비키가 불법 단체였을 때부터 이미 투사와 당 군사조직의 일원으로 활동했으며, 전시에는 발트함대의 해군 장교로 복무했다. 1917년에 그는 크론시타트 소비에트의 지도자로 활약하다 7월 사태 때 케렌스키에 의해 감옥에 갇혔다. 그는 10월 혁명의 투사였으며, 후에 아프가니스탄과 그 밖의 여러 곳에서 소련 대사를 지냈다. [그는 스탈린을 혁명의 배반자라고 비난한 '공개 서한'을 발표했다. 이 서한은 1939년에 책으로 출판되기도 했다. 그는 1943년 유형지에서 죽었다.]

36 므스티슬라프스키, 《5일》에서 인용.

37 레닌이 발표한 제헌의회 해산령.

38 제헌의회에 대해서는 다음을 참고할 것. 의회 1차 회기 속기록(Petrograd, 1918). 므스키슬라프스키, 《5일》; 트로츠키, 《레닌》; 레닌, 《전집》, volume 26.

39 [라드키가 쓴 《러시아 제헌의회 선거》, p. 2와 견줘 볼 것. "민주주의 정당들은 레닌이 독재적 행동을 하고 있다고 비난했지만, 정작 그들도 러시아 민중이 이제 더는 소중한 희망을 달성하는 데 필요없다고 여긴 사회제도[제헌의회]를 방어하는 데 소극적인 태도를 보였다. 제헌의회는 … 치명적인 위협으로부터 제헌의회를 수호할 유일한 힘이라고 할 수 있는 일반 민중에게 이제 더는 관심을 갖게 할 수도, 충성을 이끌어 낼 수도 없었다." 체임벌린(W. H. Chamberlin)도 "러시아 최초이자, 자유로이 선출된 유일한 의회가 해산됐지만 대중은 거의 관심을 두지도, 항의하지도 않았다"고 말했다(《러시아혁명, 1917~21년》(London 1935), volume 1, p. 370).]

40 "제2조: 노동자 통제는 해당 기업의 모든 노동자들이 스스로 선출한 기구(공장위원회 등)를 통해 실시된다. … 고용주와 기술진 대표는 이 기구에 포함된다. … 제7조: 노동자 통제 기구는 모든 상업 통신을 통제할 수 있는 권한을 갖는다. 상업상의 비밀은 폐지된다. 기업 소유주는 당해 년도와 전년도의 모든 회계장부와 예금계좌를 통제 기구에 제출해야 한다. 제8조: 기업 소유주는 통제 기구의 결정에 의무적으로 따라야 하며, 통제 기구의 특정 결정은 상급 노동자 조직에 의

해서만 취소된다. … 제10조: 기업 소유주와 노동자 통제를 수행하기 위해 선출된 노동자·피고용인 대표들은 국가에 책임을 진다." 고용주가 하위 통제 기구의 결정에 반대할 경우 상급 기구에 이의를 제기할 수 있도록 3일간의 유예기간을 준다. 지방 노동자통제위원회가 설립되며, 전 러시아 대회에 참여할 임무를 갖는다. 전 러시아 노동자통제위원회는 지방위원회의 활동을 중앙으로 집중시킨다.

41 크리츠만, 《위대한 러시아혁명의 영웅적 시기》; 치페로비치(G. Tsyperovich), 《러시아의 노동조합과 트러스트》, (Moscow 1920)를 참조할 것.

42 실랴프니코프, "회상", 《프롤레타리아 혁명》, number 10, 1922.

43 아니세프, 《내전의 역사에 대한 스케치》

44 실랴프니코프, "회상", 《프롤레타리아 혁명》, number 10, 1922.

45 쉴리히터, 《프롤레타리아 혁명》, number 10, 1922.

46 레닌, 《전집》, volume 26. pp. 388~390.

47 트로츠키가 1918년에 쓴 책 《브레스트리토프스크까지 러시아혁명의 역사》는 이 점에 대해 좋은 자료가 된다. "누가 제헌의회의 다수당이 구성한 내각을 지지했나? 내각의 배후에는 여러 마을의 부자, 지식인, 구체제 관료들이 있었을 것이고, 당분간은 중간계급의 지지를 받을 수도 있었다. 그러나 그런 정부는 실제적인 권력 기구를 단 하나도 보유하지 못했을 것이다. 정부는 페트로그라드 같은 정치적 중심부에서 즉시 완강한 저항에 부딪혔을 것이다. 만일 소비에트가 민주주의적 제도의 형식 논리에 따라 자신의 권력을 케렌스키와 체르노프의 당에게 넘겨주었다면, 신뢰를 상실한 데다가 무능하기까지 했던 새 정부는 한동안 국가의 정치를 혼란 속에 몰아넣었을 것이고, 몇 주 내에 새로운 봉기가 일어나 정부를 타도했을 것이다."

제5장 브레스트리토프스크 강화조약

1 [세르주는 이 부분을 너무 대충 처리했다. 조지 뷰캐넌 경이 1917년 1월에 차르에 반대했던 두마 집단과 접촉하기는 했으나, 극우 평론가들은 그의 음모에 대해 지나친 반응을 보였다. 트로츠키가 쓴 《러시아혁명사》, p. 91을 보면 영국 대사가 연루된 '궁정 혁명'의 계획에 대한 이야기가 실려 있다. 사실 뷰캐넌은 개인적으로는 차르에게 헌신했던 것처럼 보인다. 팔레올로그(M. Paléologue), 《한 대사의 회상》(An Ambassador's Memoirs), (London 1925) volume 3, pp. 129~130과 파레스(Bernard Pares), 《러시아 군주제의 몰락》, (New York 1961), pp. 422~424를 참고할 것.

2 예를 들면, 러시아는 중국으로 아주 적은 양의 자본을 수출했을 뿐이다.

3 네프스키, 《러시아 공산당의 역사》. 이 주제를 다룬 흥미 있는 저작인 바나크(N. Vanag), 《러시아의 금융자본》, (Moscow 1925)을 참고할 것. 1917년 2월 혁명이 터졌을 때 레닌은 "러시아 자본주의는 1조 루블을 주무르는 세계적인 회사의 지점 사무실에 불과하다. 그 회사의 이름은 영국과 프랑스다"라고 주장했다.

4 1890년에서 1901년 사이에 경제가 빠르게 성장했지만, 러시아는 폭발적인 성장 이후의 침체, 농업의 후진성, 공업에 대한 농업의 우위, (생산의 성장을 앞지르는) 인구의 팽창, 인구에 비해 상대적으로 규모가 작은 공업(전쟁 전 러시아 인구는 세계 인구의 10.2퍼센트에 이르렀지만, 철강 생산은 세계 철강 생산의 6.2퍼센트에 머물렀다) 등의 다양한 요인 때문에 매우 후진적인 나라였다.

5 파블로비치(M. L. Pavlovich), 《세계대전의 대차대조표》, (Moscow 1924)를 참고할 것.]

6 [쿠를란트는 옛 러시아 제국 발트해 지방의 지명이었다. 그 지역은 이제 라트비아와 리투아니아로 분리됐다.]

7 체르닌 회고록의 11월 17일자 각서에는, "독일군은 러시아와 강화조약이 체결되면 칼레와 파리를 점령할 수 있다고 믿었다. 만일 독일이 모든 유형의 합병을 삼간다면, 협상국은 영예로운 강화를 받아들일 것"이라는 내용이 들어 있다. 이 책에는 다음과 같은 내용도 있다. "나는 볼셰비키에 관한 아주 믿을 만한 정보를 입수했다. 볼셰비키 지도자들은 거의 모두 유대인이며, 대단히 변덕스러운 사상을 지닌 사람들이다"(체르닌(O. Czernin), 《세계대전에서》(In the World War), (London 1919)).

8 이런 사실은 포크로프스키, 《20세기 러시아 외교정책》(Russia's Foreign Policy in the Twentieth Century ; Veshnaya Politika Rossii v 20 Veke)에 포함돼 있다.

9 이오페(A. Yoffe) (편집자), 《브레스트리토프스크 강화 협상》(Mirnye Perogovory v Brest-Litovskve), (Moscow 1920)의 트로츠키 서문. 이 책의 서문과 전체 내용은 한결같이 대단히 재미있다.

10 이오페, 《브레스트리토프스크 강화 협상》의 트로츠키 서문.

11 "승리한 노동계급은 … 자기 나라에서 자본가를 착취하고 사회주의 생산을 일구어 냈다. 그들은 앞으로 다른 나라의 억압받는 계급을 자기편으로 끌어들이고 그들에게 용기를 불어넣어 자본가에게 대항하도록 만들며, 필요하다면 착취 계급과 그들의 국가에 무력으로 간섭하면서 나머지 자본주의 세계에 저항할 것이다."("유럽합중국 슬로건"(The United States of Europe Slogan), 《취리히 사회민주주의자》(Zürich Sotsial Demokrat), 8월 23일(1916)에서 인용. N. Lenin과 G. Zinoviev의 《전집》, "시류를 거슬러" (Leningrad 1925)를 참고할 것.)

12 레닌, 《전집》, (London 1969), volume 24, p. 175.

13 아니세프가 군사 아카데미 문서를 인용해 저술한 《내전의 역사에 대한 스케치》

14 오브샤니코프, "러시아 공산당 중앙위원회와 브레스트리토프스크 강화조약" (The CC of the RCP and the Brest-Litovsk Peace), 레닌, 《전집》, 러시아어 초판본 volume 15에 들어 있는 부록.

15 레닌, 《전집》, volume 26, pp. 442~450.

16 소린(V. Sorin), 《당과 반대파 1: 좌익공산주의 분파》(Partiya i Oppozitsiya. 1. Fraktsiya Levykh Kommunistov) (Moscow 1925).

17 트로츠키, 《레닌》, chapter 3.

18 체르닌 공과 브라운 폰 퀼만 백작이 나눈 대화의 일부를 인용해 보자. 퀼만: "러시아인에게 남은 하나의 선택이란 음식에 어떠한 소스를 뿌릴 것이냐 하는 것 뿐이오." 체르닌: "우리가 선택한 것이 바로 그거요." (체르닌, 《세계대전에서》).

19 루덴도르프(E. Ludendorff), 《나의 전쟁 회고록, 1914~18년》(London 1919), volume 2. 홈부르크 결정 이후 몇 주가 지났지만 오스트리아 카를 황제는 아직도 우크라이나에 대한 공세를 주저하고 있었으며, 기근의 압력을 받고 나서야 비로소 오스트리아 군대의 협력을 허가했다.

20 포고령 제5조는 "유가증권을 내놓지 않거나 증권 목록을 제공하지 않은 은행의 주식 보유자들은 이 포고령 발표 후 15일 안에 모든 재산이 몰수되는 처벌을 받을 것"이라는 내용이었다.

21 게오르게 바실레비치 치체린(George Vassilevich Chicherin)은 귀족 출신으로 외교 분야에서 일해 왔다. 1905년에는 직업혁명가로서 망명하기 위해 외교관직을 포기했다. 그는 전쟁이 발발하기 전까지 멘셰비키 조직에 가담했다. 전쟁 동안에는 국제주의자로 활동했으며, 1917년 말까지 영국 정부에 의해 억류됐다. 브레스트리토프스크 강화조약 이후 그는 소비에트 러시아의 외교정책을 담당했다. 1930년 리트비노프가 그의 업무를 승계했으며, 그는 1936년에 죽었다.

22 [세르주는 여기에서 러시아 주재 연합국의 협상 대표 중 한 사람을 전혀 거론하지 않았다. 그 사람은 공식 직함이 있었고, 자국 정부와 직통으로 연결된 영국의 록하트를 말한다. 그는 당시 소비에트와 연합국 간의 전시 협력을 열렬히 지지했다. 그 후 록하트가 반(反)소비에트 음모와 간섭 계획에 연루됐기 때문에(제9장의 주10, 13을 참고할 것) 세르주를 비롯한 볼셰비키 저술가들은 초기에 그가 소비에트와 군사 협력을 강화하려고 노력했다는 사실을 의심할 수밖에 없었을 것이다(그것은 잘못된 판단이었다).]

23 [일본에 대한 이런 태도를 상세히 다룬 내용은 영국과 미국의 정부 문서보관소에서 찾아낸 자료를 활용해 저술한 울만(R. H. Ullman), 《간섭과 전쟁》(Intervention and the War), (Princeton 1961), pp. 93~103, 129~130을 참고할 것.]

24 [최근 이 사건을 연구하는 역사가들은 과연 볼셰비키가 독일에 대항해 연합국의 지원을 진지하게 모색할 수 있었는지를 의심하고 있다. 예를 들면, 케넌(G. F. Kennan), 《러시아가 전쟁을 그만두다》(*Russia Leaves the War*), (Princeton 1956), pp. 471, 497~498. Ullman, pp. 119~127. 울람(A. B. Ulam), 《레닌과 볼셰비키》(*Lenin and the Bolsheviks*), (London 1969), p. 540. 그러나 레닌은 독일과의 강화조약을 최종 인준하기에 앞서 꽤 망설였던 것 같다. 그리고 트로츠키의 연합국과의 협력에 관한 조처, 예를 들면, 무르만스크 상륙(314쪽과 제7장의 주 24를 보시오)과 군수물자를 제거하려는 미군 장교를 전선으로 파견하려는 계획은 건설적이고 독특한 것이었다. 도이처(I. Deutscher), 《무장한 예언자》(*The Prophet Armed*), (London 1954), pp. 385~386, 397~398의 설명을 참고할 것.]

25 1918년 1월 31일까지 러시아는 율리우스력(曆)을 썼다. 율리우스력은 다른 유럽 나라들이 16세기 말부터 채택한 그레고리력보다 13일 느리다. 이 책에서는 이제까지 율리우스력에 따라 날짜를 표기했으며, 때때로 그레고리력 날짜를 괄호 안에 표시했다. 따라서 러시아에서 볼셰비키 봉기는 10월 25일에 일어났지만, 유럽의 날짜에 따르면 11월 7일이 된다. 인민위원회 포고령에 따라 1월 31일부터는 그레고리력을 쓰도록 돼 있었다. 그러나 이런 조처가 취해질 경우 13일이 허공에 뜨기 때문에 2월은 실제로는 14일부터 시작된다. 이런 달력의 변화를 기억해 두어야 한다. 그렇지 않으면 사건의 진행이 늦어졌다는 잘못된 인상을 받을 수 있다.

26 레닌, 《전집》, volume 26, pp. 522~523.

27 투표 결과는 다음과 같았다. 레닌의 제안(즉시 강화)에 찬성한 사람은 레닌, 스밀가, 스베르들로프, 소콜니코프, 스탈린, 트로츠키, 지노비예프였다. 반대한 사람은 우리츠키, 이오페, 로모프, 부하린, 크레스틴스키, 제르진스키였다. 한 사람이 더 기권했다. 그는 헬레나 스타소바였다. 이 사실을 알게 된 좌파 사회혁명당 중앙위원회는 조약 인준을 거부했다. 레닌, 《전집》(러시아 초판), volume 15에 실린 오브샤니코프의 부록을 참고하시오.

28 레닌, 《전집》, volume 27, pp. 557의 각주.

29 투표 결과는 다음과 같다. 찬성: 레닌, 스타소바, 지노비예프, 스베르들로프, 소콜니코프, 스밀가, 스탈린. 반대: 부하린, 부브노프, 우리츠키, 로모프. 기권: 제르진스키, 이오페, 크레스틴스키.

30 레닌, 《전집》, 제27권, pp. 19, 22, 27, 29.

31 레닌, 《전집》, 제27권, p. 38.

32 레닌, 《전집》, 제27권, p. 41.

33 레닌, 《전집》, 제27권, pp. 63, 65.

34 트로츠키,《레닌》, 제3장. 세르주, "레닌과 트로츠키의 초상"(*Un Portrait de Lénine par Trotski*),《클라르테》, 제75호, June 1925.

35 [즉, 프랑스사회당(SFIO)은 1890년대에 서로 경쟁하던 두 경향이 통합해 1905년에 결성됐다.]

36 여기서 해외 사회주의자들의 태도와 관련해 몇 가지 사항을 추가하려 한다. 1918년 1월 말경에도 통일사회당(Parti Socialiste Unifié)의 많은 의원들이 동료 의원들의 승인하에 여전히 클레망소 정부의 장관직을 유지하고 있었다! 루이스(P. Louis),《프랑스 사회주의의 역사》(*Histoire du Socialisme en France*), (Paris 1925), 제11장을 참고할 것. 노동계급 운동 안에서 러시아혁명을 지지하는 사람들은 비록 그 수가 늘고 있었지만, 여전히 힘없는 소수에 지나지 않았다. 독일 사회민주주의자들은 1925년 1월 열린 마그데부르크 재판에서 한 선언으로 유명하다. 그들은 1918년에 자신들이 파업위원회 운동에 뛰어든 이유는 "국가의 방어력을 약화시키는" 이 운동에 반대하고 이 운동을 막으려고, 즉 운동을 사보타주하려고 그랬다고 선언했다. 그때도 독일 사회민주주의자들의 영향력은 강력했다.

37 이오페,《브레스트리토프스크 강화 협상》에 쓴 트로츠키의 서문에서 인용.

38 이오페,《브레스트리토프스크 강화 협상》에 쓴 트로츠키의 서문에서 인용.

39 그러나 그것이 얼마나 일시적일지를 알 수 있을까? 아무리 뛰어난 프롤레타리아 투사라도 일단 당을 떠나거나 당에 의해 거부당하면 당으로 되돌아오기보다는 길을 잃고 헤매기 십상이다. 당과 함께하며 당을 위해 일하려면 감정에 대한 비상한 통제뿐 아니라 대단히 탁월한 이론적 자각도 필요하다.

40 루덴도르프는 자기 병사들이 러시아 군인들처럼 싸우기를 거부했을 때에야 비로소 무너졌던 것이다. 참호로 철수하는 군인들이 이제 막 전투에 참가하려는 군인들에게 "이 배신자들!"이라고 외치는 것을 보고 그는 종말이 시작됐음을 알게 됐다(루덴도르프,《나의 전쟁 회고록》, 제2권).

제6장 휴전과 영토의 축소

1 보시(Evgenia Bosch)가 쓴 책《투쟁의 해: 우크라이나 정권을 위한 투쟁》(*God Borby: Borba Za Vlast Na Ukraine*) (Moscow 1925)은 이 시기의 역사를 이해하는 데 매우 쓸모 있다. 안토노프-오프세옌코의《내전에 대한 회상》도 흥미 있는 책이다.

2 키크비제는 과격파 사회혁명당 소속이었으며, 2월 혁명으로 감옥에서 석방됐다.

그때 그는 23세였으며, 서부전선에서 10월 혁명을 위해 활동했다. 그는 빨치산 지도자로, 그 뒤에는 붉은 군대의 사단장으로 활약한 혁명파의 뛰어난 장군이었다. 크라스노프와 싸웠고, 13번이나 부상당했다. 1919년 1월 11일 25세의 나이로 돈 지역에서 피살됐다.

3 예브게니아 보시는 불굴의 투사이자 볼셰비키 창립 멤버로, 시베리아 유형과 해외 망명을 경험했다. 예브게니아 보시는 소비에트 조직의 과업과 독일군 침략자에 대한 저항을 지도하는 등 우크라이나 혁명에서 가장 중요한 역할을 수행했다. 그녀는 지치고 병들어 제대로 활동할 수 없게 되자 1924년 초 자살하고 말았다. 보시는 러시아혁명의 가장 위대한 인물 가운데 한 사람이었지만 알려진 바는 거의 없다. [세르주가 자신의 책 《한 혁명가의 회상》에서 보시의 자살에 대해 명확하게 밝혀 놓았듯이, 보시가 좌익반대파에 공감하고 있었기 때문에 그녀에 대한 기록이 고의적으로 묵살됐던 것이다.]

4 레닌은 1917년 3월 11일 취리히에서 보낸 편지에서 "페트로그라드 가까이에 가장 발전된 도시 가운데 하나이자 진정한 공화국인 핀란드가 있다는 사실을 잊어서는 안 됩니다. 핀란드는 1905년부터 1917년까지 러시아에서 벌어진 혁명적 투쟁의 보호를 받으며 비교적 평화롭게 민주주의를 발전시켰고, 국민의 다수를 사회주의 편으로 끌어들였습니다. … 핀란드 노동자들은 우리보다 잘 조직돼 있고, 그런 면에서 우리에게 도움을 줄 수 있습니다. 그들은 자기 식으로 사회주의 공화국 창설을 위해 활동하는 전위대를 만들어 낼 것입니다" 하고 말했다(레닌이 러시아로 돌아오기 전에 쓴 "먼 곳에서 보낸 편지"에서).

5 이런 노선을 역설했던 또 다른 저자인 오토 쿠지넨은 핀란드 혁명이 진행되는 동안 공산주의에 합류했다. 본문의 인용문은 그의 뛰어난 팸플릿 《핀란드 혁명: 자기비판》(Revoliutsiya v Finlandii: Samokritika) (Petrograd 1919)에서 따온 것이다. [1919년 런던에서 출판된 영어 축약본은 《레이버 먼슬리》(Labour Monthly), February and March 1940에 실려 있다.] 1929년에 쿠지넨은 인터내셔널 집행위원회에 소속돼 있었다. [그는 1967년에 죽었으며, 1939~40년에 스탈린의 핀란드 침공을 은폐하려고 세워진 '핀란드민주주의공화국'의 '총리'로 잠시 일한 것을 포함해, 모스크바의 국제 정책이 바뀔 때마다 충실한 구실을 했다.]

6 토니아넨(Edvard Torniainen), 《핀란드의 노동자 혁명》(The Workers' Revolution in Finland) [다른 제목은 전혀 불가능하다] (Moscow 1919).

7 카타야(C. D. Kataya), 《핀란드에서 부르주아지의 테러》(La Terreur Bourgeoise en Finlande) (Petrograd 1919) [세르주가 1919년에 러시아로 돌아와서 책임을 맡았던 인터내셔널 행정국 소속 부서에 의해 프랑스에서 출판됐다].

8 스베치니코프(M. S. Svechnikov), 《1917~18년 핀란드의 혁명과 내전》(Revoliutsiya i Grazhdanskaya Voina v Finlandii 1917~18) (Moscow and Petrograd 1923).

9 우리는 카타야의 책을 계속 인용하고 있다. 이런 사실들은 대부분 다른 자료를 통해서도 잘 알려져 있으며, 우리 동지가 그런 사실들을 묘사한 것은 별로 많지 않다.

10 모든 나라의 부르주아 언론은 이런 사실들에 관해서 침묵하지만, 최소한 '붉은 군대의 범죄'만큼은 기사화하고 있다. 선전의 목적으로 영어로 번역돼 해외에서 발행된 친(親)백군 성향의 라르스 헤니히 쇠데르헬름(Lars Henning Söderhjelm)이 쓴 《1918년 핀란드의 붉은 봉기》(*The Red Insurrection in Finland in 1918*) (London 1919)에 나오는 붉은 군대 희생자 통계 수치를 인용하는 것이 매우 큰 도움이 될 것이다.

11 핀란드에는 사실상 문맹자가 없다.

12 샤우미얀(S. Shaumyan), "1918년 바쿠 코뮌"(The Baku Commune of 1918), 《프롤레타리아 혁명》, number 12 (59), 1926.

13 1918년 4월 22일 오냐시빌리(D. Oniashvili)가 트빌리시 의회에서 한 연설문. 이 연설문은 그루지야 멘셰비키 정부가 발행한 공식 문서 전집에 포함돼 있다. 《트랜스캅카스와 그루지야 관련 문서 자료》(*Dokumenty i Materialy po Vneshnei Politike Zakavkazya i Gruzii*) (Tiflis 1919).

14 아먀(M. Amya), 《그루지야 지롱드의 길》(*The Paths of the Georgian Gironde*) [러시아어 판은 이용할 만한 것이 없다] (Tiflis 1926). 샤피르(Y. Shafir), 《그루지야 지롱드》(*Ocherki Gruzinskoi Zhirondi*) (Moscow 1925). 트로츠키, 《적군과 백군 사이의 러시아》(*Russia Between Red and White*) (London 1924)를 참고할 것. [그루지야 멘셰비키는 데니킨을 지지하려 했지만, 그런 지지는 사실 캅카스 지역의 여러 나라들을 무력으로 '대러시아'에 통합하려는 데니킨의 결정 때문에 흐지부지됐다. 영국 정부(그들은 강력한 러시아의 등장을 염려하고 있었다. 설사 백군이 권력을 장악한다고 해도 그들의 걱정은 마찬가지였다)는 데니킨과 그의 동맹자였던 멘셰비키 사이에 전쟁이 터지는 것을 막기 위해서 간섭했다. 울만, 《영국과 러시아 내전》(*Britain and the Russian Civil War*) (Princeton 1968), pp. 219~220을 참고할 것.]

15 바쿠 사건 이야기를 계속하기 위해 이 부분 관련 자료는 다음 장으로 미루겠다.

16 [던스터빌(L. Dunsterville) 소장이 쓴 《던스터군의 모험》(*The Adventures of Dunsterforce*) (London 1920), p. 192의 내용에 약간의 말을 덧붙임. "나는 전령을 통해 거의 날마다 바쿠와 접촉하고 있었으며, 우리 친구인 사회혁명당원들은 곧바로 쿠데타를 일으킬 수 있을 것처럼 보였다. 사회혁명당은 쿠데타로 볼셰비키를 처단하고 새로운 정부를 세운 뒤 영국에 원조를 요청할 예정이었다." 1920년 볼셰비키는 던스터빌 책의 러시아어 번역본(*Britanskii Imperializm v Baku i Persii*라는 제목을 붙여)을 출판했다. 세르주는 아마도 이 러시아 판에

서 인용한 것 같다.]

17 현재(1927년 여름) 소련 무역인민위원. [미코얀은 스탈린의 측근이 됐다. 그는 1935년에 정치국원이 됐으며, 대숙청 때 큰 활약을 했다. 1956년과 1961년에 전개된 탈스탈린화 작업에서는 몰로토프의 '반(反)당 그룹'에 맞서 흐루쇼프 편에 가담했고, 1956년 소련이 헝가리 혁명에 간섭했을 때 주도적 구실을 했다.]

18 [바쿠코뮌 집행위원 재판은 영국과 소비에트의 관계를 보여 준 아주 유명한 사건이었다. 1919년 4월 스탈린은 "영국 제국주의 첩자가 26명의 동지를 쏘아 죽였다"고 대놓고 비난했으며, 이런 잔인한 행위는 내전을 다룬 소비에트의 일반 역사서에 단골 메뉴(영국 장교가 실제 처형을 지시하는 장면을 묘사한 브로츠키의 유명한 그림처럼 상세한 내용이 첨가되기도 했다)로 등장했다(샤우미얀은 혁명 초에 죽은 몇 안 되는 볼셰비키 지도자들 가운데 한 사람이었다. 그래서 그는 당사를 스탈린주의적으로 재편하면서 성인으로 이용하기에 꼭 맞는 인물이었다. 역사를 그런 식으로 서술하면 사실은 부분적으로 왜곡될 수도 있다). 세르주의 설명에는 그와 같은 내용이 첨가되지 않았다. 그러나 볼셰비키의 초기 견해에 대해서는 영국이 연루됐다는 소비에트의 비난에 대한 영국의 공식 답변뿐 아니라 영국군의 카스피해 동부 지역 간섭을 연구하는 역사가들의 최근 저작을 통해서도 반론이 제기되고 있다. 1922년에 영국 정부와 소비에트 정부가 주고받은 서신은 HM Government White Paper on Russia, Number 1, Cmd 1846 (London 1923)으로 출판됐다. 엘리스(C. H. Ellis), 《트랜스캅카스 이야기》(The Trans-Caspian Episode) (London 1963), pp. 57~61과 울만, 《간섭과 전쟁》, pp. 320~324에 이 사건이 분석돼 있는데, 두 책이 모두 영국에 유리한 결론을 제시하고 있다(그 사건이 일어났을 때 영국 사절단의 일원으로 카스피해 동부 지역에 파견돼 있었던 엘리스도 푸트만(D. Footman) 편, 《성 안토니의 문서》(St. Antony's Papers), number 6: Soviet Affairs (London 1959)에 쓴 글을 통해 그 문제를 다룬 바 있다). 두 목격자의 증언을 통해 영국이 처형에 가담했던 세밀한 방식이 밝혀졌다. 두 사람은 사건에 대해 자기 나름의 견해가 있었는데, 두 견해 모두 매우 흥미로운 것이다. 아슈하바트 '집정부'의 대표인 푼티코프는 총살에 대한 직접 책임이 있는 사람이다. 그러나 그는 주된 책임을 영국 사절단에게 돌렸다. 1919년 초에 푼티코프가 아슈하바트 형무소에 수감돼 있을 때 저널리스트이자 사회혁명당 동료이기도 했던 차이킨이 그의 진술을 정리해 둔 적이 있다. 다른 한 사람은 티그-존스 대령이다. 영국 정부는 소비에트 외무부와 교환한 1922년도 통신문을 정리하며 그 사건에 대한 티그-존스의 개인적인 기록을 수집했으며, 또 그 기록이 상당히 정확한 것이라고 인정했다(티그-존스가 1922년 11월 22일에 작성한 기록은 Cmd 1846, pp. 7~11에 들어 있다. 티그-존스는 소비에트 정부에 차이킨의 주장에 대한 반박을 요구하고, 덧붙여 "본인은 바짐 차이킨이나 본인을 비방하는 글을 실은 모든 신문에 대한 고소

절차를 밟을 권리가 있다. 때마침 러시아에 문명화되고 책임 있는 정부가 들어설 때가 아닌가?" 하고 말했다). 이 사건에 관한 다음과 같은 몇몇 설명은 의심의 여지가 없이 확실하다.

(1) 영국군 사령관 맬리슨(W. Malleson) 소장은 사건이 진행되는 동안 페르시아의 메쉐드(Meshed)에 있었다. 그곳은 아슈하바트에서는 100마일, 전쟁 포로들이 있던 크라스노프에서는 600마일 떨어진 곳이었다. 맬리슨은 9월 17일에 인민위원들이 체포됐다는 사실을 알았다(그들은 이틀 전에 항구에 상륙하자마자 체포됐다). 다음날 그는 아슈하바트 정부에 "인도로 보내려 하니 볼셰비키 지도자 명단을 본인에게 넘겨달라"(즉, 영국의 보호하에 볼셰비키 지도자들을 인도로 이송하겠다)고 요청했다. 이 조처에 대해 맬리슨이 늘어놓은 구실은 "적이 또다시 성공하리라는 조짐이 약간이라도 나타나면 러시아인들의 적어도 절반 이상이 마음을 바꿀 것이므로" 인민위원들이 "카스피해 동부 지역에 있는 것 자체가 매우 위험하다"는 것이었다. 맬리슨이 인도의 총사령관에게 보낸 1918년 9월 18일자 전보, MD 00538을 참고할 것. 이 전보는 9월 26일 외무부 기록, Public Record Office, File FO 371/3336에도 포함돼 있다. 맬리슨이 이 일의 추진 동기를 설명한 내용은 엘리스의 설명(*The Trans-Caspian Episode*, p. 59)과는 매우 다르다. 엘리스는 인민위원들이 모스크바와 페트로그라드에 억류돼 있는 영국 시민들을 위한 볼모로 인도에 억류될 예정이라고 말했다.

(2) 맬리슨이 아슈하바트 정부에 했던 요청을 알고 있었던 티그-존스는 인민위원들의 운명을 논의했던 카스피해 동부 지역 정부의 4인 회의에 참석했다(9월 18일 저녁).

(3) 다음날 티그-존스는 맬리슨에게 죄수들을 총살하기로 결정했다는 소식을 전보로 알렸다.

(4) 9월 23일 맬리슨은 인도 총사령관에게 인민위원들이 실제로 처형됐다고 타전했다. 맬리슨은 그 소식을 메쉐드에 있던 푼티코프 정부의 대표에게서 들었다(Ellis, p. 61). 그 전보(1918년 9월 23일, MD 581, Meshed. 인도 총사령관의 9월 25일자 전보 76707: Milner MSS, Box 115, File H-3)에 따르면, "본인은 정당성의 문제를 제외하면 처형에 대해 어떤 의사도 표명할 수 없다. 정치적 의미에서 이런 긴급 처형은 … 아슈하바트 정부가 볼셰비키를 상대로 배수진을 쳤다는 것을 뜻한다."(이것은 비교적 온화한 방식이긴 하지만, 푼티코프와 그의 동료들이 반(反)볼셰비키 태도를 드러낸 것이라고 할 수 있다. 즉, 맬리슨이 계속 주장하는 것처럼 그들은 더는 인민위원의 생명을 자기들의 목숨을 부지하려는 협상 카드로 이용할 수 없었다.) 전보의 끝부분에는 "아슈하바트 위원회가 이 사실을 비밀로 해 달라고 한다"는 말이 첨가돼 있었다.

(5) 영국 정부는 아슈하바트 정권의 요청에 동의했다. 1919년 3월이 돼서야 비로소 샤우만과 그 동료들의 운명이 세상에 알려졌다. 이때 차이킨이 바쿠 지역의 한 신문에 그 사건에 관해 털어놓았던 것이다(울만, 《간섭과 전쟁》, p. 323).

심지어 치체린이 소비에트에 억류된 영국인 인질들을 석방하는 조건으로 바쿠 인민위원들의 안전한 귀환을 요청했을 때도 외무부는 네덜란드 주재 영국 대사에게 전보를 쳐서 치체린에게 간략한 답변을 보내라고 했으며, "비밀"이라고 쓴 추신을 통해 처형 사실을 오로지 "대사가 개인적으로 아는 일로 처리할 것"을 지시했다(9월 19일자로 전송된 치체린의 전보는 울만, 《간섭과 전쟁》, pp. 293~294에 요약돼 있다. 9월 27일자 외무부 훈령은 the Public Record Office, File FO 371/3336에 실려 있다). 엘리스(부분적으로 영국군 군사사절단의 다른 사람과의 인터뷰에 토대를 두고 있는)와 티그-존스의 증거는 이것보다 더 많은 내용을 담고 있다. 특히 티그-존스는 자신이 아슈하바트 정부 각료들의 비극적인 회의장을 나온 뒤에 총살형이 마지막으로 결정됐다고 말했다. 티그-존스가 회의에 참석했을 가능성에 관해서는 논란이 제기될 수 있다. 푼티코프는 회의장에서, 맬리슨 장군이 죄수들의 인도를 달가워하지 않으며 메쉐드의 아슈하바트 정부 대표에게 카스피해 동부 지역 정부가 "알아서 처리해야 한다"고 말하더라고 증언했다(이와는 반대로 맬리슨의 전보에 따르면, 그는 인민위원을 전쟁 포로로 인도로 이송하기를 바랐다고 한다. 그러나 그때 이 사실을 알고 있던 티그-존스는 그가 푼티코프에 맞서 반대 의사를 표명했다는 점을 나타내지는 못했다). 엘리스(《트랜스캅카스 이야기》, p. 61)는 맬리슨이 처형 소식을 알게 되자 "그 행위를 무서워"했다고 전했다(위에 인용한 바 있는 인도 사령관에게 맬리슨 보낸 전보에는 참회의 표현이나 공포의 말이 포함돼 있지 않았다). 따라서 영국이 이 사건에 관련됐을 가능성은 거의 없을 수도 있다. 설령 울만(《간섭과 전쟁》, p. 324)이 제시했듯이, 티그-존스가 "26명 인민위원들의 운명을 문제 삼기로 했다면", 영국의 군사적 지지에 절대로 의존하고 있었기 때문에 "푼티코프와 그 동료들은 영국의 요청을 거절할 수 없었을 것"이라고 해도 말이다. 그러나 영국이 연루됐을 가능성은 아주 적다. 무엇보다도 티그-존스의 진술(울만에 따르면, 티그-존스가 카스피해 동부 지역에서 겪은 일을 말하려 하지 않았을 뿐 아니라, 심지어 사건이 공개되는 것을 막으려고 자신의 성을 바꿀 정도였기 때문에, 그의 진술은 남아 있는 오직 하나의 증거다)은 사건이 일어난 지 4년이 넘어서야 작성됐다. 처형을 덮어두려는 시도가 있기는 했으나, 그 어느 것도 현지에 파견된 영국 대표나 그 어느 곳에 있는 상급 기관들이 보기에는 그다지 심각하지 않았다. 그래서 영국은 푼티코프 정부가 지방의 경찰 간부가 이끄는 새로운 위원회로 대체되고 영국군 군사사절단이 그 위원회를 승인할 때까지 푼티코프 정부를 군사적·재정적으로 계속 지원했던 것이다(Ellis, pp. 325~327).]

19 차이킨(V. Chaikin), 《러시아혁명의 역사에 대해서》(*K Istorii Rossiskoi Revoliutsii*) (Moscow 1922).

20 푼티코프는 재판을 받고 1926년 바쿠에서 처형됐다.

21 레닌,《전집》, volume 26, pp. 455, 459, 461, 463, 466, 468, 470, 471~472, 514.

22 밀류틴은 카를 라데크가 제1차 전 러시아 경제협의회 대회에 제출한 이런 수치를 비난했다. 밀류틴은 우크라이나의 석탄과 제조업 생산품의 일부가 우크라이나 자체에서 소비됐기 때문에 실제로 이용할 수 있는 재원 손실이 알려진 것보다 약간 적다고 강조했다. 그러나 이것은 그럴듯한 설명이 될지는 몰라도 공화국이 겪고 있던 경제적 난관이 얼마나 힘든가를 나타내는 것일 뿐이다.

23 제1차 전 러시아 경제협의회(1918년 5월 26일에서 6월 4일) 속기록 (Moscow 1918).

24 소콜니코프의 보고, 제1차 전 러시아 경제협의회 속기록.

25 레닌,《전집》, volume 27, pp. 74~75.

26 오늘날 에스토니아 국경에 위치한 킨기세프.

27 레닌,《전집》, volume. 27, pp. 89, 90, 91, 95, 98, 101, 104, 105, 106, 110.

28 소린,《당과 반대파 1》, 부하린의 서문 (Moscow 1925).

29 라데크, *Soc. Dem. Brest-Litovsk* (이용 가능한 다른 자료는 없다).

30 《코뮤니스트》(Kommunist), number 1의 논설.

31 《코뮤니스트》, number 4.

32 레닌,《전집》, volume. 27, pp. 129~130, 131, 133, 135, 136, 137.

33 베사라비아 사건에 관해서는 제4장('루마니아 전선의 비극')을 참고할 것. 루마니아군은 여러 차례 혁명군의 방해를 받았으나 1월 26일 마침내 키시네프를 점령했다. 러시아군의 셰르바쵸프 장군은 이제 키시네프에서 볼셰비키는 모두 제거됐다고 선언했다. 루마니아 침략군에 굴종하는 몰다비아 민족 대표 기구, 즉 스파툴 타리는 몰다비아 공화국의 독립을 선언하고, 반대하는 사람들을 모두 총살했다. 이 사건은 위장된 합병으로 가는 첫 단계였다. 인민위원들은 그 보복으로 페트로그라드 주재 루마니아 대사 디아만디의 체포를 명령했다. 그러나 외교단의 항의로 디아만디는 얼마 후 석방됐다. 한편, 소비에트 정부는 러시아 국립은행에 보관돼 있던 루마니아의 금을 압류했다. 그 금은 "루마니아 독재 정권이 가질 수 없으며", "루마니아 인민에게 되돌려질 것"이라고 선언됐다. 2월 21일 (구력으로는 2월 8일) 프랑스와 이탈리아, 영국은 러시아-루마니아 분쟁의 평화적 해결을 촉구했다. 라코프스키와 아베레스쿠 장군이 오데사에서 만나 협상을 벌였으며, 3월 5일 강화조약이 체결됐다. 루마니아는 2주일 안에 베사라비아에서 철수하기 시작했다. 그러나 독일군은 우크라이나를 침공했으며, 3월 27일 스파툴 타리는 루마니아 영토 내에 몰다비아 연방 자치공화국 수립을 선포했다. 프랑스의 권고를 들은 루마니아인들에게는 방금 체결된 조약이 기껏해야 종이 조

각이나 다름없었다. 4월에 루마니아의 어떤 정치인은 "브라티아누와 프랑스의 베르틀로 장군이 키시네프에서 점령군을 지휘하고 있다"고 말했다(Statement of M. Antonescu to La Victoire (Paris), 14 April 1918). 소비에트 공화국은 어떤 나라에 대한 침략도 인정하지 않았다.

34 "포고문 전문: 옛 군대는 자본가계급이 피착취 대중을 억압하기 위해 틀어쥐고 있는 하나의 무기였다. 권력이 근로 계급과 피착취 계급으로 이전됐기 때문에 새로운 군대를 창설해야 한다. 새로운 군대는 소비에트 권력의 보루가 될 것이고, 가까운 미래에 상비군을 무장한 국민으로 대체할 준비를 갖출 것이며, 임박한 유럽 사회주의 혁명을 지원하게 될 것이다. 제1조 제1항: 노동자·농민의 붉은 군대는 피착취 대중에서 가장 의식이 발달하고 잘 조직돼 있는 사람들로 구성된다. 제2항: 10월 혁명과 소비에트, 사회주의의 승리를 위해 죽을 각오가 돼 있는 사람은 누구든지 군대에 입대할 수 있다. 입대자의 신원보증서는 군사위원회, 소비에트를 기반으로 설립된 민주주의 단체, 당과 노동조합이 발행한다. 그렇지 않더라도 최소한 위의 기관에서 일하는 사람 2인 이상의 신원보증이 있어도 무방하다. 단체 입대는 출석 확인을 통해 이뤄진다. 출석 확인은 각 사람이 전원을 대리해 대답할 수도 있고, 반대로 전원이 개인을 대리해 대답할 수도 있다." 4월 8일자 포고를 통해 지역군 인민위원회가 창설됨으로써 체계적인 인력 정책이 시작됐다. 그 이전까지는 본치-브루예비치가 러시아 공화국 군대의 창설을 주관했는데, 서부 국경에서 시작해 러시아 중부 지역, 볼가 지역으로 확대된 그의 병사 소집 계획은 완전히 실패하고 말았다.

제7장 기근과 체코군의 간섭

1 병참 부대가 요구하는 식량은 1917년에 5028만 1000푸드로 증가했다. 그러나 2670만 푸드만을 받았을 뿐, 부족량은 47퍼센트에 달했다.

2 러시아어 쿨라크(kulak)는 '주먹'이라는 뜻이 있어서 강렬한 느낌을 준다.

3 카유로프(V. Kayurov), "혁명 첫해에 레닌과 나의 만남, 그리고 그와 함께 한 활동"(My Encounters and Work with V. I. Lenin in the Year of the Revolution), 《프롤레타리아 혁명》, number 3 (36), 1924.

4 아나키스트들은 전직 장관 두르노보의 별장을 점령했다. [그들은 그 별장을 노동자의 휴식처로 개조했다.] 임시정부는 그들을 몰아내려 했으나 실패했다.

5 볼리네, 샤피로, 그로스만-로신 등이 발행하던 아나코-생디칼리스트 계열의 주간지 〈골로스 트루다〉는 10월 혁명 직전에 봉기는 새 정부 수립으로 귀결될 수밖에 없다는 이유로 봉기 반대 의사를 표명했다. 하지만 이 기관지는 대중을 따

를 것이라고 덧붙였다. [V. Voline가 La Révolution Inconnue (Paris 1947), p.193을 통해 밝힌 선언]. 당시 크로포트킨의 추종자 아타베키안은 모스크바에 머물면서 "내전의 공포"를 개탄하고 있었다. 연합국과 자신이 1914년에 지니고 있던 환상에 충실한 자세를 견지한 늙은 크로포트킨 자신은 볼셰비키를 "독일 첩자들"로 보았다. 그는 죽을 때까지 그 견해를 고수했다.

6 아나코-생디칼리스트 투사였던 프셰볼로드 볼린(볼리네 또는 에이첸바움)은 몇 년 동안 미국에서 살았다. 그 뒤에 그는 우크라이나에서 마흐노를 지원하고 그에게 이데올로기를 제공했던 나바트(경종이라는 뜻)라는 자유주의 운동의 지도자가 됐다(1919~20년). 1921년 소비에트 공화국은 볼린을 추방했다. [볼린은 해외에서 박해받은 러시아 아나키스트들을 구제하는 일에 종사했으며, 아나키스트의 역사를 다룬 중요한 저작을 출판했다. 그는 1945년 파리에서 죽었다.]

7 고르딘의 형제 가운데 하나 Ao언어라는 단음절로 이뤄진 국제어의 옹호자가 됐다. 다른 한 명은 1920~21년에 아나코-범세계주의(Anarcho-Universalism; 이 이론 때문에 그는 급속히 공산주의로 기운 듯하다) 이론의 창시자가 됐으며, 아마도 지금은 정치를 그만둔 것 같다. [실제로 고르딘 형제는 1920년대 초 한동안 체포됐다. 두 사람은 미국으로 이민 갔으며, 한 사람은 개신교 목사가 됐고, 다른 한 사람은 이스라엘에 정착했다.]

8 아나키스트-공산주의자인 알렉산드르 가이는 망명한 혁명가로 스위스에서 오랫동안 머물렀다. 그는 전 러시아 소비에트 집행위원회 위원이었다. 그는 병이 나자 건강을 돌보기 위해 캅카스로 가서 요양해야 했으며, 그곳에서 그는 온 힘을 쏟아 내전에 참가했다. 그는 퍄티고르스크와 키슬로보츠크를 방어했으며, 여러 사람들과 같이 테레크 지역에서 적색 테러를 주도하기도 했다. 그는 1919년 1월 키슬로보츠크에서 백군에게 사로잡혔다. 그가 발진티푸스에 걸리자 백군은 침대에 누운 그를 기병대의 검으로 찔러 죽였다. 며칠 후에 백군은 그의 부인이었던 헤냐 가이까지 목매달아 죽였다.

9 사둘, "토마에게 보내는 편지, 1918년 4월 8일"(letter to Albert Thomas, 08 April, 1918), 《볼셰비키 혁명에 대한 노트》.

10 [빅토르 세르주는 이 사건을 전체적으로 어딘가 좀 허술하게 다루었다. 그는 실제 전투의 와중에서 처형당한 사람들 중에는 "잘 알려진" 아나키스트 또는 아나키스트라고 "알려진" 사람이 단 하나도 없다고 주장했다. 그렇지만 체카가 호두노프라는 아나키스트 지도자를 총살한 일이 있었다(막시모프(G. P. Maximov), 《운영 중인 기요틴》(The Guillotine at Work), (Chicago 1940), pp.388~389). 호두노프는 공장 대표로 선출돼 모스크바 소비에트 대의원이 됐으며 10월 혁명에도 참여한 바 있었다. 그는 공격이 시작된 이후 곧바로 체포돼 체카의 감옥에 수감돼 있었다. 그 밖에도 많은 사람들이 처형됐다(그러나 처형당한 사람의 수에 관해서는 막연한 자료밖에 없다). 그 때문에 아나키스트라고 "알려진"

사람이 전혀 없다고 말하는 것은 잘못된 판단이다. 4월 21일경에 〈아나르히야〉
가 다시 간행됐는데, 이 신문은 아나키스트 계열의 출판물을 억제하는 정부 정
책 때문에 탄압을 받을 수밖에 없었다. 아브리치, 《러시아 아나키스트들》, pp.
184~185와 막시모프, p. 410을 참조할 것. 아나키스트 단체들은 이 시기에 사
실상 붕괴됐다.]

11 고페르스(Karlis Goppers), 《4가지 패배》(Ceiri Sabrakumi), (Riga 1920).

12 베틀류긴(A. Vetliugin), 《내전의 모험자들》(Avantiuristy Grazhdanskoi
    Voiny) (Paris 1921)을 참조할 것.

13 [친볼셰비키도 "반볼셰비키"도 아니고, 세르주의 설명과는 달리 자신들의 기관,
    조직, 회관 등을 유지하는 데 많은 어려움을 겪고 있던" 러시아 아나키즘의 다양
    한 경향을 자세히 알려면 Avrich, chapters 7, 8과 에필로그를 참조할 것.]

14 소린, 《당과 반대파》

15 레닌, 《전집》, volume. 27, pp. 235~277.

16 소린, 《당과 반대파》.

17 레닌, 《전집》, volume. 27, pp. 333, 334, 336, 339. [여기서 '국가자본주의'란
    레닌에게도 좌익공산주의자들에게도 국가가 사적 영역을 통제하는 체제(레닌의
    《전집》, volume, 27, p.336에 나오는 "곡물의 독점, 기업과 무역업, 자본가 협동
    조합"에 대한 국가 통제)를 의미한다. 이 개념은 사적 부문이 제거되고 국가 자
    신이 자본가로서 등장한 현재(즉, 스탈린 시대와 그 이후) 널리 쓰이는 '국가자본
    주의'와는 다른 체제다.]

18 [미국의 산업 전문가인 테일러 《과학적 관리의 원칙》(*Principles of Scientific
    Management*)의 저자, 1911)는 효율적인 관리와 노동자들의 노동을 강화할 목
    적으로 산업 분야에서 스톱워치를 처음으로 사용했다.]

19 레닌, 《전집》, volume. 27, pp. 238, 241, 244, 245, 246, 247, 259, 265,
    267~268, 268~269, 275.

20 레닌은 전 러시아 중앙집행위원회에서 서구 노동계급이 혁명을 추진하지 못할
    만큼 타락했다고 주장한 부하린과 아나키스트인 알렉산드르 가이에 맞서 자신
    의 테제를 방어해야 했다.

21 〈저녁 뉴스〉, 〈생활〉, 〈조국〉, 〈민중의 말〉, 〈민중의 벗〉, 〈토지와 자유〉.

22 페트로그라드 소비에트가 5월 29일에 정한 빵 배급량.
    (1) 중노동에 종사하는 육체노동자, 200그램.
    (2) 고정적으로 육체노동에 종사하는 노동자, 100그램.
    (3) 사무노동자, 50그램.
    (4) 자본가와 금리생활자, 25그램.

실업자는 예전의 직업을 참조해 위의 양식에 따라 분류됐다.

23 제5장에 설명된 '연합국과 채무의 무효화'를 참고할 것.

24 [모스크바는 3월 1일에서 6월 말까지 무르만스크 지역 소비에트 당국과 켐프와 풀 휘하의 영국군의 협조를 허가했을 뿐 아니라 권하기까지 했다. 트로츠키는 무르만스크 소비에트에 "연합국 사절단이 제공하는 모든 지원을 하나도 남김없이 받을 것"을 지시했다. 이후(7월 초) 무르만스크 소비에트가 모스크바와 결별하고 연합국 군대 편으로 넘어갔음을 감안하면, 그런 명령은 어리석음과 배반을 이유로 트로츠키를 비난하려 했던 스탈린주의 역사가들에게 많은 꼬투리를 제공한 셈이었다. 울만, 《간섭과 전쟁》, pp.116~117, 181~185를 참고할 것.]

25 René Marchand의 증언, in *Pourquoi Je Me Suis Rallié à la Formule de la Révolution Sociale* (Paris 1919). 이 시기의 연합국 태도에 관해서는 사둘, 《볼셰비키 혁명에 대한 노트》가 가장 중요한 사료다.

26 프랜시스(David R. Francis), 《러시아 주재 미국대사》(*Russia from the American Embassy*), April 1916~November 1918 (New York, 1921).

27 아르구노프(A. Argunov), 《두 볼셰비즘 사이에서》(*Mezhdu Dvumia Bolshevizmami*) (Paris 1919).

28 1918년 5월 7~14일에 국가협의회가 채택한 연합국의 간섭에 대한 태도를 보면 사회혁명당의 이중성이 확연히 드러난다. "민중 권력의 부활을 위해 민주주의는 어떤 경우에도 외국 군대의 힘에도, 심지어 단 한 나라 군대의 힘에도 의존할 수 없다." 그러나 러시아의 독립은 오로지 "볼셰비키 권력의 폐지와 보통 선거권으로 법적 정통성이 인정된 정부의 수립"을 통해서만 회복될 수 있다. "이런 정부는 단지 순수한 전략적 목적을 위해, 또한 연합국 정부들이 러시아 내정에 간섭하지 않는다는 조건 하에 연합국 군대의 러시아 영토 침입을 허용할 수 있을 것이다."

29 보리스 사빈코프는 사회혁명당에서 가장 강렬한 성격을 지닌 사람이었다. 그는 1879년에 태어났으며, 젊었을 때부터 투사였다. 그는 레닌, 마르토프와 함께 페테르부르크 최초의 마르크스주의 단체 회원으로 활동했다. 추방되자 그는 사회혁명당에 가입해 1903년 이래 경찰 앞잡이 아조프와 함께 사회혁명당의 테러 조직을 이끌었다. 사빈코프는 1903년에서 1906년 사이에 벌어진 사회혁명당의 모든 테러 활동(폰 플레베 장관과 세르게이 대공 암살로 유명하다)을 지시하거나 직접 참여했다. 그 일로 사형선고를 받았지만 가까스로 탈출에 성공했다. 보리스 사빈코프는 재능 있는 소설가이자 때로는 시인으로 활동하기도 했으며, 탁월한 회고록을 몇 편 남기기도 한, 예술을 사랑하는 사람이었다. 그는 용감하고 현실적이면서도 신비주의적 미신에 사로잡혀 있었으며, 인간의 힘과 개인의 영웅주의 외에는 아무것도 믿지 않은 복잡한 정신의 소유자이기도 했다. 그는 전

쟁 기간에 애국자로 활동했고, 케렌스키가 통치하던 때는 강력한 독재적 권위를 열렬히 옹호한 나머지 독재적 권위 실현을 사명으로 생각했을 정도였다. 그는 코르닐로프의 실패한 쿠데타에 참여했으며, 그 때문에 이후 강력한 반혁명 활동가가 됐다. 사빈코프는 1924년에 몰래 소비에트 영토로 돌아왔다가 체포됐으며, 모스크바에서 열린 혁명재판에서 혁명을 잘못 이해하고 반대 활동을 펼쳤다고 자신의 오류와 범죄 사실을 자백했다. 그는 10년 징역형을 언도받았으며, 1925년에 자살했다.

30 [편집자 후기 '체코슬로바키아 군단의 간섭에서 연합국이 한 구실'을 참조할 것.]

31 1922년 모스크바에서 열린 우파 사회혁명당의 재판에서 전직 중위 파스칼(P. Pascal)이 했던 증언. 그의 증언은 레베데프나 사빈코프 같은 사회혁명당 저술가들이 인정한 것과 정확히 일치한다.

32 파르페노프(P. S. Parfenov), 《과거의 교훈: 시베리아 내전, 1918, 1919, 1920》 (*Uroky Proshlogo: Grazhadanskaya Voina v Sibiri, 1918, 1919, 1920*) (Harbin 1921). [체임벌린은 《러시아혁명, 1917~21년》(London 1935), volume 2, p.23에서) 파르페노프는 영국과 프랑스 사절단이 모스크바의 반혁명가들과 함께 체코군의 봉기를 계획했다고 비난했지만 아무런 근거도 제시하지 않았다고 지적했다. 체임벌린은 당시 장군들이 소비에트 정부와의 협조 방법을 모색했다는 부정할 수 없는 사실을 염두에 둔다면 특히 라베르뉴가 그런 활동에 참여할 수 없었다고 주장하기도 했다. 록하트의 긴급 전보들을 보면 알 수 있듯이, 4월 14일은 체코군을 포함해 명확한 반소비에트 활동 계획이 수립되기에는 몇 주나 빠른 날짜였다. 한편 록하트가 모스크바에서 백군 단체와 더욱 긴밀히 접촉하기 시작한 것은 정확히 이때였다(울만, 《간섭과 전쟁》, pp. 163~164). 체코군의 활동에 관해 (그 뒤 5월에 실제로 토의가 이루어졌던 것처럼) 상세히 논의하지는 못했겠지만 파르페노프가 언급한 것과 비슷한 모임이 자주 열렸을 것이다.]

33 크리츠만, 《위대한 러시아혁명의 영웅적 시기》(Moscow 1926). 서구에서 러시아혁명에 대한 이와 같은 탁월한 연구서가 번역돼 있지 않은 것은 매우 아쉬운 일이다.

34 러시아 국가는 철도 소유주였다.

35 크리츠만, 《위대한 러시아혁명의 영웅적 시기》. 1918년 1월 21일 (상업 국유화 포고령이 발표되면서) 상업자본이 몰수됐다. 그 다음 1918년 11월 29일 소규모 공업이 몰수돼 국유화됐고, 11~12월에 협동조합들이 국유화됐다.

36 [그러므로 러시아에서 말하는 '노동자 통제'란 서구 노동운동이나 사회주의 운동에서 말하는 노동자 통제와는 사뭇 의미가 다른 것이다. 서구에서는 노동자들이 산업을 통제한다는 개념은 고용주를 실제로 착취하기 전에는 일시적 용어로조차 쓰이지 않는다. 그 개념은 국유화·사회화 구조 내에서 실현될 수 있는 산

업민주주의 형식에 관한 것이다. 볼셰비키의 '노동자 통제' 개념이 허술한 것은 러시아 노동운동에서 생디칼리즘 전통이 상대적으로 미약했기 때문이다. 러시아에서 아나코-생디칼리스트 계열의 기관지인 〈골로스 트루다〉가 창간된 것은 1917년이었다. 편집진은 차르 시절 대부분 추방됐다가 1917년에야 겨우 미국에서 돌아올 수 있었던 것이다(Avrich, pp. 137~139, 142, 148을 참고할 것.)]

37 리코프(A. Rykov)가 제1차 경제협의회 대회(the First Congress of Economic Councils)에서 한 연설(1918년 5월 26일~6월 4일).

38 판크라토바(A. Pankratova), 《러시아 공장위원회와 사회주의 공장 쟁취 투쟁》 (*Fabzavkomy Rossii v Borbe Za Sotsilisticheskuiu Fabriku*) (Moscow 1923) 에서 인용함.

39 레닌, 《전집》, volume. 27, pp. 392~393, 395, 396, 397~398.

40 레닌, 《전집》, volume. 27, pp. 425, 430, 434, 435, 436, 469, 475, 476~477.

41 레닌, 《전집》, volume. 27, p. 536.

42 레닌, 《전집》, volume. 36, p. 489.

43 여기에 혁명 지도자로서 레닌의 성격을 나타내는 몇몇 사례가 제시돼 있다. 그는 자신의 전보를 받을 사람에게 다음과 같이 경고했다. "귀하는 개인적으로 이 조처를 신속하고 강력하게 적용할 책임이 있소. … 주민들에게 그 조처들을 설명하고 그들의 동의를 이끌어 내시오. … 나에게 전보를 보내 적어도 내가 그 일의 진행 과정을 알 수 있도록 해 주시오. 나는 적어도 이틀에 한 번씩은 전보를 보내겠소."《프롤레타리아 혁명》, number 3 (26), 1924를 참조할 것.

44 몇몇 수치를 참고로 제시한다. 섬유산업 중심지 이바노보-보즈네센스크에는 23 개 부대가 집결했다(총 2243명). 그들은 1918년 9월부터 12월 1일까지 거의 250만 푸드의 곡물을 확보했다. 같은 시기에 모스크바는 자체 조직한 부대들로부터 차량 322대분의 곡물을 받았다. 그 전에는 몇 주 동안 기껏해야 차량 몇 대분의 곡물을 받았을 뿐이다. 3개월 동안 노동자 3만 명이 비농업 지역에서 농업 지역으로 이동했다(1918~19년 식량인민위원부 활동 보고서에서).

45 1918년 4월 11일 전 러시아 소비에트 중앙집행위원회에서 구코프스키가 한 보고.

46 1918년 4월 11일 전 러시아 소비에트 중앙집행위원회에서 구코프스키가 한 보고.

47 1918년 5월 9일 전 러시아 소비에트 중앙집행위원회에서 츄루파가 한 보고.

48 베치크에서 회의가 열리면 의장은 항상 스베르들로프가 맡아 보았으며, 당의 대변인 소스노프스키가 공산주의자들을 이끌었다. 공식적인 보고 연설을 하는 레닌과 트로츠키를 제외하고 가장 많이 발언하는 사람은 부하린(좌익공산주의자), 카렐린, 트루토프스키, 캄코프(좌파 사회혁명당), 알렉산드르 가이와 아폴

론 카렐린(아나키스트), 로조프스키(국제사회민주주의), 코간-베른시테인(우파 사회혁명당), 마르토프와 단(멘셰비키) 등이었다.

49 이런 상황에서 멘셰비키 사회민주주의파의 견해는 완전히 잘못된 것이었다. 우파 사회혁명당은 멘셰비키가 원하는 강령과 똑같은 실천 강령(제헌의회, 민주주의의 부활)을 위해 무기를 들었다. 그러나 멘셰비키는 무기를 들지 않으려 했으며, 다만 (자신들이 말했듯이) 노동계급 사이에서의 선동과 활동으로만 국한시키려 했다. 그들은 앞으로 올 민주주의 안에서 노동자 야당으로 남아 있기를 원했다. 그들은 백군과 체코군의 공범자가 됐다고 비난받았다(그리고 그럴 만한 근거도 있었다). 그러나 그들은 이런 "중상모략"을 부인했고, "진실을 고수했다." 그런 진실이란 예를 들면 적위대가 체코군이나 사빈코프의 부대와 맞서 싸울 때 멘셰비키 노동자들은 중립을 지키겠다고 선언한 것과 같은 사례를 말한다.

50 이런 사뭇 다른 포고령을 작성한 사람은 트로츠키였고, 그의 제안에 따라 표결에 부쳐졌다. 군사훈련에 관한 포고령은 다음과 같은 말로 시작된다. "인간들 사이의 야만적이고 피비린내 나는 싸움과 군국주의에서 인류를 해방시키는 것, 이것이야말로 사회주의의 주요 목적 중 하나다."

51 트로츠키, 《어떻게 혁명은 스스로 무장했는가》(Kak Vooruzhalas Revolutsiya) (Moscow 1923), volume 1, 'Documents of April~June 1918'.

52 [피슈그뤼는 프랑스혁명 때의 장군으로 통령 정부에 맞서 음모에 가담했다가 1804년에 처형됐다.]

53 [소비에트 정부의 해군인민위원 디벤코는 아나키스트 계열의 신문에 판결문에 대한 항의문과 상세한 증거들을 기고하기까지 했다(Maximov, pp. 73~74). 그 판결과 재판은 실제로 러시아에서 광범한 항의를 불러일으켰으며, 그 결과 체카는 수백 건의 즉결 처형을 실시했다. 마르토프까지 나서서 〈사형 제도를 폐지하라〉는 소책자를 쓸 정도였다. 카(Carr), 《소비에트 러시아의 역사: 볼셰비키 혁명, 1917~23》(London 1950), volume 1, pp. 163~164도 참조.]

제8장 7~8월의 위기

1 사둘, 《볼셰비키 혁명에 대한 노트》. 이 책은 러시아혁명을 일으킨 사람들을 탁월하게 설명한다. 그들은 약간 서두르는 감은 있었어도 매우 신뢰가 가는 사람들이었다.

2 "트로츠키는 매우 점잖게, 그리고 진심으로 레닌이 러시아혁명의 최고 지도자라고 선언했다." "레닌과 트로츠키는 가까이서 자기들을 주시하는 모든 사람들에게 가장 신뢰할 만한 동맹, 가장 효율적인 협동의 본보기를 보여 주었다." 사둘, 《볼

세비키 혁명에 대한 노트》, letter of 11 May 1918. 두 사람의 긴밀한 협조, 생각이나 행동의 완벽한 조화는 마치 마르크스와 엥겔스를 보는 것 같았다. [세르주가 이 글을 쓸 무렵 사둘은 완고한 스탈린주의자가 돼 있었다. 그는 세르주가 자신이 초기에 트로츠키에게 상당한 열정을 지니고 있었던 사실을 들춰내자 당황했다. 그러나 1936년 세르주가 모스크바 재판에 항의하는 운동을 전개하자 세르주를 테러리스트라고 비난하는 것으로 앙갚음했다(사둘은 페트로그라드에 있는 프랑스 공산주의자들의 집단에서 세르주에 관해 이미 잘 알고 있었다).]

3 [제르진스키는 1926년에 중앙위원회 회의에 참석했다가 쓰러진 뒤 갑자기 죽었다. 그는 중앙위원회 회의에서 좌익반대파를 비난했다. 세르주는 《한 혁명가의 회상》에서 라데크가 말한 또 다른 평가도 인용했다. "펠릭스는 적절한 시기에 죽었다. 그는 교조주의자였다. 그는 자신의 손을 우리의 피로 붉게 물들이기를 주저하지 않았을 것이다."]

4 제4장 주32에 있는 스베르들로프에 관한 글을 참조할 것.

5 [지노비예프는 자신에 관한 이런 글이 출판되자 러시아 공산당(지노비예프는 1927년에 트로츠키와 함께 통합반대파를 이끌었다는 이유로 추방됐다) 내의 스탈린파와 좌익반대파를 똑같이 불쾌하게 생각했다(왜냐하면 지노비예프는 이미 그의 견해를 취소했기 때문이다). 그래서 세르주가 지노비예프에 관해서는 상당히 신중하게 서술한 것 같다. 1932년과 1934년에 재차 당에서 추방당하자 지노비예프는 1936년 모스크바 재판에서 비열하게 자신의 '고백'을 취소하기까지 했지만 사형선고를 면하지 못했다.]

6 [라코프스키는 책이 출판될 때도 여전히 비타협적인 좌익반대파였으며, 추방당해 온갖 수모를 겪으면서도 스탈린 체제 관료 집단에 대한 '새로운 계급' 이론을 발전시키고 있었다. 그는 1934년 스탈린에게 항복했으며, 1938년 모스크바 재판에서 자신이 1924년 이래로 영국의 스파이 노릇을 해 왔다고 자백했다. 그는 20년 징역형을 언도받았으며, 그로부터 겨우 3년 뒤에 죽고 말았다.]

7 1906년 아직 어린 학생으로 사회혁명당에 가입했던 마리아 스피리도노바는 농민 반란을 잔인하게 진압한 탐보프 주의 지사를 암살했다. 그녀는 경찰에 체포돼 가혹한 대우를 받았다. 그 뒤 그녀는 시베리아의 아카투이 기결수 감옥에서 11년을 보냈다. 그곳의 제도는 무척 엄혹해서 자살이 정치수의 최후 항의 수단이었을 정도였다. 1917년 혁명으로 석방된 마리아 스피리도노바는 좌파 사회혁명당의 지도자가 됐다. 그녀는 볼셰비키의 철저한 반대자였으며, 나중에 수년간 감금됐다. [스피리도노바는 1938년 모스크바 재판에서 1918년 레닌을 암살하기 위해 좌익공산주의자들과 좌파 사회혁명당이 함께 꾸몄다는 터무니없는 거짓 음모에 연루돼 있다고 지목됐다. 하지만 그녀는 재판정에 증인으로 출두하지도 않았다. 아마도 재판이 열리기 전에 처형됐기 때문일 것이다.]

8 레닌, 《전집》, volume. 27, p. 527.

9 필자는 1921년 말경 〈비 우브리에르〉에 블룸킨이라는 테러리스트가 필자에게 해
   준 암살 관련 이야기를 자세히 썼다. 그는 우크라이나에서 자신의 '헌신적인' 좌파
   사회혁명당 동지들이 두 번이나 자신을 암살하려 했으나 기적적으로 죽음을 모
   면했으며, 나중에 공산주의자가 됐다. 그의 동지들은 그가 볼셰비키와 가까워지
   는 것에 반대했던 것이다. [블룸킨은 트로츠키가 이끄는 좌익반대파에 참여했으
   며, 세르주가 이 책을 출판하기 직전에 게페우(GPU)에 의해 처형됐다.] 그와 함
   께 암살을 시도했던 안드레예프는 나중에 마흐노 편에 참여해 싸우다 죽었다.

10 [바체티스는 전략상의 의견이 충돌하자 1919년 초에 붉은 군대 총사령관직을
   사임했다. 그는 남부전선으로의 전환을 지지했으나 오직 트로츠키만이 찬성했
   을 뿐, 모든 사람이 반대 의사를 표명했다. 바체티스는 스탈린 시대인 1937~38
   년까지 붉은 군대의 요직에 남아 있었으나, 군대 사령관들이 처형될 때 같이 희
   생당했다.]

11 좌파 사회혁명당의 봉기에 관해서는 다음을 참조할 것. 페테르스(Y. Peters),
   "체카 요원의 혁명 첫해 회상"(Reminiscences of a Cheka Worker in the First
   Year of the Revolution), 《프롤레타리아 혁명》(Proletarskaya Revoliutsiya),
   number, 10 (33), 1924; 트로츠키, 《전집》(Collected Works), (Moscow and
   Leningrad 1926), volume 17, part 1; 그 사건에 대한 제르진스키의 보고.

12 트루토프스키의 1918년 5월 20일자 베치크 연설 참조.

13 카렐린의 1918년 5월 20일자 베치크 연설.

14 1917년에 좌파 사회혁명당은 케렌스키와 체르노프에 반대했지만, 그들이 참여
   하고 있는 당이 분열되지는 않았다. 10월에 봉기 준비가 완료됐을 때도 그들은
   봉기를 지지하지 않았다. 그러나 일단 혁명이 발생하자 그들은 혁명을 지지했다.
   하지만 그 후에도 그들은 최초의 사회주의 정부에 참여하기를 거부했으며, 그 대
   신 광범한 사회주의 연립정부를 지지했다. 그러다가 마침내 그들은 정부에 참여
   했다. 그들은 정부를 비판할 자유가 확대되자 이내 정부를 떠났지만 그러면서도
   한편으로는 정부를 지지하는 정책을 유지했다. 그들은 홀로 통치하고자 했던 시
   도를 마침내 포기했다.

15 당시 사망한 사람은 12명이었다. 좌파 사회혁명당이었던 체레파노프는 이때까
   지만 해도 혁명가로서 탁월한 경력을 쌓아 왔지만, 이런 암살 시도의 주동자가
   됐다. 그는 체카에 의해 처형됐다.

16 ['2.5 인터내셔널'은 빈 연합(Vienna Union)이라고도 불렸으며 1921년에 13개
   의 온건파 국제주의 정당이 모여 창설했다. 이후 1923년에는 더 우익적인 노동
   자·사회주의 인터내셔널(제2인터내셔널)로 흡수됐다.]

17 페르후로프는 체코슬로바키아 전선에서 전투를 재개했다. 전쟁 포로로 붉은 군
   대에 넘겨진 뒤 그는 붉은 군대에서 다시 복무했으나, 1921년 예카테린부르크

에서 새로운 쿠데타를 기도하다가 체포됐다. 그는 혁명재판소에서 재판을 받고 1922년 처형됐다.

18 《16일: 야로슬라블에서 백군 반혁명의 역사에 대한 자료집》(*Shestnadtsat Dnei: Materialy po Istorii Yaroslavskogo Belogvardeiskogo Myatezha*) (Yaroslavl 1924)를 참고할 것.

19 [록하트가 전시 내각에 낸 귀환 보고서("러시아 국내 상황에 관한 각서", 1918년 11월 1일, 공문보관소, File FO 371/3337, 보고서의 해당 부분은 울만, 《간섭과 전쟁》, p. 231에 요약돼 있다)를 보면 프랑스가 현금으로 총 250만 루블을 지급했다는 것과 눌렁이 연합국 군대의 상륙에 관해 거짓 정보를 가지고 있었다는 등 사빈코프의 증언이 대부분 정확하다는 것을 알 수 있다.]

20 러시아에서 발행되던 체코 공산주의자들의 기관지 〈프루코프니크 스보보디〉 (*Prukopnik Svobody*)[자유의 선구자라는 뜻]는 1918년 6월 28일자에서 러시아 내의 체코군을 감독하는 민족회의가 3월 7일부터 볼셰비키에 대한 공세가 시작되기 전까지 프랑스 영사관으로부터 1118만 8000루블을, 또 영국 영사관으로부터 7만 파운드를 받았다는 사실을 폭로했다. 〈프루코프니크 스보보디〉에 실린 기사는 기대했던 것보다 훨씬 상세했다. [록하트는 영국 정부에 제출한 보고서("러시아 국내 상황에 관한 각서", 1918년 11월 1일, 공문보관소, PRO File FO 371/3337)에서 체코 민족회의를 "모스크바에 있는 여러 반혁명 단체들" 중 하나라고 설명했다. 록하트는 연합국과 소비에트의 협력이 실패로 돌아간 후 "나는 이 단체와 더 밀접하게 접촉했다"고 말했다. 그는 "프랑스는 나보다 먼저 이 단체에 돈을 대고 지원하기 시작했다"고 덧붙이기도 했다.

21 "눌렁이 한결같이 협상국들의 확고한 정책이라고 주장했던 간섭은 사실상 대단히 중요한 여러 가지 목표들을 겨냥하고 있었기 때문에, 우리 대사는 여러 사건을 통해 그가 이미 모든 준비를 마쳤고, 따라서 볼셰비키 정부를 무너뜨리고 러시아 국민정부 수립을 보장하기 위해서는 최소한의 힘만 있어도 된다는 사실을 입증해야 했다"(René Marchand, *Pourquoi Je Me Suis Rallié à la Formule de la Révolution Sociale*.) 사둘이 1918년 7월에 작성한 여러 편지에는 "눌렁이 현재 야로슬라블에서 진행 중인 봉기를 부추겼다"는 표현이 여러 번 등장한다(사둘, p.99).

22 아르구노프, 《두 볼셰비즘 사이에서》

23 마이스키(I. Maisky), 《민주적 반혁명》(*Demokraticheskaya Kontr-Revolutsiya*) (Moscow 1923).

24 7월 11일 인민위원회 의장 레닌과 전쟁인민위원 트로츠키가 서명해서 발표한 "모든 사람들에게, 모든 사람들에게, 모든 사람들에게"(To All, To All, To All)라는 포고문에는 다음과 같은 내용이 들어 있었다. "체코슬로바키아 전선의 전

최고사령관인 좌파 사회혁명당의 무라비요프를 독재자이자 인민의 적으로 선언한다. 정직한 소신을 지닌 시민이라면 그를 당장 죽여야 할 것이다."

25 [투하체프스키는 소비에트군의 역사에서 탁월한 역할을 수행했다. 그는 20대에 내전에 참여해 여러 곳의 군대를 지휘했으며, 1920년대에는 폴란드 공격에 참여하기도 했다. 폴란드 전쟁에서는 그와 스탈린 사이에 협조가 원활하지 않았다. 그 여파로 붉은 군대는 패배하고 말았으며, 이후에도 두 사람의 관계는 적대적이었다. 투하체프스키는 처음에는 트로츠키의 군대 중앙집중화 계획에 반대하고 민병대와 게릴라전을 강조하는 '군사 반대파'를 지지했으나, 나중에는 소련 군대를 재편하는 근대화 조직을 이끌었다. 그는 1935년에 소련 최초의 5성 장군으로 임명됐으나, 독일 게슈타포가 그를 독일 스파이라고 비난하는 거짓 문서를 작성해 유포시켜서 1937년에 비밀재판을 받고 처형됐다.]

26 당시 소련 헌법은 1918년 헌법의 골간을 따르고 있으며, 연방을 구성하는 공화국들과 연방의 주요 중앙 기구들의 권한에 관한 내용이 첨가됐다. [시민권을 보장하고 간접선거를 직접선거로 대체한 1936년 헌법은 당연히 "이상적인 노동자 민주주의를 위한 계획"으로 불린다.]

27 아니셰프, 《내전의 역사에 대한 스케치》에서 인용함.

28 야코블레프는 1918년 10월 콜차크 진영으로 넘어갔다.

29 밀류틴, "언론 기사에서"(Pages form a Journal), 《프로젝토르》(*Prozhektor*), number 4, 1924. 비코프(P. M. Bykov), 《로마노프가의 마지막 날들》(*Poslednie Dni Romanovykh*) (Sverdlovsk 1926)과 우랄 지역에서 발행된 기타 문서들도 참고할 것.

제9장 승리 의지와 테러

1 콜차크 제독은 러시아 국민들에게서 훔친 그 금을 여러 번에 걸쳐 야금야금 반출했다. 프랑스인에게 빌려준 금은 876푸드(1푸드는 대략 36파운드)였고, 영국인에게 516푸드, 영국-프랑스 합작회사에 698푸드, 일본인에게 1142푸드를 대출해 주는 등 총 3232푸드를 대출해 주었다. 대출 보증금으로 일본에 1500푸드가, 영국-미국 금융 트러스트에 3397푸드가 예금돼 있었다. 미제 소총을 구입하는 데 100푸드를 썼으며, 레밍턴 소총의 구입을 위해 50푸드, 콜트 기관총 구입에 50푸드 등 총지출은 5637푸드였다. 상하이에 375푸드의 금이 예금돼 있었다. 금의 총량은 모두 9244푸드였다(피온트코프스키, "반혁명 역사에 대한 자료"(Material on the History of the Counter-revolution), 《프롤레타리아 혁명》, number 1, 1921).

2 제8장에서 서술한 바 있는 이 편지에 대한 주석을 참조할 것.

3 또는 콘도(Condeau)일 것임. 러시아어로 표기된 이름을 영어로 옮긴 것임.

4 마이스키, 《민주적 반혁명》을 참조할 것.

5 1919~20년에 페트로그라드에 살고 있는 인구는 75만 명도 되지 않았다.

6 [마흐노 휘하의 군대는 1919년에는 데니킨에 맞서서, 그리고 1920년에는 브란 겔에 대항하여 싸워 우크라이나의 많은 지역을 해방했다. 브란겔을 공격할 때 붉은 군대는 볼셰비키의 공식 정책, 즉 아나키스트들을 탄압하는 정책을 무시하고 아나키스트 세력과 연합하여 싸웠다. 그러나 일단 브란겔이 패배하자 붉은 군대는 마흐노에게 등을 돌렸으며, 마흐노 부대를 포위하고 나서 화평 교섭을 하러 온 마흐노 부하들을 처형해 버렸다. 마흐노는 싸우면서 몇몇 사람들을 이끌고 루마니아 전선 쪽으로 퇴각했다. 그는 망명지인 파리에서 공장 노동자로 살아가던 중 실의에 빠져 알콜에 중독된 채 1934년에 죽었다.]

7 우리츠키는 키예프의 유대인 소상인 가정에서 태어나 법과대학을 다녔다. 그는 세 번이나 야쿠티야와 러시아 북부 지방 유형을 선고받았고, 감옥에도 몇 번 수감됐다. 이 직업혁명가는 결핵을 앓고 있어 건강이 좋지 않았고, 개인의 사생활 따위는 전혀 없었다. 그는 트로츠키와 같은 시기에 볼셰비키당에 가입했으며, 중앙위원으로 선출됐다. 판니 카플란과 카네기세르는 총살됐다. 사회혁명당의 주요 테러리스트들이 볼셰비키로 넘어온 후 1922년 7월 모스크바에서 열린 사회혁명당 중앙위원회 재판에서 이 암살 기도의 배후가 드러났다. 중앙위원들은 책임이 없다고 강변했으나, 그들이 사건의 준비 과정을 알고 있었다는 점, 중앙위원인 돈스코이가 카플란을 만나 이야기한 적이 있다는 점, 테러 조직이 그들에게 '몰수' 과정에서 나온 자금을 제공했다는 점, 그들이 독일행 금괴 열차를 습격하도록 테러 조직에 지시했다는 점 등이 밝혀졌다. 사회혁명당은 암살에서 이득을 얻으려 했지만, 결과가 불확실했기 때문에 과도한 책임은 지려 하지 않았다. 돈스코이는 테러리스트 세묘노프에게 아나키스트들처럼 '흑색 마스크'단을 창설하라고 제안했다. 판니 카플란은 아나키스트 테러리스트였다. 그녀는 1906년 키예프에서 체포돼 종신형을 선고받고 아카투이 교도소에서 10년을 복역했으며, 그곳에서 사회혁명당에 가입했다. 그녀는 "나는 레닌을 쏘았다. 왜냐고? 그가 사회주의의 배반자이기 때문이고, 그가 존재한다는 사실 자체가 사회주의를 불신하게 만들고 있기 때문이다. 나는 사마라 정부, 독일에 대한 투쟁, 연합국과의 동맹을 무조건 지지한다"고 선언했다.

8 모스크바에서 열린 사회혁명당 재판에서 나온 증언. 1922년 6월 28일 기록.

9 [영국 대사관 해군 무관이었던 크로미는 연합국 외교관들이 볼로그다로 떠난 후에도 대사관 일등무관으로 페트로그라드에 남아 있었다. 그는 페트로그라드 항구에 남아 있는 러시아 발트함대의 잔류 부대를 제거하는 임무를 맡고 있었다.

이미 5월에 영국 전시 내각은 그의 업무를 승인했으며, 그가 "일을 수행하는 대가로 요구한" 30만 파운드를 내주었다(1918년 5월 10, 11일자 전시 내각 의사록 'A', 408A, 409A; 공립문서보관소 File Cab 23/14). 당시 크로미의 임무에는 "독일군이 페트로그라드를 기습하면"이라는 조건이 붙어 있었고, "불필요하게 소비에트 정부의 적대감을 부추기지 않도록 유의할 것" 따위의 약간 비현실적인 단서도 달려 있었다. 그러나 한 달 후 록하트는 런던으로 긴급 전보를 보내 크로미가 함대를 폭파함과 동시에 러시아 북부 지역과 블라디보스토크에 대한 대규모 간섭을 시작하라고 촉구했다(록하트의 간섭 계획은 편집자 후기와 울만, 《간섭과 전쟁》, pp. 186~188을 참고할 것. 록하트는 크로미의 음모를 소비에트 정부에 대한 간섭과 연결시키려는 계획을 1918년 5월 25일 219호 전보로 타전했다. Milner MSS, Box 110, File C-1). 크로미가 죽은 후 영국 언론 보도나 그 후에 나온 영국의 설명에 따르면, 크로미 대위는 일상적 업무를 수행하다 체카에게 무참히 살해당한 그저 평범한 외교관이었다고 한다. 심지어 울만조차 "그가 살해될 당시 그의 함대 파괴 공작은 상당히 진척돼 있었다. 그러나 그 계획에 반혁명적 요소는 전혀 없었다. 그 계획은 전적으로 영국의 대독일 전쟁 수행과 관련된 것이었다"고 이야기할 정도다. 그러나 설사 볼셰비키가 이런 차이를 인식할 수 있었다 해도, 록하트의 5월 25일자 전보는 모든 사실을 뒤집어 버린다. 그 전보의 내용은 다음과 같다. "우리는 볼셰비키의 저항을 받지 않고 간섭을 실행할 수 있다. 그리고 이 일은 매우 가능성이 있어 보인다. 그러나 아무리 그렇더라도 발트함대를 파괴해야만 한다. 나는 이 문제를 놓고 크로미 대위와 여러 번 만나 협의했다." 폴 듀크스(1918년 말에 페트로그라드에서 활약하던 영국 첩보부 요원)의 기억에 따르면, 크로미도 페트로그라드에서 추방당한 장교들이자 러시아 왕정을 신봉하던 자들이 조직한 반혁명 성향의 비밀결사와 함께 일했다(Dukes, *The Story of 'ST 25'*, pp. 41, 79). 듀크스의 설명에 따르면, 결사단원 중 한 명은 볼셰비키의 이중간첩이었고, 영국대사관 피습이나 크로미의 피살 어느 것도 체카가 저지른 잔인한 행위로 볼 수 없다고 한다. 특히 당시와 같은 포위 상태에서는 그럴 가능성이 더욱 없다고 한다.]

10 ['록하트 사건'에 대한 설명은 다음을 참고할 것. N. 렐리(N. Reilly), 《영국의 탁월한 스파이 시드니 렐리: 그 자신이 쓴 이야기》(*Sidney Reilly, Britain's Master Spy: A Narrative Written by Himself*) Edited and Completed by his Wife (London 1931); 힐(G. A. Hill), 《스파이가 간 곳: 영국 비밀첩보국 IK8의 모험》(*Go Spy the Land: Being the Adventures of IK8 of the British Secret Service*), (London 1932); 록하트(Robin Bruce Lockhart), 《스파이의 꽃》(*Ace of Spies*)(또 다른 렐리 전기) (London 1967). 이 모든 책들은 록하트가 크렘린의 음모에 가담했다는 사실을 부정하고 있다. 렐리와 함께 '레트인[라트비아 인구의 4분의 3을 차지하는 민족]들의 음모'에 가담한 간첩 힐(Hill)의 증언에는 흥미를 끄는 특이한 점이 있다. 힐은 붉은 군대 첩보국과 연락을 주고받던 장교로

일했으며, 연합국 사절단이 떠난 후 모스크바에서 렐리, 베르탕몽과 함께 반볼셰비키 활동을 공식적으로 대변하고 있었다(힐, p. 212; 렐리, p.30). 록하트를 암살 음모의 주모자로 설명하는 소비에트측 연구에는 레트인 참가자들 속에 섞여 있던 체카 밀정의 증언이 많이 등장한다. 1966년 3월에 모스크바에서 발간된 신문 〈네델랴〉(Nedelya)를 참조할 것. 영어 번역판은 록하트의 책《스파이의 꽃》에 들어 있음.]

11 [베르탕몽과 칼라마티아노는 모스크바 주재 프랑스와 미국 정보기관 책임자였다(Hill, pp. 236, 246). 칼라마티아노는 혁명재판소에서 '록하트 음모'와 관련하여 유죄가 선고된 후 처형됐다.]

12 [서구에서는 애써 이 사실을 부정하고 있다. "렐리는 그들을 처형하려 한 것이 아니라 볼셰비키의 위계적 구조를 폭로하려 했으며, 레닌과 트로츠키를 선두에 세운 볼셰비키 인사들을 바지와 속옷을 벗기고 와이셔츠 바람으로 모스크바 거리를 돌아다니게 하려 했다. 그 다음에는 그들을 감옥에 가두려 했다."(록하트, 《스파이의 꽃》, p. 76; 렐리, 《스파이가 간 곳》, pp. 25~28도 참고할 것. Hill, 앞의 책, p. 238에는 렐리의 목적이 단지 "그들을 조롱거리로 만들어 죽게 만드는 것이었다"는 내용이 부가돼 있다.)]

13 [록하트(《한 영국 첩보원의 회고록》Memoirs of a British Agent, p. 316)에 의하면, 그는 레트인에게 영국의 공식 용지에 쓰고 자신이 서명한 편지만을 전달했다. 그런 편지 덕분에 레트인들은 북부 지역의 여러 전선을 통과하여 풀 장군 휘하 부대로 도망갈 수 있었다. 지금까지 출판된 서구의 모든 자료를 보면 크렘린에서 볼셰비키 지도자들을 체포하려는 음모에 록하트가 개인적으로 가담한 적은 결코 없다고 한다. 록하트가 직접 밝힌 바에 따르면, 렐리는 그와 그레나르, 라베르뉴에게 쿠데타 계획에 관해서 이야기했으며, 자신에게 당장 실행에 옮기지 말라고 경고했다고 한다(록하트, 《한 영국 첩보원의 회고록》, p. 316). 음모의 전체 과정에서 록하트가 한 역할에 대한 세르주의 설명은 상대적으로 제한돼 있다. 록하트가 영국으로 송환된 후 볼셰비키가 결석재판을 통해 그에게 사형선고를 내리긴 했지만, 체카가 그를 매우 관대하게 대한 것을 보면(록하트는 크렘린의 감옥에 수감됐고, 친구인 러시아 여인의 방문이나 외교 문제를 논의하기 위한 카라한의 방문도 여러 차례 허용됐다) 볼셰비키가 그의 죄를 엄중하게 취급했는지는 의심스럽다. 또, 록하트와 렐리가 의식적으로 음모에서 역할을 분담했을 가능성도 있다. 록하트 아들의 설명을 참고하면(Ace of Spies, pp. 70, 73~75, 90, 98), 모스크바에서의 반볼셰비키 음모(록하트는 렐리의 주선으로 백군 지하조직에 자금을 댔다)와, 비밀 공작원과 고급 정보원들, 외교관들이 포함된 친간섭주의 사회단체들에서도 그 두 사람의 관계는 매우 긴밀하고 만족스러웠다고 한다. 그런 사람들은 1918년 이후 알바니에 있는 렐리의 방을 자주 찾아왔다(제11장 35번 각주를 참고할 것). 록하트의 아들은 자기 책(《스파이의

꽃〉, p. 96 맞은 편)에 렐리가 록하트에게 선물한 담배상자의 사진을 실었다. 그 상자에는 "1918년 러시아 주재 영국 대표(볼셰비키 통치 시기) R H 브루스 록하트에게. 1918년 8~9월에 모스크바에서 있었던 사건을 기념하며, 절친한 친구 시드니 렐리 대위"라는 글이 새겨져 있다. 그리고 그 두 사람이 주고받은 매우 친근한 사신 두 통(1918년 11월 23일자와 25일자이며, 볼셰비키에 대한 투쟁 문제를 논의하는 내용)이 Milner MSS에 보관돼 있다(Box 110, File C-2). 23일자 편지에서 렐리는 다가오는 대격변에 대처하기 위한 'LDC'(문명수호연맹; League of the Defence of Civilisation)의 창설을 지지했다("내년에 온 세상에서 내전이 발발할 것입니다. 나는 '백군 수비대'에 가담할 것입니다. 하지만 이 단체는 결국 패배하고 말겠지요"). 렐리는 자신이 러시아와 볼셰비즘 문제 … 를 다루는 데 "적절한 일"을 찾으려고 비밀조직과 외국의 공관을 통해 작전을 전개하고 있다고 말하고, 오랜 동료에게 "무엇인가를 해서" 자신을 지원해 달라고 부탁했다. 렐리는 "나는 당신 밑에서 일하는 것이 가장 좋습니다"라는 말로 편지를 끝맺었다.]

14 록하트 사건을 연구해서 출판된 서적은 매우 적은 편이다. 체카가 당시 신문에 발표한 공식 발표문은 이미 출판됐으며, 표트르의 회고록도 1924년 《프롤레타리아 혁명》, number 10 (33)에 게재돼 있다.

15 A. Morizet, *Chez Lénine et Trotski* (Paris 1921). 이 책에는 붉은 군대 사령관과의 흥미 있는 인터뷰가 실려 있다.

16 라리사 레이스네르(Larissa Reissner), 《전선》(Front) (Moscow 1918). 저자는 사회주의자 교수의 딸이었으며, 스비야시스크에서 볼가함대에 소속돼 전투에 참가했다. 그녀가 쓴 이 작은 책은 심리적 상황을 설명하는 내용과 역사적 증언으로 꽉 찬 중요한 것이며, 독일어로 번역 출판되기도 했다. [라리사 레이스네르의 체험담 "스비야시스크"의 영어본은 1943년 6월호 《제4인터내셔널》(*Fourth International*), (New York)에 실렸고, 하르스턴(J Harsten) 등이 지은 《레온 트로츠키의 생애와 저작》(*Leon Trotsky: The Man and His Work*), (New York, 1969)에 재수록됐다.]

17 [아르카디 로젠골츠는 나중에 스탈린에 맞서 트로츠키가 이끄는 반대파에 가담했다. 그는 곧바로 항복해 최초의 런던 주재 대사로 임명됐으며, 다음에는 대외교역인민위원으로 임명됐다. 그는 1937년 말에 체포돼 그 다음해에 모스크바에서 열린 부하린-리코프 재판정에 섰으며, 1938년 3월에 처형됐다. 이반 니키티치 스미르노프는 혁명 이후 시베리아에 볼셰비키 지배를 확립하는 데 공을 세웠으며, 그 덕분에 '시베리아의 레닌'으로 불렸던 사람이다. 그는 트로츠키 반대파에 가담했기 때문에 소비에트 정부에서 쫓겨났으며, 1927년 유배됐다. 그러나 스탈린이 '좌선회'하자 항복했다. 1933년 체포돼 10년형을 선고받았으며, 1936년 8월 '트로츠키-지노비예프 중앙파 사건'에 연루돼 다시 한 번 재판을 받고 다

른 피고인들과 함께 총살됐다.]

18 구세프(S. I. Gusev), "스비야시스크의 나날들"(The Days of Sviazhsk), 《프롤
레타리아 혁명》, number 2 (25), 1924. [세르주의 이 말은 가시 돋친 매우 신랄
한 표현이다. 왜냐하면 1919년 동부전선에서 논쟁이 시작된 이래 트로츠키와
계속 대립하던 고참 군인인 구세프가 유능한 저술가, 오히려 개작자로 등장해 스
탈린주의 관점에서 군의 역사를 기술했기 때문이다. 그가 쓴 소책자 《우리의 군
사적 견해 차이》(Our Military Disagreement)는 트로츠키의 "비정한 방식"을
비난하고 있다. 그리고 그는 세르주가 인용한 문장에서 그 사실을 인정했다.]

19 9월 11일 카잔 극장에서 한 연설.

20 투하체프스키, "1918년의 제1군"(The First Army in 1918), 《혁명과 전쟁》
(Revoliutsiya i Voina), number 4~5, 1921.

21 노동자 블류헤르는 붉은 군대 내에서 가장 탁월한 전략가가 됐다. 골루비흐(M.
Golubykh), 《우랄의 빨치산들》(The Partisans of the Ural), (Ekaterinburg
1924). [블류헤르는 중국 국민당에 군사고문으로 파견됐다가 나중에 붉은 군대
극동군 제독이 됐다. 이 부대의 사령관으로 재직할 당시 그는 1938년 여름에 하
산(Hassan) 호수에서 일본군에 패해 심한 타격을 받았다. 그는 내무인민위원부
(NKVD)에 체포돼 심한 고문을 받은 뒤 바로 그해에 죽었다.]

22 [코프튜흐는 계속 군대에 근무했다. 그는 군사령관직에까지 올랐으며, 스탈린이
군대 고위 지휘관들을 학살할 때인 1938년 7월에 사망했을 것이다.]

23 붉은 군대가 도시로 접근하자 이바셴코의 노동자 6000명이 들고일어났지만, 때
이른 봉기였다. 붉은 군대는 1주일 뒤에도 사마라에 도달하지 못했다.

24 이 책에서 극동에서 일어난 사건을 자세히 설명할 수는 없다. 그해 초부터 동중
국철도(Chines-Eastern Railway) 사장인 호르바트(Horvat) 장군을 대통령으
로 하는 '러시아 정부'가 만주 하얼빈에 자리잡고 있었다. [유명한 공장의 전 경
영주였던] 푸틸로프는 그 정부에서 중요한 구실을 맡고 있었다. 콜차크 제독에
게 국민군 창설을 최초로 제안한 것도 바로 이 정부였다. 콜차크 제독은 일본 정
부의 동의를 얻기 위해 도쿄를 방문해야 했다. 극동의 실질적 주인은 일본군 장
군인 나카시마였다. 아타만 세묘노프는 약 1800명에 이르는 중국인, 몽골인,
부랴트인(Buryats), 일본인, 세르비아인, 트란스-바이칼 카자흐인 등으로 구성
된 군대를 이끌고 붉은 군대에 대항하여 싸웠다. 실제로 그의 참모장은 쿠로키
(Kuroki) 대령이라는 자였는데, 그는 러일전쟁 때 이름을 날린 일본군 대장의
아들이었다. 사회혁명당원 데르베르가 수반으로 있던 시베리아 정부는 블라디
보스토크에서 활동을 전개하려 했다. 이 도시는 볼셰비키 노동자들을 한편으
로 하고, 체코인과 벨라루스인들을 다른 한편으로 하는 집단들 간의 분쟁에 휘
말려 있었다. 그해 9월 미군이 도착했으며, 일본군의 오타니 제독은 시베리아에

주둔하는 모든 연합국 군대의 지휘권을 가지고 있었다. 연합국은 고등판무관 협의회를 만들었다, 페트로그라드에 주재한 적이 있는 전직 외교관 찰스 엘리엇 경이 영국을 대표했으며, 프랑스를 대표한 사람은 도쿄 주재 대사 르뇨였다. 이 협의회는 혁명적 성향이 있다고 생각되는 모든 러시아군 장교들의 무장을 해제했다. 그 사이에 체코군의 가이다 장군이 치타를 공략하고 있었다. 길게 뻗어 있는 시베리아 횡단철도를 따라 그는 학살을 자행하고, 농민들을 괴롭혔다. 9월에 그는 자신이 러시아군과 체코군의 최고사령관이라고 선언했다. 스테파노프 장군은 알렉세예프 장군에게 "철이 부족한 일본군은 다음과 같은 지역을 장악하려 할 것임. 1. 철광석이 풍부한 시베리아 인근 지역 2. 동중국 철도 중 러시아 영토 내에 있는 철도 3. 블라디보스토크항과 우수리 지역"이라고 쓴 편지를 보냈다. 일본의 계획은 여전히 미국의 반발에 부딪혔다(데니킨, 《격동의 러시아 스케치》, volume 3).

25 라치스(M. Y. Latsis), 《반혁명에 맞선 비상 투쟁위원회》(*Chrezvichainye Komissii po Borbe s Kontr-Revoliutsiei*) (Moscow 1921).

26 11월 2일자 포고령으로 비상위원회 체제가 정비됐다. 체카 본부는 모든 지방 지부를 하나로 묶고 통제할 책임이 있었고, 지부의 결정을 무효화할 수 있었다. 체카의 위원은 인민위원회가 임명했고, 체카에 대표단을 직접 파견했다. 체카의 주요 인물로는 의장인 제르진스키 말고도 라치스, 표트르, 크세노폰토프 등이 있었다. 지방 체카는 지역 소비에트 집행위원들로 구성됐고, 지방 체카의 책임자를 임명하려면 지역 소비에트의 승인을 거쳐야 하는 등 여전히 지역 소비에트에 종속돼 있었다.

27 라치스, 《반혁명에 맞선 비상 투쟁위원회》.

28 1918, 1919, 1920년도에 러시아 전 지역에서 처형된 사람은 총 1만 2733명이었다. 이와 같은 체카의 공식 수치는 낮게 평가된 것으로 인정되기는 하나, 실제 수치를 나타낸 유일한 것으로 받아들여지고 있다. 확실히 이 수치는 여러 위원회의 조직적·통제적·체계적 활동만을 정리한 것이다. 시민혁명재판소가 사형을 언도했다는 사실을 추가해야 한다. [체임벌린은 《러시아혁명 1917~21년》, volume 2, pp. 74~75에서 1만 2733명이라는 수치는 체카의 "조직적" 행위조차도 과소평가한 것이 틀림없다고 했다. 그는 1918~20년의 내전기에 붉은 군대의 테러로 총 5만 명이 죽었다고 보았다.]

29 마티에(A. Mathiez), 《프랑스혁명》(*La Révolution Française*),(Paris 1922), volume 3, p. 88의 테러에 관한 부분 참조.

30 이 수치는 올라르(M. Aulard)가 제시한 것이다. 반동적 역사가인 자크 블랭빌은 자신의 편견에도 불구하고 다음과 같이 결론지었다. "지독한 어리석음과 실행자의 무지에도 불구하고 테러는 한 국가의 의사 표현이다. 테러는 심각한 위기의 시대에 프랑스의 힘을 그 어느 때보다 강력하게 만들었다."(*Histoire de la*

France (Paris 1924).

31 실제로 테러는 수백 년간 지속돼 왔다. 중세 때부터 부르주아혁명이 시작될 때까지 테러는 유산계급이 가난한 자들에게 강요한 정상적 제도였다. 토머스 모어에 따르면, 헨리 3세 치하 영국에서는 7만 명이나 되는 도둑이 처형됐다. 엘리자베스 여왕 치하에서는 1년에 적어도 300~400명씩 부랑자들이 처형됐다. 프랑스에서는 "루이 16세 치하에서 1777년 7월 13일자 포고령에 따라 16세에서 60세의 성인 남자 중 생계수단이 없거나 직업이 없는 자들을 배로 보내 노를 젓게 할 수 있었다."(마르크스, 《자본론》 1권, 24장, '시초 축적론' 부분 참조.) 프랑스에서는 지금[1920년대 후반]도 법률에 따라 강제로 방랑자들(일정한 숙소와 직업, 생계수단이 없는 사람으로 정의된다)을 처벌 대상으로 간주할 수 있으며, 재범시에는 유형지로 "추방"할 수도 있다. 추방은 강제노동이나 다름없는 종신형이다. Victor Sergre, 'The Problem of Revolutionary Repression', in *Les Coulisses d'une Sûreté Générale* (Paris 1923).

32 로만 굴(Roman Gul)의 회고록 《냉혹한 행군》(*Ledyanoi Pokhod*)(Berlin 1922)을 참조할 것.

33 트로츠키, 《레닌》, chapter 5.

34 레닌, 《전집》, volume 27, p. 344.

제10장 독일혁명

1 루덴도르프, 《나의 전쟁 비망록, 1914~18년》, volume 2.

2 총사령부가 정부에 보냈던 전보의 일부 내용은 다음과 같다. 1918년 10월 1일 오후 1시: "… 긴급히 강화를 제안해야 함. 군대는 아직까지 잘 버티고 있으나 내일 무슨 일이 일어날지 전혀 예측할 수 없음. 서명자: 레르스너." 10월 1일 오후 1시 30분: "만약 바덴의 막스 공이 오늘 저녁 7시나 8시까지 정부를 구성할 책임을 맡는다면 내일 아침까지 기꺼이 기다리겠음. 그렇지 않다면 오늘 밤 세계 각국 정부에 성명을 발표할 필요가 있다고 생각함. 서명자: 힌덴부르크." 10월 1일(10월 2일 오전 0시 10분에 긴급 타전): "루덴도르프 장군은 나에게 우리의 강화 제안이 베른에서 워싱턴으로 즉시 전달돼야 한다고 말했음. 이제 군대는 43시간 이상은 더 버틸 수 없음. 서명자: 그루나우." 총참모부는 이 정도로 군대 내부의 분위기를 우려하고 있었다!(파울 프뢸리히(Paul Fröhlich), 《독일혁명》(*The German Revolution*),(1926) [프뢸리히가 쓴 독일어 책 《10년 동안의 전쟁과 내전》(*Zehn Jahre von Krieg und Burgerkrieg*), (Berlin 1924)의 번역서], chapter 13.

3 [에베르트가 실제로 제국 총리가 됐으나, 그와 후임 총리와 섭정 황태자 막스 간의 합법적 연속성이 유지됐기 때문에 제국의 관리들은 황제에 대한 충성 맹세를 깨뜨리지 않고도 새 정부의 합법성을 인정할 수 있었다(발트만(E. Waldman), 《1919년 스파르타쿠스단의 봉기》(*The Sparacist Uprising of 1919*), (Milwaukee 1958), p.89.]

4 레닌, 《전집》, volume 28, pp.101~103.

5 오랜 시간이 지난 1924년에[즉, 스탈린, 지노비예프, 카메네프가 레닌과 트로츠키 사이의 의견 대립을 상징하는 사실들을 모두 끌어모으고 있을 때] 이런 말들은 두 지도자 사이의 대립되는 견해를 나타내는 징후들로 인식됐다. 그러나 그 두 지도자가 동일한 생각을 표현하고 있었음을 증명하기 위해서라면 레닌이 했던 말을 살펴보는 것으로 충분하다. 어쨌든 트로츠키는 당 중앙위원회의 이름으로 발언했다. 여기에 제시되는 것은 모두 당시 흔히 일어나던 속기록상의 실수가 아니라면 사람들이 자유롭게 발언한 내용이었다. 이 점에서는 당의 사고방식이라는 단 하나의 사고방식만이 존재했다. 이 공통의 기반 위에서 미묘한 차이가 엿보일 뿐이다. 그래서 레닌은 발언에서 제국주의 협상국과의 전쟁 위험을 강조한 반면, 트로츠키는 (10월 30일 베치크 연설에서) 올해 안에 대규모 군사작전을 수행하기에는 너무 늦었다는 이유를 들어(사건이 전개되면서 이 견해가 옳았음이 입증됐다) 러시아 공화국이 다가오는 봄까지 휴식을 취해야 한다고 말했던 것이다. 이제 트로츠키의 모든 생각은 서구에서 혁명이 공세로 나와야 한다는 데 맞춰져 있었다. 우리는 여기서 인민위원회 의장과 혁명군사위원회 의장 사이의 분업의 자연스러운 효과나 한 사람은 신중함을, 다른 사람은 공격적 자세를 선호하는 기질상의 차이점을 알 수 있을 것이다.

6 레닌이 1918년 2월 28일 좌익공산주의자들에게 한 대답 '낯설고 기괴한'(레닌, 《전집》, volume 27, p. 72)에서.

7 레닌, 《전집》, volume 28, pp. 65~66. 1년 뒤 1919년 4월 18일 레닌과 트로츠키는 공동으로 서명한 전보를 우크라이나 소비에트 정부에 보내 소비에트 헝가리와 관계를 수립하기 위해 체르노비츠(부코비나) 방면으로 공격할 것을 촉구했다. 그러므로 당시 소비에트 공화국은 이와 같은 원칙에 영향을 받았다고 볼 수 있다.

8 레닌, 《전집》, volume 28, pp. 116, 117, 123, 124. 이런 감시는 무장 간섭이라는 수단을 통해 우크라이나에서 사건 전개를 가속하려 한 공산주의자들을 겨냥한 것이다.

9 카를 카우츠키(K. Kautsky), 《권력에 이르는 길》(*The Road to Power*), (Chicago 1909).

10 Bureau d'Édition et de Diffusion이 엮은 논문집 《사회민주당》(*Les Partis Social-Démocrates*), (Paris 1925)과 야코빈(G. Y. Yakovin), 《현대 독일의 정

치 발전〉(*The Political Development of Contemporary Germany*), (Leningrad 1927)을 참고할 것. [러시아어 판은 이용할 만한 것이 없다.]

11 [즉, 1923년 10월 사태 때 노동계급을 대규모로 동원하는 데 실패한 뒤에]

12 [사실, 리프크네히트는 1914년 8월에 사회민주당의 다른 의원들과 함께 전쟁 공채 발행에 찬성 투표했다. 그후 리프크네히트는 당규를 위반하고 전쟁에 반대했지만 륄레는 1915년 3월에야 리프크네히트와 함께했다.]

13 [윌슨주의: 미국 대통령이 제안한 전후 처리 원칙.]

14 [알베르트 발린은 함부르크 선박왕이었다. 클뢰크너, 크루프, 티센, 후겐베르크는 루르 지역의 산업 가문이었다. 후고 슈티네스는 많은 신문을 포함한 언론 제국의 지배자였다. 그리고 발터 라테나우는 총명한 유대인 자본가이자 정치가였으며, 1922년에 우익 살인청부업자에게 살해됐다.]

15 [조지 뷰캐넌 경과 모리스 팔레올로그는 제정 시절과 임시정부 때 러시아에 파견된 영국과 프랑스 대사였다. 알베르 토마는 프랑스 사회주의 지도자이자 클레망소 내각의 국방장관이었다. 그는 케렌스키가 권력을 장악하고 있을 때 러시아를 전쟁에 붙잡아 두기 위해 러시아를 방문했다.]

16 [독일어로 정부를 뜻하는 Rat der Volksbeauftragten(인민위원회)는 사실상 레닌의 인민위원회를 번역한 말이다. 세르주는 Commissars(인민위원)을 Mandataires(대리인)이라는 용어로 번역해 사용했다. 세르주는 이 책에서 인민위원이라는 용어보다 대리인이라는 용어를 사용한다.]

17 사실 그 두 사람은 마지못해 협상에 동의했다. 그러나 러시아로 파견됐던 연합국 군대의 경험에 비춰 보면 협상국도 혁명국들에 맞서 싸워 봐야 승리할 수 없었을 것이라는 점은 명백하다. 군대는 노동자 혁명과 마주친 순간부터 불만을 품게 됐다. 혁명은 라인강에서 중지될 수 없었을 것이다. 러시아혁명과 독일혁명이 결합되자 포슈와 윌슨은, 폰 퀼만과 호프만이 브레스트리토프스크에서 고립된 러시아혁명을 마주 대했을 때와는 다르게 우호적 태도를 취할 수밖에 없었다.

18 루덴도르프의 뒤를 이어 최고사령관직을 맡게 된 그뢰너 장군은 1925년 뮌헨 재판에서 다음과 같이 말했다. "우리[즉, 최고사령부와 사회민주당]는 볼셰비즘에 대항하여 동맹을 결성했다. … 나는 날마다 에베르트와 만났다. 나의 목적은 노동자·병사위원회로부터 권력을 탈취하는 것이었다. 우리는 베를린에 10개 사단을 배치하려고 계획했다. 에베르트는 우리에게 동의했다. … 독립사민당과 소비에트는 [베를린에 배치되는] 군대의 비무장을 요구했지만, 에베르트는 군대가 잘 무장해야 한다는 우리 주장에 동의했다. 우리는 베를린 작전을 주도면밀하게 계획했다. 즉, 수도를 무장해제하고 스파르타쿠스단원들을 제거한다는 것이었다. 모든 일은 에베르트와 공동으로 처리했다. … 이 일이 끝나고 나면, 더 강

력한 정부를 수립할 예정이었다. 군대는 12월에 도착했지만, 병사들이 고향으로 돌아가기 시작하자 계획은 무위로 끝나고 말았다."

19 [비록 이오페가 독일에서 혁명을 선전·선동했지만, 이런 특별한 소책자를 외교 수하물에 "집어넣은" 것은 프로이센 경찰이었을 것이다(발덴, pp. 66~67).]

20 "모스크바에서", 〈이즈베스티야〉, 1918년 12월 18일이나 19일치에서 발췌.

21 [노보체르카스크는 돈 지역의 수도였다.]

22 [테렉은 캅카스 국경 근처 카스피해로 흘러드는 테렉 강변의 지역이다.]

23 영사 에노(Hainaut)의 이름은 러시아 이름을 번역한 것. 아마 철자가 틀린 듯하다.

24 오솅(Hochain)의 경우도 위와 마찬가지다.

25 [풀이 전쟁부에 제출한 보고서는 내각 문서에서 찾아낸 것이며, 요약된 내용은 울만, 《영국과 러시아 내전》, (Princeton 1968), p. 49에 있다. 풀은 보고서에서, "많은 지역에서 주민들을 쫓아내고" "문명을 파괴하는" 볼셰비키의 테러를 저지 하기 위해 데니킨을 대대적으로 지원(탱크, 항공기, 영국군 병력을 포함한)할 것을 권고했다.

26 오늘날의 스탈린그라드[1961년 이후로는 볼고그라드로 불린다.]

27 [부됴니(Budyonny)는 스탈린의 충성스러운 지지자가 됐다. 그는 1935년 소련의 해군 제독이 됐고 군대 숙청이 단행됐을 때도 살아남았다. 그는 제2차세계대전 에서는 별다른 구실을 하지 못했다.]

28 마이스키, 《민주적 반혁명》.

29 [여단장 알프레드 녹스 장군은 한동안 페트로그라드 주재 영국 대사관의 육군 무관으로 일했으며, 1917년에는 코르닐로프의 반케렌스키 쿠데타를 지원했다. 다음해에는 록하트를 소환하려고 애썼으며(이때 록하트는 친소비에트적이었다), 일본군의 시베리아 공격을 열렬히 선동했다(울만, 《간섭과 전쟁》, pp. 11~12, 131, 197~198). 시베리아 주둔 연합군 총사령관을 지냈던 모리스 야닌 장군은 사실은 녹스의 부하였다(울만, 《영국과 러시아 내전》, p. 35). 그는 혁명 이전에 러시아에서 오랫동안 살았으며, 1916년에는 페테르부르크 주재 프랑스군 군사 사절단의 대표로 일했다. 그가 블라디보스토크에 있었다는 사실은 결국 프랑스 가 연합국의 간섭에 관여했고 체코슬로바키아의 정치적 인준을 위한 협상에도 관여했음을 입증하는 것이다. 체코와의 관련은 그가 시베리아에 도착하기 전에 프랑스에서 싸우던 체코군을 지휘했을 때 형성됐다.]

30 [연합국 대표들이 콜차크의 쿠데타를 정확히 어떻게 지지했는지는 상당한 논 란 거리다. 나중에 야닌 장군은, 영국이 투르케스탄에서 자신들의 경제적 특권 을 보장해 줄 수 있는 "그들 자신의 정부"를 확보하려고 콜차크를 "지명"했다고 주장했다. 눌렁 대사와 야닌의 부관 두 명도 비슷한 비난을 했다. 녹스 장군이

1918년 10월 말에 쿠데타에 필요한 준비 조처들을 취했다는 것이다. 체코군은 집정부 전복에 공공연하게 항의했다. 그들은 쿠데타가 일어나기 전에도 콜차크와 사이가 나빴다. 영국 정부는 쿠데타 때문에 매우 곤란한 처지가 됐다. 왜냐하면 얼마 전에 집정부를 러시아 정부로 사실상 승인했었기 때문이다. 화이트홀은 옴스크에 있던 녹스의 군사사절단 일원인 닐슨 대령의 활동을 조사했는데, 그 결과는 영국이 콜차크의 쿠데타에 연루됐다는 것을 암시한다. 닐슨 대령과 그의 동료들은 쿠데타가 언제 일어날지 미리 알고 있었다고 인정했지만, 닐슨 자신은 결백했다. 쿠데타 연루 혐의를 받은 녹스의 또 다른 부관 스티브니 대위는 반동적인 왕당파였다. 울만의 표현에 따르면 그는 실제로 음모에 "가담했을 수도 있다." 워드 대령의 제25 미들섹스 대대가 음모자들에게 기관총을 지원했다는 점은 확실하다. 울만, 《간섭과 전쟁》, pp. 279~284, 《영국과 러시아 내전》, pp. 33~34. 플레밍(P. Fleming), 《해군제독 콜차크의 운명》(*The Fate of Admiral Kolchak*), (London 1963), pp. 112~116.]

31 이아시 회의에 관해서는 마르굴리스(M. Margulies), 《간섭의 해》(*God Interventsii*), (Berlin 1923)을 참고할 것. [마르굴리스는 회의 참석자였다.]

32 프랑슈 데스페레 장군이 러시아에 오지 않았기 때문에 그가 참여하기로 한 간섭 계획은 곧바로 폐기됐다. [물론 세르주는 야닌 장군이 콜차크를 사실상 "통제한다"고 생각했으나, 이는 잘못된 것이다. 위의 주30을 참고할 것.]

33 [혁명적 공산당과 민중공산당은 좌파 사회혁명당이 1918년 7월에 봉기를 시도한 후에 떨어져 나온 두 개의 작은 분파였다. 민중공산당은 그해 11월 조직을 해체하고 러시아 공산당에 들어갔다. '혁명적 공산당'(이 당은 기관지를 발행해, 소비에트를 지지하지만 '프롤레타리아독재'의 필요성은 부정하는 흥미 있는 이론적 입장을 발표했다)은 1920년 말에 자진 해산하고 볼셰비키에 흡수됐다.]

34 [이들은 모두 볼셰비키 연설가였다. 스테클로프는 〈이즈베스티야〉 편집자였고, 쿠르스키는 사법인민위원이었으며, 아바네소프는 베치크의 사무관이었다.]

35 레닌, 《전집》, volume 28, pp. 138. 139, 142, 143, 150, 151, 154, 160, 163~164.

36 집정부는 최초의 포고령에서 유산계급(자본가와 대지주)이 자신들의 탐욕과 반민족적 이기주의, 외세에 대한 굴복 때문에 불명예를 자초했다고 선언했다.

37 [퍄타코프는 소비에트의 가장 유능한 관료였다(그는 1922년 12월 레닌이 〈유언장〉에서 조심스럽게 칭찬한 몇 안 되는 볼셰비키 중 한 사람이었다). 나중에 트로츠키가 이끄는 좌익반대파에 주도적으로 참여했다가 1928년에 항복하고 러시아 중공업 인민위원이 됐다. 그는 1934년에 당 중앙위원회로 복귀했다. 그러나 1936년 말에 체포됐으며 1937년 1월에 '반소비에트 트로츠키주의 중앙파'가 계획했다는 각종 암살과 사보타주 음모를 자백했다. 그는 사형 언도를 받아 총살됐다.]

38 소비에트 공화국은 1919년에 데니킨 휘하 백군이 완전히 점령하고 있던 우크라이나를 장악했다. 툴라와 모스크바에 대한 데니킨의 공격은 배후의 농민 봉기와 붉은 군대 때문에 실패로 끝났다. 혁명 세력은 마지막으로 1920년에 우크라이나를 재탈환했다. 이런 일련의 투쟁이 계속되는 동안 라코프스키는 여전히 우크라이나 소비에트 정부의 수반이었다.

39 노스케(G. Noske), 《킬에서 카프 쿠데타까지》(*Von Kiel bis Kapp*), (Berlin 1920)

40 [에밀 아이히호른(1863~1925년)은 1908년부터 1917년까지 독일 사민당의 언론국을 이끌었으며, 그 후에는 독립사회민주당의 언론국을 운영했다. 혁명이 전개되고 있을 때는 시의 경찰국장으로서 베를린 노동자·병사 평의회 집행위원회에 정규적으로 보고했고, 노동자의 무장을 독려했으며 혁명적 민병대인 안전방위대(Sicherheitswehr)를 창설했다. 그는 1920년에 독일 공산당(KPD)에 합류했다.]

41 [그를 임명한 것은 독립사회민주당과 베를린 노동자·병사 평의회 집행위원회였다. 집행위원회는 베를린에서 혁명의 물결이 퇴조하자 정부의 영향에 휘둘렸고, 아이히호른의 해임을 사실상 인정했다(1월 6일). 발트만, pp. 165~166, 180.]

42 이 내용은 카를 라데크가 베를린에서 독일 공산당 중앙위원회에 보낸 1월 9일자 편지에 들어 있다. 라데크는 수도에서 비밀리에 활동하면서 사건의 추이를 정확하고 명확하게 관찰했다. 그는 공산당이 도발에 말려들 위험이 있다고 경고했다. 이 편지는 정치적 선견지명과 확고한 혁명성을 보여 주는 본보기다. 라데크의 충고를 귀담아 들었다면, 독일 노동계급은 1월의 엄청난 패배를 피하고 혁명지도자인 리프크네히트와 로자를 지킬 수 있었을 것이다. 또한 에베르트와 벨스, 노스케의 계획을 좌절시켰을 것이고 미래를 보장받았을 것이다. … 1921년에 나온 라데크, 《독일혁명에 복무하며》(*No Sluzhbe Germanskoi Revoliutsii*), (Moscow 1921)의 독일어 번역본을 참고할 것. 중부 유럽에서 결정적 투쟁이 전개된 1년의 경험을 밀도 있게 파헤친 탁월한 책이 프랑스어로 번역되지 않았다는 것은 매우 안타까운 일이다.

43 티어가르텐은 베를린 중심부에 있는 아주 커다란 공원이다.

44 〈붉은 깃발〉(Rote Fahne)에 실린 기사에서 인용함. [이 신문은 1919년 1월 7일자 "지도자는 무엇을 하는가?"(Was Machen Die Führer?)라는 글에 나오는 로자의 생각을 따르고 있었다. 그러나 1920년 1월에는 다른 생각에 의지했다. 발트만, pp. 177~178, 188~189를 참고할 것].

45 노스케, 《킬에서 카프 쿠데타까지》.

46 [오를란도는 이탈리아 내무장관이었다.]

47 [연합국 장관들의 다양한 정책과 동기에 대한 세르주의 분석은 매우 정확하다.

울만은 대영제국 대표단과 파리평화회의 '10개 주도국 회의'의 기록을 근거로, 로이드조지가 회의에 참석한 각국 정부에 볼셰비즘을 분쇄하는 데 얼마나 많은 병력을 제공할 수 있는지 묻자 모든 나라가 "단 한 명도 안 된다"고 대답했다(영국 총리는 질문 전에 이미 그런 대답이 나오리라고 짐작하고 있었다)는 것을 자세히 설명했다. 로이드조지는 볼셰비즘에 대항한 방어선 구축에 공식적으로는 반대했지만, 그와 윌슨 대통령은 모두 1919년 말까지 다른 연합국과 힘을 합쳐 소비에트 공화국에 대한 봉쇄 정책을 지속했다. 윌슨은 최초로 러시아 대외무역의 해상 봉쇄 정책을 철회했으며, 그 후에는 (봉쇄의 목적에 동조하고 있었음에도) 순전히 법률적 이유 때문에 의회가 봉쇄 대상국에 대한 전쟁을 선포하기 전에는 미국 해군에 어떠한 명령도 내릴 수 없었다. 영국 내각은 7월 4일 "사실 영국과 러시아 볼셰비키 정부는 전시 상황"이므로 "러시아 해상에 머물고 있는 우리 해군은 필요하다면 육지와 바다에서 적군과 싸울 수 있음을 인정한다"고 결의함으로써 난국에 대처했다. 그러나 며칠 뒤에 베르사유 조약이 공식 체결되고 러시아와 독일(그리고 중립국) 사이에 대규모 교역 관계가 개시될 전망이 보이자, 봉쇄의 유용성과 적법성에 관한 의문이 더한층 심하게 제기됐다. 그러나 실제로는 봉쇄가 계속됐다. 1918년뿐 아니라 1919년에도 러시아의 대외 교역은 거의 없었다(울만, 《영국과 러시아 내전》, pp. 104~108, 278~291).]

제11장 전시공산주의

1   1푸드는 36파운드[약 16킬로그램]다.

2   내전 기간(1918~21년)의 공식 수치를 보면 철도 교량 3672개, 일반 교량 3597개, 철로 1750킬로미터, 열차 기지와 작업장 381개, 전신전화선 18만 킬로미터가 파괴됐다.

3   생산은 내전이 종결되고 신경제정책이 도입될 때까지 계속 감소한다. 1913년의 생산을 100으로 할 때, 1920년에 석탄은 27퍼센트, 주철은 2.4퍼센트, 린넨은 38퍼센트에 불과했다. 1921년에 도네츠 광산의 생산은 0으로 떨어졌다.

4   그러나 1923년도 독일의 인플레이션은 이를 능가했다.

5   1921년도의 총통화 유통량은 1조 6386억 루블이었다. 루블의 가치 하락 지수는 2만 6533에 달했다. 따라서 유통 중인 화폐의 실질가치는 4400만 루블이었다.

6   1919~20년에는 2억 5300만 루블이었다. 프레오브라젠스키(E. Preobrazhensky), "재정과 통화", 《5년 동안》(Za Pyat Let), (Moscow 1922)를 참고할 것.

7   1920년은 러시아에서 화폐가 거의 폐지된 해였다. 모든 공공서비스는 무료였다. 임대가 폐지됐고, 극장표는 노동조합과 공장위원회가 노동자들에게 무료로 배

포했다. 우편이나 궤도전차 요금(일부 도시)도 무료였다. 1919년에는 아동무상 급식제가 도입됐다.

8 국영 농업생산은 1919년 초까지도 시작되지 않았다. 대규모 농경지의 3분의 2 가량이 사라졌다. 농가 소유 말의 10분의 9가 없어졌으며, 모든 장비도 턱없이 부족했다. 대규모 영농은 1927년에 국영농장과 농촌공동체가 운영됨으로써 어느 정도 복구됐다.

9 수확량은 1920년도에 약 40퍼센트 감소했다.

10 유럽 러시아 지역에서는 도시 건물의 64퍼센트가 몰수됐다. 모스크바에서는 몰수 비율이 95퍼센트에 달했으며, 페트로그라드에서는 98.3퍼센트였다.

11 농민들의 이와 같은 태도는 시장 판매용 곡식을 재배했기 때문에 나온 것이다. 말하자면 그들은 상품생산 체제의 한 축을 형성하고 있었던 셈이다.

12 공산주의 인터내셔널 제5차 대회(1924년)의 강령 논쟁을 참고할 것. 대회에서는 부하린, 탈하이머 등이 연설했다.

13 크리츠만, 《영웅적 시기》. 이 책은 전시공산주의를 심층적으로 분석한 유일한 연구서로 대단히 훌륭한 책이다.

14 레닌, 《전집》, volume 28, pp. 212~213.

15 레닌, 《전집》, volume 28, pp. 190, 191.

16 "마르크스주의자들은 오랫동안 모든 자본주의 사회에서 결정적인 세력은 노동계급과 자본가계급뿐이며, 이 두 계급 사이의 모든 사회집단은 경제적 범주로 볼 때 두 계급 사이에서 동요할 수밖에 없는 '프티부르주아 계급'이라는 것을 일종의 진리로 받아들이고 있었다."("피티림 소로킨의 가치 있는 고백", 레닌, 《전집》, volume 28, p. 186). 그러나 1919년 봄이 시작되면서 소비에트 공화국은 9월과 10월 이후로 심화된 난관에 봉착하게 됐다. 공화국의 권력 상실이 코앞에 닥친 것처럼 보였다. 그러자 중간계급의 생각은 다시 한 번 변했다. 그들은 자본가계급의 부활을 고대했다(그러나 농민들이 자본가의 지배를 직접 경험했던 지역은 그렇지 않았다).

17 레닌, 《전집》 volume 28, pp. 207, 211, 212, 214, 215. (11월 27일 모스크바 당 노동자 모임에서 한 연설, 제1장: "프티부르주아 민주주의자들에 대한 노동계급의 태도 보고").

18 알렉산드르 블로크도 아시아의 야만인, 즉 스키타이인들이 세계를 부흥시킨다는 사상에 책임이 있다. 스키타이인들은 서구에서 기술 발전에 입각해 세워진 문화보다 더욱 심오하고 진실한 인본적 성격을 지닌 새로운 문화를 지니고 있다는 것이다. 비옐리처럼 알렉산드르 블로크도 좌파 사회혁명당과 가까운 문학 집단에 속해 있었다.

19 전에는 '혁명가'였으나 노동계급이 권력을 장악한 후 반혁명으로 돌아선 러시아의 위대한 작가들의 작품은 이제 사회병리학의 영역에 해당하는 '소브데피아'['소비에트 대표들의 나라'를 의미하는 축약어]에 대한 저주와 비난으로 꽉 차게 됐다. 핀란드의 유형지에서 돌아온 안드레예프는 '조국의 암살자'에 대한 모든 간섭을 호소하는《S.O.S.》라는 소책자를 출판했다. 페트로그라드에서 가장 영향력 있는 문학 살롱을 열고 있었던 지나이다 히피우스는 매우 뛰어난 시인이었으며, '신비주의적 아나키즘' 성향을 띠고 있었다. 그녀는 자신이 쓴 시에서 "우리가 조용히 그들의 목을 매달" 날을 고대했다.

20 [루나차르스키는 1903년 이후 볼셰비키로 활동했다. 그는 고리키가 주도한 '창신(創神)주의자들'에 가담하면서 레닌과 관계를 끊었으나, 1917년 다시 당에 합류해 1929년까지 교육인민위원회를 이끌었다. 그는 1933년에 스페인 대사로 임명된 직후 죽었다.]

21 이용 가능한 통계가 1919년에야 나오기 때문에 어떠한 수치도 제시할 수 없다. 이 급조된 교육 시설은 대부분 1921~23년에 신경제정책이 도입되면서 사라졌다.

22 레닌,《전집》, volume 31, p. 336.

23 레닌은 '4월'이라는 말을 특히 강조했다. 그것은 중요한 4월 테제를 발표하기 전에 볼셰비키당이 러시아혁명을 부르주아혁명으로 전망한 1905년의 견해를 여전히 고수하고 있었다는 사실을 상기시키려고 했기 때문이다.

24 레닌,《전집》volume 28, p. 299.

25 레닌,《전집》volume 28, p. 343.

26 1917년 말 샤를 라포포르(Charles Rappoport)는《민중의 언론》(Journal du Peuple)에 "빈곤은 사회화될 수 없다!"고 쓰면서 프랑스 노동계 언론에 반영된 서구 사회주의적 프티부르주아 계급 전체의 견해를 보여 주었다. 빈곤한 사회주의는 불가능하므로, 할 수 있는 일이란 자본가계급이 전쟁의 폐허 위에서 노동자들의 빈곤을 이용해 이익을 추구하도록 허용하는 것뿐이라는 주장이었다. 이것은 개혁주의의 허약한 논리였다. 러시아의 의회제 민주주의를 꿈꾸어 온 라포포르는 볼셰비키에게 "제헌의회를 소집해서 혁명을 구하라"고 호소했다. [이것은 세르주의 의도적인 악평이다. 왜냐하면 라포포르는 그 뒤 프랑스 공산당에 합류해서 모스크바 노선을 충실히 지지했기 때문이다.]

27 레닌,《전집》volume 28, p. 300.

28 레닌,《전집》volume 28, pp. 112, 113.

29 레닌,《전집》volume 28, p. 232.

30 레닌,《전집》volume 28, p. 348(12월 11일 제1차 빈농위원회 대회에서 한 연설).

31 레닌, 《전집》 volume 28, p. 381(12월 19일 제2차 경제협의회 대회에서 한 연설).

32 레닌, 《전집》 volume 31, pp. 124, 125.

33 [알렉산드르 로쟌코 장군은 1919년 5월 핀란드로 망명한 반혁명 세력과 에스 토니아, 영국, 미국의 지지를 등에 업고 페트로그라드로 진군한 백군의 야전 사령관이었다(로쟌코와 유데니치는 존 실버라이트(John Silverlight), 《승자 의 딜레마: 러시아 내전에 대한 연합국 간섭》(*The Victors' Dilemma: Allied Intervention in the Russian Civil War*), (London 1970), pp. 305~308를 참 고할 것). 알렉산드르 로쟌코는 1917년 두마의 지도자이자 반볼셰비키 정치가 인 미하일 로쟌코의 조카였다.]

34 [유데니치는 1913년 이래 차르의 핵심 보좌관으로 일했다. 10월 혁명이 터진 뒤 에는 발트해 연안 지역에서 백군을 지휘했다. 1919년 10월 그는 페트로그라드 에 마지막 공세를 가했으나 실패했다. 그는 프랑스로 추방당했으며, 1933년 그 곳에서 죽었다.]

35 [영국 정부의 1918년도 문서에는 '원대한 간섭 계획'이 여러 건 들어 있다. 세르 주는 이런 계획의 본질을 정확히 이해했다. 심지어 세계대전이 끝나기 전에도 여러 공식 문건에서 볼셰비키에 반대하는 지정학이 새로 나타났다. 군 정보기 관 책임자인 스웨이트 준장이 1918년 9월 22일 제출한 보고서는 스톡홀름 주 재 육군 무관인 야드 불러 준장의 분석이 옳았음을 보여 준다. "나는 미국에서 6명쯤 되는 소수의 핵심 인사들이 볼셰비즘을 만들어 냈다는 정보를 입수했다 (그러나 그 정보가 정확한 것인지는 잘 모르겠다). 그들 중 일부는 유대교를 믿었 다. 어쨌든 볼셰비즘은 확산되고 있는 열병이고, 이 열병의 싹이 모든 나라 많은 사람들 사이에 잠복해 있으며, 볼셰비즘을 저지하기 위해 총력을 기울이는 것 이 장차 세계의 안정을 위해 가장 중요한 일 중 하나라는 점만큼은 의심의 여지 가 없다." 신속한 반소비에트 간섭이 지지를 받았으며, 영국과 전쟁을 벌이고 있 는 적국도 합의에 도달했다. "(볼셰비키 운동에 강력하게 반발하는) 동맹국 측 과 발트해 연안 지역을 자유롭게 활용할 수 있는 협정이 체결될 것이다"(Public Record Office, File FO N371/3344).

외무부 정치정보국장 리퍼가 제출한 1918년 10월 14일자 보고서 "러시아에서 점증하는 볼셰비즘의 위험"이 같은 문서집에 포함돼 있다. "군사력이 점차로 붕 괴하는 독일은 더는 유럽 문명의 가장 큰 위험이 될 수 없다. 반면에 더욱 치명적 인 위험이 가까운 미래에 거대한 모습을 드러낼 것이다. 그것은 볼셰비즘이다." "전쟁이 지속되고 독일 상황이 악화하면 볼셰비즘은 처음에는 러시아 국경 지 방으로, 그 다음에는 동맹국으로 확산되고, 나중에는 유럽을 심각하게 위협하 는 세력이 될 것이다." 리퍼는 "지금 당장 협박을 가할 것"을 원했다. 비교적 작은 규모의 군대가 우랄에서 모스크바로 진격해서 모스크바를 무력으로 장악해야 할 것이다. 한편, 내무부에서 리퍼에 반대하던 정보국장 바질 톰슨은 1918년과

1919년에 이미 "해외 혁명운동에 관한 월간 보고서"(in Public Record Office; PID File 371/4382)를 배포하고 있었는데, 그 보고서에는 비록 작지만 공식적인 불만이 표출돼 있었다(1919년 8월의 보고서 제10호에는 몇 장에 걸쳐 약 35개국에서 벌어지는 사건의 개괄적 설명이 포함돼 있다. 예를 들면 "포르투갈의 소요가 계속되다" 같은 보고를 말한다).

전쟁이 끝났기 때문에 여러 가지 특별한 간섭의 구실(독일에 대항한 군사 전선, 또는 이러저러한 친연합국적 요소)은 포기됐으나, 이데올로기적 특색이 훨씬 더 지속됐다. 볼셰비키 혁명 1주년이 됐을 때 록하트는 외무부에 제출한 "러시아 국내 상황에 관한 각서"(Public Record Office, File FO 371/3337)를 통해 "우리가 독일에 승리함으로써 기본적인 간섭의 구실이 사라졌다"고 지적했다. 그는 다른 나라에서의 혁명의 위협, 반혁명 세력에 대한 충성, "인도주의적 동기", 그 밖의 현실적인 갖가지 이유 등, "구실"을 대체할 수 있는 여러 가지 정당성을 제시했다. "간섭이 성공하면 연합국은 러시아에서 우월한 경제적 지위를 누릴 수 있다. 그것은 경제적 특권을 획득하는 것보다 훨씬 더 이익이 클 것이다. … 지금 당장 러시아에서 질서를 회복시킨다면 우리는 정치적 위험 요소인 볼셰비즘의 확산을 막을 수 있을 뿐 아니라 유럽의 다른 나라들을 위해 우크라이나의 풍부하고 비옥한 곡창지대를 확보할 수 있을 것이다." "적절한 규모"의 간섭을 위해서는 미군이 주축을 형성하지만 영국군과 프랑스군도 참여하는 최소한 10만 명의 연합국 병력이 필요했다. 간섭이 이루어지면 시베리아와 러시아 북부의 연합군 부대가 강화되고 남부의 데니킨과 함께 모스크바로 진군할 예정이었다(울만, 《간섭과 전쟁》, pp. 296~300에 보고서 요약문이 실려 있다). 외무부 러시아국장 그레고리는 비교적 온건한 전략으로 이뤄진 유사한 각서를 제출했다(in Public Record Office, File FO 371/3344).

1919년 영국 정부에서 가장 용감한 볼셰비키 사냥꾼, 즉 윈스턴 처칠이 전쟁장관으로 내각에 참여했다. 그는 볼셰비키 권력을 "붕괴시키기" 위해 러시아에 대한 대규모 간섭을 지지했다. 처칠은 일찍이 연합군이 "첨단 장비를 충분히 갖춘 대규모 병력을 동원해서 철저히" 러시아에 간섭해야 한다는 견해를 밝힌 적이 있다(이런 제안, 그리고 이런 제안에 대한 로이드조지의 반대에 관해서는 울만, 《영국과 러시아 내전》, pp. 90~98을 참고할 것. 친처칠 성향의 내각이 간섭 문제를 토론한 내용은 울만, 《영국과 러시아 내전》, pp. 10~14를 참고할 것). 1919년 2월 처칠은 전쟁부의 새로운 첩보 부서 MI10의 프리랜서로 일하던 시드니 렐리와 가까워졌다. 렐리는 1918년 11월에 영국으로 돌아온 후 "러시아혁명 첫해"가 다 지나갈 무렵, 정보국과 정치국 내에 반볼셰비키주의자들의 확고한 서클을 만들었다. 이들 중에는 현장에서 비밀 첩보 업무를 수행하던 사람들도 있었고, 영국 정부의 고위 관리도 있었다. 로빈 브루스 록하트(그 자신도 이 분야의 수많은 정보에 접근할 수 있는 전직 첩보 장교였다)가 쓴 시드니 렐리의 전기(《스파이의 꽃》, pp. 84, 90~91, 98)에는 이 서클에 관한 명쾌한 설명이 실려 있다. 앞서 인용한 바 있는 반소비에트 활동에 대한 비망록을 남긴 사람들은 예외 없이 당시 몇 달 동안, 그리고 그 후에도 계속 렐리와 친밀한 관계를 유지한 사람들이었다. 렐리는 11월 12일 사보이에서 록하트 부부와 리퍼 부부를 위한 파티를 열었다. 그 다음날 록하트는 렐리, 그레고리, 러시아에서 렐리의 부관으로 일했던 힐 대위를 연극 공연과 만찬 파티에 초대했다. 알바니에 있는 값비싼 가구로 치장된 렐리의 저택이 초청받아 온 사람들 가운데는 내무부 정보국의 바실 톰슨 경도 있었다. 렐리는 그 밖에도 영국의 첩보 업무를 다루는 사람들 중 고위직들만을 골라 만든 클럽에서 적극적으로 활동했다. 매년 열리던 '볼로 제거 파티'에 참석한 사람들은 해마다 "볼로(Bolo)들을 제거하기 위해" 건배했다. 볼로는 그들이 붙인 볼셰비키의 별명이었다(이런 활동의 예정표 하나가 록하트가 쓴 렐리 전기에 실려 있다. 예정표는 러시아에서 활동했던 리퍼, 그레고리, 렐리, 힐, 폴 듀크스, 그 밖의 몇몇 첩보원들의 서명이 있다).

그러나 이들은 가장 명백히, 또 노골적으로 반볼셰비키 십자군을 지지했을 뿐이다(그리고 듀크스, 리퍼, 록하트가 업무를 수행하는 과정에서 작위를 받았다는 것, 록하트가 정보·심리전 교관으로 외무부로 돌아오게 된다는 것 등을 참고로 지적해 둔다). 비교적 덜 호전적이었던 조지 뷰캐넌 경(차르 시대의 주러시아 영국 대사)도 1918년 10월 20일 매우 철저한 간섭을 옹호하는 각서를 제출했지만, "나는 한동안 볼셰비즘에 맞선 십자군을 지지하지 않았다"고 주장했다. 10월 31일 로버트 세실 경이 이 문서를 평가한 내용은 간섭 제안의 본질과 영국의 일반적 태도를 보여 준다. "나는 모스크바 점령과 러시아 재건을 떠맡으려는 조지 뷰캐넌 경의 정책이 실행 불가능하다고 생각한다"(Public Record Office, File FO 371/3344). 이 문서집에는 세실과 당시 외무부 신참 관료였던 젊은 카(E. H. Carr)가 주고받은 매우 흥미로운 견해가 포함돼 있다. 카는 붉은 군대가 통제하는 방대한 유럽 러시아 지역의 소비에트 권력을 인정하고 이것을 토대로 "볼셰비키와 몇몇 협약을 체결할 것"을 주장했다. "우리는 주민들이 볼셰비즘을 비난하는 아르한겔스크와 무르만스크에 남아야 한다. 역시 대다수 주민들이 볼셰비즘에 반대하는 시베리아에도 남아야 한다." 소비에트 정부도 우크라이나, 폴란드, 에스토니아, 벨라루스를 탈환하려는 희망을 포기해야 한다. 그러나 카의 상관은 간섭으로 영토를 전리품으로 확보한 후 이를 기반으로 통제된 공존을 실현하고자 한 이런 온건한 제안을 거절했다. 세실은 "우리의 주적이 패배한 지금 영국을 위협하는 주체는 볼셰비즘"이기 때문에 소비에트 정부를 승인할 수 없다고 주장했다.

결국, 윈스턴 처칠이 간섭론자의 대표로 등장하기 전부터, 영국의 반소비에트 군사 활동 조건이 정해져 있었던 셈이다. 간섭 활동의 수준과 목적에 관해 내각 차원의 뜨거운 논쟁이 있었지만 볼셰비키와 싸우도록 부추기는 행위(비록 '십자군'을 포기했지만)가 있었다. 그런 행위는 이데올로기의 영향을 받은 것이며, "실행 불가능한" 것에 대한 잡다한 염려 때문에 제한됐을 뿐이다. 방대한 지정학적 계획의 발목을 붙잡은 것은 연합국의 상호 경쟁, 미묘한 전술적 차이, 전후의 동원 해제, 명백한 무능력, 지리적 난관으로 인한 접근의 어려움 등이었다. 피터 플레밍이 지적했듯이 《해군 제독 콜차크의 운명》, p. 30), 연합국이 볼셰비즘에 맞서 간섭한 현장은 모두 공통의 특징이 있다. 그것은 "접근 가능성이다. 연합국은 물리적으로 가능한 곳이면 어디서든지 러시아에 간섭했다."]

편집자 후기: 체코슬로비키아 군단의 간섭에서 연합국이 한 구실

1   존 워드(1866~1934년)는 자유주의 성향의 하원의원이었다. 1880년대에는 열렬한 사회주의자였으며(사회민주연맹(SDF) 회원이었다), 건설인부연맹(그는 12살 때부터 이미 인부로 일하기 시작했다)을 창설하기도 했다. 그는 노동당 창설 문제로 사회주의와 결별한 뒤 제1차세계대전 때 노동자들을 끌어모아 5개 대대를 만들고 미들섹스 연대에 들어갔으며, 그 연대에서 지휘관으로 근무했다. 그는 1918년에 기사 작위를 받았다.

2   예를 들면, 케넌, 《간섭하기 위한 결정》(*The Decision to Intervene*), (Princeton 1956); 울만, 《간섭과 전쟁》, chapter 6; 플레밍, 《해군 제독 콜차크의 운명》, chapter 1과 그 이후의 글 등이 있다.

3   1918년 11월 1일 록하트가 밸푸어에게 보고한 것(Public Record Office, File FO 371/3337).

4   플레밍, p.25 각주.

5   록하트, 《한 영국 첩보원의 비망록》, p. 272. pp. 284~285.

6   울만, 《간섭과 전쟁》, p.194에 부분적으로 요약돼 있다.

7   1918년 4월 20일 록하트에게 보낸 외무부 전문 93호, in Milner Mss, Box 109.

8   1918년 5월 18일 로버트 세실 경(외무부 차관, 밸푸어가 미국에 가 있는 동안 직무를 대행했다)이 클레망소에게 한 말. 울만, 《간섭과 전쟁》, pp. 169~170.

9   전쟁부 군정보국장 R. Steel 대령의 각서(문서의 맨 위에는 붉은 글씨로 "극비"라고 쓰여 있었다), "연합군의 러시아 북동 지역 작전 명령", Milner MSS, Box 110, File C-1. 울만, 《간섭과 전쟁》, p. 194에 부분적으로 요약돼 있다.

10   울만, 《간섭과 전쟁》, pp. 163~164.

11   록하트, "러시아 국내 상황에 관한 각서", 1918년 11월 1일, Section 2: '반혁명 세력', in Public Record Office, File FO 371/3337. 록하트와 모스크바 주재 체코군 대표들의 접촉이 어느 정도까지 반볼셰비키적 동기에 의한 것인지는 추측에 의존할 수밖에 없다. 록하트 아들의 설명에 따르면 "체코군을 설득해서 프랑스 장교 지휘하에 러시아에 맞서 무기를 들게 하려고 애쓴" 사람은 프랑스군

정보장교인 베르탕몽이었던 반면, 록하트 자신은 트로츠키와 협상해서 체코군의 철수를 보장받으려고 노력했다(록하트, 《스파이의 꽃》, p. 71). 즉, 모스크바에서 추진된 프랑스의 정책은 영국이 주장하던 체코군 활용 계획(즉, 반소비에트 소요 사태)을 실행하는 것이었던 반면, 모스크바에 있던 영국인은 오히려 프랑스 정부의 기존 방침이었던 철수 정책을 추진했다는 것이다. 이런 결합이 불가능하지는 않지만, 이중적 게임에서 의식적인 분업이었을 가능성도 있다.

12 1918년 5월 10일 록하트의 전보 175호, in Milner Mss, Box 110. File C-1. 울만, 《간섭과 전쟁》, pp. 193~194에 실제 인용문 없이 요약돼 있다.

13 "파리의 더비경이 외무부에", 전보 648, 1918년 5월 17일, in Milner Mss, Box 110, File C-1.

14 당시 장관이 영국 전시 내각에 설명한 내용에 요약돼 있다. 핸키 경(Lord Hankey), 《최고사령부》(The Supreme Command), (London 1961), volume 2, p.874.

15 울만, 《간섭과 전쟁》, pp. 195~196, 225, 243; 울만, 《영국과 러시아 내전》, pp. 18~21.

16 울만, 《간섭과 전쟁》, pp. 170~171.

17 제10장의 주30을 참고할 것.

18 날짜가 기록돼 있지 않음. 그러나 6월 초 문서철에 보관돼 있음. sheet 67 in Milner Mss, Box 110, File C-1.

19 아메리의 각서, "베네시 박사와의 대담 기록"(Notes of a Conversation with Dr. Benes), 1918년 5월 14일, in Milner Mss, Box 118, 'Czechoslovaks' file.

20 베네시, 《나의 전쟁 비망록》(My War Memories), (London 1928), p. 392.

21 조단(J. Jordan) 경이 베이징에서 런던으로 발송한 전보, 1918년 8월 6일, in Milner Mss, Box 112.

22 울만, 《간섭과 전쟁》, p. 171.

23 "전시내각 담화 기록", 1918년 5월 29일, in Public Record Office, File Cab 23/17)

24 5월 14일 베네시의 편지, 외무부 관리들의 승인 토론(5월 20일)과 워싱턴 정부에 보낸 전보는 Public Record Office, File FO 371/3135 (folders 85869와 89425)를 참고할 것.

25 Public Record Office, File FO 371/3135 folder 127473.

26 베네시가 작성한 두 통의 통신문은 "체코슬로바키아의 주권 승인에 관한 각서"(Memorandum concerning the Recoginition of Czechoslovak National Sovereignty)라는 제목을 달고 있는데, 이 편지는 지금도 보관돼 있다. 이 두 통신문의 내용은 다소 중첩된다. 7월 26일자 첫 번째 통신문(in Public Record

Office, File FO 371/3135 (folders 130680)은 외무부의 심의 주제로 상정됐다. 다른 통신문은 처음에는 전쟁부의 아메리에게 발송된 것이며, 아메리는 8월 1일 이 통신문을 밀너에게 보냈다(Milner Mss, Box 118, 'Czechoslovaks' file). 인용문 출처는 각 메모를 따로따로 다루지만, 발췌 내용은 공통의 텍스트에서 나온 것이다.

27 베네시의 각서, 외무부(FO) 보관.

28 베네시의 각서, 외무부 밀너(Milner) 파일.

29 재소자들의 목숨을 구한다는 근거로 밸푸어와 세실이 이 사건을 동정적으로 고려한 것에 관해서는 Public Record Office, File FO 371/3135 folder 127473을 참고할 것. 선언서에 대한 토론은 folder 135903에 있다. 베네시 자신은 회고록에서 "이런 선언서로 귀결된 협상을 전쟁 동안에 민족회의의 가장 중요한 정치적 활동으로 간주했다"고 설명했다(베네시, 《나의 전쟁 비망록》, p. 407).

30 1918년 8월 4일 전시내각 회의 454. 의사록(Public Record Office, File Cab 23/7).

해설

1 빅토르 세르주, 《한 혁명가의 회상》(London 1967), p. 261, p. 263.

2 빅토르 세르주, 《레닌과 스탈린》(*Lénine à Staline),* (Paris 1937). p.15. 이 책의 영어본인 《레닌에서 스탈린까지》(*From Lenin to Stalin*), (New York 1937)에는 이 책의 저술 년도가 1919년으로 잘못 표기돼 있다.

3 세르주, 《한 혁명가의 회상》, p. 69, pp. 71~72

4 게랭(Daniel Guérin), 《아나키즘》(*L'Anarchisme*), (Paris 1965), pp. 113~114와 p. 189에서 인용. 세르주가 소비에트 국가를 칭찬하자, 아나키즘 신봉자인 가스통 르발(Gaston Leval)은 세르주의 찬사를 "의도된 거짓말"이라고 하면서 소비에트 정권에 대한 비판적 견해를 즉시 발표했다.

5 다음 글을 참조할 것. 노엄 촘스키, "객관성과 자유주의 학파"(Objectivity and Liberal Scholarship), 《미국 권력과 새로운 만다린》(*American Power and the New Mandarins*), (London 1970); 다니엘 게랭 콩방디(Daniel Guérin Cohn-Bendit), 《진부한 공산주의: 좌익적 대안》(*Obsolete Communism: The Left-wing Alternative*), (London 1969); 카단(Paul Cardan), 《볼셰비즘에서 관료제까지》(*From Bolshevism to Bureaucracy*), (London 1966). 물론 스탈린주의 제도의 기원을 레닌의 정치 이론까지 거슬러 올라가서 찾는 사회민주

주의와 자유주의의 주장은 이미 여러 번 제시됐다. 예를 들어, 다음 글을 참조할 것. 샤피로(Leonard Schapiro), 《공산주의 독재의 기원》(*The Origin of the Communist Autocracy*), (New York 1965), pp. 343~344와 pp. 360~361. 레닌주의 정치를 카우츠키의 사회민주주의와 결부시키는 주장은 1920년대 후반 이후 좌익공산주의자 칼 코르쉬가 제기한 비판에서 시작됐다. 예를 들어 칼 코르쉬(Karl Korsch), 《마르크스주의와 철학》(*Marxism and Philosophy*), (New York 1930)을 참조할 것. 그런 비판은 극좌파 그룹이 최근에 낸 소책자에서도 이따금씩 발견된다.

6 휴 트레버 로퍼(H. R. Tevor-Roper)와 버넷 볼튼(Burnett Bolloten), 《대사기: 스페인 혁명과 내전, 1936~39년》(*The Grand Camouflage: The Spanish Revolution and Civil War, 1936~9*), (second edition: London 1968), pp. 2~3의 서문을 참조할 것.

7 트로츠키, 《러시아혁명사》, (London 1965), p. 1079.

8 트로츠키, 《러시아혁명사》, p. 1079~1080.

9 리오넬 코찬(Lionel Kochan), 《러시아혁명의 역사》(*History of the Russian Revolution*), (London 1970), p. 269.

10 트로츠키, 《러시아혁명사》, pp. 933~935.

11 올리버 라드키(Oliver H. Radkey)는 《1917년 러시아 제헌의회 선거》(*The Election to the Russian Constituent Assembly of 1917*), (Chambridge, Massachusetts 1950), pp. 25~27에 있는 분석을 통해, 군대의 볼셰비키 찬성표 비율을 보면 군대가 대도시에 기반이 있는 볼셰비키에 친밀감을 가지고 있었음을 알 수 있다고 상당히 설득력 있게 증명하고 있다.

12 라드키는 (《1917년 러시아 제헌의회 선거》, p. 53에서) 6월에서 9월까지 모스크바에서 실시된 지방선거와 제헌의회 선거에서 나온 각 정당별 득표수를 제시하고 있다.

(단위: 천 표)

당	6월	9월	11월
사회혁명당	374.9 (58퍼센트)	54.4 (14퍼센트)	62.3 (8퍼센트)
볼셰비키	75.4 (12퍼센트)	198.3 (51퍼센트)	366.1 (48퍼센트)
카데츠	108.8 (17퍼센트)	191.1 (26퍼센트)	263.9 (35퍼센트)
멘셰비키	76.4 (12퍼센트)	15.9 (4퍼센트)	21.6 (3퍼센트)

13 라드키, 《망치와 낫》, pp. 283~292.

14 라드키, 《망치와 낫》, pp. 258~277.

15 라드키, 《망치와 낫》, p. 493.

16 1918년에 스탈린이 멘셰비키를 비판한 글 "사건의 논리"에서 인용. 스탈린, 《10월 혁명》(*The October Revolution*), (Moscow 1934), pp. 20~21.

17 레온 트로츠키, 《스탈린주의와 볼셰비즘》(*Stalinism and Bolshevism*), (Bombay 1952), pp. 17~18).

18 카는 공장위원회와 노동조합의 결합에 대해 "실제로 그런 결합이 성사되기 어려울 것이라는 점은 입증되지 않았다"고 결론지었다(카, 《볼셰비키 혁명, 1917~23년》(*The Bolshevik Revolution 1917~23*), (London 1966), volume 2, p.74.

19 A. M. Pankratova, 'Les Comités d'Usines en Russie à l'Epoque de la Révolution' (이 글은 저자가 1923년에 쓴 소책자 *Fabzavkomy Rossii v Borbe Za Sotsialisticheskuiu Fabriku*(러시아 공장위원회와 사회주의 공장 쟁취 투쟁) (Moscow 1923)을 일부 번역한 글이다), 《Autogestion》 (Paris), number 4, December, 1967. 1918년 1월에 열린 제6차(마지막) 페트로그라드 공장위원회 협의회에서 당의 신노선은 실제로는 '만장일치'로 통과되지 않았다. 공장위원회의 정치를 다룬 훌륭한 역사 저술로는 아브리치, "볼셰비키 혁명과 러시아 공업에서 노동자 통제", 《슬라브 리뷰》, 1963, volume 22, pp. 47~63이 있다. 그러나 위원회 대변인들 중에서 정부 정책을 원칙적으로 반대한 사람은 드물었다.

20 세르주, 《한 혁명가의 회상》, p. 71.

21 폴 듀크스 경, 《붉은 러시아에서 이뤄진 비밀 첩보 활동에서 'ST 25'의 모험과 사랑》(*The Story of 'ST 25' Adventure and Romance in the Secret Intelligence in Red Russia*), (London 1938), pp. 178~179. 체카는 그런 결정을 부추긴 사람들과 그 가족을 체포해 곧바로 총살했다. 그러나 사회혁명당과 카데츠 좌파의 선동은 여러 대공장을 기반 삼아 붉은 군대로 확산돼 가면서, 3월과 4월에도 계속됐다(듀크스, pp. 360~361).

22 특히 자국 내의 노동 세력에 신경을 쓰고 있던 간섭주의적인 영국 정부는 볼셰비키와 노동자들 사이의 균열에 관한 선전을 호의적으로 평가했다. 1918년 11월 14일 전시 내각 회의에서 로이드조지는 "영국의 일반 대중이 볼셰비즘이 실제로 무엇을 의미하는지 아는 것은 중요했다. … 우리 영국에는 금방이라도 폭발할 듯한 대규모 산업 인구가 있고, 우리 노동자들이 볼셰비키가 지배하는 노동자들의 처지와 별반 다를 바 없다는 점을 아는 것은 우리에게 좋은 일이다" 하고 말했다(전시내각 의사록 507, 공문서보관소 파일, FO 371/3344).

23 Jean Maitron, "키발치치와 빅토르 세르주"(*De Kibaltchiche à Victor Serge*) (1909~19년에 세르주의 아나키즘적 산문과 감옥에서 보낸 편지, 이에 대한 평론 등을 선별한 책), 《사회운동》(*Le Mouvement Social*), (Paris), number 47, 1964. 리처드 그리먼은 나에게 반도들과 볼셰비키를 지지한 세르주의 열정은 서로 비슷한 것이었다고 말했다. 원래 그것은 블라디 키발치치(Vlady

Kibalchich, 빅토르 세르주의 아들)가 리처드 그리먼에게 이야기했던 것이다.

24 세르주, 《한 혁명가의 회상》, pp. 138~139.

25 세르주는 나중에 자신의 반(反)이데올로기적 경향을 약간 수정했다. 레닌주의나 사회주의 교의 안에 "반동의 씨앗"이나 "모든 스탈린주의의 맹아"가 배태돼 있을 수도 있다. 그러나 그것을 배양하려면 특별한 역사적 환경이라는 토양이 필요하다. 승리한 볼셰비즘도 "자연스레 권위주의적 성격을 띠기" 쉬웠다. 이런 새로운 이론적 강조는 세르주가 체포되기 직전인 1933년에 프랑스에 있는 친구에게 보낸 "정치적 유언장"에 나타나 있다(그의 16 Fusillès á Moscou (Paris 1947) p. 46에 제시돼 있음). 이 글이 세르주의 1937년 논문 'Puissances et Limites du Marxism'(《한 혁명가의 회상》, pp. 348~349, 133~134를 보시오)을 통해 제출되자, 트로츠키는 분노를 나타냈다. 이 글은 세르주가 아직 살아 있을 때 유럽에서 출판한 마지막 저서 《스탈린 초상》(Portrait de Staline), (Paris 1940), pp. 56~58에 다시 한 번 실렸다.

26 1904년과 1907년에 트로츠키가 쓴 논쟁적 저작에서 인용한 이 문장들은 각각 장-자크 마리(Jean-Jacques Marie), 《트로츠키주의》(Le Trotskysme), (Paris 1970), pp. 11, 15에 나온다.

27 로자 룩셈부르크의 비판은 엄격히 말해 '레닌주의'를 겨냥한 것이 아니었다. 이 용어는 그녀가 1904년에 쓴 논문(그녀가 죽은 뒤 《레닌주의냐 마르크스주의냐》(Leninism or Marxism)라는 잘못된 제목으로 재발행됐다)에도, 1918년 말에 쓴 소비에트 정권에 대한 분석(세르주의 분석과 유사하다)에도 등장하지 않는다.

28 레닌이 "가장 중요한 사건은 한 사람도 빼놓지 말고 모든 구성원의 의견을" 묻기 위해 투표에 부칠 것을 권고한 내용은 레닌 《전집》, volume. 11, p. 441에 있다. 지역 대표들에게 명백한 권한을 부여하자는 레닌의 주장(1907년 페테르부르크 지구 협의회에서)은 《전집》, volume. 11, p.434에 실려 있다.

29 레닌의 제안으로, 러시아의 모든 대규모 지방 소비에트는 1918년 2월에 독일과 전쟁을 할 것인가 아니면 강화할 것인가 하는 두 가지 방안을 요약한 문건을 받고, 하나의 안을 선택하라고 요청받았다. 그 결과는 도착하는 대로 날마다 〈이즈베스티야〉에 게재됐다(레닌 《전집》, volume. 27, p. 559의 각주들을 참조할 것). 당의 규율이 별다른 힘을 발휘하지 못했기 때문에, 도시 소비에트의 거의 절반이 볼셰비키당 중앙위원회와 국가 정책에 반대되는 전쟁 지속을 선택했다. 소비에트의 자문을 구한 것을 국민투표라고 할 수는 없다(소비에트의 자문은 인민위원회가 표결 끝에 강화에 찬성한 후 이뤄졌다). 그러나 이로써 소비에트의 공식 정책이 여론에 맡겨진 셈이 됐고, 다른 어떤 나라에서도 중요한 외교정책 문제에서 이와 같이 민주적으로 여론을 수렴한 사례는 없었다.

30 예를 들어, 촘스키, 《미국 권력과 새로운 만다린》, p. 116을 참조할 것. 최근

에 나온 비평서인 모리스 브린튼(Maurice Brinton)의 《볼셰비키와 노동자 통제, 1917~21년》(*The Bolsheviks and Workers' Control, 1917~21*), (London 1970)은 많은 사료를 바탕으로 1917~18년 초기 소비에트 공업 정책의 변화가 "볼셰비즘"의 "거대한 궤도 이탈", 아마도 "부르주아 이데올로기가 입은 마지막 의상"에서 비롯했다는 견해를 정당화하고 있다. 이 책은 (a) 당시 러시아 공업의 붕괴, (b) '레닌주의자'로 알려진 볼셰비키 노동조합 대변인의 실제 정책, (c) 공장 위원회가 받아들일 수 있었던 중앙집중화 계획 요구 등을 다루지 않았다.

31 마르크스와 엥겔스, 레닌의 경제적 점진주의에 대한 유용한 분석으로는 다음의 글이 있다. 와그너(Y. Wagner)와 스트라우스(M. Strauss), "공산당 선언의 강령과 그 이론적 기초"(The Programme of The Communist Manifesto and its Theoretical Foundations), 《정치 연구》(*Political Studies*), volume. 17, 1969, pp. 470~484.

32 Didier L. Limon, 'Lénine et le Controle Ouvrier', in *Autogesion* (Paris), number 4, Dec. 1967에는 1917~18년 러시아의 노동자 통제 논쟁에 관한 명확한 설명이 들어 있다. 여기에는 논쟁 당사자들의 이론적 관점에 관한 상세한 설명도 포함돼 있다.

33 당시 러시아 공산당 내의 자유주의적 경향에 대한 정책을 보려면 샤피로, pp. 73, 77~78, 86, 152 등을 참조할 것. 로조프스키는 입헌주의적 편향 때문에 1918년 초에 사실상 당에서 축출됐다. 로조프스키와 랴자노프 둘 다 정치적 자유주의자였고(예를 들면, 그들은 제헌의회 해산에 반대표를 던졌다) 산업 중앙 집권화론자였다. 랴자노프는 심지어 "노동자에 대한 국가 통제"를 요구하기도 했다(Limon, p. 106).

34 좌익공산주의자들은 국유화와 중앙 계획화 요구를 현장 노동자들의 공장 경영권 요구와 결합시킨(1918년 5월 국민경제위원회 대회에서 나온 좌익공산주의자들의 주장은 샤피로의 책 p. 140에 요약돼 있다) 자신들이야말로 공산당 안팎에서 유일한 사회주의 분파라고 생각했다. 이들의 '노동자 통제' 개념은 오늘날 사회주의 좌파 사이에서 통용되는 개념과 비슷하다.

35 사회혁명당이 테러와 쿠데타 음모에 얼마나 연관돼 있는가 하는 문제는 많은 논쟁을 불러일으켰다(그렇다고 해도 7~8월 위기 때 좌파 사회혁명당이 한 행동을 감안하면 그들의 책임을 부인할 수는 없다). 샤피로는 자신의 책 153~154와 164~165쪽에서 카플란과 사빈코프 같은 고립된 개인들의 "자유로운 활동"과는 별개로, 우파 사회혁명당의 평화주의와 자제를 강조한다. 다른 한편 라드키는 우파 사회혁명당 중앙위원회는 테러 활동에 책임이 없다고 인정하면서도 이 당의 느슨한 성격 때문에 당 기구와 당원들이 서구 간섭주의 세력의 자금을 지원받으면서 군사적 음모가들이나 친연합국 주전론자들과 아주 가까워졌다고 지적한다(라드키, 《망치와 낫》, pp. 330~334, 452~455, 492~493).

| 찾아 보기 |

ㄱ

가이(Gay, A) 292

가이다(Gajda478) 장군 319, 460

가토(Kato) 제독 314

가폰(Gapon) 신부 49

게게치코리(Gegechkori: 멘셰비키) 259, 261

게르슈니(Gershuni, G) 45

게오르가제(Georgadze: 그루지야 국방장관) 266

겐델만(Gendelman: 사회혁명당원) 420

고르딘 형제(Gordin: 아나키스트) 290, 291

고리키(Gorky, M) 120, 139, 140, 167, 496, 497

고츠(Gotz, A R) 117, 147, 176, 179, 316

고페르스(Goppers, K) 장군 294

골츠(Goltz, von der) 장군 252, 254, 446, 470

공산당(볼셰비키당)
~의 발전 51, 57, 69, 61, 70-76, ~의 성격 77-79, 133-134, 236-238, 354-356, 504-507, ~의 7차 당대회 273-275, 298-299, 348, 당명의 변경 279, ~의 지도자들 345-356, ~으로 권력이 집중되다 362-363, ~이 종교의 자유를 허용하다 502, ~과 노동계급의 관계 503-507, ~의 중앙위원회 ☞ 중앙위원회를 보시오., 독일 ~ 474-476

공안위원회(모스크바) 99, 100, 102, 118, 129, 142

전 러시아 ~ 대회 325, 532, ~와 경제 중앙집중화 536, ~와 볼셰비키 543-545, ~ 운동의 퇴조 543, ~와 소비에트 국가 283, ~와 노동자 통제 321-322

과격파 사회혁명당 46, 72, 266, 295, 356, 463

관료주의 48, 56, 78, 487, 488, 490, 502, 541, 542, 543

구르코(Gurko: 우익 본당) 369

구세프(Gusev, S I) 411

국가자본주의 299, 300, 302, 303, 544

국가협의회 64, 65

국유화
~와 좌익 공산주의자들 299, 토지의 ~ 108-110, 특정 기업의 ~ 165, 166, 185, 186, 생산수단의 ~ 179, 운송의 ~ 179, 320, 주택의 ~ 391, 은행의 ~ 179, 184, 187, 바쿠 석유 공업의 ~ 263, ~ 과정에 대한 레닌의 견해 302-307, 대공업의 ~ 320-323

국제연맹 196, 435

군대
~가 노동자 시위대와 우호적 관계를 이루다 63, ~가 페트로그라드 소비에트에 대표단을 파견하다 68, ~와 군사혁명위원회 84, 모든 ~에 정치위원이 임명되다 84, 285, 338-339, 379, ~와 사회주의 연립정부 요구안 129, 총사령부(스타프카)가 볼셰비키에 저항하다 1486-149, 장교 대학살 160-162, ~의 계급 폐지 165, ~와 제헌의회 선거 172, ~의 해산 207, 217, 227, 260, 275, 캅카스 전선의 ~ 259, 260-261

군사혁명위원회 84, 87, 99, 100, 101, 102, 103, 118, 129, 140, 142, 166, 332, 339, 350, 393

귀네(Guinet, A: 프랑스 군사사절단 사령관) 388

그레나르(Grenard: 프랑스 영사) 367, 368, 370, 401, 402

그뢰너(Groener, W) 장군 436, 476

글레보프-아빌로프(Glebov-Avilov, N P) 111

기회주의 41, 42, 52, 57, 75, 76, 78, 117, 133, 235, 237, 277, 278, 279, 301, 308, 349, 444, 445

ㄴ

나로드니키(Narodniki: 민중주의자들) 32, 33, 43, 44, 45

나보코프(Nabokov, D) 117

나자로프(Nazarov: 카자흐 족장) 154

나폴레옹(Napoleon) 30, 74, 245, 272, 339

나힘손(Nakhimson) 365

남부러시아노동자연맹 41, 348

내전

~이 정치 조직에 미치는 영향 541, ~이 끝난 것처럼 보이다 26, ~에 대한 레닌의 주장 58-59, 61, 73, 210, 281, ~과 멘셰비키 및 사회혁명당 116-120, 사회주의적 민주주의를 지지하는 사람들이 ~을 두려워하다 133, ~의 성격 141-143, ~의 첫 번째 국면 146-160, ~이 제헌의회 선거에 끼친 영향 170-171, 외국의 개입 189

네프스키(Nevsky, V) 42, 86, 112, 331

네프(신경제정책) 26, 309, 327, 491, 512

노긴(Nogin, V P) 69, 75, 110, 130, 131

노동자와 피착취 대중의 권리 선언 178, 184, 372

노동자 통제 93, 157, 184, 249, 321, 388, 464, 465, 536, 537, 543, 544

노동자평의회 248, 436, 447, 472, 473, 474

노동자해방단 38

노동조합

~과 공장위원회 492, ~과 '경제주의' 41, 흑색 ~주의 49, 1905년의 ~ 52, 모스크바 소비에트와 ~ 98, ~과 멘셰비키 117, 186, ~ 주도성 124, 125, 혁명 시기의 ~의 약점 186, ~과 소비에트 국가 283, ~의 언론 500, 철도~(비크젤)과 볼셰비키 105, 111, 112, 186, 철도~과 1917년 11월 정부 위기 129

노비코프(Novikov: 사회혁명당원) 395

노스케(Noske, G) 135, 435, 473, 474, 475, 476

녹스(Knox, A) 장군 460

농민

혁명 전 ~의 조건 31, 36, 37, 46, 47, ~과 사회혁명당 43, 44, 71, 74, 109, 360-362, 533, 546, 1905년의 ~ 56, 57, 10월 혁명의 ~ 68-69, ~과 볼셰비키 71, ~과 볼셰비키의 토지 포고령 108-110, 혁명에서 ~의 주도성 138, ~에 대한 레닌의 견해 173, 266-267, 328-330, 465, ~과 독일의 침공 223, 245, ~과 사회주의 266-267, 496, 농촌과 도시의 관계 270, 287-289, 327-328, ~과 소비에트 헌법 374, 375

누리 파샤(Nuri Pasha) 266

눌렁(Noulens, J) 219, 221, 314, 315, 316, 317, 318, 345, 367, 368, 369, 519

니콜라이(Nikolai) 2세 40, 49, 50, 60, 192, 246, 289, 380, 381, 382, 383, 384, 385

ㄷ

다신스키(Daszynski: 폴란드 지도자) 476

당셀므(d'Anselme) 469

던스터빌(Dunsterville, L) 264

데니소프(Denisov, S V) 161, 452

데니킨(Denikin, A) 장군 26, 151, 152, 159, 262, 365, 451, 453, 454, 458, 463, 469, 471, 478, 504

데르비셰프(Derbyshev) 130, 131

도이미히(Däumig, E) 445, 472

돈스코이(Donskoi, B) 393

돈스코이(Donskoi: 사회혁명당원) 259

동궁 35, 87, 90, 91, 93, 94, 95, 126, 244, 360

두마(의회) 52, 53, 69, 96, 99, 112 117, 121, 129, 130, 460

두바소프(Dubasov, S V) 제독 54

두토프(Dutov: 카자흐 족장) 154, 343, 376, 414, 457

두호닌(Dukhonin, N) 장군 147, 148, 149, 219

뒤마(Dumas, C) 388

뒤프레(Dupré: 프랑스군 장교) 454

듀크스(Dukes, P) 경 537, 538

드로즈도프스키(Drozdovsky) 장군 159, 244

디벤코(Dybenko, P E) 110, 252

디에트리치(Diedrichs) 장군 522

디트만(Dittmann, W) 447

ㄹ

라다(Rada) 147, 149, 155, 156, 157, 158, 160, 215, 219, 241, 242, 310, 467

라데크(Radek, K) 203, 215, 269, 273, 277, 299, 350, 424, 446, 463, 474, 498

라드키(Radkey, O H) 533

라린(Larin, Y) 544

라미시빌리(Ramishvili: 그루지야 멘셰비키) 261

라베르뉴(Lavergne) 장군 149, 318, 367, 368, 402, 518

라브로프(Lavrov, P) 33

라셰비치(Lashevich, M M) 87, 90

라스콜니코프(Raskolnikov, F F) 182, 407, 408

라스푸틴(Rasputin, G E) 62, 381, 382

라이니오(Rainio, J) 255

라인하르트(Reinhardt) 대령 473

라치스(Latsis, M Y) 424

라코프스키(Rakovsky, C) 158, 234, 353, 354, 356, 469, 470

란츠베르크(Landsberg, O) 447

란타말라(Rantamala, I) 255

랴부신스키(Ryabushinsky, P P) 65

랴브체프(Ryabtsev) 대령 99, 101

랴자노프(Ryazanov, D B) 129, 130, 131, 544

러시아 내 여러 민족의 권리 선언 145

레나 60

레닌(Lenin, N)
  세르주 소설 속의 ~ 527 , ~의 중앙집권
  주의 530, 541-543, ~과 경제 302, 486-
  487, ~과 당조직 민주주의 170, ~의 '노
  동자 현실주의' 135-137, 232-233, 508,
  546, ~과 나로드니키 40, 44, ~과 〈이스
  크라〉 42, 혁명에 대한 ~의 견해 57, 79-
  81, 런던 당대회의 ~ 43, 51, 73, 내전에
  대한 ~의 견해 58-59, 61, 73, 210, 281,
  마르크스주의에 대한 ~의 견해 57-58,
  80, ~이 페트로그라드에 도착하다 73-
  76, 당의 지도자 ~ 79-81, 124, 237-
  238, 346-347, 355, 경찰에 대한 ~의 견
  해 83, ~과 동궁의 장악 91, ~이 권력을
  장악했다고 발표하다 93, 제2차 전 러시
  아 소비에트 대회의 ~ 95-96, 107-108,
  ~과 독일과의 강화 107, 147-149, 163,
  207-212, 232-233, 271-276, 301-
  302, 374, 441-442, 509, ~과 토지 포
  고령 108-110, ~과 페트로그라드의 사령
  부 114-115, ~과 1917년 11월의 정부 위
  기 129, 135, ~과 좌파 사회혁명당 136-
  137, 168, 357, 사회주의에 대한 ~의 견해
  136-138, 279-283, ~과 민족 145-146,
  ~이 입헌민주당을 인민의 적으로 선언하
  자고 제안하다 167, ~과 제헌의회 169-
  170, 183, 농민에 대한 ~의 견해 173,
  266-267, 328-330, 465, 제3차 전 러시
  아 소비에트 대회의 ~ 266-269, 테러에
  대한 ~의 견해 267, 330, 428-429, 495,
  공산당 7차 당대회의 ~ 272-276, 279-
  283, ~이 소비에트 국가의 성격에 대해 말
  하다 282, ~과 적군 284-287, ~에 대한
  테러리스트의 공격 176, ~에 대한 ~의
  견해 187-188, ~과 혁명 전쟁 208, 212,
  225-228, 232, 302, 370, ~과 좌익공
  산주의자들 273, 275-278, 프롤레타리
  아 독재에 대한 ~의 견해 303, ~과 기근
  323-326, 320-330, ~과 우파 사회혁명
  당 334, ~과 멘셰비키 334, 494-496, ~
  의 태도와 생활방식 346-347, 350, ~과
  로마노프 왕가의 처형 385, ~과 독일 혁
  명 229, 231, 272, 274-275, 436-438,
  제6차 전 러시아 소비에트 대회의 ~ 463-
  466, ~과 고리키 496

레닌주의 535, 541, 542, 543, 544

레베도르(Lebedour: 독립사회민주당) 474

레오폴트(Leopold) 공 163, 221

렐리(Reilly, S) 401

로마노프(Romanov, M) 대공 63

로모프(Lomov, A: 본명은 오포코프, G I) 76, 111, 209, 224, 226, 273

로빈스(Robinns, R) 220, 314

로샬(Roshal, S) 158, 159

로이드조지(Lloyd George, D) 460, 476, 477, 479, 523

로쟈노프(Roaznov: 멘셰비키) 316

로쟌코(Rodzyanko, A P) 장군 513

로젠골츠(Rosengoltz, A) 405, 408

로젠베르크(Rosenberg, von) 남작 227

로조프스키(Lozovsky, S A) 269, 544

록하트(Lockhart, R H B) 318, 345, 398, 401, 402, 516, 517, 518

루나차르스키(Lunacharsky, S A) 52, 110, 498

루덴도르프(Ludendorff, E: 독일 육군 원수) 65, 199, 200, 201, 215, 216, 217, 222, 234, 239, 342, 432, 433, 434, 442, 446

루드네프(Rudnev, V V) 99, 180

루사코프(Russakov, N) 35

룩셈부르크(Luxemburg, R) 394, 446, 472, 475, 476, 542

륄레(Rühle, O) 444

르노델(Renaudel: 프랑스 사회당원) 233, 510

르뇨(Regnault: 프랑스 영사) 461

르보프(Lvov, G E) 공 63, 155, 380

르클뤼(Reclus, E) 144

리드(Reed, J) 88

리코프(Rykov, A I) 75, 110, 130, 131

리트비노프(Litvinov, M) 402

리프크네히트(Liebknecht, K) 229, 394, 435, 436, 439, 444, 446, 472, 474, 475, 476

ㅁ

마라(Marat, J P) 425

마르크스(Marx, K) 13, 15, 72, 80, 268, 303, 444, 508, 530, 544

마르킨(Markin, N) 407, 410

마르토프(Martov, Yu O: 본명은 체데르바움) 39, 94, 117, 334, 335, 339, 360, 545

마사리크(Masaryk, T) 318, 319, 521, 522

마이스키(Maisky, I) 388, 458, 461

마켄젠(Mackensen, von) 220, 446

마흐노(Makhno, N) 364, 393, 469, 545

막스(Max) 공 435, 436, 447, 449

만네르(Manner: 핀란드 사회민주당 지도자) 248

만네르하임(Mannerheim, G) 남작 251, 252, 253, 254, 312

먀스니코프(Myasnikov, G) 384

메레시코프스키(Merezhkovsky, D) 497

메링(Mehring, F) 445

멘셰비키(멘셰비즘)
~와 볼셰비키의 분열 43, 61, 530, ~와 제헌의회 171-172, 181, 260, ~와 10월 혁명 69, 533, ~가 공장에서 반볼셰비키 선동을 하다 313, 332, 335, 464, 540, ~와 트로츠키 51, 81, 349, 541, ~와 폭력 545, 그루지야의 ~ 260, 343, 533, ~와 전쟁 61, 페트로그라드 소비에트의 ~ 63, 케렌스키 정부의 ~ 64, ~와 민주협의회 67, 모스크바 시의회 선거에서 ~ 69, 96, 소비에트의 ~ 69, ~와 적위대 82, 84, ~와 제2차 전 러시아 소비에트 대회 86, 94-96, 모스크바 소비에트의 ~ 98, ~와 철도노조 105, 129, 186, ~와 노동조합 186, ~와 반혁명 112, 117-120, 311, 313, 315, 페트로그라드에서 열린 ~ 협의회 118, ~와 1917년 11월 정부의 위기 129, 132, 중앙집행위원회의 ~ 266, ~와 산업 187, ~와 적군 339, ~와 사마라 정부 388, 우파 협의회의 ~ 420, ~가 10월 혁명에 대한 태도를 바꾸다 493

모스크바 지역위원회(공산당의) 213, 271, 298

무라노프(Muranov, M) 131

무라비요프(Muraviev, N K) 113, 114, 157, 242, 243, 370, 371

무사바트(Mussavat) ☞ 무슬림을 보시오.

무슬림
소비에트 정부가 이슬람 노동자들에게 보내는 호소문 145, 반동적인 무슬림 정당(무사바트) 258, 260, 262, 263, ~과 바쿠 코뮌 263

무하노프(Mukhanov) 중위 253

미르바흐(Mirbach, W) 백작 315, 358, 370, 449

미르바흐(Mirbach) 중위 358

미코얀(Mikoyan, A I) 264, 265

미하일로비치(Mikhailovich, S) 대공 384

미하일로프(Mikhailov, T M) 168

미하일로프(Mikhailov: 좌파 사회혁명당) 35

민주주의
레닌이 이해한 ~ 170, 282, 소비에트 국

가의 ~ 282, 케렌스키 연립정부 강령의 ~ 64, 사회혁명당의 ~에 대한 맹목적 집착 116, 137, 139, 361, 멘셰비키의 ~ 117, ~와 카자흐 150, ~와 프티부르주아지 156, 핀란드의 ~ 249-251, 캅카스의 ~ 259, ~와 체코군 319, 반혁명과 ~ 313, 388

민주협의회 67, 74

민중공산당 364, 463

민중의 의지당 32, 34, 35, 38, 39, 45

밀랑 42

밀랑(Millerand: 프랑스 사회당원) 42

밀류코프(Milyukov, P) 63, 135, 167, 463

밀류틴(Milyutin, V P) 110, 130, 131, 322

ㅂ

바렌느(Varenne: 프랑스 사회당원) 233

바론(Baron: 아나키스트) 243

바르트(Barth, E) 447, 450

바실리예프(Vassiliev) 신부 381

바우만(Bauman, N) 43

바인시테인(Weinstein: 사회주의 이론가) 119

바체티스(Vatsetis, I) 359, 371, 403

바쿠 258, 259, 260, 262, 263, 266, 270, 283, 332, 343, 427, 479

바쿠닌(Bakunin, M) 33, 57

반데르벨데(Vandervelde, E) 61

반혁명
~ 때문에 당 국가로 변질되다 541, ~과 코르닐로프 82, ~과 내전 142, 캅카스의 ~ 261-262, ~과 카자흐 149-154, 319, 343, 414, ~과 '사회주의자들' 133, ~과 술 126-128, 142, ~과 기근 289, ~과 도시 중간계급 139-141, ~과 농촌 프티부르주아 계급 155, ~의 경제적 토대 185, 486, 공업에서 ~ 185-186, 331-332, 우크라이나의 ~ 310, 모스크바의 ~ 315, ~과 체코군 232, 397, ~과 암살 335-336, 393-397, 야로슬라블의 ~ 364-367, 우랄 지역의 ~ 376-377, 사마라의 ~ 386-388, 418-419, 456-458, ~ 정부들 419-420, 시베리아의 ~ 459-463, 독일의 ~ 448, 소비에트가 사실상 ~ 국가들을 인정하다 478

발덴(Walden) 대령 114

발린(Ballin, A) 446

발마셰프(Balmashev: 사회혁명당원) 45

밸푸어(Balfour, A J) 525

버클레이(Barclay : 영국 대사) 463

베네시(Benes, E) 521, 523, 524, 525

베데냐핀(Vedenyapin: 우파 사회혁명당원) 369, 420

베르진(Berzin: 크렘린의 볼셰비키 지휘관) 100

베르틀로(Berthelot) 장군 158, 219, 220, 453, 454

베른슈타인(Bernstein, E) 41, 42, 445

베사라비아 159, 189, 219, 223, 242, 283

베치크(VeeTsik) ☞ 전 러시아 소비에트 집행위원회를 보시오.

베히브 베이(Vekhib Bey) 261

벨스(Wels, O) 474

보그다노비치(Bogdanovich: 우파의 주지사) 45

보그다노프(Bogdanov, P) 52

보나파르트주의 339, 536

보로실로프(Voroshilov, K) 414, 455

보로프스키(Vorovsky, V V) 449

보빈스키(Bobinski, S) 215

보시(Bosch, E B) 243, 244, 329, 330

보이체호프스키(Voitsekhovsky: 체코 지휘관) 319

보트킨(Botkin, E S: 의사) 382, 383

본치-브루예비치(Bonch-Bruyevich, V) 74, 122, 124, 125

볼디레프(Boldyrev: 자유주의자) 420

볼로고츠키(Vologodsky: 자유주의자) 420

볼로다르스키(Volodarsky: 볼셰비키 연설가) 312, 319, 336, 351, 395, 396

볼셰비키
~ 혁명 (과 세르주) 527-530, ~혁명의 성격 530-535, ~와 군대 69, 119, 146-149, 캅카스에서 ~와 군대 260-261, ~와 제헌의회 169-172, 181, 183, 213, ~와 케렌스키 정부 64, 68, 69, 73, 74, ~와 멘셰

비키의 분열 43, 61, ~에 반대해 페트로그라드에서 벌어진 소요 537-538, ~와 전쟁 61, ~가 민주협의회에서 철수하다 67, 74, ~가 소비에트에서 다수파가 되다 69, ~와 모스크바 시의회 선거 69, 96, 제2차 소비에트 대회의 ~ 93, ~와 트로츠키 51, 64, 81, 전 러시아 소비에트 중앙집행위원회의 ~ 110, 인민위원회의 ~ 110-111, ~와 좌파 사회혁명당 111, 135-137, ~와 반혁명 118, 119, 134, ~와 우크라이나 민족주의 155, 루마니아의 ~ 158, ~와 혁명 전쟁 160-162, 캅카스의 ~ 259-261, ~가 반대파를 진압하다 294-297, ~가 독일 첩자로 비난받다 64, 344, 357, 358

볼스키(Volsky, V) 386, 420, 458

부닌(Bunin, I) 497

부됴니(Budyonny, S M) 455

부라첼(Bulatsel) 대령 253

부브노프(Bubnov, A) 76, 131, 226, 273

부쿠레슈티 조약 239, 466

부하린(Bukharin, N)
모스크바 소비에트의 ~ 97, ~이 제헌의회에서 사회혁명당을 비판하다 180, ~이 독일과의 강화를 반대하다 209, 224, 277, ~이 연합국의 대독일 원조 제안 거부를 주장하다 226, 〈코뮤니스트〉의 편집진 ~273, 상품생산에 대한 ~의 견해 280, ~과 좌익공산주의자 298-300, ~과 레닌의 차이 278, 301, ~의 당 지도자 자격 355, 노동계급 거주지에 대한 ~의 견해 501, ~의 《과도기 경제학》 512

북부노동자연맹 38

불리긴 위원회 52

뷰캐넌(Buchanan, G) 경 192, 220, 447

브란젤(Wrangel, P) 26, 458

브레스트리토프스크
휴전 162-164, 197, 강화 협상 201-207, ~ 강화 협상을 둘러싼 논쟁 207-215, 소비에트 대표단이 ~에서 철수하다 215-218, 새로운 대표단이 ~에 다시 도착하다 223-224, ~ 강화 조약의 체결 227, ~강화 조약과 그 영향 239-241, 269-270, ~ 강화 조약에 대해 격론이 벌어지다 271-276, ~강화 조약과 동맹국 315, 316, ~강화 조약과 체코군 314, ~강화 조약아 무효

라고 선언되다 466, ~와 핀란드의 러시아인들 252, 트로츠키가 ~ 협상에 대해 보고하다 266, ~ 협상을 둘러싸고 다시 불화가 빚어지다 298, 299, 300

브레시코-브레시코프스카야(Breshko-Breshkovskaya, C) 45, 420

브론스키(Bronsky, M G) 273

브루슈비트(Brushvit, I) 386

브류소프(Bryusov, V) 497

블랑키주의 57, 80

블로크(Blok, A) 497, 498

블류킨(Blyumkin, Y G) 358, 359

블류헤르(Blyukher, V I: 적군 지휘관) 414, 415, 416

비니첸코(Vinnichenko: 우크라이나 지도자) 157

비보르크 82, 86, 125, 289

비옐로보로도프(Byeloborodov, A G) 382

비옐리(Byely, A) 497

비첸코(Bitsenko, A A) 163, 201, 202

비크젤(Vikhzel) ☞ 노동조합을 보시오.

비테(Witte, S I) 백작 53, 56, 194

빈농위원회 310, 320, 324, 360, 361, 488, 508

빈농위원회(콤베디) 320

빌헬름(Wilhelm) 2세 201, 213, 216, 217, 230, 252, 352, 436, 452

ㅅ

사둘(Sadoul, J) 119, 120, 220, 221, 292, 314, 347

사블린(Sablin: 적군 지휘관) 153, 243

사빈코프(Savinkov, B) 45, 65, 74, 316, 317, 365, 367, 369, 370, 391, 397, 406, 446, 519

사조노프(Sazonov, Y) 45, 46

사파로프(Safarov, G I) 156, 273

사프로노프(Sapronov, T V: 좌익공산주의자) 212, 273

사형제 64, 157, 160, 249

사회혁명당
~과 제헌의회 선거 171-172, ~과 군대

146, 캅카스 전선의 군대와 ~ 258, ~과 제헌의회 168-184, ~ 중앙위원회 533, ~ 중앙위원회의 반혁명적 행동 116, 118, ~ 중앙위원회가 폭력의 사용을 주저하다 176, 394, 396, ~ 중앙위원회와 연합국 315, ~과 농민 43-44, 71, 108, 174, 360-362, 533, 546, ~의 농지 개혁 65, 74, 108, 117, 182, ~이 공장에서 반볼셰비키 선동을 벌이다 176, 312-313, 540, ~과 테러리즘 44, ~이 테러를 혁명의 수단으로 삼다 44-45, ~의 테러 조직 45-46, 174, 395-397, ~의 테러리즘과 미르바흐 백작의 암살 358-360, 우크라이나의 ~과 테러리즘 467, ~과 세르주 546, ~의 특징과 행동 43-46, 1905년의 ~ 51-54, ~과 전쟁 61, 페트로그라드 소비에트의 ~ 63, 케렌스키 정부 안의 ~ 64, 65, 116, ~과 민주협의회 67, ~과 모스크바 시의회 선거 69, 소비에트의 ~ 69, 117, ~과 적위대 82, 제2차 전 러시아 소비에트 대회의 ~ 93-95, 10월 혁명 당시 모스크바의 ~ 98, 99, ~의 반혁명과 체코군 319, 369, ~과 반혁명 112-113, 116-123, 311-313, 315-317, 1917년 11월 정부 위기의 ~ 129-133, 우크라이나의 ~ 155-467, 몰다비아의 ~ 160, 캅카스의 ~ 258, 259, 260, 263, ~과 연합국 64, 369-371, 388, 394, ~의 레닌과 트로츠키 암살 모의 393-397, 당 내에서 과소 대표된 좌파~ 533, 제2차 전 러시아 소비에트 대회의 좌파~ 93, 95, 106-107, 베치크의 좌파~ 110, 135-136, 266, 334, 1917년 11월 정부 위기의 좌파~ 129, 좌파~과 소비에트 정부 110, 좌파~과 입헌민주당 167, 좌파~이 소비에트 정부에 참여하다 167, 좌파~과 독일과의 강화 209, 270, 319-320, 357, 좌파~과 아나키스트들 243, 364, 캅카스의 좌파~ 260, 좌파~과 좌익공산주의자들 270, 좌파~이 불법화되다 335, 제5차 전 러시아 소비에트 대회의 좌파~ 356, 360, 좌파~의 봉기 358-360, 좌파~과 미르바흐 백작의 암살 358-360, 좌파~의 쇠퇴 363, 364, 제6차 전 러시아 소비에트 대회의 좌파~ 463, 볼셰비키와 화해하는 좌파~ 494, 우파~과 철도 노조 129, 베치크의 우파~ 266, 우파~과 볼로다르스키의 죽음 319, 351, 체포된 우파~원 399

상바(Sembat: 프랑스 사회당원) 233

생-올레르(Saint-Aulaire, de: 프랑스 대사) 463

샤우미얀(Shaumyan, S) 259, 262, 266

샤이데만(Scheidemann, P) 435, 436, 437, 445, 447, 474, 510

세라피모비치(Serafimovich: 소설가) 417

세마시코(Semashko, N A) 98, 384

세묘노프스키(Semyonovsky) 연대 174, 176

세섹(Cecek: 체코군 지휘관) 319

세실(Cecil, R) 경 523

셰글로비토프(Shcheglovitov, I G) 399

셰르바초프(Shcherbachev) 장군 158, 160

소로킨(Sorokin, P) 455, 494

소비에트
공장 ~ 536, ~의 중요성에 대한 레닌의 견해 57, 볼셰비키가 소비에트에서 다수파를 차지하다 69, 첫 ~ 정부의 수립 110, 첫 ~ 정부에 대한 반대 111, 첫 ~ 정부의 위기 128-133, 첫 ~ 정부와 민족 145, 첫 ~ 정부와 연합국의 관계 단절 218-221, 바쿠의 ~ 259, 262-266, 캅카스의 ~ 259, 지역 ~의 고충 330-336, 지역 ~의 분리주의 489, 독일의 ~ 215, 435-436, 447, 474, 소비에트 헌법에서 ~의 지위 372-376

소스노프스키(Sosnovsky, L S) 335

소콜니코프(Sokolnikov, G Y) 76, 131, 163, 209, 224, 227, 273, 280

소콜로프(Sokolov, B) 174, 175, 177

솔로비요프(Soloviev, V) 497

솔로비요프(Soloviev) 중위 381

솔로비요프(Soloviev: 테러리스트) 35, 91

솔츠(Soltz: 좌익공산주의자) 212, 273

수하노프(Sukhanov, N N) 75

쉴리히터(Schlichter, A) 97, 122

시테인베르크(Steinberg, I) 168, 364

슐체(Schultze: 독일 독립사회민주당) 474

스미르노프(Smirnov, I N) 97, 98, 122, 273, 280, 405

스밀가(Smilga, I T) 224, 252, 273

스뱌티츠키(Sviatitsky, N V) 171

스베르들로프(Sverdlov, Y M) 제헌의회의 ~ 178-179, ~와 독일과의 강화 224, 273, ~의 면모 351, ~의 당 지도자 자격 355, ~와 헌법 372, ~와 로마노프 왕가의 처형 384-385

스베츠니코프(Svechnikov: 핀란드의 적군 지휘관) 252

스비야시스크 전투 402, 408, 418, 458

스빈후부드(Svinhufvud, P E) 247, 248, 252

스코로파츠키(Skoropadsky, P: 카자흐 족장) 311, 353, 393, 451, 466

스타프카(Stavka: 총사령부) 113, 146, 150, 163, 178, 189, 192

스탄케비치(Stankevich, V B) 148

스탈린(Stalin, Io V: 본명은 주가시빌리) 75, 76, 111, 114, 131, 145, 147, 209, 224, 455, 526, 527, 529, 535, 536, 541

스탈린그라드(Stalingrad) ☞ 차리친을 보시오. 295

스탈린주의 516, 527, 535

스탐볼리스키(Stambolisky: 불가리아의 농민 반대파 지도자) 434

스탐볼로프(Stambulov: 불가리아 정부 관료) 40

스테클로프(Steklov, Y M) 41, 463

스테파노프-스크보르체프(Stepanov-Skvortsev) 110

스테파니크(Stefanik: 체코 지휘관) 461, 524

스톨리핀(Stolypin, P A) 56, 57

스투치카(Stuchka, P I) 489

스투코프(Stukov: 좌익공산주의자) 212

스트루베(Struve, P) 41, 369

스티드(Steed, W) 524

스틸(Steel) 대령 518

스파르타쿠스단 352, 435, 445, 446, 448, 472, 476

스파툴 타리(Sfatul Tarii: 몰다비아 국민협의회) 159, 160

스팔라이코빅(Spalaikovic: 세르비아 대사) 383

스피리도노바(Spiridonova, M) 179, 357, 364

슬라빈(Slavin: 적군 지휘관) 407

시롤라(Sirola: 핀란드 사회민주당원) 248

시모노프(Simonov) 연대 377

시미트(Schmidt, P P) 대위 53

시베르스(Sivers: 적군 지휘관) 153, 243

시에예스(Sieyes, A) 30

시틴(Sytin, P P) 455

시퍄긴(Sipyagin: 차르의 장관) 45

실랴프니코프(Shlyapnikov, A G) 82, 110, 124, 130, 185, 331

쑨원(손문) 353

ㅇ

아나키스트
~와 세르주 539, 543, 546, ~와 마르크스 530, 공장위원회 총회에서 ~ 532, 아나코-생디칼리스트 305, 532, ~가 사회혁명당에서 이탈하다 46, ~와 제2차 전 러시아 소비에트 대회 93-94, 우크라이나의 ~ 243, 295, 469-470, ~와 좌파 사회혁명당 243, 296, 357, ~와 스몰렌스크의 기아 반란 289, ~들의 무장해제 360, ~가 반혁명에 가담하다 292-293, 제5차 소비에트 대회에서 ~ 356, 제6차 소비에트 대회에서 ~ 463

아르구노프(Argunov, A) 420

아르메니아 146, 258, 263, 266

아르한겔스크 26, 317, 318, 342, 364, 366, 368, 376, 401, 416, 420, 425, 458, 470, 480, 513, 517, 523

아메리(Amery, L S: 전쟁성의 육군 중령) 521

아베레스쿠(Averescu) 장군 159

아브라모비치(Abramovich, R R) 95, 117, 118, 335

아빌로프(Avilov: 멘셰비키) 187

아스트로프(Astrov, N I) 420

아이히호른(Eichhorn, E) 473, 474

아이히호른(Eichhorn: 독일 육군 원수) 311, 393

아제르바이잔 257, 262, 263

아조프(Azef, E F) 45, 453

아진(Azin: 적군 기병대 지휘관) 412

아프크센티예프(Avksentiev, N D) 117, 118, 175, 420, 461

아프토노모프(Avtonomov: 게릴라 지도자) 455

안드레이(Andrei) 대주교 420

안토노프-오프세옌코(Antonov-Ovseyenko) ~가 노바야 알렉산드라 부대의 군사 반란을 주도하다 52, ~와 군사혁명위원회 84, ~와 레닌 86, ~와 동궁 장악 90, 92, ~가 페트로그라드의 사령부를 인수하다 114, ~가 카자흐 반혁명 세력에 맞서 지휘하다 153, 223, 우크라이나에서 ~ 243, 핀란드에서 ~ 252, ~와 좌파 사회혁명당의 봉기 360

안토노프(Antonov, Lukin) 273

알가소프(Algasov: 좌파 사회혁명당) 167

알렉산드라 표도로브나(Alexandra Feodorovna) 황후 380, 382

알렉산드로비치(Alexandrovich, S) 대공 384

알렉산드로비치(Alexandrovich: 반란 음모에 가담한 체카 요원) 360

알렉산드르 2세 31, 35, 91

알렉산드르 3세 35, 36

알렉산드르(Alexander) 1세 90, 245

알렉세예프(Alexeyev, M) 장군 151, 152, 169, 190, 220, 315, 343, 365, 421

알렉세예프(Alexeyev, P) 38

알렉세이(Alexei) 황태자 63, 382, 383

알스톤(Alston: 시베리아 주재 영국 대리대사) 421

암살
나로드니키가 ~을 혁명의 수단으로 택하다 34, 〈이스크라〉가 개인적 테러리즘을 비판하다 42, ~이 사회혁명당의 주요 수단이 되다 44, 사회혁명당 중앙위원회가 ~을 부인하다 396, 미르바흐 백작을 사회혁명당이 ~하다 358-360, 반(反)혁명 세력이 ~을 이용하다 336, 393-397, ~ 음모에 외국 세력이 간여하다 397, 398, 401-402

야닌(Janin, M) 장군 460, 462, 463, 524

야로슬라프스키(Yaroslavsky, E M) 212, 273, 299

야코블레바(Yakovleva) 75

야코블레프(Yakovlev: 사기꾼) 381, 382

에노(Hainaut: 프랑스 영사) 453

에베르트(Ebert, F) 436, 445, 447, 473, 474

에스토니아 144, 198, 209, 225, 226, 352, 419, 470, 471, 489, 513, 540

엥겔스(Engels, F) 72, 268, 279, 544

예고로프(Yegorov: 노동자) 400

예레메예프(Yeremeyev: 볼셰비키 투사) 82

예르마코프(Ermakov, P Z) 383

예세닌(Essenin, S) 497

오니프코(Onipko: 사회혁명당 테러리스트) 174, 176

오를란도(Orlando, V E) 476

오볼렌스키(Obolensky) ☞ 오신스키를 보시오. 122, 273

오스트리아 59, 106, 147, 158, 162, 164, 189, 192, 193, 195, 201, 208, 214, 215, 217, 222, 224, 227, 232, 233, 234, 240, 242, 269, 283, 318, 349, 433, 434, 435, 440, 467, 470, 512, 521, 522, 525

오신스키(Ossinsky, V V) 98, 212, 273

오포코프(Oppokov, G I) ☞ 로모프를 보시오. 75, 111, 273

오흐라나(Okhrana) 35

우리츠키(Uritsky, M S) 76, 131, 209, 224, 226, 273, 395, 397, 401

우소프(Ussov: 사회혁명당 테러리스트) 395

우익 본당(Right Center party) 315, 369

우파(Ufa) 45, 356, 376, 416, 418, 421, 456, 459, 471

운슐리히트(Unslicht, I S) 273

울랴노프(Ulyanov, 블라디미르 일리치) ☞ 레닌을 보시오.

울랴노프(Ulyanov, 알렉산드르 일리치) 39, 346

워드(Ward, J) 중령 461, 516

윌슨(Wilson, W) 대통령 196, 239, 314, 434, 435, 445, 448, 476, 477, 479

유데니치(Yudenich, N N) 장군 26, 513, 540

유수포프(Yusupov) 공 62

의회주의 183, 237, 246, 248, 420, 461

이바노바(Ivanova, H) 396, 397

이손조 전투 196

이오페(Ioffe, A A)
~와 브레스트리토프스크 협상 163, 197, 201, 216, 227, ~와 독일과의 강화 224, ~의 일생과 면모 352-353, ~와 독일 혁명 449-450, ~가 베를린에서 추방당하다 450, 464

이파티예프(Ipatiev: 기술자) 382, 383

인민위원회
최초의 ~ 110-111, ~가 사형제 폐지를 포고하다 111, ~의 초창기 회의 124, ~의 위기 130, ~와 좌파 사회혁명당 136, ~와 정부기구의 사보타주 120-123 ~의 권한 148, ~와 카자흐 반혁명 152, ~와 우크라이나의 독립 157, ~와 독일과의 강화 162, 209, 220, 222, 좌파 사회혁명당이 ~에 참여하다 167-168, ~가 주식자본을 몰수하다 218, ~와 체코군 318, ~와 좌파 사회혁명당의 봉기 359, ~와 헌법 373, 374, ~가 반유대주의를 '불법'화하다 390, ~가 종교의 자유를 허용하다 502

인민위원회(독일) 436, 447, 472, 474

인터내셔널
제2~ (사회주의) 40, 61, 364, 제3~ (공산주의)(코민테른) 26, 364, 512, 좌파 ~(2.5인터내셔널)(빈 연합) 364

임시정부 64, 68, 69, 84, 85, 87, 90, 94, 95, 97, 101, 112, 113, 115, 145, 147, 150, 155, 168, 170, 192, 246, 288, 380, 381, 420, 524, 532

입헌민주당 ☞ 카데츠를 보시오. 63, 64, 69, 96, 117, 155, 166, 167, 169, 170, 171, 172, 260, 315, 316, 391, 419, 533

ㅈ

자술리치(Zasulich, V) 34

자코뱅(주의) 52, 109, 425, 426, 430, 541, 542

자파리제(Dzhaparidze, A) 259, 265

자하임(Zakheim) 365

전 러시아 소비에트 대회
제2차 ~ 85, 93, 94, 105, 111, 532, 제2차 ~의 포고령 105-110, 제2차 ~에서 연합국 지지를 철회하다 192, 제3차 ~ 209, 266-269, 제5차 ~ 356-358, 360-362, 제5차 ~에서 헌법을 채택하다 372-376, 제6차(임시) ~ 537, 463-466, 488, 535, 소비에트 헌법에서 ~의 지위 372

전 러시아 소비에트 집행위원회(베치크)
~와 사회 평화를 외치는 사회주의자들 87, 제2차 전 러시아 소비에트 대회에서 선출된 ~ 110, ~와 1917년 11월 정부의 위기 130, ~ 내부 논쟁 135-138, 148, 187, 333, ~와 동맹국과의 강화 198, 199, 제3차 전 러시아 소비에트 대회에서 선출된 ~ 266, ~ 내부의 반대 335, ~와 적군 336, 소비에트 헌법에서 ~의 지위 372, ~와 로마노프 왕조 381-385, ~와 혁명전쟁위원회 398, ~와 발트해 지역 국가 471, ~와 독일혁명 436-440, 제6차 전 러시아 소비에트 대회의 ~463, 466, ~에 복귀를 요청받은 멘셰비키 335

정치위원(군대의) 84, 285, 286, 338, 339, 356, 365, 379, 406, 408, 409, 410, 422, 423, 455, 507

제르진스키(Dzerzhinsky, F E)
~가 아나키스트들에 대항하다 293, ~의 성격과 외모 350-351, ~와 좌파 사회혁명당의 봉기 359, ~가 체카에게 구속을 자제하라고 명령하다 423, ~의 《옥중수고》 350

제헌의회
~ 선거 168-173, 260, ~의 방어 173-178, ~의 붕괴 178-184, ~와 연합국 369, ~와 우파 회의 418-421, 우크라이나의 ~ 156, 157, ~ 위원회(사마라의 사회혁명당 정부) 369, 386-389, 418, 419, 420, 독일의 ~ 472, 사마라 ~ 위원회의 해산 456-459

젠지노프(Zenzinov, V M: 사회혁명당원) 420

젤랴보프(Zhelyabov, A I) 33, 35, 38

젤레즈냐코프(Zheleznyakov: 아나키스트) 182

젬스트보 52

조국과 자유 수호연맹 294, 365

조르다니아(Jordania, N) 43, 261, 262, 533

좌익공산주의자들
~과 독일과의 강화 212-213, 226, 234-236, 271-279, 298, 299, 중앙위원으

로 선출된 ~ 273, 298, ~의 주장들 276-
279, 298-301, 309-310, ~과 레닌 271-
279, 301-303, 307-310, ~과 기회주의
235, 278, 308

주바토프(Zubatov: 차르 시절 경찰국장) 48

중앙위원회
망명자들로 이루어진 공산당(볼셰비키당)
의 ~ 73, ~와 봉기 날짜 75-76, ~의 레
닌과 트로츠키 348, ~와 1917년 11월의
정부 위기 130-133, ~와 독일과의 강화
208-210, ~에서 레닌에 대한 반대 236-
238, ~와 좌익공산주의자 271, 273,
298-299

지노비예프(Zinoviev, G Y)
~와 봉기 날짜 75-76, 1917년 11월 정부
위기의 ~ 131-132, ~와 "동지들에게 보내
는 편지" 132, ~와 강화 209, 224, 페트
로그라드 소비에트 의장 ~ 313, 351, ~가
반혁명 세력에 경고하다 391, ~가 체카에
경고하다 423

지로프(Zhirov) 452

ㅊ

차리친 295, 332, 343, 414, 453, 454, 455,
458

차이코프스키(Chaikovsky, N V) 420

챨리아핀(Chaliapin, F I) 500

체레텔리(Tsereteli, I G) 82, 117, 181, 261

체르노프(Chernov, V M) 95, 117, 118, 147,
175, 179, 180, 182, 183, 447, 462, 533

체르니고프(Chernigov) 245

체르니셰프스키(Chernyshevsky) 32

체르닌(Czernin, O) 백작 197, 199, 203, 215

체카(사보타주와 반혁명 단속을 위한 비상위원회)
포고령으로 체카를 창설하다 165, 바쿠
~의 처형 263, ~와 아나키스트들 291,
546, 좌파 사회혁명당의 미르바흐 백작 암
살과 ~ 358-360, ~가 반혁명에 맞서다
316, 365, 367, 391-392, 398-400, 사면
결의안의 채택으로 ~의 활동이 제약되다
464, ~와 사제들 422, 502

최고경제위원회 165, 179, 321, 323, 373,
483

추드노프스키(Chudnovsky, G) 84, 90, 92, 244

치머발트 61, 180

치체린(Chicherin, G V) 219, 227, 392, 478, 479

치페로비치(Tsyperovich, G) 41

치헤이제(Chkeidze, N S) 117, 261

ㅋ

카네기세르(Kanegisser: 사회혁명당 테러리스
트) 397

카데츠(입헌민주당)
~와 제헌의회 169-172, 260, ~와 최초의
임시정부 63, ~와 케렌스키 정부 64, 모
스크바 의회 선거와 ~ 69, 96, ~와 페트
로그라드 공안위원회 117, 우크라이나의
~ 155, ~가 불법화되다 167, ~와 '부활동
맹' 315

카라한(Karakhan, L M) 163, 201, 203, 227,
516

카렐린(Karelin: 좌파 사회혁명당) 135, 202, 361

카르노(Carnot) 426

카메네프(Kamenev, L B)
~가 시베리아로 추방당하다 61, 봉기 당
시의 ~ 75, 76, ~가 중앙위원회에서 사임
하다 131, ~와 브레스트리토프스크 협상
163-165, 197-199, 201, 203, 206, 216,
제3차 전 러시아 소비에트 대회의 ~ 266,
~가 서유럽을 방문하다 392

카우츠키(Kautsky, K) 429, 445, 498, 507,
508, 509, 510

카펠(Kappel: 백군 장교) 406

카플란(Kaplan, F) 395, 396, 412

칼라마티아노(Kalamatiano) 401

칼랴예프(Kalyaev, I) 46

칼레딘(Kaledin) 149, 152, 153, 166, 180,
190, 220, 223, 451

칼리닌(Kalinin, M) 122, 270

캄코프(Kamkov: 좌파 사회혁명당) 357, 364

캉브레 전투 432

케렌스키(Kerensky, A F) 69, 68, 69, 73,
74, 82, 84, 86, 87, 91, 92, 112, 113,
114, 115, 116, 123, 129, 150, 155, 160,

180, 190, 192, 230, 246, 259, 261, 290, 349, 357, 368, 380, 447, 474, 545

코간-베른시테인(Kogan-Bernstein: 우파 사회혁명당) 334

코노플레바(Konopleva: 사회혁명당) 395

코르닐로프(Kornilov, L G) 장군 64, 74, 82, 118, 138, 150, 152, 153, 190, 220, 315, 339, 427, 447

코르데(Corday, C) 425

코민테른(Comintern) ☞ 인터내셔널을 보시오.

코즐로프(Kozlov: 사회혁명당 테러리스트) 395

코프튜흐(Kovtyukh, E) 417

콜론타이(Kollontiat, A) 76, 273, 277

콜차크(Kolchak, A) 제독 26, 50, 316, 458, 459, 460, 461, 462, 463, 471, 478, 513

콩방디(Cohn-Bendit, Daniel and Gabriel) 529

쿠르스키(Kursky, D I) 463

쿠스코바(Kuskova, E D) 41

쿠이비셰프(Kuibishev, V) 273

쿠즈민(Kuzmin: 언론인민위원) 391

쿠지넨(Kuusinen, O W) 247, 248, 249, 251

쿠프린(Kuprin, A) 497

쿤(Kun, B) 134, 359

쿨라크 288, 289, 324, 325, 328, 329, 330, 344, 360, 361, 362, 363, 389, 422, 465, 486, 503, 509

퀼만(Kühlman, R von) 남작 197, 200, 202, 203, 204, 205, 206, 215, 216, 217, 226, 234, 450

크라스노프(Krasnov: 카자흐 족장) 113, 115, 116, 118, 142, 339, 342, 343, 414, 427, 451, 452, 453, 454, 455

크라신(Krassin, L B) 41, 52

크레스틴스키(Krestinsky, N) 209, 224

크렘린 99, 100, 101, 102, 112, 140, 142, 145, 161, 359, 396, 401, 402, 427

크로포트킨(Kropotkin, P) 34, 38

크론시타트 26, 53, 68, 71, 88, 290, 340, 399, 407, 458, 529, 532

크롤(Krol, L A) 419, 420

크룹스카야(Krupskaya, N K) 39

크리스피엔(Crispien) 445

크리츠만(Kritsman, L) 320, 491, 492

크릴렌코(Krylenko, N V) 110, 147, 149, 150, 211

크림반도 26, 102, 161, 162, 189, 227, 242, 245, 312, 332, 352, 416, 458

클레망소(Clemenceau, G) 196, 315, 369, 460, 476, 477, 520, 523

클류예프(Klyuev, N) 497

키발치치(Kibalchich, N) 35

키크비제(Kikvidze: 적군 지휘관) 243

ㅌ

타우리데 궁전 63, 175, 178

타타르인 258, 261

타티셰프(Tatishchev) 공 122, 380

탄네르(Tanner, V) 253

테오도로비치(Teodorovich, I A) 111, 130

테일러(Taylor, F W) 305, 306

토마(Thomas, A) 120, 200, 233, 447

토지와 자유 33, 34, 228

톰슨(Thomson) 장군 265

툴랴코프(Tulyakov: 적군 지휘관) 455

트랜스캅카스 공화국 261, 262, 266

트레구보프(Tregubov) 장군 457

트레포프(Trepov, F) 장군 34

트로츠키(Trotsky, L D: 본명은 브론슈타인) 세르주 소설 속의 ~ 527, 10월 혁명에 대한 ~의 견해 531, '레닌주의'에 대한 ~의 견해 535-536, 541, ~와 세르주 535, ~의 초기 활동 41, 런던 대회의 ~ 43, ~와 멘셰비키 51, 81, 349, 541, 1905년의 ~ 54, ~가 볼셰비키 노선과 가까워지다 61, 체포된 ~ 64, 민주협의회와 ~ 67, 74-75, 페트로그라드 소비에트 의장 ~ 69, 좌파 사회혁명당에 대한 ~의 견해 111, 볼셰비키 중앙위원회의 ~ 75, 76, 81, ~와 봉기 날짜 75, ~와 페트로그라드의 10월 혁명 87-88, 93-94, 103, ~와 외무인민위원 110, 122, ~가 해외 주재 러시아 외교관을 소환하다 165, ~를 배제하는 연립정부 구성 방안이 제시되다 129, ~와 연합국의 간섭 149, ~가 사보타주에 대해 경고하다 166-167, ~를 노리는 테러리스트 176, 395-397, 브레스트리토프스크의 ~ 201-207, 208-209, 216-218, ~의 테제와 독일과의 강화 212-214, 232-233, 273, ~와 연합국과의 협력 226, 300, ~와 제3차 전 러시아 소비에트 대회 266, ~와 적군 283-286, 336, 338-340, 378-380, ~가 이끄는 적군이 카잔을 점령하다 407-413, 남부전선의 ~와 적군 455-456, ~와 체코군 318-319, 337, ~와 식량 부족 323, ~의 일생과 면모 348-350, ~와 제5차 전 러시아 소비에트 대회 356-357, ~와 페트로그라드 방어 458, ~와 제6차 전 러시아 소비에트 대회 463-464, 466

트루베츠코이(Trubetskoy) 공 369

트루토프스키(Trutovsky: 좌파 사회혁명당원) 168

티거슈테트(Tigerstedt, R: 의사) 255

티그-존스(Teague-Jones, R) 대령 265, 266

티모페예프(Timofeyev, A) 388

티센(Thyssen, F) 446

티슈코(Tyshko, L) 445

티어가르텐(Tiergarten) 475, 476

티에르(Thiers) 167

티혼(Tikhon: 총대주교) 502

ㅍ

파르부스(Parvus, A L: 겔판트의 가명) 52

파리코뮌 61, 254, 266, 272, 279, 430

파스칼(Pascal, P) 317, 397

판크라토바(Pankratova, A M) 536

팔레올로그(Paleologue, M) 447

퍄타코프(Pyatakov, G L) 122, 243, 273, 299, 469

페로프스카야(Perovskaya, S) 35

페르시아(인) 146, 204, 258, 263, 264

페후로프(Pekhurov) 대령 365, 366

페트로프(Petrov, P) 219

페트로프스키(Petrovsky, G I) 227, 398

페틀류라(Petlyura, S) 157, 242, 244, 467, 468, 469

포고령
페트로그라드 소비에트의 ~ 제1호 63, 모스크바 소비에트의 ~ 제1호 98, 제2차 전 러시아 소비에트 대회의 ~ (강화 협상에 대해) 105-106, 제2차 전 러시아 소비에트 대회의 토지 ~ 108-110, 주요 ~ 목록 165-166, 사형제에 대한 인민위원회의 ~ 111

포드보이스키(Podvoisky, N) 84, 86, 90, 91, 92, 114, 115, 360

포슈(Foch) 장군 221, 433, 448, 476

포크로프스키(Pokrovsky, M N: 역사가) 36, 37, 59, 193, 201, 208, 273

포크로프스키(Pokrovsky) 장군 417, 427

포타펜코(Potapenko: 게릴라 지도자) 455

포템킨호(전함) 52, 352

포트레소프(Potresov: 멘셰비크) 316

포포프(Popov: 반란을 주도한 체카 특수부대 지휘관) 359

표트르 대제 303

표트르 파벨 요새 87, 90, 92, 125

푸리시케비치(Purishkevich, V M) 62, 166, 427

푸케(Fouquet) 대령 454

푸틸로프 공장 166, 185, 312, 332, 538

푼다민스키(Fundaminsky: 사회혁명당원) 463

푼티코프(Funtikov: 사회혁명당원) 266

풀(Poole) 장군 454, 520

풀코보 전투 114, 115, 129, 138, 145, 157

프랑슈(Franchet, E) 장군 434, 441, 453, 454, 463

프랜시스(Francis, D R) 315, 345

프랴조프스키 크라이(Pryazovski Krai: '아조프의 땅') 452

프레오브라젠스키(Preobrazhensky, E) 126, 174, 176, 273, 299

프레오브라젠스키 연대 126, 174, 176

프로샨(Proshyan, P P: 좌파 사회혁명당) 167

프로코포비치(Prokopovich, S N) 41, 65, 123

프로토포포프(Protopopov, A D) 399
프롤레타리아(노동계급)
　～독재에 대한 트로츠키의 견해 535-536,
　～가 해결해야 할 문제들 25, ～독재에 대
　한 세르주의 태도 539-541, ～독재에 대
　한 레닌의 견해 303, ～독재의 성격 333-
　334, 이탈리아 ～ 76, 독일 ～ 76, 442-
　446, ～와 볼셰비키 70-72, 360, 503,
　504, ～의 등장 37-39, 47-48, ～의 당
　39-43 (공산당도 보시오), ～와 케렌스키
　정부 74, ～ 지도자의 구실과 특징 76-79,
　394, ～ 국제주의 459, 핀란드의 ～ 246-
　250, 바쿠의 ～ 258, ～의 주도력 123-
　126, 137-138, 186, 269, 488-490, ～와
　농민 266, ～와 농민 사이의 적대감 270,
　288-289, 327-330, 소비에트 헌법에서
　～와 농민 373-375, ～의 사기 저하 330-
　332, 338, 482, ～가 거둔 성과들 493
프롤레트쿨트(Proletkult) 497
프르제발스키(Przhevalsky) 장군 260
플레로프스키(Flerovsky, I) 88, 90
플레베(Plekhve, V K) 45, 48
플레하노프(Plekhanov, G V) 38, 40, 41, 42,
　43, 51, 57, 117, 119, 120, 134, 420
피송(Pichon, S) 158, 369, 388, 469, 523
피슈그뤼(Pichegru) 장군 340
피트(Pitt, W) 219, 425
필냐크(Pilnyak, B) 527

ㅎ

하이다마키(Haidamaky: 우크라이나 민족주의
　자들) 244, 467
하제(Hase, H) 445, 447, 450
할투린(Khalturin, S) 38, 91
헤르틀링(Hertling, von: 독일 총리) 217, 234
혁명전쟁위원회(혁명군위원회) 398, 405, 413
호프만(Hoffman, M: 독일 장군) 163, 164,
　165, 197, 200, 202, 203, 205, 206,
　215, 216, 221, 227, 234, 442, 473, 476
흐루스탈레프-노사르(Khrustalev-Nosar, G
　S) 54
흑백인조('진정한 러시아인 연합') 422

흑색수비대 293, 294, 295, 296
힌덴부르크(Hindenburg: 독일 육군 원수)
　200, 217, 432, 442, 446, 476
힌체(Hinze: 독일 총리) 433
힌추크(Khinchuk, L) 41

간행물

〈골로스 트루다〉('노동의 소리', 아나코 생디칼
　리스트 신문) 290
〈나로드노예 슬로보〉('민중의 말', 부르주아 일
　간지) 312
〈나셰 슬로보〉(국제주의 신문) 349
〈노바야 지즌〉('새 생활', 고리키가 발행한 신
　문) 120, 139, 167
《델로 나로다》('민중의 대의', 사회혁명당 기관
　지) 118
〈드루그 나로다〉('민중의 친구', 부르주아 일간
　지) 312
〈베스트니크〉('감자', 사회혁명당 제헌의회
　위원회의 기관지) 386, 387
〈비 우브리에르〉(프랑스 생디칼리스트 기관지)
　349
〈아나르히야〉(Anarkhiya: 아나키스트 일간지)
　290, 291, 292, 294
〈예딘스트보〉('단결', 사회민주주의 우파의 기
　관지이자 정치 그룹) 119, 420
〈예르토바〉(그루지야 사회민주당 중앙 기관지)
　262
〈이스크라〉('불꽃', 러시아사회민주당 기관지)
　42, 349
〈이즈베스티야〉('감시') 422, 424, 500
〈인민의 소리〉(독일 사민당 신문) 473
〈전진〉(독일 사민당 기관지) 476
〈코뮤니스트〉(좌익공산주의 기관지) 273,
　275, 298
〈크라스나야 가제타〉('적색 신문') 312, 390,
　397, 400, 490
〈프라우다〉 71, 132, 163, 170, 214, 228,
　290, 349, 500